中国近代商会史料丛刊

汉口商会史料汇编

4

郑成林
刘望云 主编

华中师范大学中国近代史研究所
武汉市档案馆

国家出版基金项目
NATIONAL PUBLICATION FOUNDATION

中原出版传媒集团
中原传媒股份公司
大象出版社
·郑州·

图书在版编目(CIP)数据

汉口商会史料汇编. 4 / 郑成林, 刘望云主编.— 郑州 : 大象出版社, 2020. 3
ISBN 978-7-5711-0182-4

Ⅰ. ①汉… Ⅱ. ①郑… ②刘… Ⅲ. ①商会-商业史-史料-汉口 Ⅳ. ①F729

中国版本图书馆 CIP 数据核字(2019)第 098444 号

汉口商会史料汇编 4

HANKOU SHANGHUI SHILIAO HUIBIAN 4

郑成林　刘望云　主编

出 版 人　王刘纯
责任编辑　杨天敬　贠晓娜　侯金芳
责任校对　毛　路　万冬辉　马　宁
装帧设计　付锬锬

出版发行　大象出版社(郑州市郑东新区祥盛街 27 号　邮政编码 450016)
发行科　0371-63863551　总编室　0371-65597936
网　　址　www.daxiang.cn
印　　刷　洛阳和众印刷有限公司
经　　销　各地新华书店经销
开　　本　787 mm×1092 mm　1/16
印　　张　53.75
字　　数　1304 千字
版　　次　2020 年 3 月第 1 版　2020 年 3 月第 1 次印刷
定　　价　1450.00 元(全 5 卷)

印厂地址　洛阳市高新区丰华路三号
邮政编码　471003　　　　电话　0379-64606268

凡 例

1.本辑是基础文献资料的汇编,为保持文献的完整性和原始性,除明显的字词讹误外,原则上不做现代汉语规范。

2.文件标题除部分报刊资料照原文录用,大多数文件标题由编者按发文者、内容、受文者、文件类型四方面拟定。

3.原件大多无标点,由编者统一校点。

4.文件原注和说明,一律用“( )”标出,置于文内。编者注用数码①②③等标示,置于页末。

5.凡能辨明的错字、别字径改之。

6.凡残缺或难以辨认的文字,均以“□”代替。

7.文件时间一律使用公历,用阿拉伯数字标示,置于标题之下。其中,报刊资料标注的是见刊时间。

目　　录

1939 年

12月

1940 年

1 月

2 月

3月

4 月

5 月

6 月

7 月

8 月

10 月

11 月

12 月

1940 年其他

1941 年

1 月

2 月

3 月

4 月

5 月

6月

7 月

8月

9 月

10 月

11 月

12 月

1941 年其他

1942 年

1 月

2 月

3月

4 月

6月

7 月

8 月

9月

10 月

11月

12月

1942 年其他

1943 年

1 月

2 月

3月

4 月

5 月

6月

7 月

8 月

9 月

10月

11 月

12 月

1943 年其他

1944 年

1 月

2 月

3 月

4 月

5 月

6 月

7月

8 月

9 月

10 月

11 月

1944 年其他

1939 年

4 月

1.武汉治安维持会公布商会暂行章程

（1939 年 4 月 15 日）

武汉治安维持会公布商会暂行章程，为适应现时需要，图商业改良，谋对外贸易发展，实行繁荣市场。

武汉自党军溃退，市场凋落，百废待兴，虽求市面繁荣，先赖商工复业，惟是丧乱之后，各业星散，为不组织集团，不克以谋救济而图改进。武汉治安维持会为应时需要，爰参酌商工业习惯，拟定《武汉商会暂行章程》，以凭举办，兹觅录于次：

第一章　总　则

第一条　本会为应现时需要，参酌商工业习惯，由各帮董组织之，定名为武汉商会。

第二条　本会以图谋商工业之改良，及对外贸易之发展，增进商工公共之福利，实行繁荣市场为宗旨。

第三条　本会以武汉区域为区域。

第四条　本会事务所设于某地。

第五条　本会之职务如下：

一、筹议商工业之改良及发展事项。

二、关于商工业之征询及通报事项。

三、关于国际贸易之介绍及指导事项。

四、关于商工业之调处及公断事项。

五、关于商工业之证明及鉴定事项。

六、关于商工业统计之调查编纂事项。

七、得就有关商工业之事项建议于武汉治安维持会及建设局，并接受七委办事项。

八、得设办商品陈列所、商业学校或其他关于商工业之公共事业，但须经武汉治安维持会建设局核准。

九、遇有市面恐慌等事，有请求武汉治安维持会及建设局维持之责任。

第二章　会　董

第六条　本会会董，分公所会董及商店会董两种。会董加入时，须先向本会登记，由本会给予凭证，如遇不得已事故，准其申请出会。

第七条　本会会董，得举派代表，出席会议，称为会董代表。

第八条　会董代表，以在本区域内经营商业年在二十五岁以上者为限。

第九条　会董代表，均有表决权及被选举权。

第十条　有下列各款情事之一者，不得充本会董代表：

一、褫夺公权者。

二、有反动行动者。

三、受破产之宣告尚未复权者。

四、无行为能力者。

第十一条　会董代表，有不正当行为，致妨害本会之名誉信用者，得以会董大会之议决将其除名，并应通知原举派之会董。受除名处分之会董代表，自除名之日起，三年以内，不得充任会董代表。

第三章　职　员

第十二条　本会会董由会董大会，就会董代表中，选任执行会董九人至十一人，组织执行会董会；选任监察会董七人至九人，组织监察会董会；前项执行会董，得互选常务会董三人，并就常委会董中选任一人为会长。

第十三条　本会于选举执监各会董时，另选候补执行会董五人、候补监察会董三人。遇有缺额，依次选补，其任期以补足前任任期为限，但未递补以前，不得列席会议。

第十四条　执行会董及监察会董之任期，均为四年，每二年改选半数，不得连任。其第一次改选方法，以抽签定之，但会董人数为奇数，留任者之人数，得较改选者多一人。

第十五条　常务会董有缺额时，由执行会补选之，其任期以补足前任任期为限。

第十六条　执行会董会之职责如下：

一、召集会董大会、固定期会议及临时会议。

二、向会董大会报告会务。

三、执行会董大会之决议案。

四、关于权限内其他一切应办事项。

第十七条　监察会董会之职权如下：

一、考查本会职员是否称职。

二、审察本会预决算。

三、得函请召集会董大会临时会议。

四、得向会董大会提出弹劾案。

五、关于权限内其他一切应办事项。

第十八条　执行会董及监察会董有下列各款情事之一者,应即解任:

一、因不得已事故,经会董大会议决,准其退职者。

二、旷废职务,经会董大会议决,令其退职者。

三、于职务上违背法令,营私舞弊,或有其他重大之不正当行为,经会董大会议决,令其退职,或由武汉治安维持会或建设局令其退职者。

四、发生第十条各款情事之一者。

第十九条　本会执行会董及监察会董均为名誉职。

第二十条　本会事务所得酌设办事员,其名额薪资,由执行会董会议定会董大会议决之。(未完)

(《武汉报》)

2.武汉治安维持会公布商会暂行章程

(1939 年 4 月 16 日)

第四章　会　议

第二十一条　会董大会分定期会议及临时会议两种,均由执行会董会召集之。定期会议每年开会两次,临时会议于执行会董会认为必要或经会董代表十分之一以上之请求,或监察会董会函请,召集之。

第二十二条　会董大会之决议,以会董代表过半数之出席,出席代表过半数之同意行之,出席代表不满过半者,得行假决议,将其结果,通告各代表,于一星期后二星期内重行召集会董大会,以出席代表过半数之同意议行其决议。

第二十三条　下列各款事项之决议,以会董代表三分之二以上之出席。出席代表三分之二以上之同意行之,出席代表过半数而不满三分之二者,得以出席代表三分之二以上之同意,行假决议,将其结果通告各代表,于一星期后二星期内,重行召集会董大会以出席代表三分之二以上之同意,对假决议行其决议:一、变更章程。二、会董或会董代表之除名。三、职员之退职。四、清算人之选任及关于重大事项之决议。

第二十四条　召集会董大会应于十五日前通知之,但有第二十二条第二十三条之情形或因紧急事项召集临时会议者,不在此限。

第二十五条　执行会董会每月开会二次。其开会时,须有会董过半数之出席。出席会董过半数之同意,才能决议。可否同数,取决于会长。

第二十六条　监察会董会每月开会一次。其开会时临时互推主席一人,并须有会董过半数之出席。出席会董过半数之同意,才能决议。

第五章　经费及会计

第二十七条　本会经费分下列二种:

一、事务费由会董比例于其所派代表之人数及资本额负担之。

二、事业费由会董大会议决筹集之。

第二十八条　本会经费之预算决算及其事业之成绩,每年须编辑报告刊布之,并呈由建设局转呈武汉治安维持会备案。

第六章　附　则

第二十九条　本章程有未尽事宜,必须修改时,得召集会董大会,议决修改之并呈报建设局核转武汉治安维持会备案。

第三十条　本会办事细则,由执行会董会另订之。

第三十一条　本章程由建设局转呈武汉治安维持会核准后施行。

(《武汉报》)

9 月

1.当局防止奸商操纵　开会评定适宜物价

(1939 年 9 月 8 日)

当局防止奸商操纵　开会评定适宜物价　尤其煤、米两项市价猛涨不止　一般市民希望切实设法平抑

本报讯　武汉特别市政府,为谋统筹调剂三镇市民食品及防止买卖奸商人随意操纵物价起见,爰依据《武汉市场暂行法施行规则》第十四条之规定,组织物价决定委员会筹划一切进行事项。昨日(七日)下午二时,在市府会客厅由建设局召集各所属机关开第一次会议,出席者张市长、社会局长杨蔼堂、宣传局长徐养之、建设局长方达智、警察总监部刘翰如、财政局长索樾平暨市府秘书长杨恩蔚、参议同朝章等,主席张市长,记录杨仲康。

甲　讨论事项:

一、物价决定后之实施与商会暨同业公会有密切关系,应迅速设法组织商会及同业会(建设局提)。议决:一方面由物价决定委员会召集各有关机关评定标准市价颁布之;一方面积极计划成立商会,由市府秘书长会同临时司法部建设局警监总监部暨参议室拟具法规。

二、物价委员会范围广泛,应设置员司常川驻会,以利工作进行案(建设局提)。议决:由各有关机关派员详细调查共同协助办理之。

三、近日市面煤、盐两项售价增涨不已,应如何设法评定暨实施案(建设局提)。议决:(一)关于煤炭事项:一面与煤产关系人商洽,增加来源;一面函请各关系机关调查煤商操纵原因。(二)关于食盐事项:一面由执行机关严厉取缔外销,一面由财政局函盐政管理局拟具相当办法临时动议(社会局提)。

本市因军事关系尚未终了,物品运输来源不畅,以酌物价不能平衡,前以米价涨落及来源情形,曾派员查报,据多数米商之答言,佥以运输困难,来源不畅,虽遇本年丰收,而米价不能平落,希望便利运输及开放金口闸以济民食等情。业经据情报告市长设法畅流在案,米粮如此,

他物亦然。犹以米煤两物为民生主要物,首宜输畅,如何设法,使米煤两项首先能运,请大会公决施行,议决关于粮米高抬诚数涨作原因,由市府分函各有关机关详细调查,提交下次讨论散会。

(《武汉报》)

10 月

1.汉口特别市政府为审定商会章程及商工各同业公会章程致参议府函

(1939 年 10 月 30 日)

案据建设局呈称武汉市日臻繁荣,万商辐辏,亟组织各项产业团体,以便指挥监督,调整合理。兹为适应现时需要,爰参酌商工习惯,拟定武汉特别市商会章程暨商工各同业公会章程草案各一份,请核示等情到府。兹经审核修正,相应检同商会章程暨商工各同业公会章程两种草案,函请贵府提会审查通过,并希早见复,以便公布施行为荷。

此致

参议府

附武汉特别市商会章程草案一份,商工各同业公会章程草案一份。

11 月

1.总商会筹委会调查复归商人细则

(1939 年 11 月 1 日)

总商会筹委会调查复归商人积极编订公会细则。

武汉特别市总商会筹备处,经聘用之会计、文牍各一人,于昨已开始正式办公。此外,各常委逐日轮流,均有一人到处处理文件。其临时发生之事,务当通知各常委临时到处办理。目前,该会为编定各种公会组织细则,及调查商人复归事务,极为积极云。

(《武汉报》)

2.武汉特别市总商会筹备委员会第一次全体委员会议记录

(1939 年 11 月 3 日)

时间:二八·十一·三·下午二时

地点:本会办公室

出席委员:涂拔丞、彭华庭、姚维章、谢有标、蓝熙周、汪原润(涂拔丞代)、成禹门、万凤逸、

邹济之(蓝熙周代)、秦镜清、王养和

主席:涂拔丞

记录:王静周

开会如仪:

甲、报告事项

1.主席报告发起会议记录及筹备情形。

2.报告建设局垫支筹备费用账目。

乙、讨论事项

1.本会会议规则请核议案。

决议:宣读通过付印。

2.本会及同业公会章程应如何修订案。

决议:由常委审查后交下次会议讨论。

3.本会印信应如何请领案。

决议:呈请建设局转呈市府颁发。

4.本会登记规则请讨论案。

决议:并第二条办理。

5.各股办事细则请讨论案。

决议:初读通过付印。

6.本会会址一案经承建设局勘择,业主会房屋是否同意以俟回复案。

决议:推涂主任、蓝常委向建设局商洽办理。

丙、临时动议

增加办公员役案。

决议:交常委会酌量选用。

散会。

(119-127-152:19)

3.武汉总商会筹委会编制各种商业法规

(1939年11月7日)

武汉总商会筹委会编制各种商业法规,依据维新法令加以增删。

市商会筹委会各股,现在共同进行之主要工作,系商会法规,及各同业公会组织法之制定。闻该会之各种法规,即根据《维新政府法令汇编》内之各种商业规程为草稿,而加以增删,目下正在制定中云。

(《武汉报》)

4.武汉各界联合会拟设商余讲习所准备造就商业人才

(1939年11月10日)

本报讯　武汉各界联合会鉴于市政日势繁荣,各业均有长足进展,领导各业之商会业已筹备成立。今后武汉商场繁荣,定可预卜无限发展。据悉该会会长蓝熙周氏,为造就商业人才、培养商人道德、摈除不良习惯起见,拟由会筹设商余讲习所常识及日语簿记等项,使一般店员学徒均可获得高尚智。俾谋各业发展之助,闻所址问题尚待寻觅中,最短期间即可实现云。

(《武汉报》)

5.武汉特别市市政府参议府为审定商会暨商工业各同业公会章程致武汉特别市政府函

(1939 年 11 月 14 日)

武汉特别市市政府参议府公函　参秘字第 362 号

案准大府府书字第一零零二二号公函略开,案据建设局呈,称为适应现时需要,爰拟定武汉特别市商会章程暨商工业各同业公会章程草案一份,请核示到府。兹经审核修正检同商会章程暨商工业各业公会两种草案,送请提会审查通过,见复以便公布施行等情。附武汉特别市商会章程草案一份,商工各同业公会章程草案一份,准此当提经第二十五次定期议决,交社会建设合组审查,旋准该合组报告本案审查决议,均照该章程原条文通过。复提将本府十一月九日补行十一月四日临时会廷会议决,除本案商会章程草案第二条"市商会隶属于武汉特别市建设局受其监督指挥"句,修正为"市商会隶属于武汉特别市政府受建设局之监督指导",第四条市商会之职权于下之"于"字应修正为"如"字,第五条"经营工商业"五字下应增订"者均应"三字,给证书下"者均应"三字应删去,第十六条设理事五人至十一人句修正为"设理事九人至十五人"外,余照审查意见通过各等语,记录在卷,相应录案函复,查照并希公布施行为荷。

此致

武汉特别市市长张

议长　何佩瑢　副议长　石星川

6.建设局遵批呈赍市商会筹备委员会临时预算请核发日法币各两千元具领济用一案(呈赍临时预算概数表三份)

(1939 年 11 月 15 日)

案查职局为本市商会成立筹备会开会典礼费及开办并每月用费请由市库分别支给垫拨一案,经建总字第一四六一号签呈,奉钧座批示共编四千元之临时预算等因,并将原签呈加列提要辰第八三号发还下局,自应遵办。惟该会尚系粗创,各项开支尚待核实分配,谨拟具临时预算概数表三份,理合具文先行赍请钧座鉴核俯准,拨发日帑法币各贰千元,由该会具领济用,实为公便。

谨呈

市长张

计呈赍临时预算概数表三份。

武汉市特别市政府建设局局长　方达智

武汉特别市商会筹备委员会临时预算概数表

金额四千元		
科目	概数	备考
典礼费	三五九元	拟定期补行筹备委员会成立典礼约需牌楼一座,会场内外悬彩及租赁器具费六十元。招待西点:二十打啤酒,二打汽水,五折计五十元。茶炭十元,香烟十三元,标语布十元,摄影十六元,各项杂支二百元,合如上数
开办费	六四一元	约需购置器具费五百元,修缮房屋一百四十一元,合如上数
维持费	三千元	暂以二个月计约需会内员役薪饷,办公及会外交际等费用支一千五百元,合如上数

武汉特别市商会筹备委员会临时预算概数表

金额四千元		
科目	概数	备考
典礼费	三五九元	拟定期补行筹备委员会成立典礼约需牌楼一座,会场内外悬彩及租赁器具费六十元。招待西点:二十打啤酒,二打汽水,五折计五十元。茶炭十元,香烟十三元,标语布十元,摄影十六元,各项杂支二百元,合如上数
开办费	六四一元	约需购置器具费五百元,修缮房屋一百四十一元,合如上数
维持费	三千元	暂以二个月计约需会内员役薪饷,办公及会外交际等费用支一千五百元,合如上数

支出临时表

款项目	本次预算数	前次预算数	比较		备考
			增	减	
	建设局费	4000			
六、建设费	4000				
一、市总商会筹备费	4000				
一、市总商会筹备费	4000				按本件追加系准建设局呈奉市府核准支给市总商会筹备委员会成立典礼费三五九元,开办费六四一元,维持费三零零零元,合如上数

(9-31-8234:3-7)

7.武汉特别市商工各同业公会章程

(1939 年 11 月 16 日)

武汉特别市商工各同业公会章程

(中华民国廿八年十一月十六日公布)

第一章　总　则

第一条　凡在武汉特别市区域内,营工商业者为维持及增进同业之公共利益,并矫正营业之弊害,应各组同业公会定名为武汉特别市(某)业同业公会,其事务及组织悉依本章程行之。

第二条　同业公会应受武汉特别市政府建设之监督指挥,并应向市商会或其分会登记为会员。

第三条　同业公会应将设置事务所之地点报请市商会转呈建设局备案。

第四条　同业公会办理之事务如下:

一、承受武汉特别市市政府暨各主管机关及市商会或分会委托之事件。

二、维持并促进同业之公共利益。

三、解决同业公司或行号之纠纷。

第二章　会　员

第五条　凡同一地方之同业公司及行号均得为同业公会会员,单须向公会登记其牌号及店主并经理人姓名、年龄、籍贯、公司行号所在地,其无正式牌号组织及曾受除名之处分者不在此限。每一公司货或行号得派会员代表一人或二人出席同业公会,但以经理或店主为限。

第六条　各公司行号推举会员代表出席于全体会员大会时,应付与委托书并通知公会,其改退会员代表时亦应依前项之规定办理。

第七条　有下列各款情形之一者不得为会员代表:

一、褫夺公权者。

二、有反动行为者。

三、受破产之宣告尚未复权者。

四、无能力者。

第八条　凡同业公会会员均有遵守公会章程及服从公会决议案之义务。

第九条　同业公会会员代表有提议权、表决权、选举权、被选举权。

第十条　凡已经加入同业公会之会员如因特殊情形而欲退出时,须陈明理由、经过大会核准方能退出,所缴各费概不退还。

第三章　组　织

第十一条　同业公会议决机关为会员大会由全体会员代表组织之。

第十二条　同业公会会员代表大会之任务如下:

一、选举理事。

二、审定章程。

三、会员代表之除名事项。

四、职员之退职事项。

五、清算人之选任及关于清算事项之议决。

六、同业规约之依定。

七、其他关于公会会务之重要决议。

第十三条　同业公会由会员大会就会员代表中用无记名选举法选任理事五人至十一人组织,理事会选任三人至五人组织监事会并另选候补理事一人至五人,候补监事一人至三人。

第十四条　同业公会由理事互选三人至五人为常务理事,再由常务理事中推举一人为理事长。

第十五条　理事长之职务如下:

一、召集会员大会之定期会议及临时会议。

二、向会员大会报告会务及其他事项。

三、执行会员大会之决议案。

四、预决算之编制及报告事项。

五、关于其他应办事项。

第十六条　监事之职权如下:

一、考查本会职员是否称职。

二、审查本会预决算。

三、函请理事长召集临时会员大会。

四、向会员大会提供弹劾案。

五、关于监事职权内之应办事项。

第十七条　同业公会职员均为无给职,组织因办理同业会务得核实给公费。

第十八条　同业公会理事由下列各款情形之一者应即解任:

一、因不得已事故经会员大会议决准其退职者。

二、旷废职务经会员大会议决令其退职者。

三、于职务上违背法令、营私舞弊或有其他不正当行为,经会员大会议决令其退职,或由武汉特别市市政府建设局令其退职者。

四、发生本章程第七条各款情事之一者。

第十九条　同业公会得酌用雇员其人数及薪金由理事会决定之。

第四章　任　期

第二十条　同业公会理事监事之任期为四年。每两年选举半数不得连任,其第一次改选以抽签定之,但人数由奇数时留任者之人数得较改选者多一人。

第二十一条　常务理事有缺额时由理事会选补之。理事缺额由候补理事依次递补之,其任期均补足前任任期为限。监事缺额时,由候补监事依次递补其任期,以补足前任任期为限。

第五章　会　议

第二十二条　同业公会会员大会分定期会议与临时会议两种,由理事长召集之。

一、定期会议每年依次于十二月召开之。

二、临时会议历时认为必要时或会员代表十分之一以上之请求暨遇到紧急重大事项时召集之。

第二十三条　会员大会须会员代表过半数之出席方能开会,提议事项须出席代表半数之同意方能解决。关于本章程第十二条各款事项之决议,以会员代表三分之二以上之出席,出席代表三分之二以上之同意行之。

第二十四条　召集会员大会应于十五日以前通知之,但遇有紧急事项召集临时会议时不在此限。

第二十五条　理事会每月开会二次,但有特别事故得由理事长召开临时会。

第二十六条　理事会开会时以理事长为主席,如理事长因故请假时,由常务理事轮代之,监事开会时互推一人为主席。

第二十七条　理事会之决议,以理事过半数之出席、出席理事过半数之同意行之。监事得列席理事会,但无表决权。

第六章　经　费

第二十八条　同业公会经费分下列二种:

一、经费由会员大会决议后会员分担之。

二、临时费由会员大会决议筹集之。

第二十九条　同业公会经费之预算决算及事业之成绩,每年编制报告向会员大会报告后经由市商会转呈建设局备案。

第七章　附　则

第三十条　本章程如须修改时,应由会员大会决议后呈送建设局转呈市长核准行之。

第三十一条　同业公会办事细则由理事会订定呈报建设局备案。

第三十二条　同业之规约由大会议定送请市商会转呈建设局核定行之。

第三十三条　本章程自公布尔日施行。

8.武汉特别市为商会章程暨市商工业各业同业公会章程公布令武汉特别市参议府

(1939 年 11 月 16 日)

案据建设局呈拟武汉特别市商会章程暨商工业各业公会章程草案各一种,寄请核示等情。据此,兹经分别审核修正,函准武汉特别市参议而审查通过函复到府,除公布并分行外,合行抄发原件,令仰该处、部、局知照并饬属知照,此令。计发武汉特别市商会章程一份,商工业各业公会章程一份。

案准。贵府参秘字第三六二号公函开,准□送武汉特别市商会章程暨商工业各业公会章程草案一份,除商会章程第二条及第四条、第五条、第十六条等,又酌予修正外,余均照审查意见通过函请查照公布等由准此,除照修正案公布并分行外,相应函复查照。

此致

武汉特别市参议府

9.武汉特别市总商会筹备委员会第二次全体委员会议记录

(1939年11月18日)

时间:二八·十一·十八·午后二时

地点:本会办公室

出席委员:涂拔丞、秦镜清、蓝熙周、姚维章、彭华庭、谢有标、王养和(涂拔丞代)、万凤逸、汪原润(蓝熙周代)、成禹门

缺席委员:邹济之

列席人:谢伯进、苏菊村

主席:涂拔丞

记录:姚心辅

开会如仪:

甲、报告事项

主席云:今日为第二次全体委员会关于报告事项,根据议事日程循序报告如下:

一、收文十一件,发文一件。(事由略)

二、报告本会第一次常务委员会会议记录请查照由。

三、本月十三日及十七日先后召集米业负责人及粮食行同业谈话记录,报请查照由。

四、准社会局函为组织冬赈办事处函请本会主任委员出席参加,报请查照由。

五、报告本会常委姚维章拟具修改章程细则案,请查照由。

乙、讨论事项

一、市府宣传局函送汪精卫先生讲演唱片、广东国语各十五张,请转发各同业公会应用,应如何办理,请核议案。

决议:暂行保存。

二、本会章程原系建设局颁行,现因事实上有修改之必要,拟定修改章程草案,可否照案修改呈请建设局修正施行,请核议案。

决议:(甲)照修改案一致通过。(乙)审查组组长由主任委员兼任之。

三、本会会议规则、各组办事细则及预算案均与本会章程相关联,现经参合姚常委意见分别拟定草案,请审核决议案。

决议:通过。

四、本会为办事便利计,添聘友帮小川福本先生为本会顾问,请追认案。

(119-127-152:20)

10.武汉市政府建设局训令总商会筹备委员会

（1939 年 11 月 20 日）

案据两湖竹木业总公会周瑗庵等呈称，为拟请组合商工同业筹备汉阳商会，恳予转知武汉特别市总商会筹备委员会，依据商会组织章程第三条，召集汉阳各商工同业代表筹组汉阳商务分会，以谋团结，而促繁荣事。窃汉阳自经事变以还，幸赖友军本相互提携之旨，谋兴亚发展。是故，商民复归复业，莫不咸歌升平。近值新政权发轫之际，而武汉商工代表秉承市政府命令，应时代之需求，如是有筹组议汉特别市总商会之议。值此筹备成立人选既空，而汉阳居三镇之一，自不能独抱向隅，商民等有见及此，爰集汉阳各商会代表许诺会议，经一致决定，推举陈君吉安为筹备汉阳商会主经。委员陈君吉安历充前湖北省商会联合会常务委员暨前汉阳商会常务委员十有余年，事变后又充任汉阳区治安维持会参事暨武汉民众救国会汉阳分会长等职，商民等所呈是否相合，为此先行联名呈恳钧局鉴核，准予转知武汉特别市总商会筹备委员会，依据商会组织章程第三条之规定，迅赐召集汉阳各商工同业代表筹组汉阳分会，以谋团结而促繁荣，则不胜屏营待命之至等情。据此，合行令仰该会迅行核议是复，以凭核夺。此令。

局长　方达智

十一月二十日

（119-126-251：1-3）

11.武汉特别市商会章程

（1939 年 11 月 22 日）

（本章程于十二月二十五日奉武汉特别市市政府法字第一二〇号令将武汉特别市商会名称增订为武汉特别市总商会）

中华民国二十八年十一月二十二日奉武汉特别市市政府命令公布。

第一章　总　则

第一条　武汉特别市工商业者为谋营业之振兴与对外贸易之发展得组织市商会，其组织应依照本章程行之。市商会应定名为武汉特别市商会（以下简称市商会）。

第二条　市商会隶属于武汉特别市政府，受社会局之监督指导。

第三条　市商会会址设于汉口，因事实上需要，得于武昌、汉阳设置分会。

第二章　职　权

第四条　市商会之职权如下：

一、关于筹议工商业之改良发展及救济事项。

二、关于工商征询及通报事项。

三、关于国际贸易之介绍及指导事项。

四、关于工商业纠纷之调处及公断事项。

五、关于工商业之证明及鉴定事项。

六、关于工商业之调查、统计、编纂等事项。

七、关于在工商业范围内建议政府并接受其委托代办事项。

八、关于筹设各种民营公用商业场、社会所暨其他有关工商之公共事业及学校事项。

九、关于联合发展经济事项。

十、关于国际工商业之联络协助等事项。

第三章　会　员

第五条　凡在武汉特别市区域内经营工商业者,均应市商会登记证书及市商会会员。

第六条　市商会会员分下列二种:一、同业公会会员;二、公司及商店会员。

第七条　同业公会应推举代表人出席市商会,名曰会员代表。

第八条　会员代表以在本地区域内经营工商业之中华民国人民,年在二十五岁以上经商会登记为会员者为限。

第九条　每一同业公会至少推举会员代表一人,如同业全体之资本超过二十万元者加推一人,三十万元以上者每十万元加推一人,但每一同业公会至多不得逾七人。

第十条　凡公司商店并无同业公会之组织,经市商会登记为会员者,每一公司或商店亦得推举代表一人。

第十一条　会员代表有表决权、选举权及被选举权。

第十二条　有下列各款情事之一者不得充当商会会员代表:

一、剥夺公权者。

二、有反动行为者。

三、受破产之宣告尚未复权者。

四、无能力者。

第十三条　会员代表得由原推举之会员随时更换,但已选为市商会理事监事者,非有依法应解任之事由,不得将其撤换。

第十四条　会员代表有不正当之行为致妨害市商会名誉者,得以会员大会之决议将其除名,并通知该公会、公司或商店另行指派会员代表。其会受除名处分之会员代表,自除名之起日三年以内,不得再充会员代表。

第十五条　会员遇有特别事故得申叙理由申请出会。

第四章　职　员

第十六条　尾句拟加"此外并设评议员若干人,以在本市商界□□声誉,而有商业历史地位(者)称商会理事长,查核误为有延揽之必要者,得召开理事会议议决,由商会呈转社会局呈市长核定,复由商会聘任之"。(与原资料不符,没这一条)

第十六条　市商设理事九人至十五人,监事三人至九人,后补理事一人至三人由会员大会就会员代表中用记名联记法选任之。

第十七条　市商会为执行会务得于各理事中互选常务理事三人至七人,并就常务理事中推举二人至五人报请建设局转请武汉特别市市长圈定其中一人为理事长总理会务。

第十八条　理事及监事之任期均为四年,每二年改选,半数不得连任,第一次改选以抽签定之。如理事人数为奇数时留任之,人数较改选者多一人。(补充的)

第十九条　理事监事有缺额时,由候补理事监事补充之,其任期以补足前任任期为限。

第二十条　理事会之职权如下:

一、召集会员大会报告定期会议及临时会议。

二、向会员大会报告定期会议及临时会议。

三、执行会员大会之决议案。

四、关于预算决算之编成及报告事项。

五、关于职权内其他一切应办事项。

第二十一条　监事会之职权如下:

一、考查本会职员是否称职。

二、审查本会预决算。

三、函请理事会召集临时会员大会。

四、向会员大会提出弹劾案。

五、关于权限内其他一切应办事项。

第二十二条　评议员之职权如下:筹拟复兴本市工商业计划;关于理事长交办工商业纠纷之调处及公断事项列席会议(原第二十二条改为第二十三条余均依法照改)。(与原资料不符,没这一条)

第二十二条　理事及监事有下列各项情事之一者应即解任:

一、因不得已事故经会员大会议决令其退会者。

二、旷废职务经会员大会议决令其退会者。

三、于职务上违背法令营私舞弊或其他重大之不正常行为经会员大会议决令其退职暨由武汉特别市市长或社会局长令其退职者。

四、发生第十二条各款情事之一者。

第二十三条　理事及监事及评议员均为义务,但常务理事及理事长得按商会之经费情形由会员大会议决酌给公费。

第二十四条　市商会得酌设办事员,其名称、薪资由理事会议定提交会员大会公决之。

第五章　会　议

第二十五条　会员大会分定期会议及临时会议两种,均由理事会召集之。定期会议每年开会两次,于六月十二日举行之。临时会议经理事会认为有必要或由会员十分之一以上之提议及监事会之函请经理事长同意时召集之。

第二十六条　会员大会须会员代表过半数之出席方得开会,提议事项以出席代表过半数之同意议决之。

第二十七条　下列各款事项之议决以会员代表三分之二以上出席,出席代表三分二以上之同意行之:

一、决定预算核定决算。

二、变动规程。

三、会员或会员代表之除名。

四、职员之退职。

五、清算人之选任及关于清算事项之决议。

第二十八条　召集会员大会应于十五日前通知之,但因紧急事项召集临时会议者不在此列。

第二十九条　理事会每月开会二次须有理事过半数出席方能开会,出席理事过半数之同意方能决议,可否同数时方取决于理事长。

第三十条　监事会每月开会一次须有监事过半数之出席方能开会,出席监事过半数之同意方能议决,监事会开会时由出席监事互推一人为主席。

第六章　经费与会计

第三十一条　市商会之会计年度自一月一日至十二月三十一日止。

第三十二条　市商会经费分下列二种:

一、事务费由会员大会议决以资本之比例分担之。

二、事业费由会员大会议决筹集之。

第三十三条　市商会经费之预算决算及其事业之成绩,每年须编辑报告刊布之,并呈由社会局转呈武汉特别市市政府备案。

第七章　解散及清单

第三十四条　市商会之解散,须经会员代表四分之三以上出席,代表三分之二以上之同意方得决议之。前项决议,非呈经社会局转呈武汉特别市市政府核准,不生效力。

第三十五条　市商会解散时,得依决议选任清算。如选任后有缺员者更行补选清算人不能选任时,得由主管行政官署指定之。

第三十六条　清算人由代表市商会执行清算上一切事物之权。清算人所定清算及处理财产之方法,须经会员大会之决议。会员大会不为前项之决议或不能决议时,清算人得自决算清算及处理财产方法,但非经呈请武汉特别市市长核准,不生效力。

第三十七条　市商会所有财产不足清偿债务,其不足额定依照第三十二条第一款之规定比例分担之。

第八章　印章及分会

第三十八条　市商会暨各分会之关防钤记由武汉特别市市政府刊发。

第三十九条　分会隶属市商会一切悉依本章程之规定。

第四十条　市商会及其分会之办事细则由理事会拟定,呈由建设局转呈武汉特别市市长核准施行。

第九章　附　则

第四十一条　本章程自公布尔日施行。

12.武汉特别市总商会筹备委员会第三次全体委员会议记录

（1939 年 11 月 25 日）

时间：二十八·十一·廿五·下午二时

地点：本会办公室

出席委员：彭建廷、涂拔丞、姚维章、谢有标、成禹门、秦镜清（涂拔丞代）、汪原润（涂代）、王养和（涂代）、万凤逸、蓝熙周

假设委员：邹济之

列席人：谢伯进、苏菊村

主席：涂拔丞

记录：姚心辅

开会如仪：

甲、报告事项

一、收文十二件，发文二十三件。（事由略）

二、执行上次讨论议决第五、七、八案，已分别函呈请查照由。

三、机器米业组织同业公会筹备会已由建设局修正简章，令发知照报请查照由。

乙、讨论事项

一、建设局令核议周瑗庵等请准筹备汉阳商会，究应如何办理，请核议案。

决议：原则通过，筹备委员人选及如何产生呈请建设局送予核示办理。

二、建设局令转杂木柴行业公所请准制发证章案，发据调查员呈复，惟查该同业公会尚未组织成立，似无据以制发证章，究应如何办理，呈复请核议案。

决议：呈复建设局转饬该公所照章组织同业公会后，另拟适当方法呈局核办。

三、建设局令饬商人王晋澄等请组设盐业零贩帮公所，又接到大同盐号及殷玉山等亦请组织盐业贩商公会，经交调查组核办，惟呈请分歧究应如何办理，请核议案。

决议：援第二次全体委员会临时动议第二案决议办法办理。

四、建设局令转油箱白铁业公会筹备会请组织公会业，据调查呈复，应否准其组织筹备，请核议案。

决议：查案呈复建设局径行核示办理。

五、建设局令核议石灰业呈请抽收办公费，应如何议复，请公决案。

决议：呈复建设局请饬令照章组织同业公会，至于抽收会费应依据会章办理。

（119-127-152：21-22）

13.武汉特别市总商会筹备委员会为遵令核议周瑗庵等请准筹备汉阳商会一案呈市政府建设局

（1939 年 11 月）

案奉钧局本年十一月二十日建商字节 1733 号训令，除原文邀免全录外内开：案据两湖竹

木业总工会周瑗庵等呈称拟请组合商工业筹备汉阳商会,令仰该会迅行核议,具复以凭核夺此令。等因,奉此。遵于本月二十五日提出第三次全体委员会议,详加讨论,佥以筹组商会。为谋市面繁荣,人民安居乐业计,自应赞同。惟现定事程,汉阳□□分会,其筹备人选与为何产生,应由主管官员核定,业经一致决议,原则通过。所有该分会筹备委员人选及为何产生,应呈请建设局径行核示办理等语记录在卷,令奉前因,理合将核议缘由备文呈请鉴核施行。

谨呈

武汉特别市市政府建设局局长方

(全衔)主任委员涂拔

常务委员　蓝熙、姚维、成禹、谢有

(119-126-251:4-5)

12 月

1.武汉特别市市政府建设局为奉发商会章程等件呈市政府

(1939 年 12 月 1 日)

案查职局前经拟具商会暂行章程等件,呈奉钧府府书事计字第一一三四号指令内开,呈件悉。案经本府将武汉特别市商会章程及商工业各业公会章程两件审核修正,函准武汉特别市参议府审查通过函复到府,除公布并分行外,随令抄发原件,仰即遵照办理,具报备查等用,计发商会章程及商工业各业公会章程各一件。奉此遵即抄同,奉发各原件转令市商会筹备委员会,仰即迅速遵照章程进行组织正式商会,并将各业公会章程转发职局,已准筹备之各业公所,迅组正式同业公会,其报备查合,将遵办情形文呈报,钧府鉴核备查。

谨呈

市长张

武汉市特别市市政府建设局局长　方达智

2.武汉特别市总商会筹备委员会第四次全体委员会议记录

(1939 年 12 月 2 日)

时间:二十八 · 十二 · 二 · 下午二时

地点:本会办公室

出席委员:秦镜清、涂拔丞、汪原润(涂拔丞代)、王养和(涂拔丞代)、谢有标、姚维章、邹济之、彭建廷、成禹门、蓝熙周、万凤逸

列席人:谢伯进、苏菊村

主席:涂拔丞

记录:姚心辅

开会如仪：

甲、报告事项

一、收文六件，发文九件。（事由略）

二、执行上次讨论议决各案已分别呈复，并函召盐业各呈请人定于本月四日谈话，请查照由。

三、令颁本会钤记已备制判费具领，并于本月一日分别呈函启用，请查由。

乙、讨论事项

一、调查汉口旧货业同业公会筹备会已自行登记二千余家，并制发证书一千余张应如何办理呈复，请核议案。

决议：根据调查报告呈复建设局核办。

一、调查汉口肉业及水土果杂货业两同业公会为整理帮规请速组织，应否准其筹备，请核议呈报案。

决议：呈复建设局准其筹备组织，惟水土果杂货业名称似有混淆，应请该业负责人到会商洽。

二、调查柴炭业同业公会仅黄陂帮等十一家呈请组织，应如何指定筹备方案，请核议呈复案。

决议：呈复建设局准其组织，但须更改名称为柴煤业较为适当。

三、本会钤记已领同业公会章程，虽未转发到会，两段章已经登载，应否提前进行商定内部办事程序及方法，请核议案。

决议：一、关于各同业公会筹备人问题应呈请建设局派员与本会共同组织审查委员会决定之。

二、对于各业办事程序先登记须调查，经审查合格后再行组织其办法列下：

（1）调查办法

①有来文者据文调查。

②无来文者登记后调查。

（2）登记办法：

①有同业公会筹备会者交该筹备会登记。

②无筹备会者自行登记。

丙、临时动议

一、蓝常委提商会章程内务总商会之总字应呈请添订请讨论案。

决议：通过。

二、蓝常委提近来市面辅币缺乏，应如何设法救济，请讨论案。

决议：呈建设局转呈市府设法救济。

散会。

（119－127－152：23－24）

3.财政局为造赍十月至十二月份预算第六十九次追加建设局支出预算一案

（1939 年 12 月 8 日）

钧府交下建设局呈一件：为呈赍市商会筹备委员会临时预算请核发日法币各两千元，具领济用等由，经府秘书处签交财政局核复奉批“可”。等因。查市商会筹备会开会与礼费及开办，并每月用费共编四千元。临时预算系经建设局呈奉批准，有案自应遵办，惟此项拨款拟请钧府令敕建设局转行该商会应在核准四千元范围内，撙节开支，实报实销，以重公帑。奉批前因理合检同原件并造具二十八年十月至十二月份预算第六十九次追加建设局商会筹备费支出预算书一份，一并备文呈赍伏祈鉴核，分令饬遵再此项追加预算，一俟奉准拟在十月至十二月份预算预备费项下转拨列支合并陈明。

谨呈

武汉特别市市长张

计呈赍第六十九次追加建设局支出预算书一份。

又呈缴建设局原呈一件附预算概数表二份。

武汉特别市政府财政局局长　索樾平

（9-31-8234：1-2）

4.武汉特别市总商会筹备委员会第五次全体委员会议记录

（1939 年 12 月 9 日）

时间：二十八 · 十二 · 九 · 下午二时

地点：本会办公室

出席委员：蓝熙周、彭建廷、成禹门、秦镜清、涂拔丞、王养和（涂拔丞代）、汪原润（涂拔丞代）、谢有标、万凤逸、姚维章（谢有标代）

请假委员：邹济之

列席人：苏菊村

主席：涂拔丞

记录：姚心辅

开会如仪：

甲、报告事项

一、收文十件，发文一百十六件。（事由略）

二、执行上次讨论决议各案已分别呈复，请查照由。

三、准武汉民众促成新中央政权大会筹备会函，以定于十二月八日开首次筹嘱派负责代表指导等，由已请蓝常委代表请查照由。

四、本会因开支员工薪饷，已向建设局领借日币一千五百元，法币五百元，请查照由。

乙、讨论事项

一、本会商人登记规则业经拟就是否通过，请公决案。

决议:修正通过。

二、本会顾问福本先生已商准拨借前业主会会址为本会会址,应否借用,请讨论案。

决议:保留。

散会。

(119-127-152:25)

5.湖北高等法院为案奉武汉司法部关于正名的训令致武汉特别市总商会筹备委员会公函

(1939 年 12 月 9 日)

案奉武汉司法部训令总字第一二号内开:查本部业经改隶武汉参议府管辖,并奉令改为武汉司法部,已令行该院遵照在案。惟查所属各级院厅暨监狱从前均冠有"武汉特别市"字样,亟应重为厘定,以正名称而明系统。兹将原武汉特别市高等法院改为湖北高等法院,高等检察厅改为湖北高等检查厅,汉口地方法院改为湖北汉口地方法院,汉口地方检察厅改为湖北汉口地方检查厅,武昌地方法院改为湖北武昌地方法院,武昌地方检察厅改为湖北武昌地方检查厅,武汉特别市监狱改为湖北第一监狱,武汉特别市临时司法部司法讲习所改为武汉司法部司法讲习所。除呈明武汉参议府并另案呈请修正法院组织法外,合亟令仰该院遵照,并饬属遵照。此令! 等因,奉此。除分别函令外,相应函达,即希查照,并烦转饬所属知照为荷。

此致

武汉特别市总商会筹备委员会

院长　黄炳言

6.市政府指令:为追加建设局支出预算一案

(1939 年 12 月 11 日)

武汉特别市市政府指令　府计字第 12548 号令财政局局长索樾平呈一件造赍十月至十二月份预算第六十九次追加建设局支出预算书一案。

呈件均悉。准为所拟办理,除令建设局遵照外,仰即知照知。

此令。件存。

指令　府计字第 12549 号令建设局局长方达智呈一件:遵批呈赍市商会筹备委员会临时预算请核发日法币各两千元具领济用一案。

呈件均悉。案经饬按财政局呈复称查市商会筹备会开会典礼费,并每月用费,共编四千元。临时预算既经建设局呈奉批准有案,自应遵办。惟此项拨款,拟请令饬建设局转行该商会,应在核准四千元范围内,撙节开支,实报实销,以重公帑。谨造具追加建设局支出预算书,为蒙核准,拟在十月至十二月份预算预备费项下特拨列支等情追加预算书一份,按此查所拟尚实不合,除指令照准外,合行抄发原书,仰即转饬遵照。此令。

计抄发追加预算书一份。

(9-31-8234:8-9)

7.武汉特别市市政府建设局为据遵令核议周瑗庵等请筹备商会一案指令总商会筹备委员会

（1939 年 12 月 12 日）

令武汉特别市总商会筹备委员会呈一件：为遵令核议周瑗庵等请筹备商会一案，原则通过，惟筹备人选及如何产生，请径予核示办理由。呈悉。查所称各节，尚属妥当，惟筹备人选及如何产生，应由汉阳办事处就近核定指导。除函请该处查照办理及指令该周瑗庵等遵照并呈报市政府备查外，仰即知照。此令。

局长　方达智

十二月十二日

（119-126-251，6）

8.建设局检呈市总商会筹备委员会十一月份预算书祈鉴核示遵一案（呈赍预算书二份）

（1939 年 12 月 15 日）

案据本市总商会筹备委员会委员涂拔丞等呈称：呈为编制支出指示书，仰祈鉴核俯赐转请给领而维会务事，窃查属会奉令筹备即行开始办公，惟在筹备期间自本年度十一月份起每月经常费用如行政、办公、交际等项在需与开支，理合造具二十八年度十一月份支出预算书三份备文，呈请钧长鉴核俯赐批示，只遵以利进行等情。附预算书三份。据此查该会经费，前经职局于十一月十五日以建总核转合在案，兹据预算书列各数核与原送组织章程大致尚无不合，除将原预算提存一份备查外，理合检呈预算二份具文赍请钧府鉴核指示饬遵。

谨呈

市长张

计呈赍预算书二份。

武汉特别市政府建设局局长　方达智

武汉市特别市总商会筹备委员会民国二十八年度十一月份支出预算书

支出经常门		
科目	本月份预算数	备考
第一款　经常费	三六七八元	
第一项　总商会筹备费经费	三六七八元	
第一目　行政费	二一二八元	
第一节　俸给	一八二〇元	秘书一人、法律顾问一人月各支二百元，顾问二人月各支一百五十元，一等事务员四人月各支一百二十元，二等事务员四人月各支一百元，三等事务员三人月各支八十元，合如上数

(续表)

支出经常门		
科目	本月份预算数	备考
第二节　工饷	三〇八元	录事四人月各支五十元，公役六人月各支十八元，合如上数
第二目　办公费	五五〇元	
第一节　笔墨文具	一〇〇元	
第二节　印刷费	二〇〇元	
第三节　邮电费	五〇元	
第四节　消耗费	五〇元	
第五节　购置费	五〇元	
第六节　杂费	一〇〇元	
第三目　交际费	一〇〇〇元	
第一节　交际	一〇〇〇元	一切招待应酬等费

(9-31-8234:11-14)

9.各行商呈请设立公会筹委会已从事调查七十家以上即正式成立商会

(1939 年 12 月 15 日)

中联社武汉讯　自武汉特别市各行同业公会组织法公布以后，本市各行商纷纷呈请组织公会，并请市商会筹备委会加以指导，该会现已接到请求者，计人力车贸易行公会等十余家。现在从事调查审核工作，并对尚未成立公会之商行派员调查促其早日筹备，该会计划各行公会成立达七十家以上，即可召集选举大会，正式成立总商会云。

(《武汉报》)

10.武汉特别市总商会筹备委员会第六次全体委员会议记录

(1939 年 12 月 16 日)

时间：二十八·十二·十六·下午二时

地点：本会办公室

出席委员：姚维章、成禹门、涂拔丞、彭建廷、万凤逸、蓝熙周、谢有标(姚维章代)、汪原润(涂拔丞代)、王养和(涂拔丞代)、邹济之

请假委员：秦镜清

列席人：苏菊村

主席：涂拔丞

记录：姚心辅

开会如仪:

甲、报告事项

一、收文十四件,发文十件。(事由略)

二、执行上次讨论第一案,决议呈建设局备案,请查照由。

三、建设局令本会组织章程已略予修正,转呈市府核示,请查照由。

四、建设局令迅速组织各同业公会,请查照由。

乙、讨论事项

一、本会登记商人应自何日开始,请公决案。

决议:俟章程印就登报通告之次日开始登记。

一、蓝组长参加码头公会力价会议,应否由本会审定修改,请核议案。

决议:(1)缮贴力价表一面登报通告。

(2)搜集资方意见,提会讨论。

丙、临时动议

一、武汉报中华区分社商借本会上区登记处一隅办公,可否照借,请公决案。

决议:照借。

(119-127-152:26)

11.武汉特别市市政府建设局训令市总商会筹备委员会主任委员涂拔丞

(1939年12月20日)

案准汉阳办事新字第202号咨呈内开:案查武汉特别市总商会筹备委员会章程草案第三条,内载本会以武汉特别市区域为区域,武昌、汉阳得设分会等语。主任以汉阳犄角武汉,事变以遂,人口日趋繁盛,工商业亦逐渐发达,实有组设分会之必要。现任主任博访周咨就分案中负有声誉,品行端正之人遴选九人为武汉总商会汉阳分会筹备委员会委员,其筹备委员会所拟替附设于本办事处内,暨经就商,军特务部汉阳分室班长植村极表赞助,嘱照奉组织并取得遴选委员同意,是否有当,理合开具名单一纸,咨请大局查核指导,特呈市府分别核查,以利进□,并转引总商会筹备委员会知照等由,准此,除经抄同原□名单备文转呈市政府核查外,合行抄同原名单,令仰该会知照。此令。

附抄发名单一件。

局长　方达智

十二月二十日

计抄拟定武汉特别市总商会汉阳分会筹备委员会委员名单

夏汉卿、杜廿丞、刘南偕、萧良丞、李炳南、周瑗庵、陈圭安、刘宝亭

(119-126-251:7-9)

12.财政局签注市商会筹委会开办需费

（1939 年 12 月 22 日）

查市商会筹委会前因筹备伊始开办需费，曾由建设局呈奉钧长批准共拨四千元。惟该商会乃商民自营之团体，似不应由政府长期担任经费。所请核定十一月份预算究应如何办理之处，乞核示，按现在情况不能不补助，以资促进其早日成立，应准之。

财政局局长　索樾平谨签　十二月二十二日

（9-31-8234:10）

13.武汉特别市总商会筹备委员会第七次全体委员会议记录

（1939 年 12 月 23 日）

时间：二十八·十二·廿三·下午二时

地点：本会办公室

出席委员：成禹门、涂拔丞、汪原润（涂拔丞代）、王养和（涂拔丞代）、秦镜清、谢有标、姚维章、蓝熙周

请假委员：万凤逸、彭建廷、邹济之

列席人：苏菊村、谢伯进

主席：涂拔丞

记录：姚心辅

开会如仪：

甲、报告事项

一、收文十九件，发文十一件。（事由略）

二、本会上次议决各案均已执行完毕，请查照由。

三、本会商人登记规则已奉建设局令转市府备案，请查照由。

四、市府冬赈办事处请广为劝募米款寒衣，请查照由。

乙、讨论事项

一、卫生局函送□□委员会记录，并请本会派员充任委员赴会办公，请核议推举案。

决议：公推蓝常委熙周参加，函复卫生局查照。

二、贸易人力车帮公所造具会员名册，请示期改选，随又自完本月廿五日改选，请派员指导应如何办理，请核议案。

决议：请谢常委有标前往指导，仍令该会照章补完手续。

三、本会开办费预算已补造呈报，请追认案。

决议：追认。

四、本会十二月份预算因时间将满，已先行造报，与十一月份预算大致相同，请追认案。

决议：追认。

五、本会廿九年度元、二、三三个月预算先行造报，已分别编造，请核该案。

决议：照案通过。

六、建设局训令山货行业代表王本利等请组织行业公会，可否，请核议呈复案。

决议：俟调查后再行核议呈复。

七、建设局指令旧货业同业公会，凡有固定牌号地点，各商仍应准其成立，本会有无异议，请讨论案。

八、本会组织组谢组长提拟定同业公会组织须知，并制定各种式样，已由法律顾问分别审定，请核议案。

决议：通过。

丙、临时动议

一、劳工协会函请本会调查码头工人力资表，业据调查呈复，应如何办理，请核议案。

决议：根据调查情形函复。

二、同业公会章程第五条第二项规定会员代表一人或二人，疑由流弊，拟具呈市府申述理由，请加修改案。

决议：备文呈请修改。

散会。

（119-127-152：27-28）

14.武汉特别市政府为商会章程名称增订“总”字案令

（1939 年 12 月 24 日）

案据建设局武汉特别市总商会筹备委员会呈：为奉颁武汉特别市商会章程，似应增加“总”字，以明系统而符成例。查武汉居全国中心，为进出口贸易之集中地，与津、沪、宁、粤等重要商埠并驾齐驱，久为中外工商业所重视，故从前汉口商会之名称，向冠有“总”字。现在上海、南京均以特别市及商业繁盛之关系，设立总商会，并已着为法令，即市府颁发属会钤记，亦系总商会筹备会。而奉颁章程，又有武昌、汉阳得设置分会之规定，则章程内“商会”二字之上，似须冠以“总”字，方与分会有别，并于向来名称及各重要商埠之成例相符。拟请增订“总”字核示施行等请饬呈到府，查所请尚属可行，除将武汉特别市商会章程名称订为“武汉特别市总商会章程”公布暨指令遵照外，相应函达，查照提会追认见复为荷。

此致

敬礼

武汉参议会

（训令）府计事书字第 13025 号

15.商会筹委会集中全力办理登记工作　内部整备工作已告一段落

（1939 年 12 月 27 日）

市商会筹委会内部经月余之筹备，各股事宜，均已准备就绪，自昨（二十六）日起集中该会全部力量，办理全市商店登记工作，以便早日促成各公会之成立。该会为各商家便于登记起见，特辟清芬二马路房产业主会，难民区淮盐公所及扬子街清益里，武汉青年协会，□门等三处为商店登记处云。

（《大楚报》）

16.市政府指令：为市商会筹委会十一月份预算一案

（1939 年 12 月 28 日）

武汉特别市市政府指令　府计字第 13433 号令财政局局长索樾平签呈一件：签复市商会筹委会十一月份预算一案。

签呈悉。按该会现在情况不能不给予补助，以资促进其早日成立。应而准为所请，令行检发原预算书，仰即遵照办理具报。

此令。

计发原预算书一份。

中华民国二十八年十二月

（9-31-8234：15）

17.武汉特别市市政府建设局为商会章程呈市政府函

（1939 年 12 月 29 日）

案据武汉特别市总商会筹备委员会呈：为奉颁武汉特别市商会章程，似应增加“总”字，以明系统而符成例。仰恳鉴核转呈市府核示，只遵事案奉钧局建商字第一八五八号训令，除原文有案邀免全录外，抄发武汉特别市商会章程一份。等因，奉此。遵查商会章程，规定系市商会而非总商会，惟武汉市居全国之中心，为进出口贸易之集中地，与津、沪、宁、粤等重要商埠并驾齐驱，久为中外工商业所重视，故从前汉口商会之名称向冠以“总”字。现在上海、南京均以特别市及商业繁盛之关系，设立总商会，并已着为法令，即市府颁布属会钤记，亦系总商会筹备委员会。而奉颁章程又有武昌、汉阳的设置分会之规定，则章程内“商会”二字之上，似须冠以“总”字，方与分会有别，并与向来名称及各重要商埠之成例相符。属会全体委员询谋佥同，经第四次会议讨论议决，呈请增订“总”字记录在卷，理合备文，呈请鉴核施行等情，据此查所请当属不无理由，是否可行，理合备文转呈钧府鉴核核示遵。

谨呈

市长张

武汉特别市市政府建设局局长　方达智

18.武汉特别市总商会筹备委员会第八次全体委员会议记录

（1939 年 12 月 30 日）

时间：二十八·十二·三十·下午二时

地点：本会办公室

出席委员：谢有标、涂拔丞、彭建廷、蓝熙周、成禹门、邹济之、汪原润（涂拔丞代）、王养和

(涂拔丞代)、姚维章(谢有标代)

请假委员:万凤逸、秦镜清

列席人:苏菊村、谢伯进

主席:涂拔丞

记录:姚心辅

开会如仪:

甲、报告事项

一、收文十二件,发文十九件。(事由略)

二、谢组长有标指导贸易人力车业同业公会,业经正式成立并选定职员,请查照由。

乙、讨论事项

一、本会第七次会议临时动议第二案认定会员代表二人不无流弊,曾经决议呈请修改,兹查原章程系恐□会不足法定人数,故照向来同业公会章程规定,代表一人或二人似毋庸呈请修改,可否请复议案。

决议:毋庸呈请修改,但为杜流弊起见,本会援汉口前市商会成例,议定每一商号出席仍以二人为限,呈请备案施行。

二、本会拟聘徐鼎新、邓逐珍、曹云陔、余服民、凌海洲、周鸿卿、陈焕章、桑稼轩等先生为名誉顾问,可否请公决案。

决议:皆予保留,俟必要时再行聘请。

三、本会调查组查复山货行业请组同业公会情形应如何核议呈复,请公决案。

决议:根据调查情形呈复,俟向本会登记后再行筹备组织。

散会。

(119-127-152:29)

19.建设局呈市政府据总商会等筹备委员会造送开办费及十二月份预算书费请鉴核指示饬遵由

(1939年12月30日)

案据预算拟交财政局核复可否请? 谨拟一月六日。

案据总商会等筹备委员会呈称:为呈复事,窃属会补造送开办费预算书呈请核转示遵一案。兹奉钧局建总字第二一六六号指令开呈暨预算书表均悉。查该会开办典礼及开办并每月用费,业经核准在四千元范围内撙节开支、实报实销。曾奉市政府府计字第一二五四九号指令,并准财政局财理字第一三八三号公函,追加预算经本局另转行遵照在案。兹据预算书列支开办费四千元,连同该会前送十一月份进场费,列支三千六百七十八元,两共七千六百七十八元,核与请准之数,相差甚巨。究竟该会在筹备期间所有开会典礼及开办并每月用费共需若干不敷之数如何筹给,应即详细声复再行核办,原件暂存。此令。等因,奉此。遵查属会于本年十一月二十三日曾按照组织章程造报十一月份支出预算书,又于本月十六日补造开办费支出预算书原以两种预算:一系经常费,一系临时费,性质各异,故分别造报。现在开办费支出预算书已奉市府府计字第一二五四九号指令核准饬领日帑发帑各两千元,实报实销,有案将来支出结果造报计算自当依照,实报实销之临时费性质办理,至十一月份经常费系三千六百七十八元,即十二月份及二十九年度一、二、三等月预算书亦系按照此数造报,兹恐先后造报预算易滋淆混,爰再将属会临时经常两费之性质,分别陈明总之。属会奉令筹备委员等仰体钧府盛意,勉尽义务,罔辞牺牲而筹备主旨既系在招徕商人复归、复业,故关于登记给证等事,概不收费,所有各该章程规定赍明,早经呈奉核准在卷,似此情形所有预算不敷之数,属会实无从筹给,惟有仍恳钧局转呈市府如数增拨,以资应用,奉令前因理合备文,呈请钧局鉴核转呈办理并指令只遵等情据此,除指令外,理合据情并案检同原送开办费预算及十二月份预算具文赍请鉴核指示饬遵。

谨呈

市长张

计呈赍开办费预算书表暨十二月份预算书各二份。

武汉市特别市政府建设局局长　方达智

(9-31-8234:21-23)

20.市总商会理事长方达智折呈为拟赴日考察各大都市工商业情形

(1939年12月)

敬启者,窃达智现拟赴日考察日本各大都市工商业情形,并偕同长子原楷,次子原柽及戚刘海清、刘安浩四人前往东京留学伏乞。

谨呈

市长张

计呈申请书二纸。

职　方达智　呈

1940 年

1 月

1.市府修正商会筹委会商店登记规则

（1940 年 1 月 1 日）

市府修正商会筹委会商店登记规则　凡在武汉经营商业者均须向该会登记入会

武汉特别市政府前据建设局呈据本特别市总商会筹委会呈拟商人登记规则，借作登记标准，转请鉴核备案等情，经市府审核修正，并改订名称为武汉特别市总商会筹备委员会商店登记规则，已指令该局转饬遵照施行，兹将该项登记规则录后：

第一条　凡属中华民国籍在武汉特别市区域经营商业者，在武汉特别市总商会未成立以前，均须向本会或武昌、汉阳分会登记入会。

第二条　本会举行商店登记概不收费。

第三条　商店登记分下列三种：

一、普通业商店登记。

二、单独业商店登记。

三、特种业商店登记。

第四条　商店登记应记载下列事项：

一、牌号。

二、营业种类。

三、店东或经理姓名、年龄、籍贯。

四、董事长或经理姓名、年龄、籍贯。

五、店东或职员人数。

六、资本额。

七、独资或合资。

八、有限公司或无限公司。

九、营业所在地。

第五条　商店登记后，应由本会发给登记证。

第六条　商店登记后，本会登记组，应即将其登记表册汇送本会审查组审查后，汇转组织照章指导成立同业公会，并转呈立案。

第七条　登记期限由本会通告之。

第八条　限期届满后，尚未登记之商店，仍须登记，但不得享受本届选举权。

第九条　限期届满后，新开牌号之商店，应随时向本会登记，并加入该同业公会。

第十条　凡已登记之商店，于总商会成立时，应将本会所发之登记证换取总商会登记证。

第十一条　本规则应呈报武汉特别市市政府建设局转呈市政府核准备案。

（《大楚报》）

2.武汉特别市政府汉阳办事处为汉阳商会筹委会定于元月十二日下午三时在本处开会函市总商会筹备委员会

（1940 年 1 月 9 日）

查武汉市总商会汉阳分会筹备委员会各委员，业经市府委定，兹定于元月十二日下午三时召集各委员在本处会议厅开第一次筹备会，推定常务委员及主任委员，并讨论一切应办事宜，届时特请贵会派员莅临指导为荷。

此致

武汉特别市总商会筹备委员会

武汉特别市政府汉阳办事处

元月九日

（119-126-251：10-11）

3.武汉特别市总商会筹备委员会为复核议王本立等请组山货行业同业公会情形呈建设局

（1940 年 1 月 10 日）

为呈复事业本钧局建商字第 226 训令核议王本立等呈请筹备山货行业公会，呈复核夺。等因，奉此。遵即派员调查，据复称查询王本立、张仙如同称组织山货行业公会，并未召集同业商榷，其他孙惠泉、邵仁卿、罗元寿、汪季卿均未营山货行业等。提经属会第八次全体委员会议决，“根据调查情形呈复，俟向本会登记后再行筹备组织”等语，记录在卷，理合录案备文呈复钧局鉴核施行。

谨呈

局长方

主任委员涂

常务委员□

（119-126-269：4）

4.建设局呈市政府据总商会筹备委员会造送二十九年元二三月预算书表呈请核示一案

（1940 年 1 月 10 日）

案据市总商会筹备委员会呈称案查属会本年十一月份及十二月份支出预算书，业经先后呈请核准，转呈在案。兹因已届年终，亟应编造二十九年度一、二、三等三个月预算书呈请钧局汇案，转呈理合照案编造备文呈请核准，转呈再属会二十九年度一、二、三等三个月预算与本年度十二月份预算并无出入，合并声明等情。附：支出预算书及附属表各二份。据此，查该会在筹备期间需用各费，前经饬据声复于本月四日以建总字第二三五九号呈，检同开办费及十二月份经费预算书转请核示在案，据呈前情，除指令外，理合检同原书表，具文呈请鉴核指示饬遵。

谨呈

市长张

计呈赍预算书表及附属表各二份。

武汉市特别市政府建设局局长　方达智

（9-31-8234：30-31）

5.财政局呈市政府为市商会筹委会预算一案

（1940 年 1 月 12 日）

钧府府计字第一三四三三号指令属局签呈一件：为签复市商会筹委会十一月份预算祈核示由奉令开。签呈悉。按该会现在情况不能不给予补助，以资促进其早日成立。应即准如所请，合行检发原预算书，仰即遵照办理具报。此令。等因，计发原预算书一份奉此，自应遵办业经属局按照原预算送预算酌予核减拟月支二千九百一十八元，除造具二十八年十一、十二两月份补助费追加预算另文呈核外，奉令前因，理合具文呈报伏祈钧府鉴核。

谨呈

武汉特别市市长张

武汉特别市政府财政局局长　索樾平

秘书主任　张自培代

（9-31-8234：16-17）

6.财政局签注市商会开办费依原预算追加

（1940 年 1 月 12 日）

查该会开办费预算，前已由属局依照建设局原送预算科目造具追加预算，呈送核准在案，应仍按照原列各数开支，不能再行变更，至二十八年十一、十二两月经费拟月列二千九百一十八元，共五千八百三十六元。业经造具追加预算另案呈核。此次建设局呈送预算似应发还。

谨签复

财政局局长　索樾平谨签　一、十二

秘书主任　张自培代

（9-31-8234:20）

7.武汉特别市总商会筹备委员会第十次全体委员会议记录

（1940年1月13日）

时间:廿九·元·十三·下午二时

地点:本会办公室

出席委员:涂拔丞、秦镜清、彭建廷、成禹门、蓝熙周、汪原润(涂拔丞代)、王养和(涂拔丞代)、姚维章(蓝熙周代)、邹济之

请假委员:万凤逸、谢有标

列席人:苏菊村

主席:涂拔丞

记录:姚心辅

开会如仪:

甲、报告事项

一、上周暨本周共收文二十五件,发文六十四件。

二、本月六日第九次全委会因□何重要事件停会一次,报请查照由。

三、第八次全委会议决各案经已分别执行,请查照由。

四、本会自本月五日开始登记,至十二日止,计第一登记处登记商店十业,计二百三十八户,第二登记处登记商店廿九业,计六百十七户,报请查照由。

乙、讨论事项

一、建设局令核议米粮商店陈云峰等呈请恢复同业公会一案,查陈云峰系前杂粮店业公会代表,现改易名称为米粮店业,是否可行,请公决案。

决议:呈复建设局转饬陈云峰仍沿用杂粮店业旧名,以符成案。

二、李颂蕃等呈请组织废旧洋铁熔化铁器业同业公会等情,应否准其组织,请讨论案。

决议:俟调查报告后核议呈复。

三、据旧货业公会筹备主任宋明祥等呈送会章暨会员名册请予登记,并据本会第二登记处王静周签请核示前来,应否准予登记,请讨论案。

决议:调查后再行核办。

四、据本会第二登记处王静周签呈为油箱白铁业呈请组织,未经核准,兹据申请登记,应否照准等情,请讨论案。

决议:俟该业呈准建设局后再行核办。

五、据本会第二登记处王静周答呈,据武昌粮食行业商民来处申请登记,并称在武汉分会未成立以前变通办理隶属总会履行登记等语,请为核示前来,应如何办理,请讨论案。

决议:暂准变通办理隶属本会。

六、据印刷业发起人袁忠汉函请准组织同业公会等情，除已检发各项章则函复外，请讨论案。

决议：俟登记后再行核办。

丙、临时动议

一、建设局令发市府修改本会拟呈商人登记规则，关于第一条经营商业句可否酌加工字呈明补正，请公决案。

决议：毋庸补正。

散会。

（119－127－152：30－31）

8.市政府指令为该建设局呈赍市商会筹备委员会十一月份预算书一案

（1940 年 1 月 15 日）

武汉特别市市政府指令　府计字第 727 号令财政局局长索樾平呈一件为市商会筹委会十一月份预算一案。

呈悉。准为可拟办理，除令建设局转饬遵照外，仰即遵照，此令。

指令　府计字第 728 号令建设局局长方达智呈一件：检呈市总商会筹委会十一月份预算书祈鉴核示遵一案。

呈件均悉。案经饬按财政局呈复称该会十一月份预算业经原局按照原送预算酌予核减，拟月支二千九百一十八元，除造具二十八年十一、十二两月份补助费追加预算另文呈核外，请鉴核等情，按此，查该会十一、十二两月份预算业经核准另会饬遵在案，仰即转饬知照。此令。件存。

（9－31－8234：18－19）

9.市政府指令财政局、建设局呈市商会筹委会开办费及十二月份预算书一案

（1940 年 1 月 15 日）

武汉特别市市政府指令　府计字第 731 号令财政局局长索樾平签呈一件：签复市商会筹委会造送开办费及十二月份预算书一案。

签呈悉。准为可拟办理。除令建设局转饬遵照外，仰即遵照。此令。

指令　府计字第 732 号令建设局局长方达智呈一件：按总商会筹委会造送开办费及十二月份预算书祈鉴核示遵由。

呈件均悉。案经饬按财政局签复称：查该会开办费前已由原局依照建设局原送预算科目造具追加预算，呈在核准在案，应仍按照原列各数开支，不得再行变更。至二十八年十一、十二两月经费，拟月列二千九百一十八元，共五千八百三十六元。业经造具追加预算另案呈核。此次建设局所送预算，似应发还等情，按此查该会开办费及十一、十二月份预算，兹按财政局呈送追加预算，原呈书表发还。仰即转饬遵照。此令。

计发还原呈开办费预算书表及十二月份预算书各二份。

(9-31-8234:24-25)

10.财政局签注市总商会筹委会预算(附总商会筹备委员会民国二十九年度一二三等月份支出预算书和月薪饷附属表)

(1940 年 1 月 16 日)

查市总商会筹委会预算前已将开办费二十八年十一、十二两月补助费先后造具追加预算呈核在案,惟办理追加十一、十二两月补助费时曾据建设局总务科科长庄瑞陔来局面称,该会二十九年一月起经费不再需要补助。兹复造送一、二、三月份预算,应否发还?乞核示俯准拟请转令按照核定数额,另行支配编造预算,送经属局核转合并陈明。

财政局局长　索樾平谨签

一、十六

秘书主任　张自培代

武汉特别市总商会筹备委员会民国二十九年度一二三等月份支出预算书

支出经常门								
款	项	目	节	本次预算数	前次预算数	比较		备考
						增	减	
武汉特别市总商会筹备委员会				一一〇三四				
	一 普通行政费			六三八四				
		一 薪饷		六三八四				说明详细附表
			一 薪俸	五四六〇				说明详细附表
			二 工饷	九二四				
		二 办公费		一六五〇				
			一 笔墨文具费	三〇〇				
			二 印刷费	六〇〇				

（续表）

支出经常门								
款	项	目	节	本次预算数	前次预算数	比较		备考
						增	减	
			三 邮电费	一五〇				
			四 消耗费	一五〇				
			五 购置费	一五〇				
			六 杂费	三〇〇				
		三 交际费		三〇〇〇				
			一 交际费	三〇〇〇				

武汉特别市总商会筹备委员会民国二十九年度一二三等月薪饷附属表

一　薪俸		每月共计壹仟壹佰贰拾元整		三个月合计五千四百六十元整
职别	人数	每月薪俸数	三个月薪俸共数	备考
秘书	一	二〇〇	六〇〇	
法律顾问	一	二〇〇	六〇〇	
顾问	二	三〇〇	九〇〇	每人月支一百五十元整
一等事务员	四	四八〇	一四四〇	每人月支一百二十元整
二等事务员	四	四〇〇	一二〇〇	每人月支一百元整
三等事务员	三	二四〇	七二〇	每人月支八十元整
二　工饷		每月共计叁佰零捌元整		三个月合计玖佰贰拾肆元整
职别	人数	每月工饷数	三个月工饷共数	备考
录事	四	二〇〇	六〇〇	每人月支五十元整
公役	六	一〇八	三二四	每人月支十八元整

（9-31-8234:38-44）

11.武汉特别市市政府建设局指为呈复核议王本立等请组山货行业同业公会指令总商会筹委会

（1940年1月18日）

令武汉特别市总商会筹委会呈一件：为呈复核议王本立等请组同业公会情形，仰祈鉴核由。

呈悉。准予备查。此令。

局长　方达智

一月十八日

（119-126-269:5）

12.武汉特别市总商会筹备委员会第十一次全体委员会议事日程

（1940年1月20日）

甲、报告事项

一、本周共收文十五件，发文十六件。（事略由）

二、执行上次全委会议各案，请查照由。

三、本会呈复建设局核议油箱白铁业，请准组织同业公会一案，奉指令所请暂从缓议等因，报请查照由。

四、市政府汉阳办事处函请借垫汉阳分会筹备会开办费五百元一案，已由本会向建设局请领转给，报请查照由。

五、本会呈奉建设局指令盐业贩商、零售两部，准予各组同业公会武昌、汉阳两地之贩商、零售两部，应与汉口各该帮共同组织公会等，因报请查照由。

六、本周第一登记处登记商店八业，计三十一户，第二登记处登记商店十七业，计四百七十四户，报请查照由。

乙、讨论事项

一、据煤业公会筹备主任高坤山呈为遵令筹备改组，恳予鉴核备案等情，应否照准，请讨论案。

二、据杂木柴行业邹明盛呈为依法改组，请准备案等情，应否照准，请讨论案。

三、据旧货业筹备主任宋明祥等呈请准予登记一案，经本会第十次全委会决议，再交调查前，据呈复应如何办理云，请讨论案。

四、瓜菜薯行业发起人彭恒泰行等业为发起组织同业公会，请准备案等情，应否照准，请公决案。

五、本会登记未定限期，以致各商店观望不前，可否酌定登记期限，请讨论案。

六、本会登记茶业店业、号栈业、新药业等商店均在七家以上，可否令其后速依法组织同业公会筹备会，请讨论案。

报告事项

一、本次会议原定于本月二十日，因天雪，到会委员不足法定人数，以致流会两次改期，本日各行报请查照由。

一、本会谢常委参加烟卤业公会筹备创立会经过情形，报请查照由。

一、本会上年十一、十二两个月预算，经市府核减颁发，报请查照由。

丙、临时动议

一、李颂蕃等呈请组织废旧洋铁熔化铁器业公会一案，业据调查呈竣，应如何办理，请核议案。

二、本会元、二、三等三个月预算不能援十一、十二两个月例来减少，应否备文呈明，留请讨论案。

三、谢常委提关于如何推进本会会务，请讨论案。

讨论事项

一、决议：召集高坤山、刘重生莅会谈话后，再行核议。

二、决议：并入建设局，提议组织新柴业平价运销委案，核议请示建设局。

三、决议：根据调查情形呈请建设局核示。

四、决议：调查后再行核议。

五、决议：登记期限定于二月底。

六：决议：审查登记表后呈请建设局核定，筹备员会等组织同业公会。

临时动议

一、决议：应先申请登记再行筹备。

二、申叙理由呈请建设局转呈市府，不再核议。

三、决议：立案通过。

熙周、有标二位先生均鉴，本日开会满拟出席，突以要事不克分身，跂难如愿，用特委托二位代表出席，实深企祷，议案如何，请呈吴佩卿君转知为荇。

此致

台绥

姚维章上

二九·元·廿四

径启者，本日开会以要事不克出席，特正式委托蓝委员熙周、谢委员有标为代表，理合函达，即希查照是案。

此致

武汉特别市总商会筹备会

姚维章上

二九·元·廿四

（119-127-152:32-36）

13.建设局签呈:遵示查复财政局签呈总商会筹委会预算一案

(1940 年 1 月 20 日)

顷奉钧座批示:财政局签呈总商会筹委会预算一案。以应否发还发交查复,下局当经饬科遵办,据科长庄瑞陔签称:查奉市长批示查询财政局签呈关于总商会筹委会预算所称,据职在该局面称该会经费于本年一月起,不再需要补助等语,不胜诧异。查职于上月三十日。在本局面晤索局长曾便中道及该会如正式筹备成立后,其经费似不能再由政府补助并无筹备期无须补助之语。如果该筹委会不需补助经费,则该会所送一、二、三月预算书,本局当不予照转其理至明。奉查前因,理合签请鉴核转呈等情,理合据情签请钧座誊夺。

谨呈

市长张

武汉特别市市政府建设局局长　方达智

市政府为市商会筹委会二十九年一二三月份预算一案。

(9-31-8234:27)

14.市商会筹委会昨日十一次全体会流会

(1940 年 1 月 21 日)

昨(二十日)为武汉特别市总商会筹备委员会第十一次全体委员会议,是日因大雪纷飞,各委员到者尚不足法定人数,遂行流会。兹将该会议程先志于后报告事项该会呈复建设局核议,油箱白铁业请准组织同业公会一案,奉指令所请暂从缓议,等因,报请查照,由市政府汉阳办事处,函请借垫汉阳分会筹备会开办费五百元一案,已由该会向建设局指令盐业贩商、零售两部,准予各组同业公会。武昌、汉阳两地之贩商、零售两部,应与汉口各该帮共同组织公会等因,报请查照由。本周第一登记处,登记商店八业计三十一户,第二登记处,登记商店十七业计四百七十四户,报请查照由,讨论事项:

一、据煤业公会筹备主任高坤山呈为遵令筹备改组,恳予鉴核备案等情,应否照准,请讨论案。

二、据杂木柴行业邹明盛呈为依法改组,请准备案等情,应否照准,请讨论案。

三、据旧货业筹备主任宋明祥等呈请准予登记一案,业经该会第十次全委会决议,再交调查。兹据呈复应如何办理之处,请讨论案。

四、瓜菜薯行业发起人彭恒泰行等呈为发起组织同业公会,请准备案等情,应否照准,请公决案。

五、该会登记未定期限,以致各商店观望不前,可否酌定登记期限,请讨论案。

六、该会登记茶业店业、号栈业、新药业等商店,均在七家以上,可否令其从速依法组织同业公会筹备会请讨论案。

(《大楚报》)

15.财政局签注

（1940 月 1 月 23 日）

查市商会筹委会二十九年一、二、三月份补助经费，现奉钧长批示仍追列预算等因，自应遵办，拟俟本期预算公布后，再行办理追加预算，在预备费项下动支，除将原送预算提存一份备查外，谨签复。

财政局局长　索樾平

秘书主任　张自培代

（9-31-8234:26）

16.武汉特别市总商会筹备委员会第十一次全体委员会议记录

（1940 年 1 月 24 日）

时间：二九 · 元 · 廿四 · 午后三时

地点：本会办公室

出席委员：秦镜清、成禹门、彭华庭、谢有标、姚维章（谢代）、邹济之、蓝熙周、涂拔丞、汪原润（涂代）、王养和（涂代）

请假委员：万凤逸

列席人：苏菊村、谢伯进、福本益三、小川舍一（井户川一代）

主席：涂拔丞

记录：姚心辅

开会如仪：

甲、报告事项

一、本次会议原定于本月二十日，因天雪，到会委员不足法定人数，以致流会两次，改期本日举行，报请查照由。

二、本周共收文十五件，发文十六件。（事由略）

三、执行上次全委会议决各案，请查照由。

四、本会呈复建设局核议油箱白铁业，请准组织同业公会一案，事指令所请，暂请缓议等因，报请查照由。

五、市政府汉阳办事处请借垫汉阳分会筹备会开办费五百元一案，已由本会向建设局请领转给，报请查照由。

六、本会呈奉建设局指令，盐业贩商、零售两部准予各组同业公会武昌、汉阳两地之贩商、零售两部，应与汉口各该帮共同组织公会等因，报请查照由。

七、本周第一登记处登记商店八业，计三十一户，第二登记处登记商店十七业，计四百七十四户，报请查照由。

八、本会谢常委参加猪肉业公会筹备创立会经过情形，报请查照由。

九、本会上年十一、十二两个月预算经市府核减领发，报请查照由。

乙、讨论事项

一、据煤业公会筹备主任高坤山呈,为遵令筹备改组,恳予鉴核备案等情,应否照准,请讨论案。

决议:召集高坤山、刘云生莅会谈话后,再行核议。

二、据□木柴行业邹明盛呈为依法改组,请准备案等情,应否照准,请讨论案。

决议:并入建设局呈议组织薪柴业平价运销处案,核议请示建设局。

三、据旧货业筹备主任宋明祥等呈请准予登记一案业经本会第十次全委员决议,再交调查并据呈复应如何办理之处,请讨论案。

决议:根据调查情形呈请建设局核示。

四、瓜菜薯行业发起人彭恒泰行等呈,为发起组织同业公会,请准备案等情,应否照准,请公决案。

决议:调查后再行核议。

五、本会登记未定限期,以致各商店观望不前,可否酌定登记期限,请讨论案。

决议:登记限期定于本年二月底日截止。

六、本会登记茶叶店业、号栈业、新药业等商店均在七家以上,可否令其迅速依法组织同业公会筹备会,请讨论案。

决议:审查登记表后呈请建设局指定筹备员,令其组织同业公会。

丙、临时动议

一、李颂蕃等呈请组织废旧洋铁熔化铁器业公会一案,业据调查呈复应如何办理,请核议案。

决议:应先申请登记,再行筹备。

二、本会元、二、三等三个月预算不能援十一、十二两个月例来减少,应否备文呈明理由,请讨论案。

决议:申叙理由呈请建设局转呈市府,不再核减。

三、谢常委提关于如何推进本会会务,请讨论案。

决议:照案通过。

散会。

(119-127-152:37-39)

17.猪肉商同业公会筹备处组织成立

(1940 年 1 月 24 日)

中联社武汉讯　市商会筹委会指导下之各业公会已正式成立者,现仅有人力车贸易商公会一所,其他均在促成组织中。就中已成立筹备处者亦有一所,即昨(二十二)日成立之猪肉商同业公会,该会地点在难民区汉正街一〇四四号。是日到会商户二十四家,市建设局特派杜则尧股长出席指导,市商会筹备处则派谢有标股长出席,当选出筹备委员曾南甫、蔡耀卿、尚胜其为常务委员,而推曾南甫氏为筹备主任开始进行一切筹备事宜云。

(《大楚报》)

18.市政府指令为市商会筹委会二十九年一二三月份预算一案

（1940 年 1 月 25 日）

武汉特别市市政府指令　府计字 1334 号令财政局局长索樾平签呈一件：签复市商会筹委会二十九年一、二、三月份预算一案。

签呈悉。准为可拟办理。除令建设局转饬遵照外，仰即遵照，此令。

指令　府计字第 1335 号令建设局局长方达智呈一件：遵示查复市商会筹委会预算一案。

签呈悉。案经饬按财政局签复称：市商会筹委会二十九年一、二、三月份补助经费，现奉批示仍追列预算等因，自应遵办。拟俟本期预算公布后，再行办理追加预算，在预备费项下动支等情，按此除指令照办外，仰即转饬遵照。此令。

（9-31-8234：28-29）

19.建设局呈市政府准汉阳办事处转送总商会筹委会汉阳分会经临费预算请核示一案

（1940 年 1 月 25 日）

查市商会筹委会汉阳分会经临费，并未列入本期预算。可否交财政局议复？请示。

谨签　一月二十六日

案准汉阳办事处本月十七日新字第三十七号咨呈案，查本处组设武汉特别市总商会汉阳分会筹备委员会一案，业将办理情形报请核转在卷。据该会常务委员会造具开办费及经常费预算书各四份，连同附表送请核转等情，前来主任以此项组织系临时发生所需经临各费位列本期（元月至三月日）预算，为适应事实之需要起见，必须示以标准，俾有遵循理，合检同原书各四份连同附表咨请大局查核转呈市府核准汇入总商会筹备委员会经费项下一并追加，以符计政而利进行等由，附经临费预算书各四份购置明细书四本。准此查汉阳两湖竹木业公会周瑷庵等呈请组织市总商会汉阳分会一案，前经饬据总商会筹委会核复赞同，由局分别函令并呈奉钧府上年十二月十八府书字第一二七三三号指令，准予备查在卷。兹既准该办事处认为应事实之需要，将该分会经临费预算核转到局原书列支经常费月计七百六十五元。元、二、三月合计二千二百九十五元。又临时费一千五百元。可否就总商会筹委会预算项下一并补助之处，理合据情检同原预算呈请检核指令以便函转饬遵。

谨呈

市长张

计检同总商会筹委会汉阳分会经临费预算书各三份明细书三本

武汉市特别市政府建设局局长　方达智

（9-31-8234：33-35）

20.武汉特别市总商会筹备委员会召集武汉中央批发市场各业开谈话会议记录

（1940 年 1 月 26 日）

时间：二九·元·二十六·下午一时

地点：本会办公室

出席人：曹云階、左履廷、马汉卿、丁海泉、黄顺昌、方仲林，以上杂货店业代表

杨福堂，海味糖盐业代表

雷天一，橘饼业代表

彭仁山、李云清、许文涛，以上食品杂货业代表

叶瑞安、汪鉴廷，以上水土果业代表

田锡堂，杂货贩卖业代表

王慎修，瓜菜薯行业代表

乐宗华，猪行业代表

周瑞卿、柯汉丞、熊松山，以上鱼行业代表

蓝熙周，本会常委

参加人：高木先生、福岛先生

建设局方局长、邵科长、汤秘书长

主席：蓝熙周

记录：姚心辅

开会如仪：

主席云：今日之谈话会系奉建设局命令而召集，关于设立武汉中央批发市场事有所商讨，兹将设场宗旨宣言朗读一遍毕，请邵科长说明设场意义。

邵科长云：政府设立武汉中央批发市场是整个联合商业组织集中水土果、干鲜鱼、肉等业□划一切物价，调整社会经济等等之关系至为重要，市场内面分批发、经纪两组，由批发商售于经纪人，再由经纪人转售市场小贩。上海已行之有效，大概类似昔日之交易，所以举势在必行，诸君有何意见，请尽量发表。

曹君云階云：本人代表杂货业略陈意见，本业货物种类繁多，不遑枚举，即如酱园一项，非得有较大地点，不能容纳。将来市场成立时，是否货物均集中市场之内，抑或各存店中，临时运入市场发售，请邵科长指示。

雷君天一云：敝业系橘饼业务，其原料均出自武汉境外。所有同业较大者大都因事变已离开汉口，仅存一二家营业无形停顿。

叶君瑞安云：敝业同人仰赖营业生活者以数百计，如果市场成立，关于水土果部分势必减少雇用人数，则其他失业之人即无生活，不可不虑。

蓝常委云：鄙人代表各位向邵科长陈述两点：

一、汉口与上海区域不同，营业状况亦异。

二、汉口现时系小本商人，并无大资本组合，以上两点请政府格外体察，斟酌进行。

曹君云階云:我们各业希望邵科长将组织批发市场内客情形彻底印发各业,以便□长研究,安心营业。

邵科长云:组织市场内客情形将来总须油印颁发,请各位毋虑。

叶瑞安君云:武阳汉三市是否合一组织。

邵科长云:汉口为私市场,武阳两区为公市场,均隶属于总场。

福岛先生云:关于批发市场之设立,在上海已著成效,毋待赘言。至于资本如何筹措,工作如何推进,将来当然有严密计划,决不使我商人感受困难,希望诸君不要怀疑犹豫,务必团结精神,协助政府共策进行,俾将来得收圆满结果。

蓝常委云:批发市场之必须设立,邵科长业已明白指示,不过各就各业中情形详细研究,有无滞碍难行之处,请各位注意。

邵科长云:小菜、鸡、鸭、水果、鲜干鱼肉均在市场统制之列,其他货物是否统制,尚在拟议中。

又云:今日所到各业代表赶紧回去组织同业公会,以便将来接洽一切。

福岛先生云:今日最大郑重声明是在有关各业赶速组织公会,将来批发市场成立时,即便与之商洽,如果此时再存观坐之心,一旦市场成立,欲再经营业务,想不可能,务各明了以旨尽力恢助政府以成斯举。

又云:市场设立地点政府现决定在硚口,于运输交通咸称便利,但不知诸位以为如何?

众代表云:赞成。

福岛先生云:关于建筑市场用费,暂由政府拨垫,商人入场出租营业。

方局长准临训诂:今日系为组织武汉中央市场召集开会,在东西洋文明各国各大都市均有此种组织,其宗旨不外创一物□调整经济,其性质属于批发,并非剥夺各业生计,是为全体商人谋利益,务各明了,凡属创办之事,必有许多困难,各位在汉经商有年,对于此事有何意见,以后请尽量陈述,共谋改善方法。须知此种组织完全系为各业谋幸福谋利益,决无其他意思。

叶君瑞安云:何业应属统制,何业不在统制之列,请局长及福岛先生指示。

福岛先生:鱼、小菜、水果三类均在统制之列,其系各业,嗣后再有明示。又蛋行业亦在统制中。

决议:一、某业应归市场统制,某业不在统制中,俟政府与福岛先生商定后再行公布。

二、已经规定属于市场统制之鲜干鱼、水土果、瓜菜薯行、橘饼、鸡鸭行、肉业、蛋行等业即应令其迅速组织同业公会。

三、在硚口地方设立武汉中央批发市场,至关于资本如何筹措及市场二件如何进行,应由政府与福岛先生暨有关各业代表三方面协定之。

散会。

(119-127-152:40-42)

21.财政局签注市商会筹委会补助费

(1940年1月30日)

查市商会筹委会前经呈奉核准发给补助费在案,该分会似应一并核给补助费。惟原列各项为数过巨,拟将开办费减为列支一千元经常费支至五百元,拟是否有当,乞核示,如蒙俯准,拟请转令按照核定数额,另行支配编造预算,送经属局核转合并陈明。

财政局局长 索樾平谨签

一月三十一日

秘书主任 张自培代

(9-31-8234:32)

2 月

1.商会各种规则业经市府核准

(1940 年 2 月 2 日)

市建设局前为促进武汉特别市总商会之成立,设置武汉特别市总商会筹备委员会,筹备总商会一切进行事宜。该会自成立之后,假建设局客厅办公,受建设局之监督指挥,进行各种筹备工作异常顺利。现正登记各业商户,一俟登记完毕,即可正式召集会员大会,正式成立总商会。兹悉该筹备委员会章程及办事细则、会议规则等件,呈奉武汉特别市政府核准,昨已指令建设局转发该会遵照施行云。

(《武汉报》)

2.武汉特别市总商会筹备会员会第十二次全体委员会议事日程

(1940 年 2 月 3 日)

时间:二九·二·三·下午四时

地点:本会办公室

出席委员:涂拔丞、成禹门、谢有标、彭华庭、万凤逸、蓝熙周、汪原润(涂代)、王养和(涂代)、邹济之

请假委员:姚维章、秦镜清

列席人:苏菊村、谢伯进

主席:涂拔丞

记录:姚心辅

开会如仪:

甲、报告事项

一、上周共收文二十七件,发文二百二十件。

二、上次会议议决各案已分别执行,请查照由。

三、据猪肉业曾兰甫呈报开创立会情形,请准备案等情,除建设局令遵外,报请查照由。

四、奉建设局训令,本会所呈元、二、三等月预算已蒙转呈府令,核准报请查照由。

五、本周登记商店第一登记处计有七业 317 户,第二登记处计有十二业 632 户,合并报请

查照由。

六、本会常委姚维章因事赴申,请假二十日,报请查照由。

七、武汉劳工协会函送力资审查委员会第二次会议记录,报请查照由。

乙、讨论事项

一、据煤业高坤山呈请更正帮公所名称一案,经召集两方谈话,该业与煤业平价运销处性质各别,旋奉局令,核准筹备,究应如何办理,请核议案。

决议:准其筹备函复并呈报备案。

二、海味糖盐业发起人王晋成等呈请准予组织同业公会筹备会,应否照准,请核议案。

决议:召集该业暨盐业零贩业两方负责人谈话,并请建设局派员参加,决定办法,再行核议。

三、据外江柴草行业余季香等呈为遵令组织公会筹备会,请准备案等情,应否照准,请讨论案。

决议:召集杂木柴行业,与该业谈话后再行核议。

四、瓜菜薯行业彭世海等请准筹备同业公会一案,业据调查呈复,应如何核议,请公决案。

决议:准其筹备,惟次将鱼营水土果业划分明晰,以免纷争。

五、食品杂货业李晓峰等呈请组织公会筹备会,应如何办理,请讨论案。

决议:准其组织,至筹备人选呈请建设局核定。

六、汉口杂粮店同业公会筹备会已奉建设局令照准,应否准其组织,请讨论案。

决议:准其组织。

七、汉口煤焦贩运业同业公会筹备会请本会判发钤记,应如何办理,请核议案。

决议:依照同业公会组织须知第六条办理。

丙、临时动议

一、汉阳分会应发各商店之登记证,可否由本会制发,请核议案。

决议:由本会制发。

二、建设局已令准猪肉业组织筹备会,本会应否照准,请核议答复案。

决议:准其筹备。

散会。

(119-127-152:43-45)

3.市总商会筹委会昨召开全体会议

(1940 年 2 月 4 日)

市总商会筹备会昨召开全体会议　全体出席决议要案多项

市总商会筹备委员会昨(三)日召开第十二次全体委员会议,兹将该会议各事项详志于后:报告事项(略),讨论事项:

一、据煤业高坤山呈请更改帮公所名称一案,经召集两方谈话,该业与煤业平价运销处性质各别,旋奉局令,核准筹备,究应如何办理,请核议案。

二、海味糖盐业发起人王晋成等呈请准予组织同业公会筹备会,应否照准,请核议案。

三、据外江柴草行业余季香等呈为遵令组织公会筹备会,请准备案等情,应否照准,请讨论案。

四、瓜菜薯行业彭世海等请准筹备同业公会一案,业据调查呈复,应如何核议,请公决案。

五、食品杂货业李晓峰等呈请组织公会筹备会,应□□办理请讨论案。

六、汉口杂粮店业同业公会筹备会已奉建设局令照准,应否准其组织,请讨论案。

七、汉口煤焦贩运业同业公会筹备会请本会□发钤记,应如何办理,请核议案。

临时动议:(一)汉阳分会应发各商店之登记证,可否由本会制发,请核议案。

(二)建设局已令□猪肉业组织筹备会,应否照准,请核议函复案等。

(《大楚报》)

4.武汉特别市政府建设局训令武汉特别市总商会筹备委员会

(1940 年 2 月 5 日)

令武汉特别市总商会筹备委员会,案准武汉特别市政府汉阳办事处新字第 234 号咨呈内开,案奉大局建总字第二二四九号公函,以据本处呈请核委武汉特别市总商会汉阳分会筹备委员会一案,呈奉市政府事字第 13324 号指令委任夏汉卿等九人为筹备委员,附发训令九件,饬即转给祗领,并饬遵照组织筹备具报以凭转呈等因。主任遵即依照武汉特别市总商会筹备委员会章程草案拟订汉阳分会筹备委员章程十四条,于元月十二日在本处会议厅召集各委员开第一次筹备会议,并分请军特务部汉阳分室班长植村暨总商会筹备委员会派委蓝委员熙周莅会指导开会为□,当经修改通过,并推举夏汉卿、陈圭安、杜少丞、萧良丞、周瑗庵等五人为常务委员,又公推夏汉卿为主任委员兼审查组长,陈吉安为总务组长,杜少丞为组织组长,周瑗庵为调查组长,萧良丞为登记组长,依照定案组成常务委员会,所有该会图记,拟请转呈市府颁发启用,以昭信守。函经常临时各费,除由该会拟具预算案,另文转请核定外,理合检阅章程三份,咨请大局查核转呈示遵等由,附章程三份,准此,除转呈市府外,应检发原章程一份,令仰该会知照为要。

此令。

附检发武汉特别市总商会汉阳分会筹备委员会章程一份。

局长　方达智

二月五日

武汉特别市总商会汉阳分会筹备委员会章程

第一章　总　则

第一条　本会依照武汉特别市总商会筹备委员会章程第三条之规定名为武汉特别市总商会汉阳分会筹备委员会。

第二条　本会以秉承武汉特别市政府及主管机关之命令,团结市区内工商业,使武汉特别市总商会汉阳分会能早日成立,促进市面之繁荣为宗旨。

第三条　本会管辖区域以汉阳市区为范围。

第四条　本会暂设武汉特别市政府汉阳办事处内。

第五条　本会职务列下：

一、关于本市区工业同业公会之促成事项。

二、关于武汉总商会汉阳分会之选举事项。

三、关于商工业之建设促进事项。

四、执行本会一切决议案。

第二章　组　织

第六条　本会以委员九人组织之，由各委员互选常务委员五人组织常务委员会，并就常务委员中推一人为主任委员。

第七条　本会常务委员会内设总务、登记、调查、组织审查四股，其各组长以常务委员兼任之。

第八条　本会常务委员会各组为适应事实需要得雇用员役若干人“另列预算”。

第三章　会议及职务

第九条　本会主任委员常务委员应逐日到会处理日常事务，每周由主席召集全体委员会议一次，报告办理经过及讨论提议事项，以策进行。

第十条　本会各组职务列下：

总务组　关于办理文书、会计、庶务、联络及不属于各股事项。

登记股　关于商工业之登记事项。

调查股　关于商工业之调查及统计事项。

组织股　关于商工业同业公会及总商会汉阳分会之组织事项。

第四章　任　期

第十一条　本会任期应自筹备之日起至总商会汉阳分会成立之日止。

第五章　附　则

第十二条　本会遇必要特得呈请市政府及主管机关及其他有关团体派员指导之。

第十三条　本会会议规则由总务股拟定，各股办事细则由各股分别拟定，提交本会通过实行。

第十四条　本章程呈由汉阳办事处转咨建设局转呈市府核准施行。

（119-126-251：14-17）

5.建设局呈市政府为总商会筹委会一二三月份预算仍照原呈请数核准不在核减一案

（1940年2月5日）

案据总商会筹备委员会主任委员涂拔丞等呈称案奉钧局建总字第一三八号训令内开：案

奉市政府府计字第五四七号训令抄发,该会二十八年十一、十二两月补助费追加预算书一份等因下局查原书共列支五千八百三十六元合行抄发原预算书,令仰遵照。此令。计抄发追加预算书一份。等因,奉此。遵查属会呈请十一、十二两个月预算书载薪饷四千二百五十六元,而核准预算为三千七百三十六元,比较减少五百二十元。交际费二千元,而核准预算为一千元,比较减少一千元。在属会创办伊始已觉不敷应付。惟既奉府令核定,自当遵照办理,但自属会开始登记以来,事务殷繁,原有职员实属不敷分配,而为促成正式总商会召致各商店复归复业等组各业同业公会非广为联络,对于百余帮之同业多方策动,无以利推行而收速。故属会所需之交际费与其他机关之交际费用途不相同,且是项费亦恐逐渐增多,因而元、二、三等三个月之预算与已过之十一、十二两个月,前后情形各殊,未能更行原例核减,有碍进行。理合备文呈请局长鉴核俯准转呈。市长府赐仍照属会呈请之元、二、三等三个月预算原案予以核准,实为公便等情。据此查该会一、二、三月预算前经呈奉钧府府计字第一三三五号指令,准俟本期预算公布后再行追加预算等因,转饬知照在卷,据呈前情除指令外,理合据情呈请鉴核指示饬遵。

谨呈

市长张

武汉市特别市政府建设局局长　方达智

(9-31-8234:48-49)

6.市总商会筹委会第十二次会议决议各案

(1940 年 2 月 6 日)

武汉特别市总商会筹备委员会,于日前(三日)召开第十二次全体委员会议,是日出席人有:主任委员涂拔丞,委员成禹门、谢有标、彭华庭、万凤逸、蓝熙周、汪原润(涂代)、王春和(涂代)、邹济之。请假人姚维章、秦镜清。主席涂拔丞关于报告事项及讨论事项,均志本报前讯,兹将该会议决各案续志于后:

一、议决准其筹备函复并呈报备案。

二、议决召集该业暨□零贩业两方负责人谈话,并请建设局派员参加,决定办法,再行核议。

三、议决召集杂木柴行业与该业谈话后再行核议。

四、议决准其筹备,惟将鱼营水土果业划分明晰,以免纷争。

五、议决准其组织,至筹备人选呈请建设局核定。

六、议决准其组织。

七、议决依照同业公会组织须知第六条办理。

又临时动议议决事项:

(一)决议由该会制发。

(二)决议准其筹备。

(《大楚报》)

7.市政府指令财政局、建设局为市商会筹备委员会一二三月份补助费一案

（1940年2月11日）

武汉特别市市政府指令　府计字2368号，令财政局局长索樾平签呈一件：为签复商会筹备委员会一、二、三月份补助费一案。

签呈悉。准为可拟办理。除令建设局转饬遵外，仰即知照。此令。

指令　府计字第2369号令建设局局长方达智呈一件：为总商会筹委会一、二、三月份预算仍照原呈请数核准不在核减一案。

呈悉。案经饬拨财政局签复称：查市商会筹备委员会经费，原属补助性质。所有一、二、三月份补助费，仍可按照前次核定月支数，另造追加预算呈核。请核示等情，按此。查所拟当□不合。除指令照办外，仰即转饬知照。此令。

（9-31-8234：45-46）

8.市政府指令为总商会筹委会汉阳分会经临费预算一案

（1940年2月12日）

武汉特别市市政府指令　府计字1917号，令财政局局长索樾平签呈一件：签复市总商会筹委会汉阳分会经临费预算一案。

签呈悉。准为可拟办理。除令建设局转饬遵外，仰即知照。此令。

指令　府计字第1918号令建设局局长方达智呈一件：准汉阳办事处解送总商会筹委会汉阳分会经临费预算请核示一案。

呈件均悉。案经饬拨财政局签复称：市商会筹委会前经呈案核准发给补助费在案。该分会似应一并核给补助费。惟原列各项为数过巨，拟将开办费减为列支一千元、经常费支至五百元。为蒙核准，拟请转令按照核定数额，另行支配编造预算，遣送属局核转等情，按此□指令照办外，合将原预算书等件发还。仰即转饬遵照办理。此令。

计发还该分会经临费预算书各三份、明细书三份。

（9-31-8234：36-37）

9.市商会筹委会定期开十二次会

（1940年2月13日）

市商会筹委会定期开十二次会讨论会务及进行步骤

市商会筹委会，自开始各工商业登记以来，一般情形，尚属踊跃，惟以各方交通梗阻，出口经营似较逊色，以致各帮筹组成立，较之事变前在数量上不无悬殊。截至最近统计，各帮公会成立以及尚在筹备中者，已有三十余业。按照法规正式成立商会，仍不足法定帮数，闻该会为促进会务进行步骤，强化工作效率，积极办理各公会提早筹组成立起见，爰特定于本月十七日

下午二时,在该会开第十二次筹委会,以便进行讨论云。

(《大楚报》)

10.武汉特别市总商会筹备委员会第十三次全体委员会议记录

(1940年2月16日)

时间:二九·二·十六·下午三时

地点:本会办公室

出席委员:蓝熙周、谢有标、成禹门、涂拔丞、彭华庭、秦镜清、汪原润(涂代)、王养和(涂代)、万凤逸

请假委员:姚维章、邹济之

列席人:苏菊村、谢伯进

主席:涂拔丞

记录:姚心辅

开会如仪:

甲、报告事项

一、本周共收文十八件,发文十八件。

二、奉建设局令,以本月六日至十日春节休□转令遵照等,因本会已遵令停止办公五天,报请查照由。

三、上次会议议决各案已分别执行,请查照由。

四、建设局令以本会呈拟章程等件一案经已转呈市府审核修正,令仰遵照施行,请查照由。

五、本周登记商店第一登记处计有二业四十一户,第二登记处计有一业三十户,合并报请查照由。

乙、讨论事项

一、杂木业行业邹明盛、外江柴草行业余季香经本会召集谈话,双方同意合并组织同业公会筹备会,请核议具复案。

决议:依据谈话结果函复。

二、本会章程第十二条规定限期三个月得呈准延长之,现在本会成立已逾三月,应否准延长筹备期间,请讨论案。

决议:呈请延长三个月。

丙、临时动议

主席提本会章程已经建设局转呈市府审核修正,有无滞碍难行之处,请讨论案。

决议呈请修正:

一、第八条,本会委员系无给职,并刚除得酌给伕马费句。

二、第九条,照本会已行成例,每星期开全体委员会一次,每星期二日开常务委员会一次。

(119-127-152:46-48)

11.市商会筹委会召开二次筹委会

（1940 年 2 月 21 日）

市商会筹委会召开二次筹委会　决定呈准延长筹备三个月

市商会筹委会，于日昨下午三时，在该会会议室召开第二次筹委会议，出席全体委员。主席涂拔丞闻该讨论事项如下：

（一）杂木行业邹明盛、外江柴草行业余季香，经本会召集谈话双方同意合并组织同业公会筹备会，请核议具复案，决议依据谈话结果函复。

（二）本会章程第十二条规定，限期三个月得呈准延长之，现在本会成立已逾三个月，应否呈准延长筹备期间请讨论案，决议呈请延长三个月。

（三）本会为推进会务，便利商讨集思广益起见，全委会及常务委员会各会议日期如何规定案，决议每星期开全体委员会议一次，每星期二召开常务委员会议一次云。

（《大楚报》）

12.武汉特别市总商会筹备委员会第十四次全体委员会议事日程

（1940 年 2 月 24 日）

民国廿九年二月廿四日

甲、报告事项

一、本周共收文十件，发文四十五件。（事由从略）

二、上次会议决议各案已分别函呈，请查照由。

三、本周商店登记，第一登记处计有四业五十九户，第二登记处计有十二业二百三十五户，合并报请查照由。

乙、讨论事项

一、本会登记商店已经审查合格者，应否即发登记证，请讨论案。

二、本会审查组报告登记结果，有应分类解决者，请分别讨论案。

（119-127-152）

13.武汉特别市总商会筹备委员会第十四次全体委员会议记录

（1940 年 2 月 24 日）

时间：二九 · 二 · 二十四 · 下午三时

地点：本会办公室

出席委员：彭华庭、涂拔丞、成禹门、蓝熙周、邹济之、万凤逸、汪原润（涂代）、王养和（涂代）

请假委员：姚维章、谢有标、秦镜清

列席人：苏菊村、谢伯进

主席：涂拔丞

记录:姚心辅

开会如仪:

甲、报告事项

一、本周共收文十件,发文四十五件。(事由从略)

二、上次会议决议各案已分别函呈,请查照由。

三、本周商店登记,第一登记处计有四业五十九户,第二登记处计有十二业二百三十五户,合并报请查照由。

四、本会常委姚维章因沪事未了,续假二十天,报请查照由。

乙、讨论事项

一、本会登记商店已经审查合格者,应否即发登记证,请讨论案。

决议:应即制就,交组织组散发。

二、本会审查组报告登记结果,有应分类解决者,请分别讨论案。

决议:

甲、登记合格未组筹备会者,函知迅即筹备。

乙、登记虽尚合格而未领营业许可证者呈请建设局核示。

丙、登记特种商店如盐业贩商之类无册可稽者,函询主管机关以凭考证。

丁、同业漏未登记者,应加入已登记之公会。

散会。

(119-127-152:49-50)

14.财政局签注

(1940 年 2 月 26 日)

查市商会筹备委员会经费,原属补助性质。所有一、二、三月份补助费,拟仍可按照前次核定月支数目编列,另造追加预算呈核。当否?乞核示可。

财政局局长索樾平谨签

二月十六日

(9-31-8234:47)

3 月

1.武汉特别市总商会筹备委员会第十五次全体委员会议事日程

(1940 年 3 月 2 日)

甲、报告事项

一、本周共收文十八件,发文二十四件。(事由从略)

二、上次会议议决各案已分别执行，请查照由。

三、本周登记商店第一登记处计有五业六四户，第二登记处计有七业一二八户，合并请查照由。

四、本会汉阳分会报告本年元月、二月大事表记，请查照由。

乙、讨论事项

一、据汉口染线布厂业发起人龙少伯等请准组织同业公会筹备会，应否照准，请核议案。

二、奉建设局令，以杂木柴行业与薪柴业平价运销处性质不同，应否准该业成立公会筹备会等，因旋据杂木柴行业邹明盛呈报已与外江柴草行业合并组织并造具筹备员名册，请准备案，前来究应如何办理，请公决案。

三、米粮店业陈云峰呈送前市商会登记证等件，请予更正公会名称，经交调查呈复，究应如何办理，请讨论案。

四、本会商店登记期限二月底日截止，现已届满，应否展限，请讨论案。

（119-127-152）

2.武汉特别市总商会筹备委员会第十五次全体委员会议记录

（1940 年 3 月 2 日）

时间：二九・三・二・下午三时

地点：本会办公室

出席委员：谢有标、涂拔丞、蓝熙周、成禹门、邹济之、汪原润（涂代）、王养和（涂代）

请假委员：姚维章、万凤逸、秦镜清

列席人：苏菊村、谢伯进

主席：涂拔丞

记录：姚心辅

开会如仪：

甲、报告事项

一、本周共收文十八件，发文二十四件。（事由略）

二、上次会议决议各案已分别执行，请查照由。

三、本周商店登记第一登记处计有五业六十四户，第二登记处计有七业一百二十八户，合并报请查照由。

四、本会汉阳分会报告本年元、二月大事记表，请查照由。

乙、讨论事项

一、据汉口染线布厂业发起人龙少伯等请准组织同业公会筹备会，应否照准，请核议案。

决议：准其组织筹备。

二、建设局令，以杂木柴行业与薪柴业平价运销处性质不同，应否准该业成立公会筹备会，旋据杂木柴行业邹明盛呈报已与外江柴草行业合并组织并造具筹备员名册，请准备案，前来究应如何办理，请公决案。

决议：准其成立。

三、米粮店业发陈云峰呈送前市商会登记证等件，请予更正公会名称，经交调查呈复，究应如何办理，请讨论案。

决议：据请转呈更正。

四、本会商店登记期限二月底日截止，现已届满，应否展限，请讨论案。

决议：展限一月呈报并登报通告。

丙、临时动议

一、据山货行业公会筹备会徐禹门呈送筹备人名册，请准备案并指示名称等情，应如何核定，请公决案。

决议：函复准其组织，并其他山货业是否包括在内，应依惯例办理。

二、本会元、二、三等月预算已由市府令饬改造，应如何办理，请讨论案。

决议：呈请追加职员名额，余俟下次会议讨论。

三、据汉口公认钱庄业谢伯勤等推定筹备员九人组织公会筹备会等情，应否准其组织，请讨论案。

决议：准其组织。

散会。

（119-127-152：51-53）

3.武汉特别市市政府建设局训令总商会筹备委员会

（1940年3月2日）

令武汉特别市总商会筹备委员会，案查前准汉阳办事处咨送本市总商会汉阳分会筹备委员会组织章程，嘱转呈备案，并请颁发图记一案。经呈奉市政府府书计字第2882号指令内开：呈件均悉，查该分会章程业经本府审核修正，兹将原件抄发，所请颁发图记一节，应准另立刊发，仰即一并转饬遵照等因。附抄发修正武汉特别市总商会汉阳分会筹备委员会章程，一并奉此。除抄同奉发修正章程函复汉阳办事处请为转饬该会遵照外，合行抄发修正章程，令仰该会知照为要。此令。

计抄发武汉特别市总商会汉阳分会筹备委员会章程一份。

局长　方达智

三月二日

（119-126-251：18）

4.汉口市山货行业同业公会筹备会呈总商会筹备委员会

（1940年3月2日）

为遵章组织同业公会，业经办理申请登记，兹特公推筹备人选补具名册，仰祈鉴核，准予备案，并恳示遵事。窃商等向在本市经营山货、纸张、土菜行业历有年，所往来交易遍及各埠，信用确著。前清时有山货公所之设立，入民国后称为山货行帮商会，十九年改组，集全市山货业为一体，简称曰山货行业公会。该时负责会务之人选即为商等同业石和湘、陈润南等，继因事变,石、陈随众星散,会务中断。自武汉特别市政府暨各机关相继成立,百废俱兴,民众在维护召唤之下渐次复归,商业日趋繁荣,钧会亦告成立,统筹各业组织商等。在指导之下遵即举办,申请登记在案,兹以限期迫促,爰特依章公推徐禹门等九名为负责筹备人,理合补具名册呈请鉴核,准予备案至商等。公会拟仍沿用山货行业同业公会名称,其他之指示,俾便遵循,实为公便。

谨呈

武汉特别市总商会筹备委员会主任涂

汉口市山货行业同业公会筹备会

附筹备人名册一份

三月二日

汉口市山货行业同业公会筹备会筹备人名册

姓名	徐禹门	吴沛云	陈琴舫	陈幼轩	姜维周	汪海卿	程宁陔	罗卓良	刘菊邨
年龄	五四	四五	五十	四二	三九	三五	四九	二八	四十
籍贯	黄陂	汉阳	黄陂	武昌	汉阳	黄陂	黄冈	黄陂	汉川
牌号	韩元贞	福大	公利	春茂	源成	宝昌	公平	润记	永福
开设地址	小夹街六五	大亨巷九	统一街二九二	汉正街六四四	小夹街九七	统一街二九三	大亨街八	小夹街五六	仝九十

(119-126-269:10-12)

5.汉口市球场山货行业公会发起筹备人呈武汉特别市商会筹备委员会为遵奉定章组织同业公会请求赏予登记备案

(1940年3月3日)

窃商等顷阅武汉特别市市政府民国二十八年度法字第一二〇号令开:凡本市工商各业,应组织同业公会,俾维持及增进同业之公共利益,并矫正营业上弊害。各等因,奉此。且思案关同业利害,应急起组织。即遵照钧会颁发组织须知,召开同业全体会议,发起组织筹备。公推公和祥经理王善卿等十一人为发起筹备人,定名为球场山货行业公会,暂假球场保安公益第三十三分会为临时会所,按照钧会规定原则,遵依照手续,已向第一登记处,呈请登记在卷,除备文呈请武汉特别市市政府建设局备案外,理合呈请钧会,俯赐鉴核,伏乞赏予备案并恳转请市府建设局,核准备案,准予刊发图记给领,以凭信守而资进行,实为两便。

谨呈

武汉特别市商会筹备委员会公鉴

汉口市球场山货行业公会发起筹备人

王善卿　杨昌乾　范晓清　熊瑞亭

虞志章　李玉山　杜和卿　田华山

晏仁怀　徐万丰　刘玉山

(119-126-269:6-7)

6.公和祥山货行具呈商民球场山货行业发起筹备人王善卿等

(1940年3月3日)

呈:为遵奉定章组织同业公会请求,赏予备案并恳颁发图记,以应凭信守而资进行,仰祈鉴核事。窃商等顷阅钧府民国二十八度法字第一二零号令,转武汉特别市商会颁定本市工商各业应组织各同业公会,俾维持及增进同业之公共利益,并矫正同业营业上之弊害。各等因,奉此。查案关同业本身利害,随即召集会议发起组织。公推公和祥经理王善卿等十一人发起组织筹备,抑俟筹备就绪,再行开会公选,暂假球场保安公益第三十三分会为临时会所,定名为球场山货行业公会。遵依定章筹备一切,除按照市商会组织大纲依手续登记外,理合缮具各行名册二份,备文呈请局座台前俯赐核伏乞,赏予备案,并恳颁发图记给领,以凭信守而资进行。

公和祥山货行

三月三日

(119-126-269:8)

7.市商会筹备会昨开十五次会议

(1940年3月3日)

市商会筹备会昨开十五次会议　决议案尚在整理中

武汉特别市总商会筹备委员会,昨(二)日召开第十五次全体委员会议,决议案尚在整理中,兹先将该会议各事项分志于后:

甲、报告事项

一、本周共收文十八件,发文二十四件。(事由从略)

二、上次会议议决各案已分别执行,请查照由。

三、本周登记商店第一登记处计有五业六四户,第二登记处计有七业一二八户,合并报请查照由。

四、本会汉阳分会报告本年元、二月大事表记,请查照由。

乙、讨论事项

一、据汉口染织布厂业发起人龙少伯等请准组织同业公会筹备会,应否照准,请核议案。

二、奉建设局令,以杂木柴行业与薪柴业平价运销处性质不同,应准该业成立公会筹备会等因,旋据杂木柴行业邹明盛呈报,已与外江柴草行业合并组织并造具筹备员名册,请准备案,前来究应如何办理,请公决案。

三、米粮店业陈云峰呈送前市商会登记证等件,请予更正公会名称,经交调查呈复,究应如何办理,请讨论案。

四、本会商店登记限期二月底日截止,现已届满,应否展限,请讨论案。

(《大楚报》)

8.武汉特别市总商会筹备委员会函复山货行业徐禹门等

（1940 年 3 月 6 日）

接准来牍以组织山货行业公会筹备会,请准备案等情,附呈筹备人名册一份,据此处经提交本会第十五次全体委员会决议,“函复准其组织□。其他山货业是否包括在内,应依惯例办理”等语记录在卷,相应函请查照。

此致

徐禹门等先生

武汉特别市总商会筹备委员会

三月六日

（119-126-269:13）

9.调查员成启明、汪复华呈武汉特别市总商会筹备委员会

（1940 年 3 月 6 日）

窃职等奉派调查王善卿等呈请组织汉口市球场山货行业同业公会,遵即前往调查。准该公会筹备主任王善卿声称,事变前球场无山货行业,现总商会筹备成立山货行业,等计三十余家遵照组织须知,召集球场同业等开会,推筹备员十一人,组织定名汉口市球场山货行业同业公会等情。查该王善卿组织公会,仅球场山货一部分是否可行,理合将调查情形呈报鉴核。

谨呈

主任涂

附呈缴原呈名册各一份。

调查员　成启明、汪复华

三月六日

（119-126-269:14）

10.汉口汾酒业同业公会筹备主任胡焕章为推举筹备员请准筹备同业公会函市总商会

（1940 年 3 月 6 日）

敬启者,查敝业汾酒糟坊,在事变前不下七十余家,向有同业汾帮公所之合法团体,自武汉军兴以后,虽无形解体,而基础仍依照如故,近以复业糟坊登记者已有二十余家,爰于本(三)月二十六日召集同业会议,商讨恢复办法,佥称不有同业公会,一切商情利弊,均无从研讨,遂当场公推胡焕章、郑晋卿、田炳三、罗桂堂、傅耀轩、刘佐宾、萧志伸、鲍显伍、夏义山等九人负责进行筹备,并互推胡焕章为筹备主任,同时在汉中路十六号本公所开始办公,所有筹备汾酒业同业公会缘由,相应函请贵会察核,敬希转呈市建设局备案,以便筹备,而固权益,并希见复

为荷。

此致

武汉特别市总商会

汉口汾酒业同业公会筹备主任　胡焕章

三月六日

（119-126-273:1-3）

11.武汉特别市总商会筹备委员会第十六次全体委员会议事日程

（1940 年 3 月 9 日）

甲、报告事项

一、本周共收文三十一件,发文五十一件。(事由从略)

二、上次会议议决各案已分别执行,请查照由。

三、本周登记商店第一登记处计有七业六十四户,第二登记处计有七业二百九十八户,合并报请查照由。

乙、讨论事项

一、据本市卷烟业宋椿庭请准组织同业公会筹备会,又据陈德成等十一人呈同前情,经派员调查,复称陈德成等系就全市组织人数甚多,宋椿庭不愿参加,拟请分组两个公会,各等情应否令其合并组织,请讨论案。

二、据本市球场山货行业王善卿等呈请组织山货行公会筹备会,经交调查呈复,事变前球场无山货行业,应否令其合并于前准筹备之山货行业筹备会,请讨论案。

三、据本市球场杂粮行业周椿庭等呈以筹备组织公会,请转呈备案并刊发图记等情,经调查呈复,事变前系参加粮食业公会,应否令其合并组织,请讨论案。

四、据本市食品制造业笪伟农等呈送筹备人名册,请准筹备组织公会等情,经交调查呈复有案,可否准组织,请讨论案。

五、查龙少伯等呈请筹备染织布厂业公会一案,曾经提会决议准其组织筹备,惟须仍沿用染织纱布业名称并经函复在案。兹奉建设局令饬查核具报,究应如何呈复,请讨论案。

六、准海味糖盐业公会筹备会函请转呈市政府将劳工协会组织规程酌予修正,并请令饬停止店员登记等由,可否照转,请讨论案。

（119-127-152:54）

12.武汉特别市总商会筹备委员会第十六次全体委员会议记录

（1940 年 3 月 9 日）

时间:二九 · 三 · 九 · 下午三时

地点:本会办公室

出席委员:谢有标、秦镜清、涂拔丞、万凤逸、蓝熙周、彭建庭、成禹门、邹济之(涂代)、王养和(涂代)

请假委员:姚维章、汪原润

列席人:谢伯进

主席:涂拔丞

记录:姚心辅

开会如仪:

甲、报告事项

一、本周共收文三十一件,发文五十一件。(事由略)

二、上次会议决议各案已分别执行,请查照由。

三、本周商店登记第一登记处计有七业六十四户,第二登记处计有七业二百九十八户,合并报请查照由。

乙、讨论事项

一、据本市卷烟业宋椿庭请准组织同业公会筹备会,又据陈德成等十一人呈同前情,经派员调查,复称陈德成等系就全市组织人数甚多,宋椿庭不愿参加,拟请分组两个公会,各等情应否令其合并组织,请讨论案。

决议:应令合并组织。

二、据本市球场山货行业王善卿等呈请组织山货行公会筹备会,经交调查呈复,事变前球场无山货行业,应否令其合并于前准筹备之山货行业筹备会,请讨论案。

决议:令其合并组织。

三、据本市球场杂粮行业周椿庭等呈以筹备组织公会,请转呈备案并刊发图记等情,经调查呈复,事变前系参加粮食业公会,应否令其合并组织,请讨论案。

决议:令其合并组织。

四、查龙少伯等呈请筹备染织布厂业公会一案,曾经提会决议准其组织筹备,惟须仍沿用染织纱布业名称并经函复在案。兹奉建设局令饬查核具报,究应如何呈复,请讨论案。

决议:查案呈复。

五、准海味糖盐业公会筹备会函请转呈市政府将劳工协会组织规程酌予修正,并请令饬停止店员登记等由,可否照转,请讨论案。

决议:据情转呈。

丙、临时动议

一、本会万委员凤逸提议省府公布产销营业税法,究与现有之统税营业税有无重征之嫌,请公决办法以□有因案。

决议:呈请建设局转呈市政府核示。

二、电请□□□迅速入都组府,实现经济,提携民众,得享和平幸福案。

决议:照办。

散会。

(119-127-152:56-57)

13.市商会筹委会昨开全体会议

（1940年3月10日）

市商会筹委会昨开全体会议　讨论各业呈请组织公会等案

武汉特别市总商会筹备委员会，昨（九）日召开第十六次全体委员会议，兹志其各种事项如后：

甲、报告事项

一、本周共收文三十一件，发文五十一件。（事由从略）

二、上次会议议决各案已分别执行，请查照由。

三、本周登记商店第一登记处计有七业六十四户，第二登记处计有七业二百九十八户，合并报请查照由。

乙、讨论事项

一、据本市卷烟业宋椿庭请准组织同业公会筹备会，又据陈德成等十一人呈同前情，经派员调查，复称陈德成等系就全市组织人数甚多，宋椿庭不愿参加，拟请分组两个公会各等情，应否令其合并组织，请讨论案。

二、据本市球场山货行业王善卿等呈请组织山货行公会筹备会，经交调查呈复，事变前球场无山货行业，应否令其合并于前准筹备之山货行业筹备会，请讨论案。

三、据本市球场杂粮行业周椿庭等呈以筹备组织公会，请转呈备案并刊发图记等情，经调查呈复，事变前系参加等情，经交调查，呈复有案可否准其组织，请讨论案。

四、据本市食品制造业□伟农等呈送筹备人员名册，请准筹备组织公会等情，经文调查呈复在案，可否其准组织，请讨论案。

五、查龙少伯等呈请筹备染织布厂业公会一案，曾经提会决议，准其组织筹备，惟须仍沿用染织纱布业名称并经函复在案。兹奉建设局令饬查核具报，究应如何呈复，请讨论案。

六、准海味糖盐业公会筹备会函请转呈市政府将劳工协会组织规程酌予修正，并请令饬停止店员登记等由，可否照转，请讨论案。

（《大楚报》）

14.武汉特别市总商会筹备委员会关于与徐禹门等合并组织函复球场山货行业王善卿等

（1940年3月11日）

接准来牍以筹组球场山货行业同业公会请准□□□，当经提交本会第十六次全体委员会决，佥以该山货行业徐禹门等业经呈组织筹备有案，在同一区域内不应以同一业务设立两同业公会，一致决议“令其合并组织”，记录在卷，相应录案后请查照办理。

此致

王善卿等先生

武汉特别市总商会筹备委员会
三月十一日
（119-126-269:15）

15.武汉特别市总商会筹备委员会第十七次全体委员会议事日程

（1940年3月16日）

甲、报告事项

一、本周共收文三十一件，发文十六件。（事由略）

二、上次会议议决各案已分别函呈，请查照由。

三、本会常委姚维章再续假二十天，报请查照由。

四、据本市同康典呈请，转呈暂准将当户月息增加五厘一案，已据情转呈，请查照由。

五、本会四、五、六等月补助费预算已经造报，计增加事务员五人、公役二人，共增加经费每月四百三十六元，请查照由。

六、本周登记商店第一登记处计有五业五十四户，第二登记处计有十二业二百八十一户，合并报请查照由。

乙、讨论事项

一、据汉口麻袋业刘维汉等发起组织同业公会，请准筹备等情，经交调查报告后，又奉建设局令饬核议，应否准其筹备，请讨论案。

二、据汉口石灰业曾荣卿等推举筹备员，请准组织公会筹备会等情，应否照准，请讨论案。

三、据汉口制造南酒业罗钟珊等呈请，准予成立公会筹备会等情，经调查属实，可否准其成立，请公决案。

四、查汉口染坊业喻顺臣等呈请筹备组织同业公会一案，据调查复称不分青蓝红绿染坊，合并组织汉口染坊业同业公会等语，应否准其筹备，请讨论案。

五、据汉口炒坊业殷学栋等先后呈称推举筹备员，请准筹备同业公会并自刊图记启用各等情，经两次调查报告有案，究应如何办理，请核议案。

六、据杂货店业曹云階等呈以恢复同业公会，请准筹备等情，业据调查报告，可否准其筹备，请公决案。

七、据□业刘福陔等三十七户申请登记，经派员调查，该业各户均无牌名，亦未营业，可否准予登记之处，请讨论案。

（119-127-152:55）

16.武汉特别市总商会筹备委员会第十七次全体委员会议记录

（1940年3月16日）

时间：二九·三·十六·下午三时

地点：本会办公室

出席委员：蓝熙周、谢有标、成禹门、涂拔丞、彭建庭、秦镜清、汪原润（涂代）、万凤逸

请假委员:姚维章

列席人:谢伯进

主席:涂拔丞

记录:姚心辅

开会如仪:

甲、报告事项

一、本周共收文三十一件,发文十六件。(事由略)

二、上次会议议决各案已分别函呈,请查照由。

三、本会常委姚维章再续假二十天,报请查照由。

四、据本市同康典呈请,转呈暂准将当户月息增加五厘一案,已据情转呈,请查照由。

五、本会四、五、六等月补助费预算已经造报,计增加事务员五人、公役二人,共增加经费每月四百三十六元,请查照由。

六、本周登记商店第一登记处计有五业五十四户,第二登记处计有十二业二百八十一户,合并报请查照由。

乙、讨论事项

一、据汉口麻袋业刘维汉等发起组织同业公会,请准筹备等情,经交调查报告后,又奉建设局令饬核议,应否准其筹备,请讨论案。

决议:准其筹备。

二、据汉口石灰业曾荣卿等推举筹备员,请准组织公会筹备会等情,应否照准,请讨论案。

决议:准其成立。

(119-127-152:58)

17.汉口总商会调查员成启明呈主任涂一件为奉令调查董松山等函请筹备新药业公会一案(附呈原呈一件)

(1940 年 3 月 16 日)

窃职奉令调查董松山等函请筹备新药业公会一案,遵即前往调查,据该业筹备人称,此次筹备会仅江汉路中华区两处同业已经申请登记者三十余家,惟特一、二、三区由筹同业函知登记,迄今二周,尚未前来,惟恐不能召集,故特呈请组织等语,职当复向特三区法界"立达""华威""郑大有"等号查询,悉以敝东经事变他往未归,一俟回汉自应参加等语,查该等区似有推诿,可否准予董松山等先行筹备,理合呈报鉴核。

谨呈

主任涂

附呈原呈一件。

调查员　成启明呈

三月十六日

原呈:汉口新药业筹备员董松山等函汉口市商会为在特区及法界同业未经登记以前可否进行组织公会筹备会函请查照赐复由(1940 年 3 月 8 日)

敬启者，敝同业案照钧会颁布同业公会章程组织，于是召集同业推举筹备人员筹备会员登记事宜。除江汉路中华区已经登记四十二家外，尚有特一、二、三区及法界二十余家之谱概未登记。同人等因欲求团结一志起见，俾益巩固其内部之团结，增进组织上之健全，乃通知该未登记各药房一律登记在案，庶几达其组织之目的。自通知去后，未见答复。查敝同业均系资本薄弱，恐不能号召，如该特一、二、三区进行，同人等均愿一致加入，否则同人等即日进行组织，是否有当，为此相应函达钧会查照并希即赐复为荷。

此致

武汉特别市汉口总商会

筹备委员　董松山、孙奂林、汪汉臣

谢德良、彭俊卿、郑伯乐、谢德甫谨启

三月八日

（119-126-239:1-5）

18.公认钱庄同业公会定期举行成立会

（1940 年 3 月 18 日）

公认钱庄同业公会定期举行成立会　昨函各机关派员莅临指导

武汉事变□远，工厂凋敝，市场萧条，幸经当局，积谋劳来安集，秩序安定，工厂复荣，惟钱庄一业，未克恢复，以致工商各业在经济上难获周转之益，影响市场繁荣甚巨。自总商会筹备以来，积极劝导该业速行恢复营业，并贵会筹备成立公认钱庄同业公会，以便联络同业情感，团结发展营业。兹悉该业，一切筹备事宜，均已就绪，并定于二十日下午二时召开成立大会，及选举理监事，昨已通函各机关各团体届时派员莅临指导云。

（《大楚报》）

19.武汉特别市总商会筹备委员会函复准予筹备汉口茶叶店业同业公会筹备会

（1940 年 3 月 19 日）

案准来函以发起组织同业公会设立筹备会，并推定筹备委员十一人，请予核准等由。经即提交本会第十七次全体委员会议决，准其筹备等语记录在卷，除转呈建设局备案外，相应录案函复达查照为荷。

此致

武汉特别市汉口茶叶店业同业公会筹备会

主任委员涂拔

三月十九日

（119-126-272:2）

20.武汉特别市总商会筹备委员会呈市政府建设局

(1940 年 3 月 19 日)

案据武汉特别市汉口茶叶店业同业公会筹备会发起人郎怡泰经理车绩堂等呈称,窃查同业奉钧会函召谈话云云云,俾使进行等情。据此,经即提交本会第十七次全体委员会议决,准其筹备,除函复外,理合据情转呈钧会鉴核,准予备案,并祈示遵。

谨呈

武汉特别市市政府建设局局长方

(全衔)涂拔　蓝熙　姚维　成禹　谢有

三月十九日

(119-126-272:3)

21.武汉特别市市政府建设局为王善卿等呈请组织汉口山货行业同业公会筹备会训令总商会筹备委员会

(1940 年 3 月 20 日)

案据王善卿等呈以发起组织汉口球场山货行业同业公会筹备会,请准备案等情,并附汉口球场等处山货行业行户名册一份,据□合行检发呈并抄名册一份,令仰该会核议具报,以凭核夺。

此令

附检抄发副呈一件、名册一份。

局长　方达智

三月二十日

(119-126-269:16)

22.武汉特别市总商会筹备委员会为令饬山货行业王善卿等合并组织公会呈建设局

(1940 年 3 月 21 日)

呈:案奉钧局本案三月二十日建商字第 791 号训令内开:案据王善卿等呈以发起组织汉口球场山货行业同业公会筹备会云云云,以凭核夺,此令,等因。附检发副呈一件,抄发名册一份,奉此查此案。前据该山货行业王善卿等呈□前情,当经本会派员调查。事变以前,球场并无山货行业,所请组织公会,仅球场山货行业一部分,殊属未合,而该山货行业徐禹门等业经呈准组织筹备有案,再不能以同一业务在同一区域内设立两同业公会。爰提交本会第十六次全体委员会,议决令其合并组织,并已函达查照办理立卷,兹奉前因,理合呈祈鉴核,令饬合并组织,实为公便。

谨呈

武汉特别市市政府建设局长方

(全衔)涂拔　蓝熙　姚维　成禹

三月二十一日

(119-126-269:17-18)

23.为发起筹备同业公会呈仰乞鉴核备案并令遵由

(1940 年 3 月 24 日)

为发起筹备同业公会呈仰乞准予备案,以便商业事,前奉贵会通知开查商店登记规则已提会通过,呈奉建设局转奉市政府核准备案,合亟检同登记规则、组织须知、公会章程,通知该会转知该业商号登记,再依章程组织同业公会等因。附登记规则、组织须知、公会章程各一份。奉此。遵即领具申请书转发同业已汇齐一部分呈送贵会第二登记在卷,并召集同业会议推选夏汉卿、李子卿、胡治平、陈训卿、闵幼菴、徐竹逊、徐皆平、陈荣轩、杨镕芳等九人暂时负责筹备,以夏汉卿为筹备主任,暂定大夹街广合巷十号为会址,定名曰"武汉特别市汉口油盐业同业公会筹备会"等语,记录在卷,所有登记及筹备缘由,除分呈外,理合呈请鉴核备案并予示遵,实为商便。

谨呈

武汉特别市总商会

发起人　夏汉卿等九人

窃职奉派调查油盐业夏汉卿等呈请筹备同业公会一案。遵即前往调查,据该会发起人夏汉卿、李子卿等称奉总商会通知召集油行、油盐坊同业会议推筹备员九人负责组织油盐业同业公会,已经依章程申请登记事变前原名为油业同业公会。因同业多数领有盐照,故此组织油盐业同业公会,复往慎记泰昌等油盐坊调查,据称同前情各等语。查该会夏汉卿、李子卿等系前油业同业公会出席市商会代表,可否准予该夏汉卿等组织油盐业同业公会之处,理合报请鉴核。

谨呈

主任涂

附呈原件一件。

调查员　王复华呈

三月三十日

(119-126-267:1-4)

24.武汉特别市总商会筹备委员会第十八次全体委员会议事日程

(1940 年 3 月 25 日)

甲、报告事项

一、本周共收文三十九件,发文五十四件。(事由略)

二、上次会议议决各案已分别执行,请查照由。

三、本会为变通预算请发补助费实报实销一案,业经呈请建设局转呈核示,报请查照由。

四、本周登记商店第一登记处计有四业三十二户,第二登记处计有十六业三百二十一户,合并报请查照由。

乙、讨论事项

一、查余超群等发起组织汉口踩布业同业公会筹备会一案,业据调查报告到会,应否准其组织,请讨论案。

二、查董松山等请组织汉口新药业同业公会筹备会一案,已据调查,报告到会,可否准其组织,请讨论案。

三、查陈寿卿等发起组织汉口色土布行业同业公会筹备会一案,已据调查,报告到会,可否准其组织,请讨论案。

四、据刘福陔等请筹备牛肉屠宰业同业公会,查本会前准登记之□业似为同一业务,可否准其组织将□业归并在内,请核议案。

五、据舒勤铮等请准恢复汉口中西馆业同业公会,业经调查,报告到会,查从前名称为中西菜馆业,可否令其更名筹备,请讨论案。

六、据邵玉山等请准筹备汉口五金铁业公会,已经调查报告,应否准其筹备,请讨论案。

七、据汉口贸易人力车商余福田等呈诉,该同业公会各情形已经调查,报告到会,应否转呈核办,抑或召集调解,请核议案。

八、奉建设局令核议典商增加月息五厘,以便典商复业,贫民有所周转,已斟酌商情呈复,请追认案。

九、本会拟设汉口商行讲习学校,是否可行,请讨论案。

(119-127-152:59-60)

25.武汉特别市总商会筹备委员会第十八次全体委员会议记录

(1940 年 3 月 25 日)

时间:二九·三·廿五·下午三时

地点:本会办公室

出席委员:蓝熙周、涂拔丞、彭建庭、谢有标、成禹门、姚维章(谢代)、万凤逸、邹济之、秦镜清(蓝代)

请假委员:汪原润、王养和

列席人:苏菊村

主席:涂拔丞

记录:姚心辅

开会如仪:

甲、报告事项

一、本周共收文三十九件,发文五十四件。(事由略)

二、上次会议议决各案已分别执行,请查照由。

三、本会为变通预算请发补助费实报实销一案,业经呈请建设局转呈核示,报请查照由。

四、本周登记商店第一登记处计有四业三十二户,第二登记处计有十六业三百二十一户,合并报请查照由。

乙、讨论事项

一、查余超群等发起组织汉口踩布业同业公会筹备会一案，业据调查报告到会，应否准其组织，请讨论案。

决议：准其组织。

二、查董松山等请组织汉口新药业同业公会筹备会一案，已据调查，报告到会，可否准其组织，请讨论案。

决议：准其组织。

三、查陈寿卿等发起组织汉口色土布行业同业公会筹备会一案，已据调查，报告到会，可否准其组织，请讨论案。

决议：准其组织。

四、据刘福陔等请筹备牛肉屠宰业同业公会，查本会前准登记之□业似为同一业务，可否准其组织将□业归并在内，请核议案。

决议：准其组织，惟名称改为牛肉业。

五、据舒勤铮等请准恢复汉口中西馆业同业公会，业经调查，报告到会，查从前名称为中西菜馆业，可否令其更名筹备，请讨论案。

决议：准其组织，惟名称应仍旧为中西菜馆业。

六、据邵玉山等请准筹备汉口五金铁业公会，已经调查报告，应否准其筹备，请讨论案。

决议：准其筹备。

七、据汉口贸易人力车商余福田等呈诉，该同业公会各情形已经调查，报告到会，应否转呈核办，抑或召集调解，请核议案。

决议：召集调解，推谢常委办理。

八、奉建设局令核议典商增加月息五厘，以便典商复业，贫民有所周转，已斟酌商情呈复，请追认案。

决议：追认。

丙、临时动议

一、据夏汉卿等请准筹备汉口油盐业同业公会，应否照准，请讨论案。

决议：调查后再行提会核议。

二、据陈春亭等请准筹备汉口药材号业同业公会，可否照准，请讨论案。

决议：准其筹备。

三、据海味糖盐业筹备主任王晋澄呈为华成海味号房屋租赁关系，请依照习惯予以救济，究应如何办理，请公决案。

决议：请苏秘书、谢顾问将原呈修改后再转。

四、本会万委员凤逸提议查产销营业税业已开征，应呈请省府迅令大沼县政府立即取消原设之石灰窑税捐处，以符功令，是否可行，请讨论案。

决议：据情转呈。

五、本会商店登记限期又将届满，应否催促登记，请讨论案。

决议：通告并传知各商店从速登记。

散会。

（119-127-152:61-65）

26.汉口市酒饭面馆业工会为汾酒业工人请求加价致汉口市商会汾酒公会函

（1940 年 3 月 25 日）

敬启者，顷据工友苏兴泰、傅耀堂、余克凤、许海卿等四名，报称现在生活程度高涨，工人生活维艰，在未入会之先，即已向资方邀请加薪三次，未蒙答复。该工会全体预于阴历三月一日，一律辞工不做，回家改业，此种语气，双方不利。等情，据此。查生活高涨，世人同感困苦，非该工人为然，但该工等资方所给工资，每月难够米三升，不得维持一人伙食，应予按生活程度增加，以谋资劳情感融洽，维护营业，除当饬该工等，仍与安心供职，听候调解外，相应函请贵会请烦查照，务即示复为荷。

此致

汉口市商会汾酒公会

常务委员　李彝龄

27.汉阳分会筹备委员会呈报市总商会筹备委员会本会启用图记日期

（1940 年 3 月 26 日）

案奉武汉特别市市政府汉阳办事处函转建设局建总字第 780 号公函，以奉市府府计字第 3373 号训令刊发本特别市总商会汉阳分会筹备委员会图记一颗，文曰“武汉特别市总商会汉阳分会筹备委员会图记”，饬即转行具领启用，并将启用日期连同拓具印模呈报备查等因，转行到会，即派员具领，于三月廿六日敬谨启用，理合拓具印模一份，呈请钧会鉴核备案。

谨呈

武汉特别市总商会筹备委员会主任委员涂

附呈印模一份。

武汉特别市总商会汉阳分会筹备委员会主任　夏汉卿

三月二十六日

（119-126-251:21）

28.市商会筹委会召集全市米商开会

（1940 年 3 月 26 日）

市商会筹委会召集全市米商开会　中日官方均具调整决心讨论抑止米价维持民食

中联社武汉讯：关于本市食米之上涨，中日官方均具有调整决心，市商会特于昨（二十五）日下午三时召集本市各米行及机器米业等负责人员，在该会举行会议，出席本市各米行经理或代表三十余人，官方出席者有建设局汤秘书长及特务部小川先生，对于抑止米价上涨，各商发挥意见颇多，据闻从此次会议，今后米价将有具体办法，以维民食云。

（《大楚报》）

29.奉通知饬即筹备公推筹备员呈请核准由

（1940 年 3 月 27 日）

案奉大会通知筹备字第一二六八号开并附下章则三份原文免录尾开通知该公会筹备迅即依照章则办理。等因，奉此。敝同业遵于三月二十三日由倪鹏等发起召集同业讨论，咸以组织公会乃牢固商人团体，增进同业公益，询谋佥同，定名为“武汉特别市汉口酒酱业同业公会”。当公推倪鹏为筹备主任暨汤子园等为筹备员，谨将筹备经过情形，除呈报武汉特别市建设局核准外，理合具文呈报贵会核准并请指示以资进行，是为公感。

谨呈

武汉特别市商会筹备会

发起人　万成上海酱园代表倪鹏
汤源元绍酒店代表汤子园
朱岳盛绍酒店代表陈培生
长沙酱园代表魏茂炎
上海酱园代表王正先
豫丰泰绍酒店代表谢瑞生
康元绍酒坊代表冯天羽
上海同兴酱园代表徐华林
老实和绍酒店代表陈英夫
周和丰绍酒店代表沈伯堂
绍兴酒厂代表诸宗周

会址　汉景街二二五号内万成上海酱油厂内

（119-126-263:1-2）

30.钱业公会成立后会员钱庄一览

（1940 年 3 月 28 日）

钱业公会成立后会员钱庄一览

本报讯:银钱业原为调剂社会金融，邑甲方之余资，注乙方之资助，其关系于市面繁荣，具有深切根蒂。本市事变后之银钱业，多如雨后春笋，但其中不无组织不健全者，则反贻害于社会也明矣。自钱业公会成立，经公众认为合格者计三十家，兹将各钱庄牌号及经理人姓名与地址，探志于后，借资问津也。

牌号	负责人	营业地
同安	谢伯勤	崇正里七号
永丰	时似甫	落伽碑路十号
公清	葛楚材	德永里二号
久记	张仁安	德永里六号

吉和	舒吉安	咸安坊一号
锦记	杨锦笙	怡和路九号
安裕	王善臣	同仁里
同福	熊冠群	咸安坊四号
同益	杨葆初	启昌里三号
镒安	徐桐图	咸安坊十一号
立裕	彭少白	启昌里一号
瑞裕	张榕初	德永里八号
协裕	陶志清	启昌里九号
善济	□南□	咸安坊十号
和生	姚政夫	咸安坊三号
恒记	王祥轩	智民里十四号
义生	陈瑞卿	德永里四号
联成福	裴希禹	德永里
鼎盛	徐吉臣	启昌里
正兴	余茂堂	咸安坊五号
致和	吴尧□	启昌里
公益	刘玉生	德永里七号
肇康	李馥庭	德永里
励昌	吴澄三	启昌里八号
泰兴昌	陈荣心	咸安坊
合兴	刘少卿	维安里十号
和济	梅得齐	联怡里
致丰	余德馨	联怡里
赓兴	宋少廉	咸安坊七号
恒裕	吴春藻	德永里九号

(《大楚报》)

31.武汉特别市总商会筹备委员会函复汉阳分会准备案启用图记

(1940 年 3 月 29 日)

案准来函具报启用图记,附拓印模一份,到会应即备案,相应烦请查照。

此致

武汉特别市总商会汉阳分会筹备委员会

主任委员涂拔(会衔)启

三月二十九日

(119-126-251:22)

32.丝茧行业筹备成立同业公会为呈请核准成立筹备会函市商会

（1940 年 3 月 29 日）

缘琴梧等在汉口市经营丝茧行业，历有余年，同业十余家，向有同业公会之组织，因事变无形消散。兹者市面早经恢复，商业日趋繁荣，政府正领导人民谋福利之时。琴梧等特发起组织武汉特别市汉口丝茧行业同业公会，以俾恢复旧观而谋同业权益。经于三月二十二日邀集首次发起人，会经同业公推邱琴梧、胡筱轩、朱河亭、何梅卿、林云卿为筹备委员，理合具文请钧会鉴核批示祗遵，实为公便。

谨呈

武汉特别市市商会

附筹备委员略历一份。

武汉特别市汉口丝茧行业同业公会筹备委员

邱琴梧　胡筱轩　朱河亭　何梅卿　林云卿

（119-126-270:1-2）

武汉特别市汉口丝茧行业同业公会

筹备委员略历					
姓名	邱琴梧	胡筱轩	朱河亭	何梅卿	林云卿
年龄	57	42	35	32	55
籍贯	汉阳	安徽	汉阳	汉阳	黄陂
行名职务	同昌股东	森昌股东	怡和厚股东	永生义记股东	慎康股东
地址		大夹街三皇殿街 1	大夹街 220	大夹街 209	统一街 165
备考					

33.市总商会成立有期　商店登记月底截止

（1940 年 3 月 29 日）

市总商会成立有期商店登记月底截止　漏未登记者特定补行登记办法二种

武汉当前年事变时，市民星散，百业停顿，迨维持会出现，继之武汉特别市政府成立，市民相率复归者复归，复业者复业，竟将残破之武汉，逐渐复兴。一年之间，殆已恢复常态，市府因之协助商民之各业领袖组织武汉总商会筹备委员会，以资筹备恢复此间商人之最高机关，并谋商业发展，而振兴战后经济，该商会筹委会，责任重大。为此间当局与全体市民所一致深切的期待，该筹委会自成立后，即举行各商店登记，先就各业本身组织筹备会，进而为各业同业公会之张本。同时即以此项各业同业公会，为武汉总商会之基本组织，该会举办商店登记，原限二月底截止。旋因时间较促，商人赶登不及，多有向隅。爰将商人登记展限至本月（三月）底截止，据记者探悉已向该会申请登记而成立筹备会者，有杂货、海味、米粮等三十余业，已申请而在调查中者有匹头、绸缎等二十余业，共计五十余业，依该会组织章程，该筹委会即可进行商会正式成立准备矣。以故该筹委会之商店登记,至本月底满期,不再展限,惟是总商会虽可进行正式成立,而商界巨子,为商界之领导人,当然为总商会之中坚分子,刻此辈商人巨子,尚未多数归来,该会为期总商会之组织健全起见,故正式成立之期,尚俟至下月举行,如事实不许,至迟不出五月,此为该筹委会某负责人向记者称述者。关于商店登记,限期届满,各商店照章登记者固属甚多,而漏未登记者,恐亦不少,该筹委会已筹备数月,亟应将已登记各商,分别组织正式成立同业公会,促进总商会之成立,未便再延登记期间,迟滞会务,故三月底后决不再为展期。然各商店未行登记者,利益攸关,殊亦未可漠视,该筹委会为体恤各业商店起见,特定补行登记办法二种,兹探志于后:

一、凡已有同业公会之筹备者,应即各依照各业性质,向各业同业公会筹备会申请补行登记。

二、未经筹备同业公会,或单独业不能筹备同业公会者,径向本会办事处(即淮盐公所与联怡里十二号)申请补行登记。

(《大楚报》)

34.组织还都伟业告成武汉各界热烈庆祝　市商会电

(1940年3月30日)

组织还都伟业告成武汉各界热烈庆祝　今假新市场举行联合庆祝会各机关均放假一日以示拥护

以和平建国之新中央政府,今日改组还都,汪主席暨各委员并各院部会长人员,均于今日举行就职典礼,全国官民莫不欢欣鼓舞,同声庆祝。此间官民由武汉特别市政府主持下与省府参府暨各团体代表等,今日在新市场举行联合庆祝大会,各机关并放假一日,全市各娱乐场所,日夜一律半票,对此复兴中国之新中央政府,均表示拥护热忱与庆祝的狂欢。兹将此间各机关团体贺电分志于后:

市商会电　南京国民政府主席钧鉴:还定枢基,至符霓望。新酉丕焕,宪致宏敷。运启中兴,安国家如磐石。和平初建,登斯民于衽席,万姓欢呼。四民额首,拔丞忝领,武汉市商会筹委会,恭闻还都大典,谨率全市商民竭诚拥戴,特电驰贺,伏维垂鉴。武汉特别市总商会筹委会主任委员涂拔丞暨全体委员同□□。

(《大楚报》)

35.武汉特别市汉口茶叶店业同业公会筹备委员会发起人呈市总商会筹备委员会

(1940年3月)

窃查同业奉钧会函召谈话,以根据同业公会章程,亟应组织公会筹备会,以期早日成立同业公会等语。绩堂等遵于三月十日召集同业发起筹备,当即决定名称为"武汉特别市汉口茶叶店业同业公会筹备委员会",会址设汉口杨千总巷二十一号,并推定车绩堂、吴培堃、刘斌德、易礼堂、车鹏九、黄洪山、郭显廷、蓝次菴、俞东如、朱品珊、汪兰亭等十一人为筹备委员,以车绩堂为筹备主任开始筹备。所有发起经过及筹备委员姓名除呈报武汉特别市政府建设局外，理合呈请钧会鉴核，即乞俯准，俾便进行。

谨呈

武汉特别市总商会筹备委员会

武汉特别市汉口茶叶店业同业公会筹备委员会发起人
郎怡泰经理车绩堂、吴天然经理吴培堃、裕生春经理易礼堂、
永长春经理刘斌德、四达瑞经理郭显廷、朱谦益经理朱品珊、
车和顺经理车鹏九、馥泰昌经理黄洪山、天生裕经理俞东如、
协和福经理蓝次菴、瑞声泰经理汪兰亭

(119-126-272:1)

4 月

1.武汉特别市总商会筹备委员会第十九次全体委员会议事日程

(1940 年 4 月 1 日)

甲、报告事项

一、本周共收文三十二件，发文七十八件。(事由略)

二、上次会议议决各案已分别函呈，请查照由。

三、本周登记商店第一登记处计有六业一百十四户，第二登记处计有十六业五百零九户，合并报请查照由。

乙、讨论事项

一、查茅贡南等请组汉口广货业同业公会筹备会一案，已据调查报告到会，应否准其组织，请讨论案。

二、查倪鹏等请组汉口酒酱业同业公会筹备会到会，应否准其筹备，请讨论案。

三、查张栋廷等请组汉口鞋业同业公会筹备会一案，已经调查报告到会，应否准其筹备，请讨论案。

四、查鲍德贵等请组电池业同业公会筹备会一案，据调查报告可与电料业合并组织，应否准其合并，请核议案。

(119-127-152:66-71)

2.武汉特别市总商会筹备委员会第十九次全体委员会议记录

(1940 年 4 月 1 日)

时间：二九·四·一·下午三时

地点：本会办公室

出席委员：成禹门、姚维章、谢有标、蓝熙周（成代）、涂拔丞、汪原润（涂代）、王养和（涂代）、彭建庭、邹济之

请假委员：万凤逸、秦镜清

列席人：苏菊村

主席：涂拔丞

记录：姚心辅

开会如仪：

甲、报告事项

一、本周共收文三十二件，发文七十八件。

二、上次会议议决各案已分别函呈，请查照由。

三、本周登记商店第一登记处计有六业一百十四户，第二登记处计有十六业五百零九户，合并报请查照由。

乙、讨论事项

一、查茅贡南等请组汉口广货业同业公会筹备会一案，已据调查报告到会，应否准其组织，请讨论案。

决议：准其筹备。

二、查倪鹏等请组汉口酒酱业同业公会筹备会到会，应否准其筹备，请讨论案。

决议：准其筹备。

三、查张栋廷等请组汉口鞋业同业公会筹备会一案，已经调查报告到会，应否准其筹备，请讨论案。

决议：准其筹备。

四、查鲍德贵等请组电池业同业公会筹备会一案，据调查报告可与电料业合并组织，应否准其合并，请核议案。

决议：令其与电料业合并组织。

丙、临时动议

一、本会登记期满，拟完补行登记办法二种，并将淮盐公所及联怡里十二号改为本会办事处，请追认案。

决议：追认。

二、查汪麟治等请组色土布匹头业与色土布行业性质各别，应否准其改名筹备，请讨论案。

决议：准其组织，应仍用国货匹头业名称。

三、查卷烟业公会与卷烟经理业公会曾经议决，令其合并组织，兹据卷烟业声称，该业与卷烟经理业名称互异，性质不同，不能合并组织，可否准其分别组织，请讨论案。

决议：准其分别组织，惟须将卷烟业改为卷烟贩运业名称。

四、查程少棠等请组汉口针织袜业同业公会筹备会一案，应否照准，请讨论案。

决议：准其组织。

五、查胡焕章等请组筹备汾酒业同业公会一案，应否照准，请讨论案。

决议：准其筹备。

六、奉建设局令，核议汉阳鹦鹉洲竹木行业等否不分新旧行帖，均予登记，请核议具复案。

决议:呈复不分新旧,应准其登记。

七、查舒子寿等请准筹备汉口杂货行业同业公会一案,应否照准,请讨论案。

决议:准其筹备。

八、查夏汉卿等请准筹备油盐业同业公会一案,已据调查报告函会,可否准其筹备,请讨论案。

决议:准其筹备。

散会。

(119-127-152:66-71)

3.武汉特别市市政府建设局为车绩堂等呈以发起组织本市茶叶店业同业公会训令总商会筹备委员会

(1940 年 4 月 1 日)

案据车绩堂等呈,以发起组织本市茶叶店业同业公会筹备会,经推定筹备委员,请准备案等情;据此,合行抄发原呈令该会核议具复,以凭核夺。

此令

附抄发原呈一件。

局长　方达智

四月一日

抄汉口茶叶店业同业公会筹备会原呈一件

窃查同业奉武汉特别市总商会筹备委员会函召谈话,以根据同业公会章程,亟应组织公会筹备会,以期早日成立同业公会等语。绩堂等遵于三月十日召集同业发起筹备,当即决定名称为"武汉特别市汉口茶叶店业同业公会筹备委员会",会址设汉口杨千总巷二十一号,并推定车绩堂、吴培堃、刘斌德、易礼堂、车鹏九、黄洪山、郭显廷、蓝次菴、俞东如、朱品珊、汪兰亭等十一人为筹备委员,以车绩堂为筹备主任开始筹备。所有发起经过及筹备委员姓名除呈报武汉特别市总商会筹备委员会外,理合呈请钧局鉴核,恳乞俯准,俾便进行,谨呈武汉特别市政府建设局。

武汉特别市汉口茶叶店业同业公会筹备委员会发起人

郎怡泰经理车绩堂、吴天然经理吴培堃、裕生春经理易礼堂、

永长春经理刘斌德、四达瑞经理郭显廷、朱谦益经理朱品珊、

车和顺经理车鹏九、馥泰昌经理黄洪山、天生裕经理俞东如、

协和福经理蓝次菴、瑞声泰经理汪兰亭

(119-126-272:4-5)

4.武汉特别市总商会筹备委员会呈复市政府建设局局长准予车绩堂等组织茶叶店业同业公会筹备会

（1940 年 4 月 2 日）

案奉钧局本年四月一日建商字第 938 号训令内开：案据车绩堂等呈以发起组织本市茶叶店业同业公会筹备会。经推定筹备委员，请准备案等情。据此，令行抄发原呈令，仰该会核议具复，以凭核夺。此令，等因。附抄发原呈一件，奉此遵查。此案前据该车绩堂等呈报，到会当即提会议决，准其筹备，并经录案函复，暨呈报钧局鉴核在案，兹奉前因，理合呈请鉴核，准予备案。

谨呈

武汉特别市市政府建设局局长方

（全衔）涂拔、蓝熙、姚维、成禹、谢有

四月二日

（119-126-272：6-7）

5.财政局签注市总商会筹委会预算

（1940 年 4 月 2 日）

查市总商会筹委会上年十一、十二两月及本年一、二、三月份预算，均系分列支项薪饷、办公等费，且所领之款既由属局遵照核定预算科目支发，似应由该会分月造具计算书据送核，以符定章。至四、五、六月份，业已改为补助费汇案呈核，一俟奉准嗣复，即可免造详细计算，所拟是否有当？祈财政局局长孔楚材谨签。

四月二日

（9-31-8234：50）

6.市商会筹委会昨开十九次常会

（1940 年 4 月 2 日）

市商会筹委会昨开十九次常会　上周登记商店达六百余号

武汉特别市总商会筹备委员会第十九次全体委员会，于昨（一）日下午举行。兹志讨论案件如下：

一、查茅贡南等请组织汉口广货业同业公会筹备会一案，已据调查报告到会，应否准其组织请讨论案，议决准予组织。

二、查倪鹏等请组织汉口酒酱业同业公会筹备会一案，应否准其筹备请讨论，呈请。

三、查张栋廷等请组织汉口鞋业同业公会筹备会一案，已经调查报告到会，应否准其筹备请讨论案，调查。

四、查鲍德贵等请组电池业同业公会筹备会一案，据调查报告可与电料业合并组织，应否准其合并请核议案,调查,又上周登记商店十分踊跃,计二十六业六百二十三户云。

(《大楚报》)

7.调查员汪复华呈武汉特别市总商会主任涂拔

(1940 年 4 月 3 日)

窃职奉派调查丝茧行业邱琴梧等呈请组织同业公会一案,遵即前往调查。兹据邱琴梧、胡筱轩等系丝茧行业,全市计九家,于三月二十二日召集同业会议,推举筹备员五人,依照法规组织等,理合报请鉴核。

谨呈

主任涂

附呈原呈一件。

调查员　汪复华呈

四月三日

(119-126-270:4)

8.武汉特别市总商会筹备委员会函复汉口汾酒业同业公会筹备会准予筹备

(1940 年 4 月 3 日)

笺函:接准来函,以推举筹备员请准筹备同业公会等由。经提交本会第十九次全体委员会议决,准其筹备等语,记录在卷,除转呈建设局核示外,相应录案函达查照为荷。

此致

汉口汾酒业同业公会筹备会

武汉特别市总商会筹备委员会

四月三日

(119-126-273:4-6)

9.总商会筹委会牍函油盐业同业公会、呈建设局案准来牍以筹备同业公会请准予备案等由

(1940 年 4 月 3 日)

案准来牍以筹备同业公会请准予备案等由。经已提交查会第十九次全体委员会会议决准其筹备等语,记录在卷,除候补具名册到会转呈外,相应记录函送,迅将筹备会姓名、牌号,填具后履历造册送会,以揽转呈查照为荷。

此致

汉口油盐业同业公会筹备会

(全衔)启

案据汉口油盐业同业公会筹备会主任夏汉卿等呈称,为发起筹备同业公会应于示遵等情。

据此，经已提交派员调查，提交本会第十九次全体委员会议决准其筹备等语，记录在案，除函知外，理合呈请鉴核准予备案呈请示遵。

谨呈

武汉特别市市政府建设局局长方

（119-126-267:5-7）

10.建设局为油盐业筹备同业公会令查核具复由

（1940 年 4 月 3 日）

武汉特别市市政府建设局训令 986 号令武汉特别市总商会筹备委员会筹备委员涂拔丞，案据商民夏汉卿等呈以筹备油盐业同业公会语，鉴核备案等情，据此令可抄发原呈，仰该会查核具复以揽核夺。此令。

附抄原呈一件。

局长　方达智

附汉口油盐业同业公会呈文一件：为发起筹备同业公会仰乞准予备案，以便商业事。

前据总商会通知查商店登记规则已提会通过，呈案建设局封案，市政府核准备案，合亟检同登记规则、组织须知、公会章程通知该会，转知该业商号登记再依章程组织同业公会等因，附登记规则、组织须知、公会章程各一份，奉此，遵即领具申请书转发同业已汇齐一部分呈送总商会第二登记在卷，并召集同业会议推选夏汉卿、李子卿、胡治平、陈训卿、闵幼菴、徐竹逊、徐皆平、陈荣轩、杨镕芳等九人暂时负责筹备，以夏汉卿为筹备主任，暂定大夹街广合巷十号为会址定名曰“武汉特别市汉口油盐业同业公会筹备会”等语，记录在卷，所有登记及筹备缘由，除分呈外，理合呈请鉴核备案并予示遵，实为商便。

谨呈

武汉特别市市政府建设局局长方

发起人　夏汉卿等九人

（119-126-267:8-9）

11.建设局呈市政府为总商会筹委会呈请额定每月补助费三千元转请核示饬遵一案

（1940 年 4 月 4 日）

案据总商会筹备委员会主任委员涂拔丞、常务委员蓝熙周等呈称，案查属会经费前以性质不明，逐月造具预算书，承蒙钧局转呈市府核示，迭奉市府指令核定给予补助费在案，惟补助费应有一定数额，既经核定后，未便逐月变动，且顾名思义不能以补助费认为属会全部支出预算，即其一切支应，亦似当由团体委员会斟酌实际上之需要，随时议定，实报实销，呈报监督官署备案核销，与各官署之经常费性质有所区别，爰为共同集议呈请钧局转呈。市府将属会经费改为按月拨给补助费额定三千元，以明性质，如蒙核准并请将属会现在造报之四、五、六月等月预算书发还，注销所有呈请。核定属会按月补助费三千元，发还四、五、六月等预算书各缘由，是否有当？理合备文呈请局长鉴核转呈核示只遵等情。据此查该筹委会四、五、六月份预算，前据来书各列支洋三千三百五十四元，核与一、二、三月份预算月增加四百三十六元。业准财政局函催汇送核转在案，兹据请自四月份起月补助三千元，不另报销并发还原送四、五、六月份预算等情，似可准予所请。再该筹委会所领上年十一、十二两个月及本年一、二、三个月经费原系预算核定之数，照章早应按月造送计算呈送核转核销，惟涂委员拔丞面称，因在筹备期间所有人事津贴，实际未能按照预算支给，对于各项目不无流用匀支情事，以致造报困难等语核亦属实。可否将上年十一、十二及本年一、二、三等五个月经费各就原领数额，准其流用，抑或一并作为补助费，注销原预算免于专案造报之处，理合具文一并呈请鉴核饬遵。

谨呈

市长张

武汉市特别市市政府建设局局长　方达智

（9-31-8234：51-53）

12.武汉特别市总商会筹备委员会呈建设局组织酒酱业公会筹备会一案

（1940年4月4日）

呈：案据倪鹏呈称，案奉大会通知，是为公感等情，据此经即提交本会第十九次全体委员会，议决准其筹备等语，记录在案，除抄录函送外，理合检同该筹备委员名册据情转呈，鉴核准予备案并祈示遵。

谨呈

武汉特别市市政府建设局局长方

（全衔）涂拔

蓝熙

姚维

成禹

汾有

牍函：接准来函具报组织汉口酒酱业同业公会筹备会公推筹备员，请予核准等由，经即提交本会第十九次全体委员会议决，准其筹备等语记录在案，除各筹备员个人履历，未具分别列载未便建设局转呈核示外，相应录案函达，查照该会迅将各筹备员个人履历、住址，造册报会，以揽转呈。

此致

倪鹏先生

（全衔）启

（119-126-263：3-5）

13.武汉特别市总商会筹备委员会第二十次全体委员会议事日程

（1940 年 4 月 6 日）

甲、报告事项

一、本周共收文四十件，发文三十三件。（事由略）

二、上次会议决议各案已分别执行，请查照由。

三、本会章程第八、第九两条修正条文经呈请建设局转奉市府核准，报请查照由。

四、本周补行商店登记，计第一办事处有七业三百八十户，第二办事处有六业二百二十五户，合并报请查照由。

乙、讨论事项

一、查各业同业公会筹备已久，应如何督促进行，早日成立正式公会，请核议案。

二、查各业同业公会选举票关系重要，以前均系各业自行制定，应否由本会制发，以昭划一，请核议案。

三、查张仲丞等发起筹备汉口茶叶行贩业同业公会一案，应否准其组织，请讨论案。

四、查萧焕棠等请组汉口国药同业公会筹备会一案，可否准其筹备，请讨论案。

五、查毛星五等请组汉口颜料业同业公会筹备会一案，应否准其筹备，请讨论案。

六、查邱琴梧等请组汉口丝茧行业同业公会筹备会一案，可否准其筹备，请讨论案。

径启者，顷有要事，不克出席，谨章托蓝熙周、谢有标先生为代表，仰希查照，是荐。

以上武汉特别市总商会筹备委员会名誉

姚维章上

二九·四·六

径启者，顷以要事，不克出席第二十次全体委员会，谨烦二公代表，务希弗却为幸。

此上蓝熙周先生、谢有标先生均照

姚维章上

二九·四·六

（119-127-152：72-75）

14.武汉特别市总商会筹备委员会第二十次全体委员会议记录

（1940 年 4 月 6 日）

时间：二九·四·六·下午三时

地点：本会办公室

出席委员：涂拔丞、姚维章（谢代）、谢有标、蓝熙周、秦镜清、成禹门、邹济之（秦代）、汪原润（涂代）

请假委员：万凤逸

列席人：苏菊村

主席：涂拔丞

记录:姚心辅

开会如仪:

甲、报告事项

一、本周共收文四十件,发文三十三件。(事由略)

二、上次会议决议各案已分别执行,请查照由。

三、本会章程第八、第九两条修正条文经呈请建设局转奉市府核准,报请查照由。

四、本周补行商店登记,计第一办事处有七业三百八十户,第二办事处有六业二百二十五户,合并报请查照由。

乙、讨论事项

一、查各业同业公会筹备已久,应如何督促进行,早日成立正式公会,请核议案。

决议:通知各筹备会务于四月内成立正式同业公会,并由本会随时派员协助。

二、查各业同业公会选举票关系重要,以前均系各业自行制定,应否由本会制发,以昭划一,请核议案。

决议:通知各业筹备会依照本会制定样式自制。

三、查张仲丞等发起筹备汉口茶叶行贩业同业公会一案,应否准其组织,请讨论案。

决议:准其组织。

四、查萧焕棠等请组汉口国药同业公会筹备会一案,可否准其筹备,请讨论案。

决议:准其筹备。

五、查毛星五等请组汉口颜料业同业公会筹备会一案,应否准其筹备,请讨论案。

决议:准其筹备。

六、查邱琴梧等请组汉口丝茧行业同业公会筹备会一案,可否准其筹备,请讨论案。

决议:准其筹备。

丙、临时动议

查熊松山等请组汉口鱼行业公会,并报告选举日期,请派员指导一案,事前未经许可筹备,可否准其组织,派员指导,请讨论案。

决议:准其成立,并派员指导。

散会。

(119-127-152:76-79)

15.山货行业发起人黄汉民等为筹备汉口山货行业公会呈武汉特别市总商会筹备委员会

(1940 年 4 月 8 日)

呈为组织同业公会遵章呈请备案事,窃商等遵照同业公会组织须知第二条之规定,经发起人黄汉民、厚星洲、陈国栋、易柏阶、张华廷等于四月三日召集全体同业开推举筹备人员会,当在土垱童家街山货公所举行。到同业五十二家,共同推定黄汉民、厚星洲、陈国栋三人为汉口市山货行业同业公会筹备员,并以山货公所为临时筹备处址。除呈报武汉特别市市政府建设局外,理合呈请钧会核准备案,实为公便。

谨呈
武汉特别市总商会筹备委员会

筹备员　黄汉民　厚星洲　陈国栋
四月八日
（119-126-269:19-20）

16.武汉特别市总商会筹备委员会函复市政府建设局准予筹备

（1940 年 4 月 9 日）

笺函,案准来函具报,组织同业公会,公推筹备员,请予核准等由,经已提交本会第二十次全体委员会,议决准其筹备等语,记录在卷,相应除转呈外,相应录案函达查照为荷。

此致
汉口丝茧

汉口丝茧行业同业公会筹备会
四月九日
（119-126-270:5）

17.武汉特别市市政府建设局指令市总商会筹备委员会主任委员涂拔丞呈一件:为汉口茶叶店业筹备同业公会据情转呈筹备并祈示遵由

（1940 年 4 月 9 日）

令武汉特别市总商会筹备委员会主任委员涂拔丞呈一件:为汉口茶叶店业筹备同业公会据情转呈筹备并祈示遵由。

呈悉。应将该公会筹备员车绩堂等十一人履历、商号及开设地点填明呈送来局,以凭核夺,仰即遵照办理为要。此令。

局长　方达智
四月九日
（119-126-272:8）

18.武汉特别市总商会筹备委员会呈市政府建设局

（1940 年 4 月 9 日）

案据汉口丝茧行业同业公会筹备委员会邱琴梧等呈称,缘琴梧等在汉口经营丝茧行业历有余年云云云,批示祇遵等情。附筹备委员略历一份。据此,经即派员调查,提交本会第二十次全体委员会议决,准其筹备等语,记录在卷,除函复外,理合据情照,缮具名册,呈赍鉴核,俯准备案,益乞示遵。

谨呈
武汉特别市市政府建设局局长方

计转呈汉口丝茧行业同业公会筹备员略历表一份。

(全衔)涂拔、蓝熙、姚维、成禹、谢有

(119-126-270:6-7)

武汉特别市汉口丝茧行业同业公会筹备委员略历表

姓名	邱琴梧	胡筱轩	朱河亭	何梅卿	林云卿	
年龄	57	42	35	32	55	
籍贯	汉阳	安徽	汉阳	汉阳	黄陂	
行名职务	同昌股东	森昌股东	怡和厚股东	永生义记股东	慎康股东	
地址	大夹街 419	大夹街三皇殿街 1	大夹街 220	大夹街 209	统一街 165	
备考						

19.武汉特别市市政府建设局训令总商会筹备委员会主任涂拔

(1940 年 4 月 9 日)

案据邱琴梧等呈,以拟组织汉口丝茧行业同业公会,请鉴核批示,祇遵等情。附筹备委员略历表一份,据此合行抄发原呈一份,令仰该会查核具复,以凭核夺。此令。

附抄原呈一份。

局长　方达智

四月九日

照抄武汉特别市汉口丝茧行业同业公会筹备员邱琴梧等原呈一件

缘琴梧等在汉口市经营丝茧行业,历有余年,同业十余家,向有同业公会之组织,因事变无形消散。兹者市面早经恢复,商业日趋繁荣,政府领导人民谋福利之时,琴梧等特发起组织武汉特别市汉口丝茧行业同业公会,以俾恢复旧观而谋同业权益。于三月二十二日邀集首次发起人,会经同业公推邱琴梧、胡筱轩、朱河亭、何梅卿、林云卿等为筹备委员,理合具文呈请钧局鉴核批示祇遵,实为公便。

谨呈

武汉特别市政府建设局

附筹备委员略历一份。

武汉特别市汉口丝茧行业同业公会筹备委员

邱琴梧　胡筱轩　朱河亭　何梅卿　林云卿

(119-126-270:8-9)

20.武汉特别市总商会筹备委员会函送筹备员履历册希查照转呈由

(1940 年 4 月 9 日)

贵函嘱造筹备会个人履历,迅即造册报会,以揽转呈。等因,奉此。遵即将□备员履历造具二份随函附呈,即希查照并恳转呈,是为公感。

此上

武汉特别市商会筹备会

附履历名册二份。

武汉特别市汉口酒酱业同业公会筹备会谨启

(119-126-263:6-7)

21.武汉特别市政府建设局训令 1067 号

(1940 年 4 月 9 日)

武汉特别市政府建设局训令 1067 号

案据万成酱园代表倪鹏案奉武汉特别市商会筹备会,筹字第一二八号并附下章则三份原文免录尾开:通知该公会筹备迅即依照章则办理。等因,奉此。敝同业遵于三月二十三日由倪鹏等发起召集同业讨论,咸以组织公会,乃牢固商人团体,增进同业公益,询谋佥同,定名为"武汉特别市汉口酒酱业同业公会"。当公推倪鹏为筹备主任,暨汤子园等为筹备员,记录在卷。谨将筹备会筹备经过情形,除呈报武汉特别市商会筹备会核准外,理合具文呈请钧局核准,并乞指示,以资进行,是为公感等情,据此合行令仰该会查核局复以悬核夺。此令。

局长　方达智

(119-126-263:8)

22.武汉特别市市政府建设局为令饬山货行业王善卿等合并组织公会一案指令总商会

(1940 年 4 月 10 日)

令武汉特别市总商会筹备委员会,呈件呈复,令饬山货行业王善卿等合并组织公会由。呈悉。查所请尚属可行,除批示遵照办理外,仰即知止。此令。

局长　方达智

四月十日

(119-126-269:22)

23.商会通告各业公会补具章程名册备案

(1940 年 4 月 10 日)

本报讯　市商会为求各业申请登记,便于循序进行组织,主管机关审查亦省费周折起见,昨特分别通告各同业公会,并附具两种名册式样,查照办理原函大意于下:

本市同业公会组织程序,依照现行规定,应由发起人先向本市社会运动指导委员会申请登记,领取许可书后,方可循序进行组织。所有章程暨会员名册、当选人员名册,亦应先后分别呈报社会局及社运会备案,现各业公会在社运会未设立以前,成立者对于上项应办手续,多未补办,以致各该会近来有因职员异动情形,请由本会呈转者。嗣以未经来会登记,无案可稽令由本会转饬补具章程名册等件。兹为便于主管机关审查,且免多费周折起见,凡未经在市社运会申请登记之同业公会,务即分别依式补造会员名册暨当选人员名册,连同修正章程各二份一并具文径呈市社运会存转备案,以符功令。

(《武汉报》)

24.武阳汉盐业贩商公会定期开成立大会

(1940 年 4 月 11 日)

武阳汉盐业贩商公会定期开成立大会　将当场推选理监事

本报讯　武汉特别市总商会筹委会,自告成立以来,历时已届半载。该会为谋本市经济之发展,以资恢复市场之繁荣,并为增强社会之组织机构,积极促进各业公会之成立,以作市总商会之基础。兹悉武汉三镇盐业贩商自由,该业巨子发起筹备同业公会以来,瞬已月余。该业各贩商之入会登记手续,亦告完竣。兹为遵照总商会筹委会之通令,特已于本月七日最后一次筹备会议议决,定于本月十五日正式举行成立大会,将当场公开推选理事监事,除呈请主管机关届时派员莅临指导外,并分别通知全体同业届时出席参加。闻该会热心团体事业之贩商,参与竞选者颇不乏人。

(《武汉报》)

25.武汉特别市总商会筹备委员会函知汉口茶叶店业同业公会筹备会遵令补送名册

(1940 年 4 月 11 日)

案查前准来牍以筹备公会,请准予备案一案,当经核转并函复各在卷。兹奉建设局建商字第 1066 号指令,内开呈□云云云。此令。等因,奉此相应函达查照,迅即遵令补送名册送会核转备案。

此致

汉口茶叶店业同业公会筹备会

武汉特别市总商会筹备委员会

四月十一日

(119-126-272:9-10)

26.总商会筹委会呈建设局请准予夏汉卿等组织油盐业同业公会筹备会由

(1940 年 4 月 11 日)

呈:案奉钧局建商字第九八六号训令开:案据商民夏汉卿等呈以筹备油盐业同业公会。此令。等因,附抄原呈一件,奉此遵查在案。前据该夏汉卿等呈报到会即派员调查提交本会第十九次全体委员会议决,准其筹备。应画,记录在案,函送迅将筹备会履历造册报会□在案,兹奉前因,除俟名册报到会,再行转呈有案外,理合先行呈报钧局俯赐鉴核准予筹备。

谨呈

武汉特别市市政府建设局局长方

(全衔)涂拔

蓝熙

姚维

成禹

谢有

(119-126-267:10-11)

27.调查员汪复华为山货行业黄汉民等呈请筹备同业公会一案呈总商会

(1940 年 4 月 12 日)

窃职奉派调查山货行业黄汉民等呈请筹备同业公会一案,遵即前往调查。据该行黄汉民称,我们山货行业务为鸡、鸭、油、牛皮、猔毛等类,于四月三日召集同业开会,意见一致,遵照商工业法令,推举筹备员进行组织汉口山货行业同业公会。事变前与山货纸张行合并组织,主席为石和湘,惟我们业务向不出售纸张等语。查该山货行事变前合并,与山货纸张行组织可否准予该黄汉民依照前市商会原案合并组织之处,理合报请鉴核。

谨呈

主任涂

附呈原呈一件。

调查员　汪复华呈

四月十二日

(119-126-269:23)

28.总商会为汉口油盐业同业公会筹备会检送印模乞　鉴核转呈备案由

(1940 年 4 月 12 日)

为检送印模仰乞鉴核备查并予转呈备案事,前奉贵会函准其筹备自应开始办公,惟对外行文不可无印,爰自刻长条图章一颗,文曰"武汉特别市汉口油盐业同业公会筹备会"。业已即日起用,相应检具印模两件送请鉴核备查并予转呈备案为荷。

此致

武汉特别市总商会

附印模两件。

武汉特别市汉口油盐业同业公会筹备会

(119-126-267:12-14)

29.总商会呈建设局抄具职员名册　鉴核备查转呈由

（1940 年 4 月 12 日）

案奉贵会函开：案准来牍以筹备同业公会请准予备案等由。经已提交本会第十九次全体委员会会议决准其筹备等语。记录在卷，除候补具名册到会转呈外相应记录函送，查照迅将筹备会姓名、牌号填具后，履历造册送会以凭转呈。等因，奉此。相应抄具职员名册二份，请予鉴核备查，仍希转呈赐复为荷。

此致

武汉特别市总商会

附职员名册二份。

武汉特别市汉口油盐业同业公会筹备会筹备主任　夏汉卿

（119-126-267：15-16）

30.武汉特别市总商会筹备委员会第二十一次全体委员会议事日程

（1940 年 4 月 13 日）

甲、报告事项

一、本周共收文五十件，发文二百零一件。（事由略）

二、上次会议决议各案已分别执行，请查照由。

三、本周补行商店登记，计第一办事处有四业一百七十七户，第二办事处有七业二百六十户，合并报请查照由。

乙、讨论事项

一、查王晋澄等前请筹备汉口海味糖盐业公会，并奉建设局令核议具复等案，经本会第十二次会议议决，召集谈话后再行核议。现据该筹备会呈报章程，并定期开成立大会，为促进公会起见，自应照准。除呈复并函准派员外，提请追认案。

二、查陈宪章等发起筹备布匹业同业公会一案，除已函复准其筹备外，请追认案。

三、查许云浦等发起筹备汉口估衣业同业公会一案，除函知推定筹备员补具履历名册外，应否准其筹备，请讨论案。

四、查刘建侯等请准筹备汉口药材行业同业公会一案，可否准其筹备，请讨论案。

五、查宋椿廷等请派员指导成立汉口卷烟经理业同业公会一案，应否派员前往，请核议案。

六、查胡少庭等请准筹备汉口猪行业公会一案，可否照准，请讨论案。

七、查李颂蕃等请准筹备废旧洋铁熔化铁器业同业公会一案，据称业经登记，应否准其筹备，请讨论案。

八、查张梓樵等请准筹备武汉桶篓杂末油业同业公会一案，其名称似涉含混，可否准其筹备，请讨论案。

九、查钱选青等请准筹备汉口麦粉煤油火柴业同业公会一案，业据调查报告到会，自应准其筹备，除函复外，请追认案。

十、建设局令核议武昌猪肉业筹备同业公会一案,因武昌分会尚未成立,可否准其筹备,请讨论案。

十一、查胡正卿等请准筹备汉口丝线绉纱业同业公会一案,可否准其筹备,请讨论案。

十二、查黄汉民等请准筹备汉口山货业同业公会一案,应否与徐禹门等合并组织,请讨论案。

十三、查游书田等请准筹备汉口芦柴业同业公会一案,可否准其筹备,请讨论案。

(119-127-152:80-82)

31.武汉特别市总商会筹备委员会第二十一次全体委员会议记录

(1940 年 4 月 13 日)

时间:二九·四·十三·下午三时

地点:本会办公室

出席委员:涂拔丞、万凤逸、成禹门、谢有标、彭建廷、蓝熙周、王养和(涂代)、汪原润(涂代)

请假委员:秦镜清

列席人:苏菊村

主席:涂拔丞

记录:姚心辅

甲、报告事项

一、本周共收文五十件,发文二百零一件。(事由略)

二、上次会议决议各案已分别执行,请查照由。

三、本周补行商店登记,计第一办事处有四业一百七十七户,第二办事处有七业二百六十户,合并报请查照由。

乙、讨论事项

一、查王晋澄等前请筹备汉口海味糖盐业公会,并奉建设局令核议具复等案,经本会第十二次会议议决,召集谈话后再行核议。现据该筹备会呈报章程,并定期开成立大会,为促进公会起见,自应照准。除呈复并函准派员外,提请追认案。

决议:追认。

二、查陈宪章等发起筹备布匹业同业公会一案,除已函复准其筹备外,请追认案。

决议:追认。

三、查许云浦等发起筹备汉口估衣业同业公会一案,除函知推定筹备员补具履历名册外,应否准其筹备,请讨论案。

决议:准其筹备。

四、查刘建侯等请准筹备汉口药材行业同业公会一案,可否准其筹备,请讨论案。

决议:准其筹备。

五、查宋椿廷等请派员指导成立汉口卷烟经理业同业公会一案,应否派员前往,请核议案。

决议:自行依法筹备,毋庸派员指导。

六、查胡少庭等请准筹备汉口猪行业公会一案,可否照准,请讨论案。

决议:准其筹备。

七、查李颂蕃等请准筹备废旧洋铁熔化铁器业同业公会一案，据称业经登记，应否准其筹备，请讨论案。

决议：准其筹备。

八、查张梓樵等请准筹备武汉桶篓杂末油业同业公会一案，其名称似涉含混，可否准其筹备，请讨论案。

决议：准其筹备，惟名称须改为汉口桶篓杂末业。

九、查钱选青等请准筹备汉口麦粉煤油火柴业同业公会一案，业据调查报告到会，自应准其筹备，除函复外，请追认案。

决议：追认。

十、建设局令核议武昌猪肉业筹备同业公会一案，因武昌分会尚未成立，可否准其筹备，请讨论案。

决议：暂准筹备。

十一、查胡正卿等请准筹备汉口丝线绉纱业同业公会一案，可否准其筹备，请讨论案。

决议：准其筹备。

十二、查黄汉民等请准筹备汉口山货业同业公会一案，应否与徐禹门等合并组织，请讨论案。

决议：照原案合并组织。

十三、查游书田等请准筹备汉口芦柴业同业公会一案，可否准其筹备，请讨论案。

决议：准其筹备。

丙、临时动议

一、查叶鸣声等筹备旅栈业同业公会一案，业经遵补筹备员名册函会，可否准其筹备，请讨论案。

决议：准其筹备。

散会。

（119-127-152：83-85）

32. 市商会筹备委员会昨开二十一次全委会

（1940 年 4 月 14 日）

市商会筹备委员会昨开二十一次全委会讨论各公会筹备事项多案

中联社武汉讯　武汉特别市总商会筹备委员会，于本（十三）日下午三时，在该会会议室召开二十一次全体委员会议，出席全体委员，主任涂拔丞，闻讨论事项于下：

一、查王晋澄等前请筹备汉口海味糖盐业公会，并奉建设局令核议具复等案，经本会第十二次会议议决，召集谈话后再行核议。现据该筹备会呈报章程并定期开成立大会，为促成公会起见，自应照准。除呈复并函准派员外，提请追认案（决议追认）。

二、查陈宪章等发起筹备布匹业同业公会一案，除已函复准其筹备外，请追认案（决议追认）。

三、查许云浦等发起筹备汉口估衣业同业公会一案，除函知推定筹备员补具履历名册外，应否准其筹备，请讨论案（决议准其筹备）。

四、查刘建侯等请准筹备汉口药材行业同业公会一案，可否准其筹备，请讨论案（决议准其筹备)。

五、查宋椿廷等请派员指导成立汉口卷烟经理业同业公会一案,应否派员前往,请核议案(决议自行依法筹备,毋庸派员指导)。

六、查胡少庭等请准筹备汉口猪行业公会一案,可否照准,请讨论案(准其备案)。

七、查李颂蕃等请准筹备废旧洋铁熔化铁器业同业公会一案,据称业经登记,应否准其筹备,请讨论案(决议准其备案)。

八、查张梓樵等请准筹备武汉桶篓杂末油业同业公会一案,其名称似涉含混,可否准其筹备,请讨论案(决议准其筹备,惟名称须改为汉口桶篓杂末业)。

九、查钱选青等呈准筹备汉口面粉煤油火柴业同业公会一案,业经调查报告到会,自应准其筹备,除函复外,请追认案(决议追认)。

十,建设局令核议武昌猪肉业筹备同业公会一案,因武昌分会尚未成立,可否准其筹备,请讨论案(决议暂准筹备)。

十一、查胡正卿等请准筹备汉口丝线绉纱业同业公会一案,可否准其筹备,请讨论案(准其筹备)。

十二、查黄汉民等请准筹备汉口山货业同业公会一案,应否与徐禹门等合并组织,请讨论案(决议照原案合并组织)。

十三、查游书田等请准筹备汉口芦柴业同业公会一案,可否准其筹备,请讨论案(决议准其筹备)。

至五时余闭会。

(《大楚报》)

33.为呈报发起组织纱业同业公会请鉴核备案转呈市政府建设局准予设立筹备会

(1940 年 4 月 15 日)

窃属会遵照武汉特别市政府二十八年十一月二十八日命令公布之《武汉特别市商工业各业同业公会章程》暨钧会第七次筹委会通过之各同业公会组织须知,发起组织纱业同业公会,并经公推许益甫等十一人为筹备员,理合造具筹备员名册二份,备文呈请钧会鉴核备案。并祈转呈武汉特别市政府建设局准予设立筹备会以便进行筹备,俾得早日成立,实为公便!

谨呈

武汉特别市总商会筹委会

附呈筹备员名册二份。

武汉特别市汉口纱业同业公会筹备主任　许益甫

34.张福卿等为组织汉口全市山货行业公会筹备会呈总商会筹备会

(1940 年 4 月 15 日)

呈:为遵章组织同业公会筹备会恳准备案,事缘商民等前依照同业公会“组织须知”第二条之法规，经发起人黄汉民、厚星洲、陈国栋、易柏阶等四月三日召集行业同业五十二家开会，推举黄汉民、厚星洲、陈国栋三人为筹备员，案经呈报钧会在案。旋于四月十一日由敝帮同人召集黄州帮、沈家庙帮、桥口帮等帮，计共到同业一百余家，共同组织全市山货行业筹备会，比经开会，公同推定张福卿、黄汉民、童汉英、喻锟澄、厚星洲、曹子轩、萧炳臣、陈汉广、陈笙阶、易柏阶、陈国栋十一人为武汉特别市汉口商货行业同业公会筹备员，当召开第一次筹备会议，公推张福卿为筹备主任，暂定统一街大火巷前山货公所为会址，除呈报武汉特别市政府建设局外，理合呈请钧会核准备案，实为公便。

谨呈

武汉特别市总商会筹备会

筹备主任　张福卿

筹备员　黄汉民　童汉英　喻锟澄　厚星洲　曹子轩

萧炳臣　陈汉广　陈笙阶　易柏阶　陈国栋

四月十五日

（119-126-269：24-25）

35.武汉特别市总商会筹备委员会呈复市政府建设局祈准邱琴梧等组织丝茧行业同业公会

（1940 年 4 月 15 日）

案奉钧局建商字第　号第一〇七三号训令内开：案据邱琴梧等呈以拟组织汉口丝茧行业同业公会云云云，此令等附抄原呈一份，奉此遵查本案。前据该邱琴桐等呈请到会，当经本会派员调查，提会议决，准其筹备，并照缮具名册呈请备案在案。兹奉前因，理合呈复鉴核，俯准备案，并祈示遵。

谨呈

武汉特别市市政府建设局局长方

（全衔）涂拔、蓝熙、姚维、成禹、谢有

四月十五日

（119-126-270：11-12）

36.市政府指令财政局、建设局为市总商会筹委会自四五六月份起改为补助费免造计算一案

（1940 年 4 月 15 日）

武汉特别市市政府指令　府计字 5276 号令财政局局长孔楚材签呈一件：签复市商会筹委会上年十一、十二及本年一、二、三月，五个月经费计算拟仍按月造送四、五、六月份改为补助费再行免造一案。

签呈悉。准如可拟办理。除令建设局转饬遵分月报送外，仰即知照。此令。

指令　府计字第 5277 号令建设局局长方达智呈一件：为总商会筹委会呈请额定每月补助

三千元转请核示饬遵一案。

呈悉。案经饬拨财政局签复称:查市商会筹备委员会上年十一、十二及本年一、二、三月份预算,均系分列支项薪饷、办公等费,且所领之款,既由属局遵照核定预算科目支发,似应由该会分月造具计算书据送核,以符定章。至四、五、六月份预算,业已改为补助费汇案呈核。嗣复即可免造详细计算。请核示等情,按此。查所拟当无不合。除指令照准外,仰即转饬分月报送遵照。此令。

(9-31-8234:54-55)

37.武汉特别市劳工协会为赍呈二十九年四月份职员更动表请乞武汉特别市市长张鉴核备查由

(1940 年 4 月 16 日)

已发回文证。

案奉钧府府事计字第五二二二号训令,以各机关遇有去职暨新委人员应将到差离职日期列表,报府备查,饬即遵办等因。遵查本会历来升调任免各员到差离职日期,均已列表,函送财局在卷。奉令前因,理合将本月份更动人员到离日期列表赍请鉴核备查。

谨呈

武汉特别市市长张

附赍二十九年四月份职员更动表一份。

武汉特别市劳工协会理事长　李鼎安

武汉特别市劳工协会二十九年四月份职员更动表

(1940 年 4 月)

职别	姓名	四月一日至十日应支		四月十一日至三十日应支		备考
		等级	金额	等级	金额	
科员	虞佐才	10	3333		无	奉准辞职
	张庆勋	12	3000	10	6667	奉准升任
	刘弢菴	14	2667	12	6000	
	范汉伯	16	2333	14	5333	
指导员	屠肫甫	18	2000			奉准升调
科员	屠肫甫			16	4667	奉准升任
指导员	孙惠国			18	4000	奉准到差
科员	赵立纲	14	2667		无	奉准辞职
	周庆余	16	2333	14	5333	奉准升任
指导员	王彦吾	18	2000			奉准升调
科员	王彦吾			16	4667	奉准升任
指导员	余方卿			18	4000	奉准到差

(8-1-326:3-6)

38.武汉特别市总商会筹备委员会函复张福卿等

（1940 年 4 月 17 日）

笺函:案准来牍以组织山货行业同业公会筹备会请准备案等由,查山货行业公会业经徐禹门等呈准本会组织立案,嗣据黄汉民等呈请组织。前来当经提交本会第二十一次全体委员会议决,照原案合并组织。盖以同一业务在同一区域内不能设立两公会也。兹准前由,相应函复查照,仍与徐禹门等呈准之山货行业公会合并组织。

此致

张福卿君等

武汉特别市总商会筹备委员会

四月十七日

（119-126-269:27-28）

39.汉口新药业同业公会筹备会谨呈武汉特别市汉口总商会函送筹备员名册请查照核转由

（1940 年 4 月 18 日）

谨复者,案准公函内开:奉建设局建商字第一〇八〇号指令内开,呈悉。应将该公会筹备员董松山履历、牌号及开设地址填明呈送来局以凭核夺,仰即遵照办理为要。此令。等因,准此。遵将本会筹备员董松山等履历、牌号、名册造具二份,相应函复请烦查照,希即核转,实深感荷。

此致

武汉特别市汉口总商会

汉口新药业同业公会筹备会谨启

筹备员名册开列于后:

姓名	籍贯	年龄	牌名	地点
董松山	黄冈	四十七	太和	民族路一五九号
孙奂林	江苏	四十九	南洋	统一街二一〇号
孙伯铭	山东	五十五	庆德堂	新安市场
汪汉臣	安徽	三十四	世界药房	汉正街二〇三号
金品山	安徽	四十四	永济	汉正街一七三号
谢治平	襄阳	二十八	谢德良药房	合成里一号
彭俊卿	汉阳	三十九	楚华	沈家庙河街
谢德甫	浙江	三十七	大洲	广福巷四四号
郑伯乐	大冶	三十七	华胜	合成里一七号

其他:本会全体会员名册,俟登记完毕正式成立公会之时,再行造呈。特此声明。

汉口新药业同业公会筹备会

(119-126-239)

40.总商会筹备会呈建设局职员名册二份备案示遵由

(1940年4月18日)

案查前据油盐业公会筹备会呈以筹备公会请予备案一案,当经提会议决准其筹备转饬造报筹备名册在案,嗣奉钧局建商字第九八六号训令饬查核具后,业经呈复各在案,兹据该会函呈名册两份前来,理合赍呈钧局鉴核准予筹备示遵。

呈

武汉特别市市政府建设局局长方

计呈汉口油盐业公会筹备会职员名册一份。

(全衔)涂拔

蓝熙

姚维

成禹

谢有

(119-126-267:17-18)

41.武汉特别市总商会筹备委员会函复黄汉民等

(1940年4月19日)

笺函:接准来牍请准组织汉口山货行业公会等由。准此,查山货行业同业公会业经徐禹门等呈准本会组织有案,且以同一业务在同一区域内不能设两同业公会。兹准前由,经已提交本会第二十一次全体委员会议决,照原案合并组织等语,记录在卷,相应□案函达查照。

此致

黄汉民君等

武汉特别市总商会筹备委员会

四月十九日

(119-126-269:29-30)

42.据汉口纱业同业公会筹备主任许益甫呈请筹备公会赍呈名册请转呈备案一案呈市建设局

(1940年4月20日)

呈:案据汉口纱业同业公会筹备主任许益甫呈称,窃属会遵照武汉特别市政府二十八年十一月二十八日命令公布之《武汉特别市商工业各业同业公会章程》，云云，实为公便，等情，附呈筹备员名册二份。据此，理合检呈筹备员名册一份，呈责钧局俯赐鉴核，准予筹备，并祈示尊。

谨呈

武汉特别市市政府建设局长方

计呈赍汉口纱业同业公会筹备员名册一份。

（全衔）涂拔　蓝熙　姚维　成禹　谢有

43.各业参加商会代表着手开始审查　商会新址动工修理

（1940 年 4 月 23 日）

各业参加商会代表着手开始审查　商会新址动工修理

本报讯　市总商会之新会址（即中山马路杏花楼）为因壮观瞻及修理内部，几多日之估工与详细之规划，其所需之费用，经前日市长批准后，昨即动工修理，预计在该会七月八日成立之前可告竣工。届日正式成立大会典礼，亦在新会址举行。想该日焕然一新之会址与成立时之庄严灿烂，当更有一番新气象。昨据该会涂主任云，今（指二十二）日对于各业推派代表如日前通告所云宣告截止，下星期一开始审查报到代表并着手赶办成立时一切设计，同时再通告各业，务希对于业务利弊及关于各自计划尽量以书面提出，借为同谋将来之发展与革新云云。

（《武汉报》）

44.武汉特别市总商会筹备委员会第二十二次全体委员会议事日程

（1940 年 4 月 23 日）

甲、报告事项

一、本周共收文六十七件，发文四百九十七件。（事由略）

二、上次会议决议各案已分别函呈，请查照由。

三、本周补行商店登记，计第一办事处有二业七十户，第二办事处有十三业八百二十六户，合并报请查照由。

乙、讨论事项

一、查许益甫等前请准筹备汉口纱业公会一案，因系恢复原有组织，已准筹备，请追认案。

二、查本会常委蓝熙周等请准筹备汉口中外纸业公会一案，系恢复原有组织，已准筹备，请追认案。

三、据陈德成等请求将汉口卷烟贩运业之“贩运”二字予以撤销，并请指示同业范围到会，头绪纷繁，究应如何办理，请讨论案。

四、查武昌易蓝生等请准筹备武昌市商会一案，除已函知补具履历、名册外，可否准其筹备，请讨论案。

五、本会呈准展期筹备,应以本月底为限,现在各同业公会正在次第成立,尚未能成立正式总商会,应否续呈展限,请讨论案。

六、查王振先等请准筹备□□□药业同业公会一案,原系恢复固有组织,惟名称略有变更,可否照准,请讨论案。

(119-127-152:86-87)

45.武汉特别市市政府建设局为车绩堂等呈请组织茶叶店业同业公会一案指令总商会筹备委员会

(1940 年 4 月 23 日)

呈一件:呈复准予车绩堂等组织茶叶店业公会由。

呈悉。查此案,前据该会呈,同前请,业经指令在卷,仰仍遵照前令办理为要。此令。

局长　方达智

四月二十三日

(119-126-272:11)

46.汉阳分会筹备委员会呈武汉特别市总商会汉阳鱼行业同业公会印模及启用图记日期

(1940 年 4 月 23 日)

案奉钧处新字第 343 号公函,以准建设局函据转送汉阳鱼行业同业公会名册等件,核准备案,附刊发该公会图记一颗,请即转饬具领,并□拓具印模及启用图记日期连同工本洋二元一并缴解等因。当经转函遵办去后,兹据该公会理事长李云山复称,遵于四月一日敬谨启用,理合拓具印模五份,工本洋二元送请钧会存转备查等由,到会除呈由汉阳办事处核转外,理合呈请钧会鉴核备查。

谨呈

武汉特别市总商会筹备委员会主任委员涂

附呈印模一份。

武汉特别市总商会汉阳分会筹备委员会主任　夏汉卿

四月二十三日

(119-126-251:24)

47.武汉特别市市政府建设局指令市总商会筹备委员会准予胡焕章等组织汉口汾酒业同业公会一案

(1940 年 4 月 23 日)

呈一件:呈请准予胡焕章等组织汉口汾酒业同业公会并乞示遵由。

呈悉。准予备案,仰将该公会筹备员胡焕章等九人履历、牌号及开设地点,填明呈送来局,以凭核办。此令。

局长　方达智

四月二十三日

(119-126-273:7)

48.武汉特别市总商会筹备委员会呈建设局遵令呈复倪鹏等呈请组织汉口酒酱业公会鉴核由

(1940年4月24日)

案奉钧局建总字第一〇六七号训令内开:案据此令。等因,奉此。遵查本案前据该倪鹏等呈报到会,即经转呈钧局鉴核省案兹奉前因,理合呈报鉴核,准其备案。

谨呈

武汉特别市市政府建设局局长方

(全衔)涂拔

蓝熙

姚维

成禹

汾有

(119-126-263:9-10)

49.市商会筹委会昨日举行例会

(1940年4月24日)

市商会筹委会昨日举行例会讨论该会呈准展期筹备等案

武汉特别市总商会筹备委员会,昨(二十三)日举行第二十二次全体委员会议,兹将该议程先志于后:

甲、报告事项

一、本周共收文六十七件,发文四百九十七件。(事由略)

二、上次会议决议各案,已分别呈□请查照由。

三、本周补行商店登记,计第一办事处有二业七十户,第二办事处有十三业八百二十六户,合并报请查照由。

乙、讨论事项

一、查许益甫等请准筹备汉口纱业公会一案,因系恢复原有组织,呈准筹备,请追认案。

二、查本会常委蓝熙周等请准筹备汉口中外纸业公会一案,系恢复原有组织,已准筹备,请追认案。

三、据陈德成等请求将汉口卷烟贩运业之“贩运”二字予以撤销,并请指示同业范围到会,头绪纷繁,究应如何办理,请讨论案。

四、查武昌易蓝生等请准筹备武昌市商会一案,除已函知补具履历、名册外,可否准其筹备,请讨论案。

五、本会呈准展期筹备,应以本月底为限,现在各同业公会正在次第成立,尚未能成立正式总商会,应否续呈展限,请讨论案。

六、查王振先等请准筹备□□□药业同业公会一案,原系恢复固有组织,惟名称略有变更,可否照准,请讨论案。

(《大楚报》)

50.武汉特别市总商会筹备委员会第二十二次全体委员会议记录

(1940 年 4 月 25 日)

时间:二九·四·廿五·下午三时

地点:本会办公室

出席委员:成禹门、谢有标、姚维章、涂拔丞、邹济之、秦镜清、王养和(涂代)、汪原润(涂代)、蓝熙周、彭建廷、万凤逸

列席人:苏菊村

主席:涂拔丞

记录:姚心辅

开会如仪:

甲、报告事项

一、本周共收文六十七件,发文四百九十七件。(事由略)

二、上次会议决议各案已分别函呈,请查照由。

三、本周补行商店登记,计第一办事处有二业七十户,第二办事处有十三业八百二十六户,合并报请查照由。

乙、讨论事项

一、查许益甫等前请准筹备汉口纱业公会一案,因系恢复原有组织,已准筹备,请追认案。

决议:追认。

二、查本会常委蓝熙周等请准筹备汉口中外纸业公会一案,系恢复原有组织,已准筹备,请追认案。

决议:追认。

三、据陈德成等请求将汉口卷烟贩运业之"贩运"二字予以撤销,并请指示同业范围到会,头绪纷繁,究应如何办理,请讨论案。

决议:保留,俟下次会议时再行提出讨论。

四、查武昌易蓝生等请准筹备武昌市商会一案,除已函知补具履历、名册外,可否准其筹备,请讨论案。

决议:准其照章筹备。

五、本会呈准展期筹备,应以本月底为限,现在各同业公会正在次第成立,尚未能成立正式总商会,应否续呈展限,请讨论案。

决议:续呈展期一月。

六、查王振先等请准筹备□□□药业同业公会一案，原系恢复固有组织，惟名称略有变更，可否照准，请讨论案。

决议：准其筹备，惟仍须沿用□药业旧名称。

（119-127-152：88-89）

51.武汉特别市总商会筹备委员会函请汉口汾酒同业公会筹备会迅即补报筹备员履历册送会

（1940年4月26日）

笺函：案查前准来牍，以推举筹备员请准筹备公会一案，当经录案函复，并转呈在卷，兹奉建设局建商字第1247号指令内开呈悉云云云。此令。等因，奉此。相应函达查照，迅即补报履历册送会，以凭呈复。

此致

汉口汾酒同业公会筹备会

武汉特别市总商会筹备委员会

四月二十六日

（119-126-273：8-9）

52.庆祝国府还都拥护和平大会　市商会电

（1940年4月26日）

武汉民众庆祝国府还都拥护和平大会今在青年协会举行　当场发表宣言并拍发贺电　省市参三府昨日驰电祝贺　青协今派男女演讲队分赴街头演讲

国民政府改组还都后，为复兴中国明朗化的表现，同时亦为苦战二年余之中日两国和平之曙光，日本特命全权大使阿部前首相，衔命于二十二日乘鹿岛丸抵首都，将中断数载之中日邦交，与我改组后之国府，协议调整，以期实现东亚和平。此乃东亚之中日两国国民所庆祝与期待者也，今日为我国全国各地民众庆祝国府还都拥护和平大会之期。武汉方面由武汉青年协会主持邀集各法团代表于今日上午十时，在特一区一元路该会举行武汉民众庆祝国府还都拥护和平大会，当场将发表热烈宣言，与拍发上国民政府拥护贺电暨欢迎阿部大使来华完成和平任务等电文。届时必有一翻热烈盛况也，同时武汉青年协会为使一般民众明了国府还都，及拥护和平之重大意义，及热烈欢迎阿部大使之目的，特分派男女演讲队员多名，于本日上午分别出发赴全市热闹场所与交通要道，分别演讲。每队并配置音乐歌咏班，以和平之音乐散播和平种子，俾讲演得收事半功倍之效，再夜间九时四十分钟，由青年协会秘书李光源氏广播，讲演题目为“庆祝国民政府还都与拥护和平”。本报并于今日发行庆祝特刊，以利宣传，上述均为武汉民众庆祝办法，至此间政府当局方面，及武汉总商会，均于昨（二十五）日发出贺电，兹将该电原文照录于次：

市商会电　南京中央政府汪主席钧鉴：国府还都，瞬将一月。中枢有主，薄海滕欢。引对外实现和平，对内实施宪政。国是既定，舆情尤洽。虎踞龙盘，京华仍复兴隆之象。吴头楚尾，商旅群竭拥戴之忱。引领白门，曷胜祝贺，谨电陈词，伏维垂察。武汉特别市总商会筹备委员会主任委员涂拔丞叩首。

（《大楚报》）

53.武汉特别市汉口山货行业同业公会筹备会为否认徐禹门等非法组织之筹备会函总商会筹备委员会

（1940 年 4 月 27 日）

敬陈者，顷奉贵会函开，以山货行业公会业经徐禹门等呈请贵会组织立案，并以敝同人等捧诵之余，实际诧异。查武汉特别市政府所颁布行业同业公会组织须知第二条之规定，谓同业组织公会须经发起人召集，同一区域内之全体同业开会推举筹备人员，呈请立案，方为合法。该徐禹门等事先未曾通知开会，推举筹备人员时亦未召集全体同业，仅以该帮之一部分而组织山货同业公会，呈请立案，殊有违背同业公会组织须知第二条之规定。敝同人等不能承认者一也。致汉口山货行业乃素营牛羊杂皮及猪鬃猪毛等类不下百种，而徐禹门等仅以专营纸张而又参加纸张店铺，不但业务上根本不同，并不知山货为何物，而冒山货帮全体之名，实属挂一漏万，不伦不类，此敝同人不能承认者二也。该徐禹门等既已打破旧章，若欲以纸张业独树一帜，组织公会，呈请立案，则不应冠以“山货”二字，既冠以“山货”二字，则不应置我同人等于不顾，二者必居其一，虽百口莫辩，此敝同人等不能承认者三也。该帮同业仅有二十余家，其余各帮专营山货行业者尚有一百数十家之多，今伊等竟以少数之专擅，置多数于不顾，举动狂妄，实所未闻，此敝同人等不能承认者四也。该徐禹门等于公会组织之初，即已违法，擅私心自用，是于组织公会之意义完全丧失，此敝同人等不能承认者五也。因此敝同人等对于伊等呈准不合法之组织，绝对予以否认，除推举代表张福卿、童汉英、曹子轩、黄汉民、厚星洲等于本月二十七日下午二时晋谒面陈外，特专函奉达，伏祈垂鉴。

谨呈

武汉特别市总商会筹备会

武汉特别市汉口山货行业同业公会筹备会

谨启

四月二十七日

（119-126-269:31-35）

54.汉口汾酒业同业公会筹备会主任胡焕章函武汉特别市总商会筹备委员会

（1940 年 4 月 28 日）

敬启者，敝会进行筹备业将一月，所有登记会员已有二十余家，兹定于五月八日下午二时在汉中路十六号汾帮公所内，开选举成立大会，爰依照同业公会组织须知第五项，缮订公会章程暨会员名册各三份，备函送请贵会查核，即希转呈市建设局届时派员莅会监选，以昭郑重，仍候赐复为盼。

此致

武汉特别市总商会筹备委员会

附公会章程三份、会员名册三份(略)。

汉口汾酒业同业公会筹备会主任　胡焕章

四月二十八日

(119-126-273:10-11)

55.武汉特别市市政府建设局指令为夏汉卿等组织油盐业公会准备案由

(1940年4月30日)

武汉特别市市政府建设局指令第1344号,令市总商会筹备委员会呈两件:呈复及转呈请准予夏汉卿等组织油盐业公会筹备会由。

两呈均悉。查所议尚无不合,应准备案。除批示外,仰即知照。此令。

局长　方达智

(119-126-267:19)

5 月

1.汉口球场山货行业同业公会筹备处关于合并一事呈总商会

(1940年5月2日)

窃属会前奉令与徐禹门合并组织。查徐禹门山货纸张与属会之山货杂货性质不相同,决无合并组织之必要,应依照原有组织之根据者,凡确同一业务性质,实事方得有合并之可能。兹以工作进展,决合并张福卿、黄汉民之组织,俾早完成,理合备文呈请钧会鉴核指示只遵。

谨呈

武汉特别市总商会筹备委员会

汉口球场山货行业同业公会筹备主任　王善卿

五月二日

(119-126-269:36-37)

2.武汉特别市市政府建设局为邱琴梧等组织丝茧行业公会指令市总商会筹备委员会

(1940年5月2日)

呈二件:呈复及转呈邱琴梧等组织汉口丝茧行业同业公会,请准备案由。

两呈及附件均悉。查所议尚无不合,应准备案,除批示外,仰即知照。此令,件存。

局长　方达智

五月二日

(119-126-270:13)

3.武汉特别市总商会筹备委员会呈祈市政府建设局局长派员监选汾酒业公会成立大会

(1940 年 5 月 2 日)

案据汉口汾酒业同业公会筹备会主任胡焕章函称,敬启者云云云为□等情。附公会章程三份、会员名册三份。据此,本会已推谢组长届期前往指导外,理合检具章程名册,呈赍鉴核,俯赐备案,派员莅会监选并祈示遵。

谨呈

武汉特别市市政府建设局局长方

计呈赍汉口汾酒业同业公会章程三份、会员名册三份。

(全衔)涂拔　蓝熙　姚维　成禹　谢有

五月二日

(119-126-273:14)

4.武汉特别市总商会筹备委员会函请谢组长有标届时莅会指导

(1940 年 5 月 2 日)

笺函:案据汉口汾酒业同业公会筹备会主任胡焕章函称,定于五月八日下午二时在汉中路十六号汾帮公所开选举成立大会,请派员指导等情。据此,除转呈派员监选暨函复外,相应函达查照,请烦届期前往指导为荷。

此致

谢组长有标

武汉特别市总商会筹备委员会

五月二日

(119-126-273:15)

5.武汉特别市总商会筹备委员会函复汉口汾酒业同业公会筹备会已推谢组长前往指导

(1940 年 5 月 2 日)

笺函:接准来函以定期开成立大会,请派员指导并转呈派员监选等由。附章程三份、名册三份,准此除本会已推谢组长有标届时莅会指导并转呈派员监选外,相应函达查照,务于会期五日前,自行报告警察局、宪兵队、警备司令等机关为盼。

此致

汉口汾酒业同业公会筹备会

武汉特别市总商会筹备委员会
五月二日
（119-126-273：16）

6.武汉特别市总商会筹备委员会函调查员王静周（附武汉特别市汉□汾酒业同业公会章程）

（1940年5月2日）

查汾酒业定期五月八日下午二时在汉中路十六号开成立选举大会，是日因谢组长有事不能出席，特请台端届时前往参加指导为盼。

此致

王静周先生

附章程会员名册各一份。

武汉特别市总商会筹备委员会
五月二日
（119-126-273：00225）

武汉特别市汉口汾酒业同业公会章程

第一章　总　则

第一条　凡在武汉特别市汉口区域内营汾酒业者为维持及增进同业之公共利益并矫正营业之弊害，应组设同业公会，定名为武汉特别市汉口汾酒业同业公会，事务及组织悉依本章程行之。

第二条　本公会应受武汉特别市市政府社会局之监督指挥并应向市总商会登记为会员。

第三条　本公会设于汉中路十六号汾帮公所。

第四条　本公会办理之事务如下：

一、承受武汉特别市市政府暨各主管机关及市总商会汉阳分会委托之事件。

二、维持并促进同业之公共利益。

三、解决同业一切纠纷。

第二章　会　员

第五条　在汉口经营汾酒同业者均得为本会会员，但须向本会登记其牌号及店主并经理人姓名、年龄、籍贯，所在地其无正式牌号组织及曾受除名之处分者不在此限，每一行号得派会员代表一人或二人出席本公会，但以经理或店主为限。

第六条　各行号推举会员代表出席全体会员大会时应付与委托书并通知本公会。其改推会员代表时亦应依前项之规定办理。

第七条　有下列各款情事之一者不得为会员代表：

一、褫夺公权者。

二、有反动行为者。

三、受破产之宣告尚未复权者。

四、无能力者。

第八条　凡本公会会员均有遵守公会章程及服从公会决议案之义务。

第九条　本公会会员代表有提议权、表决权、选举权、被选举权。

第十条　凡已经加入本会之会员如因特殊情形而欲退出时，须呈明理由经大会核准后方能退出，所缴各费概不退还。

第三章　组　织

第十一条　本会议决机关为会员大会，由全体会员代表组织之。

第十二条　本公会会员代表大会之任务如下：

一、选举理事及监事。

二、审定章程。

三、会员之除名事项。

四、职员之退职事项。

五、清算人之选任及关于清算事项之决议。

六、同业规约之议定。

七、其他关于公会会务之重要决议。

第十三条　本会由会员大会就会员代表中用无记名选举法选任理事五人组织理事会，选任三人组织监事会，并另选候补理事二人、候补监事一人。

第十四条　本公会由理事互选三人为常务理事，再由常务理事中推举一人为理事长。

第十五条　理事会之职权如下：

一、召集会员大会之定期会议及临时会议。

二、向会员大会报告会务及其他事项。

三、执行会员大会之决议案。

四、预决算之编制及报告事项。

五、关于其他应办事项。

第十六条　监事之职权如下：

一、考查本公会职员是否称职。

二、审查本公会预决算。

三、函请理事会召集临时会员大会。

四、向会员大会提出弹劾案。

五、关于监事职权内之应办事项。

第十七条　本公会职员均为无给职，但因办理同业会务得核实支给公费。

第十八条　本公会理事有下列各款之一者应即解任：

一、因不得已事故经会员大会议决准其退职者。

二、旷弃职务经会员大会议决令其退职者。

三、于职务上违背法令、营私舞弊或有其他不正当行为，经会员大会议决令其退职或由武汉特别市市政府社会局令其退职者。

四、发生本章程第七条各款情事之一者。

第十九条　本公会得酌用雇员其人数及薪金由理事会决定之。

第四章　任　期

第二十条　本公会理事、监事之任期为四年，每二年改选半数，不得连任。其第一次之改选以抽签定之，但人数有奇数时，留任者之人数得较改选者多一人。

第二十一条　常务理事有缺额时，由理事会选补之，理事缺额由候补理事依次递补之，其任期均以补足前任任期为限；监事缺额时，由候补监事递补之，其任期以补足前任任期为限。

第五章　会　议

第二十二条　本公会会员大会分定期会议与临时会议两种，由理事长召集之。

一、定期会议每年一次于十二月间召开之。

二、临时会议理事认为必要时或会员十分之一以上之请求暨遇有紧急重大事项时召集之。

第二十三条　会员大会须会员过半数之出席方能开会，提议事项须出席会员通过半数之同意方能决议。

关于本章程第十二条各款事项之决议以会员三分之二以上之出席、出席代表三分之二以上之同意行之。

第二十四条　召集会员大会应于十五日以前通知之，但遇有紧急事项召集临时会议时不在此限。

第二十五条　理事会每月开会二次，但有特别事故得由理事长召集临时会。监事会每月开会一次。

第二十六条　理事会开会时以理事长为主席，如遇理事长因事请假时由常务理事轮代之。监事开会时互推一人为主席。

第二十七条　理事会之决议以理事过半数之出席、出席理事过半数之同意行之。监事得列席理事会但无表决权。

第六章　经　费

第二十八条　本会经费分下列二种：

一、经常费由会员大会决议后会员分担之。

二、临时费由会员大会决议筹集之。

第二十九条　本会经费之预算、决算及事业之成绩每年须编制报告向会员大会报告后经市商会转呈社会局备案。

第七章　附　则

第三十条　本章程如须修改时应由会员大会决议后呈送社会局转呈市长核准行之。

第三十一条　本公会办事细则由理事会订定呈报建设局备案。

第三十二条　同业之规约由大会议定送请市商会转呈建设局核定行之。

第三十三条　本章程自公布日施行。

（119–126–273:18–24）

7.武汉特别市市政府建设局指令据呈油盐业公会筹备员名册备案由

（1940 年 5 月 3 日）

武汉特别市市政府建设局指令第 1428 号呈一件:呈赍油盐业公会筹备职员名册祈赐备案示遵由。

呈及附件均悉。准予备案,仰即知照。此令,件存。

局长　方达智

（119–126–267:20）

8.武汉特别市总商会筹备委员会第二十三次全体委员会议事日程

（1940 年 5 月 4 日）

甲、报告事项

一、本周共收文九十七件,发文一百八十件。(事由略)

二、上次会议决议各案已分别执行,请查照由。

三、本周补行商店登记,计第一办事处有二业十户,第二办事处有十七业五百一十四户,合并报请查照由。

乙、讨论事项

一、本会拟定会议规则、选举规则,可否呈请核准施行,请讨论案。

二、本会开办费计算书业经编制就绪,应否核销呈送主管官署备案,请讨论案。

三、查熊英三等请准筹备汉口参燕业同业公会,已将名册转报建设局核示,可否准其筹备,请讨论案。

四、查茅春亭等请准筹备汉口梳篦剪刀业同业公会,查与现行法令尚无不合,已准筹备,请追认案。

五、查吴培东等发起筹备汉口药油行业同业公会,请求照准并派员指导案,应如何办理,请讨论案。

六、查徐禹门等前请筹备汉口山货行业同业公会,经本会十五次会议议决,准其组织成立,其他山货行业是否包括在内,应依惯例办理;有案嗣据王善卿等请组球场山货行业公会,经本会十六次会议令,与徐禹门合并组织,函复并呈报在卷,随又有张福卿等请组汉口全市山货行业公会,又经本会二十一次会议令,照原案合并组织各在案。兹据王善卿呈称已与张福卿合并组织,与徐禹门不能合并,究应如何办理,请讨论案。

七、查张木山请准筹备汉口磨坊业同业公会一案,业据调查报告到会,应否准其组织,请讨论案。

八、查彭祥泰等请准筹备汉口五金机器业同业公会一案,据调查报告,同业有七家以上,可否准其组织,请讨论案。

九、查胡传海等请组汉口五金旧货业同业公会一案,已据调查报告到会,应否准其组织,请讨论案。

十、查严逸民等请组汉口糖坊业同业公会一案,已据调查报告到会,可否照准,请讨论案。

十一、查汉口炒坊业公会筹备会呈称同□和炒坊抗不入会一案,经调查报告到会,应如何处理,请讨论案。

(119-127-152:90-97)

9.山货行业张福卿等为呈汉口特别市总商会筹备会

(1940年5月4日)

敬启者,前上一函内陈,敝帮对于山货纸张业徐禹门等呈准之山货行业同业公会之组织不能承认,各节除函陈贵会外,并于上月二十七日复推张福卿、黄汉民、曹子轩、陈国栋、童汉英等齐赴贵会面谒主任,详禀一切。当蒙准予所请,惟日久未蒙贵会赐复,曷胜翘企。兹恳早颁训示,俾敝帮之公会组织,早日成立实为公便为此。

谨呈

汉口特别市总商会筹备会

武汉特别市汉口山货行业同业公会筹备会启

五月四日

(119-126-269:38-40)

10.汉阳分会筹备委员会呈报武汉特别市总商会筹备委员会本市毛巾业汾酒糟坊业蛋行业推举筹备员组成同业公会

(1940年5月4日)

案查本会第七次筹备会议召集,未经报请筹备公会之各业代表列席讨论,催令依照程序,从速组织去后。旋据毛巾业万辉庭、汾酒糟坊业傅崑山、蛋行业董时义等各推筹备员开具名单,先后送会,并分呈汉阳办事处发交本会核议,提经本会第九次会议议决,准予筹备汇案呈报等语,记录各在案,除呈报汉阳办事处核转建设局核示外,理合开具各公会筹备员名单一份,呈请钧会鉴核,转报示遵。

谨呈

武汉特别市总商会筹备委员会主任委员涂

附呈毛巾、汾酒、蛋行业同业公会筹备员名单各一份。

武汉特别市总商会汉阳分会筹备委员会主任　夏汉卿

五月四日

(119-126-251:00201)

11.调查员汪复华呈报调查张福卿等呈报徐禹门非法组织同业公会绝对否认一案

（1940 年 5 月 6 日）

窃职奉派调查张福卿等呈报徐禹门非法组织同业公会绝对否认一案，遵即前往调查。兹据徐禹门称同业等经营山货纸张，除猪鬃毛、牛羊皮、鸡、鸭不出售外，并兼营山货、木、油、□□红枣、莲子、木耳等类，不仅纸张一部分，致于此次有少数纸张铺参加同业公会，因准备向财政局领帖，故此加入等情。查徐禹门山货同业公会内有同泰祥等数家为纸张铺，其余领山货行帖，除猪鬃毛、牛羊皮、鸡、鸭等类不出售外，只兼营木、油等类货物，似此情形，理合报请鉴核。

谨呈

附呈原文一件。

调查员　汪复华呈

五月六日

（119-126-269:41）

12.武汉特别市总商会为提供行帖凭证分类送会审核决定一事函复山货行业张福卿等

（1940 年 5 月 7 日）

案据来呈以敝业不能承认徐禹门等呈准筹备之山货行业公会一案，总迅颁训示等情。到会查此案，函复时各同业之行帖及凭证书类检送来会，以凭审核决定办法，相应函达查照办理为荷，迅将同业行帖及证明书□送会审查。

此致

张福卿等君

武汉特别市总商会

五月七日

（119-126-269:42）

13.武汉特别市总商会筹备委员会第二十三次全体委员会议记录

（1940 年 5 月 9 日）

时间：二九·五·九·下午三时

地点：本会办公室

出席委员：姚维章、彭建廷、涂拔丞、成禹门、谢有标（姚代）、秦镜清、王养和（涂代）、汪原润（涂代）

请假委员：蓝熙周、万凤逸、邹济之

列席人：苏菊村

主席：涂拔丞

记录：姚心辅

开会如仪：

甲、报告事项

一、本周共收文九十七件，发文一百八十件。（事由略）

二、上次会议决议各案已分别执行，请查照由。

三、本周补行商店登记，计第一办事处有二业十户，第二办事处有十七业五百一十四户，合并报请查照由。

乙、讨论事项

一、本会拟定会议规则、选举规则，可否呈请核准施行，请讨论案。

决议：呈请核准后施行。

二、本会开办费计算书业经编制就绪，应否核销呈送主管官署备案，请讨论案。

决议：核销呈报建设局核转备案。

三、查熊英三等请准筹备汉口参燕业同业公会，已将名册转报建设局核示，可否准其筹备，请讨论案。

决议：准其筹备。

四、查茅春亭等请准筹备汉口梳篦剪刀业同业公会，查与现行法令尚无不合，已准筹备，请追认案。

决议：追认。

五、查吴培东等发起筹备汉口药油行业同业公会，请求照准并派员指导案，应如何办理，请讨论案。

决议：准其筹备。

六、查徐禹门等前请筹备汉口山货行业同业公会，经本会十五次会议议决，准其组织成立，其他山货行业是否包括在内，应依惯例办理；有案嗣据王善卿等请组球场山货行业公会，经本会十六次会议令，与徐禹门合并组织，函复并呈报在卷，随又有张福卿等请组汉口全市山货行业公会，又经本会二十一次会议令，照原案合并组织各在案。兹据王善卿呈称已与张福卿合并组织，与徐禹门不能合并，究应如何办理，请讨论案。

决议：令其分别组织，徐禹门等筹备之公会应改为山货纸张行业，张福卿等则用山货行业名称。

七、查张木山请准筹备汉口磨坊业同业公会一案，业据调查报告到会，应否准其组织，请讨论案。

决议：再交调查后核办。

八、查彭祥泰等请准筹备汉口五金机器业同业公会一案，据调查报告，同业有七家以上，可否准其组织，请讨论案。

决议：再交调查后核办。

九、查胡传海等请组汉口五金旧货业同业公会一案，已据调查报告到会，应否准其组织，请讨论案。

决议：准其组织。

十、查严逸民等请组汉口糖坊业同业公会一案,已据调查报告到会,可否照准,请讨论案。

决议:再交调查后核办。

十一、查汉口炒坊业公会筹备会呈称同□和炒坊抗不入会一案,经调查报告到会,应如何处理,请讨论案。

决议:召集同兴和负责人到会谈话后,再行决定。

丙、临时动议

一、查严兴发等请准筹备汉口拆售屋料业同业公会一案,应否照准,请讨论案。

决议:再交调查后核办。

二、查徐礼臣等请准筹备汉口新旧木器业同业公会一案,应否照准,请讨论案。

决议:再交调查后核办。

散会。

(119-127-152:90-97)

14.武汉特别市总商会筹备委员会函汉阳分会

(1940 年 5 月 9 日)

笺函:案准来牍具报毛巾业、汾酒糟坊业、茶行业推举筹备员组织同业公会,附赍名册,请予转报等情,据此,既据呈报汉阳办事处核转建设局核示,自无□本会每为转呈,除此备案外,相应函达查照。

此致

本会汉阳分会

武汉特别市总商会筹备委员会

五月九日

(119-126-251:00199-00200)

15.据呈汉口纱业同业筹备公会赍呈名册准备案由令市总商会筹委会

(1940 年 5 月 9 日)

呈及附件均悉。准予备案,仰即知照,并特知照。此令。

局长 方达智

16.武汉特别市汉口汾酒业同业公会呈报市总商会筹备委员会选举理监事名册

(1940 年 5 月 10 日)

敬启者,敝会选举成立大会,业于本月八日举行,承蒙市建设局指派张镜南暨贵会指派代表王静周莅临监选指导,当依照会员代表大会应进行事项,当场选定郑晋卿 23 票、刘佐斌 19 票、夏义山 16 票、田炳三 5 票、鲍显伍 15 票等五人为理事;萧志伸 14 票、刘海洲 5 票等二人为候补理事，罗桂堂 18 票，傅占魁 10 票、孟杰 39 票等三人为监事，谢信卿 5 票一人为候补监事，再由理事中选定郑晋卿 4 票、鲍显伍 3 票、刘佐斌 3 票等三人为常务理事，并互推郑晋卿为理事长，同时宣告成立就任，即请转呈市社会建设局备案，刊发图记，以昭公信，所以选举成立大会情由，相应造具职员名册三份及刊发图记费日钞二元并备函送请贵会查照，即希分别呈转赐复为荷。

此致

武汉特别市总商会筹备委员会

附职员名册三份、图记费日钞二元。

理事长　郑晋卿

五月十日

（119-126-273：26-27）

17. 武汉特别市总商会函知王善卿君更改名称

（1940 年 5 月 11 日）

笺函：案准来牍以业务性质不同，不能与徐禹门组织之山货纸张业公会合并，决合并张福卿、黄汉民等之组织□由。经提交会第二十三次全体委员会议决，令其分别组织，徐禹门等筹备之公会应改为山货纸张行业，张福卿等则用山货行业名称，等语记录在案，除□函外，相应函达查照。

此致

王善卿君

武汉特别市总商会

五月十一日

（119-126-269：43）

18. 武汉特别市总商会函知徐禹门君、张福卿君更改名称

（1940 年 5 月 11 日）

查五月九日，本会第二十三次全体委员会议讨论事项第六案。查徐禹门等云云云□讨论案，决议令其分别组织。徐禹门等筹备之公会应改为山货纸张行业，张福卿等则用山货行业，名册等语记录在案，除分函外，相应录案函达查照，讯将名称改正为盼。

此致

徐禹门君、张福卿君

武汉特别市总商会

五月十一日

（119-126-269：44）

19.市商会筹委会二十三次例会

（1940 年 5 月 11 日）

市商会筹委会二十三次例会　议决案件十一件

武汉特别市总商会筹备委员会第二十三次全体委员会，于九日举行，兹将决议各案录下：

一、本会拟定会议规则、选举规则，可否呈请核准施行，请讨论案，决议呈请核准后施行。

二、本会开办费计算书业经编制就绪，应否核销呈送主管官署备案，请讨论核销备案。

三、查熊英三等请准筹备汉口参燕业同业公会，已将名册转报建设局核示，可否准予筹备。

四、查茅春亭等请准筹备汉口梳众篦剪刀业同业公会，查与现行法令尚无不合，准筹备请追认案。

五、查吴培东等发起筹备汉口药油行业同业公会，请求照准并派员指导案，应如何办理请讨论案。

六、查徐禹门等请筹备汉口山货行业同业公会，经本会十五次会议议决，准其组织。（下略）

七、查张木山请准筹备汉口磨坊业同业公会一案，业据调查报告到会，应否准其组织讨论案，调查后核办。

八、查彭祥泰等请准筹备汉口五金机器业同业公会一案，据调查报告，同业有七家以上，可否准其组织，请讨论案，调查后核办。

九、查胡传海等请组汉口五金旧货业同业公会一案，已据调查报告到会，应否准其组织，请讨论案论案，准其组织。

十、查严逸民等请组汉口糖坊业同业公会一案，已据调查报告到会，可否照准讨论案。

十一、查汉口炒坊业公会筹备会呈称同□和炒坊抗不入会一案，经调查报告到会，应如何处理讨论案，召集同□和负责人谈话后再行决定。

（《大楚报》）

20.市商筹会涂拔丞谈会务筹备进行状况

（1940 年 5 月 12 日）

市商筹会涂拔丞谈会务筹备进行状况　正式产生商会六月份内实现

中央电讯社武汉讯　市商会筹委会经主任委员涂拔丞负责领导筹备以来，历经数月，筹备工作□□□成熟，记者昨晤涂氏，询以目前筹备进行状况，据告如下：本会自经开始筹备以来，市场萧条，各业均在盼企中，虽拟促其提早筹组公会，加以各业会员登记不旺，因法定数额不足，以致迄今已正式成立公会者，仅有二十余会，本会限期筹备一节，事实上似有延长之必要，经先后呈请市府准予展期筹备四个月（第二次为一个月），旋复督促各公会积极筹组，并限期正式选举成立，目前正在进行筹备中之公会约在三十余业，在本月份内将可全部正式选举成立公会，是以本会正式产生商会恐将推至六月份内实现云。

21.武汉特别市总商会筹备委员会呈报市政府社会局局长徐汾酒业同业公会函报选举情形

（1940年5月12日）

案据汉口汾酒业同业公会理事长郑晋卿函称，敬启者云云云为荷等情。附职员名册三份，图记费日钞二元。据此，除图记刊制费二元存会会缴外，理合检具职员名册呈赍鉴核俯派备案并祈示遵。

谨呈

武汉特别市市政府社会局局长徐

计呈赍汉口汾酒业同业公会第一次当选职员名册一份。

（全衔）涂拔、蓝熙、姚维、成禹、谢有

五月十二日

（119-126-273:28）

22.武汉特别市总商会筹备委员会函复汉口汾酒业同业公会

（1940年5月12日）

笺函：案准□函具报选举情形并职员名册刊制费日钞二元，请刊发图记等由。准此，除呈备案外相应将图记一颗随函附发即希查收拓具印模三份，克日报会，以凭转呈。

此致

汉口汾酒业同业公会

附发图记一颗。

武汉特别市总商会筹备委员会

五月十二日

（119-126-273:29-30）

23.山货行业同业公会筹备会呈复总商会呈复推定代表张福卿等五人于本月十四日下午三时携带行帖及证件赴会面陈一切

（1940年5月13日）

敬呈者，窃敝帮前以钧会函令敝业等所组织汉口市山货行业须与徐禹门等所呈准之山货行业合并一案，除已将敝帮不能承认之理由详细呈复外，并经推举代表面陈。当蒙钧会准予敝帮另行组织，并令徐禹门等所请之公会名目另加“纸张”二字。在案旋于本月九日又奉钧会函开，以敝业不能承认徐禹门等呈准筹备之山货行业同业公会一案，命迅将各同业之行帖及凭证书类检送审核，决定办法。各等因，奉此。经于本月十二日公同会议决定推举代表张福卿、曹子轩、黄汉民、童汉英、厚星洲等五人于本月十四日下午三时携带行帖及证件赴钧会面陈一切，理合备文呈复伏祈鉴核。

谨呈

武汉特别市总商会筹备会

武汉特别市汉口山货行业同业公会筹备会谨启

五月十三日

(119-126-269:46-47)

24.武汉特别市汉口汾酒业同业公会呈报市总商会筹备委员会启用图记日期

(1940年5月14日)

敬启者,敝会选举成立大会及选举各理监名册,业经函请贵会转呈备案在卷,当蒙转交市建设局刊发图记一颗,文曰"武汉特别市汉口汾酒业同业公会图记",兹谨于本月十四日开始启用,相应拓附印模三份,备函送请贵会察核,即希分别存转备查为荷。

此致

武汉特别市总商会筹备委员会

附印模三份。

理事长　郑晋卿

五月十四日

(119-126-273:31-32)

25.拨倪鹏等呈请组织汉口酒酱业公会筹备会一案

(1940年5月14日)

武汉特别市市政府建设局指令1658号令总商会筹备委员会呈二件:转呈及呈复拨倪鹏等呈以组织汉口酒酱业公会筹备会一案。

两呈及附件均悉。应准备案,除批示外仰即知照。此令。件存。

(119-126-263:11)

26.湖北汉口地方法院为大丰布店租房事宜致武汉特别市总商会筹委会

(1940年5月15日)

案准贵会筹字第五六四号公函,略以大丰布店因本院执行李如安堂与桂润勤迁让一案。其执行标的之房屋,现为大丰布店承租占有,而大丰另觅之屋尚在建筑碍难即时迁让,请准暂缓执行以期调解,并已推定委员进行调解。等由,准此。查该汉正街二六八号之房屋,已由李如安堂卖方与周祥兴营业之屋亦由业主售于陈华义堂(陈霖甫),并由陈霖甫诉周祥兴迁让,经本院判决,即将开始执行核阅两案情形,不无牵连关系,似并案调处俾得彼此。贵会既具体恤商艰之热忱,进行调解,应请并案办理,惟案经久悬,亟待结束,务希于一星期内,召集关系各方当面会商,以免久延。并希将调解情形,早日函复过院以凭核办,到纫公谊。

此致

武汉特别市总商会筹备委员会。

院长　胡旭莽

27.汉口纱业同业公会函日本人棉系同业会为各洋行务必当日交货以免纠纷而维血本由

（1940 年 5 月 16 日）

径启者，据同业声称：每次付款到贵业各宝行付款下货，往往当日不能如期交到，辄迁延至次日，方能收获。值此军票价格升降纱价起落不定之际，各雇主咸因此与敝同业时有纠纷发生，所有隔日损失，悉责令售货之各号赔认。似此情形，殊与敝业各号已损失不资情因血本攸关，势难缄然，用特函达，请烦贵会转致各宝洋行嗣后务必当日交货，以免纠纷，而维血本。致纫公谊！

此致

日本人棉系同业会

五月十六日

（119-15-37：003-004）

28.武汉特别市总商会筹备委员会为拟呈陈骏验件逾时不到函张福卿等

（1940 年 5 月 17 日）

来牍"以呈复推举代表张福卿等五人于本月十四日下午三时携带行帖及证件赴会面陈一切，祈鉴核"等情。到会迄今时逾六日，未见来会面陈，殊有未合，特再函达查照。即日□□原函连同证明文件来会呈验，以凭核夺为要。

此致

张福卿君等

武汉特别市总商会

五月十七日

（119-126-269，48）

29.汉口粮食行业同业公会呈武汉特别市汉阳总商会

（1940 年 5 月 17 日）

敬启者，敝会奉武汉特别市汉口总商会令饬组织同业公会，业于本年五月五日于筹备终止，即举行成立大会，当经分别具报。各机关团体莅临参加指导，各在案。维查敝会成立之始，于第一次召集同业讨论会务，兹据吴君德清（现被选为本会常务理事）报告，伊等在于汉阳贸易，亦奉该处商会（即汉阳商会）令组同业公会。现在汉口会务既已成立，而汉阳方面各同业有无成立会务之必要，请公决一案。比经敝会同人一再讨论，佥以阳夏同业在历史上观察，本属一个团体，而情谊之□洽，尤为各业之冠。查汉阳之同业，不过仅因水涨时期始能交易，为时又极短促,故在畴昔办法,从未设过会务,而于地方应尽之义务事处,理事长即以吴德清君承任。其乏至该办事处,应行一切事宜,统责成吴君悉秉承汉阳总商会指导进行,较为简便易行等语,记录在卷,并经一致表决,委托吴君为汉阳办事处理事长外,爰持不揣节录议决案具呈奉达为此,呈乞钧会鉴核办理,实为公便。

谨呈

武汉特别市汉阳总商会长夏

汉口粮食行业同业公会理事长　王瑞麟

五月十七日

(119-126-251,28)

30.汉口日本人棉系布同业组合复武汉特别市汉口纱业同业公会筹备处函

(1940年5月18日)

径复者,接准五月十七日大函以贵同业向敝组会员付款下货,往往当日不能将货款交到,值此军票与纱价起落不定之际,因此蒙受意外损失,嘱为转致敝组会员务必当日交货等因,业已阅悉,查敝组会员与贵同业各宝号交易往来,素重信用,向无延期交货情事,至于尚未加入敝组会之各洋行中或有不遵守信用故意延期交货者,亦不可知,为此函复,即希贵筹备处转致各贵同业宝号,以后倘再有此类情事发生之时,务请向各该洋行直接进行交涉。至纫公谊。

此致

武汉特别市汉口纱业同业公会筹备处

汉口日本人棉系布同业组会启

五月十八日

(119-15-37:001-002)

31.武汉特别市总商会筹备委员会第二十四次全体委员会议事日程

(1940年5月18日)

甲、报告事项

一、本周共收文一百二十一件,发文二百零一件。(事由略)

二、上次会议决议各案业已分别执行,请查照由。

三、本周补行商店登记,计第一办事处有二业一百六十户,第二办事处有十业二百五十户,合并报请查照由。

乙、讨论事项

一、本会登记商店共计九十二业,已筹备同业公会者五十五业,定期成立公会者二十六业,可否于本月底停止登记,并限定各业成立同业公会以本月底为期,请讨论案。

二、查郑庆云等请准筹备汉口丝绸业同业公会一案,业经调查报告到会,可否照准,请讨论案。

三、查余松泉等请组制造衡度业同业公会一案,应否准其筹备,请讨论案。

四、查宋明祥等呈请建设局发交核议组织汉口原货业同业公会一案，应如何办理，请讨论案。

五、查前汉口保险业经纪人公会请求解释业务性质，筹备保险业同业公会一案，应如何办理答复，请讨论案。

六、查吴贤光等请准筹备石灰船业同业公会一案，业据调查报告到会，应否照准，请讨论案。

七、查本会二十三次会议议决再交调查之严逸民等请组糖坊业同业公会一案，又据报告到会，应否准其组织，请讨论案。

八、查本会二十三次会议议决再交调查之张木山等请组磨坊业同业公会一案，又据报告到会，应否照准，请讨论案。

（119-127-152:98-102）

32.武汉特别市总商会筹备委员会第二十四次全体委员会议记录

（1940年5月18日）

时间：二九·五·十八·下午三时

地点：本会办公室

出席委员：谢有标、涂拔丞、成禹门、邹济之、彭建廷、王养和（涂代）、汪原润（涂代）

请假委员：蓝熙周、姚维章、万凤逸、秦镜清

列席人：苏菊村

主席：涂拔丞

记录：姚心辅

开会如仪：

甲、报告事项

一、本周共收文一百二十一件，发文二百零一件。（事由略）

二、上次会议决议各案业已分别执行，请查照由。

三、本周补行商店登记，计第一办事处有二业一百六十户，第二办事处有十业二百五十户，合并报请查照由。

乙、讨论事项

一、本会登记商店共计九十二业，已筹备同业公会者五十五业，定期成立公会者二十六业，可否于本月底停止登记，并限定各业成立同业公会以本月底为期，请讨论案。

决议：登报并通告，一面呈报本月底暂停登记各同业公会，亦应督催于本月底成立，如逾期限不能成立，则依总商会章程第十条办理，成立正式总商会。

二、查郑庆云等请准筹备汉口丝绸业同业公会一案，业经调查报告到会，可否照准，请讨论案。

决议：准其筹备。

三、查余松泉等请组制造衡度业同业公会一案，应否准其筹备，请讨论案。

决议：准其筹备。

四、查宋明祥等呈请建设局发交核议组织汉口原货业同业公会一案,应如何办理,请讨论案。

决议:呈请社会局核示。

五、查前汉口保险业经纪人公会请求解释业务性质,筹备保险业同业公会一案,应如何办理答复,请讨论案。

决议:准其筹备,定名曰"保险行业同业公会"。

六、查吴贤光等请准筹备石灰船业同业公会一案,业据调查报告到会,应否照准,请讨论案。

决议:据查石灰船业系流动性质,核与同业公会章程不合,碍难准其筹备。

七、查本会二十三次会议议决再交调查之严逸民等请组糖坊业同业公会一案,又据报告到会,应否准其组织,请讨论案。

决议:据查该业系由挑贩零星出售,核与同业公会章程不合,碍难准其筹备。

八、查本会二十三次会议议决再交调查之张木山等请组磨坊业同业公会一案,又据报告到会,应否照准,请讨论案。

决议:据查该业纯系劳工性质,毋庸组织同业公会。

丙、临时动议

一、汉口广货业筹备主任茅贡南坚执成见,不能与胡耀堂合并组织,应如何办理,以免纠纷,请讨论案。

决议:分别名称,胡耀堂部分沿用旧名,茅贡南部分定名为洋广杂货业。

二、彭懋祥等请组五金机器业同业公会一案,调查报告核于章程所定条件,可否准其组织,请讨论案。

决议:准其组织。

三、汉口拆售屋料业严兴发等请组同业公会一案,经调查报告,先得监督官署许可,方能拆除房屋。检定成案,亦有此种业务,应否准其组织,请讨论案。

决议:准其组织。

四、汉口五金业林静斋等请组同业公会一案,调查报告向系与五金铁业合并组织,现在双方亦愿合并,惟摊认会费不能解决,可否仍令合并组织,请讨论案。

决议:令与五金铁业合并组织。

散会。

(119-127-152:98-102)

33.汉口粮食行业同业公会呈武汉特别市总商会筹备委员会

(1940年5月18日)

案准汉口粮食行业同业公会理事长王瑞麟报称,拟在汉口设立公会办事处,委托该会理事吴德清为办事处理事长,不另组设汉阳同业公会等由。到会当经提交本会第十次会议讨论,佥以该粮食行业向有内河、外河之分,汉口无圣祠,石码头一带则属内河,兜售杂粮,汉阳集稼嘴一带则为外河,代客买卖米谷。其行帮公所一在汉口凌霄书院,一在汉阳双街末市公所,各有营业所在地之牙帖,各入营业所在地之公所,不相牵混,以杜两开及冒滥之□,每年夏季水涨,汉口各行业案准前由,显与事实不符,且与领行业公会组织章程有将抵触,当经决议呈请总商会核示办理等语,记录在案,理合录案呈请钧会鉴核示遵。

谨呈

武汉特别市总商会筹备委员会主任涂

附抄原呈一件。

武汉特别市总商会汉阳分会筹备委员会主任　夏汉卿

五月十八日

(119-126-251:25-27)

34.汉口山货纸张行业同业公会筹备会呈武汉特别市总商会筹备委员会主任涂

(1940年5月18日)

案奉钧会五月十五日函开:按五月九日第二十三次例会决议案内,关于山货行业令其分别组织(全文敬邀免录)。等因,奉此。遵即召开筹备会议,一致通过,遵奉改为"武汉特别市汉口山货纸张行业同业公会"之名称,并经拟定本月二十六日下午一时,假淮盐公所开第一次会员代表大会,选举理监事,记录等语,理合缮具会员名册、会员代表册、公会章程各三份汇呈鉴核,分别饬呈主管机关,并祈届日派员监选指导,实为公便。

谨呈

武汉特别市总商会筹备委员会主任涂

附会员名册三份、会员代表册三份、公会章程三份。

汉口山货纸张行业同业公会筹备会主任徐

五月十八日

(119-126-269:108-109)

35.汉口纱业同业公会为呈报成立选举大会相关事由呈武汉特别市总商会筹委会(附章程)

(1940年5月18日)

窃属会业经筹备就绪,定于六月二日上午十一时假汉口佛教正信会二楼开成立大会,选举理事、监事暨常务理事。理合善具会章三份、会员名册三份,连同会员代表名册三份呈请钧会鉴核,派员指导监选,并祈转呈武汉特别市市政府建设局备业派员监选,实为公便!

谨呈

武汉特别市总商会筹委会

附呈会章三份、会员名册三份、会员代表名册三份。

武汉特别市汉口纱业同业公会筹备会筹备主任　许益甫

附:武汉特别市汉口纱业同业公会章程

第一章 总 则

第一条 本公会为维持和增进各同业之公共利益,并矫正营业之弊害,依《武汉特别市商工业各业同业公会章程》组织成立,定名为武汉特别市汉口纱业同业公会。

第二条 本公会受武汉特别市市政府社会局之监督指挥,并应向总商会登记为会员。

第三条 本公会设江汉路三号。

第四条 本公会办理之事务如下:

一、承受武汉特别市政府暨各主管机关及总商会委托之事件。

二、维持并促进同业之公共利益。

三、解决同业公司或行号之纠纷。

第二章 会 员

第五条 凡在汉口之同业公司及行号均得加入本公会为会员,并须登记其牌号及店主并经理人姓名、年龄、籍贯、公司行号所在地。其无正式牌号组织及曾受除名之处分者不在此限。每一公司或行号得派会员代表二人出席本公会,但以经理或店主为限。

第六条 各公司行号推举会员代表出席于全体会员大会时,应附于委托书并通知本公会。其改推会员代表时亦应按前项之规定办理。

第七条 有下列各款情事之一者不得为会员代表:

一、褫夺公推者。

二、有反动行为者。

三、受破产之宣告尚未复权者。

四、无能力者。

第八条 本公会会员均有遵守本公会章程及服从本公会决议案之义务。

第九条 本公会会员均有提议权、表决权、选举权、被选举权。

第十条 凡已经加入本公会之会员如遇特殊情形而欲退出时,须陈明理由,经大会核准后方能退出,所交各费概不退还。

第三章 组 织

第十一条 本公会议决机关为会员大会,由全体会员代表组织之。

第十二条 本公会会员代表大会之任务如下:

一、选举理事、监事。

二、审定章程。

三、会员代表之除名事项。

四、职员之退职事项。

五、清算人之选任及关于清算事项之议决。

六、同业规约之议定。

七、其他关于工会会务之决议。

第十三条　本公会有会员大会就会员代表中用无记名连举法选任理事十一人组织理事会，选任监事五人组织监事会，并另选候补理事五人、候补监事三人。

第十四条　本公会理事互选三人为常务理事，再由常务理事中推举一人为理事长。

第十五条　理事会之职权如下：

一、召集会员大会之定期会议及临时会议。

二、向会员大会报告会务及其他事项。

三、执行会员大会之议决案。

四、预决算之编制及报告事项。

五、关于其他应办事项。

第十六条　监事之职权如下：

一、考查本会职员是否称职。

二、函请理事会召集临时会员大会。

三、向会员大会提出弹劾案。

四、关于监事职权内之应办事项。

第十七条　本公会职员均为无给职，但因办理同业会务得核实支给公费。

第十八条　本公会理事有下列各款情形者应即解任：

一、因不得已事故经会员大会议决准其退职者。

二、旷废职务经会员大会议决令其退职者。

三、于职务上违背法令、营私舞弊或有其他不正当行为经会员大会议决令其退职或由武汉特别市市政府社会局令其退职者。

四、发生本章程第七条各款情事之一者。

第十九条　本公会得酌用雇员，其人数及薪金由理事会决定之。

第四章　任　期

第二十条　本公会理事、监事之任期为四年，每二年改选半数，不得连任。第一次改选以抽签定之，但人数有奇数时留任者之人数得较改选者多一人。

第二十一条　常务理事有缺额时由理事会选补之，理事缺额由候补理事依次递补之，其任期均以补足前任任期为限。监事缺额由候补监事依次递补，其任期均以补足前任任期为限。

第五章　会　议

第二十二条　本公会会员大会分为定期会议和临时会议两种，由理事长召集之。

一、定期会议每年一次，于十二月召开之。

二、临时会议由理事认为必要时或会员代表十分之一以上之请求暨遇有紧急重大事项时召集之。

第二十三条　会员大会须会员代表之半数之出席方能开会，提议事项须出席代表过半数之同意方能议决。关于本章程第十二条各款事项之议决以会员代表三分之二之出席，出席代表三分之二以上之同意行之。

第二十四条　召集会员大会应于十五日以前通知之，但遇有紧急事项召集临时会议时不在此限。

第二十五条　理事会每月开会二次,但有紧急事故得由理事长召开临时会议,监事会每月开会一次。

第二十六条　理事会开会时以理事长为主席,如理事长因事请假时由常务理事轮代之,监事开会时互推一人为主席。

第二十七条　理事会之决议以理事过半数之出席,出席理事过半数之同意行之。监事得列席理事会,但无表决权。

第六章　经　费

第二十八条　本公会之经费分下列二种:

一、经常费由会员大会决议后会员分担之。

二、临时费由会员大会决议筹集之。

第二十九条　本公会经费之预算决算及事业之成绩每年须编制报告,向会员大会报告后,经由总商会转呈建设局备案。

第七章　附　则

第三十条　本章程如需修改时应由会员大会决议后呈送建设局转呈市长核准行之。

第三十一条　本公会办公细则由理事会订定,呈报社会局备案。

第三十二条　同业之规约由大会议定,送请总商会转呈社会局核定行之。

第三十三条　本章程由会员大会议决,呈报总商会转呈社会局核准施行。

36.应于五月内召开选举大会由致纱业同业公会

(1940 年 5 月 20 日)

案准,来牍以定期六月二日开成立选举大会,附送章程名册,请予派员指导,并转呈备案派员监选等由,准此。查本会筹备期间,业经呈准,展限五月底止,贵会六月二日召开选举会似有未合,应于五月内择期举行。所有章程名册除俟期定再行转呈。并派员指导外相应函达。查照迅于五月内择期报会为要。

此致

汉口纱业同业公会筹备会

(会戳)启

37.武汉特别市总商会筹备委员会呈市政府社会局局长徐汉口汾酒业同业公会印模

(1940 年 5 月 21 日)

案据汉口汾酒业同业公会理事长郑晋卿函称,敝会选举成立大会及选举各理监名册云云,存转备查等情。附印模三份。据此,理合检具印模,呈赍鉴核,俯准备案。

谨呈

武汉特别市市政府社会局局长徐

计呈赍汉口汾酒业同业公会印模二份。

(全衔)涂拔、蓝熙、姚维、成禹、谢有

五月二十一日

(119-126-273:33-34)

38.汉口纱业同业公会为改定成立大会日期诸事致武汉特别市总商会筹委会

(1940 年 5 月 22 日)

案奉钧会函开:案准,来牍以定期六月二日开成立选举大会,附送章程名册,请予派员指导,并转呈备案,派员监选等由。准此。查本会筹备期间,业经呈准,展限五月底止,贵会六月二日召开选举会似有未合,应于五月内择期举行。所有章程名册除俟期定再行转呈。并派员指导外相应函达。查照迅于五月内择期报会为要。等因。奉此,遵即改定五月三十日上午十一时(新钟)仍假佛教正信会举行,理合呈报钧会准予核转,实为公便!

谨呈

武汉特别市总商会筹委会

武汉特别市汉口纱业同业公会筹备会筹备主任　许益甫

39.武汉特别市总商会筹委会为汉口纱业同业公会成立大会事由致武汉特别市市政府社会局

(1940 年 5 月 23 日)

案据汉口纱业同业公会筹备会呈,以定于六月二日开成立选举大会,附送章程名册,请予派员指导,并转呈备案,派员监选等情,本会即经函饬应于五月内择期举行之后,兹据后呈节称,遵即改定五月三十日上午十一时(新钟)仍假佛教正信会举行,理合呈报钧会准予核转等情。据此除推派本会谢组长届期前往指导外,理合检具章程、名册转呈鉴核备案,派员监选,并请示遵。

谨呈

武汉特别市市政府社会局

计呈赍汉口纱业同业公会章程二份、会员名册二份、会员代表名册二份。

(全衔)涂拔、蓝熙、姚维、成禹、谢有

牍　函

案据汉口纱业同业公会筹备会呈节称:“遵定于五月三十日上午十一时(新钟)假佛教正信会举行选举大会,请派员指导等情。”除特呈派员监选呈函复外,相应函请查照,及时前往指导为荷。

此致

谢组长有标

（会章）启

又案准，来牍遵即改定五月三十日召开选举大会，请予核准等由，除推本会谢组长有标届时前来指导并特呈派员监选外，相应函复查照并应于会期以前报告警察分局、宪兵队、警备司令部为要。

此致

汉口纱业同业公会筹备会

（会戳）启

40.汉口特别市总商会筹备委员会呈武汉特别市市政府社会局

（1940 年 5 月 23 日）

案据汉口山货纸张行业同业公会筹备会呈节称，拟定本月二十六日下午一时假淮公所开第一次会员代表大会，选举理监事，缮具会员名册、会员代表册、公会章程各三份，呈请转呈并派员监选指导等□。据此除已推本会谢组长届期前往指导外，理合检具章程名册，转呈鉴核备案，派员监选并祈示遵。

谨呈

武汉特别市市政府社会局局长徐

计呈赍汉口山货纸张行业同业公会章程三份、会员代表册三份、会员名册三份。

（全衔）涂拔　蓝熙　姚维　戚禹　谢有

五月二十三日

（119-126-269：114-115）

武汉特别市汉口山货行业同业公会章程

第一章　总　则

第一条　本会依照武汉特别市市政府颁布明令商工业同业公会第一条组织之，以维持及增进同业之公共利益并矫正营业之弊害为宗旨，并定名曰武汉特别市汉口山货纸张业同业公会。

第二条　本会受武汉特别市市政府社会局之监督指挥并应向市总商会登记为会员。

第三条　本会事务所暂设小麦街同复公内。

第四条　本会办理之事务如下：

一、承受武汉特别市市政府暨各主管机关及市总商会委托之事件。

二、维持并促进同业之公共利益。

三、解决同业一切纠纷。

第二章　会　员

第五条　凡在汉口经营山货纸张行业均得为会员，但须向本会登记其牌号及店主并经理人姓名、年龄、籍贯、营业所在地。其无正式牌号组织，或未经公会认可及曾受除名之处分者不在此限。每一行号得派会员代表一人或二人出席本会，但以店主或经理为限。

第六条　各行号推举会员代表出席于全体会员大会时，应付与委托书并通知公会，其改推会员代表时，亦应依前项之规定办理。

第七条　有下列各款情事之一者不得为会员代表：

一、褫夺公权者。

二、有反动行为者。

三、受破产之宣告尚未复权者。

四、无能力者。

第八条　本公会会员均有遵守公会章程及服从公会决议案之义务。

第九条　本会会员代表有提议权、表决权、选举权、被选举权。

第十条　凡已经加入本会之会员如因特殊情形而欲退出时，须呈明理由，经大会核准后方能退出，所缴各费概不退还。

第三章　组　织

第十一条　本会议决机关为会员大会由全体会员代表组织之。

第十二条　本会会员代表大会之任务如下：

一、选举理事及监事。

二、审定章程。

三、会员代表之除名事项。

四、职员之退职事项。

五、清算人之选任及关于清算事项之决议。

六、同业规约之议定。

七、其他关于公会会务之重要决议。

第十三条　本会由会员大会就会员代表中用无记名选举法选任理事十一人组织理事会，选任监事五人组织监事会，并另选候补理事五人、候补监事三人。

第十四条　本会由理事互推五人为常务理事，再由常务理事中推举一人为理事长。

第十五条　理事会之职权如下：

一、召集会员大会之定期会议及临时会议。

二、向会员大会报告会务及其他事项。

三、执行会员大会之决议案。

四、预决算之编制及报告事项。

五、关于其他应办事项。

第十六条　监事之职权如下：

一、考查本会职员是否称职。

二、审查本公会预决算。

三、函请理事会召集临时会员大会。

四、向会员大会提出弹劾案。

五、关于监事职权内之应办事项。

第十七条　本会职员均为无给职,但因办理同业会务得核实支给公费。

第十八条　本会理事有下列各款情事之一者应即解任:

一、因不得已事故经会员大会议决准其退职者。

二、旷弃职务经会员大会议决令其退职者。

三、于职务上违背法令、营私舞弊或有其他不正当行为经会员大会议决令其退职或由武汉特别市市政府社会局令其退职者。

四、发生本章程第七条各款情事之一者。

第十九条　本公会得酌用雇员其人数及薪金由理事会决定之。

第四章　任　期

第二十条　本会理事监事之任期为四年,每二年改选半数,不得连任。其第一次之改选以抽签定之,但人数有奇数时,留任之人数得较改选者多一人。

第二十一条　常务理事有缺额时,由理事会选补之理事,缺额时由候补理事依次递补之,其任期均以补足前任任期为限。监事缺额时由候补监事递补之,其任期以补足前任任期为限。

第五章　会　议

第二十二条　本会会员大会分定期会议与临时会议两种,由理事长召集。

一、定期会议每年一次于十二月间召开。

二、临时会议理事认为必要时或会员十分之一以上之请求暨遇有紧急重大事项时召集之。

第二十三条　会员大会须会员代表过半数之出席方能开会,提议事项须代表通过半数之同意方能决议。

关于本章程第十二条各款事项之决议,以会员三分之二以上之出席,出席代表三分之二以上之同意行之。

第二十四条　召集会员大会应于十五日以前通知之,但遇有紧急事项召集临时会议时不在此限。

第二十五条　理事会每月开会二次,但有特别事故得由理事长召集临时会,监事会每月开会一次。

第二十六条　理事会开会时以理事长为主席,如遇理事长因故缺席,由常务理事轮代之。监事开会时互推一人为主席。

第二十七条　理事会之决议以理事过半数之出席,出席理事过半数之同意行之,监事得列席理事会但无表决权。

第六章　经　费

第二十八条　本会经费分下列二种:

一、经常费由会员大会决议后会员分担之。

二、临时费由会员大会决议筹集之。

第二十九条　本会经费之预决算及事业之成绩每年须编制报告向会员大会报告,后经由市商会转呈社会局备案。

第七章　附　则

第三十条　本章程如须修改时应由会员大会决议后呈送社会局转呈市长核准行之。

第三十一条　本会办事细则由理事会订定呈报社会局备案。

第三十二条　同业之规约由大会议定送请市总商会转呈社会局核定行之。

第三十三条　本章程自呈奉核准备案之日施行。

（119-126-269:110-113）

41.武汉特别市总商会筹备委员会第二十五次全体委员会议事日程

（1940年5月28日）

甲、报告事项

一、本周共收文七十九件，发文一百八十一件。（事由略）

二、上次会议议决各案已分别执行，请查照由。

三、本周登记商店计第一办事处有三业一百十户，第二办事处有六业二百零五户，合并报请查照由。

乙、讨论事项

一、查伍林山等请准筹备国产纸张行业同业公会一案，因系恢复原有组织。已准筹备，请追认案。

二、汉口布匹同业公会报称，各同业店员不愿加入劳工协会，请交涉停止登记一案，应如何办理，请讨论案。

三、汉口卷烟贩运业同业公会不承认冠以“贩运”二字，可否免加贩运名称，请讨论案。

四、查左用甫等请组汉口照相馆业同业公会一案，据调查报告到会，应否准其筹备，请讨论案。

五、查徐礼臣等请组汉口新旧木器业同业公会一案，据复查报告到会，应否准其筹备，请讨论案。

（119-127-152:103-105）

42.武汉特别市总商会筹备委员会第二十五次全体委员会议记录

（1940年5月28日）

时间：二九·五·二八·下午三时

地点：本会办公室

出席委员：蓝熙周、彭建廷、邹济之、涂拔丞、成禹门、王养和（涂代）、汪原润（涂代）、谢有标

请假委员：万凤逸、姚维章、秦镜清

列席人：苏菊村

主席:涂拔丞

记录:姚心辅

开会如仪:

甲、报告事项

一、本周共收文七十九件,发文一百八十一件。(事由略)

二、上次会议议决各案已分别执行,请查照由。

三、本周登记商店计第一办事处有三业一百十户,第二办事处有六业二百零五户,合并报请查照由。

乙、讨论事项

一、查伍林山等请准筹备国产纸张行业同业公会一案,因系恢复原有组织。已准筹备,请追认案。

决议:追认。

二、汉口布匹同业公会报称,各同业店员不愿加入劳工协会,请交涉停止登记一案,应如何办理,请讨论案。

决议:查照本日(即五月二十八日)来文转呈。

三、汉口卷烟贩运业同业公会不承认冠以“贩运”二字,可否免加贩运名称,请讨论案。

决议:准其删去“贩运”二字。

四、查左用甫等请组汉口照相馆业同业公会一案,据调查报告到会,应否准其筹备,请讨论案。

决议:准其召集全市同业组织筹备。

五、查徐礼臣等请组汉口新旧木器业同业公会一案,据复查报告到会,应否准其筹备,请讨论案。

决议:准其召集全市同业组织筹备。

丙、临时动议

一、据石灰船业吴贤光等呈复该业并非流动性质,再恳准予筹备同业公会等情,应否准其筹备,请讨论案。

决议:令其加入石灰业公会。

散会。

(119-127-152:103-105)

43.汉口纱业同业公会筹备会为呈送新登记会员名册请备案呈转致武汉特别市总商会筹委会

(1940 年 5 月 28 日)

窃属会定于五月三十日开成立大会,业经将已登记会员名册暨会员代表名册各三份呈报核转在案,兹复有新登记入会会员八家,理合造具新入会会员名册、会员代表名册各三份呈报钧会核转,并入第一次会员册内,实为公便!

谨呈

武汉特别市总商会筹委会

附呈名册六份。

武汉特别市汉口纱业同业公会筹备会筹备主任　许益甫

44.总商会成立期近

（1940 年 5 月 28 日）

总商会成立期近　各业公会加紧筹备成立　今日下午召开常务会议

市总商会筹备委员会,由主任委员涂拔丞氏努力筹划及督促结果,各业同业公会,大部分早已筹备就绪正式成立,该会现已发出通告,限未成立之少数同业公会,加紧筹备成立,以便正式成立总商会。兹悉该会是项通告发出后,未成立之少数同业公会,正式加紧筹备,期于限期前成立。兹探得已经筹备就绪之各业同业公会,决定成立日其地点汇志于下:

一、色土布业公会,定于本月二十八日下午一时,在民权路花楼街齐安所召开成立大会。

二、纱业公会,定于本月三十日上午十一时,假佛教正信会举行成立大会。

三、水果同业公会,定于六月六日下午三时,在老官庙厚善里九号开成立大会。

闻上述各同业公会,业已分别呈请各有关机构届时派员莅会指导及监选云。

又讯　市商会筹委会,以筹备行将成熟,正式产生商会,为期已近。爰特定于今(二十八)日下午三时,在该会会议室召开第二十五次常务会议,闻预定讨论事项,关于各业公会已正式成立及正筹备中者之统计报告,凡未成立选举之各公会,分别一律限期促其成立,有关会务之改进,以及正式产生商会应行准备办理之事项,均于该次会议内,提出讨论云。

（《大楚报》）

45.武汉特别市社会局为市政府社会局赍呈武汉特别市汉阳猪行业同业公会组织章程及职员等件呈市政府

（1940 年 5 月 28 日）

案据本市总商会汉阳分会筹备委员会主任夏汉卿呈称:案据本市汉阳猪行业同业公会理事长唐晓山报称,窃查属会于四月十八日召集会员大会,当将拟定组织章程通过,承各机关长官莅临监选指导票选理监各职员。选举结果唐晓山得二十二票、刘受之得二十二票、祝博泉得二十票、涂名臣得二十票、沈驰陌得二十票、熊银香得十五票、杜子青得十五票,以上七人被选为理事。复由理事中选举唐晓山为理事长,刘受之、祝博泉为常务理事。高载贤得十五票、邓希圣得十票、蔡秉之得十票,以上三人被选为监事。吴良臣、曾云卿以上二人为候补理事,熊金香为候补监事。即于是日召集各职员组织成立,理合具文,连同职员名册及组织章程各五份,具文报伏乞,据情转呈,并恳刊发图记以资信守等情。据此,除径呈武汉特别市总商会筹备委员会备查外,理合检同会员及职员名册、会章各三份,呈赍钧处,鉴核转请示遵等情。附赍会员及职员名册、组织章程各三份到处,除各提一份存查外,合检同原赍章程、名册各三份附文咨请大局核示饬遵等由,附武汉特别市汉阳猪行业同业公司组织章程暨该会会员、职员名册各二份,准此经将武汉特别市汉阳猪业同业公会组织章程加以审核修正。除该公会图记,业由前建局依照钧府所定社会团体图记格式刊制，函送该处转发祇领启用，并饬将启用日期连同图记印模二份呈转查外，理合检同，修正该公会组织章程暨会员、职员名册各一份，一并备文呈请钧府鉴核示遵。

谨呈

武汉特别市市长张

附呈修正武汉特别市汉阳猪行业同业公会组织章程暨会员职员名册。

社会局局长　徐养之

奉交下社会局呈送汉阳猪行业同业公会组织章程一案，经核尚无不合理，合检同原件签请核定施行。谨呈

市长张

参事

附：武汉特别市汉阳猪行业同业公会组织章程（中华民国二十九年六月　核准）

第一章　总　则

第一条　本公会依据武汉特别市商工同业公会章程之规定，组织之定名为武汉特别市汉阳猪行业同业公会。

第二条　本公会应受武汉市市政府社会局及武汉特别市市政府汉阳办事处之监督指挥，并向武汉特别市总商会汉阳分会登记为会员。

第三条　本公会暂设事务所于鹦鹉洲财神庙内。

第四条　本公会办理之事务如下：

一、承受武汉特别市政府暨各主管机关及市总商会汉阳分会登记之事件。

二、维持并促进同业之公共利益。

三、解决同业一切纠纷。

第二章　会　员

第五条　凡在武汉特别市汉阳猪行业之行号均得为本公会会员，但须将牌号及行主、经理人之姓名、年龄、籍贯、行号所在地报请本会登记，其无正式牌号组织及曾受除名处分者不在此限，出席本公会之会员以各行号经理或行主为限。

第六条　经理或行主不能出席会议须委托，代表特应付委托书并通知本公会。

第七条　有下列各款情事之一者不得为会员代表：

一、褫夺公权者。

二、有反动行为者。

三、受破产之宣告尚未复权者。

四、无能力者。

第八条　本公会会员具有遵守本章程及服从本公会议决案之义务。

第九条　本公会会员有提议权、表决权、选举权、被选举权。

第十条　凡已经加入本会之会员如因特殊情形而须退出时，须陈明理由经大会核准后方

能退出，所缴各费概不退还。

第三章　组　织

第十一条　本公会议决机关为会员大会，由全体会员组织之。

第十二条　本公会会员大会之任务及监事：

一、选举理事及监事。

二、审定章程。

三、会员之除名事项。

四、职员之退职事项。

五、清算人之选任及关于清算事项之决议。

六、同业规约之议决。

七、其他关于本公会会务之重要决议。

第十三条　本公会由会员大会中用无记名选举法，选任理事七人组织理事会，选任监事三人组织监事会，并另选候补理事三人、候补监事一人。

第十四条　本公会由理事选三人为常务理事，再由常务理事中推举一人为理事长。

第十五条　理事会职权如下：

一、召集会员大会之定期会议及临时会议。

二、向会员大会报告会务及其他事项。

三、执行会员大会之决议案。

四、预决算之编制及报告事项。

五、关于其他应该事项。

第十六条　监事会职权如下：

一、考查本会职员是否称职。

二、审查本公会预决算。

三、函请理事会，召集临时会员大会。

四、向会员大会提出弹劾案。

五、关于监事职权内之应办事项。

第十七条　本公会职员均为无给职，但因办理同业会务得核实，给支公费。

第十八条　本公会理事有下列各款情事之一者，应即解任：

一、因不得已事故经会员大会议决准其退职者。

二、旷废职务经会员大会议决，令其退职者。

三、于职务上违背法令、营私舞弊，或有其他不正当行为，经会员大会议决令其退职，或由武汉特别市市政府社会局令其退职者。

四、发生本章程第七条各款情事之一者。

第十九条　本公会得酌用职员，其人数及薪金由理事会议决之。

第四章　任　期

第二十条　本公会理事、监事之任期为二年，每一年改选半数，得连选连任，其第一次之改选以抽签定之。但人数有奇数时,留任者之人数得较选者多一人。

第二十一条　常务理事有缺额,特由理事会选补之,理事缺额由候补理事依次递补之,其任期均以补足前任为限,监事缺额特由候补监事递补之,其任期以补足前任期为限。

第五章　会　议

第二十二条　本公会会员大会分定期会议与临时会议两种,由理事长公示集之:

一、定期会议每年一次于十二月间召开之。

二、临时会议每年理事认为必要时,或会员十分之一请求,觉遇有紧急重大事项时召集之。

第二十三条　会员大会须会员过半数出席方能开会,提议事项须出席会员过半数之同意方能决议。关于本章程第十二条各款事项之决议以会员三分之二以上出席,出席会员三分之二以上之同意行之。

第二十四条　召集会员大会应于十五日以前通知之,但遇有紧急事项召集临时会议时不受此限。

第二十五条　理事会每月开会二次,但有特别事故,得由理事长召开临时会。监事会每月开会一次。

第二十六条　理事会开会时以理事长为主席,如理事长因事请假,特由常务理事轮代之,监事开会时互提一人为主席。

第二十七条　理事会之议决以理事过半数之出席,出席理事过半数之同意行之,监事得列席理事会,但无表决权。

第六章　经　费

第二十八条　本公会经费分下列二种:

一、经常费由会员大会决议后会员分担之。

二、临时费由会员大会决议筹集之。

第二十九条　前条之经费,经会员大会议决,应呈汉阳办事处,转请社会局核准行之。

第三十条　本公会经临各费之预算、决算及事业之成绩,每年须编制报告向会员大会报查,经市商会一同转呈社会局备案。

第七章　附　则

第三十一条　本章程如需修改时,应由会员大会议决后,呈请办事处,转送社会局转呈市府核准行之。

第三十二条　本公会办事细则,由理事会订定,预告汉阳办事处,转请社会局备案。

第三十三条　本公会之规约,由大会议定送请市商会汉阳分会,转呈汉阳办事处转请社会局核定之。

第三十四条　本章程自呈奉市长行准之日施行。

46.市总商会筹委会昨举行常务会议

（1940 年 5 月 29 日）

市总商会筹委会昨举行常务会议　议决要案五件

市总商会筹委会，昨（二十八）日举行第二十五次会议，决议五案如下：

一、查伍林山等请准筹备国产纸张行业同业公会一案，因系恢复原有组织，已准筹备，请讨论追认案追认。

二、汉口布匹业同业公会，报称各同业店员不愿加入劳工协会，请交涉停止登记一案，应如何办理请讨论案，请示。

三、汉口卷烟贩运业同业公会，不承认冠以“贩运”二字，可否免加“贩运”名称，请讨论案，可。

四、查左用甫等请组织汉口照相馆业同业公会一案，应否准其筹备请讨论案，准予筹备。

五、查徐礼臣等请组织汉口新旧木器业同业公会一案，据复查报告到会，应否准其筹备请讨论案，准予筹备云。

（《大楚报》）

47.汉阳分会筹备会函复汉口粮食行业同业公会不能组设汉阳粮食行业公会

（1940 年 5 月 30 日）

笺函：案准案牍以□汉口粮食行业同业公会拟在汉阳设立办事处，不另组织汉阳同业公会，请予核示等由。查分区同业公会，应以分管辖区域为限，而令汉口粮食行业同业公会为事实便利起见在汉阳设立办事处，而不能涉及汉阳粮食行业同业公会，相应函复查照，并转饬知照。

此致

本会汉阳分会筹备会

汉阳分会筹备会

五月三十日

（119-126-251：29）

48.汉阳分会筹备委员会呈武汉特别市总商会筹备委员会

（1940 年 5 月 30 日）

案据本市米业代表萧良臣报称，窃查敝同业漫无组织，应即依法筹备公会，俾便早告成立。爰于四月廿二日召集全体同业到会，推举筹备员，以利进行。当经公推谭少臣、王凤山、雷星齐、周作范、俞春臣、李平阶、萧良臣、万炎卿、黄汝舟九人为筹备员，旋经互推萧良臣为筹备主任，择定河泊所街二号原米业公会旧址为筹备事务所，一经核准，即行开始工作，用特报请钧会查核转备案，并恳派员莅临协助登记，以昭郑重等情。到会提经本会第十二次会议议决，准予筹备，呈报备查等语，记录在卷，除径呈市府汉阳办事转请社会局核示外，理合录案呈请钧会鉴核备查。

谨呈

武汉特别市总商会筹备委员会主任委员涂

武汉特别市总商会汉阳分会筹备委员会主任　夏汉卿

五月三十日

(119-126-251:30)

49.山货行业同业公会筹备委员会为召开第一次会员代表选举大会并赍呈会章名册呈总商会

(1940 年 5 月 31 日)

呈:为呈报召开第一次会员代表大会选举大会,并赍呈会章名册,仰祈鉴核示遵事。窃属会自奉令成立以来,所有筹备一切手续,现已办理完竣。兹订于六月五日假维新路老会宾大酒楼召开第一次会员代表选举大会,理合连同公会章程暨会员名册各三份,备文呈报钧会,并祈转呈社会局核准,届期派员莅临监选指导,以重会务,实为德便。

谨呈

武汉特别市总商会

附赍呈公会章程、会员名册各三份。

筹备主任　张福卿

筹备员　黄汉民　曹子轩　厚星洲　童汉英　易柏阶

陈笙阶　萧炳臣　陈国栋　陈汉广　喻锟澄

(119-126-269:49)

武汉特别市汉口山货行业同业公会章程

第一章　总　则

第一条　凡在汉口区域内营山货行业者,为维持及增进同业之公共利益,并矫正营业之弊害,应组同业公会,定名为武汉特别市汉口山货行业同业公会,其事务及组织悉依本章程行之。

第二条　本公会(以下简称本会)应受武汉特别市市政府社会局之监督指挥并应向市总商会登记为会员。

第三条　本会地点暂设统一街大火巷第十号山货公所内,并遵章报请市总商会转呈社会局备案。

第四条　本会办理之事务如下:

一、承受武汉特别市市政府暨各主管机关及市总商会汉阳分会委托之事件。

二、维持并促进同业之公共利益。

三、解决同业一切纠纷。

第二章　会　员

第五条　凡在汉口市区域内之同业均得为本会会员,但须向本会登记其牌号及店主并经理人姓名、年龄、籍贯、行业所在地。其无正式牌号、组织及曾受除名之处分者不在此限,每一行业得派会员代表一人或二人出席本会,但以店主或经理为限。

第六条　各行业推举会员代表出席于全体会员大会时应付与委托书并通知公会,其改推会员代表时亦应依前项之规定办理。

第七条　有下列各款情事之一者不得为会员代表。

一、褫夺公权者。

二、有反动行为者。

三、受破产宣告尚未复权者。

四、无能力者。

第八条　凡本公会会员均有遵守公会章程及服从公会决议案之义务。

第九条　凡本会会员代表有提议权、表决权、选举权、被选举权。

第十条　凡已经加入本会之会员如因特殊情形而欲退出时,须呈明理由,经大会核准后方能退出,所缴各费概不退还。

第三章　组　织

第十一条　本会议决机关为会员大会,由全体会员代表组织之。

第十二条　本会会员大会之任务如下:

一、选举理事及监事。

二、审定章程。

三、会员之除名事项。

四、职员之退职事项。

五、清算人之选任及关于清算事项之决议。

六、同业规约之议定。

七、其他关于公会会务之重要决议。

第十三条　本会为办事便利计,由会员大会就会员代表中用无记名选举法选任理事十一人组织理事会,选任监事五人组织监事会,并另选候补理事五人、候补监事三人。

第十四条　本会由理事互推五人为常务理事,再由常务理事中推举一人为理事长。

第十五条　理事会之职权如下:

一、召集会员大会之定期会议及临时会议。

二、向会员大会报告会务及其他事项。

三、执行会员大会之决议案。

四、预决算之编制及报告事项。

五、关于其他应办事项。

第十六条　监事之职权如下:

一、考查本公会职员是否称职。

二、审查本公会预决算。

三、函请理事会召集临时会员大会。

四、向会员大会提出弹劾案。

五、关于监事职权内之应办事项。

第十七条　本公会职员均为无给职，但因办理同业会务得核实支给公费。

第十八条　本公会理事有下列各款之一者应即解任：

一、因不得已事故经会员大会议决准其退职者。

二、旷弃职务经会员大会议决令其退职者。

三、于职务上违背法令、营私舞弊或有其他不正当行为经会员大会议决令其退职，武汉特别市市政府社会局令其退职者。

四、发生本章程第七条各款情事之一者。

第十九条　本公会得酌用雇员其人数及薪金由理事会决定之。

第四章　任　期

第二十条　本公会理事监事之任期为二年，每一年改选半数，得连选连任。其第一次之改选以抽签定之，但人数有奇数时，留任者之人数得较改选者多一人。

第二十一条　常务理事有缺时，由理事会选补之，理事缺额由候补理事依次递补之，其任期均以补足前任任期为限。监事缺额时，由候补监事递补之，其任期以补足前任任期为限。

第五章　会　议

第二十二条　本公会会员大会分定期会议与临时会议两种，由理事长召集之。

一、定期会议每年一次于十二月间召开之。

二、临时会议理事会认为必要时或会员十分之一以上之请求暨遇有紧急重大事项时召集之。

第二十三条　会员大会须会员过半数之出席方能开会，提议事项须出席会员通过半数之同意方能决议。

关于本章程第十二条各款事项之决议，以会员三分之二以上之出席，出席会员三分之二以上之同意行之。

第二十四条　召集会员大会应于十五日以前通知之，但遇有紧急事项召集临时会议时不在此限。

第二十五条　理事会每月开会二次，但有特别事故，得由理事长召集临时会。监事会每月开会一次。

第二十六条　理事会开会时以理事长为主席，如遇理事长因事请假时，由常务理事轮代之。监事开会时互推一人为主席。

第二十七条　理事会之决议以理事过半数之出席，出席理事过半数之同意行之，监事得列席理事会但无表决权。

第六章　经　费

第二十八条　本会经费分下列二种：

一、经常费由会员大会决议后会员分担之。

二、临时费由会员大会决议筹集之。

第二十九条　本会经费之预算决算及事业之成绩，每年须编制报告向会员大会报告后，经市商会转呈社会局备案。

第七章　附　则

第三十条　本章程如须修改时应由会员大会决议后呈送社会局转呈市长核准行之。

第三十一条　本公会办事细则由理事会订定呈报社会局备案。

第三十二条　同业之规约由大会议定送请市总商会转呈社会局核定行之。

第三十三条　本章程自呈奉核准之日施行。

（119-126-269:51-56）

50.武汉特别市市政府社会局指令总商会筹备委员会主任委员涂拔丞

（1940 年 5 月 31 日）

令总商会筹备委员会主任委员涂拔丞呈一件：据汾酒业公会呈报启用图记日期并印模转呈鉴核备案由。呈件均悉。准予备案，除检同印模一份转呈市政府鉴核备案外，合行令仰知照，并转饬知照此令。附件存转。

徐养之

五月三十一日

（119-126-273:35-36）

51.武汉特别市汉口丝茧行业同业公会呈报市总商会筹备委员会拟定召开成立大会请核派指导员到会指导

（1940 年 5 月 31 日）

查属会遵令进行筹备业，均办理完备，依法亟应召开全体大会，用符法令。兹经拟定于六月十一日下午三时借座汉正街新大陆饭店内举行成立大会，选举理监事各职员，并会议一切主要会务。除分呈并经通知各会员知照外，理合造具名册章程等件，备文呈请钧会鉴核，遴员到会指导，实为公便。

谨呈

武汉特别市总商会筹备委员会

计呈送会员名册会员代表名单暨章程各一份（附登记申声请书三十份）。

武汉特别市汉口丝茧行业同业公会筹备员　邱琴梧

五月三十一日

（119-126-270:14-15）

52.武汉特别市总商会筹委会为呈送汉口纱业同业公会筹备会新会员登记名册呈社会局

（1940 年 5 月 31 日）

案据汉口纱业同业公会筹备会筹备主任许益甫呈请:“窃属会定于五月三十日开成立大会……并入第一次会员名册内等情,附呈名册六份。”据此,除审核登记外,理合检具名册转呈鉴核,俯准备案。

谨呈

武汉特别市政府社会局局长 徐

计呈赍汉口纱业同业公会会员代表名册二份、会员名册二份。

（全衔）涂拔、蓝熙、姚维、成禹、谢有

53.调查员王静周报告汾酒业选举成立大会所有经过情形及当选人数

（1940 年 5 月）

报告:奉派参加汾酒业选举成立大会所有经过情形及当选人数报乞主任鉴核。我王静周谨具。五月八日下午二时汾酒业第一次会员代表大会,地点汉中路汾帮公所,计到建设局监选员张镜南,总商会指导员谢有标(王静周代),警察二署张焱□□警士二人,出席会员代表二十四人(册列二十二人补报登记二人),临时主席郑晋卿当场审定章程原文通过,选举结果如下:当选理事五人——郑晋卿得 23 票、刘佐斌得 19 票、夏义山 16 票、田炳三得 15 票、鲍显伍得 15 票;候补理事二人——萧志伸得 14 票、刘海洲得 5 票;当选监事三人——罗桂□得 18 票、傅占魁得 10 票、孟杰三得 9 票;候补监事一人——谢信卿得 5 票;常务理事三人——郑晋卿、鲍显伍、刘佐斌。

调查员王静周

（119-126-273:25）

6 月

1.汉口纱业同业公会为选举情形转呈社会局呈武汉特别市总商会筹委会

（1940 年 6 月 1 日）

窃属会遵令于民国二十九年五月三十日上午十一时假汉口佛教正信会召开会员代表大会,是日到会会员代表七十五人,超过原定□□三人,过半数,并到武汉特别市政府社会局监选委员金振嗣、汉口警察分局监视委员韩昌峻暨钧会指导委员谢有标,当场宣告成立。票选唐兰樵等十一人为理事,胡玉山等五人为监事,万玉山等五人为候补理事,杨吉安等三人为候补监事，并票选唐兰樵、邓廷珍、程霖轩为常务理事，互推唐兰樵为理事长。将成立日期、选举情形并善具会议录三份、第一次当选职员名册三份呈报钧会鉴核备案，转呈武汉特别市市政府社会局以资信守，实为公便！

谨呈

武汉特别市总商会筹委会

附呈会议录三份、第一次当选职员名册三份。

武汉特别市汉口纱业同业公会理事长　唐兰樵

武汉特别市汉口纱业同业公会第一次会员代表大会成立选举会议录

日期：二十九年五月三十日

地点：汉口佛教正信会

出席代表：七十五人（姓名详见签名簿）

监选委员：金振嗣

指导委员：谢有标

监视委员：韩昌峻

新闻记者：项梅邨（《大楚报》）

来宾：五人（姓名详见签名簿）

临时主席：唐兰樵

临时记录：霍理成

会议如仪

甲、报告事项

一、主席报告筹备经过

二、监选员训词

三、监视员训词

四、指导员训词

五、来宾惠词

六、主席答词

乙、讨论事项

一、审定章程

二、进行选举

三、选举结果

理事当选人：

唐兰樵得七十一票　程霖轩得六十二票　邓廷珍得六十票　许益甫得五十五票

韩无三得五十五票　王享荣得四十五票　方文甫得四十一票　朱璧如得三十八票

周衡卿得三十六票　赵耀堂得三十五票　刘斗南得三十一票

候补理事当选人：

万玉山得二十九票　曾森得二十三票　杨汉卿得二十二票　胡玉笙得十三票　谢炳交得十三票

监事当选人：

胡玉山得十六票　张善夫得十五票　刘东明得十四票　许月溪得十四票　刘荣轩得十二票

候补监事当选人：

杨吉安得十一票　汪云鹏得九票　姚厚山得八票

常务理事当选人：

唐兰樵得十票　邓廷珍得十票　程霖轩得九票

理事长：唐兰樵

唐兰樵

2.武汉特别市总商会筹备委员会为山货行业公会定期选举呈函社会局

（1940 年 6 月 1 日）

案据汉口山货行业同业公会筹备主任张福卿呈称：呈为呈报召开第一次会员代表选举大会云云云，以重会务等情。附呈章程会员名册各三份，据此除推本会谢组长届期前往指导外，理合检具章程名册，饬呈鉴核，俯准备案，派员监选并祈示遵。

谨呈

武汉特别市市政府社会局局长徐

计呈赍汉口山货行业同业公会章程二份、会员名册二份。

（全衔）涂拔　蓝熙　姚维　成禹　谢有

六月一日

（119-126-269：57）

3.武汉特别市总商会筹备委员会为山货行业公会定期选举函谢组长

（1940 年 6 月 1 日）

笺函：案据汉口山货行业公会筹备主任张福卿呈□称，兹订于六月五日假维新路老会宾大酒楼召开第一次会员代表选举大会，准予派员指导，并饬呈派员监选等情，除饬呈社会局派员监选并函复外，相应函请查照，届时前往指导为祈。

此致

谢组长有标

武汉特别市总商会筹备委员会

六月一日

（119-126-269：58）

4.武汉特别市总商会筹备委员会函复山货行业公会推谢组长届期前来指导

（1940年6月1日）

案准来牍以定六月五日开会选举，附送章程名册，准予派员指导，并饬呈派员监送等由。查各同业公会筹备会应于五月底以前成立正式公会，业经本会议决，并通告在卷，兹准前由，特予通融，相应函达查照，迅即报告警察分局、宪兵队筹备会为要。

此致

汉口山货行业同业公会筹备会

武汉特别市总商会筹备委员会

六月一日

（119-126-269:59）

5.武汉特别市汉口茶叶店业同业公会筹备主任车绩堂为定期开选举成立大会呈请市总商会筹备委员会鉴核派员指导

（1940年6月1日）

查本会自呈准组织后即积极进行，兹者会员登记已告完竣，筹备手续亦皆就绪，爰经本月十九日第四次筹备会议议决，“定于六月十三、十四日下午一时假座三民路老会宾酒楼开成立大会，选举理监事等语。”记录在卷，理合录案并连同会章会员名册及会员代表名册各三份，备文呈请钧会鉴核，即乞派员指导并恳转呈武汉特别市市政府社会局鉴赐核准，并派员监选，实为会便。

谨呈

武汉特别市总商会筹备委员会

附会员代表名册三份、会员名册三份。

武汉特别市汉口茶叶店业同业公会筹备主任车绩堂

六月一日

武汉特别市汉口茶叶店业同业公会章程

第一章　总　则

第一条　本会以维持及增进同业之公共利益并矫正营业之弊害为宗旨。

第二条　本会定名为武汉特别市汉口茶叶店业同业公会。

第三条　本会会址设□子街杨千总巷二十五号。

第四条　本会办理之事务如下：

一、承受武汉特别市市政府暨各主管机关及市总商会委托之事件。

二、维持并促进同业之公共利益。

三、解决同业一切纠纷。

第二章　会　员

第五条　凡在汉口地区内营茶叶店业者均得为本会会员，但须向本会登记其牌号及店主并经理人姓名、年龄、籍贯、营业所在地，其无正式牌号组织或未经公会认可及曾受除名之处分者不在此限。

每店得派代表一人或二人出席本会但以店主或经理为限。

第六条　会员代表出席于全体会员大会时应付与委托书并通知公会。

其改推会员代表时亦同。

第七条　有下列各款情事之一者不得为会员代表：

一、褫夺公权者。

二、有反动行为者。

三、受破产宣告尚未复权者。

四、无能力者。

第八条　本会会员均有遵守公会章程及服从公会决议案之义务。

第九条　会员代表有提议权、表决权、选举权、被选举权。

第十条　凡已经加入本会之会员如因特殊情形而欲退出时须呈明理由经大会核准后方能退出，所缴各费概不退还。

第三章　组　织

第十一条　本会议决机关为会员大会，由全体会员代表组织之。

第十二条　本会会员代表大会之任务如下：

一、选举理事及监事。

二、审定章程。

三、会员代表之除名事项。

四、职员之退职事项。

五、清算人之选任及关于清算事项之决议。

六、同业规约之议定。

七、其他关于公会会务之重要决议。

第十三条　本会由会员大会就会员代表中用无记名选举法选任理事九人组织理事会，选任监事三人组织监事会，并另选候补理事三人、候补监事一人。

第十四条　本会由理事互选三人为常务理事，再由常务理事中推举一人为理事长。

第十五条　理事会之职权如下：

一、召集会员大会之定期会议及临时会议。

二、向会员大会报告会务及其他事项。

三、执行会员大会之决议案。

四、预决算之编制及报告事项。

五、关于其他应办事项。

第十六条　监事之职权如下：

一、考查本会职员是否称职。

二、审查本公会预决算。

三、函请理事会召集临时会员大会。

四、向会员大会提出弹劾案。

五、关于监事职权内之应办事项。

第十七条　本会职员均为无给职，但因办理同业会务得核实支给公费。

第十八条　本会理事有下列各款情事之一者应即解任：

一、因不得已事故经会员大会议决准其退职者。

二、旷弃职务经会员大会议决令其退职者。

三、于职务上违背法令、营私舞弊或有其他不正当行为经会员大会议决令其退职或由武汉特别市市政府社会局令其退职者。

四、发生本章程第七条各款情事之一者。

第十九条　本公会得酌用雇员其人数及薪金由理事会决定之。

第四章　任　期

第二十条　本会理事监事之任期为四年，每二年改选半数，不得连任。其第一次之改选以抽签定之，但人数有奇数时留任之人数得较改选者多一人。

第二十一条　常务理事有缺额时由理事会选补之，理事缺额时由候补理事依次递补之，其任期均以补足前任任期为限，监事缺额时由候补监事递补之，其任期以补足前任任期为限。

第五章　会　议

第二十二条　本会会员大会分定期会议与临时会议两种，由理事长召集之。

第二十三条　会员大会须会员代表过半数之出席方能开会，提议事项须代表通过半数之同意方能决议。

关于本章程第十二条各款事项之决议以会员三分之二以上之出席，出席代表三分之二以上之同意行之。

第二十四条　召集会员大会应于十五日以前通知之，但遇有紧急事项召集临时会议时不在此限。

第二十五条　理事会每月开会二次，但有特别事故得由理事长召集临时会。监事会每月开会一次。

第二十六条　理事会开会时以理事长为主席，如遇理事长因故讳□由常务理事轮代之。监事开会时互推一人为主席。

第二十七条　理事会之决议以理事过半数之出席，出席理事过半数之同意行之。

监事得列席理事会，但无表决权。

第六章　经　费

第二十八条　本会经费分下列二种：

一、经常费由会员大会决议后会员分担之。

二、临时费由会员大会决议筹集之。

第七章 附 则

第二十九条 本章程如须修改时应由会员大会决议后呈送社会局转呈市长核准行之。

第三十条 本会办事细则由理事会订定呈报社会局备案。

第三十一条 同业之规约由大会议定送请市总商会转呈社会局核定行之。

第三十二条 本章程自呈奉核准备案之日施行。

(119-126-272:12-20)

6.武汉特别市总商会筹备委员会函复汉口茶叶店业同业公会筹备会改定六月十日以前开会选举

(1940 年 6 月 2 日)

案准来牍定于六月十三日开会选举,附送章程名册,请予派员指导,并转呈派员监选等由。查各同业公会筹备会应于五月底以前成立正式同业公会,业经本会议决,并通告在案,兹准来牍,定期六月十三日未免越限太远,应改定六月十日以前举行,相应函达查照,迅将改定日期报会,以凭转呈派员监选。

此致

汉口茶叶店业同业公会筹备会

武汉特别市总商会筹备委员会

六月二日

(119-126-272:21-22)

7.武汉特别市总商会筹委会为呈送汉口纱业同业公会第一次会员代表大会会议录及职员名册呈社会局

(1940 年 6 月 2 日)

案据汉口纱业同业公会理事长唐兰樵呈称:“窃属会遵令于民国二十九年五月三十日假汉口佛教正信会召开会员代表大会……以资信守等情,附呈会议录三份、第一次当选职员名册三份。”据此理合转呈鉴核,俯准备案,以昭信守,并请示遵。

谨呈

武汉特别市市政府社会局局长 徐

计呈赍汉口纱业同业公会第一次会员代表大会成立选举会议录三份、第一次当选职员名册三份。

(全衔)涂拔、蓝熙、姚维、成禹、谢有

8.汉口纱业同业公会为呈报启用图记日期呈武汉特别市总商会筹委会

（1940 年 6 月 3 日）

案奉钧会二十九年六月一日通知颁发属会图记一颗，文曰“武汉特别市汉口纱业同业公会图记”，遵即具领，谨于六月一日启用，理合备文，将启用日期、拓具印模三份连同刊制费日金二元一并呈报钧会鉴核，转呈主管官厅备案，实为公便！

谨呈

武汉特别市总商会筹委会

附呈印模三份、刊制费日金二元

武汉特别市汉口纱业同业公会理事长　唐兰樵

9.各业公会呈请程序由总商会转报

（1940 年 6 月 3 日）

各业公会呈请程序由总商会转报　昨已函告各公会知照

本报讯　兹当各业公会正式成立后，其一切会务事件自较纷繁，关于呈递程序及统系，据昨总商会奉社会局训令云，查各同业公会系归该会管辖。嗣后关于各同业公会之组织及一切呈报事项，均必须经该会转报来局以明统系，合行令仰该会即使转饬各同业公会一体遵照为要，总商会于奉到前令后，昨已函知各业公会查照遵办云。

（《武汉报》）

10.武汉特别市总商会筹委会为呈送汉口纱业同业公会印模以备案呈社会局

（1940 年 6 月 4 日）

案据汉口纱业同业公会理事长唐兰樵呈称：“案奉钧会二十九年六月一日通知，颁发属会图记一颗……特呈主管官厅备案等情，附呈印模三份、刊制费日金二元。”据此，除刊制费俟备案呈交外，理合检具印模二份呈赍鉴核，俯祈备案。

谨呈

武汉特别市政府社会局局长　徐

计呈赍汉口纱业同业公会印模二份

（全衔）涂拔、蓝熙、姚维、成禹、谢有

11.汉阳分会筹备委员会呈武汉特别市总商会筹备委员会七月至十二月预算书

（1940 年 6 月 4 日）

案查属会经费月支五百元，在前建设局建设预备费项下动支节，经遵领支付，并造具经常费预算书，截至二十九年六月底止在案。兹值编造下期预算之际（七月至十二月份止），自应庚续编造，惟查建设局工商两科现已移归社会局管辖，此项经费应由社会局列入预算案，以凭支给，至总商会汉阳分会筹备成立后，每月经费如何筹拨，则当另编预算，呈请核示，将有属会七月份至十二月份预算书，除呈请社会局核示外，理合缮造一份，呈赍钧会备查。

谨呈

武汉特别市总商会筹备委员会主任委员涂

附呈赍预算书一份

武汉特别市总商会汉阳分会筹备委员会主任　夏汉卿

六月四日

(119-126-251:23)

12.山货行业函调查员王静周

(1940 年 6 月 5 日)

山货行业定于六月五日下午二时假维新路会宾酒楼开会，检同事册各一份，请台端代表谢组长前往出席为要。

此致

王静周先生

名册上应速登记计八户

山货行业

六月五日

(119-126-269,60)

13.调查员王静周呈总商会报告

(1940 年 6 月 5 日)

报告：六月五日，窃我奉派出席山货行业选举成立大会，请将经过情形报乞鉴核。六月五日山货行业□维新路会宾酒楼开第一次会员代表大会，计到社会局监选员王士坦、总商会指导员谢有标(王静周代)、警察分局王湘九、警四署连奎。册列会员一百五十六人，实到会员一百四十八人，超过法定人数，依法开会。临时主席张福卿分别致词，顺序进行至点名发票，选举结果如下：

(一)理事十一人

张福卿 112 票、曹子轩 104 票、黄汉民 64 票、杜□卿 60 票、余希俊 55 票、常元恺 51 票、鲁文山 42 票、陈笙阶 42 票、王子卿 41 票、易柏阶 37 票、刘玉山 36 票。

(二)候补理事五人

童毓芳 35 票、沈筱波 35 票、邓培之 34 票、何涤洲 34 票、周文阶 33 票。

(三)监事五人

杜和卿 32 票、熊幼珊 26 票、厚星洲 26 票、张华建 21 票、陈国栋 21 票。

(四)候补监事三人

陈书田 13 票、李长炳 11 票、刘景生 7 票。

(五)常务理事五人

张福卿 7 票、黄汉民 7 票、曹子轩 6 票、杜□卿 6 票、易柏阶 6 票。

当场公推张福卿为理事长,所有会员名册按照审查组核对之点,予以纠正外,其选举票记票签到簿当场会同监选员封存,交由理事长保存备查。

谨呈

组织组长谢核饬

王静周

六月五日

(119-126-269:61)

14.武汉特别市市政府社会局训令准汉阳办事处转报市民肖良臣等组织汉阳米业同业公会一案

(1940 年 6 月 5 日)

令市总商会筹委会主任委员涂拔丞,案准武汉特别市汉阳办事处新字第 428 号咨呈,案准本市总商会汉阳分会筹委会主任委员夏汉卿呈称,据本市米业代表肖良臣报称,窃查敝同业漫无组织,应即依法筹备公会,俾便早告成立,爰于四月二十二日召集全体同业到会,推举筹备员,以利进行。当经公推,谭少臣、王凤山、雷星齐、周作范、俞春臣、李平阶、肖良臣、郑炎卿、黄汝舟九人为筹备员,旋经互推,肖良臣为筹备主任,择定河泊所街二号原米业公会旧址为筹备事务所。一经核准,即行开始工作,用特报请钧会查核存转备案,并恳派员莅所协助登记,以昭郑重等情。到会提经本会第十一次会议议决,准予筹备呈报备查等语,记录在卷。除呈武汉特别市总商会筹备委员会备查并派员指导外,理合录案呈请钧处鉴核示遵等情,到处理合据案咨请大局核示饬遵等由,准此,应准予筹备,除函复外,合行令仰知照。此令。

局长 徐养之

六月五日

(119-126-251:31-32)

15.武汉特别市总商会筹备委员会函复汉口丝茧行业同业公会筹备会改于六月十日选举应再呈报

(1940 年 6 月 5 日)

笺函:案准来牍,以定六月十二日开会选举,附送章程名册,请予派员指导等由。查各同业公会筹备会应于五月底以前成立公会。业经议决,并通告在卷。兹准备由越限太远,似有未合,应改于六月十日举行,相应函达查照,将改定期再行报会,以□特呈。

此致

汉口丝茧行业同业公会筹备会

武汉特别市总商会筹备委员会

六月五日

武汉特别市汉口丝茧行业同业公会章程

第一章　总　则

第一条　本公会依武汉特别市商工业各同业公会章程第一条之规定，组织定名为武汉特别市汉口丝茧行业同业公会。

第二条　本公会受武汉特别市市政府社会局之监督指挥，并应向市总商会登记为会员。

第三条　本公会事务所设于汉口。

第四条　本会办理之事务如下：

一、承受武汉特别市市政府暨各主管机关及市总商会汉阳分会委托之事件。

二、维持并促进同业之公共利益。

三、解决同业一切纠纷。

第二章　会　员

第五条　凡汉口市区丝茧行号同业均得为本会会员，但须向本会登记其牌号及店主并经理人姓名、年龄、籍贯、资本数额、营业所在地。其无正式牌号组织及曾受除名之处分者不在此限。每一行号得派会员代表一人或二人出席本公会，但以经理或店主为限。

第六条　各行号推举会员代表出席于全体会员大会时，应付与委托书并知本公会。其改推会员代表时亦同。

第七条　有下列各款情事之一者不得为会员代表：

一、褫夺公权者。

二、有反动行为者。

三、受破产宣告尚未复权者。

四、无能力者。

第八条　凡本公会会员均有遵守公会章程及服从公会决议案之义务。

第九条　凡本会会员代表有提议权、表决权、选举权、被选举权。

第十条　凡已经加入本会之会员如因特殊情形而欲退出时，须呈明理由，经大会核准后方能退出，所缴各费概不退还。

第三章　组　织

第十一条　本会议决机关为会员大会，由全体会员代表组织之。

第十二条　本公会会员代表大会之任务如下：

一、选举理事及监事。

二、审定章程。

三、会员之除名事项。

四、职员之退职事项。

五、清算人之选任及关于清算事项之决议。

六、同业规约之议定。

七、其他关于公会会务之重要决议。

第十三条　本公会由会员大会就会员代表中用无记名选举法选任理事七人组织理事会，选任监事三人组织监事会，并另选候补理事三人、候补监事一人。

第十四条　本公会由理事互选三人为常务理事，再由常务理事中推举一人为理事长。

第十五条　理事会之职权如下：

一、召集会员大会之定期会议及临时会议。

二、向会员大会报告会务及其他事项。

三、执行会员大会之决议案。

四、预决算之编制及报告事项。

五、关于其他应办事项。

第十六条　监事会之职权如下：

一、考察本公会职员是否称职。

二、审查本公会预决算。

三、函请理事会召集临时会员大会。

四、向会员大会提出弹劾案。

五、关于监事职权内之应办事项。

第十七条　本公会职员均为无给职，但因办理同业会务得核实支给公费。

第十八条　本公会理事有下列各款之一者应即解任：

一、因不得已事故经会员大会议决准其退职者。

二、旷弃职务经会员大会议决令其退职者。

三、于职务上违背法令、营私舞弊，或有其他不正当行为，经会员大会议决令其退职、武汉特别市市政府社会局令其退职者。

四、发生本章程第七条各款情事之一者。

第十九条　本公会得酌用雇员，其人数及薪金由理事会决定之。

第四章　任　期

第二十条　本公会理事、监事之任期为四年，每二年改选半数，不得连任。其第一次之改选以抽签定之，但人数有奇数时，留任者之人数得较改选者多一人。

第二十一条　常务理事有缺额时，由理事会选补之，理事缺额由候补理事依次递补之，其任期均以补足前任任期为限。监事缺额时由候补监事递补之，其任期以补足前任任期为限。

第五章　会　议

第二十二条　本公会会员大会分定期会议与临时会议两种，由理事长召集之。

一、定期会议每年一次，于十二月间召开之。

二、临时会议理事认为必要时或会员十分之一以上之请求暨遇有紧急重大事项时召集之。

第二十三条　会员大会须会员过半数之出席方能开会，提议事项须出席会员通过半数之同意方能决议。

关于本章程第十二条各款事项之决议，以会员三分之二以上之出席、出席会员三分之二以上之同意行之。

第二十四条　召集会员大会应于十五日以前通知之,但遇有紧急事项召集临时会议时不在此限。

第二十五条　理事会每月开会二次,但有特别事故得由理事长召集临时会。监事会每月开会一次。

第二十六条　理事会开会时以理事长为主席,如遇理事长因事请假时,由常务理事轮代之。监事开会时互推一人为主席。

第二十七条　理事会之决议,以理事过半数之出席,出席理事过半数之同意行之。监事得列席理事会,但无表决权。

第六章　经　费

第二十八条　本会经费分下列二种:

一、经常费由会员大会决议后会员分担之。

二、临时费由会员大会决议筹集之。

第二十九条　本会经费之预算、决算及事业之成绩,每年须编制报告向会员大会报告,后经市商会转呈社会局备案。

第七章　附　则

第三十条　本章程如须修改时应由会员大会决议后呈送社会局转呈市长核准行之。

第三十一条　本公会办事细则及同业规约另定之。

第三十二条　本章程自呈奉核准之日施行。

(119-126-270:16-26)

16.武汉特别市汉口茶叶店业同业公会筹备会函市总商会筹备委员会

(1940 年 6 月 5 日)

本会□以本会定于六月十三日开会选举,其间越限太远,应改定六月十日以前举行。等因,奉此。本应遵示改期,惟查十日以前正值废历□节,乃商场营业□□□□时,各店事务亦较繁冗。本会若定期按时召集,颇为困难。且本会一切手续,均运办不及,奉□前因,理合将困难情形函陈鉴核,恳乞仍照历定日期转呈核准,俾便如期开会,至深祈祷并请迅示祇遵。

此致

武汉特别市总商会筹备委员会

武汉特别市汉口茶叶店业同业公会筹备会

六月五日

(119-126-272:23-24)

17. 武汉特别市总商会筹备委员会函复汉口茶叶店业同业公会筹备会既不能改期应候总商会成立之后补行成立

(1940 年 6 月 5 日)

案准来牍,请仍照原定日期选举,转呈核准等由。查本会正在办理结束筹备选举事宜,贵会既不能于六月十日前成立,应候总商会成立之后再行成立,相应函复查照。

此致

汉口茶叶店业同业公会筹备会

武汉特别市总商会筹备委员会

六月五日

(119-126-272:26-27)

18. 武汉特别市总商会第一次会员代表大会会员代表名册

(1940 年 6 月 5 日)

武汉特别市总商会第一次会员代表大会会员代表名册

武汉特别市汉口布匹业同业公会	武汉特别市汉口布匹业同业公会	武汉特别市汉口布匹业同业公会	武汉特别市汉口布匹业同业公会	武汉特别市汉口布匹业同业公会	武汉特别市汉口布匹业同业公会	武汉特别市汉口布匹业同业公会	会别
高云甫	张少泉	孙存初	高峻峰	吴继武	成禹门	陈宪章	代表姓名
六二	四八	四六	三五	四二	五六	三二	年龄
汉阳	汉阳	太平	孝感	武昌	通山	武昌	籍贯
监事	监事	常务理事	常务理事	常务理事	常务理事	理事长	担任公会何职
义和永经理	泰丰经理	义成经理	志成经理	裕大经理	生计经理	德记经理	商店牌号职务
后花楼一四八	汉正街丰里一一	特三区天津街一号	民权路三二五	汉正街五一六	汉正街六二五	汉正街二〇五	住址
							备考

19. 武汉特别市市政府社会局为呈送改组后打字员等名册请备案并转令财政局知照

(1940 年 6 月 6 日)

已发回文证。

查本局奉令改组后所有委任以上职员业经遵照钧座指示办法,先后呈经钧座,分别任委各在案至打字员、书记及公役、司机等亦已遵照钧座指示，定额加以合理之调整，现已编制完竣。计本局局内应设打字员二人、书记十八人、公役二十人、司机生一人，并参照实支工饷数目改编新预算，除编余人员另案办理外，理合造具清册二份，一并呈请钧座备案，并转令财政局知照。再册内各书记公役均系继续服务，一律由六月一日起列支合并陈明。

谨呈

武汉特别市市政府市长张

附呈清册二份

社会局局长　徐养之

社会局改组后打字员姓名工饷数目清册

姓名	原服务机关	原支工饷	备考
罗时珍	宣传局	80	
陈延秀	社会局	80	

社会局改组后书记姓名工饷数目清册

姓名	月支工饷	原服务部份	备考
凌云堂	65	社会局	
黄霁白	60	同上	
黎旭东	60	同上	
吴宗谱	55	同上	
尹必达	55	同上	
邓南孙	55	同上	
雷德荣	50	同上	
谢寄梧	50	同上	
刘屺	50	同上	
龙传喜	50	同上	
姚垂拱	45	同上	
费卓章	45	同上	
马健群	45	同上	
欧阳延庆	45	同上	
刘俊	45	同上	
程荣甫	55	宣传局	
朱观棠	50	宣传局	
刘之振	45	宣传局	

以上共计十八人。

社会局改组后公役姓名及工饷数目清册

姓名	原服务机关	原支工饷数目	备考
王有青	宣传局	23	
韩杰	宣传局	23	
叶先珠	宣传局	23	
姚福堂	宣传局	23	
孔宪尧	宣传局	23	
郭树仁	市府顾问室		与宣传局王绍宽对□服务
胡焕卿	宣传局	22	
张德功	宣传局	22	
陈效堂	宣传局	21	
傅万森	宣传局	21	
乐桂生	宣传局	21	
金汉记	宣传局	21	
葛仁	宣传局	21	
刘玉	社会局	22	
李世斌	社会局	22	
周敦谊	社会局	22	
黄西庚	社会局	22	
郑国佐	社会局	22	
胡华山	社会局	22	
刘开德	社会局	22	

社会局司机生名册

姓名	原服务机关	原支工饷	备考
熊春廷	宣传局	50	

（8-1-326:6-14）

20.武汉特别市总商会筹备委员会第二十六次全体委员会议事日程

（1940年6月7日）

民国二十九年六月七日

甲、报告事项

一、本周共收文一百一十九件,发文二百四十五件。(事由略)

二、上次会议决议各案已分别执行,请查照由。

三、查本会呈请续延筹备期间一月一案,已由社会局转奉市府核准,报请查照由。

四、查本会登记商店截至五月底止计共有一百一十业五千二百一十八户，其中已成立正式公会者有四十三业，正在筹备者有三十六业，尚未筹备者有十业，单独营业者有二十一业三十七户，合并报请查照由。

乙、讨论事项

一、查陈笙阶等请准筹备鸡鸭业同业公会一案，应否照准，请讨论案。

二、查林静斋等请组五金业同业公会筹备会一案，经议决与五金铁业合并组织，因五金铁业已撤销筹备，业经函复该业自行筹办，请追认案。

三、查张木山等请组汉口磨坊业同业公会一案，前经议决，毋庸组织公会。兹据复请组织前来，可否照准，请复议案。

四、奉社会局转奉市府令，准援例以各业筹备会代行各业同业公会职务，则正式总商会种种进行事务，应即着手办理，请详加讨论，分别拟定法案。

五、查彭润泉等请准筹备石膏业同业公会一案，已经调查照准，请追认案。

六、查刘敦儒等请组保险业同业公会筹备会一案，据称尚未领得营业许可证，可否准其通融补领，请讨论案。

七、查张继武等呈请组织炭行业同业公会一案，据调查报告到会，应否准其组织，请讨论案。

（119-127-152：106）

21.武汉特别市总商会筹备委员会第二十六次全体委员会议记录

（1940 年 6 月 7 日）

时间：二九·六·七·下午二时

地点：本会办公室

出席委员：涂拔丞、谢有标、彭建廷、姚维章（谢代）、蓝熙周、成禹门、万凤逸、汪原润（涂代）、王养和（涂代）

请假委员：邹济之、秦镜清

列席人：苏菊村

主席：涂拔丞

记录：姚心辅

开会如仪：

甲、报告事项

一、本周共收文一百一十九件，发文二百四十五件。（事由略）

二、上次会议决议各案已分别执行，请查照由。

三、查本会呈请续延筹备期间一月一案，已由社会局转奉市府核准，报请查照由。

四、查本会登记商店截至五月底止计共有一百一十业五千二百一十八户，其中已成立正式公会者有四十三业，正在筹备者有三十六业，尚未筹备者有十业，单独营业者有二十一业三十七户，合并报请查照由。

乙、讨论事项

一、查陈笙阶等请准筹备鸡鸭业同业公会一案,应否照准,请讨论案。

决议:准其筹备。

二、查林静斋等请组五金业同业公会筹备会一案,经议决与五金铁业合并组织,因五金铁业已撤销筹备,业经函复该业自行筹办,请追认案。

决议:追认。

三、查张木山等请组汉口磨坊业同业公会一案,前经议决,毋庸组织公会。兹据复请组织前来,可否照准,请复议案。

决议:转呈社会局核示。

四、奉社会局转奉市府令,准援例以各业筹备会代行各业同业公会职务,则正式总商会种种进行事务,应即着手办理,请详加讨论,分别拟定法案。

决议:分别查案办理。

五、查彭润泉等请准筹备石膏业同业公会一案,已经调查照准,请追认案。

决议:追认。

六、查刘敦儒等请组保险业同业公会筹备会一案,据称尚未领得营业许可证,可否准其通融补领,请讨论案。

决议:俟领得营业许可证后再行核议。

七、查张继武等呈请组织炭行业同业公会一案,据调查报告到会,应否准其组织,请讨论案。

决议:呈检行帖后再行核议。

散会。

(119-127-152:107-108)

22.武汉特别市市政府社会局为呈送改组后编余书记公役名册请备案并转行财政局知照由

(1940 年 6 月 7 日)

查本局奉令改组后所有宣、建两局移交及社会局原有之职雇员及公役等,业经遵照钧座指定正额改编完竣,并经先后开列名册呈请钧座,分别任委及备案在卷。除编余职员,亦已列册呈报钧座,请予分别改委外,计编余书记十五人、公役十八人,现加以调整,并拟在本局各附属机关原有预算内之空额,尽量派补剩余人数,即分派房屋地产整理委员会内工作所支薪饷,另于六月份预算通案内汇编呈核。谨造具本局书记、公役等编余姓名,清册二份呈送钧座鉴核备案,并悉饬令财政局知照再册,列书记、公役等均系各局移转,继续服务。应一律自六月一日起分别列支,合并陈明。

谨呈

武汉特别市市政府市长张

社会局改组后宣、建两局书记编余名额拟请改派职务清册

姓名	原服务机关	原支工饷	现拟改调机关	备考
陈雅庭	宣传部	5500	房产地产整理委员会协助调查事项	新编造预算
刘更吾	宣传部	5000	房产地产整理委员会协助调查事项	新编造预算
戴富文	宣传部	5000	房产地产整理委员会协助调查事项	新编造预算
胡文辉	宣传部	5000	房产地产整理委员会协助调查事项	新编造预算
潘盛林	宣传部	5000	房产地产整理委员会协助调查事项	新编造预算
程淑莲	宣传部	5000	房产地产整理委员会协助调查事项	新编造预算
袁琪	宣传部	4500	房产地产整理委员会协助调查事项	新编造预算
田和哉	宣传部	5000	小本借贷处办事员	原预算内之空额另案请府委
冯朗轩	宣传部	5000	车船管理所	原预算内之空额
杨守怿	宣传部	4500	救济院	原预算内之空额
文超	宣传局	5500	园林事务所	原预算内之空额
游良安	建设局	5000	园林事务所	原预算内之空额
王远□	建设局	5000	园林事务所	原预算内之空额
雷伊耕	建设局购料委员会	5000	中央市场筹备处	新编造预案
彭价甫	建设局	5000	中央市场筹备处	新编造预案
以上共计十五人				
附注	宣传局书记朱胜英因事辞职,建设局书记传令之奉秘书处通知,调派警察局书记,六月份均未列入合并,注明			

社会局改组后宣、建三局公役编余名额并拟改派职务清册

姓名	原有职务	工饷	拟改派职务	备考
赵孟周	宣传局公役	2300	房产土地整理委员会公役	新编造预算
贾玉麟	宣传局公役	2300	房产土地整理委员会公役	新编造预算
张用诚	宣传局公役	2300	房产土地整理委员会公役	新编造预算
刘兴亚	宣传局公役	2200	房产土地整理委员会公役	新编造预算
陈敬堂	宣传局公役	2100	房产土地整理委员会公役	新编造预算
马文清	宣传局公役	2100	房产土地整理委员会公役	新编造预算
陈燦	宣传局公役	2100	房产土地整理委员会公役	新编造预算
刘远三	社会局工役	2200	救济院公役	原有预算之空额
吴汉章	社会局工役	2200	救济院公役	原有预算之空额
胡春亭	社会局工役	2200	救济院公役	原有预算之空额
童吉芬	建设局公役	2200	中央市场筹备处公役	新编造预算
陈义富	建设局公役	2200	中央市场筹备处公役	新编造预算

（续表）

姓名	原有职务	工饷	拟改派职务	备考
罗有清	建设局公役	2200	园林事务所公役	原有预算之空额
雷伟魁	建设局公役	2200	园林事务所公役	原有预算之空额
张华炳	建设局公役	2200	园林事务所公役	原有预算之空额
王寿山	建设局花匠	2800	园林事务所花匠	原有预算之空额
易子香	建设局长工	1600	园林事务所长工	原有预算之空额
胡正金	建设局长工	1600	园林事务所长工	原有预算之空额
以上共十八人				

（8-1-326:17-22）

23.武汉特别市市政府秘书处函送社会局编余书记公役名册给财政局

（1940年6月7日）

据社会局呈送编余书记、公役名册二份，并声明各该员役先就本局各附属机关原有预算内之欠款，尽量派补，其余则分派于房屋地产整理委员会内工作。所有应支之薪饷，另于六月份预算通案内汇编呈核，所存所有案等转到府，除由府填发回文证并提存外，相应检同原赍名册一份，函送查明。

此致

财政局

附送名册一份

（处戳）启

（8-1-326:24-25）

24.武汉特别市市政府社会局呈市政府为呈报公役赵孟周、贾玉麟等已编入警察局，警额自六月一日起交警饷，请鉴核备案并转饬财政局知照由

（1940年6月8日）

查前宣传局公役赵孟周、贾玉麟二名于此次改组后编入房产土地整理委员会列支。业蒙准予备案，并通案转行财政局知照各在案，兹复准警察局函，准函送卫士赵孟周、贾玉麟相片、履历等，已将该卫士等编入警察队补充三等警士。自六月一日起支警饷，相应检同保单，请转饬速觅妥保填送过局等由。除已饬填具保单、函送该局备查外，至赵孟周、贾玉麟在房产土地整理委员会之公役工饷应即由六月一日停止，俾免重复。再该公役等之空额，现以该会尚不急需，拟予缓补，俾节公帑。所有以公役改派卫警，经过及停支原额工饷，各情形理合报请钧座鉴核备案，并请转饬财政局知照。

谨呈

市长张

武汉特别市市政府社会局局长　徐养之

（8-1-326：26-27）

25.社会局呈市政府为转呈武昌分会筹委会及开办临时费支出预算书表祈赐核发并请刊发图记一案（附武昌分会筹委会开办临时费支出预算书和购置桌椅家具什物预算附属表）

（1940 年 6 月 8 日）

案查前据总商会筹备委员会呈赍武昌分会章程暨筹备员名册，业经职局五月二十八日总字第九三号文呈请钧府核委在案，兹复据总商会筹备委员会主任委员涂拔丞等呈，以据武昌分会筹委会主任舒文钦呈报，已于五月十日开全体筹备会，当场推选胡树楠、舒文钦、易蓝生、甘静域、唐晓山五人为常务委员，经五人互选决定舒文钦为主任委员，共策会务进行，请予备案颁发图记，以资信守，并造具开办临时费支出预算书连同附属表，敬乞核示等情。理合抄同开办临时费支出预算书表转呈，鉴核示遵等情。据此令查从前汉阳分商会开办费系奉核准发给一千元，兹据武昌分会呈请发给开办费二千七百七十七元。拟原照汉阳分会成例，请予核减为一千五百元，并拟在七月份预算列支，俾资应用，并请准予刊发该会图记，以昭信守。是否有当？理合抄录原赍开办临时费支出预算书暨附属表各一份备文呈请鉴核示遵。

谨呈

附抄呈武昌分会开办临时费支出预算一份、购置桌椅家具什物预算附属表一份

社会局局长　徐养之

武汉特别市总商会武昌分会筹委会开办临时费支出预算书

科目	金额	备考
临时费		
购置项下		
桌椅家具什物	一千五百七十七元	附表载明
修理项下		
泥木工料等件	五百元	经过工匠堪估
公费项下		
印刷纸张笔墨	五百元	印刷公司估计
消耗项下		
杂费	二佰元	临时招待等用
合计	二千七百七十七元	
中华民国二十九年五月十三日主任委员舒文钦		

购置桌椅家具什物预算附属表

品名	数量	金额	备考
办公桌	八张	一百元	
文卷柜	六乘	二百四十元	
条桌	十二张	八十元	
方桌	四张	一百二十元	
餐桌	三张	一佰五十元	
坐椅	三十二把	二百元	
小□子	一百个	四百元	
长板凳	二十四条	一百元	
铺板	十副	一百元	
碗柜	一乘	十二元	
大锅	二口	二十元	
小锅	二口	十二元	
铜水壶	二把	六元	
茶壶	六个	七元	
茶杯	五筒	三十元	
合计			

一千五百七十七元

(9-31-8234:60-63)

26.油盐业同业公会第一次会员代表选举成立大会检具章程名册呈请总商会由

(1940年6月10日)

为呈报事,窃自呈准均会开始筹备以来,已历数月,所有同业登记事宜均告完毕,自应即早成立以符功令。爰提交第五次筹备会决议定于六月十八日下午新钟一时在中华区广合巷十号(安善堂中路)召集第一次会员代表大会,选举理事、监事,成立正式同业公会等语,记录在卷,理合抄具章程会员代表名册各三份备文呈报各主管机关备案并派员监选,以昭慎重,实为公便。

谨呈

武汉特别市总商会

附章程会员代表名册、会员名册各三份。

武汉特别市汉口油盐业同业公会筹备会筹备主任　夏汉卿

(119-126-267:21-22)

27.武汉特别市市政府秘书处函送社会局改组后派用员役名册给财政局希查照由

（1940 年 6 月 12 日）

据社会局呈送改组后派用打字员、书记、公役等名册二份，并据陈明各该员役均自六月一日起仍支原薪饷，后交存档存案，等档到府，余由府填发回文证并提存外，相应检同原赍名册一份，函达查照。

此致

财政局

附送名册一份

（雪默）启

廿九年六月

（8-1-326:16）

28.武汉特别市市政府社会局指令总商会筹备委员会主任委员涂拔丞呈一件据汾酒业公会函报选举情形并名册转呈备案由

（1940 年 6 月 12 日）

呈件均悉，准予备案。除将该同业公会章程酌加修正，连同原赍名册一并抄呈市府备案外，仰即知照并转饬知照。此令。

局长　徐养之

六月十二日

（119-126-273:37-38）

29.武汉特别市汉口茶叶店业同业公会筹备会主任车绩堂呈市总商会筹备委员会

（1940 年 6 月 12 日）

敬呈者，本会以筹备就绪，曾定期六月十三日选举成立，呈请鉴核，未蒙俯准。惟本会发起筹备，历经困难，令始就绪，且诸多会务亟待正式成立公会后方能进行。若延期选举，颇多妨碍，兹以原定日期赶办不及，特改定于六月十四日开选举成立大会，理合呈请鉴核，即乞仍照前呈及现改日期，转呈社会局鉴赐俯准，并恳迅予示遵。

谨呈

武汉特别市总商会筹备委员会

武汉特别市汉口茶叶店业同业公会筹备会主任　车绩堂

六月十二日

（119-126-272:28-29）

30.武汉特别市总商会筹备委员会为茶叶店业公会定期选举祈派员监选呈市政府社会局局长徐

（1940 年 6 月 12 日）

案据汉口茶叶店业同业公会筹备主任车绩堂呈称，本会自呈称，查本会自呈准组织后即积极进行云云云，并派员监送等情。附会员代表名册三份、会员名册三份、章程三份，据此除推本会谢组长届时前往指导外，理合检具章程名册呈赍鉴核，俯赐备案，派员监选并乞示遵。

谨呈

武汉特别市市政府社会局局长徐

计呈赍汉口茶叶店业同业公会会员代表名册三份

会员名册三份、章程三份

（全衔）涂拔、蓝熙、姚维、成禹、谢有

六月十二日

（119-126-272:30）

31.武汉特别市总商会筹备委员会函复汉口茶叶店业同业公会筹备会已推谢组长届时前来指导

（1940 年 6 月 12 日）

案准来牍定期六月十四日选举，附送章程名册，请予鉴核，派员指导并转呈派员监选等由。除推本会谢组长有标届时前来指导，并转呈社会局派员监选外，相应函送查照，速即报告警察分局、宪兵队、警备司令。

此致

汉口茶叶店业同业公会筹备会

武汉特别市总商会筹备委员会

六月十二日

茶叶店业十四日□会宾楼开会选举结果

理事九人

蓝次庵（40 票）、俞东为（36 票）、汪南亭（35 票）、车鹏九（34 票）、刘斌德（32 票）、朗□斋（31 票）、吴培堃（27 票）、刘介眉（26 票）、黄洪山（27 票）

候补理事三人

项铭卿（21 票）、郭显庭（16 票）、易理堂（11 票）

常务理事三人

俞东为（8 票）、刘斌德（7 票）、蓝次菴（5 票）

互推俞东如为理事长

监事三人

张南亭(11 票)、唐寿臣(10 票)、华方城(10 票)

候补监事一人

田俊卿(5 票)

(119-126-272:31-34)

32.市政府指令社会局关于总商会武昌分会筹委会图记及开办费案

(1940 年 6 月 12 日)

武汉特别市市政府指令　府书计字 8150 号令社会局局长徐养之呈一件:为转呈武昌分商会筹委会及开办临时费支出预算书表祈赐核发并刊发图记一案。

签呈均悉。图记准刊,俟令领发所请核定该分会开办费,即应转发交财政局核复到府,再行饬遵并仰转饬知照。此令。件存。

中华民国二十九年六月十二日

(9-31-8234:58)

33.总商会筹委会牍函油盐业同业公会改期十五日举行送再报会转呈由

(1940 年 6 月 12 日)

牍函:案准来牍以定六月十八日开会选举附送章程名册请予派员指导等由。查定期太远,似有未合,应改定十五日举行,相应函达查照迅将改定日期报会,以凭转呈派员监送。

此致

汉口油盐业同业公会筹备会

(会戳)启

(119-126-267:23-24)

34.武汉特别市总商会筹备委员会呈市政府社会局为丝茧行业定期选举祈派员监选

(1940 年 6 月 13 日)

案据汉口丝茧行业同业公会筹备员邱琴梧呈称,查属会遵令自行筹备云云云,遴员到会指导等情。计呈送会员名册、会员代表名单暨章程各一份,据此除推本会谢组长届时前往指导外,理合检具章程名册,呈赍鉴核,俯准备案,派员监选并祈示遵。

谨呈

武汉特别市市政府社会局局长徐

计呈赍汉口丝茧行业同业公会章程二份、会员代表名单二份、会员名册二份

(全衔)涂拔、蓝熙、姚维、成禹、谢有

(119-126-270:27)

35.武汉特别市总商会筹备委员会函复汉口丝茧行业同业公会筹备会已推谢组长届时前来指导

（1940 年 6 月 13 日）

案准来牍以定六月十五日选举，附送章程名册，请予鉴核派员指导等由。除推本会谢组长有标届时前来指导，并特呈社会局派员监选外，相应函达查照，连即报呈警察分局、宪兵队、警备司令。

此致

汉口丝茧行业同业公会筹备会

武汉特别市总商会筹备委员会

六月十三日

（119-126-270:28-29）

36.武汉特别市汉口丝茧行业同业公会筹备会呈报市总商会筹备委员会改定召开成立大会日期恳请核派指导人员

（1940 年 6 月 13 日）

案查属会筹备经过，及拟定召开成立大会日期。前经赍同有关附件呈请，核准派员指导在案。嗣奉本月八日钧会函开："定期逾越限期过远，饬即改定于六月十日举行仍仰将改定日期，呈报核转。"等因，遵经转知各同业会员去后，旋据各会员先后声称："所改日期过于短促，况六月十日为市府规定属端午节放假期间，俗例商户均有营业往来结束手续之纷繁，恳予转请准予展期。"等情，前来，查所称各节，均属实情。现经多方督促，业已决定于本月十五日下午三时，仍假座汉正街升基巷口新大陆饭店礼堂，举行成立大会。虽逾越钧会通告限定成立日期过远，惟事实实已构成现状，去日已莫能挽留，若更文续驳议往换，则稽延时日愈益久长，除经分别通知外，理合详叙展期各缘由呈请钧会俯赐免予议驳，准即派员莅会指导。并恳核转社会局派员监督以昭慎重，实为公便。

谨呈

武汉特别市总商会筹备委员会

武汉特别市汉口丝茧行业同业公会筹备员　邱琴梧

六月十三日

（119-126-270:30-31）

37.社会局原呈暨附件已发交建设局核

（1940 年 6 月 13 日）

签注：关于图记格式一项已通知会计科查照前领总商会汉阳分会图记格式刊制，仅此注明。

承办人　谨注　六、十三

（9-31-8234：56-57）

38.汉口油盐业同业公会筹备会呈复总商会仍恳准予六月十八日开会成立由

（1940 年 6 月 13 日）

为呈复事，日昨下午新钟八时奉钧会大示拟六月十八日开会选举，定期太远，应改定十五日举行，迅将改定日期报会以凭转呈等因奉此自应遵办，惟属会关于开会各项手续必至六月十八日始克完全，缩短三日万赶不及，加之筹备主任夏君汉卿请假返里，月半以前，恐难来汉，群龙无首，似有未便，其尤者当地警察二署及难民区宪兵派遣所于开会日期非三日前呈报不能照准，凡此种种碍难之处，理合呈请鉴核特予宽限仍准予六月十八日开会成立，不胜屏营待命之至。

谨呈

武汉特别市总商会

武汉特别市汉口油盐业同业公会筹备会筹备主任　夏汉卿代

（119-126-267：25-26）

39.武汉特别市总商会筹备委员会第三次全体委员临时会议事日程

（1940 年 6 月 14 日）

民国二十九年六月十四日

甲、报告事项

一、本会邹济之委员因丁母忧，函请给假治丧等，因报请查照由。

乙、讨论事项

一、本会本年元、二、三月计算书业经编造完成，应否核销，请讨论案。

二、总商会正式成立日期应定何日举行，须在会期十五日前登报通告，请讨论案。

三、总商会内部办事细则应分如何部类，制成草案，请讨论案。

四、奉令以同业公会筹备会代行公会职务，为慎重起见，各筹备会推举会员代表似应与正式同业公会有别，可否函知各筹备会，召集同业开会选定会员代表，附送议案证明，请讨论案。

五、查武汉制茶公司等呈请组织制茶同业公会一案，业经调查报告到会，究应如何办理，请讨论案。

丙、决议事项

一、决议：密核销呈报。

二、决议：密定七月八日举行呈报，并通知登报。

三、决议：请秘书顾问会拟方案后再提会讨论。

四、决议：函知各筹备会推举会员代表并附送议案证明。

五、决议：根据调查报告，俟请高等……再行提会核议。

（119-127-152：109-110）

40.武汉特别市总商会筹备委员会函知汉口汾酒业同业公会准予备案

（1940 年 6 月 14 日）

笺函：案查前准函报选举情形并名册，业经呈转在卷，兹奉社会局会字第 116 号指令内开，呈件均悉，派予备案云云云，此令。等因，奉此。相应函达查照。

此致

汉口汾酒业同业公会

武汉特别市总商会筹备委员会

六月十四日

（119-126-273：39-40）

41.汉口油盐业同业公会筹备会呈复总商会陈准于六月十七日开会请鉴核转呈由

（1940 年 6 月 14 日）

窃查属会开会选举一案，前奉钧会大示：定期太远，应改十五日举行等因，比以种种碍难，呈请宽限，并派员面陈，当蒙钧会主任委员准于六月十七日下午新钟一时开会，自应遵办。除呈报警察二署外，理合呈请鉴核转陈，实为公便。

谨呈

武汉特别市总商会

武汉特别市汉口油盐业同业公会筹备会筹备主任　夏汉卿代

（119-126-267：27-28）

42.总商会筹委会呈社会局、牍函油盐业同业公会由

（1940 年 6 月 17 日）

案据汉口油盐业同业公会筹备会呈节，称兹定六月十七日下午新钟一时，在中华区广合巷十号（安善堂中路）召开第一次会员代表大会选举理事、监事，理合抄具章程会员呈请鉴核派员指导，并转呈派员监送等情。附呈章程、会员代表名册、会员名册各三份。据此除推本会谢组长届期前往指导外，理合检具章程名册呈赍鉴核俯赐备案派员监送。

谨呈

武汉特别市政府社会局局长徐

计呈赍汉口油盐业公会章程名册二份、会员代表名册二份、会员名册二份

（全衔）涂拔

蓝熙

姚维
成禹
谢有

牍函：

来牍并派人来会商，兹改定六月十七日下午新钟一时开会选举等由，自应照准，除推本会谢组长有标届期前来指导，并转呈社会局派员监送外，相应函达查照，速即报告警察分局、宪兵部、警备司令叙明十七日下午新钟一时开会为安。

汉口油盐业公会
（会戳）启

查油盐业公会定于六月十七日下午新钟一时开会在中华区广合巷十号（安善堂中路）召开第一次会员代表大会选举理事、监事，请台□代表谢组长届时出席。

此致

吴佩卿先生

附会员代表名册、会员名册、章程各一份

（119-126-267:29-31）

奉派代表参加汉口油盐业公会成立遵于本月十七日前往，是日社会局监选员为杨紫题。该业会员代表原为六十七人，有七家退出，加入油末业，新加入者有鸿昌徐迎斋等四人，共为四十六人。当场由监选员提出通过（会员代表名册当更正），出席会员代表五十人唱名发票，计投入选举票五十张，选举结果李子卿等九人，以多数票当选理事，汪寿庭候补监事，由理事九人互选李子卿等五人为常务理事，并由常务理事五人互选夏汉卿为理事长，当场监选员将选举票、计票册封同交理事长保存，理合检同该会当选人员名单一份一并呈报组长谢转呈主任委员涂鉴核。

吴佩卿
（119-126-267:41）

43.为呈报内部组织情形及办事细则请转呈社会局备案呈市总商会筹备委员会

（1940 年 6 月 17 日）

窃属会遵令于二十九年五月三十日依照法定程序正式成立，除已将当日选举情形及当选职员名册前已呈请备案外，理合再将属会内部组织情形及办事细则善具系统表及附录细则三份呈报钧会鉴核，准予转呈武汉特别市政府社会局审查备案，俾资信守，实为公便！

谨呈

武汉特别市总商会筹备委员会

武汉特别市汉口纱业同业公会理事长　唐兰樵

44.武汉特别市总商会筹备委员会呈政府社会局丝茧行业公会章程及原呈附件

（1940 年 6 月 18 日）

案奉钧局发文,汉口丝茧行业同业公会筹备员邱琴梧呈一件,呈为定期选举,赍送名册章程,请予鉴核由。饬即另行编订,呈候鉴核夺。等因,奉此。遵即将章程审核修正,理合检同原呈及附件呈复钧局,俯赐鉴核。

谨呈

武汉特别市政府社会局局长徐

记呈赍修正丝茧行业同业公会章程一份、丝茧行业同业公会筹备员邱琴梧原呈一件、会员代表名单一份、会员名册一份、章程一份

（全衔）涂拔、蓝熙、姚维、成禹、谢有

（119-126-270:34-35）

45.武汉特别市总商会筹备委员会函知丝茧行业同业公会章程业经修正

（1940 年 6 月 18 日）

顷奉社会局发文,贵会呈赍章程,饬即另行编订,呈候核夺等因。业经本会将章程修正饬呈矣,相应函达查照。

此致

汉口丝茧行业同业公会

武汉特别市总商会筹备委员会

六月十八日

（119-126-270:35-36）

46.汉口油盐业同业公会赍呈送当选名册鉴核转呈由致总商会

（1940 年 6 月 18 日）

本会定于六月十七日召集第一次会员代表选举成立选举大会,经呈准钧会派谢组长有标,社会局派杨君紫题来会指导监选。出席代表共计五十人,超过三分之二以上,合乎法定人数,选举结果,李子卿得四十九票、夏汉卿得四十票、俞友三得三十五票、金寿堂得二十九票、吴佩鑫得二十八票、王松亭得二十七票、闵幼庵得二十四票、冯渭清得二十三票、徐文山得二十二票,当选为理事。李善安得十二票、周文川得十票、陈训卿得八票,当选为监事。张文卿得十九票、张吉六得十八票、杨镕芳得十三票,当选为候补理事。汪寿庭得七票,当选为候补监事。并由理事票选李子卿、夏汉卿、俞友三、闵幼庵、金寿堂等五人为常务理事。后由常务理事选任夏汉卿为理事长,均经记录在卷,除分函全体会员知照外,理合检同当选名册三份,备文呈请鉴核备查,并予转呈,仍祈早日颁发图记,以便启用,实为公便。

谨呈

武汉特别市总商会

附赍当选名册三份

武汉特别市汉口油盐业同业公会理事长　夏汉卿

（119-126-267:42-43）

47.汉口油盐业同业公会赍呈印模工本请鉴核呈由致总商会

（1940 年 6 月 18 日）

钧会六月十八日通知，并颁下图记一颗，文曰“武汉特别市汉口油盐业同业公会图记”。遵于即日启用，理合检同印模三份，并工本日金二元，备文呈请鉴核转呈，实为公便。

武汉特别市总商会

附印模三份日金二元

武汉特别市汉口油盐业同业公会理事长　夏汉卿

（119-126-267:46-48）

48.中华民国共和党农工部因予许办事员以指示协助致武汉总商会筹备委员会函

（1940 年 6 月 19 日）

敬启者，本党再建百端待举，兹为明了工商及各团体情形起见，特派办事员许统洲前来贵会调查一切，关于武汉现在工商及各团体状况暨组织系统，用资借镜以作研讨，尚希贵会详细指示，多与协助是荷。

此致

武汉总商会筹备委员会

部长　宋怀远

49.总商会筹委会呈社会局油盐业公会当选名册祈赐备案由

（1940 年 6 月 20 日）

呈：案据汉口油盐业同业公会呈请称本会定于六月十七日召集第一次会员代表选举成立选举大会，以便启用等情。附赍当选人名册三份，据此理合转呈鉴核俯赐备案并祈早日颁发图记，以便转发应用。

谨呈

武汉特别市市政府社会局局长徐

计呈赍油盐业同业公会当选人名册二份

（全衔）涂拔

蓝熙

姚维
成禹
谢有
（119-126-267:44-45）

50.总商会筹委会呈社会局油盐业公会印模祈赐备案由

（1940 年 6 月 20 日）

案查前奉前建设局经发油盐业同业公会图记一案，本会转发在案，兹据汉口油盐业同业公会呈，以遵于六月十八日致谨启用检赍印模三份工本。案呈缴理合检具印模二份，呈请鉴核俯赐存转备案。

武汉特别市市政府社会局局长徐

计呈赍油盐业同业公会印模二份

（全衔）涂拔
蓝熙
姚维
成禹
谢有
（119-126-267:49-50）

51.武汉特别市总商会筹备委员会第二十七次全体委员会议事日程

（1940 年 6 月 21 日）

民国二十九年六月二十一日

甲、报告事项

一、上周暨本周共收文一百九十六件，发文二百六十四件。（事由略）

二、上次例会暨第三次临时会议决议各案已分别执行，报请查照由。

乙、讨论事项

一、奉社会局令饬，查复汉口人力车业公会理事长熊雯清等呈请辞职一案，应如何办理，请讨论案。

二、据周明耀等呈，为合并另组旧货业同业公会，请准筹备等情，究应如何办理，请讨论案。

三、查张木山等再请组织磨坊业同业公会一案，业经本会呈奉社会局指令下会，究应如何办理，请讨论案。

四、据汉口杂木柴行业公会呈，恳转请准予制发行员服务证，拟具式样到会，应否照转，请核议案。

五、查武汉制茶股份有限公司请组制茶业同业公会筹备会一案，业据呈验营业许可证，应否准其组织，请讨论案。

（119-127-152）

52.武汉特别市总商会筹备委员会第二十七次全体委员会议记录

（1940 年 6 月 21 日）

时间：二九·六·二十一·下午三时

地点：本会办公室

出席委员：成禹门、彭建廷、涂拔丞、谢有标、姚维章（谢代）、蓝熙周（成代）、汪原润（涂代）、王养和（涂代）

请假委员：万凤逸、秦镜清、邹济之

列席人：苏菊村

主席：涂拔丞

记录：姚心辅

开会如仪：

甲、报告事项

一、上周暨本周共收文一百九十六件，发文二百六十四件。（事由略）

二、上次例会暨第三次临时会议决议各案已分别执行，报请查照由。

乙、讨论事项

一、奉社会局令饬，查复汉口人力车业公会理事长熊雯清等呈请辞职一案，应如何办理，请讨论案。

决议：依法行使正当职权，毋庸辞职改选，呈复并函知。

二、据周明耀等呈，为合并另组旧货业同业公会，请准筹备等情，究应如何办理，请讨论案。

决议：召集五金旧货业公会谈话后再行核议。

三、查张木山等再请组织磨坊业同业公会一案，业经本会呈奉社会局指令下会，究应如何办理，请讨论案。

决议：调查后再行核议。

四、据汉口杂木柴行业公会呈，恳转请准予制发行员服务证，拟具式样到会，应否照转，请核议案。

决议：转呈社会局核示。

五、查武汉制茶股份有限公司请组制茶业同业公会筹备会一案，业据呈验营业许可证，应否准其组织，请讨论案。

决议：准其组织。

散会。

（119-127-152：111-113）

53.汉口纱业同业公会为新添同业鼎泰纱号一家请并入第一次会员册并补发登记证呈总商会筹委会

（1940 年 6 月 24 日）

呈：为新添同业鼎泰纱号一家请并入第一次会员册内并祈补发登记证事，窃属会已登记同业四十八户,前已造具名册呈报核转,并蒙颁发按户登记证在案。兹复有新添同业商号一家,牌名鼎泰,资本额为伍拾元整,理合造具名册三份呈报钧会核转,准予并入第一次会员名册内,并祈补发登记证,以资信守,实为公便!

谨呈

武汉特别市总商会筹备委员会

附呈名册三份

武汉特别市汉口纱业同业公会理事长　唐兰樵

54.市商会成立在即　通告各业提案

(1940年6月24日)

市商会成立在即通告各业提案以便大会从事讨论

本报讯　自总商会于昨日通告各业,对于成立大会时期为兴利革弊起见,务希以书面提出借谋商场之进展。兹悉各业方面接此通告后,即着手召开会议,对于提议案件征询意见,以备提请大会公决,预料该日成立时其提案将蔚为大观云。

又讯　关于正式总商会成立后,所应办事项据涂主任拔丞云:如商业之纠纷、须有商事公断之设立,对于国际贸易应如何促进,亦应有委员会之设置。再关于簿记方面,本市尚多用习旧式应如何改良。为培植商业人才,应有学校之设。此外,商业之调查、统计、编纂等等,均须有精细之研究云云。

(《武汉报》)

55.市总商会筹委会通告各业拟具变革发展提案

(1940年6月24日)

市总商会筹委会通告各业　拟具兴革发提案以便汇编提交大会议决实行　事关切乎利害幸毋观望自误

武汉特别市总商会筹备会,以筹备事宜,业经办理完毕,定于下月八日正式成立总商会。各情已志昨报,该会为全市商民解除一切困难,增进全体幸福起见,昨特通告各业店商无论大小商人,对于本业之兴利除弊及如何改进发展等事,各就所知,拟具议案送交该会汇稿提案,俾交大会议决实行。该会并即设法协助进行,俾达目的,事关切乎利害,幸毋观望自误云。

56.武汉特别市总商会筹备委员会为鼎泰纱号并入第一次会员册并补发登记证复汉口纱业同业公会

(1940年6月25日)

来牍以新添同业鼎泰纱号一家请并入第一次会员册内并祈补发登记证等由,自应照准,相应函达查照。

此致

汉口纱业同业公会

（会戳）启

57.市商会正式成立后暂不征收会费

（1940 年 6 月 25 日）

市商会正式成立后暂不征收会费　每月经费由政府予以补助

武汉特别市总商会正式成立日期，已决定于下月八日。关于成立时之各项准备，筹委会正在加紧办理中，闻关于正式商会成立后之经常费，将全部由政府予以补助，暂不征收会费。据某商界某巨子谈称：过去汉口商会，日需经费四千余元，当此物价昂贵之时，一切均较前超出数倍，故今后该会每月之经临等费，若由政府予以补助，则非万元不可云。

（《大楚报》）

58.武汉特别市总商会筹备委员会为复尽力协助许办事员来会调查致中华民国共和党农工部

（1940 年 6 月 26 日）

案准贵部农字第一一号公函，以派许办事员统洲来会调查一切，嘱予协助等由，准此，自应尽力协助。现查许办事员来会，已将本会章则、表册检交查阅，并向其略述各业公会组织状况，烦为查照。

此致

中华民国共和党农工部

主任委员　涂拔丞

59.武汉特别市汉口茶叶店业同业公会理事长俞东如呈报市总商会筹备委员会选举成立经过

（1940 年 6 月 26 日）

窃查本会于 6 月 14 日下午一时，假座本市维新路前三民路老会宾酒楼举行第一次选举成立大会，计到社会局监选员王士坦、钧会指导员谢有标、汉口警察局代表王相九、警察四署代表汪云龙及会员代表四十二名，当即依法开会选举。经票选，蓝次庵、刘斌德、郎炯齐、吴培堃、汪南亭、刘介眉、车鹏九、黄洪山及东如等九人为理事。项铭卿、郭显庭、易礼堂三人为候补理事。张南亭、唐寿臣、方城三人为监事。田俊卿为候补监事。复票选刘斌德、蓝次庵、俞东如三人为常务理事，并推举俞东如为理事长。各记录在卷，所有选举成立经过，理合连同当选职员名册三份，备文呈报钧会鉴核，即乞分别存转备案，实为公便。

谨呈

武汉特别市总商会筹备委员会

武汉特别市汉口茶叶店业同业公会理事长　俞东如

附职员名册三份
六月二十六日
（119-126-272:35-37）

60.武汉特别市总商会筹备委员会呈市政府社会局局长茶叶店业公会印模及职员名册

（1940 年 6 月 26 日）

案据汉口茶叶店业同业公会理事长俞东如呈称，窃查本会于六月十四日下午一时云云云，即乞分别存转备案等情，附职员名册三份。据此正拟转呈开复。据呈以全体理监事已于六月二十三日到会就职，视事同时启用图记拓具印模，请予转呈前来。理合检具职员名册，连同印模一并转呈鉴核，俯赐存转备案。

谨呈

武汉特别市市政府社会局局长徐

计呈赍汉口茶叶店业同业公会印模二份、职员名册二份

（全衔）涂拔、蓝熙、姚维、成禹、谢有
六月二十六日
（119-126-272:38-39）

61.武汉特别市汉口茶叶店业同业公会理事长俞东如呈报市总商会筹备委员会就职及启用印信日期

（1940 年 6 月 26 日）

窃东如已于六月二十三日正午十二时偕同当选全体理监事到会就职视事，并蒙钧会转颁下木质正方形印信一颗，文曰"武汉特别市汉口茶叶店业同业公会图记"亦于同时启用。所有就职及启用印信日期，理合拓具印模三份，备文呈报鉴核，即乞分别存转备查。

谨呈

武汉特别市总商会筹备委员会

武汉特别市汉口茶叶店业同业公会理事长　俞东如
附印模三份
六月二十六日
（119-126-272:40-41）

62.武汉特别市市政府社会局指令总商会筹备委员会主任委员涂拔丞呈一件呈赍修正丝茧行业公会章程及原呈附件祈赐鉴核由

（1940 年 6 月 26 日）

呈件均悉。仰速将该公会选举情形同理监事名册补送来局，以凭汇呈市府鉴核备案为要！

此令。

武汉特别市市政府社会局
六月二十六日
(119-126-270:37-38)

63.武汉特别市市政府社会局呈市政府为呈报园林事务所添雇工人两名祈鉴备案白

(1940 年 6 月 27 日)

□社会局及各附属机关公役名额经于编余案内分别支配造册呈报钧府在案。兹据园林事务所筹备主任邵惕公呈称:“奉派到所之公役工人计有张华炳等四名,除以二名派充公役外,余仅工人二名,深感不敷分配,特暂时添雇技术娴熟工人两名,一王同生,月支工头饷额二十八元,一王洪生,月支长工饷额二十二元。拟在本所事业费项下开支,均于六月一日同张华炳等四名同日到工,理合报祈鉴核备案。”等情。据此除张华炳等四名系建局移交,已由本局册报外,查此次该所添雇工人,原为场圃作业所需工饷,在该所事业费项下动支,核与预算相符,尚属可行,理合具文转报钧府,鉴核备案。

谨呈

武汉特别市市长张

社会局局长　徐养之
(8-1-326:30-31)

64.武汉特别市市政府关于园林事务所添雇工人二名转形案送达财政局、社会局之指令、训令

(1940 年 6 月 27 日)

武汉特别市市政府指令,府事字第 9156 号令社会局局长徐养之呈一件:呈为园林事务所添雇工人王同生等两名情形祈备案由,呈送准予备案,除分令财政局外,仰即知照。此令。

训令:府事字第 9157 号令财政局局长孔楚材案据社会局呈,饬据园林事务所呈称,事派原所工人张华炳等四人,除以二人派充公役外,其余工人深感不敷分配,饬依娴熟技术之工人王同生一名,月支工头饷额二十八元,王洪生一名,月支长工饷额二十二元。拟在本所事业费项下开支,均与张华炳等于六月一日到工等情。前来查社会局前根据派各附原机关工人名册,业经荐交该局在案,并据前传,除指令准予备案外,令行令仰该局知照。此令。

(8-1-326:32-33)

65.武汉特别市总商会筹备委员会函知汉口丝茧行业同业公会补报选举情形并理监事名册

(1940 年 6 月 27 日)

案查前准函送章程,业经本会呈饬在卷,兹奉社会局会□字第 222 号指令内开,呈件

均悉。仰速将该公会选举情形连同理监事名册补送来局，以凭汇呈市府鉴核备案为要。此令件存。等因，奉此。相应函达查照，遵令将选举情形并理监事名册补呈来会，以凭呈饬。

此致

汉口丝茧行业同业公会

武汉特别市总商会筹备委员会

六月二十七日

（119-126-270：39-40）

66.市总商会筹备委员会函请将前建设局核准立案证明文件迟予赐复以资证明由

（1940 年 6 月 27 日）

谨陈者，敝会自筹备成立以来，承蒙贵会转呈前社会局核准有案，敝会同业为制造酱油原料用盐斤方法购置，曾于本月一日具呈湘鄂赣临时财政整理委员会暨贵会并蒙转呈在卷，本月二十四日奉湘鄂赣临时财政整理委员会指令财字第九六号内开，呈悉。仰将该公会向社会局注册证明文件先行，再行核办。此令。等因，奉此。查敝会自筹备以来，蒙贵会转呈前建设局核准立案，惟是项核准立案证明文件。敝会迄今尚付阙如，敝会急于呈复，财政整理委员会恳请贵会查照前建设局核准明文迅予赐复，借可呈复，以资证明相应函送即希查照见复，是为至感。

此致

武汉特别市商会筹备会

武汉特别市汉口酒酱业同业公会筹备会谨启

（119-126-263：12-13）

67.武汉特别市总商会筹备会函抄前建设局指令希转呈证明由

（1940 年 6 月 27 日）

迳函：案准来函，请将前建设局核准立案明文赐复以资证明等由，自应照办，兹将本会呈奉前建设局指令随函抄发，即希查照转呈证明可也。

此致

武汉特别市汉口酒酱业同业公会筹备会

附抄送前建设局核准备案指令一纸。

（会戳）启

抄件：武汉特别市市政府建设局指令建商字第 1658 号中华民国廿九年五月十四日

令市总商会筹备委员会呈二件转呈及呈复据倪鹏等以组织汉口酒酱业同业公会筹备会一案。

两呈及附件均悉，应准备案，除批示外，仰即知照。此令。件存。

局长　方达智

（119-126-263：14-16）

68. 市总商会昨通告推派代表手续

（1940 年 6 月 27 日）

市总商会昨通告推派代表手续　未筹备合并者不得出席

本报讯　市总商会筹委会昨通告各业，以各业推派代表，以已成立公会及有筹备会者，或单独商店为限，其他如有七家以上未组织公会者，单独不能推举代表及未经合并组织以前者亦否准推派代表，兹录其通告于后：

查武汉特别市总商会章程第五条规定：凡在本市区内经营工商业者，均应经总商会登记为会员。又商工业各同业公会章程第一条规定：凡在本市区营工商业者，应各组织同业公会，本会呈准施行之。各业同业公会组织须知第一则复规定：凡在同一区域间之同业有七家以上者应组织同业公会，即经分别公告有案，兹查本会登记之商店，尚有华洋百货业、鞋帽业、印染土花布业、棉絮卷花业、印刷业、民船业、红黄绿纸业、青砖瓦业、帽业等等，未经组织同业公会筹备会，按照前开章程实有未合，应即由各该业商店赶速筹组同业公会筹备会。俟总商会成立后，核转备案在未经组成筹备会以前，自不能以单独业推举会员代表。又卷烟业与广货业奉令合并。尚未改组筹备会，有应迅即改组。在未经合并组织以前，亦未便准其推举会员代表，除呈报外，特此通告云。

（《武汉报》）

69. 市商会筹委会审查各业代表

（1940 年 6 月 28 日）

市商会筹委会审查各业代表　合格者一百十七名

本报讯　市总商会成立之期已届眉睫，连日该会筹委会对于各业所推代表，经审查合格者，截至昨止计有七十二业、代表人数一百零二名，单独者十五业、代表十五名。此外或有手续未合者已分别函知，各于按照更正云。

（《武汉报》）

70.武汉特别市总商会第一次会员代表大会会员代表名册

（1940 年 6 月 28 日）

（中华民国二十九年廿八日具报）

同业公会会员	代表姓名	年龄	籍贯	会员人数（户）	全体资本额	公会职务	商店职务	住址	公会地址
盐业公会	祝樽难	54	黄陂	277	72850000	理事长	德顺合记经理	汉景街 273 号	怡和街 3 号
盐业公会	曹云阶	51	黄陂			常务理事长	和记永经理	汉正街 718 号	
盐业公会	朱星彩	50	汉阳			监事	慎记经理	汉正街 322 号	
盐业公会	王晋澄	47	成宁			理事	鸿成经理	武圣庙正街	
盐业公会	俞友三	56	成宁			理事	同兴经理	汉正街 938 号	
盐业公会	鲍雁宝	29	安徽			常务理事	顺有经理	兰陵路 57 号	
盐业公会	易星阶	58	汉阳			理事	寿康元记经理	汉阳腰路街 14 号	
煤焦贩运业公会	万凤逸	48	黄陂	21	6415000	理事	新记煤号经理	怡和街 4 号	洪益路 73 号
银行公会	方子颖	41	黄冈				中国农工银行经理	法租界西贡街 97 号	
银行公会	涂拔承	47	武昌				汉口商业银行副经理	特三区同仁里 7020 号	
中外纸业公会	蓝熙周	66	汉阳	92	12900000	理事长	蓝金秀纸号经理	汉正街 740 号	汉中街存仁巷
自造南酒业公会	罗钟珊	46	夏口	51	1680000	理事长	罗聚泰店主	汉正街 1061 号	三民路公会里 8 号
布匹公会	陈宪章	32	武昌	200	107850000	理事长	德记经理	汉正街 205 号	汉正街淮盐公所内
布匹公会	成禹门	56	通山			常务理事	生计经理	汉正街 625 号	

（续表）

同业公会会员	代表姓名	年龄	籍贯	会员人数(户)	全体资本额	公会职务	商店职务	住址	公会地址
布匹公会	吴继武	42	武昌			常务理事	裕大经理	汉正街 516 号	
布匹公会	高峻峰	35	孝感			常务理事	忠成经理	民权路 325 号	
布匹公会	孙存初	46	太平			常务理事	义成经理	天津街 1 号	
布匹公会	张少泉	48	汉阳			监事	泰丰经理	汉正街干亶里 11 号	
布匹公会	高云甫	62	汉阳			监事	义和永经理	后花楼 148 号	
新旧木器公会	徐礼臣	48	汉阳	55	1765000	理事长	徐义隆经理	体仁巷 65 号	体仁巷 65 号
纱业公会	唐兰樵	48	汉阳	49	30300000	理事长	亶昌经理	同福里 14 号	江汉路 3 号
纱业公会	邓庭珍	46	黄冈			常务理事长	和兴珍记经理	汉正街 494 号	
纱业公会	徐益甫	37	汉阳			理事	慎昌经理	三教街 19 号	
中西菜馆业公会	舒勤余	48	安徽	82	5103000	理事长	随园经理	汉正街□□□	汉正街□□□
公认钱庄公会	谢伯勤	58	浙江	32	66400000	理事长	□□□	□□□	□□□
公认钱庄公会	□似甫	45	浙江			理事	永丰庄经理	庄特二区落理伽碑路 10 号	
公认钱庄公会	徐桐冈	49	湖北			常务理事	集安庄经理	庄成安坊德理永里 5 号	
公认钱庄公会	葛楚材	38	武昌			常务理事	公济庄经理	庄成安坊德理永里 2 号	
公认钱庄公会	舒吉安	53	汉口			理事	吉和经理	成安坊理 1 号	

（续表）

同业公会会员	代表姓名	年龄	籍贯	会员人数(户)	全体资本额	公会职务	商店职务	住址	公会地址
公认钱庄公会	张榕初	46	湖北			理事	瑞裕经理	裕成安坊理	
海味糖盐业公会	杨福堂	54	武昌	62	191150000	常务理事	信记经理	汉正街 281 号	
海味糖盐业公会	周大运	58	宁波			理事	大兴祥经理	汉正街 68 号	
海味糖盐业公会	黄凤翔	48	成宁			常务理事	德成经理	汉正街 65 号	
海味糖盐业公会	晏仲亭	38	武昌			理事	志成经理	同仁里 4 号	
机器米业公会	刘达夫	40	黄陂	135	35215000	理事长	宝泰经理	汉正街 863 号	土垱木兰宫街 78 号
机器米业公会	刘幼安	54	天门			常务理事	庆和理事	和界限路 10 号	
机器米业公会	王俊文	32	黄陂			常务理事	新记理事	汉正街 261 号	
药材号业公会	陈春亭	53	汉阳	25	9000000	理事长	陈春记经理	汉正街万顺一巷一号	土垱木兰宫街 78 号
国产纸张行业公会	余秀林	50	鄂城	21	36900000	理事长	晋昌纸行经理	汉正街 599 号	汉正街 575 号同盛福行内
粮食行业公会	王瑞麟	41	汉口	69	2695000	理事长	协茂祥经理	特三区五码头	汉正街凌霄书院内
食品制造业公会	李有鑫	46	江苏	50	5276000	理事长	粤兴饼干厂	前花楼 27 号	笃安下里 12 号华达厂内
估衣服业公会	彭寿臣	53	黄陂	103	9691000	理事长	公泰估衣提庄	汉正街公益里 1 号	同里四号
石灰业公会	张新美	59	汉川	57	912000	理事长	张焕记石灰行	小夹街 11 号	小夹街贻庆里 3 号
针织袜业公会	程少棠	52	武昌	676	4639000	理事长	祥泰号经理	汉正街 308 号	篮子后街 14 号

（续表）

同业公会会员	代表姓名	年龄	籍贯	会员人数(户)	全体资本额	公会职务	商店职务	住址	公会地址
鞋业公会	张栋庭	40	汉阳	87	5390000	理事长	张玉成店主	永宁街 308 号	长堤街 114 号
踩布业公会	毛少卿	45	孝感	189	1513900	理事长	毛万顺店主	长堤街宝善巷 73 号	长堤街 674 号
猪肉业公会	曾南甫	62	汉口	116	7370000	理事长	曾义兴店主	汉正街 1044 号	长堤街 674 号
染坊业公会	涂礼目	55	黄陂	72	3715000	理事长	源泰长经理	大水三巷 13 号	长堤街 339 号
杂货店业公会	毛秉诚	60	黄陂	59	11280000	常务理事长	公信经理	汉正街 439 号	大火路杂货公所
柴煤业公会	徐幼阶	53	黄陂	369	6310200	常务理事长	义利煤号经理	庆安里 35 号	卢家二巷 14 号
牛肉业公会	刘福阶	60	黄陂	48	2510000	理事长	□□□经理	□□□15 号	□□□44 号
丝线绉纱业公会	胡正卿	60	安徽	25	3830000	理事长	胡正记经理	咸安坊德永里 12 号	长堤街 198 号
米粮店公会	陈云峰	48	汉阳	41	1587500	筹备主任	义式昌经理	汉正街 812 号	汉正街 812 号
五金旧货业公会	李青山	54	孝感	56	2365000	理事长	李兴法经理	广益桥堤街 115 号	广益桥堤街 115 号
山货行业公会	张福卿	49	汉川	140	5156000	理事长	张福隆经理	沈家庙河街 31 号	土垱火火巷内山货公所
药材行业筹备会	刘建侯	47	汉阳	8	820000	筹备主任	协成信经理	沈家庙河街 69 号	三皇殿后
梳篦剪刀筹备会	茅贡南	41	武昌	14	439000	筹备员	□□□	大夹街 327	大夹街 327
杂木柴行业公会	刘肇泉	40	汉阳	38	586000	常务理事	茅太兴经理	关圣祠	汉水街 215 号
鱼行业公会	彭锦亭	58	黄陂	24	463000	理事长	彭泰顺经理	汉正街 452 号	汉正街大通小巷 15 号

（续表）

同业公会会员	代表姓名	年龄	籍贯	会员人数（户）	全体资本额	公会职务	商店职务	住址	公会地址
颜料业公会	毛星五	48	汉阳	66	13560000	理事长	瑞记经理	汉正街 541 号	汉正街 541 号
参燕业公会	张丽川	45	汉阳	26	9800000	常务理事	永昌隆副经理	汉正街大水巷	汉正街升基巷对面
油盐业公会	夏汉卿	48	南京	67	21680000	理事长	复□经理	民族路 175 号	大夹街广和巷 10 号
油盐业公会	李子卿	46	汉阳			常务理事	同兴祥经理	汉正街 165 号	
废旧洋铁融化铁器公会	孙幼岭	50	黄冈	29	880000	常务理事	孙信记经理	天一巷 65 号	中山路天一巷 65 号
芦柴业公会	游书田	53	嘉鱼	59	1140000	理事长	游书记经理	新马路 37 号	西满路同庆里 13 号
国药业筹备会	萧焕棠	46	汉阳	38	19860000	筹备主任	仁寿堂副经理	后花楼 73 号	长堤街 758 号
五金业公会	林博齐	52	黄冈			理事长	义畅昌经理	棉花亭 150 号	清芬三路幼幼里 3 号
汾酒业公会	郑晋卿	53	武昌	24	11700000	理事长	大友庆经理	汉正街 884 号	汉中路 16 号
瓜菜薯业公会	舒厚泽	50	黄陂	20	465000	理事长	万茂永经理	三友街一五号	汉水街 215 号
麻袋业公会	詹春堂	47	黄陂	178	4220000	理事长	福兴祥经理	中山路 884 号	汉正街淮盐公所内
食品杂货业公会	汪少峰	40	安徽	46	8070000	理事长	汪玉霞经理	五彩正街	汉正街灯德□6 号
丝烟业筹备会	潘松亭	59	武昌	20	1510000	筹备员	三江店主	汉正街 288 号	宝善堂燕山巷 193 号
炒坊业公会	罗宝臣	51	汉阳	62	2625000	理事长	罗怀记经理	利济巷 132 号	利济巷 171 号
石膏业筹备会	苏树安	53	汉阳	40	2015000	筹备员	胡谦吉经理	艾家嘴街 8 号	艾家嘴街 8 号
猪行业筹备会	胡少庭	58	黄陂	19	1220000	筹备主任	胡祥茂经理	西满路 51 号	苗家码头长春公所内

（续表）

同业公会会员	代表姓名	年龄	籍贯	会员人数(户)	全体资本额	公会职务	商店职务	住址	公会地址
水土果业公会	汪镒廷	50	汉阳	43	1845000	理事	同盛永经理	厚善里 9 号	老官庙厚善里 9 号
茶叶店业公会	鱼东如	40	汉阳	27	574000	理事长	长生福店东	汉正街 565 号	□□□□巷 21 号
酒酱业筹备会	倪鹏	41	浙江	33	10585000	筹备主任	万成酱油厂经理	汉景街 225 号	汉景街 225 号
华洋桶篓油木制炼业公会	张梓樵	32	汉阳			理事长	张懋记经理	联怡里 31 号	联怡里 31 号
丝兰行业公会	胡筱轩	42	安徽	10	1950000	理事长	森昌仁经理	三皇殿 1 号	三皇殿 1 号
色土布行业工会	周爽秋	50	黄冈	25	950000	理事长	泰安经理	广益桥平安里 87	汉正街淮盐公所内
茶馆业公会	冷耀卿	46	汉阳	230	2743000	理事长	安乐社经理	利济路 105 号	老官庙厚善里 9 号
染织纱布业公会	龙少伯	56	黄冈	213	21630000	理事长	集成经理	汉正街静室安 42 号	淮盐公所内
	邓廷珍	46	黄冈			理事	和兴珍记经理	汉正街 494 号	
□□□□公会	熊雯清	59	武昌	25		理事长	熊济车行	长堤街 1107 号	牛皮公所内
新药业公会	许敬之	37	安徽	59	6900000	理事长	立达药房经理	特三区	新安市场广德堂药房内
国货布头号业公会	汪炳目	38	黄陂			理事长	义记经理	统一街 172 号	统一街清白巷
面粉煤油火柴业筹备会	钱选青	38	武昌	41	7420000	筹备主任	济成号经理	汉正街 459 号	天钦村二号
照相业筹备会	左用甫	42	汉阳	71	2719000	筹备委员	清光经理	三管巷 6 号	三管巷 6 号
煤业公会	高坤山	46	汉阳	216	16355000	理事长	天成经理	汉景街 38 号	大夹街同丰巷 9 号

（续表）

同业公会会员	代表姓名	年龄	籍贯	会员人数(户)	全体资本额	公会职务	商店职务	住址	公会地址
杂货行业公会	畲月轩	38	安徽		2400000	理事	新成行经理	小夹街83号	小夹街贻庆里1号
山货纸张行业公会	罗卓良	28	黄陂	56	7850000	常务理事	润记经理	小夹街5号	小夹街干元贞内
号栈业公会	闵子清	55	沔阳	74	2152000	理事长	干泰栈经理	西关帝庙巷224号	西关帝庙巷224号
五金机器筹备会	闵齐斌	56	汉口	49	2169000	筹备员	关□记经理	统一街299号	利济巷
折药业筹备会	王振先	27	咸宁	25	9920000	筹备主任	王复兴店东	沈家庙河街67号	沈家庙河街67号
折售屋料业公会	李振业	50	黄陂	55	1871000	常务理事	和泰木厂经理	武圣庙29号	武圣庙29号
鸡鸭行业筹备会	陈笙阶	42	孝感	11	520000	常务理事	同兴祥经理	大江家院69号	土垱山货公所内
柴油行业筹备会	颜少卿	42	檀山	11	730000	筹备常委	王复兴店东	沈家庙河街67号	沈家庙河街67号
旅栈业公会	叶鸭声	49	武昌	85	362810	理事长	大同旅社经理	生成里71号	生成里71号
旅栈业公会	李绍珊	36	汉阳			常务理事	新东亚饭店经理	生成里5号	生成里5号
旅栈业公会	戚子侯	52	武昌			常务理事	思中旅社经理	清芬三路66号	
皮业筹备会	刘炳文	60	黄陂	82	4390000	主任委员	新泰元经理	同丰里□□	洋台子巷
电料业筹备会	林良栋	56	汉口	77	7120000	筹备代表	金用公司经理	乔家巷成仁里4号	堤口街天元慈善堂内
油饼行业筹备会	曾彬目	58	武昌	7	350000	筹备主任	洪盛新经理	中华区艺和里13号	中华区艺和里13号
制造度量衡筹备会	黄碧珊	48	汉阳	32	359000	筹备员	黄永盛经理	永昌里17号	永昌里17号

（续表）

同业公会会员	代表姓名	年龄	籍贯	会员人数(户)	全体资本额	公会职务	商店职务	住址	公会地址
制茶业筹备会	吴武刚	53	湖北	8	30000000	筹备主任	武汉制茶公司理事长	江汉路 50 路	江汉路 50 路
制茶业筹备会	宋维镛	53	山西			筹备委员	天一香经理	洞庭街 27 号	
海味盐业公会	王晋澄	47	咸宁			理事长	鸿成经理	武圣庙正街	
海味盐业公会	何朗轩	38	咸宁			常务理事	丰成经理	特三区江边街 2 号	
海味盐业公会	姚仲时	35	汉阳			理事	邹老协和银楼经理	法租界潞安里口	
金银首饰筹备会	邹济之	55	江西			筹备委员	老天宝银楼经理	法租界德兴里口	
金银首饰筹备会	周赞清	35	浙江			筹备委员			

71. 武汉特别市总商会第一次会员代表大会代表名册（公司及商店会员）

（1940 年 6 月 28 日）

公司及会员代表	代表名称	年龄	籍贯	资本额	商店职务	住址
鼎新国内外贸公司	李鼎安	55	黄陂	30000000	董事长	一德街 5 号
杂粮杂货业三诚公司	姚维章	51	浙江	10000000	经理	扬子街钦一里 6 号
义记呢绒号	赵耕麟	41	汉阳	20000000	协理	联怡里 24 号
复兴堆机	王依平	33	汉阳	1000000	经理	汉水街 202 号
宏昌皮货号	丁振业	31	河南	200000	协理	汉润里 7 号
皮件皮鞋业三才公司	马哲甫	36	河南	100000	协理	汉润里 12 号
义协祥桐皮油号	朱振钧	41	安徽泾县	300000	经理	汉润里 45 号
苏恒泰木屐雨伞号	苏荫泉	42	湖南	120000	经理	关帝巷 13 号
光火柴油号	许文宗	35	山东	50000	经理	长堤街 687 号
桐凤巷花粉号	李树堂	64	孝感	20000	经理	大生巷 16 号
广成和冶坊	姚希贤	44	汉阳	1000000	经理	汉口襄河街 356 号

（续表）

公司及会员代表	代表名称	年龄	籍贯	资本额	商店职务	住址
友益肥皂号	黎海峰	56	浏阳	15000	经理	汉正街770号
福源盛桥饼店	雷天一	52	江西	2000000	经理	小夹街51号
白敬宇眼药庄	侯希甫	38	河北	600000	经理	汉润里12号
孙永盛汉记陶器号	孙贤五	50	汉口	30000	经理	汉水街281号
万泰公陶器号	王华山	62	黄冈	30000	经理	汉水街291号
宝成裕白布行	李轮藻	44	武昌	50000	经理	汉正街139号
和丰白布行	王竟成	48	汉阳	50000	经理	□□松荫里2号
新金山染厂	吴仁才	25	浙江	20000	经理	大夹街185号

72.武汉特别市市政府社会局训令总商会筹备委员会主任委员涂拔丞核准汾酒业、染织纱布业、炒坊业、芦柴业、杂木柴行业各同业公会章程

（1940年6月28日）

案查前据该会先后呈送汾酒业同业公会章程各册、染织纱布业同业公会章程暨职员会员代表名册、炒坊业同业公会印模章程暨职员会员名册、芦柴业同业公会章程暨会员名册、杂木柴行业同业公会印模章程，请予备案，各案业经本局分别转呈市政府，并填发准予备案回文证，各在卷并奉府□事字第8670号指令内开，各呈暨附件均悉，兹将所亟汾酒业、染织纱布业、炒坊业、芦柴业、杂木柴行业各同业公会章程审核修正，随令抄发，仰即分饬遵照施行，报转备查证件，准予备案。此令。等因。计发修正章程五份，奉此合行抄发修正章程，令仰该会分别转饬各该公会遵照施行具报，以凭核转备查为要。此令。

计抄发武汉特别市汉口汾酒业同业公会章程一份

武汉特别市汉口染织纱布业同业公会章程一份

武汉特别市汉口芦柴业同业公会章程一份

武汉特别市汉口杂木柴行业同业公会章程一份

局长　徐养之

六月二十八日

（119-126-273:41-42）

73.武汉特别市汉口旅栈业同业公会呈总商会筹委会填送代表名册委任书提案等件祈鉴核汇办由（附代表名册委任书提案各一件）

（1940年6月29日）

案查属业关于本届会员大会出席代表，曾经推举五人送请备查在卷，业奉大会条示开：贵

业资本额连同新加会员四二,为四千□□□元,应推代表三人,嘱令□办理。等因,奉此。自应遵办,理合代表名册委托书等件,连同提案一纸,尚祈鉴核汇办,实为公便!

谨呈

武汉特别市总商会筹备委员会

附呈名册委托书提案各一件

理事长　叶鸣声

武汉特别市总商会第一次会员代表大会会员代表名册

(民国二十九年六月廿九日呈报)

会别	代表姓名	年龄	籍贯	担任公会职务	商业牌号职务	住址	备考
武汉特别市汉口旅栈业同业公会	叶鸣声	四九	湖北武昌	理事长	大同新记旅社经理	生成里七十一号	
同上	李绍珊	三六	湖北汉阳	常务理事	新李西饭店经理	生成南里五号	
同上	戚子侯	五二	湖北武昌	会员	福记李平旅社经理	清□三路六十六号	

委托书

兹委托叶鸣声 李绍珊 戚子侯 为出席

武汉特别市总商会第一次会员代表大会代表

委托人理事长叶鸣声(印)

中华民国二十九年六月二十九日

武汉特别市总商会第一次会员大会提案(民国二十九年六月二十九日呈报)

一、现各旅栈业架设电灯、电话极感困难,应转□请求当局商洽有关方面特别优待案。

说明:查旅栈为便利客商而设,优待旅栈即优待客商,优待客商即繁荣市面,此理极为明显。目下旅栈业装设电灯、电话非常困难,拟请大会转请当局商洽有关方面将电灯、电话二种对旅栈业特别优待,为各旅栈装设上之便利,可否提请公决。

二、调查旅栈似应明定负责机关俾免流弊案。

说明：查旅栈之中奸宄于潜伏，自非严密调查，不足以资防范。惟目下调查旅栈之机关过多，人员多□标识真伪莫从辨别，且调查时往往任意侵入并不通知账房，其中不免流弊丛生，拟请大会转呈当局明白指定调查机关以杜流弊，是否有当，提请公决。

汉口旅栈业同业公会理事长　叶鸣声提

（119-68-43：5-8）

74.财政局签注

（1940年6月29日）

查武昌商会开办费，拟照社会局核定数目编入二十九年下半年预算汇案，呈核谨签复鉴核。

财政局局长　孔楚材谨签

六、二九

（9-31-8234：59）

75.本市建设恢复声中即将成立之两团体

（1940年6月29日）

本市建设恢复声中即将成立之两团体　市商会与房产整理委员会

本报讯　事变前之武汉民众团体，其足以左右社会政治者，有两大组织：一为汉口市商会，一为业主会。简言之，类如公债之推销等等，始非得到该两会中心人物之赞助，即难期圆满收获。然该两会，对于社会公益均极热心，政府每有设施，但能有利人民，靡不推诚相与，故汉市自十六年惨受□□蹂躏、二十年复遭水患之后地方原（元）气已极伤残，而不数年间，卒能恢复固有之繁荣者，要皆官民团结之力也。事变后商业两界，胥以重心既失，骤难恢复旧观，所幸当局之努力。今则正式总商会已成立有期，产业方面，则以一般业主颇多，不在汉口行由政府设立机关从事整理，兹分述其远近情形于次：

组织商会　在前维持会时期，即以汉口为全国著名大商埠，商会之设在所必需，因之曾一度计议，只以商会之组织，首须备作基本会员之各业同业公会组织健全，方能资所依据。其时各业泰半未能恢复，自然谈不到组织公会，而更谈不到组织商会矣。市府成立，张仁蠡市长亦以汉市为全国商业之中心，商会之设至关重要，特令建设局负责筹备，经该局就商业中具有相当声望者物色适当人数，然后由所物色之人互相推举为筹备委员，结果涂拔丞、蓝熙周、谢有标、成禹门等被推为常委，涂拔丞则更被推为主任委员，而武汉总商会筹备委员会，遂于此时宣告成立矣。该会既告成立，其主要工作厥为举办商店登记，督促各业成立公会，以为组织商会之基本，第以各业商店，大都散漫异常。经半年余之长期努力，及至最近，始足组织商会之法定数额，于是武汉总商会遂定下月八日正式成立矣。征诸过去汉口商会历届改选情形，各方对于主席人选，事前必多揣测，其重视程度殊难比拟。此无他，盖以汉口为全国中心之大商场故也。以今例昔，则行将成立之总商会，其主席一席，当亦全市商人之所重视。将来究竟谁属，虽此时固难预必，但征诸一般空气则银行界之方某、涂某两君似为商界大多数之所属意，盖以两君夙负声誉，而银行业又与其他各业均有相当关系故也，所闻如此，据以录之，以待事实之证明。

（《武汉报》）

76.武汉特别市总商会筹备委员会函请汾酒业同业公会等查照施行市政府核令章程

（1940 年 6 月 30 日）

笺函：案奉社会局会字第 248 号训令开：案查前据该会先后呈送汾酒业同业公会云云云。此令。等因，计抄发武汉特别市汉口汾酒业同业公会章程一份、武汉特别市汉口染织纱布业同业公会章程一份、武汉特别市汉口炒坊业同业公会章程一份、武汉特别市汉口芦柴行业同业公会章程一份、武汉特别市汉口杂木柴业同业公会一份，奉此除分函外，相应照抄章程，函达查照施行，报会核转备查。

此致

汉口汾酒业同业公会、汉口染织纱布业同业公会、汉口炒坊业同业公会、汉口芦柴业同业公会、汉口杂木柴行业同业公会

武汉特别市总商会筹备委员会

六月三十日

（119-126-273：47-48）

77.武汉特别市总商会筹备委员会通知武汉特别市汉口纱业同业公会推举代表出席总商会代表名册（附发名册委托书各一份）

（1940 年 6 月）

案查各业公会推举代表出席总商会应根据会章第九条：每一同业公会至少推举会员代表一人，如同业全体之资本超过二十万元者得加推一人，三十万元以上者加推一人，但每一同业公会至多不得逾七人之规定办理，查贵业各商店向本会登记计有四十八户，全体之资本额为二百九十八万元，应推举代表□人，合亟检同名册委托书各一份，务希照式填明钤印后于三日内连同所提议案备文送会，以凭审查造册汇报，一俟会期确定，再行通知检发出席证及徽章。事关选举权，特此通知遵照办理具复为要。

计附发名册委托书各一份。

委托书

唐兰樵
兹委托邓庭珍为出席
许益甫
武汉特别市总商会第一次会员代表大会代表

委托人理事长唐兰樵

中华民国廿九年六月　日

（119-15-36:1-2）

7 月

1.武汉特别市市政府社会局呈送汽车渡船管理所等机关五、六月份书记、公役名册仰祈鉴核备查由（附名册十份）

（1940 年 7 月 1 日）

兹据汽车渡船管理所、度量衡检定所造送五、六两月份书记、公役名册暨园林事务所造送六月份书记、公役工人名册来局，经查核无讹，理合检同各该原册，一并具文呈请鉴核备查。

谨呈

市长张

附呈

汽车渡船管理所书记、公役名册五、六月份各二份，五、六月份各存科一份。

度量衡检定所书记、公役名册五、六月份各二份，五、六月份各存科一份。

园林事务所六月份书记、公役工人名册二份，存科一份。

社会局局长　徐养之

武汉特别市汽车渡船管理所五月份书记暨公役清册

职别	姓名	备考
书记	刘顺初	
同上	陈用明	
同上	江竟成	

（续表）

职别	姓名	备考
传达	陈润清	
公役	陈前清	
同上	郭文清	
同上	张晋生	
同上	王忠信	
同上	李福	

所长何泽霖

武汉特别市汽车渡船管理所六月份书记暨公役清册

职别	姓名	备考
书记	刘顺初	
同上	陈用明	
同上	江竟成	
同上	冯朗轩	奉钧局会总字第 152 号训令，派该员为属所书记，暂留局服务。自六月一日起月支薪饷五十五元
传达	陈润清	
公役	杨先富	
同上	郭文清	
同上	张晋生	
公役	王忠信	
同上	李福	

所长庄瑞陔

武汉特别市度量衡检定所民国二十九年六月份书记、公役名册

职别	姓名	
书记	樊逢壬	
书记	张宝甫	
书记	李煦增	
公役	常继荣	
公役	汪秋林	
公役	蔡权东	
公役	石振家	
公役	明昌久	

武汉特别市园林事务所二十九年六月份书记、公役名册

职别	姓名	备考
书记	游良安	
同上	王远镒	奉会总字第156号训令暂留局工作，自六月一日起由所列支
同上	文超	奉会总字第156号训令暂留局工作，自六月一日起由所列支，又奉总会字第177号训令，自六月十八日起调往卫生局工作
公役	张华炳	
同上	罗有清	奉总会字第191号训令暂留局工作，自六月一日起由所支列
同上	雷伟魁	同上

武汉特别市园林事务所二十九年六月份工人名册

职别	姓名	备考
工人	王同生	
同上	王寿山	
同上	王洪生	
同上	易子香	
同上	胡正金	

说明：以上工人均系六月一日到工，业经呈报并奉会总字第234号回文证在案。

（8-1-326：34-50）

2.武汉特别市总商会筹备委员会致纱业同业公会函

（1940年7月1日）

查市总商会成立日期已定于七月八日上午九时，曾经分呈登报通告各同业公会外，相应函请贵同业公会查照转知各商店遵照办理。

此致

纱业公会

武汉特别市总商会筹备委员会启

七月一日

（119-15-33：1）

3.汉口纱业同业公会请同业各家知江商来函催出仓单货品请查照由

（1940年7月2日）

案准江商洋行七月二日来函内开，“……”等情，准此为同业各宝号执有江商上述垫款仓

单未及出货。此务须即日向江商接洽，以保信誉，毋使该号遇分先□，相应货款函转达，请即查照案由。

此致

宝号

启

（119-15-34：11-12）

4.市政府书务计字9183号指令：令财政局局长孔楚材核复武昌商会开办费案

（1940年7月2日）

签呈暨缴件均悉。准如可拟办理。除令社会局遵照外，仰即知照。此令。

令社会局局长徐养之呈一件：查前据该局转呈总商会武昌分会开办费预算书表并恳请将核减为一千五百元暨领发图记等情，业已府计字第八一五零号指令知照并颁发图记各在案。兹按财政局签复称：查武昌商会开办费拟照社会局核定数目编入二十九年下半年预算，请鉴核等情，按此核当可行。除指令外，合行令饬该局转饬遵照办理具报为要。此令。

（9-31-8234：64-65）

5.汉口纱业同业公会请知江商二次函催仓单登记由

（1940年7月3日）

案准江商洋行七月三日函开："录江商原文"等情。准此，除函复江商，准予备案外，相应请知查照，即日直接向江商办理登记手续，毋自延误为要！

此致

宝号

启

复启者，因贵同业各宝号所持敝行仓单推期过久，影响敝行账期，清算障碍，百生危险，责任均非浅鲜。前日，即二日函陈贵会，恳请转咨贵会同业各宝号在案，限三号前来登记，以明确数，复限二日起一礼拜内前来出请，逾期敝行不负任何一切责任，查所限登记期已过，前来登记者寥寥。贵同业各宝号视为具文，置若罔闻，回溯惟日不多，一旦一期满，发生纠纷，咎由自取，责无旁贷，故特再函催促，复祈再行转催贵同业各宝号，迅于届期出请，否则乃根据前函，不负一切任何责任，凡仓单背面加印签字，所负责任随时取消，理合再函贵会准请备案，以免纠纷而杜后患。

此请

武汉特别市汉口纱业同业公会理事长唐

片冈光、王秉衡仝启

汉口湖南路四〇一号

江商株式会社出张所

（119-15-34：15-18）

6.山货行业同业公会函报汉口市商会第五次改选经过情形

（1940 年 7 月 3 日）

径启者，查敝会遵照市政府颁布商工业同业公会条例之规定，于六月二十八日假维新路会宾酒楼召开第五次会员大会，蒙市社会局派代表刘镜众监选外，并承贵会派解代表子年莅临指导举行第三届选举，结果计选理事十一人，为张福卿、熊幼珊、易柏阶、陈笙阶、常恺、厚星洲、刘玉山、余希俊、鲁文山、李汉钦、刘荣生，计监事五人，为陈国栋、刘汉卿、刘□□、李玉山、刘朗轩，计候补五人，为曹子轩、王子卿、李木森、程少卿、董士俊，计候补监事三人，为沈善法、张少阶、黄祁法。再由理事票选常务理事五人，为张福卿、熊幼珊、易柏阶、陈笙阶、常恺，并公推张福卿为理事长。除将理监事票数另缮表册外，特此函达，请烦查照并祈饬呈市社会局备案。

此致

汉口市商会

附理监事票数表册二份。

汉口山货行业同业公会启

（119-126-269:62-65）

7.汉阳分会筹备委员会呈报武汉特别市总商会筹备委员会汉阳蛋行业同业公会成立日期并造赍会章职员会员名册

（1940 年 7 月 3 日）

案据本市蛋行业同业公会理事长涂名臣报称，窃属会前奉令准筹备，业经就绪，定于六月十五日召集会员大会，通过会章，并票选向光福等五人为理事，并选涂名臣等三人为常务理事，互推涂名臣为理事长，吴子卿等三人为监事，组织成立，即于是日举行成立典礼。承蒙中外各级长官莅临指导，并监视选举，曷胜钦感。兹将属会第一届会员及职员名册连同会章各缮五份送请大会分别存转备案，并恳转请刊发图记，以资信守等由，到会除检三份转呈市府汉阳办事处核转备案外，理合检同名册会章各一份，呈赍钧会鉴核备案。

谨呈

武汉特别市总商会筹备委员会主任委员涂

附呈会章职员名册、会员名册各一份。

武汉特别市总商会汉阳分会筹备委员会主任　夏汉卿

七月三日

（119-126-251:00211,00224）

8.汉口纱业同业公会转知同业于总商会成立日悬旗庆祝由

（1940 年 7 月 3 日）

案奉市总商会□□委会函开：查市总商会成立一日，现已完于七月八日上午九时，曾经分呈登报通告首案。所有全市中国商店,是日均应悬挂国旗以表庆祝。除通知各同业公会外,相应函传贵同业公会查照,务知各商店送照□理等因,相应函达贵号务于是日悬挂国旗以表庆祝,重视为安!

此致

宝号

会启

七月三日

(119-15-33:2)

9.武汉特别市总商会筹备委员会为呈汉口纱业同业公会组织系统表及附录细则备案呈社会局

(1940年7月4日)

案据汉口纱业同业公会呈称:"窃属会遵令于二十九年五月三十日依照法定程序……特呈武汉特别市政府社会局审查备案等情,付组织系统表及附录细则三份。"据此,业经本会将细则审核修正,理合善具细则及系统表呈赍鉴核,俯赐备案,并祈示遵。

谨呈

武汉特别市政府社会局局长　徐

计善呈汉口纱业同业公会组织系统表及附录细则二份。

(全衔)涂拔、蓝熙、姚维、成禹、谢有

附:武汉特别市汉口纱业同业公会组织系统表及办事细则

武汉特别市汉口纱业同业公会组织系统表

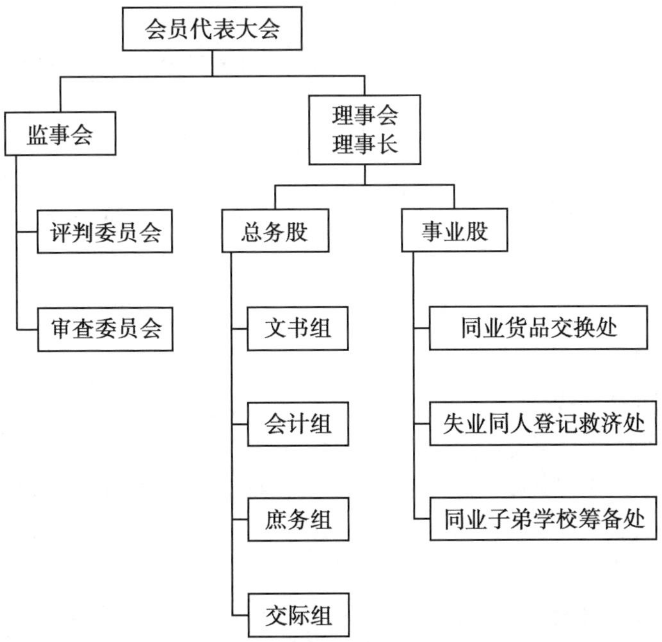

武汉特别市汉口纱业同业公会办事细则

第一条　本细则由《武汉特别市汉口纱业同业公会章程》第三十一条订定之。

第二条　本会公文以理事长名义行之。

第三条　本会设下列二股承理事长、常务理事之命分办事务。

一、总务股。

二、事业股。

第四条　总务股设主任一人，委员六人，分掌文书、会计、庶务、交际各组及不属于事业股各事宜。

第五条　文书组办理事项如下：

一、监掌图记，管理卷宗。

二、草拟公文，记录议案。

三、缮写油印，收发邮件。

第六条　会计组办理事项如下：

一、编造预算决算。

二、管理银钱账簿。

三、收集会费，发放薪水、工资。

第七条　庶务组办理事项如下：

一、购买物品，管理器具。

二、一切不属于各组事务。

第八条　交际组办理事项如下：

一、上级机关之接洽。

二、有关各行之联络。

三、同业情感之维系。

第九条　事业股设主任一人，干事若干人，分掌同业货品交换处、失业同人登记救济处、同业子弟学校筹备处等事宜。

第十条　同业货品交换处设主任一人，干事若干人，办理同业交换货品事宜。（附注：同业与同业之间常因货品花色不全，例如多粗纱少细纱或多细纱少粗纱，故每向洋行高价配进或贬价求脱，为调剂同业货品齐全减少损耗计，爰设交换处使同业得以有易无照市估计，但只限于同业之交换，外业不得参加。盖本处原非营业场所也。）

第十一条　失业同人登记救济处设主任一人，干事若干人，办理事项如下：

一、失业同人之登记。

二、失业职务之介绍。

三、失业生活之调查。

第十二条　同业子弟学校筹备处设主任一人，干事若干人，办理事项如下：

一、筹备学校基金。

二、纺织科学之研究。

三、学校未成立前学徒教育之补救。

第十三条　本会监事会设下列两委员会：
一、评判委员会。
二、审查委员会。
第十四条　评判委员会设评判委员若干人，办理事项如下：
一、考察会务得失。
二、调查同业纠纷事宜。
三、评判纷争曲直。
第十五条　审查委员会设审查委员若干人，办理事项如下：
一、审查新入会会员是否合格。
二、审查会员代表是否合法。
三、审查预算决算及经常临时费用出纳。
第十六条　本细则所属各股及各组各处细则由会另定之。
第十七条　本细则如有未尽事宜，由理事会修改呈社会局核定之。
第十八条　本细则呈奉核准后施行。

10.市总商会成立在即　昨电京沪等法团

（1940 年 7 月 4 日）

市总商会成立在即　昨电京沪等法团报告筹备就绪定期成立

武汉特别市总商会，经涂拔丞等负责筹备，业已完竣，定于本月八日召集全体会员（各业同业公会）代表大会，推举理、监事，举行正式成立大会，已志本报前讯。该筹委刻正忙于成立大会各事宜，并于昨日电告上海、南京、北京、天津、广州、青岛各商会、各法团，原文志后：

上海、南京、北京、天津、广州、青岛各商会、各法团钧鉴：敝会筹备武汉特别市总商会，数月于兹，幸已就绪，定于七月八日召开大会，举行成立典礼，从兹武汉商场，更臻发展，全国经济裨益，谨电奉告，宁候教言，武汉特别市总商会筹备委员会江叩。

（《大楚报》）

11.市总商会成立期近　各业提案已达三十余件

（1940 年 7 月 5 日）

市总商会成立期近　各业提案已达三十余件　准备提出第一次会员代表大会讨论　筹备委员会昨日迁入新址办公

武汉特别市总商会，筹备各事宜，经该筹委会筹备完竣，并定于本月八日召开全体会员代表大会，推举理、监事，以正式成立总商会。该会为解除全市商民一切困难，增进全体幸福起见，并通告各业对于本业之兴利除弊，及如何改进发展意见，各于会员代表大会期前送会，以便汇编提出讨论。各情已志本报前讯。兹悉该筹委会接到各业提案已达三十余件，提案内容，均属商民福利前途应兴应革之事，于目前武汉商业复兴甚关切要，该会甚为重视。兹先探志数件如下：

一、为同业抗不遵章入会如何制止案（猪肉业公会提）。

二、为各商店被加入工会可否退出时入同业公会以明系统案（新旧木器业同业公会提）。

三、为店员不应加入劳工协会案（纱业公会提，理由为：属会各商店员司，多为合资营业，并无劳资之分）。

四、为日用品市内搬迁，拟请签发免除搬运许可证，以便工商，向利民用案（油盐业公会提）。

五、取缔攫贸经纪，非本业行员，不得倾帖营业，以□帮规案。

其余重要提案甚多云。

又讯　市总商会筹备委员会修建市中山路一百六十六号新址房屋，现已大致完成，经该会连日派员前往布置，亦已大体就绪，已于昨（四）日午后五时，将全部案卷移送新址，定今（五）日起在新址开始办公云。

（《大楚报》）

12.社会部函请市府协助运动　期密切联系借利进行

（1940年7月5日）

国民政府社会部以该部社会运动指导委员会，各省市分会，其职责在□□各省市人民团体之指导监督及民众之组织训练事宜，一切措施，欲其确实有效。胥有赖于地方当局之通力协助，经呈行政院通令各省市政府对于当地社会运动指导委员会分会保持密切联系，遇事予以协助，借利进行，该部昨面咨市政府转饬有关官□随时协助云。

（《大楚报》）

13.汉口纱业同业公会复江商纱号函催仓单登记出仓照请同案由

（1940年7月5日）

案奉贵号七月二日、七月三日两次来函，对于敝号同业各家持有垫款仓单而久已出货，此计壹百叁拾余件。际此六月年总结算之时，长此混合，势难清查，统限于三日内登记，复于登记后一起录出，请逾时登记，登记函出此会乃不负一切任何责任云云等情。前来，除将原函油印分发各同业商号，查照饬向贵会直接办理，毋自延误外，相应函复，请烦查照为荐！

此致

汉口江商株式会社启

对于敝行所出垫银仓单，因为优待贵同业各宝号起见，并将仓单背面加印签字负责保险，免除栈租，以示公见大账。贵同业同人不以真□为至宝，长期享受便宜利益，查敝行所出仓单保留拖延二、三月存有之，除以二月份总请大账之期，因长期混合，势难查明，利下未出者尚有壹百叁拾余件之多，如此因为责任匪浅，权特函达，凡贵同业各贵号持有敝行仓单者，统限明天即三日前来登记，以示证明。复限一礼拜内各数出清，否则论为自禀权利，逾期敝行不负一切任何责任，并请饬达。复请转达贵会同业同人则□□□，毋谓言之不预也。

此请

武汉特别市汉口旧药同业公会理事长唐

片冈光、王秉衡同启

七月二日

汉口湖南路四〇一号

江商株式会社出张所

（119-15-34:7-10）

14.武汉特别市总商会筹备委员会致汉口旅栈业同业公会

（1940 年 7 月 5 日）

查市总商会定于七月八日成立，全市各中国商店应一律悬挂国旗同□庆祝，曾经函达查照转知办理在案，惟是项国旗须遵照新颁青天白日满地红旗上加黄色三角书“和平反□建国”六字以符规定，决不容稍涉含混，特再函达，务希查照，加以特别注意，并分转各会员商店注意办理，是为至要。

此致

汉口旅栈业同业公会

武汉特别市总商会筹备委员会启

七、五、

（119-68-43:11）

15.武汉特别市总商会筹备委员会第二十八次全体委员会议事日程

（1940 年 7 月 6 日）

民国二十九年七月六日

甲、报告事项

一、上周暨本周共收文二百四十四件，发文七百零一件。（事由略）

二、上次会议决议各案已分别执行，报请查照由。

乙、讨论事项

一、查卷烟经理业与卷烟业应行合并组织，曾奉社会局令饬转知在案，嗣因合并未成，双方均推荐会员代表共四人到会，本会以未经合并完成，不能推举会员代表复呈，奉社会局令准有案现据卷烟经理业一再声称业经合并，请求准推会员代表到会，本会办事一秉大公，原无何种成见，总商会原以集思广益，出席代表愈多愈妙为目的，可否通融，准其按照卷烟业全体资本额，以卷烟业筹备会名义推举会员代表四人，一同出席第一次会员代表大会，专案呈请社会局备案，以示宽大而杜争执，请详加讨论案。

二、查王文卿等请组汉口转运业同业公会筹备会一案，据调查报告到会，可否准其组织，暂不加入总商会代表大会，请讨论案。

三、查总商会成立在即，所有应办事务急应分别拟订，以免临时纷乱，请详加讨论，分别厘定办法案。

丙、决议事项

一、决议：向社会局请示办理。

二、决议：移交总商会核办。

三、决议：定明日（七月七日）下午六时开临时会议，不另通知。

（119-127-152：114-115）

16.市总商会定期正式成立决举行盛大庆祝

（1940年7月6日）

市总商会定期正式成立决举行盛大庆祝　印制标语悬扎彩牌楼

本市总商会定于本月八日正式成立，同时并召第一次会员代表大会。该会筹备委员会届时准备举行盛大庆祝，特悬扎彩牌楼于市区各街要地，并印制布纸标语，张贴全市，借表欢庆，并已柬请本市中外各机关主管长官观礼云。

（《大楚报》）

17.商会筹委会负责人谈总商会成立重要使命

（1940年7月7日）

商会筹委会负责人谈总商会成立重要使命　复兴商业、调节盈虚、增强生产、经济提携本此四点使命为前进之目标

本市总商会筹备委员会，自客岁十一月三日开始筹备以来，迄已八月。于兹各业公会之先后合法成立者，达七十余业。其积极分别筹组踊跃参加者，正如草木之欣欣向荣，方兴未艾也。武汉商业前途之发展，诚未可限量。兹者该会定本月八日举行成立大会，记者昨特往访该会负责人，叩以筹备经过情形及成立总商会后之重要使命，承告如下：

本会自本月四日迁入新址后，内部现已大致部署就绪，至各机关团体之大会请柬，亦已分别发出，至本会成立之重大使命，可分四点：

一曰集中全体力量，谋整个商业之复兴，完成国民经济建设之成功。

二曰调整盈虚，以求物资之供求平衡。

三曰复兴农村、发展工业，求生产之增强，以巩固商业上之基本力量。

四曰本东亚提携之真精神，为经济合作之实践。

本会正式成立后，当本此四点使命，为前进之目标云。

又讯　市总商会筹备委员会，昨（六日）下午举行筹备委员第二十八次常会，讨论要案三十余起，并对该会之结束事宜，有所讨论云。

（《大楚报》）

18.祝总商会成立

（1940年7月8日）

武汉特别市总商会第一次会员代表大会特刊

武汉特别市总商会成立宣言

武汉北连秦豫，西接川湘，控滇粤而障东南，为华中重镇，九省通衢，商业金融之供求集散，盈虚调节，莫不以武汉为中枢之契机。往者轮轨辐辏，商旅如云，繁荣气象，冠绝一时。事变以来，人民荡析离居，四方流转，工商实业，几于全部崩溃，昔日繁荣，顿成废墟。斯诚有心人士之所扼腕叹息，尤吾商民之所推心痛愤者也。

市长张公秉政以来励精图治，首致力于市民之安居乐业，兴市区、宏教养、利交通、维秩序，行之□年，其效大□。四方复归之氓，逾数十万。金融既日趋安定，商业自渐臻发达。今日之武汉，得仍厕于重要都市之列，岂吾人两年前疮痍满目，颠运失所，时梦想之所及哉。武汉总商会筹备委员会应当前需要，设立于上年十一月三日，仰承市长德意之隆，官厅指导之殷，同人奋勉努力。迄兹八月，各业公会之先后合法成立者计七十余业。其积极各别筹组踊跃参加者，正如草木之欣欣向荣，方兴未艾。筹备粗告就绪，因于七月八日，宣告正式成立，谨陈本会使命纲要四点如次：

一曰集中全体力量，谋整个商业之复兴，完成国民经济建设之成功。

二曰调节盈虚，以求物资之供求平衡。

三曰复兴农村，发展工业，求生产之增强，以巩固商业上之基本力量。

四曰本东亚提携之真精神，为经济合作之实践。

夫国以民立，民以业存，商业者，尤为多数人民经济之所寄托依赖，其重要性固不待言矣。武汉自事变之余，吾商界同人，劫后灾遗，失其重心者久矣。转徙归来，茫然失措，虽志切复业，而投诉无门。一般情况，不作农工业之扩展，谋基本实力之充实，更昧于调节盈虚消长供求平衡之原理。唯目前之博利是趋，投机营求个人私益，□自通货膨胀，紊乱市场秩序。此种情状，过去殊不能免，此本会成立之始，基于前述四点，将欲致其最大之努力，以导吾商界同人于正轨者也。

本会承丧乱之余，地方元气未复，内地农工业实力未充，艰巨独负，深罹□短，无以副（负）吾市民之望。然而际兹国府还都，中枢有主，和平在望，宪政可期。兆民同庆来苏，正吾商界同仁竭诚拥戴之时，本会之责实不容有所诿卸。重以市长护植之殷，市民期待之切，不奋然自励，以满腔热忱、不辞劳怨、不避艰难，联合武汉商界全体同人，基于复兴农工、提携合作两大原则，在政府当局指导下，努力于武汉商业市场之进展，谋市民应有之福利，以期建设新中国，奠定东亚永久和平之协力，邦人君子，其共鉴诸，谨此宣言。

对于市总商会成立后之期望　拔丞

武汉绾毂南北中心，为九省通衢，而汉口又属全国四大商埠之一，其地势力之重要可知也。民国以来，政治几度改革，经济情况，亦随而变迁，且其膨胀力，更因国际贸易关系，而有特殊进展。虽近二十年来，天灾人祸，相继频仍，然不旋踵而立复原状。其经济之调整，系因地域关系，随自然之变态，获相当之效果。惟是盈虚消长，人事之常，携陈出新，势所必至。比年以来，社会凡百事业，既因政治变化而进步。兹值建设新秩序开始，今后一切，自由新的发展之可能，但中国为经济落后之国家，武汉经济，亦无例外。我商界同人，亟应奋发精神，以锐敏之眼光，灵活之手腕，坚决之意志，勇猛前进，力图更新，循是以往，必有长足进展，非独恢复旧观已也。抑有进者，商业道德，为商人之基本条件，我武汉商界同人，固多明达之士。今后如更注意及此，毋因营业之纷争，而交相倾轧，毋图自己之便利，而非法攘夺，推诚相与，互相团结，即私人之情感，亦因而增厚，其于营业不发展者鲜矣。再则商业教育，亦属必要，迩来先进各国，凡百事业，无不趋向于科学化或合理化，日新月异，斗胜争奇，潮流如斯。我商界同人，宁能墨守旧规，自甘落伍？为今之计，亟应注重教育，增进智慧与技能。其于青年同人，尤应灌输新的知识，俾知进取，此与商业前途关系至巨，幸毋忽诸。最后拔丞更有一言，敬陈于诸公之前者，即商号之计算，应加以改良。当民国二十五六年间，各商号为缴纳所得税，漫无标准，纷托拔丞为之稽核整理账目，依拔丞审查之经过敢断言一般商号，只侧重于营业之进出，而于计算毫未加以注意。其年度营业结果，非但损益之详情，无精确之计算，即资产负债两方财产之增减变化如何，亦无由知悉，且合伙营业，因此而发生纠纷者，亦复不少。考其主因，多由各商号司会计者，概本旧日记账习惯，固执己见，沿袭不变，诚恐一言改良，即因不能胜任，而影响于本人之职务也。须知计算合理，本无分于新旧，既（即）旧式账簿亦有可宝贵存在之价值。拔丞于民国二十五年曾建议前商会负责诸公，分约各帮司会计者，将本业原用账簿带会研讨，只就其记账之程序方式，稍加指点，即可达改良之地步。当时各帮同人未予注意，以致建议终成泡影。今则新的建设开始，尚望商界诸公，各就营业之计算，加以缜密之研讨，施以改良。其于营业之策划进行关系，当非浅鲜，以上所陈，概属实际问题，并非空泛理论。兹当总商会成立之日，谨抒所见，以贡采择。

武汉特别市总商会组织系统表

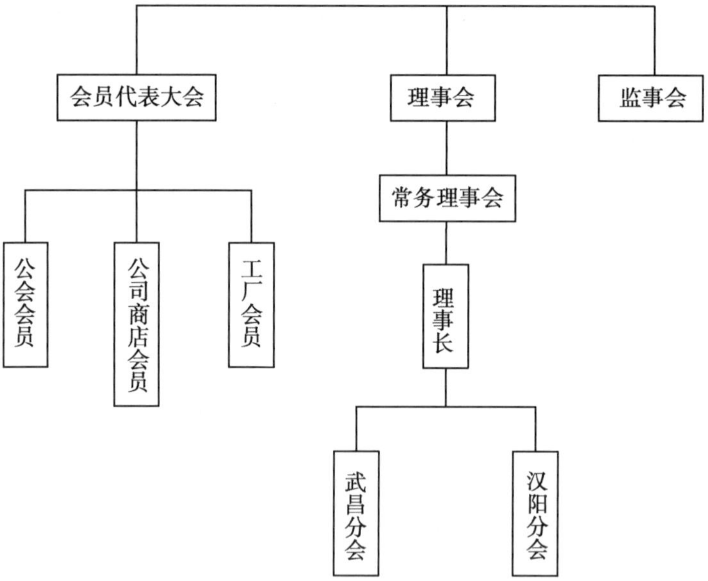

武汉特别市总商会成立典礼致词

今次武汉特别市总商会，经筹备诸公最大之努力，竟于最短期间，筹备就绪，于本月八日举行正式成立典礼。诚事变以来，武汉商业界最饶兴趣之一大事，不独武汉全商界全市民应额手称庆，即全国各市闻风兴起，亦罔不昂首滕欢也。鄙人前长参议府时，对兹创举已极力赞助，今置身银行业，尤与我商界息息相关，故对于今日总商会之新组织，实具有最大之新希望，约而言之，不外三点。第一，过去在任何时代，均有总商会之组织。以今例昔，何能独异，不过昔在政府依存主义之下，今乘东南亚自主之时，国家方以友好善邻政策以靳自由独立，武汉既握全国商业之中心，应随政治转变，力求自存，以谋自身之利益，除自身之痛苦，不必依赖欧美，再论武汉为国际之市场。第二，武汉既为进出口贸易密集之地，信义通商，中外绝称。今于事变后，重现崭然之新组织，仍当敦尚东方之商业道德，从事互类互信，庶可于平等互惠中，而达到经济提携之目的。第三，通商惠工，古训并重。今日欲改良武汉之经费生活，不仅效法过去从事慈善与救济之消极工作，当积极集中游资，以恢复武汉停滞中之大企业，与期待救济中之小工业，方能迎合全世界新经济之趋势，而增加劳资合作之效能。上述三义，乃就个人感想所及，直抒胸臆，以希望于新总商会者，独家之言，未知有当高明否？尚希有以致之，是幸。

中江实业银行董事长　石星川

（《大楚报》）

19.武汉特别市总商会第一次职员名单

（1940 年 7 月 8 日）

理事长：方子颖

常务理事：方子颖、涂拔丞、李鼎安、谢有标、张鹏舞

理事：方子颖、陆德泽、贺衡夫、涂拔丞、李鼎安、谢有标、张鹏舞、姚维章、陈宪章、夏汉卿、王晋澄

监事：王武刚、谢伯勤、徐炽卿、万凤逸、李桂荪

候补理事：邹济之、成禹门、唐兰樵

候补监事：彭华庭、周赞卿

20.汉口特别市商会第一次会员代表大会记录

（1940 年 7 月 8 日）

汉口特别市商会第一次会员代表大会记录

二十九年七月八日开会

甲、推举理事、监事姓名列下：

理事十一人：方子颖、陆德泽、贺衡夫、涂拔丞、李鼎安、谢有标、张鹏舞、姚维章、陈宪章、夏汉卿、王晋澄

监事五人：王武刚、谢伯勤、徐炽卿、万凤逸、李桂荪

常务理事五人：方子颖、涂拔丞、李鼎安、谢有标、张鹏舞

理事长一人：方子颖

候补理事三人：邹济之、成禹门、唐兰樵

候补监事二人：彭华庭、周赞卿

众无异议赞成

理监事就职

行礼如仪：

乙、主席报告：各业提案共计四十三件，按其性质可分作十八类：

一、关于同业抗不入会应如何救济案。猪肉、踩布、新旧木器、贸易人力车、五金等业提出。

二、关于请由总商会制定证章分发各业佩带案。猪肉业提出。

三、关于各业同业规约可否仍旧维持案。猪肉、踩布、□□□□、五金等业提出。

四、□□□□□□迅请总商会依法公断案。

□□□□□□□□□□□□□□□□□□□□□□□□

五、□□□□□□会费按月集欠或抗不缴纳应如何制裁案。踩布、贸易人力车等业提出。

六、关于各业公会可否另制会员证发给会员佩带案。踩布业提出。

七、关于店员请求不愿加入劳工协会案。新旧木器、纱业、茶叶店、布头、五金、山货纸张行、杂货行等业提出。

八、关于各商店营业许可证,拟请由公会呈请总商会转请核发以明系统案。新旧木器业提出。

九、关于请求减免营业税率案。纱业、染织纱布、号栈、盐、布头等业提出。

十、关于吁恳免除市内搬运许可证以利通行而便商民案。油盐、茶叶店、五金、山货纸张行、杂货行、布头等业提出。

十一、关于划清车商与车夫责任案。贸易人力车提出。

十二、关于旅栈业请求架设电灯、电话准予特别优待案。旅栈业提出。

十三、关于调查旅栈应明定负责机关俾免流弊案。旅栈业提出。

十四、关于各市场设立评价处便各盐号无形□□请求设法救济案。

十五、关于恢复楚胜火柴厂繁荣市面救济工人案。盐业提出。

十六、关于茶叶无法采买运销请如何救济案。茶叶店业提出。

十七、关于煤荒严重请求救济案。煤焦贩运业提出。

十八、□□□□□□运汉或制造所出品应由本会会员推销并请协助案。

□□□□□□□□□□□□□□□□□□□□□□□□

又有临时提案四件:

一、为煤源缺乏煤荒可□请大会设法救济案。煤业公会理事长高坤山提议。

二、为银钱业应互为提携以发展商业案。

三、为店员不能加入劳工协会案。

四、为请求发还会址以资办公案。汉口公认钱庄业公会提出。

以上议案均为谋整个市场之福利起见,可否按照各案性质归并审查,分别缓急,次第进行,交由理事会核办,请共同讨论。

决议:无异议通过。

主席宣告将各业提案交理事会核办,并请各案原提案人到理事会说明理由,以便审核办理。

众赞成。

21.九省通衢之中枢契机　汉商会今成立

(1940 年 7 月 8 日)

九省通衢之中枢契机　汉商会今成立　发表大会最要宗旨复兴农工提携合作

本报讯　武汉于事变后，于不旋踵之间，所有百废俱兴，而繁荣之商业，亦将恢复旧观。所赖领导之枢纽总商会，经几许努力之筹备，得于今日粲然诞生。其所负之使命与成立之意义均极重大。同时恰在更生东亚"七七"纪念之翌日，（今八日）宣告成立，是则暗示本市商业经济，在新时代和平声中当有更进一步之发展。昨值星期，该会全部工作人员，仍然赶办一切大会成立工作，用将关于今日成立准备各项，探志于下：

开会秩序：

一、振铃开会。

二、奏乐。

三、中外长官暨来宾就席。

四、全体会员代表就席。

五、推举临时主席。

六、全体肃立向国旗行三鞠躬礼。

七、主席报告筹备经过。

八、长官训词。

九、来宾惠词。

十、主席答词。

十一、摄影。

十二、休息、茶点。

十三、讨论议案。

十四、进行选举。

十五、公布选举结果。

十六、礼成。

十七、奏乐。

十八、散会。

聚餐盘桓　启者，本会筹备完成，定于七月八日上午九时，召开第一次会员代表大会，举行总商会成立典礼，已通知贵代表，届期准时出席矣。此次成立大会关系重要，原拟先期公宴各代表，交换知识，联络感情，无如时间迫切事与愿违，兹因新会址宏敞清洁，尚堪盘桓，特定于是日开会后下午新钟四时，在会内备具薄肴，恭请各代表聚餐联欢，以示庆祝而资纪念。希各代表散会后，稍事勾留，以便晏饮，是为至盼。

成立宣言　武汉北连秦豫，西接川湘，控滇粤而障东南，为华中重镇，九省通衢，商业金融之供求集散，盈虚调节，莫不以武汉为中枢之契机。往者轮轨辐辏，商旅如云，繁荣气象，冠绝一时。事变以来，人民荡析离居，四方流转，工商实业，几于全部崩溃，昔日繁荣，顿成废墟。斯诚有心人士之所扼腕叹息，尤吾商民之所推心痛愤者也。

市长张公秉政以来励精图治，首致力于市民之安居乐业，兴市区、宏教养、利交通、维秩序，行之□年，其效大□，四方复归之氓，逾数十万，金融既日趋安定，商业自渐臻发达。今日之武汉，得仍厕于重要都市之列。岂吾人两年前疮痍满目，颠运失所，时梦想之所及哉。武汉总商会筹备委员会应当前需要，设立于上年十一月三日，仰承市长德意之隆、官厅指导之殷，同人奋勉努力。迄兹八月，各业公会之先后合法成立者计七十余业，其积极各别筹组踊跃参加者，正如草木之欣欣向荣，方兴未艾。武汉商业前途之进展，未可限量。本会筹备粗告就绪，因于七月八日宣告正式成立，谨陈本会使命纲要四点如次：

一曰集中全体力量，谋整个商业之复兴，完成国民经济建设之成功。

二曰调节盈虚，以求物资之供求平衡。

三曰复兴农村，发展工业，求生产之增强，以巩固商业上之基本力量。

四曰本东亚提携之真精神，为经济合作之实践。

夫国以民立，民以业存，商业者，尤为多数人民经济之所寄托依赖，其重要性固不待言矣。武汉自事变之余，吾商界同人劫后灾遗，失其重心者久矣。转徙归来，茫然失措，虽志切复业，而投诉无门。一般情况，不作农工业之扩展，谋基本实力之充实，更昧于调节盈虚消长供求平衡之原理。唯目前之博利是趋，投机营求个人私益，□至通货膨胀，紊乱市场秩序。此种情状，过去殊不能免。此本会成立之始，基于前述四点，将欲致其最大之努力，以导吾商界同人于正轨者也。

本会承丧乱之余，地方元气未复，内地农工业实力未充，艰巨独负，深罹□短，无以副(负)吾市民之望。然而，际兹国府还都，中枢有主，和平在望，宪政可期，兆民同庆来苏，正吾商界竭诚拥戴之时，本会之责，实不容有所诿卸。重以市长护植之殷，市民期待之切，不奋然自励，以满腔热忱、不辞劳怨、不避艰难，联合武汉商界全体同人，基于复兴农工、提携合作两大原则，在政府当局指导之下，努力于武汉商业市场之进展，谋市民应有之福利，以期建设新中国，奠定东亚永久和平之协力，邦人君子，其共鉴诸，谨此宣言。

大会标语　一、健全商会的组织才能复兴中国的经济。二、以团体力量谋团体的进展。三、在中央政府领导之下完成国民经济建设。四、提高市民生活水准必须成立商会。五、组织健全的商会就是经济建设的基础。六、集中资力复兴国家是商会的职责。七、总商会是调整市民日常生活的机构。八、以武汉的资力人力筑成新中国复兴的基础。九、繁荣武汉必须健全商会的组织。十、商会的成立是武汉繁荣的基础。十一、总商会是实行经济提携的先锋。十二、商会是促进农工商业平衡发展的机关。

(《武汉报》)

22.武汉特别市总商会第一次会员代表大会特刊

(1940年7月8日)

武汉特别市总商会成立宣言

武汉北连秦豫，西接川湘，控滇粤而障东南，为华中重镇，九省通衢，商业金融之供求集散，盈虚调节，莫不以武汉为中枢之契机。往者轮轨辐辏，商旅如云，繁荣气象，冠绝一时。事变以来，人民荡析离居，四方流转，工商实业，几于全部崩溃，昔日繁荣，顿成废墟。斯诚有心人士之所扼腕叹息，尤吾商民之所推心痛愤者也。

市长张公秉政以来励精图治，首致力于市民之安居乐业，兴市区、宏教养、利交通、维秩序，行之□年，其效大□，四方复归之氓，逾数十万，金融既日趋安定，商业自渐臻发达。今日之武汉，得仍厕于重要都市之列，岂吾人两年前疮痍满目，颠运失所时，梦想之所及哉。武汉总商会筹备委员会应当前需要，设立于上年十一月三日，仰承市长德意之隆、官厅指导之殷，同人奋勉努力。迄兹八月,各业公会之先后合法成立者计七十余业,其积极各别筹组踊跃参加者,正如草木之欣欣向荣,方兴未艾。筹备粗告就绪,因于七月八日,宣告正式成立,谨陈本会使命纲要四点如次:

一曰集中全体力量,谋整个商业之复兴,完成国民经济建设之成功。

二曰调节盈虚,以求物资之供求平衡。

三曰复兴农村,发展工业,求生产之增强,以巩固商业上之基本力量。

四曰本东亚提携之真精神,为经济合作之实践。

夫国以民立,民以业存,商业者尤为多数人民经济之所寄托依赖,其重要性固不待言矣。武汉自事变之余,吾商界同人,劫后灾遗,失其重心者久矣,转徙归来,茫然失措,虽志切复业,而投诉无门。一般情况,不作农工业之扩展,谋基本实力之充实,更昧于调节盈虚消长供求平衡之原理,唯目前之博利是趋,投机营求个人私益,□自通货膨胀,紊乱市场秩序,此种情状,过去殊不能免。此本会成立之始,基于前述四点,将欲致其最大之努力,以导吾商界同人于正轨者也。

本会承丧乱之余,地方元气未复,内地农工业实力未充,艰巨独负,深罹□短,无以副(负)吾市民之望。然而,际兹国府还都,中枢有主,和平在望,宪政可期,兆民同庆来苏,正吾商界同仁竭诚拥戴之时。本会之责,实不容有所诿卸。重以市长护植之殷,市民期待之切,不奋然自励,以满腔热忱、不辞劳怨、不避艰难,联合武汉商界全体同人,基于复兴农工、提携合作两大原则,在政府当局指导下,努力于武汉商业市场之进展,谋市民应有之福利,以期建设新中国,奠定东亚永久和平之协力,邦人君子,其共鉴诸,谨此宣言。

(《大楚报》)

23.复兴大武汉商场　总商会今日正式成立

(1940 年 7 月 8 日)

复兴大武汉商场　总商会今日正式成立并召开第一次会员代表大会选举理监事并举行成立典礼

武汉特别市总商会,今日午前九时,在中山路该会召开第一次全体会员代表大会,并选举理、监事,正式举行总商会成立典礼。事变后武汉商场之复兴,今后以此为契机,而成一划时代之举。各方对该会成立均感莫大欣慰与庆祝,同时武汉商民为谋商界之福利,对该会亦怀无限的期待,预期今日车水马龙定卜盛况空前云。兹将该会在各市街所张贴标语于后:(一)武汉特别市总商会成立典礼;(二)总商会是实行经济提携的先锋;(三)总商会是促进农工商业平衡发展的机关;(四)集中资力复兴国家是商会的职责;(五)繁荣武汉必须健全商会的组织;(六)商会的成立是武汉繁荣的基础;(七)总商会在中央政府领导之下完成国民经济建设;(八)总商会在武汉特别市政府指导之下促进市面的繁荣;(九)总商会成立要拥护励精图治安抚流亡的张市长。

(《大楚报》)

24.汉口市政府财政局为纱业工会就减半征收棉纱营业税批

(1940 年 7 月 8 日)

呈一件:为呈请对于棉业就请自本年七月份起减半征收由。

呈悉。查此案前奉市政府转发财政部,对该会请求减半征收棉纱营业税诉愿决定书一份,到局当经抄同原件转饬捐税征收遵照,自八年七月份其减半征收在案后,呈前请除令饬捐征收遵照前案。办理外仰即知照。此致!

局长　孔楚材

25.武汉商民热烈期待之市总商会昨宣告成立

(1940 年 7 月 9 日)

武汉商民热烈期待之市总商会昨宣告成立　方子颖荣任该会首届理事长　继续召开首次会员代表大会　并电中日会谈代表希望从速签订和约

武汉特别市总商会,已于昨(八)日上午十时中山路该会召开第一次全体会员代表大会,产生理、监事,正式宣告成立。是日计到友邦官宪,柴山军特务部长、左近允海军特务部长、伊东总领事、俄侨董事会长等以下数十余人,中国方面计到张市长、何省长代表宋怀远、石董事长、雷会长以及市府各局所长,省府各厅局长等暨各界来宾百余人以及会员代表一百二十四人,总共三百余人。十时振铃开会,依照规定程序行礼如仪,仪式极为隆重,情况异常热烈,兹将大会情形分志于后:

市长训词,行礼如仪后,推涂拔丞为临时主席,报告筹备经过,至为详尽(词长从略)。词毕,由张市长训词,原训扼要约有三点:

一、因本市商业现在恢复滋长时期,散在外地之武汉商界,尚多未复归来,为谋本市商界人才之充实,及实力之雄厚起见,故将理、监事均酌留名额,以待有力分子之复归。

二、因理、监事本应出之选举,但此次提前创立,各同业公会未尽组织完备,若泥于定章,仅小范围内推选,料虽胜此艰巨,为适应环境,兼顾事实起见,故本届暂就各方审慎权衡,对各理、监事人选,采用推举方法。

三、因过去在商界具有历史及地位而现在无意负商会世纪责任者,值此建设新武汉复兴工商之伟大行进中,自应广为延揽,集中人才,以期增进效率,借宏视听。故特于理事、监事之外,设置评议员。凡此胥由于武汉现状之特殊,而求环境之适应,其标准概以本市民众之福利及工商业之发展为依归,此当为各界之所共喻也,云云。

训词毕,由社会局长徐养之遵照市长宣示理、监事人选,当选名单:理事方子颖、陆德泽、贺衡夫、涂拔丞、李鼎安、谢有标、张鹏舞、姚维章、陈宪章、夏汉卿、王晋澄等十一人;监事王武刚、谢伯勤、徐炽卿、万凤逸、李桂荪等五人;常务理事方子颖、涂拔丞、李鼎安、谢有标、张鹏舞等五人;理事长方子颖;候补理事邹济之、成禹门、唐兰樵等三人;候补监事彭华庭、周赞卿等二人。各当选理、监事即当场就职,旋由省长代表宋怀远及友邦柴山部长、左近允海军部长、伊东总领事等相继惠词(词长从略),末由涂拔丞代表理事长答词(方理事长因病未到)。摄影后茶点散会。

全体会议成立典礼举行完竣后,全体会员代表等旋即继续开会讨论大会提案,由涂拔丞代理方理事长主席,兹将决议各案并志于后:

(一)本会经费,依据章程,以会员按照资本比例分担为原则。在筹备期间,蒙市长特别体恤,按月给予补助费,以资办公,是以登记入会,概未收费。现在本会成立,各业承凋敝之余,资力薄弱,一时无力以担任巨额会费,亦属实情,但本会为纯粹商人团体,其经费不能不自行筹划,拟比照从前商会收费成例,参酌现在经济状况,暂定事务费自六元起,分六等递加至六十元为止。事业费比照事务费折半负担可否请共同讨论案,决议:通过。

(二)本会内部组织及应设各职员,可否授权于理事会,分别办理,请共同讨论案,决议:授权于理事会共同讨论。

(三)各业提案共计四十三件,是否归并审查,分别缓急,交由理事会执行请讨论案,决议:交由理事会执行。

临时动议三项,以大会名义电汪主席致敬,及以大会名义电请中日会谈各代表表示希望从速签订和约,调整邦交案,决议:照办。原电志后:

电汪主席:南京国民政府社会部转呈代理主席汪钧鉴:属会于本日上午十时开第一次全体会员代表大会,宣告成立,推定职员,同时就职,当以钧座主持和平,劳苦功高,一致议决致敬,谨电奉陈,肃叩崇安。武汉特别市总商会第一次全体会员代表大会叩齐。

速订和约:南京国民政府社会部转中日会谈各代表动鉴,本会筹备就绪,本日开第一次群体会员代表大会,宣告成立。值兹中日两国代表会商和平条约之际,武汉工商业唯一团体,适于是时崭然再露头角,曷胜荣幸。惟望从速签订和约,调整邦交,两国商民,同深利赖,经决议奉达,特布区区,敬希垂察。武汉特别市总商会第一次全体会员代表大会叩齐。

电各法团:国民政府,各院部会,各省市政府暨全国各法团公鉴,本会于本日上午十时,开第一次会员代表大会,推定职员,宣告成立,谨电奉闻,敬希垂察。武汉特别市总商会叩齐。

(《大楚报》)

26.武汉特别市市政府社会局呈造改各职员官等姓名俸级清册仰乞鉴核备案由

(1940 年 7 月 15 日)

已发回文证。七、十七。

案奉钧府府事字第 9033 号训令内开:"查该局简任、荐任、委任各级职员俸级业经按照中央官等,官俸表分别改叙列册,饬知在案,除救济院、平民工厂、乞丐收容所、中央市场、园林事务所、房屋土地整理委员会等六机关职员,应俟归并及编组就绪后再行呈候核委外,兹将该局暨所属各机关职员名称、俸级分别改正核叙,检同任命三件委任令,四十二件训令,九十二件令发该局,仰即转给,祗领分饬遵照,仍将改正各职员官等姓名、俸级等项,造具正式清册,二份报府,备查。此令。"等因,附发任命,令三件委任令、四十二件训令,九十二件奉此,除救济院、平民工厂、乞丐收容所改组为教养所,已另案呈请核委,及中央市场等机关,俟编组就绪再行呈报外,谨将奉颁之委任令饬科分别登记后,转给祗领并饬遵照任事,理合造具各职员官等姓名、俸给清册二份，一并备文呈请鉴核备查。

谨呈

武汉特别市市长张

附改正各职员官等姓名俸给清册二份，存科一份。

社会局局长　徐养之

社会局暨所属各机关职员改正官等姓名俸级清册

职别	姓名	改正官等	俸级	备考
局长	徐养之		600.00	
秘书	谢楚珩	荐级四级	340.00	
总务科长	黄荆山	荐级六级	300.00	
公益科长	何蓉	荐级六级	300.00	
实业科长	葛振华	荐级四级	340.00	
公用科长	何泽霖	荐级五级	320.00	
宣传科长	朱斌	荐级五级	320.00	
视察	高仰之	荐级六级	300.00	
	刘天雄	荐级六级	300.00	
	朱良儒	荐级八级	260.00	
助理秘书	李克恕	荐级九级	240.00	
帮办	涂静庵	荐级九级	240.00	
	余锡五	荐级十一级	200.00	
	陈云曲	荐级九级	240.00	
	张镜南	荐级九级	240.00	
	王桂森	荐级十级	220.00	
股长	邸晓岩	委任三级	160.00	
	关涢天	委任三级	160.00	
	周雪丹	委任二级	180.00	
	胡白眉	委任三级	160.00	
	萧林昌	委任四级	140.00	
	张德著	委任三级	160.00	
	李仕节	委任二级	180.00	
	包刚	委任二级	180.00	
	姜钟叙	委任三级	160.00	
	李熙	委任三级	160.00	

（续表）

职别	姓名	改正官等	俸级	备考
科员	潘化龙	委任三级	160.00	
	孙勋	委任三级	160.00	
	王福荣	委任三级	160.00	
	杜晦	委任三级	160.00	
	王少瑶	委任三级	160.00	
	金振嗣	委任四级	140.00	
	王仲周	委任四级	140.00	
	丁子厚	委任五级	130.00	
	刘述唐	委任五级	130.00	
	李迪吾	委任六级	120.00	
	张梓青	委任六级	120.00	
	杨紫题	委任七级	110.00	
	黎泽生	委任七级	110.00	
	裘晦庵	委任八级	100.00	
	郑俊夫	委任八级	100.00	
	马绍箕	委任八级	100.00	
	熊□□	委任八级	100.00	
	姚组情	委任八级	100.00	
	郑柏青	委任八级	100.00	
	王寿□	委任八级	100.00	
	游德甫	委任八级	100.00	
	吴子云	委任八级	100.00	
	金镛章	委任九级	90.00	
	杜伯勋	委任九级	90.00	
	李衡孙	委任九级	90.00	
	张锦堂	委任九级	90.00	
	喻杰丞	委任九级	90.00	
	田润堂	委任九级	90.00	
	曾庆明	委任九级	90.00	
	沈又新	委任九级	90.00	
	陈亚翘	委任九级	90.00	
	林大慵	委任九级	90.00	

（续表）

职别	姓名	改正官等	俸级	备考
科员	杨孝义	委任十一级	80.00	
	涂允隽	委任十一级	80.00	
	王士坦	委任十一级	80.00	
	朱宝仪	委任十一级	80.00	
	滕锡之	委任十一级	80.00	
	朱堃	委任十一级	80.00	
	杨森甫	委任十一级	80.00	
	邬荆甫	委任十一级	80.00	
	吴学襄	委任十一级	80.00	
	周著明	委任十一级	80.00	
	唐维明	委任十一级	80.00	
	王慈理	委任十一级	80.00	
	徐锡龄	委任十一级	80.00	
	潘良骏	委任十一级	80.00	
	刘凤轩	委任十一级	80.00	
	陶仲华	委任十一级	80.00	

汽车渡船管理所职员官等姓名俸级清册

职别	姓名	改正官等	俸级	备考
所长	庄瑞陔	荐任六级	300.00	
第一课长	汪余生	荐任十二级	180.00	
技士兼第二课长	李谦章	荐任十二级	180.00	
课员	马恒恺	荐任六级	120.00	
	杨定华	荐任六级	120.00	
	徐文熙	荐任九级	90.00	
	范有章	荐任九级	90.00	
	杨树开	荐任十三级	70.00	
	金润生	荐任十三级	70.00	
	陈钰锟	荐任十三级	70.00	
	叶开光	荐任十三级	70.00	
	刘先艺	荐任十一级	80.00	
	陈宝庭	荐任十一级	80.00	
	关仲瑞	荐任十一级	80.00	

（续表）

职别	姓名	改正官等	俸级	备考
课员	张云青	荐任十一级	80.00	
技佐	童其祥	荐任十五级	60.00	
	杨祖志	荐任十五级	60.00	

度量衡检定所职员官等姓名俸级清册

职别	姓名	改正官等	俸级	备考
所长	吴周钦	荐任六级	300.00	
技士	王谦	委任四级	140.00	
技佐	王达武	委任八级	100.00	
总务股长	伍宗培	委任六级	120.00	
检定员兼管理股长	王重宇	委任七级	110.00	
检定员兼检定股长	刘家超	委任九级	90.00	
事务员	靖祖植	委任十一级	80.00	
	王于蕃	委任十一级	80.00	
检定员	王公正	委任十三级	70.00	
	李慰慈	委任十三级	70.00	
	陈松山	委任十三级	70.00	

妇女职业讲习所教职员姓名薪额清册

职别	姓名	薪额	备考
专任教师	高桥龙子	220.00	
	俞立馥	160.00	
	谢琼华	120.00	
	徐云清	100.00	
	张回文	90.00	
□托教师	吴继昭	90.00	
	张文卿	70.00	
	陈淑昭	55.00	
助理教师	周美文	70.00	
事务员	吴义圆	60.00	

小本借贷办事处职员官等姓名俸级清册

职别	姓名	改正官等	俸级	备考
武昌八铺街办事处调查员	雷又鸣	委任十一级	80.00	
办事员	柏松青	委任十六级	55.00	
武昌积玉街办事处调查员	叶崇格	委任十一级	80.00	
办事员	徐菊荪	委任十六级	55.00	
汉阳办事处调查员	冯诚之	委任十一级	80.00	
办事员	吕培生	委任十六级	55.00	
汉口中华区办事处调查员	张海臣	委任十一级	80.00	
办事员	朱志学	委任十六级	55.00	
调查员	李荫东	委任十一级	80.00	
	田和哉	委任十六级	55.00	

各市场管理员官等姓名俸级清册

江坡管理员	黄海青	委任十六级	55.00	
清和管理员	萧静诚	委任十六级	55.00	
大舆管理员	王万鹏	委任十六级	55.00	
万安管理员	刘树楠	委任十六级	55.00	
华清管理员	张廷禄	委任十五级	60.00	
百子管理员	皮子华	委任十六级	55.00	
合成管理员	皮高荣	委任十六级	55.00	
大华管理员	齐贤才	委任十六级	55.00	
贤乐管理员	曹春华	委任十六级	55.00	
江汉管理员	王宣忠	委任十五级	60.00	
兰陵管理员	张慕骞	委任十五级	60.00	
三镇市场管理员	任坤吾	委任十六级	55.00	
长胜管理员	朱伯卿	委任十五级	60.00	
武昌粮道管理员	张天纵	委任十六级	55.00	
武昌兴亚管理员	姚子麒	委任十六级	55.00	
城庙市场管理员	吴宗鉴	委任十六级	55.00	
西大街市场管理员	顾振芳	委任十六级	55.00	
高公桥市场管理员	陈兴华	委任十六级	55.00	

查核前设不同之点：

一、妇女职业讲习所长高仰之调视察，原视察蔡森另调。

二、科员费显庭未到差。

三、三镇市场管理员,原为王宣忠兼,现为任坤吾。

以上查核无误。

四、武昌高公桥市场管理员程世华系由前其福市场管理员调充。

五、兴亚、城庙、西大街管理员系新增有案:姚子麒、吴宗鉴、顾振芳。

(8-1-326:52-62)

27.武汉特别市汉口色土布行业同业公会章程

(1940 年 7 月 15 日)

第一章 总 则

第一条 凡在武汉特别市区域内营色土布行业者,为维持及增进同业之公共利益并矫正营业之弊害,应各组同业公会,定名为武汉特别市汉口色土布行业同业公会,其事务及组织悉依本章程行之。

第二条 本会应受武汉特别市市政府社会局之监督指挥,并应向市总商会或其分会登记为会员。

第三条 本会暂设花楼街民权路齐安公所。

第四条 本会办理之事务如下:

一、承受武汉特别市市政府暨各主管机关及市总商会委托之事件。

二、维持并促进同业之公共利益,矫正营业之弊害。

三、解决同业之纠纷。

第二章 会 员

第五条 凡在汉口市区域内营色土布行业者,均得为本会会员,但应向本会登记其牌号及店主并经理姓名、年龄、籍贯、公司行号所在地。其无正式牌号组织及曾受除名之处分者不在此限。

每一行号得派会员代表一人或二人出席本会,但以经理或店主为限。

第六条 各行号推举会员代表出席于全体会员大会时,应付与委托书并通知公会。其改推会员代表时,亦应依前项之规定办理。

第七条 有下列各款情事之一者不得为会员代表:

一、褫夺公权者。

二、有反动行为者。

三、受破产之宣告尚未复权者。

四、无能力者。

第八条 本会会员均有遵守本会章程及服从本会决议案之义务。

第九条 本会会员有提议权、表决权、选举权、被选举权。

第十条 会员如因特殊情形而欲退出时,须陈明理由,经大会核准后方能退出,所缴各费概不退还。

第三章　组　织

第十一条　本会议决机关为会员大会，由全体会员代表组织之。

第十二条　会员代表大会之任务如下：

一、选举理事、监事。

二、审定章程。

三、会员代表之除名事项。

四、职员之退职事项。

五、清算人之选任及关于清算事项之决议。

六、同业规约之议定。

七、其他关于公会会务之重要决议。

第十三条　本会由会员大会就会员代表中用无记名连举法选任理事五人组织理事会，选任监事三人组织监事会，并另选候补理事三人、候补监事一人。

第十四条　本会由理事互选三人为常务理事，再由常务理事中推一人为理事长。

第十五条　理事会之职权如下：

一、召集会员大会之定期会议及临时会议。

二、向会员大会报告会务及其他事项。

三、执行会员大会之议决案。

四、预决算之编制及报告事项。

五、关于其他应办事项。

第十六条　监事之职权如下：

一、考察本会职员是否称职。

二、审查本会预决算。

三、函请理事会召集临时会员大会。

四、向会员大会提出弹劾案。

五、关于监事职权内之应办事项。

第十七条　本会职员均为无给职，但因办理同业会务得核实支给会费。

第十八条　本会理、监事有下列各款情事之一者应即解任：

一、因不得已事故，经会员大会议决准其退职者。

二、荒废职务经会员大会议决令其退职者。

三、于职务上违背法令、营私舞弊或有其他不正当行为，经会员大会决议，令其退职或由市政府社会局令其退职者。

四、发生本章程第七条各款情事之一者。

第十九条　本会得酌用雇员，其人数及薪金由理事会决定之。

第四章　任　期

第二十条　本会理、监事任期为四年，二年改选半数，不得连任。其第一次之改选以抽签定之，但人数有奇数时，留任者之人数得较改选者多一人。

第二十一条　常务理事有缺额时由理事会选补之。理事缺额时由候补理事依次递补之。其任期均以补足前任任期为限。

监事缺额时由候补监事依次递补,其任期以补足前任任期为限。

第五章　会　议

第二十二条　本会会员大会分定期会议与临时会议两种,由理事长召集之。

一、定期会议每年一次,于十二月召集之。

二、临时会议理事长认为必要时或会员代表十分之一以上之请求暨过,有紧急重大事项时由理事长召开之。

第二十三条　会员大会须会员代表过半数之出席方能开会,提议事项须出席代表过半数之同意方能决议。

关于本章程第十二条各款事项之决议,以会员代表三分之二以上之出席,出席代表三分之二以上之同意行之。

第二十四条　召集会员大会应于十五日以前通知之,但遇有紧急事项召集临时会议时不在此限。

第二十五条　理事会每月开会二次,但有特别事故时,得由理事长召开临时会。监事会每月开会一次。

第二十六条　理事会开会时以理事长为主席,如理事长因故请假时,由常务理事轮代之。监事开会时互推一人为主席。

第二十七条　理事会之决议以理事过半数之出席、出席理事过半数之同意行之。监事得列席理事会,但无表决权。

第六章　经　费

第二十八条　本会经费分下列二种:

一、经常费由会员大会决议后,会员分担之。

二、临时费由会员大会决议筹集之。

第二十九条　本会经费之预算、决算及事业之成绩,每年须编制报告,向会员大会报告后,经由市总商会转呈社会局备案。

第七章　附　则

第三十条　本章程如须修改时,应由会员大会决议后,呈送社会局转呈市长核准行之。

第三十一条　本会办事细则由理事会订定,呈报社会局备案。

第三十二条　本公会同业之规约由大会议定后送请市总商会,转呈社会局核定之。

第三十三条　本章程自呈奉市长核准之日施行。

(9-31-8034:3-6)

28.武汉特别市汉口油盐业同业公会章程

（1940 年 7 月 15 日）

第一章　总　则

第一条　本章程依照武汉特别市商工业各同业公会章程之规定订定之。

第二条　本会由油盐业同业者组织之,定名为武汉特别市汉口油盐业同业公会,其事务及组织悉依本章程行之。

第三条　本会应受市政府社会局之监督指挥,并应向市总商会登记为会员。

第四条　本会会址暂设大夹街广合巷十号。

第五条　本会办理之事务如下:

一、承受武汉特别市市政府暨各主管机关及市总商会委托之事件。

二、维持并促进同业之公共利益,矫正营业之弊害。

三、解决同业之纠纷。

第二章　会　员

第六条　凡在汉口营油盐业之商店,均得为本会会员,但应向本会登记其牌号及店主或经理人姓名、年龄、籍贯、店址。其无正式牌号组织及曾受除名之处分者不在此限。每店得派会员代表一人或二人出席本会,但以店主或经理人为限。

第七条　各商店推举会员代表出席全体会员大会时,应付与委托书并通知公会。其改推会员代表时,亦应有下列各款情事之一者,不得为会员代表:

一、褫夺公权者。

二、有反动行为者。

三、受破产之宣告尚未复权者。

四、无能力者。

第八条　本会会员均有遵守本会章程及服从本会决议案之义务。

第九条　本会会员有提议权、表决权、选举权、被选举权。

第十条　会员如因特殊情形而欲退出时,须陈明理由,经大会核准后方能退出,所缴各费概不退还。

第三章　组　织

第十一条　本会议决机关为会员大会,由全体会员代表组织之。

第十二条　会员代表大会之任务如下:

一、选举理事、监事。

二、审定章程。

三、会员代表之除名事项。

四、职员之退职事项。

五、清算人之选任及关于清算事项之决议。

六、同业规约之议定。

七、其他关于公会会务之重要决议。

第十三条　本会由会员大会就会员代表中用无记名连举法选任理事九人组织理事会，选任监事三人组织监事会，并另选候补理事三人、候补监事二人。

第十四条　本会由理事互选三人为常务理事，再由常务理事中推一人为理事长。

第十五条　理事会之职权如下：

一、召集会员大会之定期会议及临时会议。

二、向会员大会报告会务及其他事项。

三、执行会员大会之议决案。

四、预决算之编制及报告事项。

五、关于其他应办事项。

第十六条　监事之职权如下：

一、考察本会职员是否称职。

二、审查本会预决算。

三、函请理事会召集临时会员大会。

四、向会员大会提出弹劾案。

五、关于监事职权内之应办事项。

第十七条　本会职员均为无给职，但因办理同业会务得核实支给会费。

第十八条　本会理、监事有下列各款情事之一者应即解任：

一、因不得已事故，经会员大会议决准其退职者。

二、荒废职务经会员大会议决令其退职者。

三、于职务上违背法令、营私舞弊或有其他不正当行为，经会员大会决议，令其退职或由市政府社会局令其退职者。

四、发生本章程第七条各款情事之一者。

第十九条　本会得酌用雇员，其人数及薪金由理事会决定之。

第四章　任　期

第二十条　本会理、监事任期为四年，每二年改选半数，不得连任。其第一次之改选以抽签定之，但人数有奇数时，留任者之人数得较改选者多一人。

第二十一条　常务理事有缺额时由理事会选补之。理事缺额时由候补理事依次递补之。其任期均以补足前任任期为限。

监事缺额时由候补监事依次递补，其任期以补足前任任期为限。

第五章　会　议

第二十二条　本会会员大会分定期会议与临时会议两种，由理事长召集之。

一、定期会议每年一次，于十二月召集之。

二、临时会议理事长认为必要时或会员代表十分之一以上之请求暨过，有紧急重大事项时由理事长召开之。

第二十三条　会员大会须会员代表过半数之出席方能开会，提议事项须出席代表过半数之同意方能决议。

关于本章程第十二条各款事项之决议，以会员代表三分之二以上之出席，出席代表三分之二以上之同意行之。

第二十四条　召集会员大会应于十五日以前通知之，但遇有紧急事项召集临时会议时不在此限。

第二十五条　理事会每月开会二次，但有特别事故时，得由理事长召开临时会。监事会每月开会一次。

第二十六条　理事会开会时以理事长为主席，如理事长因故请假时，由常务理事轮代之。监事开会时互推一人为主席。

第二十七条　理事会之决议以理事过半数之出席、出席理事过半数之同意行之。监事得列席理事会，但无表决权。

第六章　经　费

第二十八条　本会经费分下列二种：

一、经常费由会员大会决议后，会员分担之。

二、临时费由会员大会决议筹集之。

第二十九条　本会经费之预算、决算及事业之成绩，每年须编制报告，向会员大会报告后，经由市总商会转呈社会局备案。

第七章　附　则

第三十条　本章程如有未尽事宜，适用武汉特别市商工业各同业公会章程之规定。

第三十一条　本章程如须修改时，应由会员大会决议后，呈送社会局转呈市长核准行之。

第三十二条　本会办事细则由理事会订定，呈报社会局备案。

第三十三条　本会同业之规约由大会议定后送请市总商会，转呈社会局核定之。

第三十四条　本章程自呈奉市长核准之日施行。

（9－31－8034：7－10）

29.武汉特别市汉口煤业同业公会章程

（1940年7月15日）

第一章　总　则

第一条　本章程依照武汉特别市商工业各同业公会章程之规定订定之。

第二条　本会由煤业同业者组织之，定名为武汉特别市汉口煤业同业公会，其事务及组织悉依本章程行之。

第三条　本会应受市政府社会局之监督指挥，并应向市总商会登记为会员。

第四条　本会会址暂设中华区戏子街同丰巷九号。

第五条　本会办理之事务如下：

一、承受武汉特别市市政府暨各主管机关及市总商会委托之事件。

二、维持并促进同业之公共利益，矫正营业之弊害。

三、解决同业之纠纷。

第二章　会　员

第六条　凡在汉口营煤业之商店，均得为本会会员，但应向本会登记其牌号及店主或经理人姓名、年龄、籍贯、店址。其无正式牌号组织及曾受除名之处分者不在此限。每店得派会员代表一人或二人出席本会，但以店主或经理人为限。

第七条　各商店推举会员代表出席于全体会员大会时，应付与委托书并通知公会。其改推会员代表时，亦应有下列各款情事之一者，不得为会员代表：

一、褫夺公权者。

二、有反动行为者。

三、受破产之宣告尚未复权者。

四、无能力者。

第八条　本会会员均有遵守本会章程及服从本会决议案之义务。

第九条　本会会员有提议权、表决权、选举权、被选举权。

第十条　会员如因特殊情形而欲退出时，须陈明理由，经大会核准后方能退出，所缴各费概不退还。

第三章　组　织

第十一条　本会议决机关为会员大会，由全体会员代表组织之。

第十二条　会员代表大会之任务如下：

一、选举理事、监事。

二、审定章程。

三、会员代表之除名事项。

四、职员之退职事项。

五、清算人之选任及关于清算事项之决议。

六、同业规约之议定。

七、其他关于公会会务之重要决议。

第十三条　本会由会员大会就会员代表中用无记名连举法选任理事十一人组织理事会，选任监事五人组织监事会，并另选候补理事五人、候补监事三人。

第十四条　本会由理事互选五人为常务理事，再由常务理事中推一人为理事长。

第十五条　理事会之职权如下：

一、召集会员大会之定期会议及临时会议。

二、向会员大会报告会务及其他事项。

三、执行会员大会之议决案。

四、预决算之编制及报告事项。

五、关于其他应办事项。

第十六条　监事之职权如下：

一、考察本会职员是否称职。

二、审查本会预决算。

三、函请理事会召集临时会员大会。

四、向会员大会提出弹劾案。

五、关于监事职权内之应办事项。

第十七条　本会职员均为无给职，但因办理同业会务得核实支给会费。

第十八条　本会理、监事有下列各款情事之一者应即解任：

一、因不得已事故，经会员大会议决准其退职者。

二、荒废职务经会员大会议决令其退职者。

三、于职务上违背法令、营私舞弊或有其他不正当行为，经会员大会决议，令其退职或由市政府社会局令其退职者。

四、发生本章程第七条各款情事之一者。

第十九条　本会得酌用雇员，其人数及薪金由理事会决定之。

第四章　任　期

第二十条　本会理、监事任期为四年，每二年改选半数，不得连任。其第一次之改选以抽签定之，但人数有奇数时，留任者之人数得较改选者多一人。

第二十一条　常务理事有缺额时由理事会选补之。理事缺额时由候补理事依次递补之。其任期均以补足前任任期为限。

监事缺额时由候补监事依次递补，其任期以补足前任任期为限。

第五章　会　议

第二十二条　本会会员大会分定期会议与临时会议两种，由理事长召集之。

一、定期会议每年一次，于十二月召集之。

二、临时会议理事长认为必要时或会员代表十分之一以上之请求暨过，有紧急重大事项时由理事长召开之。

第二十三条　会员大会须会员代表过半数之出席方能开会，提议事项须出席代表过半数之同意方能决议。

关于本章程第十二条各款事项之决议，以会员代表三分之二以上之出席，出席代表三分之二以上之同意行之。

第二十四条　召集会员大会应于十五日以前通知之，但遇有紧急事项召集临时会议时不在此限。

第二十五条　理事会每月开会二次，但有特别事故时，得由理事长召开临时会。监事会每月开会一次。

第二十六条　理事会开会时以理事长为主席，如理事长因故请假时，由常务理事轮代之。监事开会时互推一人为主席。

第二十七条　理事会之决议以理事过半数之出席、出席理事过半数之同意行之。监事得列席理事会，但无表决权。

第六章　经　费

第二十八条　本会经费分下列二种：

一、经常费由会员大会决议后，会员分担之。

二、临时费由会员大会决议筹集之。

第二十九条　本会经费之预算、决算及事业之成绩，每年须编制报告，向会员大会报告后，经由市总商会转呈社会局备案。

第七章　附　则

第三十条　本章程如有未尽事宜，适用武汉特别市商工业各同业公会章程之规定。

第三十一条　本章程如须修改时，应由会员大会决议后，呈送社会局转呈市长核准行之。

第三十二条　本会办事细则由理事会订定，呈报社会局备案。

第三十三条　本会同业之规约由大会议定后送请市总商会，转呈社会局核定之。

第三十四条　本章程自呈奉市长核准之日施行。

（9-31-8034：11-17）

30.武汉特别市汉口山货行业同业公会章程

（1940 年 7 月 15 日）

第一章　总　则

第一条　本章程依照武汉特别市商工业各同业公会章程之规定订定之。

第二条　本会由汉口山货行业同业者组织之，定名为武汉特别市汉口山货行业同业公会，其事务及组织悉依本章程行之。

第三条　本会应受市政府社会局之监督指挥，并应向市总商会登记为会员。

第四条　本会会址暂设统一街大火巷十号山货公所。

第五条　本会办理之事务如下：

一、承受武汉特别市市政府暨各主管机关及市总商会委托之事件。

二、维持并促进同业之公共利益，矫正营业之弊害。

三、解决同业之纠纷。

第二章　会　员

第六条　凡在汉口区域内营山货行业之商店，均得为本会会员，但应向本会登记其牌号及店主或经理人姓名、年龄、籍贯、店址。其无正式牌号组织及曾受除名之处分者不在此限。每店得派会员代表一人或二人出席本会,但以店主或经理人为限。

第七条　各商店推举会员代表出席于全体会员大会时,应付与委托书并通知公会。其改推会员代表时,亦应有下列各款情事之一者,不得为会员代表:

一、褫夺公权者。

二、有反动行为者。

三、受破产之宣告尚未复权者。

四、无能力者。

第八条　本会会员均有遵守本会章程及服从本会决议案之义务。

第九条　本会会员有提议权、表决权、选举权、被选举权。

第十条　会员如因特殊情形而欲退出时,须陈明理由,经大会核准后方能退出,所缴各费概不退还。

第三章　组　织

第十一条　本会议决机关为会员大会,由全体会员代表组织之。

第十二条　会员代表大会之任务如下:

一、选举理事、监事。

二、审定章程。

三、会员代表之除名事项。

四、职员之退职事项。

五、清算人之选任及关于清算事项之决议。

六、同业规约之议定。

七、其他关于公会会务之重要决议。

第十三条　本会由会员大会就会员代表中用无记名连举法选任理事十人组织理事会,选任监事五人组织监事会,并另选候补理事五人、候补监事三人。

第十四条　本会由理事互选五人为常务理事,再由常务理事中推一人为理事长。

第十五条　理事会之职权如下:

一、召集会员大会之定期会议及临时会议。

二、向会员大会报告会务及其他事项。

三、执行会员大会之议决案。

四、预决算之编制及报告事项。

五、关于其他应办事项。

第十六条　监事之职权如下:

一、考察本会职员是否称职。

二、审查本会预决算。

三、函请理事会召集临时会员大会。

四、向会员大会提出弹劾案。

五、关于监事职权内之应办事项。

第十七条　本会职员均为无给职，但因办理同业会务得核实支给会费。

第十八条　本会理、监事有下列各款情事之一者应即解任：

一、因不得已事故，经会员大会议决准其退职者。

二、荒废职务经会员大会议决令其退职者。

三、于职务上违背法令、营私舞弊或有其他不正当行为，经会员大会决议，令其退职或由市政府社会局令其退职者。

四、发生本章程第七条各款情事之一者。

第十九条　本会得酌用雇员，其人数及薪金由理事会决定之。

第四章　任　期

第二十条　本会理、监事任期为四年，每二年改选半数，不得连任。其第一次之改选以抽签定之，但人数有奇数时，留任者之人数得较改选者多一人。

第二十一条　常务理事有缺额时由理事会选补之。理事缺额时由候补理事依次递补之。其任期均以补足前任任期为限。监事缺额时由候补监事依次递补，其任期以补足前任任期为限。

第五章　会　议

第二十二条　本会会员大会分定期会议与临时会议两种，由理事长召集之。

一、定期会议每年一次，于十二月召集之。

二、临时会议理事长认为必要时或会员代表十分之一以上之请求暨过，有紧急重大事项时由理事长召开之。

第二十三条　会员大会须会员代表过半数之出席方能开会，提议事项须出席代表过半数之同意方能决议。

关于本章程第十二条各款事项之决议，以会员代表三分之二以上之出席，出席代表三分之二以上之同意行之。

第二十四条　召集会员大会应于十五日以前通知之，但遇有紧急事项召集临时会议时不在此限。

第二十五条　理事会每月开会二次，但有特别事故时，得由理事长召开临时会。监事会每月开会一次。

第二十六条　理事会开会时以理事长为主席，如理事长因故请假时，由常务理事轮代之。监事开会时互推一人为主席。

第二十七条　理事会之决议以理事过半数之出席、出席理事过半数之同意行之。监事得列席理事会，但无表决权。

第六章　经　费

第二十八条　本会经费分下列二种：

一、经常费由会员大会决议后，会员分担之。

二、临时费由会员大会决议筹集之。

第二十九条　本会经费之预算、决算及事业之成绩,每年须编制报告,向会员大会报告后,经由市总商会转呈社会局备案。

第七章　附　则

第三十条　本章程如有未尽事宜,适用武汉特别市商工业各同业公会章程之规定。

第三十一条　本章程如须修改时,应由会员大会决议后,呈送社会局转呈市长核准行之。

第三十二条　本会办事细则由理事会订定,呈报社会局备案。

第三十三条　本会同业之规约由大会议定后送请市总商会,转呈社会局核定之。

第三十四条　本章程自呈奉市长核准之日施行。

(9-31-8034:18-25)

31.武汉特别市汉口新药业同业公会章程

(1940 年 7 月 15 日)

武汉特别市汉口新药业同业公会章程(中华民国二十九年七月十五日核准)

第一章　总　则

第一条　本章程依照武汉特别市商工业各同业公会章程之规定订定之。

第二条　本会由新药业同业者组织之,定名为武汉特别市汉口新药业同业公会,其事务及组织悉依本章程行之。

第三条　本会应受市政府社会局之监督指挥,并应向市总商会登记为会员。

第四条　本会会址暂设新安街庆德堂西药房楼上。

第五条　本会办理之事务如下:

一、承受武汉特别市市政府暨各主管机关及市总商会委托之事件。

二、维持并促进同业之公共利益,矫正营业之弊害。

三、解决同业之纠纷。

第二章　会　员

第六条　凡在汉口同一地方营业之商店,均得为本会会员,但应向本会登记其牌号及店主或经理人姓名、年龄、籍贯、店址。其无正式牌号组织及曾受除名之处分者不在此限。每店得派会员代表一人或二人出席本会,但以店主或经理人为限。

第七条　各商店推举会员代表出席于全体会员大会时,应付与委托书并通知公会。其改推会员代表时,亦应有下列各款情事之一者,不得为会员代表:

一、褫夺公权者。

二、有反动行为者。

三、受破产之宣告尚未复权者。

四、无能力者。

第八条　本会会员均有遵守本会章程及服从本会决议案之义务。

第九条　本会会员有提议权、表决权、选举权、被选举权。

第十条　会员如因特殊情形而欲退出时，须陈明理由，经大会核准后方能退出，所缴各费概不退还。

第三章　组　织

第十一条　本会议决机关为会员大会，由全体会员代表组织之。

第十二条　会员代表大会之任务如下：

一、选举理事、监事。

二、审定章程。

三、会员代表之除名事项。

四、职员之退职事项。

五、清算人之选任及关于清算事项之决议。

六、同业规约之议定。

七、其他关于公会会务之重要决议。

第十三条　本会由会员大会就会员代表中用无记名连举法选任理事九人组织理事会，选任监事五人组织监事会，并另选候补理事三人、候补监事一人。

第十四条　本会由理事互选三人为常务理事，再由常务理事中推一人为理事长。

第十五条　理事会之职权如下：

一、召集会员大会之定期会议及临时会议。

二、向会员大会报告会务及其他事项。

三、执行会员大会之议决案。

四、预决算之编制及报告事项。

五、关于其他应办事项。

第十六条　监事之职权如下：

一、考察本会职员是否称职。

二、审查本会预决算。

三、函请理事会召集临时会员大会。

四、向会员大会提出弹劾案。

五、关于监事职权内之应办事项。

第十七条　本会职员均为无给职，但因办理同业会务得核实支给会费。

第十八条　本会理、监事有下列各款情事之一者应即解任：

一、因不得已事故，经会员大会议决准其退职者。

二、荒废职务经会员大会议决令其退职者。

三、于职务上违背法令、营私舞弊或有其他不正当行为，经会员大会决议，令其退职或由市政府社会局令其退职者。

四、发生本章程第七条各款情事之一者。

第十九条　本会得酌用雇员，其人数及薪金由理事会决定之。

第四章　任　期

第二十条　本会理、监事任期为四年,每二年改选半数,不得连任。其第一次之改选以抽签定之,但人数有奇数时,留任者之人数得较改选者多一人。

第二十一条　常务理事有缺额时由理事会选补之。理事缺额时由候补理事依次递补之。其任期均以补足前任任期为限。

监事缺额时由候补监事依次递补,其任期以补足前任任期为限。

第五章　会　议

第二十二条　本会会员大会分定期会议与临时会议两种,由理事长召集之。

一、定期会议每年一次,于十二月召集之。

二、临时会议理事长认为必要时或会员代表十分之一以上之请求暨过,有紧急重大事项时由理事长召开之。

第二十三条　会员大会须会员代表过半数之出席方能开会,提议事项须出席代表过半数之同意方能决议。

关于本章程第十二条各款事项之决议,以会员代表三分之二以上之出席,出席代表三分之二以上之同意行之。

第二十四条　召集会员大会应于十五日以前通知之,但遇有紧急事项召集临时会议时不在此限。

第二十五条　理事会每月开会二次,但有特别事故时,得由理事长召开临时会。监事会每月开会一次。

第二十六条　理事会开会时以理事长为主席,如理事长因故请假时,由常务理事轮代之。监事开会时互推一人为主席。

第二十七条　理事会之决议以理事过半数之出席、出席理事过半数之同意行之。监事得列席理事会,但无表决权。

第六章　经　费

第二十八条　本会经费分下列二种:

一、经常费由会员大会决议后,会员分担之。

二、临时费由会员大会决议筹集之。

第二十九条　本会经费之预算、决算及事业之成绩,每年须编制报告,向会员大会报告后,经由市总商会转呈社会局备案。

第七章　附　则

第三十条　本章程如有未尽事宜,适用武汉特别市商工业各同业公会章程之规定。

第三十一条　本章程如须修改时,应由会员大会决议后,呈送社会局转呈市长核准行之。

第三十二条　本会办事细则由理事会订定,呈报社会局备案。

第三十三条　本会同业之规约由大会议定后送请市总商会,转呈社会局核定之。

第三十四条　本章程自呈奉市长核准之日施行。

（9-31-8034：26-33）

32.武汉特别市汉口拆售屋料业同业公会章程

（1940 年 7 月 15 日）

第一章　总　则

第一条　凡在武汉特别市区域内营拆售屋料业者，为维持及增进同业之公共利益，并矫正营业之弊害，遵照武汉特别市商工业同业公会章程组织之，定名为武汉特别市汉口拆售屋料业同业公会。

第二条　本会应受市政府社会局之监督指挥，并应向市总商会登记为会员。

第三条　本公会设置事务所于中山马路兴记里二十二号。

第四条　本会办理之事务如下：

一、承受武汉特别市市政府暨各主管机关及市总商会委托之事件。

二、维持并促进同业之公共利益。

三、解决同业之纠纷。

第二章　会　员

第五条　凡在汉口地方之同业，均得为本会会员，但须向本会登记其牌号及店主并经理人姓名、年龄、籍贯、所在地。其无正式牌号组织及曾受除名之处分者不在此限。每一同业得派会员代表一人或二人出席本同业公会，但以经理或店主为限。

第六条　同业推举会员代表出席于全体会员大会时，应付与委托书并通知公会。其改推会员代表时，亦应有下列各款情事之一者，不得为会员代表：

一、褫夺公权者。

二、有反动行为者。

三、受破产之宣告尚未复权者。

四、无能力者。

第七条　本会会员均有遵守本会章程及服从本会决议案之义务。

第八条　本会会员代表有提议权、表决权、选举权、被选举权。

第九条　凡已经加入本会会员如因特殊情形而退出时，须陈明理由，经大会核准后方能退出，所缴各费概不退还。

第三章　组　织

第十条　本公会议决机关为会员大会，由全体会员代表组织之。

第十一条　本公会会员代表大会之任务如下：

一、选举理事、监事。

二、审定章程。

三、会员代表之除名事项。

四、职员之退职事项。

五、清算人之选任及关于清算事项之决议。

六、同业规约之议定。

七、其他关于公会会务之重要决议。

第十二条　本公会由会员大会就会员代表中用无记名连举法选任理事七人组织理事会，选任监事三人组织监事会，并另选候补理事三人、候补监事一人。

第十三条　本会由理事互选三人为常务理事，再由常务理事中推一人为理事长。

第十四条　理事会之职权如下：

一、召集会员大会之定期会议及临时会议。

二、向会员大会报告会务及其他事项。

三、执行会员大会之议决案。

四、预决算之编制及报告事项。

五、关于其他应办事项。

第十五条　监事之职权如下：

一、考察本会职员是否称职。

二、审查本会预决算。

三、函请理事会召集临时会员大会。

四、向会员大会提出弹劾案。

五、关于监事职权内之应办事项。

第十六条　本公会职员均为无给职，但因办理同业会务得核实支给会费。

第十七条　本公会理、监事有下列各款情事之一者应即解任：

一、因不得已事故，经会员大会议决准其退职者。

二、荒废职务经会员大会议决令其退职者。

三、于职务上违背法令、营私舞弊或有其他不正当行为，经会员大会决议令其退职或由市政府社会局令其退职者。

四、发生本章程第七条各款情事之一者。

第十八条　本会得酌用雇员，其人数及薪金由理事会决定之。

第四章　任　期

第十九条　本公会理、监事任期为四年，每二年改选半数，不得连任。其第一次之改选以抽签定之，但人数有奇数时，留任者之人数得较改选者多一人。

第二十条　常务理事有缺额时由理事会选补之。理事缺额时由候补理事依次递补之。其任期均以补足前任任期为限。监事缺额时由候补监事依次递补，其任期以补足前任任期为限。

第五章　会　议

第二十一条　本会会员大会分定期会议与临时会议两种，由理事长召集之。

一、定期会议每年一次，于十二月召集之。

二、临时会议理事长认为必要时或会员代表十分之一以上之请求暨过，有紧急重大事项时由理事长召开之。

第二十二条　会员大会须会员代表过半数之出席方能开会，提议事项须出席代表过半数之同意方能决议。

关于本章程第十二条各款事项之决议，以会员代表三分之二以上之出席，出席代表三分之二以上之同意行之。

第二十三条　召集会员大会应于十五日以前通知之，但遇有紧急事项召集临时会议时不在此限。

第二十四条　理事会每月开会二次，但有特别事故时，得由理事长召开临时会。监事会每月开会一次。

第二十五条　理事会开会时以理事长为主席，如理事长因故请假时，由常务理事轮代之。监事开会时互推一人为主席。

第二十六条　理事会之决议以理事过半数之出席、出席理事过半数之同意行之。监事得列席理事会，但无表决权。

第六章　经　费

第二十七条　本会经费分下列二种：

一、经常费由会员大会决议后，会员分担之。

二、临时费由会员大会决议筹集之。

第二十八条　本会经费之预算、决算及事业之成绩，每年须编制报告，向会员大会报告后，经由市总商会转呈社会局备案。

第七章　附　则

第二十九条　本章程如有未尽事宜，适用武汉特别市商工业各同业公会章程之规定。

第三十条　本章程如须修改时，应由会员大会决议后，呈送社会局转呈市长核准行之。

第三十一条　本会办事细则由理事会订定，呈报社会局备案。

第三十二条　本会同业之规约由大会议定后送请市总商会，转呈社会局核定之。

第三十三条　本章程自呈奉市长核准之日施行。

（9-31-8034：34-37）

33.武汉特别市汉口茶叶店业同业公会章程

（1940年7月15日）

第一章　总　则

第一条　本章程依照武汉特别市商工业各同业公会章程之规定订定之。

第二条　本会由汉口茶叶店业同业者组织之，定名为武汉特别市汉口茶叶店业同业公会，其事务及组织悉依本章程行之。

第三条　本会应受市政府社会局之监督指挥，并应向市总商会登记为会员。

第四条　本会会址暂设戏子街杨千纵巷二十五号。

第五条　本会办理之事务如下：

一、承受武汉特别市市政府暨各主管机关及市总商会委托之事件。

二、维持并促进同业之公共利益，矫正营业之弊害。

三、解决同业之纠纷。

第二章　会　员

第六条　凡在汉口区域内营茶业之商店，均得为本会会员，但应向本会登记其牌号及店主或经理人姓名、年龄、籍贯、店址。其无正式牌号组织及曾受除名之处分者不在此限。每店得派会员代表一人或二人出席本会，但以店主或经理人为限。

第七条　各商店推举会员代表出席于全体会员大会时，应付与委托书并通知公会。其改推会员代表时，亦应有下列各款情事之一者，不得为会员代表：

一、褫夺公权者。

二、有反动行为者。

三、受破产之宣告尚未复权者。

四、无能力者。

第八条　本会会员均有遵守本会章程及服从本会决议案之义务。

第九条　本会会员有提议权、表决权、选举权、被选举权。

第十条　会员如因特殊情形而欲退出时，须陈明理由，经大会核准后方能退出，所缴各费概不退还。

第三章　组　织

第十一条　本会议决机关为会员大会，由全体会员代表组织之。

第十二条　会员代表大会之任务如下：

一、选举理事、监事。

二、审定章程。

三、会员代表之除名事项。

四、职员之退职事项。

五、清算人之选任及关于清算事项之决议。

六、同业规约之议定。

七、其他关于公会会务之重要决议。

第十三条　本会由会员大会就会员代表中用无记名连举法选任理事九人组织理事会，选任监事三人组织监事会，并另选候补理事三人、候补监事一人。

第十四条　本会由理事互选三人为常务理事，再由常务理事中推一人为理事长。

第十五条　理事会之职权如下：

一、召集会员大会之定期会议及临时会议。

二、向会员大会报告会务及其他事项。

三、执行会员大会之议决案。

四、预决算之编制及报告事项。

五、关于其他应办事项。

第十六条　监事之职权如下：

一、考察本会职员是否称职。

二、审查本会预决算。

三、函请理事会召集临时会员大会。

四、向会员大会提出弹劾案。

五、关于监事职权内之应办事项。

第十七条　本会职员均为无给职，但因办理同业会务得核实支给会费。

第十八条　本会理、监事有下列各款情事之一者应即解任：

一、因不得已事故，经会员大会议决准其退职者。

二、荒废职务经会员大会议决令其退职者。

三、于职务上违背法令、营私舞弊或有其他不正当行为，经会员大会决议，令其退职或由市政府社会局令其退职者。

四、发生本章程第七条各款情事之一者。

第十九条　本会得酌用雇员，其人数及薪金由理事会决定之。

第四章　任　期

第二十条　本会理、监事任期为四年，每二年改选半数，不得连任。其第一次之改选以抽签定之，但人数有奇数时，留任者之人数得较改选者多一人。

第二十一条　常务理事有缺额时由理事会选补之。理事缺额时由候补理事依次递补之。其任期均以补足前任任期为限。监事缺额时由候补监事依次递补，其任期以补足前任任期为限。

第五章　会　议

第二十二条　本会会员大会分定期会议与临时会议两种，由理事长召集之。

一、定期会议每年一次，于十二月召集之。

二、临时会议理事长认为必要时或会员代表十分之一以上之请求暨过，有紧急重大事项时由理事长召开之。

第二十三条　会员大会须会员代表过半数之出席方能开会，提议事项须出席代表过半数之同意方能决议。

关于本章程第十二条各款事项之决议，以会员代表三分之二以上之出席，出席代表三分之二以上之同意行之。

第二十四条　召集会员大会应于十五日以前通知之，但遇有紧急事项召集临时会议时不在此限。

第二十五条　理事会每月开会二次，但有特别事故时，得由理事长召开临时会。监事会每月开会一次。

第二十六条　理事会开会时以理事长为主席，如理事长因故请假时，由常务理事轮代之。监事开会时互推一人为主席。

第二十七条　理事会之决议以理事过半数之出席、出席理事过半数之同意行之。监事得列席理事会，但无表决权。

第六章　经　费

第二十八条　本会经费分下列二种：

一、经常费由会员大会决议后，会员分担之。

二、临时费由会员大会决议筹集之。

第二十九条　本会经费之预算、决算及事业之成绩，每年须编制报告，向会员大会报告后，经由市总商会转呈社会局备案。

第七章　附　则

第三十条　本章程如有未尽事宜，适用武汉特别市商工业各同业公会章程之规定。

第三十一条　本章程如须修改时，应由会员大会决议后，呈送社会局转呈市长核准行之。

第三十二条　本会办事细则由理事会订定，呈报社会局备案。

第三十三条　本会同业之规约由大会议定后送请市总商会，转呈社会局核定之。

第三十四条　本章程自呈奉市长核准之日施行。

(9-31-8034:38-45)

34.武汉特别市汉口清茶业同业公会章程

(1940年7月15日)

第一章　总　则

第一条　凡在武汉特别市区域内营清茶业者，为维持及增进同业之公共利益，并矫正营业之弊害，遵照武汉特别市商工业同业公会章程组织之，定名为武汉特别市汉口清茶业同业公会。

第二条　本会应受市政府社会局之监督指挥，并应向市总商会登记为会员。

第三条　同业公会事务所设在益子街十四号，如有迁移时应报请市总商会，附呈社会局备案。

第四条　本会办理之事务如下：

一、承受武汉特别市市政府暨各主管机关及市总商会委托之事件。

二、维持并促进同业之公共利益。

三、解决同业之纠纷。

第二章　会　员

第五条　凡在汉口市区域内营清茶业者，均得为本会会员，但须向本会登记其牌号及店主并经理人姓名、年龄、籍贯、所在地。其无正式牌号组织及曾受除名之处分者不在此限。每一同业得派会员代表一人或二人出席本同业公会,但以经理或店主为限。

第六条　同业推举会员代表出席于全体会员大会时,应付与委托书并通知公会。其改推会员代表时,亦应有下列各款情事之一者,不得为会员代表:

一、褫夺公权者。

二、有反动行为者。

三、受破产之宣告尚未复权者。

四、无能力者。

第七条　本会会员均有遵守本会章程及服从本会决议案之义务。

第八条　本会会员代表有提议权、表决权、选举权、被选举权。

第九条　凡已经加入本会会员如因特殊情形而退出时,须陈明理由,经大会核准后方能退出,所缴各费概不退还。

第三章　组　织

第十条　本公会议决机关为会员大会,由全体会员代表组织之。

第十一条　本公会会员代表大会之任务如下:

一、选举理事、监事。

二、审定章程。

三、会员代表之除名事项。

四、职员之退职事项。

五、清算人之选任及关于清算事项之决议。

六、同业规约之议定。

七、其他关于公会会务之重要决议。

第十二条　本公会由会员大会就会员代表中用无记名连举法选任理事九人组织理事会,选任监事五人组织监事会,并另选候补理事三人、候补监事一人。

第十三条　本会由理事互选五人为常务理事,再由常务理事中推一人为理事长。

第十四条　理事会之职权如下:

一、召集会员大会之定期会议及临时会议。

二、向会员大会报告会务及其他事项。

三、执行会员大会之议决案。

四、预决算之编制及报告事项。

五、关于其他应办事项。

第十五条　监事之职权如下:

一、考察本会职员是否称职。

二、审查本会预决算。

三、函请理事会召集临时会员大会。

四、向会员大会提出弹劾案。

五、关于监事职权内之应办事项。

第十六条　本公会职员均为无给职，但因办理同业会务得核实支给会费。

第十七条　本公会理、监事有下列各款情事之一者应即解任：

一、因不得已事故，经会员大会议决准其退职者。

二、荒废职务经会员大会议决令其退职者。

三、于职务上违背法令、营私舞弊或有其他不正当行为，经会员大会决议，令其退职或由市政府社会局令其退职者。

四、发生本章程第七条各款情事之一者。

第十八条　本会得酌用雇员，其人数及薪金由理事会决定之。

第四章　任　期

第十九条　本公会理、监事任期为四年，每二年改选半数，不得连任。其第一次之改选以抽签定之，但人数有奇数时，留任者之人数得较改选者多一人。

第二十条　常务理事有缺额时由理事会选补之。理事缺额时由候补理事依次递补之。其任期均以补足前任任期为限。监事缺额时由候补监事依次递补，其任期以补足前任任期为限。

第五章　会　议

第二十一条　本会会员大会分定期会议与临时会议两种，由理事长召集之。

一、定期会议每年一次，于十二月召集之。

二、临时会议理事长认为必要时或会员代表十分之一以上之请求暨过，有紧急重大事项时由理事长召开之。

第二十二条　会员大会须会员代表过半数之出席方能开会，提议事项须出席代表过半数之同意方能决议。

关于本章程第十二条各款事项之决议，以会员代表三分之二以上之出席，出席代表三分之二以上之同意行之。

第二十三条　召集会员大会应于十五日以前通知之，但遇有紧急事项召集临时会议时不在此限。

第二十四条　理事会每月开会二次，但有特别事故时，得由理事长召开临时会。监事会每月开会一次。

第二十五条　理事会开会时以理事长为主席，如理事长因故请假时，由常务理事轮代之。监事开会时互推一人为主席。

第二十六条　理事会之决议以理事过半数之出席、出席理事过半数之同意行之。监事得列席理事会，但无表决权。

第六章　经　费

第二十七条　本会经费分下列二种：

一、经常费由会员大会决议后，会员分担之。

二、临时费由会员大会决议筹集之。

第二十八条　本会经费之预算、决算及事业之成绩，每年须编制报告，向会员大会报告后，经由市总商会转呈社会局备案。

第七章　附　则

第二十九条　本章程如有未尽事宜,适用武汉特别市商工业各同业公会章程之规定。

第三十条　本章程如须修改时,应由会员大会决议后,呈送社会局转呈市长核准行之。

第三十一条　本会办事细则由理事会订定,呈报社会局备案。

第三十二条　本会同业之规约由大会议定后送请市总商会,转呈社会局核定之。

第三十三条　本章程自呈奉市长核准之日施行。

(9-31-8034:46-53)

35.武汉特别市市政府社会局训令总商会

(1940 年 7 月 15 日)

案查前据汉阳办事处饬据总商会汉阳分会筹委会主任委员夏汉卿呈赍竹木业同业公会筹备员略历清单,请准予筹备等情。经本局查核相符,函复照准备案。兹复据该处新字第 476 号咨呈略,以该竹木业同业公会已于五月二十日组织成立,造具成员名册会员名册,拟定章程,准予查核,并请刊发图记以及给领启用等情。前来,除函复准予刊发图记,俟拓具印模到局,再将章程审核修正,连同名册呈府备案外,合行检同原筹备员名册及会员名册各一份,令仰该会知照! 此令。

附检发汉阳竹木业同业公会职员名册一份

局长　徐养之

七月十五日

(119-126-251:69-70)

36.武汉特别市市政府人事科致武汉特别市园林事务所筹备主任邵惕公

(1940 年 7 月 16 日)

本案遵批查核册列各员均经任委,有案薪级亦无不合,拟可否,谨签请核示。

可。

人事科谨签

七月十六日查核

(8-1-326:51)

37.市总商会将举行第一次理监会议

(1940 年 7 月 18 日)

市总商会将举行第一次理监会议　方理事长已派员办理接收

武汉特别市总商会,自本月八日正式成立以来,因房舍正在大规模修理及一部分理事病患暑症,故迄今第一次理监事会,尚未举行。记者顷晤涂常务理事,据谈关于前筹委会与新商会之物品点交诸事宜,方理事长业已拨有专人代表办理移交,本人正与之从事点交手续中。至于第一次理监事会，大约可于下星期三日举行云。

（《大楚报》）

38.武汉特别市市政府为据呈送改正各级职员官等姓名俸级清册案送达社会局指令

（1940年7月19日）

武汉特别市市政府指令府事字第10019令社会局局长徐养之呈一份：呈造改正各职员官等姓名、俸级清册，仰祈鉴核备案，由呈暨附件均悉，准予备查。

此令。附件存。

中华民国二十九年七月十九日

（8-1-326：63-64）

39.汉口纱业同业公会致上海商会贺电

（1940年7月20日）

上海特别市商会公告：沪市为全国工商业重心，托金融之枢纽，侧闻贵会于谏日成立，□□□伪负派兵之使命，□听之□□英名，特电驰贺□□□□汉口特别市纱业系□头贩途业同业公会即号印。

七月廿日

（119-15-33：3）

40.武汉特别市汉口丝茧行业同业公会理事长胡筱轩呈市总商会

（1940年7月22日）

呈：为选举成立谨赍呈章程名册恳祈鉴核转呈备案事，窃属会于本年六月十五日举行第一次会员代表大会，蒙钧会指导员、社会局监选员莅场指示，按照开会秩序通过章程后举行选举。因组织章程规定，理监事及候补理监事共为十二人，原推会员代表十人，不敷选举，当由同业各行就经理主体人中加推会员代表七人，共十七人，投票结果计朱子厚等七人以多数票当选理事、朱河亭等三人当选监事，次多数票林云卿候补理事、黄沛之候补监事。由理事七人互选胡筱轩、朱子厚、周藏身三人为常务理事，并公推胡筱轩兼理事长，各记录在案，理合将选举成立经过并缮具本会章程三份、第一次会员代表名册、第一次当选职员名册各三份备文赍呈钧会鉴核，伏乞转呈社会局俯准备案，并予转呈武汉特别市市政府鉴核备案，是为公便。

谨呈

武汉特别市总商会理事长方

附呈会员代表名册三份、章程三份、当选职员名册三份。

武汉特别市汉口丝茧行业同业公会理事长　胡筱轩呈

七月二十二日

武汉特别市汉口丝茧行业同业公会章程

第一章　总　则

第一条　本公会依武汉特别市商工业各同业公会章程第一条之规定,组织定名为武汉特别市汉口丝茧行业同业公会。

第二条　本公会受武汉特别市市政府社会局之监督指挥并应向市商会登记为会员。

第三条　本公会事务所设立于汉口大夹街四四一号。

第四条　本会办理之事务如下:

一、承受武汉特别市市政府暨各主管机关及市商会委托之事件。

二、维持并促进同业之公共利益。

三、解决本同业一切纠纷。

第二章　会　员

第五条　凡汉口市区丝茧行号同业均得为本会会员,但须向本会登记其牌名及店主并经理人姓名、年龄、籍贯、资本数额、营业所在地,每一同业行号得派会员代表一人或二人出席本公会但以其经理或店主为限。

第六条　各同业行号推举会员代表出席于全体会员大会时应书面通知公会并提出委托书证明,其改推会员代表时亦同。

第七条　有下列各款情事之一者不得为会员代表:

一、褫夺公权者。

二、有反动行为者。

三、受破产宣告尚未复权者。

四、无能力者。

第八条　凡本公会会员均有遵守本会章程及服从公会决议案之义务。

第九条　凡本会会员代表有提议权、表决权、选举权、被选举权。

第十条　凡本公会会员如因有特殊情形而欲退出时,须陈明退会理由,经大会核准后方能退出,所缴各费概不退还。

第三章　组　织

第十一条　本公会议决机关为会员大会,由全体会员代表组织之。

第十二条　本公会会员代表大会之任务如下:

一、选举理事及监事。

二、审定章程。

三、会员之除名事项。

四、职员之退职事项。

五、清算人之选任及关于清算事项之决议。

六、同业规约之议定。

七、其他关于公会会务之重要决议。

第十三条　本公会由会员大会就会员代表中用无记名选举法选任理事七人组织理事会，选任监事三人组织监事会，并另选候补理事一人、候补监事一人。

第十四条　本公会由理事互选三人为常务理事，再由常务理事中推举一人为理事长。

第十五条　理事会之职权如下：

一、召集会员大会之定期会议。

二、向会员大会报告会务及其他事项。

三、执行会员大会之决议案。

四、预决算之编制及报告事项。

五、关于其他应办事项。

第十六条　监事会之职权如下：

一、考察本公会职员是否称职。

二、审查本公会预决算。

三、函请理事会召集临时会员大会。

四、向会员大会提出弹劾案。

五、关于监事职权内之应办事项。

第十七条　本公会职员均为无给职，但因办理同业会务得核实支给公费。

第十八条　本公会理事有下列各款之一者应即解任：

一、因不得已事故经会员大会议决准其退职者。

二、旷弃职务经会员大会议决令其退职者。

三、于职务上违背法令、营私舞弊或有其他不正当行为经会员大会议决令其退职，武汉特别市市政府社会局令其退职者。

四、发生本章程第七条各款情事之一者。

第十九条　本公会得酌用雇员，其人数及薪金由理事会决定之。

第四章　任　期

第二十条　本公会理、监事任期除因特殊情形经呈准外定为四年，每二年改选半数，不得连任。其第一次之改选以抽签定之，但人数有奇数时，留任者之人数得较改选者多一人。

第二十一条　常务理事有缺额时由理事会选补之，理事缺额由候补理事依次递补之，其任期均以补足前任任期为限。监事缺额时由候补监事递补之，其任期以补足前任任期为限。

第五章　会　议

第二十二条　本公会会员大会分定期会议与临时会议两种，由理事长召集之。

一、定期会议每年一次，于十二月间召开之。

二、临时会议理事认为必要时或会员十分之一以上之请求暨遇有紧急重大事项时召集之。

第二十三条　会员大会须会员过半数之出席方能开会，提议事项须出席会员通过半数之同意方能决议。

关于本章程第十二条各款事项之决议以会员三分之二以上之出席，出席会员三分之二以上之同意行之。

第二十四条　召集会员大会应于十五日以前通知之，但遇有紧急事项召集临时会议时不在此限。

第二十五条　理事会每月开会二次，但有特别事故时，得由理事长召集临时会。监事会每月开会一次。

第二十六条　理事会开会时以理事长为主席，如遇理事长因事请假时由常务理事轮代之。监事开会时互推一人为主席。

第二十七条　理事会之决议以理事过半数之出席、出席理事过半数之同意行之。监事得列席理事会，但无表决权。

第六章　经　费

第二十八条　本公会经费分下列二种：

一、经常费由会员大会决议后，会员分担之。

二、临时费由会员大会决议筹集之。

第二十九条　本公会经费之预算、决算及事业之成绩，每年须编制报告向会员大会报告后经市商会转呈社会局备案。

第七章　附　则

第三十条　本章程如须修改时，应由会员大会决议后呈送主管官署转呈核准行之。

第三十一条　本公会办事细则由理事会订定呈报备案。

第三十二条　本章程自呈奉核准之日施行。

（119-126-270:41-46）

41.汉口市猪肉业同业公会为会员举报警察局人员借势逞凶摧残商业致总商会（附证明书）

（1940年7月22日）

案据本会会员朱锦发肉店经理朱瑞建报称：为报告事，窃查本年七月十七日上午十一时许，商号肉已售完，仅剩排骨二斤留于案上自食，突有警察一署第三分驻所卫生警杜姓来店，以未盖纱罩加以干涉，特横逞凶，经商理论该警，即予报所勾结巡长许斌，带领警士多名围住商号，逢人便打，当将瑞建及胞兄朱汉延、侄儿朱少齐一并扭住，由本店门口沿途至该所。复在该所用绳将商等反缚拳打足踢，受有暗伤，捆至二小时之久。始殆令其结了案，似此行为可见摧残商业，借势逞凶，实难甘心，迫不得已，请予转呈主管官厅，依法办理以伸冤抑等情。前来当派本会事务员李兴浩查明，签谓：查朱锦发所报各节均属实情，问询据街邻龙玉记、茂盛袜店、周洪兴等店，其情亦甚相符，并盖印证明等情，附调查证明一纸据此。

查警察为人民表率，处事宜应和平，该警察一署第三分驻所卫生警杜姓及巡长徐斌等对于朱锦发不盖纱罩售肉，自应宜加劝导，果有不服情事，照章带所处罚。自不应借职务上之威力，而对该店恃横逞凶，绳捆索绑，危害商业，尚有街邻商店证明。似此行为可见摧残商业，渎职殃民，若不转请查办，后患何堪设想。兹据前因，理合抄具原证明书一份，备文呈请钧会鉴核，恳予转函警察局，从严查办，以儆不法，而安商业，实为公便。

谨呈

武汉特别市总商会理事长方

附原件证明书抄录一份。

汉口猪肉业同业公会理事长　曾南甫

抄录调查证明书

查朱锦发店主朱瑞建、朱汉延及朱少齐等，被警察第一署第三分驻所巡长许斌带领警士围店，派人恃横行凶及绳捆等情。究竟是否属实，为保实情，请盖章证明。

猪肉业公会事务员兼调查员李兴浩

证明人：龙玉记　住汉正街一〇九一号

茂盛袜店　汉正街一〇三六号

周洪兴　住汉正街一〇五七号

42.武汉特别市总商会汉阳分会呈报武汉特别市总商会毛巾业公会成立日期造赍职员会员清册连同会章

（1940 年 7 月 23 日）

案据本市毛巾业同业公会理事长陈晋福报称，窃晋福等奉令筹组毛巾业同业公会，为期三月，已告就绪，于本月十五日上午十二时在顿甲岭归厚堂召集会员大会投票选举。结果陈晋福等九人当选为理事，复选陈晋福、石忠贤、熊福来、万辉庭、毛受益为常务理事，并推陈晋福为理事长，周仁山、顿立齐、李汉卿、傅润初为理事，曾松亭、陈宗仁为候补理事，朱先知、杨志富、梁扬振为监事，周明篪为候补监事，即于是日下午二时开成立大会。荷蒙各级长官及各界来宾莅临指导，理合缮具会员及职员姓名清册暨本会会章各五份一并呈赍大会鉴核，分别存转并请刊发图记，以便启用而昭信守等情。到会经核无误，除呈请武汉特别市市政府汉阳办事处核转示遵外，理合检同会章及职员会员清册各一份，呈请钧会鉴核备查。

谨呈

武汉特别市总商会理事长方

附赍会章暨职员会员清册各一份。

武汉特别市总商会汉阳分会筹备委员会主任　夏汉卿

七月二十三日

（119-126-251，□□）

武汉特别市汉阳毛巾业同业公会组织章程

第一章 总 则

第一条 本公会依据武汉特别市商工业同业公会章程之规定,组织之定名为武汉特别市汉阳区毛巾业同业公会。

第二条 本公会应受武汉特别市市政府社会局及武汉特别市市政府汉阳办事处之监督指挥,并向武汉特别市总商会汉阳分会登记为会员。

第三条 本公会暂设事务所于鹦鹉洲洲尾二三号。

第四条 本公会办理之事务如下:

一、承受武汉特别市市政府暨各主管机关及市总商会汉阳分会委托之事件。

二、维持并促进同业之公共利益。

三、解决同业一切纠纷。

第二章 会 员

第五条 凡在武汉特别市汉阳蛋行同业之行号均得为本会会员,但须将牌号及行主店主暨经理人之姓名、年龄、籍贯、行店所在地报请本公会登记。其无正式牌号组织及曾受除名之处分者不在此限。

出席本公会之会员以各行店主经理或行主店主为限。

第六条 经理或行主店主不能出席会议须委托代表时,应付与委托书通知本会。

第七条 有下列各款之一者不得为会员代表:

一、褫夺公权者。

二、有反动行为者。

三、受破产宣告尚未复权者。

四、无能力者。

第八条 本公会会员均有遵守本章程及服从本公会决议案之义务。

第九条 本公会会员有提议权、表决权、选举权、被选举权。

第十条 已经加入本会之会员如因特殊情形而欲退出时须呈明理由,经大会核准后方能退出,所缴各费概不退还。

第三章 组 织

第十一条 本公会议决机关为会员大会,由全体会员组织之。

第十二条 本公会会员大会之任务如下:

一、选举理事及监事。

二、审定章程。

三、会员之除名事项。

四、职员之退职事项。

五、清算人之选任及关于清算事项之决议。

第十三条　本公会由会员大会中用无记名选举法选任理事七人组织理事会，选任监事三人组织监事会，并另选候补理事二人、候补监事一人。

第十四条　本公会由理事互选三人为常务理事，再由常务理事中推举一人为理事长。

第十五条　理事会之职权如下：

一、召集会员大会之定期会议及临时会议。

二、向会员大会报告会务及其他事项。

三、执行会员大会之决议案。

四、预决算之编制及报告事项。

五、关于其他应办事项。

第十六条　监事会职权如下：

一、考察本公会职员是否称职。

二、审查本公会预决算。

三、函请理事会召集临时会员大会。

四、向会员大会提出弹劾案。

五、关于监事职权内之应办事案。

第十七条　本公会职员均为无给职，但因办理同业会务得核实支给公费。

第十八条　本公会理事有下列各款之一者应即解任：

一、因不得已事故经会员大会议决准其退职者。

二、旷弃职务经会员大会议决令其退职者。

三、于职务上违背法令、营私舞弊或有其他不正当行为经会员大会议决令其退职，或由武汉特别市市政府社会局令其退职者。

四、发生本章程第七条各款情事之一者。

第十九条　本公会得酌用雇员，其人数及薪金由理事会决定之。

第四章　任　期

第二十条　本公会理事、监事之任期为二年，每一年改选半数，不得连选连任，其第一次之改选以抽签定之，但人数有奇数时留任者之人数得较改选者多一人。

第二十一条　常务理事有缺额时，由理事会选补之，理事缺额时由候补理事依次递补之，其任期均以补足前任任期为限。监事缺额时，由候补监事递补之，其任期以补足前任任期为限。

第五章　会　议

第二十二条　本公会会员大会分定期会议与临时会议两种，由理事长召集之。

一、定期会议每年一次，于十二月间召开之。

二、临时会议理事会认为必要时或会员十分之一以上之请求暨遇有紧急重大事项时召集之。

第二十三条　会员大会须会员过半数之出席方能开会，提议事项须出席会员通过半数之同意方能决议。

关于本章程第十二条各款事项之决议,以会员三分之二以上之出席,出席会员三分之二以上之同意行之。

第二十四条　召集会员大会应于十五日以前通知之,但遇有紧急事项召集临时会议时不在此限。

第二十五条　理事会每月开会二次,但有特别事故得由理事长召集临时会。监事会每月开会一次。

第二十六条　理事会开会时以理事长为主席,如遇理事长因事请假时由常务理事轮代之。监事开会时互推一人为主席。

第二十七条　理事会之决议以理事过半数之出席、出席理事过半数之同意行之。监事得列席理事会,但无表决权。

第六章　经　费

第二十八条　本公会经费分下列二种:

一、经常费由会员大会决议后会员分担之。

二、临时费由会员大会决议筹集之。

第二十九条　前条之经费经会员大会决议后应呈汉阳办事处转请社会局核准行之。

第三十条　本公会经临各费之预算、决算及事业之成绩,每年须编制报告向会员大会报告后经市商会转呈社会局备案。

第七章　附　则

第三十一条　本章程如须修改时,应由会员大会决议后呈请汉阳办事处转达社会局转呈市府核准行之。

第三十二条　本公会办事细则由理事会订定报告汉阳办事处转请社会局备案。

第三十三条　本公会之规约由大会议定送请市商会汉阳分会转呈汉阳办事处转请社会局核定行之。

第三十四条　本章程自呈奉市长核准之日施行。

(119-126-251:00360-00366)

43.武汉特别市市政府为呈报园林事务所添雇长工熊士新等六名案给社会局指令

(1940 年 7 月 25 日)

武汉特别市市政府指令府事字第 10694 号令社会局局长徐养之呈一件:为呈报园林事务所添雇长工熊士新等六名,并照预算一律月支十八元,造具姓名工饷清册,请备查由。

呈册均悉。准予备查,仰即转饬知照。

此令。册存。

中华民国二十九年八月六日

(8-1-326:74-75)

44.汉阳分会筹备委员会呈报武汉特别市总商会汉阳煤业同业公会成立日期检同会章暨职员会员名册

（1940 年 7 月 25 日）

案据本市煤业同业公会理事长刘南陔报称，窃查本会于本月十八日在汉阳分会召集会员大会，通过会章，投票选举。当经选出计刘南陔等七人为理事，互推刘南陔为理事长，王坤臣等三人为监事，杨兴华等二人为候补理事，熊礼臣为候补监事，即于是日举行成立典礼。旋于次日本会事务所就职进行会务。理合缮具当选职员名册会员名册暨本会组织章程各五份，具文报请大会鉴核，分别存转，并恳请颁发图记，以昭信守等请。到会经核，尚与定章相符，除呈请市府汉阳办事处转送社会局核示外，理合检同会章暨职员会员名册各一份呈赍钧会鉴核备案。

谨呈

武汉特别市总商会理事长方

附赍会章职员会员名册各一份。

武汉特别市总商会汉阳分会筹备委员会主任　夏汉卿

七月二十五日

（119-126-251:59-61）

45.武汉特别市汉口丝茧行业同业公会理事长胡筱轩呈市总商会理事长方启用图记日期赍同印模

（1940 年 7 月 26 日）

案奉钧会转发武汉特别市市政府社会局发给属会木质图记一颗，文曰“武汉特别市汉口丝茧行业同业公会图记”。奉此遵即于本年七月二十二日启用，理合赍同印模三纸，备文呈请鉴核，俯准备查，并乞分呈武汉特别市市政府社会局备查，是为公便。

谨呈

武汉特别市总商会理事长方

附呈印模三纸。

武汉特别市汉口丝茧行业同业公会理事长　胡筱轩呈

七月二十六日

（119-126-270:49）

46.复兴国党旗公司武汉总销处致汉口纱业同业公会函

（1940 年 7 月 26 日）

案准为转正速向复兴国党旗公司武汉总销处购备国旗由，汉口市商会公函第 305 号，案准复兴国党旗公司武汉总销处函，以鄙公司于本年三月奉呈汪主席核准，并经中央社会部备案，所有全国国旗、党旗准予专营在案,其他任何人不得仿制,私自发行。兹值国有远都南京,中日邦交调整,本年国庆纪念日为期已近,凡官商民众无不欢欣鼓舞。届时一律悬旗,以示共伸庆祝之热忱。相应函请贵会通令所属知照,从速购备,以免临时局促,实级公馆等由准以相应函达,即希查照为荷。

此致

宝号

汉口纱业同业公会

主席　方子颖

七月廿六日

(119-15-33:4-5)

47.武汉特别市总商会函转市社会局汉口丝茧行业同业公会章程等件

(1940 年 7 月 29 日)

案据武汉特别市汉口丝茧行业同业公会理事长胡筱轩呈称云云等情,附呈会员代表名册、章程及当选职员名册各三份。据此经核无异,除指令并将请公会赍呈各件各留一份存查外,相应检同该公会会员代表名册、章程及当选职员名册各二份,函请查照存饬,备案为荷。

此致

社会局

附检送武汉特别市汉口丝茧行业同业公会会员代表名册二份、章程二份、当选职员名册二份。

理事长方

七月二十九日

(119-126-270:47)

48.武汉特别市总商会指令汉口丝茧行业同业公会呈一件为选举成立谨赍呈章程名册恳祈鉴核转呈备案由

(1940 年 7 月 29 日)

呈件均悉。已据情转函社会局存转备案矣,仰即知照。此令。附件分别存转。

武汉特别市总商会

七月二十九日

(119-126-270:48)

49.武汉特别市总商会呈报市长

（1940 年 7 月 29 日）

案据武汉特别市汉口丝茧行业同业公会理事长胡筱轩呈称："案奉钧会转发武汉特别市市政府社会局发给属会木质图记一颗云云，并乞分呈武汉特别市市政府社会局备查是为公便。"等情，附呈印模三纸。据此，除分别函令社会局知照外，理合检同印模一纸，备文饬呈钧府鉴核备查。

谨呈

武汉特别市市长张

附呈印模一纸。

理事长方

七月二十九日

（119－126－270：50）

50.武汉特别市总商会函市政府社会局

（1940 年 7 月 29 日）

案据汉口丝茧业同业公会理事长胡筱轩呈称："案奉钧会转发武汉特别市市政府社会局发给属会木质图记一颗云云，并乞分呈市政府社会局备查是为公便。"等情，附呈印模三纸，据此，除分别是令政府备查，并指令知照外，相应检同印模一纸函达请查照为何。

此致

武汉特别市市政府社会局

附印模一纸。

理事长方

七月二十九日

（119－126－270：52－53）

51.武汉特别市总商会令汉口丝茧行业同业公会理事长胡筱轩呈一件：为呈报启用图记日期赍同印模请予备查并乞分呈由

（1940 年 7 月 29 日）

呈暨附件均悉。已按件据情分别呈函□，仰即知照。此令。附件存。

（119－126－270：54）

52.武汉特别市总商会指令为呈报毛巾业公会成立日期送赍职员会员清册连同会章请备案由指令汉阳分会

（1940 年 7 月 29 日）

衔指令字第九号，令武汉特别市总商会汉阳分会筹备委员会主任夏汉卿呈一件：为呈报毛巾业公会成立日期送赍职员会员清册连同会章请备查由。

呈暨附件均悉，准予备查。此令。附件存。

武汉特别市总商会

七月二十九日

（119-126-251：00358-00359）

53.武汉特别市总商会指令汉阳分会筹备会

（1940 年 7 月 29 日）

会衔指令字第十号，令本会汉阳分会筹备委员会呈一件：为呈报汉阳市蛋业推举筹备员组织同业公会，请鉴核备查由。

呈悉。准予备查。此令。附件存。

武汉特别市总商会

七月二十九日

（119-126-251：00308）

54.汉阳分会筹备委员会呈武汉特别市总商会汉阳米业同业公会会章暨职员会员名册

（1940 年 7 月 31 日）

案据本市汉阳米业同业公会理事长万炎卿报称，窃查本会于本月十六日在河泊所二号召集会员大会通过会章，投票选举遴选，当经选出萧良臣等七人为理事，互推万炎卿为理事长，刘道南等三人为监事，熊西城等二人为候补理事，王吉甫为候补监事，即于是日举行成立典礼就职任事，以重会务，理合缮具当选职员会员名册暨本会会员章各五份，具交报请大会鉴核，分别存转，并恳转请颁发图记，以昭信守等情，据此经会复核无异，除分呈外，理合检同会章暨职员会员名册各一份，呈请钧会鉴核备案。

谨呈

武汉特别市总商会理事方

附赍会章暨职员会员名册各一份。

武汉特别市总商会汉阳分会筹备委员会主任　夏汉卿

七月三十一日

武汉特别市汉阳米业同业公会第一次当选职员名册

武汉特别市汉阳米业同业公会第一次当选职员名册

职别	姓名	年龄	籍贯	代表之商号	地址	备考
理事长	万炎卿	五一	汉阳	玉兴	青石桥街六五	
常务理事	萧良臣	五十		永兴	西大街九	
	胡杏波	六十		德馨		
理事	周作范	五五	黄陂	鼎丰	弹家巷四二	
	胡良臣	五十	汉阳	天源	工防街四二	
监事	刘道南	四九	武昌	隆记裕丰	显正街七九	
	李平阶	四九	汉阳	汇泰永	月湖五一	
	谭少臣	四九		平利泰	洗马长街六七	
	王吉甫	二六		鼎康	显正街一	
	俞春臣	六十	汉阳	吉利生	工防街四	
	黄树人	二八		义顺成	鹦鹉洲人	
	王凤山	五十		王森泰	显正街一六四	
候补理事	熊西城	五八	汉川	裕兴	武圣街二二	

武汉特别市汉阳米业同业公会第一次会员代表名册（民国二十九年七月具）

牌号	会员代表名单	年龄	籍贯	营业所在地	备考
程协记	程□田	三八	汉阳	古德西街三七	
协大	周汉香	四十		月湖新街一二五	
汇太永	李平阶	四六		月湖堤五一	
利记	施厉成	四四	咸宁	二三四	
田永隆	田正启	三六	汉阳	杨家河街八八	
安记	喻安记	三六		达士街二七	
杨复泰	杨振卿	四八	黄陂	三十	
周宏泰	周□山	三十	汉阳	三九	

吉利生	天源	夏洪记	葛兴盛	合记	左万盛	谭发记	天成祥	泰昌	复甡祥
俞春臣	胡良臣	夏洪盛	葛正方	傅斌臣	左启万	谭发银	余文祥	周乐山	董震亚
六十	五十	三六	二一	三十	二八	五十	五四	五十	四八
								汉阳	咸宁
四十	四二	六十	二二	工防街七	五二七	月湖堤街四五八	七四	七三	达士街四二

万德泰	万泰公	鼎康	协丰	王兴泰	陈钰记	张洪记	孙恒顺	余森记	裴万兴
万正荣	李兴棠	王吉甫	万辉庭	王榧南	陈兆新	张德宏	孙景万	余昌玉	裴国鸿
二四	四六	二六	三五	四六	四十	五二	四六	三七	四八
	汉阳	黄陂						汉阳	黄陂
显正街二五	西大街六一	显正街一	西桥北街	七五	一六九	西大街六一	一一七	青石桥五二	高公街二六

罗源兴	周复新	李万顺	张永发	张泰兴	复新	松记	王森泰	张华记	诚记
罗周氏	周国卿	李正国	张永发	张文甫	夏筱亭	徐松山	王凤山	张瀛洲	陈钦安
四十	五一	四六	六六	四十	六二	四六	五十	四五	四八
汉阳	黄陂								汉阳
五二	东正街二四	十	古楼街七	一十七	八三	南正街一六七	一六四	四三	显正街二七

德馨	永丰	玉丰	韩斌记	懋记	宋永和	万正泰	王福元	平利泰	宝永
胡杏波	萧良臣	万炎卿	韩国学	刘嗣懋	宋少安	万正泰	王福光	谭少臣	张永成
六十	五十	五一	三八	二三		五二	六三	四九	二二
		汉阳	黄冈		汉阳	黄陂			汉阳
四十	西大街九	青石桥街六八	双街一三二	五三	高公街八	一四五	八八	六七	洗马长街五八

张祥记	李云记	义顺记	禾丰	王和记	裕丰	鼎丰	联丰	楚丰	隆记裕丰
张云卿	李云阶	黄树人	周静亭	王福林	熊西城	周作范	林寿安	解席珍	刘道南
四十	五六	二八	五六	四六	五八	五五	五八	六六	四九
				汉阳	汉川	黄陂	黄冈	汉阳	武昌
九二	腰路街九一	鹦鹉洲八	六九	青石桥街六六	武圣正街二二	弹家巷四二	双街一二九	东正街四九	显正街二九

刘茂兴	山茂兴	许裕泰	复鸿昌	杨祥兴	协丰	王恒泰	戴盈裕	刘永兴	颜福泰
刘茂采	山春源	许良臣	谭少元	杨堂发	胡友贵	王坤山	戴宗贞	刘瞻晖	颜昌发
六十	四五	五五	四七	四五	二四	五十	三九	二八	三六
汉川		汉阳	湖南			汉阳	武昌	汉阳	湖南
七八	两湖正街四一	九十	八四	瓜堤正街三九	两湖正街三五	四九	杨泗街三四	三八	腰路街三六

同丰	刘合记	胡盛昌	余和丰	顺记	胡荣记
梁鼎臣	刘泽山	胡孟乡	余张氏	马盛华	胡延龄
四十	五十	四六	五十	三五	二八
武昌	湖南	武昌	汉阳	汉川	汉阳
月湖街二二六	腰路街二六	洗马长街一五四	一二七	崇善街二八	两湖正街九四

武汉特别市汉阳米业同业公会组织章程

第一章　总　则

第一条　本会依据武汉特别市商工业同业公会章程之规定，组织之定名为武汉特别市汉阳米业同业公会。

第二条　本会应受武汉特别市市政府社会局及武汉特别市市政府汉阳办事处之监督指挥，并向武汉特别市总商会汉阳分会登记为会员。

第三条　本公会暂设事务所于河泊所二号。

第四条　本公会办理之事务如下：

一、承受武汉特别市市政府暨各主管机关及市总商会汉阳分会委托之事件。

二、维持并促进同业之公共利益。

三、解决同业一切纠纷。

第二章　会　员

第五条　凡在武汉特别市汉阳米业之厂店均得为本会会员。但须将牌号及厂主、店主暨经理姓名、年龄、籍贯、厂店所在地报请本会登记,其无正式牌号组织及曾受除名之处分者不在此限。

出席本公会之会员以各厂店经理或厂主为限。

第六条　经理或厂主、店主不能出席会议,须委托代表时,应付与委托书并通知本会。

第七条　有下列各项之一者不得为会员代表:

一、褫夺公权者。

二、有反动行为者。

三、受破产之宣告尚未复权者。

四、无能力者。

第八条　本公会会员均有遵守本章程及服从本公会决议案之义务。

第九条　本公会会员有提议权、表决权、选举权、被选举权。

第十条　凡已经加入本会之会员如因特殊情况而欲退出时须呈明理由,经大会核准方能退出,所缴各费概不退还。

第三章　组　织

第十一条　本公会议决机关为会员大会,由全体会员组织之。

第十二条　本公会会员大会之任务如下:

一、选举理事及监事。

二、审定章程。

三、会员之除名事项。

四、职员之退职事项。

五、清算人之选任及关于清算事项之议决。

六、同业规约之议决。

七、其他关于本公会会务之重要决议。

第十三条　本公会由会员大会中用无记名选举法选举理事七人组织理事会,选任监事三人组织监事会,并另选候补理事二人、候补监事一人。

第十四条　本公会由理事互选三人为常务理事,再由常务理事中推举一人为理事长。

第十五条　理事会之职权如下:

一、召集会员大会之定期会议及临时会议。

二、向会员大会报告会务及其他事项。

三、执行会员大会之决议案。

四、预决算之编制及报告事项。

五、关于其他应办事项。

第十六条　监事会职权如下:

一、考察本公会职员是否称职。

二、审查本公会预决算。

三、函请理事会召集临时会员大会。

四、向会员大会提出弹劾案。

五、关于监事职权内之应办事案。

第十七条　本公会职员均为无给职,但因办理同业会务得核实支给公费。

第十八条　本公会理事有下列各项之一者即解任:

一、因不得已事故经会员大会议决准其退职者。

二、旷弃职务经会员大会议决令其退职者。

三、于职务上违背法令、营私舞弊或有其他不正当行为,经会员大会议决令其退职,或由武汉特别市市政府社会局令其退职者。

四、发生本章程第七条各款情事之一者。

第十九条　本公会得酌用雇员,其人数及薪金由理事会决定之。

第四章　任　期

第二十条　本公会理事监事之任期为二年,每一年改选半数,得连选连任。其第一次之改选以抽签定之,但人数有奇数时,留任者之人数得较改选者多一人。

第二十一条　常务理事有缺额时,由理事会选补之,理事缺额时由候补理事依次递补之,其任期均以补足前任任期为限。监事缺额时由候补监事递补之,其任期以补足前任任期为限。

第五章　会　议

第二十二条　本公会会员大会分定期会议与临时会议两种,由理事长召集之。

一、定期会议每年一次,于十二月间召开之。

二、临时会议理事会认为必要时或会员十分之一以上之请求暨遇有紧急重大事项时召集之。

第二十三条　会员大会须会员过半数之出席方能开会,提议事项须出席会员过半数之同意方能议决。

关于本章程第十二条各款事项之决议,以会员三分之二以上之出席,出席会员三分之二以上之同意行之。

第二十四条　召集会员大会应于十五日以前通知之,但遇有紧急事项召集临时会议时不在此限。

第二十五条　理事会每月开会二次,但有特别事故时,得由理事长召开临时会。监事会每月开会一次。

第二十六条　理事会开会时以理事长为主席,如遇理事长因事请假时,由常务理事代之。监事开会时互推一人为主席。

第二十七条　理事会之决议以理事过半数之出席、出席理事过半数之同意行之。监事得列席理事会,但无表决权。

第六章　经　费

第二十八条　本公会经费分下列二种：

一、经常费由会员大会决议后会员分担之。

二、临时费由会员大会决议筹集之。

第二十九条　前条之经费经会员大会决议后，应呈汉阳办事处转请社会局核准行之。

第三十条　本公会经临各费之预算、决算及事业之成绩，每年须编制报告向会员大会报告后，经市商会转呈社会局备案。

第七章　附　则

第三十一条　本章程如须修改时，应由会员大会决议后呈请汉阳办事处转达社会局，转呈市府核准行之。

第三十二条　本公会办事细则由理事会订定，报告汉阳办事处转请社会局备案。

第三十三条　本公会之规约由大会议定送请市商会汉阳分会转呈汉阳办事处转请社会局核定行之。

第三十四条　本章程自呈奉市长核准之日施行。

（119-126-251：43-50）

55.本市总商会明开理监首次会

（1940 年 7 月 31 日）

武汉特别市总商会，自正式成立以来，迨今将及一月，方理事长因病未能到会，以致诸务未能进行，昨据该会秘书室传出消息，已正式决定于八月一日下午三时，举行第一次理监事会云。

（《大楚报》）

56.武汉特别市市政府社会局回文证送总商会筹备委员会主任涂拔丞呈一件：呈赍茶叶店业公会印模职员名册

（1940 年 7 月）

准予备案。

局长　徐养之

（119-126-272：43）

57.武汉特别市市政府社会局训令总商会筹备委员会主任委员涂拔丞

（1940 年 7 月）

案据汉阳办事处先后咨呈：为据总商会汉阳分会筹备委员会主任委员夏汉卿转报、刘瑞廷等呈请组设煤业同业公会，并据韩兴启等呈请组设花包业同业公会，赍送筹备员略历传单，请予核示等情，经核尚无不合，除函复准予筹备外，合行检发原件单，令仰知照为要！此令。

附检发汉阳煤业同业公会筹备员传单一份、汉阳花包业同业公会筹备员传单一份

局长　徐养之

（119-126-251:57-58）

8 月

1.武汉特别市总商会为朱锦发被巡长殴辱致市警察局

（1940 年 8 月 1 日）

案据汉口猪肉业同业公会理事长曾南甫呈称云等情，附证明书一纸。据此，查俟公会转呈各节。商业凋零之会应请多方维护，处呈前除指令外，抄录附件。函请贵局烦为办理，并希是复为荷。

此致

武汉特别市警察局

武汉特别市总商会启

2.武汉特别市市政府社会局函请武汉特别市总商会查照汉阳办事处咨呈转报毛巾业公会成立日期暨会章名册并请刊发图记一案

（1940 年 8 月 1 日）

案查前准汉阳办事处咨送毛巾业公会筹备员名单到局，当经检同名单一份，以会实字第 77 号令行前筹委会知照在卷。兹复准汉阳办事处新字第 491 号咨呈，以据总商会汉阳分会筹委会转据毛巾业公会于七月十五日开会，选举情形呈赍会章会员职员名册并请刊发图记等情，咨请核示等由。附会章及职员会员名册各二份，来经查尚无不合，除该公会图记由局刊发俟制就另饬具领拓具印模二份，汇呈市府备案并函复查照外，相应函达查照为荷。

此致

武汉特别市总商会理事长方

局长　徐养之

（119-126-251:00356-00357）

3.武汉特别市市政府为核定参燕及煤焦两同业公会章程指令

（1940 年 8 月 2 日）

呈件均悉。据呈寄汉口参燕业及煤焦贩运业同业公会章程，兹予审核修正，遂令抄发，仰即转饬遵照施行，具报余件并准备按。此令！保存。

附：武汉特别市汉口参燕业同业公会章程

（1940 年 8 月 2 日）

第一章　总　则

第一条　本章程依照武汉特别市商工业各同业公会之规定订定之。

第二条　本会由汉口参燕业同业者组织之，定名为武汉特别市汉口参燕业同业公会，其事务及组织悉依本章程行之。

第三条　本会受市政府社会局之监督指挥，并应向市总商会登记为会员。

第四条　本会办理之事务如下：

一、承受武汉特别市市政府暨各主管机关、市总商会委托之事件。

二、维持并促进同业之公共利益，矫正营业之弊害。

三、解决同业之纠纷。

第二章　会　员

第五条　凡在汉口营参燕业之商会均得为本会会员，但应向本会登记其牌号及店主或经理人姓名、年龄、籍贯、店址。其无正式牌号组织及曾受除名之处分者，不在此限。每店得派会员代表一人或二人出席本会，但以店主或经理人为限。

第六条　各商店推举会员代表出席于全体会员大会时应付与委托书并通知本会。其改进会员代表时，亦同有下列条款情事之一者不得为会员代表：

一、褫夺公权者。

二、有反动行为者。

三、受破产之宣告尚未复权者。

四、无能力者。

第七条　本会会员均有遵守本会章程及服从本会决议案之义务。

第八条　本会会员有提议权、表决权、选举权、被选举权。

第九条　会员如因特殊情形而欲退出时须陈明理由，经大会核准后方能退出，凡退出者所缴各费概不退还。

第三章　组　织

第十条　本会议决机关为会员大会，由全体会员组织之。

第十一条　会员代表大会之任务如下：

一、选举理事、监事。

二、审定章程。

三、会员代表除名事项。

四、职员之退职事项。

五、清算人之选任及关于清算事项之决议。

六、同业规约之议定。

七、其他关于公会会务之重要决议。

第十二条　本会由会员大会就会员代表中,用无记名连举法选任理事九人组织理事会,选任监事五人组织监事会,并另选候补理事三人、候补监事一人。

第十三条　本会由理事互选三人为常务理事,再由常务理事中推一人为理事长。

第十四条　理事会之职权如下:

一、召集会员大会之定期会议及临时会议。

二、向会员大会报告会务及其他事项。

三、执行会员大会之决议案。

四、预决算之编制及报告事项。

五、关于其他应办事项。

第十五条　监事会之职权如下:

一、考察本会职员是否称职。

二、审查本会预决算。

三、函请理事会召集临时会员大会。

四、向会员大会提出弹劾案。

五、关于监事职权之应办事项。

第十六条　本会职员均无给职,但因办理同业会务得核实支给公费。

第十七条　本会理、监事有下列各款情事之一者应即解任:

一、因不得已事故经会员大会议决准其退职者。

二、旷废职务经会员大会议决令其退职者。

三、于职务上违背法令、营私舞弊,或有其他不正当行为,经会员大会议决令其退职或由市政府社会局令其退职者。

四、发生本章程第七条各款情事之一者。

第十八条　本会得酌用雇员,其人数及薪金由理事会决定之。

第四章　任　期

第十九条　本会理、监事任期为四年,每二年改选半数,不得连任,其第一次之改选以抽签定之,但人数有奇数时,留任者之人数得较改选者多一人。

第二十条　常务理事有缺额时,由理事会选补之。理事缺额时,由候补理事依次递补之。其任期均以补足前任任期为限。监事缺额时,由候补监事依次递补,其任期以补足前任任期为限。

第五章　会　议

第二十一条　本会会员大会分定期会议与临时会议两种,由理事长召集之。

一、定期会议每年一次,于十二月召开之。

二、临时会议理事长认为必要时,或会员代表十分之一以上之请求暨遇有紧急重大事项时,由理事长召开之。

第二十二条　会员大会须会员代表过半数之出席方能开会。提议事项须出席代表过半数之同意方能决议。关于本章程第十二条各项之决议,以会员代表三分之二以上之出席,代表三分之二以上之同意行之。

第二十三条　召集会员大会应于十五日以前通知之，但遇有紧急事项召集临时会议时不在此限。

第二十四条　理事会每月开会二次，但有特别事故时得由理事长召开临时会。

第二十五条　理事会开会时以理事长为□□。如理事长因故请假时，由常务理事轮代之。监事开会时，互推一人为主席。

第二十六条　理事会之决议以理事过半数之出席、出席理事过半数之同意行之。监事得列席理事会，但无表决权。

第六章　经　费

第二十七条　本会经费分下列二种：

一、经常费由会员大会决议后会员分担之。

二、临时费由会员大会决议筹集之。

第二十八条　本会经费之预算、决算及事业之成绩，每年须编制报告，向会员大会报告后，经由市总商会转呈社会局备案。

第七章　附　则

第二十九条　本章程如有未尽事宜，适用武汉特别市商工业各业同业公会章程之规定。

第三十条　本章程如须修改时，应由会员大会决议后，呈送社会局转呈市长核准。

第三十一条　本会办事细则，由理事会订定呈报社会局备案。

第三十二条　本会同业规约，由大会议定后送市总商会转呈社会局核定之。

第三十三条　本章程自呈奉市政府备案之日施行。

4.市总商会开第一次理监联席会议

（1940 年 8 月 2 日）

市总商会开第一次理监联席会议　由理事长致开会词　讨论事项共计七件

本报讯　市总商会于七月八日正式成立，后适值新任理事长方子颖氏感暑违和，又因内部机构及其他关于会务前途事项，均须商洽，故延至昨日始举行第一次理监联席会议，至下午三时，各理监事已到足法定人数，当即振铃开会。首由前筹委会主任涂拔丞介绍各理监事，与方子颖氏寒暄后，继即席签名计到。理事长方子颖，常务理事涂拔丞、谢有标、张鹏舞，理事姚维章、陈宪章、夏汉卿、王晋澄，监事王武刚、谢伯勤、徐织卿、万凤逸，候补理事邹济之、唐兰樵、成禹门，候补监事彭华庭、周秘书赞卿等。首由理事长方子颖致词。略谓今天是武汉特别市总商会成立后第一次理监联席会，本人此次被推为理事长，实在觉得责任重大，自愧力有不胜，所幸各位均系商界巨子，必能有所指正与辅助。本人觉得有两点任务须注意，即（一）本会对于事变时被摧毁之商业，应如何恢复？（二）当兹与友邦经济提携声中，本会所处地位及所负任务是非常重要，且商业社会与政府当局，皆有密切关系，人人须同舟共济、互匡不逮云，嗣即举行会议。兹将当日会议议事日程及议决案由摘登于下：

甲、报告事项

一、本会接收前筹备委员会、移交经过、报请查照由。

二、本会自成立之日起至七月三十一日止,共收文一百零二件,发文三十二件。

三、本会准前筹备委员会函请,拨发前筹备委员会七月份员工津贴工资军票二千二百八十七元,已如数照发,报请查照由。

乙、讨论事项

一、本会接收前筹备委员会移交未办事件应如何处理请讨论案,决议:参照第二案决议。

二、大会决议交本会处理各案如何分别进行请讨论案,决议:并案决议,由常务理事会整理后,分类推定理事负责办理。

三、关于继续促成各业同业公会办理登记、调查、组织事宜应如何进行请讨论案,决议:仍继续办理,其办法由常务理事决定之。

四、各业同业公会请填发会员登记证可否以前筹备委员会移交证书填给抑或由本会另制颁发请讨论案,决议:由本会另制填发。

五、现在各业多有不遵章加入同业公会者究应如何使其规范请讨论案,决议:由本会根据会章第三章第五条之规定,增加"凡不遵章加入公会者即认为非商人,应停止其营业"等语,并呈请市府备案以便执行。

六、陆理事德泽由沪来□辞职应如何办理请讨论案,决议:去函慰留。

七、奖券事务所函请代为推销奖券应如何办理请讨论案,决议:论去函婉拒。

临时会议

各同业公会对于商会行文请用公函案,决议:通过。

散会后,齐至平台摄影,并举行欢宴云。

(《武汉报》)

5.各业不遵章加入公会者应即停止其营业

(1940年8月2日)

各业不遵章加入公会者应即停止其营业　市总商会首次理监会议决

武汉特别市总商会,于昨(一)日下午三时在该会大厅,召开第一次理监联席会议。出席理监事,计有张鹏舞、王武刚等二十余人。主席理事长方子颖,开会如仪,兹将该会议记录志后:

报告事项

一、本会接收前筹备委员会移交经过,报请查照由。

二、本会自成立之日起至七月三十一日止,共收文一百零二件,发文三十二件。

三、本会准前筹备委员会函请,拨发前筹备委员会七月份员工津贴工资军票二千二百八十七元,已如数照发,报请查照由。

讨论事项

一、本会接收前筹备委员会移交未办事件应如何处理请讨论案,决议:并二案办理。

二、大会决议交本会处理各案如何分别进行请讨论案,决议:并案由常务理事会整理后,再分类推定理事负责办理。

三、关于继续促成各业同业公会办理登记、调查、组织各事宜应如何进行请讨论案,决议:

仍继续办理,其办法由常务理事会决定之。

四、各业同业公会请填发会员登记证可否以前筹备委员会移交证书填给抑或由本会另制颁发请讨论案,决议:由本会另制填发。

五、现在各业多有不遵章加入同业公会者究应如何使其规范请讨论案,决议:由本会根据会章第三章第五条之规定,增加"凡不遵章加入公会者即认为非商人,应停止其营业"等语,并呈请市府备案以便执行。

六、陆理事德泽由沪来□辞职应如何办理请讨论案,决议:去函慰留。

七、奖券事务所函请代为推销奖券应如何办理请讨论案,决议:论去函婉拒。

临时动议

徐炽卿提,各同业公会对于商会行文请用公函案,决议:通过。

(《大楚报》)

6.各商业提案业已整理就绪

(1940年8月4日)

各商业提案业已整理就绪　总商会将开会分别办理

本报讯　市总商会成立时,各商业公会所提议案汇计约达四十余件,嗣经本月一日第一次理监联席会议决定,由常务理事会整理,再由理事分途任办。兹悉是项提案业已整理就绪,大致性质属于商业经济,艰困者较多。其他各同业间各自同业之纠纷等等,关于各业将于下星期三日召开常务理事会,提出讨论分别办理云云。

(《武汉报》)

7.武汉特别市总商会指令汉阳分会筹备委员会呈一件:转报汉阳煤业同业公会成立日期检同会章暨职员会员名册请备案由

(1940年8月4日)

指令十三号,令本会汉阳分会筹备委员会。

呈一件:转报汉阳煤业同业公会成立日期检同会章暨职员会员名册请备案由。

呈件均悉。准予备案,仰即知照,并特饬知照。此令。件存。

理事长　方达智

(119-126-251:66)

8.武汉特别市市政府社会局呈送武汉特别市市政府本局七月份打字员书记公役清册由(附名册二份)

(1940年8月5日)

已发回文证。八、六

查本局奉令改组后,所有六月份在局服务之打字员、书记、公役清册业经呈送钧府,备查在案。兹经造具七月份打字员、书记、公役清册二份,理合备文呈报,鉴核备查。

谨呈

市长张

附呈本局七月份打字员、书记、公役清册二份,存科。

武汉特别市市政府社会局局长　徐养之

(8-1-326:65-66)

9.武汉特别市市政府社会局呈报武汉特别市市政府改派周志昌等为本局公役乞鉴核备查由

(1940年8月5日)

已发回文证。八、七

查本局公役萧仁、周敦谊、金汉记、王和青等四人业已辞职或他调,所遗缺额已经改派周志昌、陈少安、董少臣、李青庭等分别递补,又将编入房产整理委员会之刘兴亚调派本局公役正额。除由八月份起改列工饷外,理合具文一并呈报钧府,鉴核备查。

谨呈

市长张

社会局局长　徐养之

(8-1-326:67-68)

10.武汉特别市市政府社会局为呈报武汉特别市市政府园林事务所添雇长工熊士新等六名由

(1940年8月5日)

批示:可。

已由秘书处将清册函送财政局一份。

案据园林事务所筹备主任邵惕公呈称:“兹因农具购备就绪,免误农时起见,决自本月份起实行翻耕工作,俾于盛夏之际,土地得以风化,增进地力,并从事划分场圃、苗床以及农道等,将来于播种栽培上亦免临渴掘井。兹遴选体力强健、身家清白、素具有园林劳动经验之长工熊士新等六名驻场工作,所有添雇长工各缘由,理合连同雇用长工姓名、工饷表备文呈请鉴核。”等情。据此当以该所因事业之需要添雇长工在该所事业费项下列支,自属可行。惟月支工饷应按照预算办理。经指令该所遵照去后,兹据该所筹备主任邵惕公呈复,均一律改为月支十八元,另造清册三份,呈请核转前来,除将清册提存一份并指令外,理合检同清册转呈钧府鉴核备查。

谨呈

武汉特别市市长张

计呈园林事务所添雇长工姓名、工饷清册二份。

社会局局长　徐养之

武汉特别市园林事务所添雇长工熊士新等六名工饷清册

服务别	姓名	月支饷额	备考
长工	熊士新	18.00	七月十日到工
长工	熊汉三	18.00	同上
长工	谭瑞亭	18.00	七月七日到工
长工	施干廷	18.00	同上
长工	张秀清	18.00	同上
长工	常金山	18.00	七月十日到工
说明:以上雇用长工工饷系由属所经常费内事业费项下开支,合并声明			

(8-1-326:69-72)

11.武汉特别市市政府秘书处函送社会局园林事务所添雇长工清册希查照由(附清册一份)

(1940 年 8 月 5 日)

武汉特别市市政府秘书处笺函秘地字第 405 号:据社会局转报园林事务所添雇长工熊士新等六名驻场工作,并按照预算一律月支十八元,造具姓名工饷清册三份,呈请备查等情。到府,除由府据令照准并提存外,相应检同原赍清册一份,函达查照为荐。

此致

财政局

附送名册一份。

民国二十九年八月五日

(8-1-326:82-83)

12.武汉特别市市政府社会局函武汉特别市商会准汉阳办事处咨呈转报煤业公会成立日期暨会章名册并恳刊发图记一案

(1940 年 8 月 5 日)

案查前准汉阳办事处咨送达汉阳煤业公会筹备员名单到局,当经检同名单一份,以会实字第 262 号令行前筹委会知照在卷。兹准汉阳办事处新字第 496 号咨呈以据市总商会汉阳分会转据煤业公会于七月十八日开会选举情形,呈赍会章会员职员名册,并恳刊发图记等情,咨请查核备案等由。附会章职员会员名册各二份前来,经核尚无不合,除该公会图记由局刊发俟制就另饬具领拓具印模二份,送局汇呈市府备案,并函复查照外,相应函达。

此致

武汉特别市商会理事长方

局长　徐养之

八月五日

(119-126-251:67-68)

13.不加入公会之商店　商会亟谋纠正

(1940 年 8 月 7 日)

不加入公会之商店商会亟谋纠正　呈请市府备案以便执行

本报讯　关于本市各商业多有不遵章加入各该同业公会,致碍各同业会务无从推进,事业难期发展,故各业纷纷函请总商会设法纠正,经提交本月一日第一次理监联席会决定,根据会章第三章第五条之规定,增加"凡不遵章加入公会者即认为非商人,应停止其营业"等语,各情已志前报。兹悉总商会为谋使其就范起见,昨特将前案函请社会局转呈市府核准备案,以便执行云。

(《武汉报》)

14.武汉特别市市政府警察局为朱锦发被巡长殴辱事致市总商会

(1940 年 8 月 9 日)

案准贵会八月一日商字第 7 号函开:贵商朱锦发被巡长许斌等欧辱一案,除原文有案不录外,尾开相应抄录附件函请贵局烦查明并办理,并希见复为荷等因。计抄附件一纸,准者发经令饬汉口警察分局查明,具报之后,兹据呈略,称第一署第三分驻所□□等意气用事,处理固失当,该肉店朱瑞建售卖猪肉正值溽暑之际,自应注重卫生。所称当日,肉已售完,谨(仅)剩排骨二块,约计二斤。由于案工以备,自食殊难置信,若□□自食即不应放置外面,既系置诸案上,即应加盖纱罩以重卫生。该卫生警杜动元生而干涉,□□正当行为与巡长许斌等当时处理此事,态度□□□,亟肉商朱瑞建等不服取缔,恶言咆哮,亦有未合愚昧无知应即免予置议,希望嗣后不保再有此类事件发生。相应将处理情形函复,贵会即希。查照转饬,俟朱瑞建等各肉店,嗣后务须遵照法令为荷!

此致

武汉特别市总商会

局长　张学骞

15.总商会成立选举经过　行政院令准备案

(1940 年 8 月 10 日)

总商会成立选举经过　行政院令准备案　各业提案将分别处理

本报讯　市总商会成立后除积极清理前筹委会积案外,大会所提各业之汇案四十三件,业经在各常务理事连日整理之,昨已告竣,即将召开理事会,分任办理工作,同时该会奉市府训令转行政院行字第五七五号指令,对于该会呈报成立及选举情形,已经准予备案云。

(《武汉报》)

16.武汉特别市市政府社会局函武汉特别市商会准汉阳办事处咨呈转报米业同业公会成立日期暨会章名册并请列刊发图记一案

（1940 年 8 月 10 日）

案查前准汉阳办事处咨呈转报市民萧良臣等推举筹备员组设汉阳米业同业公会一案，当以会实字第 90 号行知，前筹委会在卷。兹复准汉阳办事处咨呈以据总商会汉阳分会转据米业公会于七月十六日开会选举情形，呈赍会章会员职员名册，并请刊发图记等情，咨请查核备案等由。附会章会员职员名册各二份，前来经查核，尚无不合，除该公会图记由局刊发俟制就另饬具领拓具印模二份送局汇呈市府备案外，相应函达查照为荷。

此致

武汉特别市商会理事长方

局长　徐养之

8 月 10 日

（119-126-251：54-55）

17.总商会呈市政府据武昌分会呈请发给开办经费转呈准予发给以便结束由

（1940 年 8 月 12 日）

案查属会武昌分会开办费预算一千五百元，业经前筹委会呈请社会局转奉钧府府书务字第九一八四号令准编入二十九年下半年预算在案。兹据该分会呈以自本年五月四日奉令开始筹备迄今三月有余，所有办公经费亟待开支，请将核准之开办费迅赐发给以应需用等情。前来，查该分会现已奉令改组，除令饬应于今到之日停止筹备，听候另行组织外，拟请钧府准将该分会开办费一千五百元提前发给，以便转发开支，俾资结束。是否有当，理合具文一并呈请鉴核示遵。

谨呈

武汉特别市市长张

武汉特别市总商会理事长　方子颖

（9-31-8234：76-77）

18.总商会公函本市旅栈业检送本会理监事名单请查照由（附检送本会第一次职员名单一纸）

（1940 年 8 月 13 日）

案查本会业于七月八日正式成立，兹将理监事名单随函检送一份，即希查照。

此致

本市旅栈业同业公会

武汉特别市总商会启

八月　日

附:检送本会第一次职员名单一纸

武汉特别市总商会职员名单

(中华民国二十九年七月八日)

理 事 长	方子颖
常务理事	方子颖
	涂拔丞
	李鼎安
	谢有标
	张鹏舞
理　　事	方子颖
	陆德泽
	贺衡夫
	涂拔丞
	李鼎安
	谢有标
	张鹏舞
	姚维章
	陈宪章
	夏汉卿
	王晋澄
监　　事	王武刚
	谢伯勤
	徐炽卿
	万凤逸
	李桂荪
候补理事	邹济之
	成禹门
	唐兰樵
候补监事	彭华庭
	周赞卿

(119-68-43:12-15)

19.武汉特别市市政府社会局函知武汉特别市市商会准予筹备汉阳布蛋业同业公会

（1940年8月15日）

案准汉阳办事处咨呈以市商会汉阳分会特据本市布蛋业代表田周辅呈报，奉令遵于七月五日召集开会讨论组织同业公会，公推田周辅等九人为筹备员，并互推田周辅为筹备主任，理合将筹备人员姓名、履历缮具清单呈请核特示遵等由。查各筹备员履历尚无不合，除函复汉阳办事处特饬准予筹备外，相应函准查照为荷。

此致

武汉特别市市商会

局长　徐养之

八月十五日

（119-126-251:00309-00310）

20.财政局签呈为核拟市总商会月份支付预算一案（附武汉特别市总商会二十九年月份支出预算书和月支预算分析说明表）

（1940年8月15日）

案奉钧长交下总商会支付预算表一件，遵经属局按照原预算分别详核所列交通费月支四百元，与通例不符，应核减一百元。又主任秘书应否改为秘书及秘书二人应否核减为一人并将名义改为通译或助理秘书，其余各项大致尚无不合，除俟奉令核定后再由属局汇案补造追加预算呈核外，理合签呈钧长鉴核，分令饬遵。

谨呈

市长张

附呈缴市总商会预算表一份。

财政局局长　孔楚材

武汉特别市总商会二十九年月份支出预算书

款	项	目	节	月支出预算数	备考
武汉特别市总商会筹备委员会				七六〇〇	
	（1）市总商会			七六〇〇	
		（1）薪饷		三八〇〇	说明详表
			薪俸	三四七	说明详表
			工饷	三三〇	
		（2）办公费		一三〇〇	

（续表）

款	项	目	节	月支出预算数	备考
			文具	二五〇	笔墨、纸张、簿册、杂品
			邮电	五〇	邮电、电报、电话
			消耗	三〇〇	灯水、茶炭等费
			印刷	一〇〇	刊物及各项表册等
			购置	二〇〇	图书、家具、器皿等
			修缮费	一五〇	
			调查费	五〇	
			杂费	二〇〇	
		（3）交通费		三〇〇	
			司机薪给	五〇	
			消耗	二〇〇	
			修缮	五〇	
		（4）交际费		五〇〇	
			交际费	五〇〇	
		（5）公费		一七〇〇	
			公费	一七〇〇	理事长一人五〇〇.〇〇 常务理事四人每人月支三〇〇.〇〇元

武汉特别市总商会月支预算分析说明表

薪俸			
秘书	一人		三百元
助理秘书	二人	平均每人二百二十元	四百四十元
总务主任	一人		二百四十元
调查主任	一人		二百四十元
服长	四人	平均每人一百四十元	五百六十元
编纂	二人	平均每人一百六十元	三百二十元
服员	八人	平均每人八十元	六百四十元
事务员	四人	平均每人五十五元	二百二十元
书记	六人	平均每人五十元	三百元
调查员	三人	平均每人七十元	二百一十元
共计三千四百七十元			

（续表）

薪俸			
工饷			
公役	十五人	平均每人二十二元	三百三十元
共计三百三十元			

（9-31-8234:66-71）

21.市政府指令财政局、社会局、总商会为总商会月份支出预算书案

（1940年8月15日）

武汉特别市市政府府务事字11105号指令，令财政局局长孔楚材签呈一件：为核拟市总商会月份支付预算一案，签呈悉交通费准为核减为三百元。原列主任秘书应即改为秘书，仍月支三百元；秘书二人改称为助理秘书，各月支二百二十元。除准照原案，除令行社会局暨总商会遵照外，合行抄发核定预算书，仰即知照，造具追加预算书呈核。此令。

计发预算书一份

府务事字11106号训令：令社会局局长徐养之查总商会月份支出预算书，兹经核定除令财政局遵照编造追加预算，并令该会遵照外，合行检发核定预算书一份。令仰该局知照。此令。计发预算书一份

府务事字11107号训令：令武汉特别市总商会理事长方子颖查该会月份支出预算书，兹经核定惟是项经费，系暂时补助性质，未便长期由市库开支，该会应设法增加收入，开阔经费来源，俾能早日自给，除令财政局遵照暂编造追加预算，并令社会局知照外，合行检发核定预算书一份。令仰该会知照。此令。

计发预算书一份

中华民国二十九年八月

（9-31-8234:72-73）

22.友邦驻汉商界领袖昨访总商会

（1940年8月17日）

友邦驻汉商界领袖昨访总商会　作友谊拜会并留名刺

本报讯　本市三井物产株式会社支店长野田雅亮氏，日本商工会议所理事真铜政治氏于昨日下午新钟三时，偕同市总商会理事姚维章等一行，前往市总商会拜会理事长及常务理事等，借资表示友谊之情感，并作将来商事之联络，实现经济提携。兹以该理事长及常务理事等尚未到会（因该会办公时间如市府同），乃留名刺辞归云。

（《武汉报》）

23. 市总商会召开理监会议讨论搬运困难办法

（1940年8月18日）

本报讯　市总商会顷因近来各业纷纷函请，关于请领搬运许可证种种困难，请设法救济。到会，经昨日召集临时理监联席会议借资讨论。兹悉于下午三时到会出席者有方子颖、涂拔丞、谢有标、张鹏舞、万凤逸、谢伯勤、王武刚、陈宪章、夏汉卿、姚维章、徐炽卿、王晋澄，主席方子颖、记录曾宾秋□□进行开会。

甲　报告事项

一、（略）

二、（略）

乙　讨论事项

一、本会迭据各业同业公会呈以搬运货物请领许可证既感困难，复需时日当于业务诸多窒碍，请设法救济一案究应如何办理请讨论案。决议：通知各同业公会限于文到三日内，将请领搬运证困难情形详细申述，并附注改善意见送交本会，综合各方意见决定办法，商请关系方面准予改善，以恤商艰。

二、（略）

丙　临时动议

现在武汉发生煤荒究应如何设法救济请讨论案。决议：由本会商请关系方面，准予发给石炭搬运许可证，交由本会，会同煤业平价处及煤焦贩运业公会，交往鄂城、大冶、樊口、葛店、阳新、源口、石灰窑、土地堂、嘉鱼、金水闸、蒲圻、缘奚口等处，普遍搬运，俾资接济。

（《武汉报》）

24. 武汉特别市总商会呈武汉特别市市政府呈赍职员清册敬启鉴核由

（1940年8月18日）

已发回文证。八、十九。

窃查属会职员名额预算，前奉钧府核定在案，兹已按照预算规定，分别委派齐全，理合造具职员清册一份，备文呈请鉴核。

请呈

武汉特别市市长张

附呈职员清册一份。

武汉特别市总商会理事长　方子颖

武汉特别市总商会职员

职别	姓名
主任秘书	曾实秋
总务室主任	萧林昌

（续表）

职别	姓名
调查室主任	解子年
助理秘书	张文翥
助理秘书	韩金树
议事股股长	章振启
事务股股长	邹润生
秘书股股长	谌康生
统计股股长	陈艺华
编纂	朱一粟
编纂	邵渭光
股员	冯绳
股员	程新川
股员	姚心辅
股员	陈超鹏
股员	程扶华
股员	龙飞
股员	徐明善
股员	伍少卿
事务员	刘洪珊
事务员	李国豪
事务员	方新甫
事务员	詹哲甫
调查员	赵钱庚
调查员	胡茂珊
调查员	陶唐
书记	李天恩
书记	王文华
书记	陈兰亭
书记	万桂孙
书记	蔡锦涛
书记	杨葆华

（8-1-326:76-81）

25.财政局签注

（1940 年 8 月 21 日）

查此案业经遵批与社会局会商拟将市总商会武昌分会开办费一千五百元,先以暂付款如数照发,俟预算公布后,再行转账列支,当否,祈核示。

财政局局长　孔楚材谨签

八月二十一日

（9－31－8234:74）

本件已由局长面陈,市座准予发给案,谕仍送贵局照例查核签复。

社会局总务科启

八、十七

（9－31－8234:75）

26.武汉特别市总商会为朱锦发被巡长殴辱事致猪肉业同业公会

（1940 年 8 月 21 日）

查前据该贵会呈报,贵商朱锦发被巡长许斌等殴辱一案,当经本会商函请警局查明办理,并函复在卷。兹准警局之法字第六六六二号函即开,业经令饬汉口警察分局查明具报去后,兹据云:录函嗣后,务须恪遵法令。等由,相应函请,查照并希饬转为荷。

此致

汉口猪肉业同业公会

理事长方

27.市总商会拟填发各商店会员登记证

（1940 年 8 月 22 日）

市总商会拟填发各商店会员登记证　经拟具章则俟呈准后即印制填发

市总商会,以前第一次理监事会议,决议各商店会员登记证,由会另制填发,以昭划一。爰即将发行商店会员登记证章则,并参照现时情形,拟具草案,呈请市府核示,一俟批准颁发后,即可印制证书,分别填发云。

（《大楚报》）

28.汉口市商会关于代办货物搬运许可证函

（1940 年 8 月 23 日）

关于本会代办货物搬运许可证业于十一月二十八日起实行,兹查贵会领用申请书三十本,每本五十张,工本费法币六角八分,共计法币二十元四角。又本会按照贵会所领申请书数目,向军特务部购取物品搬运许可愿 1500 张,每张日金五分,共需日金七十五元零角零分。相应函达,即希查照,将以上两款于函到五日内如数收集送会,以便归垫为荷。

此致

汉口市汾酒业同业公会

汉口市商会　启

29.商会会址装修工竣呈请派员验收

(1940 年 8 月 23 日)

商会会址装修工竣呈请派员验收　李理事鼎安辞职挽留

本报讯　市总商会之会址、装修及电灯等项全部业告完竣,于日前呈请市府派员验收。兹悉已派由社会局会同工务局,于二十四日上午十时,前往验收,并已由社会局函达总商会查照云。

又讯　该会常务理事李鼎安,因病函请辞职,经理监联席会决议函达挽留云。

(《武汉报》)

30.总商会函询电灯加租

(1940 年 8 月 24 日)

本报讯　华中水电公司,此次对于特二三区及法租界之电灯改增百分之八十,一般市民深觉负担过重,人言纷繁。此情经由总商会常务理事涂拔丞以所加之租实碍市面繁荣拟案,提经二十一日临时理监联席会决议,以不悉为何加租情形,一俟函询得复后,再行办理云。

(《武汉报》)

31.市政府指令财政局、总商会为武昌分会开办费案

(1940 年 8 月 24 日)

府务字 11417 号,武汉特别市市政府指令:令财政局局长孔楚材签呈一件:签复市总商会武昌分会开办费一千五百元,拟以暂付款如数照发,俟预算公布后,再行转账列支由。

签呈悉。如所拟办理,除令总商会遵照领发外,仰即知照。此令。

府务字 11418 号指令:令武汉特别市总商会理事长方子颖呈一件:据武昌分会呈请发给开办费一千五百元转呈准予发给以便结束由。

呈悉。准予照发,除令财政局遵照拨款外,仰即遵照领发。此令。

(9-31-8234:78-79)

32.市总商会全体理监事共谋全市商民福利

(1940 年 8 月 26 日)

市总商会全体理监事共谋全市商民福利　尤对柴米油盐等项力求疏通平价　救济搬运货物颁发已向当局呼请

武汉特别市总商会以该会负有解除商民痛苦及图谋商人福利,促进工商繁荣及实现中日经济提携为宗旨,爰于成立伊始,除召开首次理监会议外,并迭开两次理事临时会议,以集思广益,群策群力,共同进行,记者昨□晤该会某常委,据谈如下:总商会之成立,原为商人谋福利,解除痛苦为依归,乃于成立之后,即着手安定社会,确保民生,应足以言繁荣市场,发展商业,尤以开门七件事,务求供需平衡,否则,民生不能安定,社会与商场从何繁荣起来。是以本会全体□□,应以解决民生为当务之急,故对于柴米油盐等项,力求疏通来源、平抑价格外,关于商人请求救济搬运货物办法,业已综合各方意见,分呈各主管关系当局设法救济,至于采运煤炭许可证,亦拟根据实际情形,分向主管关系当局请求救济,以及一切关于商人福利与促进商业繁荣事宜,总商会同仁自应竭十二万分能力,以求迎刃而解,获得适当救济,以安民生而兴工商云。

(《大楚报》)

33.总商会内部机构暂定三室四股

(1940年8月27日)

总商会内部机构暂定三室四股　市鞭炮业发起筹备

本报讯　本市商业未经组织公会者,顷近已纷纷发起筹备。兹鞭炮业亦函请商会准予组织。大致经调查后,即着手进行。

又讯　总商会内部之机构,大致业已就绪,暂定为三室四股。

一、秘书室——设议事、统计两股。

二、总务室——设文书、事务两股。

三、调查室——股未定。

(《武汉报》)

34.美商联邦商业有限公司致武汉特别市汉口纱业同业公会函

(1940年8月27日)

径启者,接准月之十八日贵会来函以据会员祥泰纱号声称:“前于四月三十日以道生名义存于贵公司B栈二十支立马纱二件,持有第10203号栈单,由道生如数售与本号,复经本号分交一件与慎丰,慎丰又转交志祥。讵于六月十六日志祥向贵公司批单提货时,承办给第1290号(提货单)门□一纸,因当时鉴于该纱破包未下,仍存B栈。旋又于七月廿九日本号再至贵公司批单下货,忽闻该货业经转户,不胜骇异。查该纱现存仍归祥泰本号所有,不能听其任意转户,特来申请甬咨贵公司证明一切,如以□发现该转户之栈单至栈下货时,□加拒绝,以明权责。”等情。前来,相应函达,请烦查照等语,查本公司堆栈收付客货均以正式栈单为唯一凭证,除客户事先留有印鉴声明出货须凭印鉴,或栈单遗失时曾为依照□□挂失外,如因客户不慎致栈单流入他人手中存货为人冒取时,本公司概不负责,该祥泰纱号所称各节是否属实,姑置不论,其所持有本公司之正式栈单既已批销货物,即属已为提清,固难谓某项存货仍归该号所有,况既据称于六月十八日批单提货时曾经本公司另为发有提货单,则本公司对于此项货物之责任当以此项单据之记载为依据在，该祥泰号自应提出此项单据，方可为任何主张，纵令该项单据已为他人取得或已转户，该祥泰号亦应对于该他人请求司法机关裁判，该纱号计不出此，仅为空言，主张权利，所请查照并为转致该祥泰号为荷！

此致

武汉特别市汉口纱业同业公会

美商联邦商业有限公司启

八月二七日

（119-15-37:010-011）

35.酒精业敖宝士等呈请汉口特别市总商会理事长方遵照颁布规章条例成立同业公会

（1940 年 8 月 27 日）

呈为呈请事，窃商民敖宝士等经营酒精一业，鉴于本市迩来百业复兴各同复兴各同业公会均已先后成立，惟本业尚付观隅，亟应遵照钧会颁布规章条例成立同业公会，借谋团结，俾免□敬，爰是集议决定公会地址，暂设长堤街实善堂工首明德里第一号，准备筹备外，理合具文呈请钧会俯予派员前来查勘，以期早日实现而符功令。伏乞鉴核准予分别备案批示祗遵，实为公便。

谨呈

汉口特别市总商会理事长方

附呈各发起人经营牌号、姓名、地址表一份。

具呈发起人　敖宝士、杨汉臣、许文宗、韩世义、刘焕达、陈仁启、王胜贤

八月二十七日

调查要点

一、该发起人等所营业务是否专为酒精。

二、酒精业此前是否附属于西药业。

三、该业现拟独立成会有何作用。

四、可否□□仍□附入西药业。

五、为□是否均颁有营业许可证。

六、该发起人等业务状况及营业状况为荷。

七、其他应行调查事项。

请调查室派员查复

派胡茂珊前往详查

（119-126-273:75-77）

36.社会局转返本局所属之汽车渡船管理所、度量衡检定所、园林事务所等三机关七月份员役名册，希查收呈核由（附名册共六份、存科三份）

（1940 年 8 月 28 日）

已发回文证。九月三日。

兹谨送转本局所属之汽车渡船管理所、度量衡检定所、园林事务所三机关七月份雇员公役名册各二份，即希查收呈转是荷！

此致

市府秘书处

启

八月二十四日

武汉特别市汽车渡船管理所七月份书记暨公役姓名清册

职别	姓名	备考
书记	刘顺初	
同上	冯朗轩	留局服务
同上	陈用明	
同上	江竟成	
传达	陈润清	
公役	杨光富	
同上	郭文清	
同上	张晋生	
同上	王忠信	
同上	李福	

武汉特别市度量衡检定所民国二十九年七月份书记公役名册

职别	姓名	备考
书记	樊逢壬	
书记	张宝甫	
书记	李旭增	
公役	常继荣	
公役	汪秋林	
公役	蔡权东	
公役	明昌久	
公役	汪发	

武汉特别市园林事务所二十九年七月份书记公役工人名册

职别	姓名	备考
书记	游良安	
书记	王远镒	该员原留局工作，自七月二十六日起回所服务
公役	张华炳	
公役	罗有清	该役原留局工作，自七月二十五日起回所服役
公役	雷伟魁	同上
工头	王同生	
工头	王寿山	
工人	胡正金	
工人	王洪生	
工人	易子香	
工人	谭瑞亭	七月七日到工
工人	施干廷	同上
工人	张秀清	同上
工人	熊士新	七月十日到工
工人	熊汉三	同上
工人	常金山	同上

（8-1-326：83-92）

37.调查员胡茂珊呈汉口市商会主席方汇报关于酒精业组织公会的调查情况

（1940 年 8 月 29 日）

窃职前奉派查酒精业呈请组织公会各情，当将往查各节呈报在案，旋奉常会议决饬向西药业方面查询，遵经查明：

一、酒精业此前虽无公会组织但亦未曾附入西药业方面。

二、西药业方面需用酒精之处甚多，但系向酒精业方面购买。

三、事变前汉口酒精多由外埠运入，现因交通阻滞，外埠来源不足供本市，需要放本埠酒精业较事变前为发达。

四、西药业与酒精业营业各有其独自立场，现双方公会成立系属并行不悖。所有续查各缘由，理合报请鉴核，转饬遵行。

谨呈

主席方

调查室主任解子年、调查员胡茂珊 谨呈

八月二十九日

（119-126-273：78）

38.武汉特别市市政府为本市总商会组织人员名称应依照商会法改正案

（1940 年 8 月 29 日）

查该会现在组织人员、名称与国府颁行之商会法规定不合，应即依照商会法第十八条之规定，将该会理事长改称为主席，常务理事长改称常务委员，理事改称执行委员，监事改称监察委员，以符规定，并依商会法拟各章程、造具、会员及委员名册各四份。呈府核转，除分令社会局知照外，合行令遵照理实报。此令！

39.总商会定期宴友邦商工界　经济合作益趋积极

（1940 年 8 月 29 日）

本报讯　前（廿一）日友邦商工会议所野田会头等一行，为确立经济提携，借资联络中日商界感情起见，经柬请市总商会全体理监事，欢宴于亲仁会，各情已志本报。兹总商会为答谢盛情，定于本月三十日下午六时在该会宴请友邦商工会议所暨商界各巨头，并邀全体理监事作陪，届日车水马龙，必有一番盛况，而中日经济合作前途更趋积极云。

（《武汉报》）

40.市府令总商会改正理监名称

（1940 年 8 月 31 日）

市府令总商会改正理监名称　因与中央法规不符

本报讯　市府以本市总商会现在组织人员职称与国府颁行之商会法规不合，兹为符合中央规定起见，业经令饬该会，应即依照商会法第十八条之规定，将该会理事长改称主席，常务理事改称常务委员，理事改称执行委员，监事改称监察委员，并依据商会法第六条之规定，拟具章程、造具、会员及委员名册各四份，呈报来府，以凭核转云。

（《武汉报》）

41.武汉特别市总商会函汉口丝茧行业同业公会

（1940 年 8 月）

前准贵会函报启用图记日期，并附送印模，请予转呈备查等由。准此，经呈奉市府书字第10662 号回文证内开，来文已悉。等因，奉此。相应函达，即希查照。

此致

汉口丝茧行业同业公会

（全衔名）方

（119-126-270：56-57）

42.武汉特别市总商会指令汉阳分会筹委会呈一件:转赍汉阳米业同业公会暨职员会员名册请鉴核备案由

(1940 年 8 月)

呈件均悉。准予备案。此令。件存。

理事长　方达智

八月

(119-126-251:51-52)

9 月

1.汉口纱业同业公会公函美商联邦商业有限公司为祥泰交涉 1290 提货单内所载立马纱一件据询要复由

(1940 年 9 月 1 日)

案准八月二十七日贵公司来函内开:对于贵公司 1290 提货单内所载之立马纱一件由,本会前函证明为祥泰所有一节认为无效,在贵公司所持理由据云堆栈收付客货以正式栈单为唯一凭证云云,准函前由,是必持有提货单方可证明该货之所有权而予以转存或提取之权利,否则任何证明均属无效,并暗示祥泰欲收回该纱所有权势非请求司法机关裁判不可,此固贵公司手续,三方人未便参议,惟据祥泰纱号来会声称,前向贵公司查询该纱时,节据贵公司栈员否复该货始转入记户复由记转入他户,旦经转户四次,询以究竟转入何户则置不答,试问贵公司既以正式栈单为唯一凭证,则该货由记转入他户复由他户再另转一户、二户至三四户时,依据何种凭证,此应请明白答复,此一;为祥泰纱号或第三,此现时持有该 1290 号提货单向贵公司提货时,照理当然即予以提取,惟为贵公司计,又将何词以对前节转户之何家,此应请明白答复,此二。总而言之,贵公司对于此件纱之交涉所处态度殊欠光明,况敝同业各家在贵公司堆栈存纱布为数当□,为贵公司对于来往客户之请求处置失当稍存暧昧,或对员司略有偏袒之处,明使敝同业之堆存货品此□殊为贵公司营业前途危存,为贵公司已往信誉惜也,相应函达即希查照见复为荷!

此致

美商联邦商业有限公司

会启

中华民国廿九年九月一日

(119-15-37:012-014)

2.汉口山货纸张行业同业公会为迁移会址函报武汉特别市总商会

（1940 年 9 月 2 日）

敬启者，敝会兹因原设同复公内之会址诸多不便，爰经租妥沈家庙上抱质里一号为会址，已于九月二日迁入办公，除通知同业外，相应函报，望准并祈分别转报主管机关备案，是为至盼。

此致

武汉特别市总商会主席方

汉口山货纸张行业同业公会启

九月二日

（119-126-269:116-117）

3.武汉特别市总商会为汉口市山货纸张行业公会迁移会址函请市政府社会局查照备案

（1940 年 9 月 3 日）

公函：案准山货纸张行业公会函称，“兹因原设同复公内之会址诸多不便，爰经租妥沈家庙上抱质里一号为会址，已于九月二日迁入办公，请予核准转报主管机关备案等由”。此外，相应函请贵局查照，备案为荷。

此致

武汉特别市市政府社会局

主席方

九月三日

（119-126-269:118）

4.汉口纱业同业公会公函美商联邦商业有限公司证明祥泰觅及1290号提货单请予凭单提货由

（1940 年 9 月 4 日）

案查本会同业会员祥泰纱号遗失贵栈 1290 号提货单内载立马纱一件一案，前经本会致函证明准复函称，贵公司对于收付来往客货以正式栈单为唯一凭证，顷据祥泰纱号声称前曾遗失 1290 号提货单，业经觅及要求本会证明等由准此，则该 1290 号提货单内所载立马纱一件确为祥泰所有，毫无疑义，应请凭该 1290 号提货单予祥泰纱号将该件纱提去以清手续，相应函达祈即查照为荷。

此致

美商联邦商业有限公司

会启

中华民国廿九年九月四日

（119-15-37:014-015）

5.武汉特别市市政府社会局回文证

(1940 年 9 月 7 日)

给武汉特别市总商会来文商字第 217 号函一件:为汉口市山货纸张行业函报迁移会址请查照备案。

来文已悉。

局长　徐养之

九月七日

(119-126-269:119)

6.武汉特别市商会第一次执行委员会议纪录

(1940 年 9 月 7 日)

时间:民国二十九年九月七日下午三时

地点:本会二楼会议室

出席人:方主席子颖、涂常务委员拔丞、张常务委员鹏舞、陈执行委员宪章、夏执行委员汉卿、谢常务委员有标、李常务委员鼎安、陆执行委员德泽、贺执行委员衡失、姚执行委员维章、王执行委员晋澄

列席人:曾主任秘书宝秋

主席:方主席

记录:秘书室议事股股长章振启

开会如仪:

甲、报告事项

一、报告第一次理监联席会议及一、二次临时理监联席会议议决各案执行情形由。

二、本会现举行市政府训令,为适合国府商会法起见将商会理事长改称主席,常务理事改称常务委员,理事改称执行委员,监事改称监察委员,等因报请查照由。

乙、讨论事项

一、本会维社会局函,以呈奉市政府核准,于商事公断处未设立以前,先行设置公断处,评议员借以延揽市商界名流等由,应如何办理请讨论案。决议保留。

二、本会据青红砖瓦业周继迁等呈请组织同业公会,应否照准,请讨论案事由。该同业十六家已向本会登记而未来申请登记者尚多,且该业系属行号业,并非制造业,事变前经前市政府及前市党部准其成立公会,但未曾加入商会,应否准予组织,提请公决。决议准其组织。

三、本会据应城驻汉石膏商运业何瑞堂等呈请组织同业公会,应否照准,请讨论案事由。本案已派员调查,该同业与石膏行业性质不同,并无抵触,对于膏盐公司目前亦无妨碍。惟膏盐已经省令统制,将来能否仍由该商等自由贩运,尚属疑问,可否准予组织公会,提请公决。决议保留。

四、本会据红黄绿纸业吴衡卿等呈请组织同业公会,应否照准,请讨论案事由。该同业性

质为半工半商,从前仅有木红帮之名称,并无公会组织。其名称及营业范围现与杂色纸业帮在法院诉讼中,应否准予组织公会,提请公决。决议,事变前该业既无公会组织应依照习惯仍称木红帮。

五、本会据脚踏车业杜金城等呈请组织同业公会,应否照准请事由。该同业有一百家,事变前经前市党部准许成立公会,事变后劳方资方均加入劳工协议会,现因劳工协会撤消,故资方同业请求加入商会,应否照准,提请公决。决议,饬该业先行造具同业牌号及店址所在地清册送会,再行核办。

六、本会据酒精业敖宝士等呈请组织同业公会,应否照准,请讨论案事由。本案已派员调查,该业从前仅有三家附属于西药业同业公会,现在有同业十家。其中华胜、振华二家领有营业许可证,其余均未请领,可否准予组织公会,提请公决。决议,函知该业凡未领营业许可证者,速向社会局请领,俾取得商人资格,并一面派员向西药业方面调查后再行核办。

散会。

(119-126-273:79-81)

7.市总商会今日召开第一次执行委员会

(1940 年 9 月 7 日)

市总商会今日召开第一次执行委员会讨论今后会务进行事项

市总商会,以奉令改称理监事名称后,一切会务进行,亟待讨论商榷,以资决定推进。特定于今(七)日下午三时,召开第一次执行委员会,并于昨日通知各执行委员,准时出席,共策进行云。

(《大楚报》)

8.武汉特别市总商会函汉口酒精业敖宝士等

(1940 年 9 月 11 日)

笺函:案据来呈请予组织同业公会并请派员查勘一案,业经本会派员详查据复:"该业从前仅有三家附属于西药业,现在有同业十家,其中华胜、振华二家领有营业许可证,其余均未请领。"等情,旋经提交本会第一次执行委员会议讨论,决议:"函知该业凡未领营业许可证者,速向社会局请领,俾取得商人资格,并一面派员向西药业调查后,再行核办"等语。记录在卷,除一面派员向西药调查外,相应函复。查照办理为荷!

此致

汉口酒精业敖宝士等

武汉特别市总商会

九月十一日

(119-126-273:82-83)

调查员胡茂珊报告派详查汉口酒精业请领颁布规章成立公会一案,遵即前往面晤该会发起人敖士宝、杨汉臣二君,晓喻钧长指示、调查要点。兹据敖、杨二君一一遵照详达,惟第五点似觉含混。经职复往逐店查询,除华胜领有达字第 3299、徐振华领有社字第特 41 号许可证外,余者均无,理合检呈该会详答调查要点,一纸报请主任解,转呈主席方。

职胡茂珊报告

(119-126-273:84)

调查要点

(1)该发起人等所营业务是否专为酒精?

答:专营酒精业为宗旨。

(2)酒精业从前是否附属于西药业?

答:酒精业前仅三数家,未成立公会,亦未附属西药业。

(3)该业现拟独立成会有何作用?

答:本业现已达十家,遵照市府暨总商会条例,故筹组设公会,冀求商业发展以符功令。

(4)可否该会仍旧附入西药业?

答:本业营业销售为烟厂制烟、防霉及化妆品、工业原料、制皮革、木器、油漆、医院药房等,功用不胜枚举,故无附属西药之必要。

(5)各号是否均领有营业许可证?

答:本同业已大多数领有营业许可证,纵未领有者,亦曾在武汉统税局登记纳有统税。

(6)该发起人等业务状况及营业状况如何?

答:本处发起人因已上符功令,下谋营业团结,冀业务发展至各同业同人均居中小商人,资本每家在千元内外。

(7)其他应行调查事项。

汉口酒精营业处呈

(119-126-273:85)

9.武汉特别市总商会改称汉口市商会

(1940 年 9 月 13 日)

武汉特别市总商会改称汉口市商会　武阳两分会已结束□事

武汉特别市总商会,前为遵照中央规定起见,奉市府令将该会理监事名义改为主席及委员制,已分别呈函主管机关即有关团体在案,兹该会以武阳两区已划归省辖,核对该会事权及现有名称不合,为符合法令及事实计,闻经决议改称为“汉口市商会”,准定本月十四日以移实行,至武昌、汉阳两分会,现已结束□事云。

(《大楚报》)

10.武汉特别市市政府社会局呈市政府为呈报教养所雇用熟工骆继晨案

(1940 年 9 月 14 日)

已发回文证。九、五。已通知。

案据教养所呈报："该所雇用熟工骆继晨、陶应林二名，于本月十七日到工，又雇熟工毛文高、齐洪发二名，于本月二十二日到工。"等情。据此，经核属实，理合一并具文呈请鉴核备查。

谨呈

武汉特别市市长张

社会局局长　徐养之

附函：

武汉市秘书处九月五日

姓名	职别	服务机关	呈报日期	到差日期	薪俸数目	备考
骆继晨	雇工	社会局教养所	九月四日	八月十七日		
陶应林	雇工	社会局教养所	九月四日	八月十七日		
毛文高	雇工	社会局教养所	九月四日	八月十七日		
齐洪发	雇工	社会局教养所	九月四日	八月十七日		

（8-1-326:93-95）

11.总商会呈市政府请拨八月份经费对原工作人员补助

（1940年9月25日）

案据属会前汉阳分会呈以遵令于八月十六日停止筹备，办理结束，所有八月份经费请予拨发，对于原有工作人员，请予以安插或酌给退职金以示体恤等情。据此，查该分会既已于八月十六日停止活动，所有该月经费五百元，拟准予照发，由属会已领前武昌分会开办费一千五百元节余项下拨给，俾便转发各员役，以资遣散，至所酌发员役退职金一节，因额于预算，未便照准，是否有当，理合具文呈请鉴核示遵！

谨呈

汉口市政府市长张

汉口市商会主席　方子颖

（9-31-8234:81-82）

12.解除货物许可困难　商会派员参加

（1940年9月29日）

解除货物许可困难　商会派员参加　嗣后发证务期予以便利

本报讯　市商会自成立后，各业佥以商情种种困难，纷纷请求加以解除，如搬运货物许可证一项，几经该会之极力商洽，有关方面亦知商情艰难，经允准由市商会派员参加，共同办理许可证事宜，以期节省时间，便利商民营业。兹悉市商会方面，昨已派定陈兰亭、杨葆华、程扶华、万桂森等四员，有翻译韩金树偕同前往至善路发给货物搬运许可证处，实行任事云。

（《武汉报》）

13.武汉特别市总商会关于迁移住址一案函汉口山货纸张行业同业公会

（1940年9月）

公函：案查等准贵会函以迁移会址，请予存饬备查一案，业经本会函准社会局会团字第十三号回文证内开："来文已悉。"等由，准此。相应函请查照为荷！

此致

汉口山货纸张行业同业公会

主席方

九月

（119-126-269：120）

10月

1.财政局签注市商会所请经费

（1940年10月5日）

查前武昌分会开办费节余款项，拟请转饬如数缴库以清款目。此次市总商会所请发给汉阳分会八月份经费，在该款项下开支，经核似难照准，当否，祈核示。

财政局局长　孔楚材谨签

汉口市政府专员兼代财政局秘书徐海锋代　十、五

（9-31-8234：80）

2.中华民国二十九年国庆纪念汉口市市民庆祝大会筹备处致纱业公会

（1940年10月5日）

敬启者，查中华民国二十九年国庆纪念日瞬□屈临兹经筹备会议，议决定于是日上午十时（新钟）在新市场举行"中华民国二十九年国庆纪念汉口市市民庆祝大会"事关庆典，谅荷赞同。务请贵会通知所属，届时尽量参加同业盛举为盼。

此致

纱业公会

中华民国二十九年国庆纪念汉口市市民庆祝大会筹备处启

并希贵会于本月八日前来处接洽参加办法与人数。

十月五日

（119-15-33：6）

3.汉口市政府社会局公为奉市府检发汉口丝茧行业公会章程函请市商会转饬遵照施行具报

（1940 年 10 月 9 日）

案查前准贵会函送汉口丝茧行业同业公会章程暨会员代表名册、职员名册各二份，嘱查核存转备案等由，准此，经将该会章程予以修正，检同名册各一份转呈市府在卷，兹奉府书新字第 818 号指令开："呈件均悉。据呈赍丝茧行业同业公会章程，经予审核，将标题修订为'汉口丝茧行业同业公会章程'并修正有关条文，随令抄发，仰即转饬遵照施行，具报余件并准备查。此令。"等因，计抄发汉口市丝茧行业公会章程一份，奉此相应检同原件函达查照，即希转饬该公会遵照施行，报转备查为荷。

此致

汉口市商会

附汉口市丝茧行业同业公会章程一份。

局长　徐养之

十月九日

武汉特别市汉口丝茧业同业公会章程

第一章　总　则

第一条　本章程依照汉口市商工业各同业公会章程之规定订定之。

第二条　本会由本市丝茧行业同业者组织之，定名为汉口市丝茧业同业公会，其事务及组织悉依本章程行之。

第三条　本会受市政府社会局之监督指挥并应向市总商会登记为会员。

第四条　本会会址暂设汉口大夹街四四一号。

第五条　本会办理之事务如下：

一、承受武汉特别市市政府暨各主管机关及市商会委托之事件。

二、维持并促进同业之公共利益。

三、解决本同业一切纠纷。

第二章　会　员

第六条　凡在汉口营丝茧行业之商店均得为本会会员，但须向本会登记其牌号及店主或经理人姓名、年龄、籍贯、店址，其无正式牌号组织及曾受除名之处分者不在此限。每店得派会员代表一人或二人出席本会，但以其经理或店主为限。

第七条　各商店推举会员代表出席于全体会员大会时，应付与委托书并通知本会，其改推会员代表时亦同。

有下列各款情事之一者不得为会员代表：

一、褫夺公权者。

二、有反动行为者。

三、受破产宣告尚未复权者。

四、无能力者。

第八条　本会会员均有遵守本会章程及服从本会决议案之义务。

第九条　本会会员有提议权、表决权、选举权、被选举权。

第十条　会员如因有特殊情形而欲退出时,须陈明退会理由,经大会核准后方能退出,所缴各费概不退还。

第三章　组　织

第十一条　本公会议决机关为会员大会,由全体会员代表组织之。

第十二条　本公会会员代表大会之任务如下:

一、选举理事及监事。

二、审定章程。

三、会员之除名事项。

四、职员之退职事项。

五、清算人之选任及关于清算事项之决议。

六、同业规约之议定。

七、其他关于公会会务之重要事项。

第十三条　本公会由会员大会就会员代表中用无记名选举法选任理事七人组织理事会,选任监事三人组织监事会,并另选候补理事三人、候补监事二人。

第十四条　本公会由理事互选三人为常务理事,再由常务理事中推举一人为理事长。

第十五条　理事会之职权如下:

一、召集会员大会之定期会议及临时会议。

二、向会员大会报告会务及其他事项。

三、执行会员大会之决议案。

四、预决算之编制及报告事项。

五、关于其他应办事项。

第十六条　监事会之职权如下:

一、考察本公会职员是否称职。

二、审查本公会预决算。

三、函请理事会召集临时会员大会。

四、向会员大会提出弹劾案。

五、关于监事职权内之应办事项。

第十七条　本会职员均为无给职,但因办理同业会务得核实支给公费。

第十八条　本公会理事有下列各款之一者应即解任:

一、因不得已事故经会员大会议决准其退职者。

二、旷弃职务经会员大会议决令其退职者。

三、于职务上违背法令、营私舞弊或有其他不正当行为,经会员大会议决令其退职或由武汉特别市市政府社会局令其退职者。

四、发生本章程第七条各款情事之一者。

第十九条　本公会得酌用雇员,其人数及薪金由理事会决定之。

第四章　任　期

第二十条　本会理、监事任期为四年,每二年改选半数,不得连任。其第一次之改选以抽签定之,但人数有奇数时,留任者之人数得较改选者多一人。

第二十一条　常务理事有缺额时由理事会选补之,理事缺额时由候补理事依次递补之,其任期均以补足前任任期为限。监事缺额时由候补监事递补之,其任期以补足前任任期为限。

第五章　会　议

第二十二条　本会会员大会分定期会议与临时会议两种,由理事长召集之。

一、定期会议每年一次,于十二月间召开之。

二、临时会议理事认为必要时或会员十分之一以上之请求暨遇有紧急重大事项时召集之。

第二十三条　会员大会须会员过半数之出席方能开会,提议事项须出席会员过半数之同意方能决议。

关于本章程第十二条各款事项之决议,以会员三分之二以上之出席,出席会员三分之二以上之同意行之。

第二十四条　召集会员大会应于十五日以前通知之,但遇有紧急事项召集临时会议时不在此限。

第二十五条　理事会每月开会二次,但有特别事故时得由理事长召集临时会。监事会每月开会一次。

第二十六条　理事会开会时以理事长为主席,如遇理事长因事请假时由常务理事轮代之。监事开会时互推一人为主席。

第二十七条　理事会之决议以理事过半数之出席、出席理事过半数之同意行之。监事得列席理事会,但无表决权。

第六章　经　费

第二十八条　本公会经费分下列二种:

一、经常费由会员大会决议后会员分担之。

二、临时费由会员大会决议筹集之。

第二十九条　本公会经费之预算、决算及事业之成绩,每年须编制报告向会员大会报告后,经市商会转呈社会局备案。

第七章　附　则

第三十条　本章程如有未尽事宜,适用汉口市商工业各同业公会章程之规定。

第三十一条　本章程如须修改时,应由会员大会决议后呈送社会局转呈市长核准。

第三十二条　本公会办事细则由理事会订定呈报社会局备案。

第三十三条　同业规约由大会议定后送请市总商会转呈社会局核定之。

第三十四条　本章程自呈奉市长核准之日施行。

（119-126-270：58-62）

4.市制变更后各公会图记

（1940 年 10 月 10 日）

市制变更后各公会图记　社局函商会将一律更换

本报讯　市商会顷据现成立之各同业公会，纷纷请求颁发图记，以便呈报启用，经函转社会局备案颁发去后，昨准社局公函开，以本市市制变更，所有各业公会图记，自应一律更换。另行颁发俟新图记具领后，再行拓具印模转报备查，并函市商会转饬知照。该会准函前由，昨正转饬各业公会一体查照云。

（《武汉报》）

5.市政府指令市商会、财政局为市商会拟拨给前汉阳分会八月份经费案

（1940 年 10 月 18 日）

武汉特别市市政府府务事新字 1061 号指令：令汉口市商会主席方子颖呈一件：为拟在前武昌分会开办费节余项下拨给前汉阳分会八月份经费五百元，乞核示由。呈悉。经饬据财政局答复，查武昌分会开办费节余款项拟请转饬如数解库以清款目。此次市商会所请发给汉阳分会八月份经费，在该款项下开支，似难照准等情，据此核□不合。除指令外，仰即遵照，转饬知照。此令。

府务事字 1062 号指令，令财政局局长孔楚材签呈一件：为市商会拟查前武昌分会开办费节余项下拨给前汉阳分会八月份经费一案，核难照准由。

签呈悉。准为所拟办理，除令市商会遵照外，仰即知照。此令。

（9-31-8234：83-84）

6.武汉特别市总商会函汉口酒精业敖宝士君等营业许可证领讫后报会核办

（1940 年 10 月 26 日）

案查前据来呈，兹准予组织酒精业同业公会一案，业经本会派员一再调查，并于九月十一日以商字第 249 号函□在案。兹复经提交本会第二次执行委员会议讨论决议，俟其营业许可证领讫报会，复再行核办等语，记录在卷，相应函请查照办理，具报以凭核办为荷。

此致

汉口酒精业敖宝士君等

武汉特别市总商会

十月二十六日

（119-126-273：86）

7.武汉特别市总商会函汉口市丝茧行业同业公会

（1940 年 10 月）

案查前据贵会呈赍章程暨会员代表名册、职员名册各三份，请予备案等情。前来当经转函社会局查核在案，兹准该局函以转奉府府书新字第 818 号指令开，“呈件均悉云云，此令”等由。记抄送汉口市丝茧行业公会章程一份，准此相应抄同原件，函请查照施行具报以凭转函为荷。

此致

汉口市丝茧行业同业公会

附抄送汉口市丝茧行业同业公会章程一份。

主席方

（119-126-270：63-64）

11 月

1.汉口市商会请转函市政府财政局对各种税捐征日币办法恳请收回成命以恤商艰由

（1940 年 11 月 1 日）

案奉报载财政局布告谓：为求充裕税源，以谋收支平衡，经呈请市政府核准，自本年十一月一日起，各种捐税按定律应征法币等，一律改征日币，不再转收阅诵之余深为惊骇，查属会为同业征纳营业税，向系按应缴数额以法币七五折合日完纳，今一旦取消转收办法，无形中等于加税十分之二五，导致市面萧条，货物阻滞，各行营业冷落之秋，势有朝不保夕之势，即照原来转收办法，课税商民尚几难于应付，故属会前曾屡次呈请市政府财政局及有关上峰，将棉纱、营业税爰照旧变前千分之五征收免成案课征，并于九月廿三日向财政局缴呈证照文件，续请证查旧案，恳俯允所请在案，正在静待批示之际，今思又改征日币，取消转收办法，是属会各同业棉纱营业税不独未蒙减轻，反逐步增加负担，而之前所请求此适得其反，劫后纱商喘息未定，何增负重担。

大会领导群论对于商民困苦深刻认浅，务请分别转函市政府、财政局对于各种营业税捐改征日币，不再转收办法，请予俯恤商艰，收回成命，用副局与民苏息之函意，并盼将局批示见复为荷！

此致

汉口市商会理事长唐兰樵

中华民国廿九年十一月一日

（119-15-35：1-2）

2.武穴商工会函市商会请予检送章规

（1940 年 11 月 2 日）

本报讯　武穴商工会，原已成立两载，良以所拟章规，不无简陋之处。近因本市商会成立，为欲借鉴以资依据计，经于日前函请商会检送章规各则，兹悉该会已予函复，并检同各该章规附送该商工会查照云。

（《武汉报》）

3.湖北省政府成立周年纪念　汉口市商会敬颂

（1940 年 11 月 5 日）

湖北省政府成立周年纪念　汉口市商会敬颂

韶华易逝　月届小阳　成立周年　庶绩咸昌

溯思事变　四境荒凉　群黎颠沛　道周彷徨

大府树立　视民如伤　德恩广布　声名溢洋

巍乎事业　焕乎文章　百姓襁负　反者趋跄

复兴□□　惠工通商　繁华日盛　江汉发祥

和平实现　大慰民望　中枢赓命　桑梓增光

政绩益着　复见成康　百年今日　今年不忘

（《武汉报》）

4.商会通函通知陆委辞职照准以邹济之递补请查照由

（1940 年 11 月 5 日）

案准本会执行委员陆德泽函，以羁身沪滨不克来汉请准辞去理事职务等由，业经本会提交第二次执行委员会议讨论，决议：辞职照准，遗缺以候补委员邹济之递补，并经呈奉汉口市政府书新字第一八六五号指令内开：呈悉：准予备案！等因。除分函外，相应函请查照为荷。

此致

汉口市各业同业公会

汉口市商会启

十一月五日

（119-68-43:15-16）

5.中国国民党汉口特别市执行委员会致同业公会

（1940 年 11 月 11 日）

中国国民党汉口特别市执行委员会为本年国父诞辰纪念召开民众庆祝筹备会议，经本会派员出席会议结果兹□如下：

一、大会名称——民国三十年国父诞辰纪念汉口特别市民众庆祝大会。

二、大会地点——新市场。

三、时间——十二月十三日上午十时(新钟)。

四、参加人数——市商会一百名。

五、各国俸领队人□名——市商会□□□除外,相应函请推派代表二人,于本月十二日上午新钟九时齐集本会,便同往新市场参加。

此致

通知同业尽量参加

同业公会

十一月十一日

(119-15-33:7)

6.市商会参加施粥筹备将召各同业广为劝募

(1940 年 11 月 23 日)

商会襄助施粥善举召各业劝募　涂拔丞辞商会常委

本报讯　市商会全体执监委员等自动加入发起施粥筹备后,兹因广为劝募以弘善举起见,今起分别召集各同业公会主席详为商讨。闻召集者有米业等公会,地点在红十字会,谈话时间为今(二十三)日下午三时。

又讯　该会常委涂拔丞氏因公私纷繁,对商会常委之职无暇兼顾,爰有坚辞之意云。

(《武汉报》)

7.本市各同业公会一致赞助施粥

(1940 年 11 月 26 日)

本市各同业公会一致赞助施粥　昨由市商会召集开会分别担任将尽量募捐

本报讯　市商会全体执监委员,自日前自动加入汉口市民临时施粥厂筹备处后,兹以物价高涨生活维艰之际,嗷嗷待哺之哀鸿,应有速于救济之必要。故于昨日下午,召集全市各业公会负责人,共同讨论襄助募捐等办法。

到会人数:同时筹备处负责人谭道南、张学骞、姜道橼、朱涤华、陈焕章、王宪之、关英监、朱耀庭等亦到会列席参加。

市商会方面:则到有委员涂拔丞、谢有标、张鹏舞、王武刚、邹济之、姚维章、谢伯勤、陈宪章、王晋澄、唐兰樵、夏汉卿。

各业公会方面:到有销盐公会、杂货业公会、五金业公会、食品制造业公会、广货业公会、卷烟经理业公会、食品杂货业公会、猪肉业公会、国货匹头业公会、电科业公会、营造业公会、柴煤业公会、中西菜馆业公会、海味糖盐业公会、新药业公会、山货纸张业公会、杂货行业公会、绸缎业公会、煤油面粉火柴业公会、汾酒业公会、金银首饰业公会、油盐业公会、布匹业公会、山货行业公会、纱业公会、人力车业公会、鞋业公会、中外纸业公会等各代表。

涂拔丞氏主席致词：略谓：今天召集各位开会，其意义即为此次本市名流发起筹备施粥，原因本市物价高涨，兼之秋歉，故哀鸿遍野，而时间又值冬令，一旦雪雨交加，啼饥号寒，尤属不堪设想。是故准筹备处来函，请早为之切实援助，因特邀请各位开会讨论，共襄善举，议定援助办法云云。继介绍筹备处总干事。

谭道南氏致词云：本人今日到此，以市民立场得与各位相聚一堂，实甚愉快。不过此次举办粥厂，系缘基于哀鸿之立待救济，更以兄弟在青年协会立场应为社会服务，同时复承各界诸公督率，乃追随勉效绵薄，借资辅助政府之不及，尚希在座诸公慈悲为怀，本利人即所以利己之念，各尽能力所及多活一哀鸿，即胜造七级浮屠矣。嗣由。

张学骞氏致词云：兄弟本来生长湖北，故在此亦即第二故乡，其所以愿以市民立场，加入施粥厂之筹备者：一则是以湖北父老爱我之忱。二则兄弟负责职掌警察。社会治安间接关系重要，救济哀鸿，即是消弭社会隐忧，于公于私均有裨益。希望到会诸公，本乐捐好施热肠努力劝募，祝诸君后福无穷云云。

讨论决议：相继致辞者尚有朱涤华、姜道椽等，不及尽录。旋即进行讨论，结果决议：一、函由施粥筹备处、分函各业公会聘请负责者为赞助人。二、由各业公会负责人，各自召开同业会议尽量劝募。三、由商会酌量各公会业务区别，分送捐册并希速底于成。至此乃宣告散会。

又讯　米业公会代表王文俊，昨已与施粥筹备处，商洽购米事宜，一俟接洽就绪，施粥即可开始实现云。

（《武汉报》）

8.中日基本条约签订周年纪念　市民庆祝大会筹备会议

（1940年11月）

查中日基本条约签订周年纪念　市民庆祝大会业由本市社会运动指导委员会召开筹备会议，经本会派员出席兹将会议结果节录于□。

一、时间：十一月三十日上午十时（新钟）。

二、地点：汉口新市场大舞台。

三、名称：中日基本条约签订周年纪念汉口特别市民众庆祝大会。

四、大会参加人数：合商会一百人。

五、领队：市商会卢熙堂。

六、大会参加人须于是日上午九时半以前由领队负责率领到达会场。

除分函外，相应函请查照，派员二人于本月三十日上午新钟□□□□。

（119-15-33：9）

12 月

1.市商会会员登记证遵市府规定一律收工本费日币二角五分

（1940 年 12 月 7 日）

本报讯　市商会以□□筹备时期，所发各商业会员之登记证，该会正式成立后，是项会员证自失效用。爰经制就正式登记证书多份，并呈请市府拟仅每份收取工本费法币四角，各情已志前本报。兹悉该会业已奉到令准，惟工本费一节应改日币二角五分以资划一。等因。该会昨特录令通知全体商业会员，查照并希按各自会员多少，速于缴纳工本费，以凭填发证书，而资证明营业，事关权益，幸毋延误云。

（《武汉报》）

2.中山公园举行函请查照派员二人赴商会集齐前往参加由

（1940 年 12 月 14 日）

案查关于东亚民族解放汉口特别市民众运动大会，业由本市社运会召开筹备会，议经本会派员出席。兹将会议决定各要点节录于下：

一、名称：东亚民族解放汉口特别市民众运动大会。

二、时间：十二月十五日午后三时（新钟）开始举行。

三、地点：汉口中山公园运动场。

四、参加人数：共计一万人（日本方面三百人、市商会负责策动商民二百名）。

五、参加各团体领队：市商会卢照堂卜进修。

会前两次民众大会经本会通知，各业参加两例会人数寥寥无几。在大会之后，机关团体均啧有烦言。此次大会系中日民众联合举行，观瞻可繁，务必一起踊跃参加，免滋扬议。除分函外，相应函请查照，派员二人于本月十五日下午新钟二时齐集本会以使整队前往，毋误期不到，致干主管机关处邀遣。

此致

汉口特别市纱业同业公会

十二月十三日

（119-15-33：11-12）

3.汉口市政府为属会员役程扶华等请给米贴款项呈祈汉口市政府鉴核如请施行由

（1940 年 12 月 17 日）

窃据属会办事员役程扶华等联名呈称:“窃职等顷阅报载:省市两府关于发给所属低级职员暨公役米贴办法列表,规定并决定自本月起实行。仰见政府体恤员工之德意,钦佩莫名,惟查本会隶属市府范围,每月经常开支费用纯系呈准市府核发补助,是本会名义虽为团体,实则无异机关,且职等月薪均在九十九元以内,自应与市府规定米贴之员工受同等待遇。为此呈祈钧座,俯赐鉴核,准将职等薪额造册赍请市府,核发米贴款项,俾得恩惠同沾,无人公感。”等情;据此,查现在市面百物高昂,该员役等薪资微末,所陈请给米贴一节,尚非分外要求,自未便壅于上闻,仰揆钧长损上益下之心,必蒙恩泽普及之赐,理合将该员役等现实薪资,暨请给米贴款项数额,缮具清册赍呈钧座俯赐鉴核,准予如请施行,实为德便!

谨呈

汉口市政府市长张

附赍呈属会请给米贴员役清册一份。

汉口市商会主席　颖假

值日常务委员谢有标代

汉口市商会员役请求米贴清册

职别	姓名	现实薪资	请求米贴款项数额	备考
股员	程新川	9000	270	
	姚心辅	9000	270	
	程超鹏	8000	640	
	程扶华	7500	600	
	龙飞	7000	700	
	伍少卿	7500	600	
	徐明善	6000	1020	
事务员	刘洪珊	6000	1020	
	李国豪	6000	1020	
	方新甫	5000	950	
	詹哲甫	5000	950	
调查员	赵籛唐	8000	640	
	陶唐	8000	640	
	胡茂珊	5000	950	
书记	李天恩	5000	950	
	王文华	5000	950	

（续表）

职别	姓名	现实薪资	请求米贴款项数额	备考
	陈兰亭	5000	950	
	万桂荪	5000	950	
	杨葆华	5000	950	
	蔡锦涛	5000	950	
	宗焕南	4000	880	
公役	陈河清	2200	660	
	卢德清	2200	660	
	傅连	2200	660	
	韩升	2200	660	
	邱华	2200	660	
	方益	2200	660	
	甄才伦	2200	660	
	方彦卿	2200	660	
	周松亭	2200	660	
	刘文启	2200	660	
	王寿山	2200	660	
	李春泉	2200	660	
	童吉芬	2200	660	
	谢涌根	2200	660	
	宋春洪	2200	660	

（8-6-66:4-8）

4.武汉市总商会为本会员役程扶华等请给米贴款项

（1940 年 12 月 18 日）

据汉口市商会呈请发给员役米贴一案，经查本府预算规定汉口市商会补助费，本季为二万二千八百元。该会员役薪饷，均系自行支配，本府无案可稽，所请增给员役米贴，是否拟在补助费范围以内开支，或请另予发给，未据声叙。经询据该会秘书曾宾秋声称，所领补助费系属核实开支数目，准发给米贴，应请增加补助费等语。查商会非本府正式机关，故二十八年年终赏与金对商会职员均未发给。此次米贴应否准予发给之处，未敢擅拟，理合签请核示。商会为民众团体，现由本府补助，亦属临时性质，自不能比正式机关，会员请发米贴似未便立准。当否，乞既领补助费，现虽增加，米贴问题应自行商筹。

行政考铨科谨签

（8-6-66:1-3）

5.指令:汉口市政府为请发该会员役米贴案向市商会下发指令

(1940 年 12 月 19 日)

汉口市政府指令:令汉口市商会主席方子颖呈一件转请核发员役米贴案。呈册均悉。查该会仍属民众团体,无须发放。补助费虽增加,关于员役米贴问题,应由该会自行筹办。仰赍知照。此令。册存。

(8-6-66:9)

6.武汉特别市市政府建设局关于山货行业代表呈请筹组公会训令武汉特别市总商会筹备会

(1940 年 12 月 19 日)

令武汉特别市总商会筹备会,案据山货行业代表王本立等呈以筹备山货行业公会,请予核准等情,除以所请已发交武汉特别市总商会筹委会核议矣,应俟呈复到局,再为呈请成立武汉山货行业公会以便行事务事,窃维行之一业向有成例,自去秋事变以来,交通阻滞,货源不畅,因之旧有尚未全数恢复,而新行家则于是激增几何。凡荷秤营业,提斗交易者,目不胜数。其中正当行家固属不少,然无帖买卖,行使诈术及滥用行章者亦在所难免。是则不独淆乱市制,抑且遗漏税收,政府有鞭长莫及之感,同业有良莠不分之嫌。同人等欲思有以鉴正,爰请组合公会,先予登记,再予调查,继则联保入会,用以剔除莠类,扶持正当同业,借以整理旧有行规。查武汉三镇以行为业者,曷止千计,组合公会,既辅政令之不及,兼开税收之正源,且可策励同业之进行,更利新政之推动,诚一举而公私两便,为此备文呈请鉴核,准予筹备武汉山货行业公会以便执行事务,实为公便,伏候指令祇遵。

谨呈

武汉特别市市政府建设局局长

具呈人山货行业代表:王本立(住铁路外球场西马路六十九号)、张仙如、孙惠泉、邵仁卿、罗元寿、汪季卿,铺保汉口同泰山货老行(住球场西马路三十一号)

武汉特别市市政府建设局

十二月十九日

(119-126-269:1-2)

7.武汉特别市总商会奉市府指令以所请减征棉纱营业税应仍遵前批毋得再请等因函请查照由

(1940 年 12 月 19 日)

案查前准,贵会来函请予转呈爰案,减征棉纱营业税一案,业经本会据情转呈市府核示在案,兹奉市府书新字第 3211 号指令内开呈悉。查此案前据该公会经呈到府,业以棉纱营业税按千分之五减半征收办法,在事变前已经取消,所请应毋庸议等语批饬遵照在案,仰即转饬仍遵前批,毋再续请此令,等因,奉此相应函达即请查照为荷。

此致

汉口市纱业同业公会

主席　方子颖假

中华民国二十九年十二月十九日

(119-15-35:3-4)

8.市转运业公会举行正式成立大会

(1940年12月21日)

市转运业公会举行正式成立大会推王文卿为主席委员

本报讯　市转运业同业公会,已于本月十八日下午一时,在五桂巷该会所举行第一次选举暨成立大会。是日计到社会局张戈登、商会胡茂珊、警局黎力□等暨该会会员数十人,行礼如仪,选举结果:计王文卿当选主席,龙海卿、曹云祥二人当选常务委员,杨世俊、胡舜卿、张文卿、许连生等四人当选执行委员,周松由、闵子贞、周子英三人为监察委员,吴滨、伍裕福、陈瑞朝三人为候补执行委员,陈文卿、刘孟扬二人为候补监察委员云。

(《大楚报》)

9.调查员成启明、汪复华呈武汉特别市总商会主任

(1940年12月26日)

案举钧长批文,建设局建商字第226号训令开:据山货行业代表王本立等呈请筹备山货行业公会等情,令仰核议具复等因,批交调查再行核议具复等因,附原呈一件,奉此遵即前往球场西马路三十一号司泰山货行调查。据该行王本立、张仙如等称,我们组织山货行业公会,未召集同业开会,只用口头通知,得其同业许可。经职等询问孙惠泉、邵仁卿、罗元寿、汪季卿等四人营业地点,前往调查。该王本立、张仙如等称孙惠卿前营山货行业,现已停歇,他们三人未营山货行业,做其他业务等情。查该同泰山货行所售牛皮、羊皮、香油、花生等物,该王本立、张仙如等二人系一同泰牌名合资股东,孙惠泉等四人未营此业,亦未召集同业开会。该王本立等呈请组织山货行业公会是否合法,理合将调查情形呈报钧长鉴核。

谨呈

主任涂

附呈原令一件、原呈一件。

调查员　成启明　汪复华

十二月二十六日

(119-126-269:3)

10.汉口市财政局因营业税按法币原额改征日币问题致汉口市政府函（附汉口市商会原件）

（1940 年 12 月 28 日）

汉口市财政局为营业税改征日币问题转呈市政府（中华民国廿九年十二月廿八日）

查本市各种税捐自十一月一日起，一律改征日币，业经呈奉钧府令准已饬属施行在案。该会转据各同业公会所呈，各节难似不无理由。惟近来法币行市渐趋低落，原征法币之捐税收入殊难应付一切市政各费开支。按律改征日币元，所以裕税源而维市政各业，商民自应共体斯旨一体遵行，且按关通案施行，逾月更不容稍有变更。所请收回成命，似应予以驳斥，是否有当理合缴呈，原呈签请钧长鉴核。

附缴原呈一件。

财政局局长　孔楚材

汉口市政府财政局

市商会为营业税改征法币问题请转呈汉口市政府

事由：为据本市纱业等同业公会函以奉财政局布告，自本年十一月起营业税凡应缴纳法币一元者改为缴纳日钞一元，负担过重，请予转呈收回成命一案，呈请核示由。

案查，迭据本市纱业、公认钱庄业、海味糖盐业、五金业、油盐业、中西菜馆业、新药业、食品制造业、颜料业等同业公会先后来函。略以各业缴纳营业税向系使用法币，以法币一元按日金七角五分折合缴付日钞，其时法币与日钞在市面互换价格不过一与一点四之比，迩来日钞市值逐步腾涨，几至一与一点八之比，实际上各业完纳税款已无形增加四成。困苦情形匪言可喻，正拟呼请政府设法救济，以苏商困。据近又奉财政局布告自本年十一月一日起，各种税捐按定率，凡应缴纳法币一元者即缴付日钞一元，再予以折合情，惶怵莫知所措。现在市面萧条，货物阻滞，商民生计已有朝不保夕之虑。若再骤加重负势必全体歇业，情迫无已只得环请转呈收回成命，以苏商困而示体恤，各等情。前来查本市商业自事变以来，凋丧殆尽，元气至今未复刬值。兹百货阻滞之际，各业情形困难尤属实在所请，收回成命以资苏息一节是否可行，理合抄录各该公会原函备文，呈请钧府鉴核。敬祈

汉口市政府市长张

附抄寄汉口市纱业、公认钱庄业、海味糖盐业、电料业、五金业、油盐业、中西菜馆业、新药业食品制造业、颜料业等同业公会原函十件。

汉口市商会主席　方子颖（假）

值日常务委员　张鹏舞（代行）

11.汉口市政府财政局为税捐处第二处稽征员余家鼎领用营业税票内短少一全张案致汉口市税捐处函

（1940 年 12 月 30 日）

事由：为税捐处第二所稽征员余家鼎领用营业税票内短少一全张案

案据：汉口市税捐处呈称：

案据，第二稽征所呈据稽征员余家鼎报称："窃职自奉派征收营业税以来，时历年余，向无错误，兹于本月二十五日领有营业税票自碣字第七一三零一号起至七一四零零号止一本，适因连日赶征比额事务，特繁匆忙之间，未予点数。忽于昨日发觉此本票内缺少碣字第七一三五七号一全张，百思莫解，查票本存根联粘封牢固不易取出，如系被人撕去，里面当有纸迹存在，现既无痕迹，谅系原来缺少一张。惟职事先未予点数，疏忽之处，咎无可辞，理合检同用去碣字第七一三六五号止原票本，据实呈报鉴核。"等情，附结单一纸，此查该员经派征收营业税款，素来谨慎，从公从无错谬，此次领用税票适值赶比匆忙，疏于点查而票本内竟缺碣字第七一三五七号一全张，检查里面并无撕去纸迹是否原来缺少一张似涉疑问。惟该员领用税票事先并不点数，实属责无旁贷，究应如何惩处之处，理合备文呈请，钧处鉴核指令只遵等情，据此查此项错误向未发生，无例可据，究应如何办理，职处未敢擅拟理合，据情转请钧局核示祗遵循。等情。据此查税票为征收税款凭证关系重要，办税人员领用时，纵令赶比匆忙，亦应检点清楚，以明经手责任，该二所稽征员余家鼎领用碣字第七一三零一号起至七一四零零号营业税票一本，当时既未点数所缺之第七一三五七号一全张，无论是否原来短缺，其疏忽之咎无可辞卸。惟念该员素来谨慎从公，且适值赶比，疏于查点，其情不无可原，经指令处罚该员应领一个月薪俸十分之二以示惩儆，另责成该员出具日后，该票发现有收税未缴情事，愿负完全责任，听候从严惩治，切结呈局并转饬嗣后如再有此类情事发生，决予严办不贷。等语。去后兹据该处呈复遵办并赍呈该稽征员余家鼎切结，前来除指令备查外，理合将办理本案经过情形抄呈原具切结备文，报请钧府鉴核备查。

谨呈

市长张

计抄呈切结一纸。

汉口市政府财政局局长　孔楚材

中华民国二十九年十二月三十日

汉口市税捐处第二稽征所稽征员余家鼎，为出具切结事令，因前领营业税票内所缺碣字第七一三五七号一全张，倘日后该票发现有收税未缴情事，愿负完全责任，并听候从严惩治，所具切结是实须至切结者。

中华民国二十九年十二月十六日稽征员　余家鼎　印

事由据报处理税捐处第二稽征所稽征员余家鼎短税票情形案

中华民国三十年一月四日政发第 19 号

汉口市政府指令府政字第 0031 号

令财政局局长孔楚材，呈件，为税捐处第二所稽征员余家鼎领用营业税票内短少一全张案，该稽征员余家鼎既经该局处罚月俸十分之二，并取具切结。

1940 年其他

1. 关于处理劳资纠纷报告表，知识青年志愿报名单及三青团湖北支团筹备会等文件

（1940 年）

处理劳资纠纷案件报告表

甲、纠纷当事者概况调查

乙、纠纷处理经过

结文：

余谨将被敌人罪行侵害之事实，据实陈述如下：

以上所述全系事实，并无虚伪，如上项敌人罪行，将来可否受法庭审判时，余愿居于告诉人或证人之地位，倘有虚伪，愿受诬告或伪证之出发，此结。

具结人：姓名（签名或盖章或按指印）　性别　年龄　籍贯　职业　住址

陈述前已告以具结之意义，及诬告伪证之处罚，陈述后，又令具结人阅览并向其朗读。

调查人：姓名（签名）盖章　性别　年龄　籍贯　职衔　住址

敌人罪行种类表（附件一）

（一）谋害与屠杀——有系统之恐怖行为。

（二）将人质处死。

（三）对平民施以酷刑。

（四）故意饿弊平民。

（五）强奸。

（六）拐劫妇女强迫为娼。

（七）流放平民。

（八）拘留人民予以不人道之待遇。

（九）强迫平民从事有关敌人军事行动之工作。

（十）军事占领期间有僭夺主权之行为。

（十一）对占领国居民强迫征募兵役。

（十二）企图奴化占领区。

（十三）抢劫。

（十四）没收财产。

（十五）勒索非法过度之捐款与征发。

（十六）发行伪钞。

（十七）肆意破坏财产。

（十八）故意轰炸不设防地区。

（十九）毁坏宗教、慈善、教育、历史建筑物及纪念物。

（二十）未发警告且不顾乘客与水手之安全而击商船与客船。

（二十一）击毁渔船与救济船。

（二十二）故意轰炸医院。

（二十三）攻击与击毁医院船。

（二十四）破坏其他有关红字之规定。

（二十五）打开毒气。

（二十六）使用爆裂弹及其他非人道之武器。

（二十七）发布尽杀无赦之命令。

（二十八）虐待俘虏与病伤人员。

（二十九）征用俘虏从事不合规定之工作。

（三十）滥用休战旗。

（三十一）井中置毒。

2.汉口市政府为营业税改征日币事令财政局、市商会

（1940 年）

汉口市政府指令　令财政局局长孔楚材

签呈一件：纱业公会等为营业税改征日币负担过重请收回成命一案似应驳斥由，签呈暨缴件均悉。已按情令饬商会转饬遵照矣，仰即知照。此令。缴件存。

指令　府书新字第 4012 号

呈件均悉。查近来法币行市逐渐低落，本市一切政费均以日币开支，原征法币之税捐收入殊难应付。故按率改征日币借利市政推行，且事关通案施行逾月，更不可稍有变更，所请收回成命一节碍难照准，仰即分别转饬知照。此令。件存。

3.汉口市海味糖盐业同业公会因营业税征收改用日币致汉口市商会函

（1940 年）

汉口市海味糖盐业同业公会函

敬启者，顷据敝会各同业公会声称，近阅报载营业税稽征处对于征收各种税款，自本年十一月份起，按照定率应征法币者一律改征日币，不再折收，阅之不胜骇异。查敝会各同业经营海味糖盐杂货均系人民日用必需之品，获利甚微。兼之迩来货价高涨，销路呆滞，人民购买力弱，以致市面萧条冷落万丈。值此米珠薪贵，百物高昂之秋，店中开支既巨，生意又属寂寥。敝会同业大有朝不保夕之态，言念及此可为兴叹。回意（忆）今春货价与日前货值相较增涨，奚啻天渊。即以军票一项而论，以现时市价观之，每军票千元衡之上年已增长三四百元。在政府方面，形式上似未增加税率，而实际上各种税收亦随货物高涨而增加矣。况敝同业向各洋行进货多，系军票而店中售出者概系法币，以此计算亏累奚堪。在税处未改征日币实收以前，以七

五折课税，商人尚觉难于应付，今一旦取消折收办法，无形中等于加税十分之二点五，变本加厉，则商民更不堪负此重担，相应函恳贵会请烦查照敬乞转函汉口市财政局，对于改征日币不再折收办法，迅予收回成命以恤商艰，而苏民困不胜盼祷之至。

此致

汉口市商会主席方

主席 王晋澄

4.汉口市电料业同业公会为征税改用日币致汉口市商会函

（1940 年）

呈：为呼恳转呈以轻负担而维商艰事，属会顷据会员等来会声。称情因同业商店门市售卖货品一律均系法币收进，所完营业税局捐款亦应以法币加纳，方为平允。查近来日金与法币价大相悬远，如售货流水，若以作日金计算完纳，则敝商店等受此无形亏累，何啻重征。然中小商民乃劫后余生，正宜薄税减敛以苏民困，何堪负担重征所恳者。呈请主管机关迅即转呈汉口市营业税局俯顺舆情，解除人民痛苦，主张公道，如商店门市售货流水账有法币一千元应缴法币若干元再将此数元法币，按照市价完纳日金，于政府税收无损，于民众担负得乎与国计民生两有裨益等情。据此相应转呈钧会请烦查照，迅予转报汉口市营业税局，俯顺舆情，主张公道，解除人民痛苦以轻负担而维商艰，不胜迫切，待命之至。

谨呈

汉口市商会主席方

汉口市电料业同业公会理事长 廖荣甫

5.汉口市油盐业同业公会为征税改用日币致汉口市商会函

（1940 年）

窃查，营业税自十一月改征日金不再折收以来，属会同业惊骇万状，纷纷来会呈述，以为事变之后生活日高，已无力谋生，困难达于极点。而当局又行此举，形同加税于商人，则商人只有增高物价，以致人民负担愈大、生活愈艰，购买力自然减少，营业因之不振必至破产。如是税款亦难征收，名虽以裕税源其实有碍税率，国计民生两受其害。兹为利国福民计，理合呈请钧会转函财政局，饬税捐处仍照旧例征收，减轻人民负担，公德两便。

谨呈

汉口市商会

汉口市油盐业同业公会理事长 夏汉卿

6.汉口市中西菜馆业同业公会为征税改用日币致汉口市商会函

（1940 年）

查敝业承事变之后，三载于兹，昔日资本雄厚者泰半迁徙他处或改图贸易，店员工友感于生活之困苦，由多数之店员凑合极少数之资本共同维持艰巨之生活，在表面装修以求顾客招来。实则外强中干,大有今非昔比之慨,惟以百物昂贵材料飞涨,人工□食又复倍增,而酒菜售价又不能从事增加,与其他营业迥然不同。每日收入不敷支出几至亏折之境地,此中痛苦笔所难宣。查敝业营业税与筵席捐二项在以前按法币七五折征收,虽感困难尚系遵章缴纳以尽纳税之义务。所谓营业税者,应根据营业收入纳税之标准,而业金额完全属于法币,商人又无从改营日钞。以日前日钞与法币价值高至四成有余,收入为纳税之标准,收入既无日钞兑换价值,相隔过远。例如纳税十元无形增加七元,于艰难境遇之下实无负荷。再查筵席捐一项为顾客设筵席燕(宴)酬者,所征之捐当局为便利计,委托代征性质,顾客随正价按率纳以法币,又不能加收额外日钞补水,不独恐达功令,而顾客势必由不接受而生争执,既系代征性质,惟有将代收代缴。若勒令以十足日钞缴纳形成,由义务而生赔累,不独敝业力所不逮,实绝非政府体恤之德意。敝业基于上述困难,不得不雍于陈□□呈请大会鉴核,予以维持。转呈市政府俯念商艰,恩准仍照以前办法征收,以免无故赔累而示体恤,实为公德两便。

谨呈

汉口市商会

汉口市中西菜馆业同业公会理事长　舒勤余

7.汉口市新药业同业公会为营业捐税改征日金致汉口市商会函

(1940 年)

呈:为营业捐税改征日金呈请钧会体念商艰俯准转主管机关收回成命减轻负担事,窃属会兹据同业商店来会声称,现在营业捐额改征日金,商民等实难担负。查捐税本为人民应尽之义务,自应遵章缴纳,忽改征日金,惟交易仍以法币,且日金价值伸涨,比较法币每一元趋过半数有奇,而难购买商民营业,又不能不使用法币,就现在商情而论,购货搬运不易。售货者谋利自难,甚至入不敷出,店内开支尚难,应付其中痛苦不言而喻。况处此中日经济提携声中,新中央政府成立之际,本互存互荣之旨,为人民解除痛苦,理应请求收回改征日金成命,减轻商民担负。等语。据此均属实情,理合备文,仰祈钧会俯察商艰,准予转请主管机关收回成命以苏民困,实感公便。

谨呈

汉口市商会主席方

汉口市新药业同业公会主席　许敬之

8.汉口市食品制造业同业公会为营业捐税改征日金致汉口市商会函

(1940 年)

呈:为呈请收回成命,仰恳俯赐鉴核赐予转呈汉口市税捐总局俯准收回征收日金,仍照向例征收法币以恤商困事。窃惟自事变以来工商复归,复业日臻繁荣,币藏支绌,财政开源固为要务,故钧局公布营业税征收日金,况近来日金周涨四分之一,且同业因感受时局之困苦,兼以业务萧条,日需所用各种原料又受统制之影响。百拘高昂,生活难以日敷,以致同业亏蚀,歇业者近已达十余家。推厥实因而成本无形增高售价,暗耗如再以中钞买日金缴纳,实属亏折太甚。所以以同业等缴纳该税,日金实不胜负担,环请补救。属会等懔同业前途之莫测,而业务更失败不堪,用敢不避,渎沥陈下捆,恳请钧会赐予转呈汉口市税捐总局鉴核俯准收回征收日金之成命,仍照旧收法币以利税收而恤商艰,实为德便。

谨呈

汉口市商会主席方

汉口市食品制造业同业公会公　启

主席　李有鑫

9.汉口市颜料业同业公会为营业捐税改征日金致汉口市商会函

(1940 年)

窃属会近据各会员商店负责人纷纷到会声称,查同业等所纳营业税,以前系照所定税率完纳法币,嗣后主管征收机关变更办法改为照原税率完纳法币,嗣后主管征收机关变更办法,改为照原税率所定数额,以七五折缴纳日金(税款法币一元缴日金七角五分)。讵商等遵行未久,近又奉令按照税额一律征收日金(以前应纳税款法币一元改收日金一元),当次日金价值日高之际,税率同属仍旧而实际上不啻无形增加三成以上。第思完纳税捐为商民应尽之义务,苟力所能及,曷敢妄渎无如本业,自本年八月间以来所有请领大日本皇军保护下,各外埠市镇颜料货品搬运许可证不□何故一概未蒙发给。虽经一再呈请维持,迄仍未奉核,准明文致货品不能畅流,营业一落千丈,月来因业务萧条,亏折停歇者已有九家之多。现在幸存者亦系奄奄一息,勉维现状,若再不蒙层峰设法维持必有相继歇业之窶。在此特殊时期之中,何堪再行增加税款负担,为此声请公会迅予转请商会垂察下情,赐予转呈主管机关准予,仍照以前办法征收或税率核减,以恤商艰等情。据此查各会员商店负责人等所述各节,确系实在情形,用特据情函陈大会敬祈汉口市政府财政局暨税捐处体察下情,俯准通饬所属对于属业营业税,准予仍照以前办法征收,或将税率暂行减低,以维商业而苏艰困,无任企祷。

谨陈

汉口市商会主席方

汉口市颜料业同业公会主席　毛星五

10.汉口市五金业同业公会为征税改用日币致汉口市商会函

(1940 年)

呈:为营业税法不公,恳请据理力争以昭平允而恤商艰事。窃属会各同业之营业收入均系法币,营业税稽征员核算亦以法币为标准,而纳税偏要日金,在去年征收尚以七五折折合。属会同业即以收入法币,而以日金纳税似有未合,因系政府命令又有七五折扣,损失有限。近今忽改为十足征收日金,重苦商民,若不呈请,据理力争,商业前途不无影响。且此项痛苦亦全市商民所共同感受,请代力争谅不止。属会同业况当此市面萧条、生意清淡之际,税局方面亦应略示体恤减轻商民负担,令乃不顾一切十足征收日金未免摧残商业,又各商号所用印花,向系法币一元可买,百分令亦改收日金谓非苛杂其谁肯信。钧会为全市商民领导,对于商民直接所受痛苦,谅能设法解除以慰全市商民之望,所有营业税法不公要求,据理力争以示平允,而恤商各缘由,理合具文送呈鉴核,迅予转函力争,实为公德两便。

谨呈

汉口市商会

汉口市五金业同业公会理事长　林博齐

11.汉口市公认钱庄业同业公会为以法币折合军票缴纳营业税问题致汉口市商会函

（1940 年）

敬陈者,兹据同业先后报称近接营业税稽查征所通知,关于缴纳税款有所变更,并谓向法币数额按照七五折合军票缴款令,须以法币原额缴以军票实行祈函。

商会转请原议,俾恤商艰等情。到会据此查敝业系以资本额千分之十计算税率,按敝业资额,具属法币数目,至缴完税款系以法币折合军票,兹忽改为实缴军票并不折合复查。此次征税据事变更使商民在此畸形状况之下,徒增担负委实莫知所措,窃惟大会素体商艰,对于此种税款据□□据理力争,总期收回成命,借轻负担无任感盼之至,伏祈查核转呈是荷。

此致

汉口市商会

理事长　谢伯勤

12.汉口市纱业同业公会因营业税改征日币问题致汉口市商会函

（1940 年）

汉口市纱业同业公会公函(纱字第 13 号)

案奉财政局布告,谓:为求允充裕税源以谋收支平衡,经呈请市政府核准,自本年十一月一日起,各种捐税按定率应征收法币者改征日币,不再折收,阅诵之余深为怵骇。查属会各同业缴纳营业税,向系按应缴数额以七五折合日币完纳,令一旦取消折收办法,无形中等于加税十分之二点五。当此市面萧条、货物阻滞、各行营业冷落之秋,势有朝不保夕之态。即照原来折收办法课税,商民尚感难于应付,故属会前曾屡次呈请市政府财政局及有关层峰,将棉纱营业税爰照事变前千分之五半征半免成案课征,并于九月二十三日向财政局缴呈事变前证明文件续请详查旧案,俯允所请在案,静待批示之际。令忽又奉改征日币取消折收办法,是属会各同业棉纱营业税不独未蒙减轻,反逐步增加负担,而与前所请求者适得其反,劫后纱商喘息未定,何堪负此重担,贵会领导群伦对于商民困苦深刻认识,□□请分别转函市政府、财政局对于营业税捐改征日币不再折收办法,请予俯恤商艰,收回成命,用副当局与民苏息并盼将当局批示见复为荷。

此致

汉口市商会理事长唐兰樵

1941 年

1 月

1.中央银行开幕后商会等纷电伸贺

（1941 年 1 月 8 日）

本报讯　中央储备银行于本月六日宣布正式开幕，各情已志昨日本报。兹本市金融界方面，中江实业银行总裁石星川氏特致电伸贺，爰录其原电于次：

中央储备银行周总裁尊鉴：欣闻大行鱼日开业，鸿图大展。从此金融巩固，复兴之基础益坚，经济措置庶政之推行，是顷下风引领，无任欢腾，谨电伸贺。中江实业银行总裁石星川叩微。

又讯　市商会方面，欣闻国府金融总枢纽中央储备银行，于六日正式开幕，亦于昨致电伸贺。其电文曰：中央储备银行总裁周钧鉴：京电传来，欣念大行定于鱼日开幕，赤仄为文，溯泉力于周礼白皮作币，志食货于汉书，行见国帑丰亨，鸿图孟晋、下风遨□、□庆□殷、谨电伸贺。诸维垂察，汉口市商会叩微。

（《武汉报》）

2.汉口特别市商会为在法租界内英美人名义之入地差系中国人时名义复更为日本人时仍维现状函达查照特知由

（1941 年 1 月 8 日）

案奉汉口特别市政府府二字第一七八二四号训令开：案准军特务部汉特政第一号函详关从来在法租界内以英美人名义所有之土地。由于现时英美国人既属敌人，有应听则得仍旧维持其现状。相应函达，即希查照并希转饬上项各该所有者遵照办理。等因，准此。除布告并分行外，合行令仰知照并转行各同业公会一体知照。此令。等因，奉此。除分函外，相应函达贵会查照转知。

此致

汉口特别市商会

启

三十一年元月七日

（119-15-33：13）

3.汉口市商会关于各同业公会来函以营业税按法币原额改征日钞负担太重请予转呈收回成命一案，经呈奉市府指令未予照准函请查照由

（1941 年 1 月 8 日）

案查前准本市各同业公会分别来函以缴纳营业税，顷按照法币原额改征日钞，不再折扣负担太重，请予转呈收回成命等由，业经本会并案转呈市府核办在案，兹奉府书新字第四零一二号指令内开：呈件均悉。查近来法币行市逐渐低落，本市一切政费均以日币开支，原征法币之税捐收入，殊难应付，故按率改征日币借利市政推行，且事关通案施行逾月，更不容稍有变更。所请收回成命一节，碍难照准，仰即分别转饬知照。此令。件存。等因，奉此。除分函外，相应函达即请查照为荷。

此致

汉口市业同业公会

主席　方子颖假

元月八日

（119-15-35：5）

4.汉口市织业公会检呈前湖北财政厅印以营业税复查须知一本，函请转恳市政府及市财局准予援案减半征收棉纱业营业税由

（1941 年 1 月 9 日）

案查棉纱业应纳营业税，迭经大会及本会再三呈请市政府暨市财政局援照廿六年以前成案，半征税款，远尚未□核准，本应遂照批示，依率缴纳全税，□□再续性是棉纱业营业税半征求免，早已完案经转交前湖北财政厅备案，举存限尚遗有复查，须知印刷品可资佐证实已转函再呈述，为时征免税款作最后之请求以异官所照□，及实减轻商民负担，据查棉纱一物系棉花纺制而成，为手工业制土布之原料，而手工业所制土布又为平民日常所需棉花，既已课税棉纱，复纳统税为果，再征营业税，实属重复且无异加重平民负担，故中央政府对于国内固有产品及关系贫民生计之手工织品在国际贸易情势特殊之下，有提倡维护之必要，此其制造业或贩卖业准由各省市政府均量减征或免征营业税，前汉口市织业公会以中央政府颁布上项办法体恤商艰，□征□□无微不至，具呈请财政厅俯察纱商困苦情形，特加体恤免征营业税，荷蒙接受请求，拟完通融办法，转同俯照纱商营业金款，转手依率课税，既不变更中央原完税率对于纱商纳税负担，复可减种类，而又适合中央减免营业税之原则，经于二十二年呈转部令核准，实以五六年来均系为办理，市政府前传对于本会迭经呈驳饬各节，谅悉以为二十七年间，中央有令通饬

各省市政府在国难期间,均量分别加恤各税捐,以济安需,对于棉纱营业税以为改征全税,实则半征半免办法,仍然照旧征令,非常时期营经取消,今国府业已都令恢复二十六年十一月以前一切法令,棉纱业营业税半征半免,自应随之恢复,且本市各业应纳营业税均系依照中央原颁税率征收,似不能对纱商有所歧视,兹特含附二十六年二月十八日湖北财政厅印复查须知,一并送请大会鉴察,敬乞据情转请市政府及财政局审核,俯赐准予棉纱业营业税援照二十六年以前成案,半征半免以恤商艰而维贫民。

谨呈

汉口市商会主席方

附含呈前财政厅印之营业税复查须知一本。

主席　唐

附录　前湖北财政厅印之营业税复查须知单行本:(甲)应以注意事项第十四项,分销精盐、面粉、纱线等商号分别征税办法案:查上述为业三案,经本局先后提由评委会第三十一、第三十二、第三十四历次会议之决,分别征免办法,并准施以在案。兹将分别征免办法录下,应将代为推销部分及门市部分,各按总收入额半数,分别征免。但以直接向各该业公会请为公销征□限。

厅长　贾士毅

中华民国三十年元月九日

(119-15-35:6-8)

5.东棉洋行为辱承宠锡匾额布达谢忱由

(1941 年 1 月 14 日)

敬启者,敝出张所此次改升支店辱承宠锡匾额光生蓬荜,感谢莫名,足证彼此友谊隆厚已达极点,谨当悬诸座石以志纪念。专此布达聊申谢忱并请。

东洋棉花株式会社汉口支店

汉口市纱业公会台鉴

(119-15-33:14)

2 月

1.本市年头各种商业忙于解决改组问题

(1941 年 2 月 3 日)

本报讯　昨(二)日为夏历正月初七,市各商业居多以此日为解雇店员及改组内部之期,同时亦即股东会商营业可否之决定,爰将昨日所得各方消息分述于次:

钱业　其于上月三十一日开幕各情,已早志本报。兹悉该会同业会员方面,为遵政府令及发展营业起见，对原有保证金每户三千元者，奉命一律加收二千元。至其掣取收据手续，系将原掣之三千元收据，连同现加二千元之保证金，缴由财局换取新收据。上项情由，已由该公会通知全体查照，至未上市之同业，刻正改组中，到会营业似尚有待云。

海味　客岁因短期□□关系表面允称盈余，实际银水折耗过重，致荣辱互有差别。而至下半载后，交相受物价缴费之影响，此际尚在酝酿改组中。约一星期后，始可决定全局之状况云。

各业　药材行号、制药号店因客岁输出困难，早告清淡。昨悉仍未开市，杂货、山货正酝酿内部问题。棉纱、匹头大多数或将化零为整（由合伙转变为整的系统）。香烟、烛皂、火柴仍以屯户为猖獗。闻其内部，关于经理售货范围，该同业中正接洽商讨云。

（《武汉报》）

2.汉口特别市商会为出送社运会周年纪念特刊一本请查收由

（1941年2月7日）

案准汉口特别市社会运动指导委员会第二科函送周年纪念特刊一百本到会，嘱分别转簇准巡，除分别函送外，相应于同周刊一本随函送请贵会查收。

此致

汉口特别市纱业同业公会

附特刊一本

二月七日

（119-15-33：15）

3.本市商会第六次例会

（1940年2月13日）

本市商会第六次例会今日开会讨论待决案件

本报讯　市商会，以本年各业相继开市，其间新起组织公会及一切待办事项甚多，特定于今（十三）日下午四时，召开第六次执委会议，借以讨论待决事项，闻交付议案甚多云。

（《武汉报》）

4.汉口市百货商业同业公会为转军用物资管制办法致本会第二事务所函（附武汉警备区军用物资管制办法）

（1941年2月14日）

案准本年二月十日汉口市商会函开："案奉武汉警备司令部本年元月二十五日泽字第八六三号代电内开：（一）查武汉为华中重镇，关系军事至为重要。本部为明了辖区内有关军用物资厂商之存量产销出口情形起见，特拟定武汉警备区军用物资管制办法。经呈奉华中缴总第二十次交通会报通过，准自即日起实施在案。（二）兹随电附发该项办法二份暨附表六份希遵照，并转饬所属切实遵照办理具报为要。（三）本件副本已抄呈华中剿总部及政务委员会，并分送湖北省政府、汉口市政府、武昌市政府、汉阳县政府。”等因。附军用物资管制办法一份，附表六份。奉此，自应遵办，除分函有关公会遵照外，相应抄附原件函，希查照办理，并分转所属会员切实遵办为盼。等因。附军用物资管制办法一份，附表六份，准此除分函外，相应函希查照办理，并分转各会员切实遵办为盼。

此致

本会第二事务所

附抄军用物资管制办法一份、附表六份。

汉口市百货商业同业公会启

附：武汉警备区军用物资管制办法

第一条　查武汉为华中中心，关系军事至为重要，为求管制有关军用物资，以免外流及明了辖区内军用物资厂商之存量产销出口情形起见，特定办法。

第二条　本办法所称之军用物资，包括交通材料、食盐、工事材料等品，西药、汽油、胶鞋、文具、纸张、印刷材料、食盐工事材料等。

第三条　凡在本辖区内经营有关第二条所包括各种军用物资之厂商，应将现有之物资名称、数量及存放地点详列登记月报表（如附表一），按月确实填报本部以备随时查验。

第四条　凡经本部登记之厂商，每月应将有关军用物资产销收纳情形翔实填造物资产销出纳报告表一份（如附表二），按月呈报本部备查。

第五条　凡需购用有关军用各种物资之部队、机关、商号，应先填具申请书二份（如附表三），详述用途及拟购种类、名称、数量向本部申请发给准购证（如附表四），各厂商凭证交易。

第六条　凡在辖区内已领得本部发给之准购证照购后，如需转运或外运，亦须凭本部发给之运输许可证（如附表五、六），才得提运放行，否则查扣，并依法惩办。

第七条　如私人及未经本部核准发给准购证买卖之厂商、机关、部队私自买卖物资者，应予查扣，并视情节轻重得依法惩办之。

第八条　各经营之厂商如处理有可疑之顾客，或黑市交易，应予最迅速机密方法报告本部或就近之宪警机关，办理其原报人（除其姓名保守秘密外）当另优予奖励。

第九条　凡外侨经营或购运有关军用物资者，亦应依照本办法之规定办理。

第十条　凡在本警备区内持运之有关军用物资之机关部队，须备有足以证明之文件，向本部取得运输证，并接受军、宪、警人员之检查，不得拒绝，否则查扣或没收其物资，并将负责持运人员予以法办。

第十一条　除另饬本部稽查处及宪警机关严密执行查缉外，并分别通知本辖区内之各机关部队及分令各有关商业公会，转饬各商厂遵照办理。

第十二条　本办法经呈奉华中剿匪总第二十次交通会报通过，准自即日起施行。

5.汉口特别市商会为庆祝光复星加坡定于本月十九日下午三时在中山公园举行特派员三人提前到会集合由

（1941 年 2 月 16 日）

案奉汉口特别市社会运动指导委员会紧急通知，以庆祝光复星加坡建设大东亚，汉口特别市民众庆祝大会定于本月十九日下午新钟三时在本会市中山公园举行，饬转参加等因，自应遵办除分通外，相应通达贵会查照，务希于是日下午二时（新钟）派员三人前来本会二楼集合，以便整队同往事□重要，万毋延误为盼。

此致

汉口特别市纱业同业公会

启

二月十六日

（119-15-33：18-19）

6.商会执委例会改今日开会

（1941 年 2 月 18 日）

本报讯　市商会，日前曾拟定本月十四日开第六次执委例会，旋因该日到会委员不足法定人数，致告流会。兹据昨讯，第六次例会已改定于今（十八）日举行。该会对于各执委通知书于昨日已发出云。

（《武汉报》）

7.市商会召开六次执委会

（1941 年 2 月 20 日）

本报讯　市商会于昨下午五时开第六次执委例会，出席委员有涂拔丞、张鹏舞、谢有标、王晋澄、邹济之、夏汉卿等，兹采志讨论案件于次：

甲　报告事项（略）

乙　讨论事项

一、陈执行委员宪章函请辞职应否照准请讨论案。决议：慰留。

二、熏皮业呈请组织同业公会应否照准请讨论案。事由本案经派员调查，据称该业在事变前，曾有同业公会之组织，且目前各家均领有社会局营业许可证、资本充裕等语，应否照准提请公决。决议：准其组织。

三、公信榨坊呈请单独登记应否照准请讨论案。事由本案派员调查两次，据称该榨坊系陈戒三、王依平、宴衡记、李桂孙等合资组织，资本为国币五万元，并未加入公会等语，应否照准提请公决。决议：准其单独登记。

四、本会办理本市房地契约遗失证明事件，除已提会追认者外，计自三十年元月十九日起至本日止有张友三等三件列表提请追认案。决议:追认。

五、王执行委员晋澄函请辞职应否照准请讨论案。决议:慰留。

六、准布匹业同业公会函以执监委员缺额过多,请转呈函各主管机关准予依法改组等由,应如何办理请讨论案。决议:据情转函社会局核复。

(《武汉报》)

8.市商会最近统计各业登记会员

(1941 年 2 月 21 日)

市商会最近统计各业登记会员　已达八千余户超过去年一倍

本报讯　市商会前以本市各商业在复归复业后,商务日形进展,向该会申请加入为会员者亦逐次增多。几经根据同业公会之申请及交付调查手续,乃经依据法规,制印登记证分发各会员以资证明相符。据昨该会统计,迄至最近止,已成立同业公会者计七十四业,尚在筹备及继起组织公会者计二十四业,单独业务者计二十户,已登记未组织筹备会者计五业,全部会员已达八千余户。昨止已发登记证约七千户,较之去岁登记者已超过一倍云。

(《武汉报》)

9.促进工商复兴　社会部社运指委会亟谋

(1941 年 2 月 24 日)

促进工商复兴　社会部社运指导委会亟谋工商团体组织健全借以恢复战后市场增进生产
鄂分会奉令后即行遵照办理

社会部社会运动指导委员会,以事变之后,各市镇工商团体,无形瓦解,工商人民亦多星散。自国府还都后,已饬各省市分会着意整饬,将工商团体组织健全各在案,惟各分会尚多未遵照办理。兹为恢复战后市场,促进工商复兴,繁荣经济增进生产起见,特再令行各省分会遵照从速将各工商团体组织起来,兹悉鄂分会奉令后即行遵照办理云。

(《大楚报》)

3 月

1.汉口市商会奉市府指令关于贵会所请减半征收棉纱营业税一案应毋庸等因转函查照由

(1941 年 3 月 1 日)

汉口市商会公函:案查前准贵会函为请予援案减半征收棉纱营业税,附上前湖北省财政厅印行营业税复查须知,恳转呈核示祇遵等由,业经本会据情分别呈请市政府及函财政局并函复在案,兹奉市政府本年二月八日府政字第 1169 号指令内开:呈件均悉。查此案前据该会转呈到府,业经以府书新字第 3277 号指令,遵照在卷,案关本市税收所请减半征收棉纱营业税一节,应毋庸议,仰即转饬知照。此令。件存。等因,奉此。相应函达即请查照为荷!

此致

汉口市纱业同业公会

主席　方子颖假

三月一日

汉口市商会公函:案查前准贵会来函以缴纳营业税,须按照法币原额改征日钞不再折扣,负担太重请予转呈收回成命等由,业经本会转呈市府核办在案,兹奉府内字第六号指令内开:呈卷。查此案前据该会呈请到府,业经以府书新字第四零一二号指令,饬遵在案,兹据前情经提交本府第十六次市政会议讨论,案经决定未便变更决议,暂仍照旧办理等由,记录在卷,仰即知照并分别转饬知照。此令。等因,奉此。除分函外,相应函达即请查照为荷。

此致

汉口市　业同业公会

呈主席　方子颖假

三月

(119-15-35:9-11)

2.汉口市纱业同业公会为汉口市政府处分失当依法提请诉讼请求救济由

(1941 年 3 月 5 日)

诉讼人:汉口市纱业同业公会

代表人:唐兰樵　汉口市纱业同业公会主席,年四十八岁,湖北汉阳县人。职业:鸿昌祥纱号经理。住址:特三厂同鸦里十四号。

原处分官署:汉口市政府

诉讼事实:窃查棉纱业经营税,中央规定税率原为千分之五,旋以棉纱一物系棉花纺制而成,为手工业土布之原料,而土布又为贫民日常所需棉花,既已课征营业税,棉纱复纳统税,如果再征棉纱贩卖业之营业税,实属重复且彼此转嫁更无异于加重贫民负担,故前中央政府对于国内固有产品及关系贫民生计之手工织品,其制造业及贩卖业准由各省市政府酌量减征或免征营业税,前汉口市纱业同业公会曾根据上述理由及政府法令,于民国二十二年呈由汉口市营业税局,提经营业税评议委员会决议对于棉纱业营业税呈请,免征转呈湖北财政厅核准,拟定变动,据此依照纱商经营业金额折半,依率课税(营业金额为二千元,仅按一千元,仍依千分之五税率,课税五元)既不变更中央原定税,而对于纱商纳税负担,复可减轻一半,且贫民日常需用之土布其成本(购买)更可因此减轻,体恤商艰,顾念民疾,无微不至,于二十二年令饬湖北全省各区营业税局遵照一面呈报,钧部备案施行数年迄至二十七年九月自武汉事变时止,毫无变更,此棉纱业营业税减半征收之以前经过也。

民国二十八年五月,汉口市政府颁布税捐征收规则,其附表内载棉纱业营业税为千分之五,乃实际征收,忽变更前财政厅核准定案,仍按各店营业金额,全数依率课税,迩时各纱商都以新政府成立伊始,且武汉事变破坏之后,各项市政建设急需款,仰系政府艰困,均忍痛全数缴纳,迨后经水陆交通梗塞,营业不振,纱业同业公会继为各业公会之后,亦依法组织成立纱业各商会,以援案减半征收营业税,为请本会乃经二十九年六月分呈汉口市财政局税捐处申述理由,援引前案请求减半征收来邀,允准嗣后经同前衡镒纱号遗存各项账簿,及完税之票证明税票所填金额系按营业金额半之数(衡镒纱号系二十七年三月等筹备开业,其四月全月营业金额账载为一万六千三百八十元,其定四月份营业税票所载金额则为八千一百九十元,适为一万六千三百八十元之半数,依千分之五纳税银四十元另九角五分,其滕(誊)清账乃流水账载,付四月份营业税亦均为四十元另九角五分),分呈汉口市政府、汉口市财政局,请求援案减征,复曾驳斥,最后复搜获前湖北财政厅办理二十六年营业税复查时,印行之复查须知一册(其中第十四项载以棉纱业营业税系按总收入额半数分别征免,其原文为下列:第十四项分销精盐、面粉、纱线等商号,分别征税),据此案查上述各业三案,经本局先后提由评委会第三十一、第三十二、第三十四历次会议,决分别征免,据经呈准施行在案,兹将分别征免,□经录下应将代为推销部分及门市部分各按总收入额半数分别征免,但以直接向各该业公会请有分销证为限,检送汉口市商会转呈汉口市政府(并分函财政局),作最后之呼答,经本年三月一日准商会函转汉口市政府本年二月八日指令,以案关本市税诉讼理由,查官厅处理商民请求案件,应详为研讨事实视,其是否合理有无任何证件可资佐证,方可作准驳之根据,本会代表全市棉纱商,呈请半征免营业税,系根据前政府定案合理之要求,附武汉事变时,政府据按尽数携走本会之证契,所存公牍亦悉付一炬,无已检呈,然前湖北财政厅□尚遗国府通令,一则拟曰(事变前棉纱营业税虽有半征半免办法,但实行后复取消),词意概括全凭悬揣,再则拟曰:应据道前拟毋庸烦渎。又义抽象,似有不屑与小民理论之意,三则拟曰(案关本市税收所请,应毋庸议)对经本会申述之事实理由及证件毫不采纳,尤可异者前后三拟,并无一字说服,不准所请之理由,一味驳斥,使全市纱商惊疑不知所向,此种处分似属失当,实难甘除,连同翔理本案全卷送迭。钧部核俯外爰,依诉讼法具呈上,诉伏乞,钧部鉴核赐决定,凡将原处分撤销,准将汉口市棉纱业营业税仍照二十六年十一月以前定案半征半免,以恤商艰,而维贫民,实为公法而复,谨呈国民政府财政部之长周。

计呈证物列下:

一、二十六年二月前湖北财政厅印行之营业税复查须知一册。此册曾由本会缴呈汉口市政府存卷,未蒙及还。

二、衡镒纱号批发流水一本。

三、衡镒纱号国币流水一本。

四、衡镒纱号各项开支腾(誊)清一本。

上开二、三、四各证件因邮寄便利关系将来用账页分别转下合并呈交。

五、衡镒纱号入会缴费一纸。此系证明衡镒纱号系加入同业公会之正式商店。

六、前湖北财政厅征收衡镒纱号营业税票一纸。

诉讼人:汉口市纱业同业公会

代表人　唐兰樵

通讯处:汉口特三区咸安坊启昌里九号

铺保大隆纱布号

住址:汉口特三区同仁里七号

三月五日

(119-15-35:12-16)

3.汉口市纱业同业公会为处分失当提出诉讼书副本请求依法答辩以资救济由

(1941 年 3 月 5 日)

呈:为不服钧府民国三十年二月八日所为之处分依法提出诉讼副本,请求依限检同卷宗向财政部答辩,以便决定而资救济事,窃属会本年三月一日准市商会本年三月一日商字第 793 号函开:案查前准贵会函为请予援案减半征收棉纱业税,附前湖北财政厅印行营业税复查须知,恳转呈核示祇遵等由,业经本会据情分别呈请市政府及函财政局,并函复在案。市政府本年二月八日府政字第 1159 号指令内开:呈件内悉。查以前据该商会转呈到府,业经以府书新字第 3977 号指令遵照在卷,案关税收所请减半征收棉纱营业税一节,应毋庸议仰即转饬知照此令等因,与此相应连即请查照为荷等由,准此窃查属实,对于棉纱业营业税迭经申述种种事实及理由,并检呈各项证件函市商会转呈钧府,照案减半征收以恤商艰而维贫民,乃钧府毫不采纳,更无一字说服,不准所请之理由,一味驳斥,此种处分似属失当,属会实难口服,只有提起诉讼请求救济,除诉讼书已邮呈财政部外,理合依法向钧府提出诉讼书副本,敬恳于十日内作成答辩连同办理卷案检送财政部重为决定,以资救济,实为公便。

谨呈

汉口市政府

计呈诉讼书副本一件。

汉口市纱业同业公会主席　唐兰樵

住址:汉口特三区咸安坊启昌里九号

铺保:大隆纱布号

住址:汉口特三区同仁里七号

呈诉讼书副本一件

关于营业税,现在税局对同业系实行按每法币千元征日金五元,平均每户营业税每月最低估 111 万元流水,实际每户每月应缴纳税款日金 284 元(含法币贰元),此种负担不可谓不重。照法律而论,营业税系按照月流水(营业税全额)抽千分之二五(一千元纳税二元五角)。营业流水是法币,纳税应是法币,营业税流水是日钞,纳税方用日钞,似有争诉必要,以减轻同业担负,但是首先要明了同业各家之真正营业流水金额,方有把握作为参考,免得税局方面口口声称以说我们各家都是假账,比方真正账目上营业流水,每月有法币十万,照章抵完营业税法币计 1184 元。以 1184 元以换日元,这个数目相隔太远,如果能够达到我们的目的,争诉下来,以法币流水完法币税款,则将减轻担负五倍,不过最紧要的就是要将每一户都报具真实流水,免得税局方面有所借口,否则我们理由不充足,情形不实在,对争诉前途极为不利,难得胜诉把握,所以希望我们同业各家,注意本身利害,大家都将三十年营业实在流水数,据实报会,切毋假有一元半元，以便由会汇册核示，作为交涉之根据。

为棉纱营业税事呈请钧部，鉴核俯赐迅予照事变前成例半征半免，以恤商艰而维成案由。窃查属会前以棉纱营业税征收千分之五负担过重，迭经根据法令呈请汉口特别市政府依照民国二十二年前湖北财政厅拟定交通办法，呈请前财政部核准成案，按纱商每月营业金额折半依率课税，未邀允准复，于本年三月，对同本案公私证件诉请，钧部鉴核并提出诉讼副本呈请汉口特别市政府于十日内会同本案全卷作成答辩书，经呈钧部裁决各在案，现在鹄候月余尚未蒙钧部核示而汉口特别市仍照千分之五征收，并未转减纱商，以劫后余生，实不堪其痛苦，究竟汉口特别市政府对于本案，业已否答辩，抑或取消原处分未能详悉，迫不获已理合再行具文呈请钧部鉴核俯赐迅予裁决，准照事变前成例半征半免，以恤商艰而维成案。

谨呈

国民政府财政部长周

汉口特别市纱业同业公会主席　唐

住址：汉口特三区咸安坊启昌里九号

三月十二日

（119-15-35：18-20）

4.市商会为本月十日友邦陆军纪念节函请派员一人参加由

（1941 年 3 月 9 日）

案准汉口特别市社会运动指导委员平字第六三〇号通知开：查本月十日为友邦日本陆军纪念节，经与各关系方面联络，结果本市官民于本月十日午后二时（新钟）在两仪街上海大剧院举行演讲会并演映珍贵影片以资庆祝。除分函外，相应检同办法及领徽识函送贵会请烦查照办法内所定人数准时由，领队整队率领入场，以示隆重而友邦等由，附办法一份。准此，除分函外，相应摘录，办法内有条文转请贵会查照。务希指派一人准时来会听候点名，整队入场，万毋延误。

此致

本市纱业同业公会

附摘录有函条文。

汉口特别市商会及各同业公会共七十人在商会集合后由市社运会派员点名后率领入场。

三月九日

（119-15-33：20-21）

5.社会运动指导委员会湖北省分会为检发《人民团体调查表》三份限期具报令布匹业公会

（1941 年 3 月 14 日）

案查本分会前奉社会运动指导委员会社指训字第五一二号训令，制发《人民团体调查表》一种，饬令分发详填汇报在案。兹以该项人民团体调查表业经本分会翻印就绪，合亟检同该表三份，随令附发，仰即依式翔实填报，并限于文到一星期内办理完竣，具报到会，以凭汇转。此令！

计附发人民团体调查表三份。

主任委员　方焕如

中华民国卅年三月十四日

6.汉口特别市商会为出请转恳上峰改良营业税征收办法由

（1941 年 3 月 16 日）

案查营业税乃地方税收之一种，政府早有明令公布，而纳税乃商人应尽天职，原无申诉余地，无为本市营业税，事变以前对于缴纳税款之各商店。其临时规完之手续，始而以法币、军票转合法币、军票，继而以军票、法币缴纳，法币、军票金额之税率几使纳商人所受税额之损耗不啻数倍，此种转合非法之手续极繁重。征缴复先其平衡，窃自国府迁都，恢复民二十六年以前一切法令，原使人民知所适法，俾使各安生业，异减少商民痛苦，即以目前通行币值，首法币军票面种之应用无当，注重营业性质为区别而参考市情，照自规完为原以法币为营业金额，共即以法币为原则，按定应缴税率以法币征收之为，原以军票为营业金额，共即以军票为原则，按应缴税率以军票征收之度，使商人知所归依，而无形中免除税款上暗耗，衡情致理两及，当局能俯纳商情，予以采纳，则商民稔年上峰体恤德远，对于纳税之异常踊跃，于税收上或更有语益。大会为本市商民喉舌，对于商民植之愿，属会为会员商店领导对于会员商店痛苦不敢缄然，用敢缕陈痛苦情形函请转陈层峰，俯纳刍荛，减轻商民痛苦，则不胜惶恐，使命之然。

此致

汉口特别市商会会长李主席

三月十六日

（119-15-35：36-37）

7.江汉日报社为国府还都二周年纪念日请登广告以资庆祝由

（1941 年 3 月 16 日）

敬启者，本月三十日为国府还都南京第二周年纪念日。本报于是日发行特刊，以资庆祝。兹检送广告书一份，请尊处惠登广告借示拥护和平之公意。即希填示办法当即照办也。

此致

市纱业公会

附广告通知书一份。

江汉日报社启

三月十七日

（119-15-33：22-23）

8.汉口特别市财政局为呈具答辩书乞指示致财政局局长函（附答辩书）

（1941 年 3 月 18 日）

汉口特别市政府纱业公会请减征棉纱税之附中华民国三十年四月二十三日

二十九年下半年棉纱营业税税额每月三千元左右,半年计一万八千元之谱。

财监字第 620 号中华民国卅年三月十八日。

本案遵将办理经过拟具答辩书,是否有当,敬乞核示。

谨呈

市长张

附答辩书稿一件。

财政局局长　孔楚材

汉口市政府财政局

惟其中因事变后地方元气未复,暂将有关贫民生计之少数税捐,分别酌予减征减轻人民负担,旋以市面逐渐繁荣,恢复旧观。经已依照旧率征收,仅食盐一项应纳营业税因关贫民生计,仍按原定税率减半征收,棉纱一项应征营业税率原为千分之五。经查前湖北财政厅对于此税,虽曾经准如前汉口市纱业公会所请,依率减半征收,但实行后似于二十七年间取消,仍依原率征收全税。(因前湖北财政厅档案无存无法取证)

理由:本案迭据该汉口市纱业同业公会呈请援案减半征收纱业营业税等情,到府核其缴呈衡镒纱号,二十七年四月份纳税税票内注明税率为千分之五,计征洋四十元零九角,按之营业税金额八一九零元,正合原定税率并非折半减征,又无折半减征之注释,又所呈前汉口营业税局所遗复查须知,虽可证明半征半免之办法尚属实在,但系二十六年二月印行之件均难证实。上项半征半免办法并未取消,至该公会所称,国府还都,明令恢复二十六年十一月以前一切法令后,本市各业应纳营业税税率,概已依令办理,独对于纱业未照成案半征半免等语。在纱商方面,固应有此请求,在本府为整饬税收计,对于某种税率之应行增减,自有其独立之立场,况从前成案半征半免者,为精盐、面粉、纱线三种,现在食盐一项既因有关民生早按原定税率减半征收,如遽准纱业恢复旧例办理,面粉业势必援例请求,致使市府收入受讫影响,此本府对于纱商迭次请求,未予照准之理由,爰依法作成答辩书检同本案全卷,送请贵部核办。

汉口市长　张

财监字第 78 号

查本案答辩书前奉,交该会诉愿副本时业经拟呈,嗣复另行签拟种种理由,拟请依照诉法第七条之规定撤消原案,重为处分先后签呈,核示各在卷现财部既须答辩检卷送核,应否照办,抑或依法撤销原案,重为处分之处,仍乞钧长核夺示遵。

财政局局长　孔楚材　谨签

9.社会运动指导委员会湖北省分会为检发修正人民团体组织须知一份致布匹公会通令

(1941 年 3 月 22 日)

查本分会成立日期及奉令兼办汉口市社会运动指导监督事宜,业经分别通告在案。关于本分会职掌,依照社会指导委员会各省市分会组织规程第三条之规定,掌理湖北省及汉口市人民团体之指导监督及民众之组织训练事宜,职责所在,自当积极进行。所有本省市已经组织之人民团体,均应依法呈会备案,以符规定。除布告行分令外合行检发修正人民团体组织须知一份,令仰遵照办理。再前发之人民团体调查表,并仰依限填报为要。此令!

主任委员　方焕如

10.社会运动指导委员会湖北省分会为检发修正人民团体组织须知及限期填报人民团体调查令银行业公会

(1941 年 3 月 22 日)

查本分会成立日期及奉令兼办汉口市社会运动指导监督事宜,业经分别通告在案。关于本分会职掌,依照社会指导委员会各省市分会组织规程第三条之规定,掌理湖北省及汉口市人民团体之指导监督及民众之组织训练事宜,职责所在,自当积极进行。所有本省市已经组织之人民团体,均应依法呈会备案,以符规定。除布告行分令外合行检发修正人民团体组织须知一份,令仰遵照办理。再前发之人民团体调查表,并仰依限填报为要。此令!

主任委员　方焕如

11.汉口纱业同业公会据江商等四洋行及同业八家为厚丰债务未理清前对于陈仲章附于励康股本法洋一万二千元请暂假扣押由

(1941 年 3 月 24 日)

案据江商、东棉、林大、阿部市四洋行本月二十四日函称:贵会会员厚丰猋纱号于日前蓄意倒闭,敝行等遭受损失,除指定商款日钞一千五百元,又各行定金日钞三百一十元外,下欠损失日钞二千元之谱。辗转数日,该号无相当办法,亦无负责人出面调解,长此因循,损失无着。复据同业等八家会员纱号声称,共计完贷补亏损失日钞五千四百余元,检同前情,查陈仲章乃厚丰猋股东,复负该号监督职责,附有贵会会员励康纱号股权,法洋一万二千元,理合呈请贵会转咨贵会会员励康纱号。在敝行及敝同业债权等所受损失未偿还以前,毋得任意私行提出,以保债权而维颓风等情,准此相应函达宝号在厚丰猋纱号债务未解决以前,对于陈仲章等附予宝号股本法洋一万二千元,暂为保留假扣押,毋得任其私自提取,以维债权,是所为盼!

此致

励康纱号

启　三月二十四日

(119-15-34:3-4)

4 月

1.汉口特别市商会奉令饬造各公会会员名册呈市政府

(1941 年 4 月 1 日)

案查前奉钧府府书事字第一一五七一号训令,饬造具各公会会员及委员名册各四份,呈府核转。等因。奉此。属会遵即分函各公会及各筹备会遵照办理在案,兹据光复造送名册到会,其正式成立公会者计七十七业。除华洋桶篓油末制炼业同业公会会员户尚未报来,无从造列外,实际七十六业,六千一百三十四户,资本额一千一百六十七万五千五百七十九元。又筹备会及二十五业,除金银首饰业、木器业、熏皮业三业会员户数资本额尚未造送外,实计二十五户,资本额七十四万四千八百元。三共总计一百二十一业,六千九百零五户,资本额一千四百一十二万三千六百九十九元。整理合抄缮各该公会会员及委员名册四份,共计三百五十二本,又总清册四份,一并赍请钧府鉴核,俯赐存转。

谨呈

市长张

附赍会员名册三百五十二本。

又总清册四份。

汉口特别市商会主席　方子颖

2.市商会召开常委会李氏继任主席

(1941 年 4 月 3 日)

市商会召开常委会李氏继任主席　昨复召执监联席会议讨论各公会呈请问题

本报讯　市商会前主席方子颖氏,因病呈请辞职,业经市府令准,并令派李常委暂行代理,同时并令该会常务委员会召集会议,推举正式人选,各情已详志本报。兹据昨讯,该会已于前日遵开常务会议,计到涂拔丞、张鹏舞、谢有标、李鼎安等常委,即席报告市府令文,继于互相谦让间,一致推举李鼎安氏为继任正式主席,并于昨备文,将推选结果呈报市府备案云。

又讯　市商会于昨(二)日下午四时,开第二次执监联席会议。出席者李鼎安、涂拔丞、谢有标、张鹏舞、邹济之、王晋澄、万凤逸、陈宪章,列席人章振启等届时开会。

甲、报告事项(略)

乙、讨论事项

一、本会对于各公会纠纷事件是否仍依旧例,转函社会局核办抑须分呈社运分会核示请讨论案。决议:分别函呈。

二、酒店业呈请组织同业公会应否照准请讨论案。决议:付详细调查后再行核办。

三、匹头业呈请组织同业公会应否照准请求讨论案。决议:分别组织,前布匹业名称应改为布匹店业、匹头业名称应定为匹头贩运业。

四、蛋业呈请组织同业公会应否照准请求讨论案。决议:准其组织。

五、顺大木板厂请求单独登记入会应否照准请求讨论案。决议:准其单独登记,如该同业发展至七家以外时,仍应依法组织同业公会。

六、略。

七、略。

八、本会办理房地契约遗失证明事件除已提会追认者外,计自三十年二月十九日起至本日止有舒佩芬等二十一件列表提请追认案。决议:追认。

(《武汉报》)

3.李氏继任商会主席昨到会就职

(1941 年 4 月 4 日)

李氏继任商会主席昨到会就职　即席复召第三次执监联会　李氏发表谈话并讨论呈案

本报讯　市商会前任主席方子颖氏,因病呈请辞职后,经常委会推选李鼎安氏为继任主席,各情已详志本报。兹悉李鼎安氏,已于昨日下午二时列会就职,并即席开第三次执监联席临时会议,出席者有李鼎安、涂拔丞、张鹏舞、谢有标、姚维章、邹济之、陈宪章、唐兰樵、王晋澄、夏汉卿、成禹门、王武刚、谢伯勤、万凤逸等。在全体执监委员致欢迎李氏就任词中,李氏并作如下之感谢谈话:

李氏谈话　鼎安于和运过程中,迭次承乏武汉治安维持会、财政局、武汉劳工协会诸役,为时两载余,虽曾有相当努力,但所表现于社会者,惭无成绩可言,只算求得无过。

此次由上海疗治归来,谬承同仁推选,遵市长领导于庆祝国府还都纪念之后,就汉口特别市商会主席一职。从个人方面,可以说是不学无术,加以贱躯孱弱,宿疾尚未完全脱体,勉力来负这重大责任,真实惭愧无地;而各关系方面,不以鼎安为不才,殷举期许,遗大投艰,借此机会得与中外贤达相周旋,且可与友邦商界巨子携手,又觉万分欣幸。

汉口为本国四大市之一,市区长江上游,其地位在全国在本省均极重要,向来比之日本大阪、美国芝加哥,在国际的声价也可想见,从前原定为特别市,后来含混称为汉口市,顷又改名特别市,名称改正恰在中央计划定为建设年的期间,中央对本市的重视意义更为深切。

本市商会在事变时候曾一度中断,不久涂委员奉令筹备,经过相当时期,费有不少心力,筹备完成开幕后,方首任主席,加以调整,规模已经大备。鼎安承乏斯席,萧规曹随,可说遵循有自,但商会是商人集团,求全体业务发展,仍仰赖政府督策,与推进力量,才可发挥。张市长莅汉以来,统策全局本市一切事业,已渐渐臻于往日繁荣,而爱护商民、体恤商艰,尤为全市商人所共戴。此后本会同仁惟有竭诚拥护市府,改进市面的整个政策,各业振作起来,求得整个之突飞猛进,与世界各名字争衡顾名思义,庶不负特别两字之徽号。

商人生命线,第一交通便利,运输上才无困难;第二金融流动,购买量才能满足。因为地域关系、时间关系,上列二项与军事时有关连(联)。又因业务关系与友邦商家发生协同体的作用,所以本会所处地位,须获得各方谅解,前途才光明而平坦。友邦长官透视此点,握定经济提携原则,关于商事一切很诚挚的协助指导,凡我同仁当本□□□信念,各焕发其互助合作精神,以完成东亚和平任务。

鼎安在汉口服务时间最长,各帮各业大半至好旧友,相信汉口商人,都诚实负责而酷爱和平。事变之际,因个人环境不同而离开汉市者,因自有人,然大多数仍挣扎此间力支危局。此种艰苦卓绝气谊,诚足令人钦佩,刻下全面和平尚未实现,国民责任无可推卸,商人尤应站在前面,希望同仁认清本身责任,致力本业以作和平建国的基石。鼎安不敏,定当以同仁的意思为意思,以同仁的利益为利益,凡足以增进本会幸福顺利全面和平者,鼎安当唯力是视以从诸同仁之后。

词毕,即报告开会意义后,继讨论事项。

湘鄂赣合作社联合会早经成立,对于本市各业诸赖推进,本会亟应与其联络商榷,以达

□□□之旨，请讨论案。

决议：推涂拔丞、谢有标、王晋澄、唐兰樵、陈宪章等代表负责联络。

物品搬运许可证填写任务、关系方面准于最近全部交与本会办理，事繁责重亟应先行筹划，请讨论案。

决议：一、推涂拔丞、谢有标为联络接收代表。二、授权常务理事会筹划。

至此宣告散会。

（《武汉报》）

4.市商会新任主席李鼎安氏昨日就职

（1941 年 4 月 4 日）

市商会新任主席李鼎安氏昨日就职　当召开首次执监联席会议并对记者发表重要谈话

市商会新任主席李鼎安氏，已于昨（三）日下午二时到会正式就职，并接收前任移交。届时该会全体执监委员均在会欢迎，李主席并召见全体职员训话，语多最勉。旋即召开首次执监委员会，计到主席李鼎安，执监委员涂拔丞、谢有标、张鹏舞、陈宪章、王武刚、唐兰樵、姚维章、王晋澄等二十余人，李鼎安行礼如仪后，并致开会意义，词毕，旋即讨论事项如次：

一、湘鄂赣合作社联合会早经成立，对于本市各业诸赖推进本会极应与其联络商榷，以达共存共荣之旨请讨论案。决议：推涂拔丞、谢有标、唐兰樵、陈宪章、王晋澄等代表负责联络。

二、物品搬运许可证填写任务、关系方面，准于最近全部交与本会办理。事繁责重，亟应先行筹划请讨论案。决议：推涂常委、谢常委负责联络接收，其处理办法由常务委员负责筹划进行云。

记者于时往访李氏于办公室，承发表谈话如次：

鼎安于和运过程中，迭次承乏武汉治安维持会财政局，武汉劳工协会诸役，为时两载余，虽曾有相当努力，但所表现于社会者，惭无成绩可言，只算求得无过。此次由上海治疗归来，谬承同仁推选，遵市长领导于庆祝国府还都纪念之后，就汉口特别市商会主席一职。从个人方面，可以说是不学无术，加以贱躯孱弱，宿疾尚未完全脱体，勉力来负这重大责任，真实惭愧无地；而各关系方面，不以鼎安为不才，殷举期许，遗大投艰、借此机会得与中外贤达相周旋，且可与友邦商界巨子携手，又觉万分欣幸。

汉口为本国四大市之一，市区长江上游，其地位在全国、在本省均极重要，向来比之日本大阪、美国芝加哥，在国际的声望也可想见。从前原定为特别市，后来含混称为汉口市，顷又改名特别市。名称改正恰在中央计划定为建设年的期间，中央对本市的重视意义更为深切。本市商会在事变时候，曾一度中断，不久涂委员奉令筹备，经过相当时期，费有不少心力，筹备完成开幕后，方首任主席加以调整，规模已经大备。鼎安承乏斯席，萧规曹随，可说遵循有自，且商会是商人集团，力求全体业务发展，仍仰赖政府督策与推进力量，才可发挥。张市长莅汉以来，统策全局。本市一切事业，已渐渐臻于往日繁荣，而爱护商民，体恤商艰，尤为全市商人所共戴，此后本会同仁，惟有竭诚拥护市府改进市面的整个政策，各业振作起来求得整个之突飞猛进，与世界各名市争衡。顾名思义，庶不负特别两字之徽号。

商人生命线，第一交通便利、运输上才无困难，第二金融流动、购买量才能满足。因为地域关系，上列二项，与军事时有关联，又因业务关系时机关系，与友邦商家发生协同体的作用，所以本会所处地位，须获得各方谅解，前途才光明而平坦。友邦长官透视高点，握定经济提携原则，关于商事一切，很诚挚的协助指导。自应当本共存共荣信念，焕发其互助合作精神，以完成东亚和平任务。

鼎安在汉口服务时间最长，各帮各业，大半至好旧友，相信汉口商人，都诚实负责而酷爱和平。事变之际，因个人环境而不离开汉市者固自有人，然大多数仍挣扎此间，力支危局。此种艰苦卓绝气谊，诚足令人钦佩，刻下全面和平尚未实现，国民责任无可推卸，商人尤应站在前面，认清本身责任。致力本业，以作和平建国的基石。鼎安不敏，定当以商人的意思为意思，以商人的利益为利益，凡足以增进本会幸福，顺利全面和平者，鼎安当唯力是视以赴之云云。

（《大楚报》）

5.湘鄂赣合作社联会积极联络商会所属

（1941年4月6日）

湘鄂赣合作社联会积极联络商会所属　市商会派员前往接洽一切

本报讯　湘鄂赣合作社联合会，自于上月成立后，除分别函呈备案外，并以市商会所属会员关系密切，有亟于连（联）络之必要，经于日前致函市商会，请分别转知各会员，附具介绍申请书式样各情。兹闻市商会方面，为进一步联络起见，已推派负责者前往接洽，一俟得悉细则后，即分别转知各业会员云。

（《武汉报》）

6.汉口特别市政府为造送各业会员名册案令汉口特别市商会

（1941年4月8日）

汉口特别市政府指令　府政字第4063号

呈件均悉。本府前以该会组织人员名称与国府颁行之商会法规定不合，当于上年八月三十日，以府书事字第一一五七一号令饬该会依照商会法规定改正，并饬依照商会法第六条之规定，拟具该会章程造送会员及委员名册呈核立案。兹仅具呈送各公会会员委员名册前来，并未遵照前办理，殊有未合。除将所赍清册暂予存查外，仰即遵照前今各令，迅即拟具该会章程，并造具该会委员名册，呈候核夺，此会件暂存。

7.市商会易人

（1941年4月8日）

市商会易人　秘书遗缺熊曾绥氏充任　商会总务张莀安氏负责

本报讯　市商会于李鼎安氏继任主席，并就职视事后，因前任之秘书曾宾秋及总务主任萧林昌相继坚辞，乃改聘熊曾绥及张莀安分负前述之职，闻业已到会办公云。

（《武汉报》）

8.货物搬运许可证市商会代办

（1941 年 4 月 9 日）

货物搬运许可证市商会代办　本月十五日全部移交　常委会刻正筹划接收

本报讯　市关系当局，近对于申请货物搬运许可证，为便利商民申请起见，全部交由市商会统筹申请。兹悉决定于本月十五日全部移交市商会代为办理申请，至申请手续等项则仍如前，且闻市商会常委会刻正筹划接收云。

（《武汉报》）

9.汉口市商会致汉口市旅栈业公会公函

（1941 年 4 月 9 日）

案查本会第一次常务委员会议讨论事项第一案，奉市政府训令以本会常务委员兼主席方子颖因病辞职准予辞去主席职务专任常务委员，所有主席职务即由常务委员李鼎安代理，并一面由常务委员会开会推选正式主席具报等因，究应推选何人继任主席请公决案，决议：一致公推常务委员李鼎安继任主席，并呈报市政府等语记录在卷，鼎安遵于四月二日到会接钤就任主席职务，除分呈报暨分函外，相应函请查照。

此致

汉口市旅栈业公会

主席　李鼎安

中华民国三十年四月九日

（119-68-43：18-19）

10.汉口纱业同业公会为遗失东棉洋行栈单一纸、阳鹤线一件投登报声明作废外，函请大会转请法院备案并分呈各同业公会查照由

（1941 年 4 月 10 日）

汉口市纱业同业公会公函，纱字第 22 号：

敬启者，三月二十日属会同业会员在交换组办理货品交割时，致遗失东棉洋行三月四日签署之第三百六十号鸿昌祥抬头栈单一纸，计四十二支两股、阳鹤线一件，经同业彼此侦查无着，于三月二十六日函请东棉洋行挂失，并于三月二十九、三十、三十一三日投登武汉、大楚、英文楚报及四月五、六、七三日投登大陆新报声明遗失作废外，理合呈请大会转请法院备案，并分咨其他各同业公会查照为荷！

此致

汉口市商会

主席　唐兰樵
中华民国卅年四月十日
（119-15-34:35）

11.市商会代表今开联络会议

（1941 年 4 月 12 日）

本报讯　市商会前第三次执监联席会议，对湘鄂赣合作社联合会来函之意，为切取联络，经当场推定涂拔丞等九委员为联络代表。兹悉将于今日下午三时开会讨论进行联络方式云。

（《武汉报》）

12.汉口市政府社会局为检发调解劳资决定书谈话纪录令汉口市汾酒业同业公会（附调解谈话会纪录及调解决定书）

（1941 年 4 月 14 日）

令汉口市汾酒业同业公会理事长郑晋卿

案查，前据该会先后呈以工人因增加工资不遂，发生罢工，请召集双方迅予调处。当经本局会同社运分会，市总工会同时派员前往劝导工人复工，复于本月四日由局召集劳资双方予以调解，业经协议，成立双方妥洽，合行检发调解决定书、谈话纪录各一份，令仰遵照，并转行该同业遵照。此令！

附检发调解决定书、谈话纪录各一份。

局长　王锦霞
中华民国三十年四月十四日

附：汉口特别市政府社会局召集汾酒业劳资纠纷调解谈话会纪录

时间：三十年四月四日下午二时

地点：社会局会议室

出席人：洪震、李敦垓（社会局派）、刘世泽、许慕陶（社运会湖北省分会）、韩德山（汉口市总工会）

资方代表：熊晋卿、夏义山、刘铭章、鲍隐卿、吴汇川、马舜卿

劳方代表：苏兴泰、傅耀堂、许海清、余云清

主席：洪震　　记录：李敦垓

主席报告：今天召集劳资双方到局，意在进行调节纠纷，以便作合理解决，俾早安生业云云（略）。

劳方代表：傅耀堂申述现因百物高贵，工人生活苦难，请资方谅解，酌情增加工资。

资方代表：熊晋卿申述劳方工人工资原定为二十六元五角、二十七元零角、二十七元五角三等，现工方意欲增加多少必须说明。

劳方代表提请要求一律增加五成。

资方承认一律增加工资六元五角。

总工会委员韩德山提议:代劳方请求资方原谅,再增加一元五角以好解决。

最后决定谅解结果,劳资双方同意按照前支等级,每一工友一律增加七元五角,其他小费仍照原例。

关于资方雇用工人例,由作头负责,嗣后资方情愿暗示作头借故辞退工友。

社会局:洪震、李敦垓

社运分局:刘世泽、许慕陶

市总工会:韩德山

资方 熊晋卿 押 夏义山 押 刘铭章 押

鲍隐卿 押 吴汇川 押 马舜卿 押

劳方 苏兴泰 押 傅耀堂 押

许海清 押 余云清 押

附:汉口特别市政府社会局劳资纠纷调解决定书

当事人

资方:汉口市汾酒业同业公会

代表:熊晋卿、夏义山、刘铭章、鲍隐卿、吴汇川、马舜卿

劳方:汉口市汾酒业工人

代表:苏兴泰、傅耀堂、许海清、余云清

调解人

本局派社务科科长洪震、社会指导运动委员会湖北省分会代表刘世泽

案由:为劳方以生活困难请求资方增加工资发生争执。

决定主文:资方照前定每月工资分二十六元五角、二十七元零角、二十七元五角三等,现一律按月各增给七元五角,以法币计。

13.财政部为汉口市纱业公会呈请裁决棉纱营业税提起诉愿一案致汉口特别市政府函

(1941 年 4 月 14 日)

中华民国三十年四月十四日

事由:汉口市纱业公会呈请迅予裁决棉纱营业税提起诉愿一案咨请查照迅予依法办理由

中华民国卅年五月十五日府政字第 3283 号

国民政府行政院财政部咨赋字第 54 号

案据,汉口特别市纱业同业公会主席唐兰樵呈称:“窃查,属会前以棉纱营业税征收千分之五,负担过重。迭经根据法令,呈请汉口特别市政府依照民国二十二年前湖北财政厅拟定变通办法,呈请前财政部核准成案,按纱商每月营业金额折半依率课税未邀允准。复于本年三月检同本案公私证件,诉请钧部鉴核并提出诉愿副本呈请汉口特别市政府,于十日内赍同本案全

卷作成答辩书径呈钧部裁决。各在案现在鹄候月余尚未蒙钧部核示，而汉口特别市政府仍照千分之五征收，并未折减纱商以劫后余生实不堪其痛苦，究竟汉口特别市政府，对于本案已否答辩抑或取消，原处分属会未能详悉迫不获已，理合再行具文呈请钧部鉴核，俯赐迅予裁决，准照事变前成例半征半免以恤商艰而维成案。”等情，据此。查此案前据该公会提起诉愿到部，经于四月十四日咨达贵市政府依法答辩，并将关系文卷送部核办在案，迄尚未准咨复。兹据前情，除批示外，合再咨请，查照依法办理，迅予见复为荷。此咨。

汉口特别市政府

周佛海

14.本市商会再进联络

（1941 年 4 月 15 日）

本市商会再进联络　湘鄂赣合作社联会　联合会送呈推进细则　市商会转知各业公会

本报讯　市商会前准湘鄂赣合作社联合会函报成立并复函伸贺后，为进一步联络起见，经另推涂拔丞等九委员为联络代表，各情已详本报。兹悉联合会方面，已将推进细则送达市商会，闻该会将俟译出后，即交由联络小组会，转行各业公会提供联络办法云。

（《武汉报》）

15.汉口特别市纱业同业公会准函为鸿昌祥遗失栈单一纸业经投登各报作废，请予转函备案。函复请检送所登报纸各二份以便存转由

（1941 年 4 月 16 日）

汉口市商会公函元字第 46 号：案准贵会纱字第二二号公函以同业会员鸿昌祥遗失东棉洋行签署之第三百六十号抬头栈单一纸，除已函该行挂失外，并投登各报作废外，请予转函汉口地方法院备案等由，准此，自应照办。惟查所登报纸未准附送相应函请查照，即希各检送二份到会，以便分别存转为荷！

此致

汉口特别市纱业同业公会

主席　李鼎安

（119-15-34：33-34）

16.汉口特别市商会准社运会孙知军特务不拟于近一二日内派员视察，各同业公会饬筹备招待由

（1941 年 4 月 16 日）

顷奉汉口特别市社会运动指导委员会通知，谓汉口军特务部定于近一二日内派员视察各同业公会，饬转知各公会负责人：一、准备招待；二、布置礼堂（上悬国父遗像，下悬汪主席像，

左右交叉国旗);三、切毋疏忽等语。除分函外,相应函请台端等切实遵办为盼。

此致

汉口特别市　业同业工会□□暨常务委员

会启

四月十六日

(119-15-33:24-25)

17.市商会为社会运动指导委员会检医《中国周报》十三、十四、十五期各一份随函风尚即希查收阅览由(附《中国周报》三份)

(1941 年 4 月 16 日)

案准汉口特别市社会运动指导委员会平字第七九九号笺函开:顷准汉口特别市政府秘书处第四科函送《中国周报》第十三、十四、十五三期各二千份,请免费分发各社团阅读等由,过会,自应照办。除分函外,特检同《中国周报》第十三、十四、十五三期各一百份,备函送呈,即希查收阅览,并转饬各同业公会阅览为要等由。附检送《中国周报》第十三、十四、十五三期各一百份;准此,除分送外,相应检同各期原件各一份,随函送请贵会查收阅览为荷!

此致

本市纱业同业公会

附检送《中国周报》第十三、十四、十五三期各一份。

(119-15-33:27)

18.石川星氏函贺商会继任主席

(1941 年 4 月 17 日)

本报讯　市商会新任主席李鼎安氏,自于本月三日就职后,并呈分函外致电绥靖公署叶主任等,兹昨三省财政委会主任委员石星川氏及湖北邮政管理局。均有函贺云。

(《武汉报》)

19.市商会函同业公会派人填写物品许可证

(1941 年 4 月 19 日)

本报讯　物品搬运许可证,二十日由市商会受理。此后,对于申请物品搬运预料必将增多,原有填写人员势必不够应付。市商会方面业已分函各同业公会增派填写人员,令各业先将填写人姓名送会,以利进行云。

(《大楚报》)

20.市商会等研讨物资交换问题

(1941 年 4 月 20 日)

市商会等研讨物资交换问题　已获详细结果

本报讯　市商会为与湘鄂赣合作社联合会取得联络，并相互研究将来交换之细则起见，曾组负责联络之小组委员会，各情已迭志本报。兹昨日下午二时，双方在市商会共同研讨关于物资交换问题及经营者之程序等，均获有详细之结果。社长袁范宇、委员涂拔丞等均出席云。

（《武汉报》）

21.汉口特别市商会准中国国民党汉口特别市党部执行委员会函人民团体成立时应报以本会派员前阐明主义及国来函饬查照□理由

（1941 年 4 月 22 日）

案奉汉口特别市政府一字第四四二号训令开：案准中国国民党汉口特别市党部执行委员会总字第四七号公函开案。查本会第二届第二次执行委员会议讨论事项，第三案据本会社会服务科提查各人民团体成立时应报请本会派员前往阐明主义及国策。本市各公益慈善公会团体，均能遵照报请。惟商会多未遵办应如何办理请公决案当付计划讨论决议。函请汉口特别市政府令饬市总商会查照办理等语记录在卷，用特录案函达大府请烦查照办理见复等由。准此，除函复并令饬社会局暨本市社运会知照外，合行令仰该会转饬所属一体遵照此令。等因，奉此。自应遵办。除分函外，相应函达查照遵办为荷。

此致

四月廿二日

（119-15-33:26）

22.市商会为保卫东亚纪念日应行事项暨宣传实施办法函请遵照由

（1941 年 4 月 24 日）

案奉汉口特别市政府四字第五二五七号训令开：查每月八日为保卫东亚纪念日前奉行政院令饬遵办，业经以府四字第四三八三号通饬遵照在案。兹经订定《保卫东亚纪念日应行事项暨宣传实施办法》七项，除分令外合行抄共三天该项办法一份，令仰该会切实遵照。等因，附保卫东亚纪念日应行事项暨宣传实施办法一份。奉此，除分函外相应抄同原办法函请贵会遵照。

此致

本市纱业同业公会

附抄一份。

启

四月廿四日

保卫东亚纪念日（每月八日）应行事项暨宣传实施办法，汉口特别市政府秘书处第四（宣传）科订：

一、全市各机关及民众一律悬挂国旗一天。

二、停止宴会，对于公务人员由社运会派员密查，如有违反功令者，呈报予以相当处分。

三、停止一般娱乐（电影院除外），但得利用娱乐场所及原有节目增减作保卫东亚纪念之宣传。

四、发行纪念月报。

五、策动报社刊载宣传文字。

六、实施全市各级集刊详细办法列表如次。

时间	上午	上午	上午	上午
负责训导者	各警分局长及其他重要人员	教育局长及其他重要人员	社运会全体及重要人员	独立范围或团体主官及重要人员
受罚者	全市各联保甲县	全市各级学校教职员	全市各社团领导及重要人员	各级干部
时间	下午	下午	下午	下午
负责训导者	全市各联保甲县	全市各级学校教职员	全市各社团领袖及重要干部	各级干部
受罚者	一般市民	各级学校学生	各社团一般分子	一般人员
训练方法	阐明大东亚战争之意义,讲述大东亚战争一个月内之成果	测验听众对大东亚战争之认识与观感	阐明新国民运动之理论与实践方法	指示新国民生活之必要条件

表注:

①市政府秘书处第四科负责以上各种集训监督指导之责。

②每月各级集训终了应由最高主官将经过情形呈报以应考核。

③每月一日至八日期内市政府秘书处第四科监督指导并尽量协助市区各团体为纪念保卫东亚之一切宣传工作。

(119-15-33:28-30)

23.商会联络有关方面增进汉市商业繁荣

(1941 年 4 月 26 日)

本报讯　市商会对于接办物资搬运许可证以来,自本月二十二日起迄至昨日已经三日,据该会常委云,即将此经过办理之情形及各商业之期望,综合向关系方面报告,负责联络,借以增进商业之繁荣云。

(《武汉报》)

24.汉口市纱业公会呈请迅予裁决棉纱营业税提起诉讼书一案已咨催汉口市政府依法办理批示知照由

（1941 年 4 月 26 日）

窃查汉口市棉纱营业税征收千分之五负担过重，曾经属会提起诉讼，请仍照成例对纱商每月营业税金额减半，依率课税以恤商艰一案，因久悬未决，复经呈催，并蒙钧部五月八日第十七号批示已咨汉口特别市答辩仰见，政府现仍按千分之五征收，纱价狂跌纱商濒临破产，钧部鉴核迅赐裁决，准照半征半免成例办理，以苏商困为实便！

谨呈

国民政府财政部长周

汉口特别市纱业同业公会主席　唐

四月二十六日

（119-15-35：21-23）

25.市商会为人民团体举行会员大会或代表大会应唱国歌由

（1941 年 4 月 28 日）

案奉汉口特别市社会运动指导委员会平字第八一一号训令开：案奉汉口特别市政府一字第五〇〇四号训令开：案准中国国民党汉口特别市执行委员会总字第六七号公函开：案查本会第二届第三次执行委员会议论事项第五案，据本会社会服务科提查本市各人民团体举行会员大会或代表大会，特所有仪式多未列入唱国歌一项，应如何办理请公决案当付讨论决议。函请汉口特别市政府转饬本市人民团体遵办等语记录在卷，用特录案函达大府请烦查照办理见复为荷等。准此，自应照办。除分令社会局知照暨函复外，合行令仰该会即便转饬所属各人民团体一体遵照办理。等因，奉此。自应遵办。除分令外，合行令仰遵照并转饬所属一体遵照。此令。遏奉此。除分函外，相应函达查照遵办。

此致

全市纱业同业公会

启

四月二十八日

（119-15-33：31-32）

26.汉口特别市政府社会局劳资纠纷调解汾酒业同业公会经过及决定

（1941 年 4 月）

本年三月二十四日、二十九日，据本市汾酒业同业公会理事长郑晋卿先后呈，以该业工人要求增加工资。不遂突于三月二十八日，汉阳各处工人宣告罢工，请迅予召集双方加以调解而息纠纷，各等情到局。当即派员会同社运会湖北省分会、汉口市总工会整理委员会派员劝募工人先行复工,为谋劳资双方调协,爰于本月四日召齐上列代表实施调解。几经磋商,始获劳资协议成立,决定如主文。

局长　王锦霞

27.汉口特别市商会各同业公会一览表

(1941 年 4 月)

汉口特别市商会各同业公会一览表(中华民国三十年四月)

业别	会员数(户)	资本总额	会址	主席名称	年龄	籍贯	职业	住址
贸易人力车公会	142		牛皮公所	熊雯清	59	武昌	熊济车行	长堤街 1107 号
公认钱业公会	35	82400000	江汉村 3 号	谢伯勤	58	浙江	同安经理	崇正里 7 号
号栈业公会	81	2382000	西关帝庙 24 号	关子清	55	沔阳	干泰经理	西关帝庙 24 号
鱼行业公会	23	437000	文通小巷 15 号	彭锦亭	58	黄陂	彭泰顺经理	汉正街 452 号
海味盐业公会	62	173950000	大夹街油公巷 2 号	王晋澄	47	咸宁	鸿成经理	武圣庙正行
石灰业公会	55	831000	敦义里 3 号	王玉山	66	黄陂	王正兴石灰行	汉寿里
染织纱布业公会	216	2394000	存仁巷 71 号	龙少伯	56	黄冈	集成经理	静室巷 42 号
牛肉业公会	47	2450000	汉寿里 44 号	刘福阶	60	黄陂	协兴公经理	球场路大火堆 15 号
粮食行业公会	60	2415000	汉正街峻宝书院	王瑞麟	41	汉口	谢茂祥经理	特三区五码头
杂粮店业公会	58	11250000	火火路杂货公所	曹云阶	50	黄陂	元成彰经理	汉正街 718 号
食品制造业公会	54	5625000	笃安下里 12 号	程云山	37	安徽	华达云记	花楼街 918 号
食品杂货业公会	47	7510000	汉正街树德巷 6 号	汪少峰	40	安徽	汪玉霞经理	五彩正街

（续表）

业别	会员数（户）	资本总额	会址	主席名称	年龄	籍贯	职业	住址
汾酒业公会	24	11700000	汉中路 16 号	郑晋卿	53	武昌	大友庆经理	汉正街 884 号
猪肉业公会	122	7740000	长堤街 694 号	曾南甫	62	汉口	曾义兴经理	汉正街 1044 号
丝绸绉纱业公会	30	4230000	长堤街 298 号	胡正卿	60	安庆	胡正记经理	盛安坊德永里
旅栈业公会	107	65861000	生成南里 4 号	叶鸣声	49	武昌	大同旅社经理	生成里 71 号
杂木染行业公会	33	644000	苗家码头 9 号	邹明盛	40	汉阳	同和公经理	□码头河沿 20 号
瓜菜薯行公会	17	405000	汉水街 15 号	舒厚泽	50	黄陂	葛茂永经理	三友街 15 号
麻袋业公会	103	2640000	汉正街淮盐公所	詹春堂	47	黄陂	福兴祥经理	中山路 884 号
炒坊业公会	82	3115000	利济巷 223 号	罗宝臣	51	汉阳	罗恍记经理	利济巷 132 号
踹布业公会	189	1353900	长堤街 674 号	毛少卿	45	孝感	毛万顺经理	宝善巷 73 号
山货纸张业公会	55	7900000	沈家庙抱实里 1 号	徐禹门	54	黄陂	干元贞经理	小夹街 65 号
废旧洋铁熔化铁器业公会	33	970000	中山路天一巷 65 号	李颂蕃	46	黄陂	李礼记经理	汉成里 13 号
颜料业公会	58	52710000	花楼街 450 号	毛星五	48	汉阳	瑞记经理	汉正街 541 号
色土布行业公会	25	960000	民权路齐安公所	周爽秋	50	黄冈	泰安经理	平盛里 87 号
卷烟经理业公会	166	31450000		宋春庭	58	汉阳	宝兴祥经理	市府街
国产纸张行业公会	23	5170000	汉正街 575 号	伍林山	50	鄂城	同盛福经理	汉正街 575 号

（续表）

业别	会员数（户）	资本总额	会址	主席名称	年龄	籍贯	职业	住址
芦柴业公会	32	1280000	西满路同庆里 13 号	游书田	53	嘉鱼	游书记经理	新马路 37 号
机器米业公会	134	35085000	土垱木兰宫街 78 号	刘幼安	54	天门	庆和经理	界限路 10 号
柴煤业公会	476	80060000	芦家二巷 14 号	王涵清	54	黄陂	王森恭经理	熊家巷 12 号
制造南酒业公会	49	1650000	三民路公合里 8 号	罗钟珊	46	夏口	罗森泰经理	汉正街 1061 号
布匹业公会	99	113450000	汉正街淮盐公所	陈宪章	32	武昌	德记经理	汉正街 205 号
纱业公会	65	44200000	启昌里 9 号	唐兰樵	48	汉阳	丰富经理	同福里 14 号
国货匹头号业公会	37	12580000	统一街清白巷	汪炳臣	38	黄陂	义记经理	统一街 172 号
中西菜馆业公会	77	4793000	汉正街 382 号	舒勤馀	48	安徽	随园经理	汉正街 382 号
鞋业公会	85	5540000	长堤街 194 号	张栋庭	40	汉阳	张玉成店主	永宁街 6 号
煤焦贩运业公会	40	11225000	洪益巷 73 号	熊信诚	65	黄陂	诚记经理	洪益巷 73 号
针织袜业公会	71	4874000	篮子后街 14 号	程少棠	52	武昌	祥泰经理	汉正街 308 号
新旧木器业公会	61	1915000	体仁巷 65 号	徐礼臣	48	汉阳	徐义隆经理	体仁巷 65 号
五金旧货业公会	55	2335000	广益桥堤街 115 号	李青山	54	孝感	李兴法经理	堤街 115 号
折售屋料业公会	62	2306000	兴计里 22 号	刘华甫	52	黄陂	懋华经理	乔家巷 26 号
染坊业公会	77	3955000	长堤街 339 号	涂礼臣	55	黄陂	源泰祥经理	大水三巷 12 号

（续表）

业别	会员数（户）	资本总额	会址	主席名称	年龄	籍贯	职业	住址
煤业公会	322	22650000	乔家巷 339 号	高坤山	46	汉阳	茧成经理	汉景街 38 号
药材号业公会	25	9000000	药王庙 12 号	陈春亭	53	汉阳	陈春记经理	万顺巷 2 号
山货行业公会	155	6456000	大火巷山货公所	张福卿	49	汉川	张福隆经理	沈家庙河街 21 号
中外纸业公会	111	21555000	汉中街存仁巷	蓝熙周	66	汉阳	蓝金秀经理	汉正街 749 号
杂货行业公会	10	2400000	小夹街贻庆里 1 号	舒子寿	48	黄冈	永泰经理	小夹街怡寿里 2 字
水果业公会	41	1760000	老官庙厚善里 9 号	叶瑞安	42	汉阳	永茂祥经理	小新码头
茶叶店业公会	47	9090000	□□□25 号	余东如	40	汉阳	□□店东	□□□565 号
新药业公会	67	8960000	新安市场庆德堂内	许敬之	37	安徽	立达经理	延昌里 6 号
丝兰行业公会	9	1750000	三皇殿 1 号	胡筱轩	42	安徽	森昌仁经理	三皇殿 2 号
茶馆业公会	191	243850000	老官庙厚善里	冷耀卿	46	汉阳	安乐社经理	利济巷 105 号
五金业公会	56	2370000	清芬三路幼幼里 3 号	林博齐	52	黄冈	义协昌经理	棉花街 150 号
华洋桶篓木制炼业公会			联怡里 31 号	张梓樵	32	汉阳	张懋记经理	联怡里 31 号
油盐业公会	62	23830000	大夹街广合巷 10 号	夏汉卿	48	南京	复丰经理	民权路 175 号
面粉煤油火柴业公会	189	23830000	天钦村 2 号	刘南陔	36	汉阳	福昌经理	汉正街 111 号
皮业公会	87	5410000	洋台子巷皮业公所	张幼泉	47	汉阳	义茂隆	协和里 3 号

（续表）

业别	会员数（户）	资本总额	会址	主席名称	年龄	籍贯	职业	住址
电料业公会	107	8090000	火和桥堤街97号	廖荣甫	42	武昌	荣光经理	水心卫同4号
营造业公会	124	23940000		鲁方才	66	武昌	汉兴昌经理	鄱阳街42号
牛奶业公会	57	6585000		康当华	68	汉阳	康锦泰经理	汉阳月湖街73号
广货业公会	172	12766000		周仲臣	52	汉川	周梓兴经理	汉正街268号
酒浆业公会	45	14125000	汉正街225号	陈培生	49	浙江	朱岳盛经理	后花楼65号
青红砖瓦业公会	32	565000		周继廷	51	黄冈	周义盛经理	沈家庙43号
棉花行业公会	11	3540000	五桂巷	龚藻堂	51	汉川	德泰经理	吴文楚43号
鞭炮业公会	29	1278000	长堤街	白智臣	66	黄陂	白万和经理	汉正街713号
新式皮件皮鞋公会	127	11400000		张筱南	30	武昌	拨佳经理	江汉路
华洋百货业公会	49	22600000	文华里	刘福廷	50	黄陂	义记经理	特三区文华里
转运业公会	38	4450000	五桂巷20号	王文卿	48	汉阳	中兴经理	大夹街313号
鞋帽洋广货业公会	13	4700000	惠安里11号	萧行轩	59	汉阳	庆生祥	汉正街244号
米粮店业公会	88	4091500		陈云峰	48	汉阳	义大昌经理	汉正街812号
茶叶行业公会	19	5800000		程佑卿	48	汉阳	干生荣经理	小夹街103号
玻璃搪瓷料器业公会	71	4680000	万寿街51号	李哲诚	28	汉阳	洪盛经理	花楼街

（续表）

业别	会员数（户）	资本总额	会址	主席名称	年龄	籍贯	职业	住址
汽车运输业公会	19	12200000		周大东	36	上海	汉口汽车行经理	大智路 230 号
销盐业甲组	31	29940000	怡和街					
销盐业乙组	232	89040000	怡和街					
书业公会	20	2180000	二夹巷德明佛堂内	章楚逢	42	黄陂	楚文经理	花楼街 357 号
脚踏车业								
制茶业								
五金机械业								
家具业								
帽业								
杂货贩卖业								

5 月

1.商会审慎货物事务

（1941 年 5 月 4 日）

商会审慎货运事务订定许可愿书办法　业经通知各业公会查照　遵循既定十则依法办理

本报讯　市商会自上月二十二日，开始办理货物搬运许可愿书，事体以还，事务繁忙，自较前者为多。兹为审慎及防微杜渐起见，经订定关于许可愿事件办法十则，通知市各业公会查照办理，爰探志该项办法于次：

汉口特别市商会办理搬运许可愿书事件办法订定如下：

一、在本会办公时间内上午九时至十二时，下午二时至六时收到之申请书，经审核合格后，随时发交各该公会填写人照数购买许可愿书。填写时，除应遵照特务部规定格式，如申请书内有不合时，并应代为负责更正。

二、各公会填写人每日须填写许可愿书二十五张，如超过此数，准该公会填写人将超出之数，送请本会主管人转发本会专用代书帮同填写，不另取资。

三、各公会填写人购填许可愿书，限当日缴清，倘数目过多，非该公会填写人暨本会专用代书所能填齐时，应酌量少购留待次日。

四、本日填齐之许可愿书应待至第三日午后领回。

五、各公会填写人领到核定之许可愿书后，应立将核准各种内货品名称、数量、价值分别汇算齐全，就本会印发之表式逐项填注，于翌日缴送本会筹制统计图表。

六、各公会填写人如不据实按时填送前表，本会得酌量情形，函请管该公会撤换或拒售许可愿。

七、填错之许可愿书，准随时购换本会专用代书，填错时由该代书自行赔偿代价。

八、许可愿填齐后，填写人应在许可愿书背面右下角加盖公会及填写人名章。

九、非本会及各公会派定之填写人，不得填写本会所发售之许可愿书。

十、各公会填写人及在申请书上常用之图章，如有更易应随时通知本会备查。

（《武汉报》）

2.办理搬运许可证办法　商会正式公布

（1941 年 5 月 4 日）

办理搬运许可证办法商会正式公布　搬运许可证又核准一批

本报讯　市商会自办理搬运许可证事件以来，已邀核准之各业对象搬运为数甚多，仅核准三十三张。为苏解商民困苦，经于（与）有关方面洽商已获得谅解。决将该驳回之搬运许可证再度送往批核，物件搬运许可一批，已于前（一）日发下计开：

茶叶店三　袜业三　新药七　水土果四　卷烟一一　海味七零

中外纸张一零　帽业一　石膏三　药油山货一　布匹一五　估衣二

国货布匹六　纱业一　酒酱四　华洋百货三　广货五二

又讯　市商会为期各方面明了办理搬运许可证事项，特订立办理搬运许可事件办法，已于昨日公布，并分函各公会知照，其办理搬运许可事件办法如下：

一、在本会办公时间内上午九时至十二时，下午二时至六时收到之申请书，经审核合格后，随时发交各该公会填写。填写时，应遵照特务部规定格式外，如申请书内有不合时并应代为负责更正。

二、各公会填写人每日须填写许可二十五张，如超过此数，准公会填写人将超出之数，送请本会主管人转请本会专用代书，对帛同填写，不另取费。

三、各公会填写人购填许可愿书限当日缴清。倘数目过多，非该公会填写人暨本会专用代书所能填齐时，应酌量少购留待次日。

四、本日填齐之许可愿书，应待至第三日午后领回。

五、各公会填写人领到核定之许可内,应立将核准各种内货品名称、数量、价值分别汇算齐全,就本会印制之表先逐项填注,于翌日缴送本会备查统计图表。

六、各公会填写人如不据实按照填送前来本会得酌量情形,函请该管公会撤换或拒售许可证。

七、填错之许可愿书,准随时换本会专用代书。填错时,由该代书自行赔偿代价。

八、许可愿填齐及填写人,应在许可证背面右下角加盖公会及填写人名章。

九、非本会及各公会派定之填写人不得填写本会所发售之许可愿。

十、各公会填写人及在申请书上常用之图章,如有更易应随时,通知本会备查。

(《大楚报》)

3.工商部工厂登记 市商会转报备案

(1941年5月6日)

工商部工厂登记 市商会转报备案

本报讯 关于工厂登记,业经工商部展限各情,并由市府一再令由社会局公布周知在案,经迭详本报。兹据昨日社会局讯,现登记者尚仅桥口皇经堂街之汉华榨油厂及汉正街杨家河林美久面粉厂二家,社局已予以填发凭证,并转报工商部备案云。

(《武汉报》)

4.汉口特别市政府为纱业公会请求减半征收棉纱营业税提起诉愿案致汉口特别市财政局函

(1941年5月8日)

中华民国三十年五月八日

事由:为纱业公会请求减半征收棉纱营业税提起诉愿案

汉口特别市政府指令:府政字第6265号,令财政局局长孔楚材签三件:为纱业公会请求减半征收棉纱营业税提起诉愿一案,签拟意见请核示由,两各签呈暨缴件均悉。此案已经本府备具答辩书连同关系文卷咨送财政部,查核办理见复仰候另令饬遵。此令,缴件存。

5.对象搬运许可应直接向商会申请

(1941年5月9日)

对象搬运许可应直接向商会申请 商会知照各同业公会

本报讯 对象搬运许可申请,中国人方面均由市商会经手办理。兹悉市商会以一部分会员并外埠贩商间,有不明了情形者,往往辗转相托,致使界限颇多混淆。故市商会即于近期内,分函本市各同业公会暨各筹备公会,知该会员及外埠贩商。此后对于申请搬运物品,应照规定,中国人直接向商会申请。

(《大楚报》)

6.统计搬运许可证核准数　商会印就日报表

（1941 年 5 月 10 日）

统计搬运许可证核准数商会印就日报表　今各业代书人填报

本报讯　市商会办理物件搬运许可证已核准者,每日为数颇多。为加以统计计,特印就各业物价搬运许可核准日报表一种,令各业代书人逐项每日填报惠存,已于日前开始办理。惟以事出创举,尚难望趋入完善之境。兹悉该会已在研讨改善办法中预料,下周周一对核准各业品名数目等有以概计云。

又讯:物件搬运许可证前(八)日核准计二一四张、昨日则为一三二张,两共合计三四六张云。

（《大楚报》）

7.物件搬运许可申请　钟祥等七处暂停受理

（1941 年 5 月 12 日）

物件搬运许可申请　钟祥等七处暂停受理

本报讯　市商会办理物件搬运许可,详情迭志前报。顷据探悉,该会对于下开地点之物件搬运许可暂停收受,计钟祥、嘉鱼、岳口、皂市、天门、汉川、仙桃七处云。

（《大楚报》）

8.商会图谋货运迅速更订手续办法

（1941 年 5 月 14 日）

商会图谋货运迅速更订手续办法　第五条自昨日起由该会自行填造

本报讯　市商会前以办理货物申请搬运许可愿,曾经订定各业写填等手续办法十条,通知各业查照,各情已详本报。兹以该办法第五条所订,爰有掺合实际更改之必要,特于昨分别通知各业。兹查通知原文于下:

径启者,本会订定办理搬运证事宜办法十条,曾经函达在案。兹查办法第五条所定办法,日来各业代书填送核准物品搬出日报表,先后参差,难于收集,且有不实不尽之处。兹为求翔实迅速起见,特定自本日起,由本会自行填造,但如超过办公时间,所有核准之许可愿不及当日散发时,即须留待次日上午散发。除另函各公会查照外,并张通告以期周知云。

（《武汉报》）

9.国民政府行政院财政部为汉口市纱业公会请求减半征收棉纱营业税提起诉愿一案致汉口市政府财政局函

（1941 年 5 月 16 日）

事由：汉口市纱业公会请求减半征收棉纱营业税提起诉愿一案，咨请将本案答辩书及关系文卷送部核办由。中华民国卅年四月廿四日府政字第 2640 号国民政府行政院财政部咨赋字第 31 号。

案准，贵市政府第三三九六号咨开："案查本府前据本市纱业公会迭次呈请，恢复减半征收棉纱营业税办法等情，当以所称棉纱营业税减半征收办法，本府无案可稽，且本市自事变后税源不畅，政费浩繁，未便遽予照准致减收入节经批驳各在案。兹查国府还都明令恢复二十六年十一月以前一切法令，本市市面亦日渐繁荣，各项税收均稍有增益，所有此项棉纱营业税减半征收办法，既迭据该公会呈称系自民国二十二年起，实行究竟可否照准以恤商艰之处，相应咨请查核见复以凭饬遵。"等由，准此。查此案前于本年三月间据汉口市纱业同业公会代表人唐兰樵检同证件提具诉愿书请求救济，等情。到部并据声称已将诉愿书副本呈请汉口市政府依法于十日内答辩，等语。现在法定答辩期限早以经届满未准，贵市政府将答辩书及本案关系文卷咨送过部无从核办，兹准前由，相应咨达，即希查照，迅将关于本案诉愿事项之文卷连同答辩书，一并送部以凭核办为荷。

此咨

汉口特别市政府

周佛海

10.物件搬运许可商会昨发下三批

（1941 年 5 月 17 日）

物件搬运许可商会昨发下三批　共一百五十一张

本报讯　核准物件搬运许可，商会调查组于前（十六）日发下三批，计十二日各业呈请者四十六张、十三日四十五张、十四日六十张，三共一五一张，兹分录各业核准张数、运往地点及总价值如后：

业别	运往地点并书目	总计价值
海味	武昌二沔阳一二 应山一三汉阳一	一〇六〇〇.〇〇
国货匹头	沔阳一鄂城七	八一六〇.〇〇
袜	沔阳六咸宁一	一二〇二.〇〇
卷烟	武昌一三	三九五〇.〇〇
丝烟	鄂城二九武昌一	七九二五.〇〇
卷烟经理	黄陂四武昌一	一五七五.〇〇
华洋百货	岳州六应山六	二八三五.〇〇

玻璃料器	咸宁一沔阳一	三二五.〇〇
水土	武昌二	四五〇.〇〇
布匹	沔阳二	四〇〇〇.〇〇
广货	应山三七咸宁六	一三六七七.〇〇

(《大楚报》)

11.商会遵行国府法规造报各项章程

(1941 年 5 月 19 日)

商会遵行国府法规造报各项章程　汇呈市府审核修正再行呈报公布施行

本报讯　市商会于前奉市府令,关于各项组织法规。汉市自改制为特别市后,即应依据国府颁行法规造报。该会奉令后,刻正草拟各项章规,除监委会会议规则已志本报外,其余各项亦将告竣,一俟理齐即将汇呈市府审核修正后、再行呈报施行云。

(《武汉报》)

12.市商会执监委员今开联席会议

(1941 年 5 月 21 日)

市商会执监委员今开联席会议　借资推进会务发展商业繁荣

本报讯　市商会主席李鼎安氏自本月初间由沪返汉后,即日常列会处理公务。迄因诸多案件,亟待商讨,特定于今(廿一)日下午二时,召开执监联席会议,借资推进会务,发展商业繁荣云。

(《武汉报》)

13.市政府调查商会经费收支

(1941 年 5 月 28 日)

市政府调查商会经费收支　造具清册呈府以便考核

本报讯　市府昨指令市商会,仰该会将所有经费收支造具四柱清册并将代办货物搬运许可证之件,汇造月报表,一并呈府,以凭考核云。

(《武汉报》)

14.物件搬运许可商会昨核准一批

(1941 年 5 月 28 日)

物件搬运许可证商会昨核准一批　两共一百三十三张

本报讯　物件搬运许可证,上周周六发下一批计一百张。前日,又核准一批为三十三张,两共一三三张云。

(《大楚报》)

15.市商会更换各职员证章

（1941 年 5 月 30 日）

市商会更换各职员证章自六月一日实行

本报讯　市商会以各级职员身份证明书暨证章有效期限即将届满，特制定八棱蓝底白“商”字加红“市”字证章暨身份证明书，自六月一日起，发交各级职员更换佩用，并于昨日函知有关机关查照云。

（《大楚报》）

16.汉口特别市商会为遵奉令饬拟具属会章程暨办事细则执监委员会会议规则各草案并造具委员名册呈汉口市政府

（1941 年 5 月 31 日）

案奉钧府本年四月九日府政字第四零六三号指令，饬即拟具属会章程暨造具委员名册呈候核夺等因，遵即依照商会法及商会法施行细则之规定，修订汉口特别市商会章程草案暨拟具办事细则执监委员会议规则，各草案于五月二十三日提交。属会第三次执监联席会议细则讨论决议章程草案修正通过后，呈市府核转并提请下次会员大会追认，又办事细则暨执监委员会议规则各草案修正通过后，呈市府核准各语，分别记录在卷，理合缮齐上项各章则草案，并造具委员名册，一并备文赍呈钧府核赐予，分别核准存转备案。

谨呈

汉口特别市市长　张

附呈赍汉口特别市商会章程草案四份。

汉口特别市商会办事细则一份。

汉口特别市商会执行、监察委员会议规则各一份。

汉口特别市商会委员名册四份。

汉口特别市商会主席　李鼎安

17.财政部为汉口特别市纱业公会请求减半征收棉纱营业税提起诉愿一案致函

（1941 年 5 月）

咨府政字第 6266 号

案准，贵部赋字第三一号及第五四号先后咨略开，据汉口特别市纱业公会请求减半征收棉纱营业税提起诉愿一案，嘱将本案答辩书连同文卷，一并咨送核办。等因，准此。自应照办相应检同本案答辩书，连同原卷一并咨请，查核办理见复为荷。

此咨

财政部长周佛海

附答辩书一份。

张

中华民国三十年五月

汉口特别市政府对于本市纱业同业公会请求减半征收棉纱营业税不服本府批驳提起诉愿一案答辩书。

本府成立于事变之后,劳来安辑,百废待兴,虽政费浩繁,但以地方元气未复,诚恐增加人民担负,一切设施,无不率由旧章,故本市一切税捐,均沿袭事变以前规定之税率课征,棉纱营业税原规定税率即为千分之五,并未稍有增益。

本案诉愿人提起诉愿理由,其要旨系谓本府不照前市政府半征半免办法办理,查该诉愿人前向本府呈请减半征收棉纱营业税时,附呈证件中,有前汉口营业税局二十六年一月印行之复查须知载有纱线等商号,按总收入额半数分别征免办法,因本府财政局职员中有以前经征人员,据其记忆所及,谓:此项办法已于二十七年间取消,只以前市政府案卷均已散佚,真相无复查考,但原附件中有衡镒纱号二十七年四月份纳税票据一纸。其营业金额为八一九〇元,所缴税款注明四十元零九角五分,按照计算,适与原定税率千分之五相合,原据既无减半征收之注释,是可证明棉纱营业税二十七年已征收全额,是上述减半征收办法于二十七年已取消一说,并非无据,至附呈之衡镒纱号账簿均残缺不全,实难视为棉纱营业税减半征收办法并未取消之佐证,故本府难选据诉愿人呈请前来,均系根据以上各种理由,予以批驳。

惟棉纱一项,为土布原料,与手工纺织业有密切关系,减征营业税即间接经获贫民生计,现减半征税既因案卷散佚,无所依据,而目前应否减征,不应由中央统筹核办。本府对于本案前经本此意旨咨请,贵部核复有案,究应为何办理,仍请酌予决定。爰依诉愿法第六条第二项答辩为右。

汉口特别市市长　张□□

6 月

1.财政部湘鄂赣财政特派员因成立公署及接事致汉口特别市银行公会

(1941 年 6 月 1 日)

案奉财政部总二字第零零七七号委令内开:兹派该员代理本部湘鄂赣财政特派员除请简外。此令!又奉总二字第零一九七号训令内开:“案查湘鄂赣临时财政整理委员会改为湘鄂赣特派员公署,并请简任该员为特派员一案,业由本部呈奉。”行政院提经第一六二次会议决议通过在案,所有湘鄂赣临时财政整理委员会应即裁撤,限于五月三十一日以前结束并照章造具清册,移交该署接收委派湖北省财政厅长陈维政,监督并令行石主任委员遵照外,合行令仰遵照办理。具报此令,各等因,奉此。遵于五月二十日驰抵汉口六月一日组述成立,光行接收视事,择期补行就职典礼,并遵照部电在新印未发以前,暂行借用临时财政整理委员会关防,除呈报暨分函外,相应函请贵会查照,并转饬所属知照为荷。

此致

汉口特别市银行公会

特派员　王云生

2.市商会明日召开第八次执委会

(1941 年 6 月 1 日)

市商会明日召开第八次执委会　讨论马车等业案件

本报讯　市商会执行委员会第八次会议,定于明(二)日下午二时开会讨论事项。闻有马车等数业请予组织公会案以及该会自上年七月八日成立,按照会章六月间应召开会员代表大会,拟于七月八日举行庆祝仪式,并召开会员代表大会,前列各案将一并提交明日会议决定云。

(《武汉报》)

3.本市纱业同业公会为前请将营业税征收办法予以改善一案,在市府指令应俟举以复查以确定征额后再谋补救转饬知照由

(1941 年 6 月 5 日)

案查前准贵会暨各业公会先后来函请转恳将营业税征收办法予以改善一案,曾经并案转呈市政府请予核示去后,兹奉市府府二字第七二二六号指令开:呈悉应俟举行复查重新确定总额后再谋补救,仰即知照。此令,等因。奉此,除分函外,相应函达查照。

此致

本市纱业同业公会

汉口特别市商会　启

六月五日

(119-15-35:38-39)

4.联合会函请市商会承销各县运销货物

(1941 年 6 月 8 日)

本报讯　湘鄂赣合作社联合会,顷据各县合作社运汉之土布货物等,特函市商会转知各有关商业前往介绍销售,兹录所有到货目于次:

品名	数量	合作社来源地
土布	五〇	黄冈
竹子	三、四〇〇	阳新
樟板	九〇	同
土布	二九	云梦
毛巾	一五、〇〇〇	汉阳
米	二〇	皂市

羊山纸　　　　一、○○○　　　　　　咸宁

(《武汉报》)

5.市商会钤记　社局转发启用

(1941 年 6 月 10 日)

本报讯　市社会局昨奉市府令开,兹刊就市商会钤记一颗,文曰"汉口特别市商会钤记",有角赀小章一颗,文曰"汉口特别市商会主席",计刊制工本费日金五元,合行令仰该局遵照备款,径向本府秘书处总务科具领,转发启用并饬将启用日期,连同拓具印模二份,报转备查,一面将钤记等裁角缴销云。

(《武汉报》)

6.拟请中江扩大贷款　商会再召小组会议

(1941 年 6 月 11 日)

拟请中江扩大贷款　商会再召小组会议　昨协议进行联络办法期商业金融周转灵活

本报讯　市商会主席李鼎安,前为谋全市商业之进展,须端赖金融之周转,经拟具向中江实业银行扩大贷款抵押仓库等之提案,于上月二十四日交执监委员联席会议原则通过。另组小组会负办理之责,昨该会复召集第二次小组会议,商讨进行及联络办法云。

(《武汉报》)

7.商会周年召开大会　同志会员即将公告

(1941 年 6 月 12 日)

本报讯　市商会前第八次执委会议,以七月八日为该会成立周年之期,同时亦应召开会员代表大会,经决议于该日同时举行。兹悉该会除录案通知各业公会会员,以期早拟提案外,并即将登报公告云。

(《武汉报》)

8.物件搬运许可证申请五月底止允准三千余张

(1941 年 6 月 12 日)

物件搬运许可证申请五月底止允准三千余张

本报讯　市商会办理物件搬运申请,自接办日(四月二十日)起,至四月三十日止,计送印一八七一张、允准六八六张、不许可一一八四张、保留一张;自五月一日起,至五月三十一日止,计送印八一八八张、允准二五三八张、不许可五五○九张、保留四一张;两共允准计三二三四张云。

(《大楚报》)

9.市商会发表货运半月统计
（1941 年 6 月 13 日）

市商会发表货运半月统计　自五月十五日至卅一日止

本报讯　市商会办理之各商业申请搬运货物许可证,其前所经许可搬运件数,曾迭志本报披露。兹昨该会又统计自五月十五日起至三十一日止之统计制就表册分业别搬运地区,以及合计价值等兹用将分别列下:

业别	搬运地区	物品总值
国产纸张	沔阳	一、四四〇、〇〇
同右(上)	汉川	七八〇、〇〇
酒酱	嘉鱼	三〇、〇〇
同右(上)	汉川	二〇〇、〇〇
同右(上)	沔阳	四〇、〇〇
玻璃料器	钟祥	二、一二〇、〇〇
同右(上)	沔阳	一八五、〇〇
石膏	岳州	五一〇、〇〇
同右(上)	沔阳	四、三五〇、〇〇
同右(上)	广济	七六〇、〇〇
同右(上)	武昌	一二〇、〇〇
同右(上)	崇阳	六八〇、〇〇
袜业	咸宁	二、四〇六、〇〇
同右(上)	钟祥	五〇〇、〇〇
同右(上)	沔阳	一、六八五、〇〇
折药店	嘉鱼	一八五、〇〇
同右(上)	天门	二四〇、〇〇
同右(上)	鄂城	一、一〇〇、〇〇
同右(上)	钟祥	二一九、〇〇
梳篦剪刀	钟祥	四八〇、〇〇
杂货行	汉川	五二五、〇〇
山货纸张行	沔阳	八八六、〇〇
估衣	咸宁	二四〇、〇〇
南酒	武昌	四〇〇、〇〇
海味糖盐	黄陂	二、七〇九、〇〇
同右(上)	武昌	三、三一六、〇〇
同右(上)	沔阳	二四、六四九、〇〇
同右(上)	咸宁	□□□、〇〇
同右(上)	鄂城	六、七三六、〇〇

同右(上)	汉川	二、〇〇五、〇〇
同右(上)	嘉鱼	四、〇一五、〇〇
同右(上)	应山	二四、六八六、〇〇
同右(上)	钟祥	□□□、〇〇
中外纸	钟祥	一七〇、〇〇
同右(上)	沔阳	三〇〇、〇〇
同右(上)	汉川	一、〇二〇、〇〇
广货	嘉鱼	一三、八〇五、〇〇
同右(上)	汉川	一、七六〇、〇〇
同右(上)	黄陂	七三三、〇〇
同右(上)	钟祥	三、一四〇、〇〇
同右(上)	应山	一〇、九〇五、〇〇
同右(上)	黄冈	一、三〇〇、〇〇
同右(上)	鄂城	七、九〇二、〇〇
同右(上)	沔阳	二、五二〇、〇〇
同右(上)	天门	二、〇五四、〇〇
同右(上)	武昌	三五〇、〇〇
鞋业	钟祥	八〇〇、〇〇
同右(上)	岳州	五〇〇、〇〇
同右(上)	沔阳	一七五、〇〇
同右(上)	鄂城	一四、五四〇、〇〇
茶叶店	嘉鱼	一五〇、〇〇
同右(上)	武昌	二一〇、〇〇
同右(上)	钟祥	一、〇〇〇、〇〇
同右(上)	沔阳	六四八、〇〇
同右(上)	黄陂	八一〇、〇〇
新药	钟祥	四〇〇、〇〇
同右(上)	沔阳	三七〇、〇〇
华洋百货	沔阳	二、一二九四、〇〇
同右(上)	钟祥	一三、六三九、〇〇
帽业	钟祥	八八〇、〇〇
国货匹头	鄂城	一〇、三一三、〇〇
同右(上)	沔阳	一四、八一〇、〇〇
同右(上)	钟祥	九二三〇、〇〇
同右(上)	汉川	九二〇、〇〇
布匹	沔阳	一三、七〇〇、〇〇
同右(上)	钟祥	七、五一〇、〇〇
同右(上)	武昌	二、三〇〇、〇〇

同右(上)	天门	二、五八〇、〇〇
同右(上)	鄂城	九一五、〇〇
同右(上)	汉川	二、一五〇、〇〇
书业	沔阳	三五、〇〇
药材店	沔阳	三七五、〇〇
同右(上)	武昌	一、六九五、〇〇
同右(上)	钟祥	二二〇、〇〇
水土果	武昌	二、九六五、〇〇
同右(上)	鄂城	一一、六〇〇、〇〇
同右(上)	汉川	八〇五、〇〇
同右(上)	沔阳	八四二、〇〇
同右(上)	天门	二六〇、〇〇
同右(上)	钟祥	一三八、〇〇
丝烟	鄂城	三五、七一四、〇〇
同右(上)	钟祥	四、一三七、〇〇
同右(上)	咸宁	二、四七五、〇〇
同右(上)	沔阳	八、二〇〇、〇〇
同右(上)	汉川	一、二八〇、〇〇
食品制造	武昌	二一〇、〇〇
纱业	武昌	二四〇、〇〇
面粉煤油火柴	武昌	六二〇、〇〇
同右(上)	鄂城	二、一八〇、〇〇
转运	嘉鱼	八三、四〇三、〇〇
同右(上)	沔阳	五、九四六、〇〇
同右(上)	鄂城	二一、二二七、〇〇
卷烟经理	黄陂	六四、二〇五、〇〇
同右(上)	武昌	一、六五〇、〇〇
同右(上)	应山	一、〇四〇、〇〇
同右(上)	沔城	七、九五〇、〇〇
同右(上)	嘉鱼	一、四〇〇、〇〇
同右(上)	沔阳	一五、八九〇、〇〇
同右(上)	大冶	五、一六〇、〇〇
同右(上)	汉川	三五〇、〇〇
卷烟	武昌	二二、八一〇、〇〇
同右(上)	应山	一二、七四〇、〇〇
同右(上)	沔阳	四〇〇、〇〇
汾酒	嘉鱼	三五〇、〇〇
同右(上)	武昌	五〇〇、〇〇

同右(上)	鄂城	一、一二四、○○
本会	嘉鱼	一○、三四○、○○
同右(上)	鄂城	二九、七一二、○○
同右(上)	沔阳	一九、四九五、○○
同右(上)	钟祥	一、二九四、○○
合计		六三二、五八三、○○

(《武汉报》)

10.汉口特别市政府为核定市商会章程及办事细则暨执监委员会会议规则案令市商会

(1941 年 6 月 13 日)

汉口特别市政府指令　府总字第 7840 号

呈件均悉。兹将原赍章程及办事细则及执行、监察两委员会会议规则分别审核修正。除分令社会局知照外,随令抄存修正原件,仰即遵照施行,并入会呈请书、样式一并补报查核。又所送该商会委员名册及前呈附赍之会员名册核与规定不符,检存商会委员及公会会员暨商会会员名册样式三份,并仰遵办具报。此令!

11.汉口特别市政府为请施行核定修正汉口特别市商会章程、办事细则等令社会局

(1941 年 6 月 13 日)

府总第 7841 号

案据,本市商会呈拟该会章程及办事细则暨执行、监察两委员会会议规则等件业已核示。等情,到府,经予审核修正,除指令遵照施行外,令引抄存核定,原件令仰知照。此令!

12.市商会为谋市面繁荣决定请求贷款总数额

(1941 年 6 月 13 日)

市商会为谋市面繁荣决定请求贷款总数额

本报讯　市商会为求市面繁荣,经第七次执监会议议决拟向中江银行贷款,未获中江方面应允,改与当局磋商,前途尚可乐观,详情迭志前报。兹悉商会顷由小组会请贷款拟定请求总数为日金三百万元,借便在此项期望之下与当局进行磋商云。

(《大楚报》)

13.汉口特别市商会为拟请准予汉口瓷器业商设置瓷器业同业公会筹备会乞批示祇遵由

（1941 年 6 月 14 日）

窃商等向在汉口市经营瓷器业务有年，过去原有瓷器业同业公会设置于大火路张家巷口，因二十七年事变后，委员星散，会务中断，现在汉口市恢复繁荣，瓷器同业均先后复归，复业已有三十余家，以后继续归来尚复不少，兹经同业往返商讨，咸认为有恢复同业公会之必要。亟拟着手筹备并推定余渊亭、王春云、李懋如、钱诚九、曾福田、刘春波、王彩庭等七人为筹备委员，在大火路张家巷口旧会址设置汉口特别市瓷器业同业公会筹备会先行负责筹备，自应遵章报经大会核准以便进行，一俟奉文再行拟定组织章程呈候核夺所有筹备缘由，理合呈请主席俯赐鉴核批示，祇遵实为公便。

谨呈

汉口特别市商会主席李

汉口瓷器业商：

余渊亭　住大新码头正街 98 号　裕盛仁瓷庄

王春云　住花桂街 118 号内

李懋如　住汉正街四七七号李义典瓷店

钱诚九　住统一街一一八侨华玉瓷店

曾福田　汉正街七五二号源兴福瓷店

刘春波　住是楼街八五号和昌允记瓷店

王彩庭　住沈家庙问街十六号王彩记瓷店

通讯处汉正街 98 号裕盛仁瓷庄

窃职奉派调查瓷器业呈请组织同业公会一案，遵即前往裕盛仁瓷店面晤余渊亭、王春云等，声称同人经营瓷业历有年所，曾在前商会注册入会，四次请求乃为恢复原有组织借谋团结等语，经职分别查明该同业均领有社会局营业许可证，资本自五百元至五千元者不等，均属正当商业，其斫称各节亦属实。在以上情形，理合报请鉴核。

谨呈

主任解

转呈主席李

调查员　胡茂□呈

提会此案经提交本会第十次执行委员会议决准其组织照章办理。

六月九日

（119-126-235：1-3）

14.汉口特别市商会致旅栈业同业公会公函

（1941 年 6 月 16 日）

案查本会依据商会章程第二十六条之规定，会员大会每年于六月十二日举行，现届六月，所有本会应兴应革事件亟待第二次会员大会解决，自应依期召集，又七月八日为本会成立周年纪念亦须举办庆祝，为节省经费起见，经提出本会第八次执行委员会议，议决于七月八日上午九时在本会大议厅合并举行记录并分别呈函各在卷，查贵公会会员商店资本全额综计法币六五八、六一〇元，照章应推定出席代表六人，相应函达，请烦查照公推，并将推定代表姓名连同委托书于六月二十日以前函知到会，以便编列出席证号码及席次，事关紧要，幸毋迟延为荷。

此致

汉口特别市旅栈业同业公会

主席　李鼎安

中华民国三十年六月十六日

（119-68-43：24-25）

15.市商会今日开会商榷对象搬运申请改进办法

（1941 年 6 月 16 日）

本报讯　市商会定今（十六）日召开第十次常务会议，讨论川货棕藤绳业同业公会呈请组织成立及商讨办理物件搬运许可申请，拟定之三项改进办法云。

（《大楚报》）

16.汉口特别市纱业同业公会呈催裁决减免营业税由

（1941 年 6 月 17 日）

窃查汉口市棉纱营业税征收千分之五负担过重，曾经属会提起诉讼，请仍照事变前成例对纱商每月营业税金额减半，依率课税，以恤商艰一案，因久悬未决，复经呈催，并蒙钧部五月八日第十七号批示已咨汉口特别市答辩。仰见钧长体恤商情，无微不至，自应静候，讵敢烦渎，惟汉口市政府现仍按千分之五征收，借此纱价狂跌，纱商濒于破产之秋，商等实不堪其痛苦，理合再行具文呈请钧部鉴核，迅赐裁决准照半征半免办理，以苏商困为德便。

汉口特别市纱业同业公会主席　唐兰樵

住址：汉口特三区咸安坊启昌里九号

中华民国三十年六月十七日

（119-15-35）

17.市商会下月召开二次会员大会商讨商业繁荣计划

（1941 年 6 月 18 日）

本报讯　汉口特别市商会以下月八日为该会成立一周年纪念，决召开第二次全体会员大会，商讨促进本市商业繁荣计划及各项会员所提议程云。

（《大楚报》）

18.市商会将届成立周年　昨通告各业会员

(1941 年 6 月 18 日)

市商会将届成立周年　昨通告各业会员办理事宜　召集第二次会员大会　解决该会兴革事件

本报讯　市商会兹以转瞬七月八日为成立周年之期,同时照章应召开会员大会,经于第八次执委会议决定同日(七月八日)举行。各情已迭详本报,现该会对于大会前所办事项,如通告各业会员事由已于昨发出,兹分别摘录于次:

一、案查本会依据商会章程第二十六条之规定,会员大会每年于六月十二日举行。现届六月,所有本会应兴应革事件,亟待第二次会员大会解决,自应依期召集。又七月八日为本会成立周年纪念,亦须举办庆祝,为节省经费起见,经提出本会第八次执行委员会议议决于七月八日上午九时,在本会议厅合并举行、记录并分别呈函各在卷。查贵□□会会员商店资本金额综计法币××元,照章应推定出席代表×人。相应函达,请烦查照公推,并将推定代表姓名连同委托书,于六月二十日以前,函知到会,以便编列出席证号码及席次。事关紧要幸毋迟延此致。

二、案查本会第二次会员大会暨庆祝成立周年纪念,定于七月八日合并举行。业经函请查照,推定出席代表函知在卷。兹抄同提案格式暨说明书各一份,随函送请查照。如有大会提案,务希依式填列,于本月二十五日以前,送会俾便汇编议事日程。

三、提案格式、提议人、类别、议题、理由、办法。

附提案格式说明书

(一)提案格式系仿照汉口市政公报三十年第二期公牍栏内所载之市政府向内政部召开民政会议之提案格式而编装。

(二)提议人栏内填写某公会会员代表某某加盖名章,如系单独登记之公司行号,则写某公司或某行号代表会员某某加盖名章。

(三)类别栏内各提议人不必填写。俟各会员代表提案送会后,由本会汇齐按提案性质分类。

(四)议题栏内摘叙提案之事由与各种公牍之摘由务求简明。

(五)理由栏内叙述提案之内容。

(六)办法栏内叙述关于本案希望改善之办法。

(《武汉报》)

19.社运分会指导筹组武昌市商会

(1941 年 6 月 23 日)

社运分会指导筹组武昌市商会　由胡树楠等负责进行

本报讯　社会运动指导委员会湖北分会,鉴于省会商业日渐繁荣,各业公会亦在筹谋恢复之中,而集中各业之商会,则尚付阙如。是以该会为积极发展省会社运阵容起见,特由该会召集各商界巨子胡树楠等,数度联络发起后,并由该会派员指导一切筹备事宜,并定平阅路吉祥巷十三号筹备处，并定胡树楠、舒文卿、甘静城、程凌霄、唐晓山等为筹备委员，一俟省府批示核准后日内，即将开始积极筹备进行云。

（《武汉报》）

20.市商会周年代表大会　各业会员代表连日报到众多

（1941 年 6 月 23 日）

本报讯　市商会之成立周年纪念，乃同时召开会员代表大会，经决议于七月八日举行，各情已详本报。兹悉该会自通知各业后，连日报到之会员代表，已有海味糖盐业等会二十余起，对大会提案亦有多件，居多为发展商业之意见云。

（《武汉报》）

21.汉口特别市山货纸张行业同业公会为图记毁失今后呈函暂以常务理事联署盖章一事函汉口特别市商会

（1941 年 6 月 23 日）

敬启者，查敝会图记向系存于理事长所设之乾元贞行内，不幸该行于五月二十三日失慎。因变起仓促，不及将图记取出。事后在火场清查，亦未能寻获，嗣后承转自未能因此延挨。比经提交第七次理监联席会议讨论，结果决议，今后呈函用印，暂以常务理事联署盖章，并请市商会转呈主管机关，请予补发等情，记录在卷，理合录陈前情，敬祈赐予备案，并恳转呈主管机关补发，实深感荷。

此致

汉口特别市商会主席李

汉口特别市山货纸张行业同业公会理事长　徐禹门

常务理事　罗卓良、程密陔、吴沛云、陈琴舫

六月二十三日

（119-126-269:121-122）

22.汉口特别市商会第二次会员大会提案

（1941 年 6 月 25 日）

汉口特别市商会第二次会员大会提案

提议人	纱业同业公会主席唐兰樵
类别	
议题	转呈当局对各外埠有实需证明之棉纱搬运许可证，准予照数填发借资流通案
理由	近数月来，因对各外埠棉纱搬运不予许可，致纱价惨跌，不独纱商亏累过巨，间接影响市面之繁荣，只要有当地之实需证明即足以杜绝流弊，似可予以填发，借资流通，以救纱商之喘息

（续表）

办法	各县市乡镇凡有友军驻屯之处，即可出具实需证明书，不必指定以何处何地之实需证明方能生效，庶可免异地请求，往返需时费事之劳 无论各县市乡镇之合作社或公司或商号具贩运棉纱，只要是当地正常商人持有当地友军实需证明书者，即予照数填发许可证
中华民国三十年六月二十五日	

（119-15-36:22-23）

23.汉口特别市商会函复山货纸张行业同业公会

（1941 年 6 月 25 日）

便函：案准来函以前领图记因失慎焚毁请予核转备案等由，准此，查图记既被焚毁，亟应迅速登报声明，再检同报纸三份，函送本会，再行核转备案补发，相应函达即希。

汉口特别市山货纸张行业同业公会

六月二十五日

（119-126-269:123）

24.汉口特别市商会章程

（1941 年 6 月 26 日）

第一章　总　则

第一条　本章程依据商会法及商会法施行细则订定之。

第二条　本会定名为汉口特别市商会（以下简称本会）。

第三条　本会以图谋工商业及对外贸易之发展，增进工商业公共之福利为宗旨。

第四条　本会以汉口特别市行政区域为区域。

第五条　本会会址设于汉口中山路一六六号。

第六条　本会受社会运动指导委员会湖北省分会之指导监督暨汉口特别市政府社会局之监督指挥。

第二章　任　务

第七条　本会任务如下：

一、关于筹议工商业之改良及发展事项。

二、关于工商业之征询及通报事项。

三、关于国际贸易之介绍及指导事项。

四、关于工商业纠纷之调处及公断事项。

五、关于工商业之证明及鉴定事项。

六、关于工商业之调查、统计、编纂等事项。

七、关于在工商业范围内建议于政府暨政府委托代办事项。

八、关于筹设各种民营、公用、工商业场所暨其他有关工商业之公共事业及商业学校事项。

九、关于国际工商业之联络、协助等事项。

十、关于市面经济之调整事项。

十一、关于合于第三条所揭宗旨之其他事项。

第三章 会 员

第八条 凡在本市区域内经营工商业者，均应备具入会申请书，向本会登记为会员，并由本会发给会员证书。

第九条 前条会员分下列二种：

一、同业公会会员。

二、商店会员。

第十条 公会会员及商店会员均得举派代表出席本会，称为会员代表，但公会会员代表人数至多不得逾七人，商店会员代表人数至多不得逾三人。前项会员代表以在本市区域内之中华民国商人，年在二十五岁以上者为限。

第十一条 会员均须遵守本会章程，服从本会决议案，并按时缴纳各种会费。

第十二条 会员不得无故出会，设因公会解散，或商店迁移于本市区域外营业及歇业等情事必须出会者，须声叙理由，填具出会书送交本会审查认可。

第十三条 会员不遵守本会章程决议，或有其他破坏本会行为及欠缴会费者，得由会员大会决议予以警告，或除名等处分。

第十四条 会员代表有表决权、选举权及被选举权。

第十五条 有下列各款情事之一者，不得充本会会员代表：

一、褫夺公权者。

二、有反动行为者。

三、受破产之宣告尚未复权者。

四、无行为能力者。

第十六条 会员代表得由原推举之会员随时更换，但已选为本会执行委员、监察委员者，非有依法应解任之事由，不得将其撤换。

第十七条 会员代表有不正当之行为，致妨害本会名誉者，得以会员大会之议决将其除名，并通知原推举之会员。前项受除名处分之会员代表，自除名之日起三年以内不得再充(当)会员代表。

第四章 组织及职权

第十八条 本会最高权力机关为会员大会。

第十九条 本会设执行委员十五人，候补执行委员五人；监察委员七人，候补监察委员三人，由会员大会选任之，并由执行委员互选常务委员五人就中选任一人为主席，综理本会会务，对外代表本会。

第二十条 执行委员及监察委员任期均为四年，每二年改选，半数不得连任。第一次改选方法以抽签定之，但委员人数为奇数时，留任之人数得较改选者多一人。

第二十一条　主席及常务委员缺额时，由执行委员补选之。执、监委员缺额时，由候补执、监委员依法递补之，其任期均以补足前任任期为限。候补执、监委员未递补前不得列席决议。

第二十二条　执行委员会依本章程之规定及会员大会之议决行使职权。

第二十三条　常务委员依本章程之规定及执行委员会之决议行使职权。

第二十四条　监察委员会之职权如下：

一、监察执行委员会，执行委员大会之议决案暨考察本会职员是否称职。

二、审查执行委员会处理会务及本会预计算。

三、稽核执行委员会之财政出入。

四、决议执行委员会提出之处分会员案件及向会员大会提出弹劾案。

五、其他关于本会一切监察事项。

第二十五条　执行委员及监察委员有下列各款情事之一者，应即解任：

一、因不得已事故，经会员大会议决准其退职者。

二、旷废职务，经会员大会议决令其退职者。

三、于职务上违背法令、营私舞弊或其他重大之不正当行为，经会员大会议决令其退职，或由主管机关令其退职者。

四、发生第十五款各款情事之一者。

第二十六条　执行委员及监察委员均为义务职，但常务委员及主席得按实际情形酌给临时办公费。

第二十七条　本会得酌设秘书并置总务、调查两组，每组设主任一人，办事员书记若干人，办理各项事务，其名额、薪资由执行委员会议定，提交会员大会公决之。

第五章　会　议

第二十八条　会员大会分定期会议及临时会议两种，均由执行委员会召集之。定期会议每年开会两次，于六月、十二月举行之；临时会议经执行委员会认为必要，或由会员十分之一以上之请求，或由监察委员会函请召集时召集之。

第二十九条　会员大会之决议，以会员代表过半数之出席，出席代表过半数之同意行之。

第三十条　下列各款事项之决议，以会员代表三分二以上之出席，出席代表三分二以上之同意行之：

一、核定预计算。

二、变更章程。

三、会员或会员代表之除名。

四、职员之退职。

五、清算人之选任及关于清算事项之决议。

第三十一条　召集会员大会应于十五日前通知之，但因紧急事项召集临时会议者，不在此限。

第三十二条　执行委员会每月开会二次，如有必要，并得召集临时会议，惟须有执行委员过半数之出席方能开会。出席执行委员过半数之同意方能决议可否，同数时取决于主席。

第三十三条　监察委员会每月开会一次，如有紧急事项并得召集临时会议，惟须有监察委员过半数之出席方能开会，出席监察委员过半数之同意方能决议。监察委员会开会时，由出席监察委员临时互推一人为主席。

第六章　经费及会计

第三十四条　本会经费分下列二种：

一、事务费由会员大会议决，以资本之比例分担之。

二、事业费由会员大会议决筹集之。

第三十五条　本会之会计，年度自一月一日起至十二月三十一日止。

第三十六条　本会经费之预计算及其事业之成绩，每年须编辑报告刊布之，并分报社会运动指导委员会湖北省分会暨汉口特别市政府社会局备案。

第七章　附　则

第三十七条　本章程未规定事项，悉依商会法及商会法施行细则之规定办理之。

第三十八条　本章程自分报社会运动指导委员会湖北省分会暨汉口特别市政府社会局核准后施行。

25.汉口特别市商会办事细则

（1941 年 6 月 26 日）

第一条　汉口特别市商会(以下简称本会)办理会务，悉依本细则行之。

第二条　主席综理本会事务，常务委员襄助主席管理本会事务。

第三条　本会对外文件由主席署名行之。

第四条　凡关于重要事件，主席及常务委员认为不能解决者，得提交执行委员会议讨论决定之。

第五条　本会秘书职掌如下：

一、关于机要事项。

二、关于分配、撰拟、审核、文稿事项。

三、关于翻译及交际事项。

四、关于会议事项。

五、其他主席交办事项。

第六条　本会总务组职掌如下：

一、关于文件收发、缮校及保管档案事项。

二、关于文稿、章则之撰拟事项。

三、关于典守印信事项。

四、关于商人登记入会，及商、工业团体之组织及指导成立事项。

五、关于本会预算、计算及会计庶务事项。

六、关于公用物品之购置及保管事项。

七、关于本会人事事项。

八、其他一切有关本会事项。

第七条　本会调查组职掌如下：

一、关于商人申请登记之调查事项。

二、关于商、工业资本额及业务之调查事项。

三、关于商品物价之调查事项。

四、关于各机关委托调查事项。

五、关于管理物品搬运许可愿填写事项。

六、关于本会一切统计事项。

第八条　本会办公时间，依照市政府规定办公时间办理，各职员应按时签到，不得迟到早退，所有办事勤惰由各组主任随时考核。

第九条　本会职员除星期例假外，不得擅离职守，如有特别事故请假者，须先呈准。

第十条　本会职员承主席及秘书暨各组主任之命分任工作。

第十一条　本会到文须由收发员摘由编号，登簿注明到文月日，送由各主管、主任拟具办法，转送秘书核阅后，再呈主席核批交办。

第十二条　凡来文封面注明“机密”字样，或主席姓名亲启者，不得拆封，须送由秘书转呈主席收阅，俟发下后补办收文手续。

第十三条　各组应办之例行文件由各组拟稿送核，如有会核之件须送关系组会核，遇重要文件不能决定办法时，应签呈主席核定。

第十四条　撰拟稿件应由拟稿人签名、盖章、登录、送稿簿，送主管主任核阅盖章后送秘书核转主席核定判行。

第十五条　凡判行文件缮写完毕，经校对无误用印后，交收发员登簿封发。

第十六条　凡文件封发后，其原稿及来文全卷应交管卷员分别归档，机密文件由秘书保存之。

第十七条　本会各种会议规则另定之。

第十八条　本细则如有未尽事宜，得随时修正之。

第十九条　本细则自分报社会运动指导委员会湖北省分会暨汉口特别市政府社会局核准之日施行。

26.汉口特别市商会监察委员会会议规则

（1941 年 6 月 26 日）

第一条　汉口特别市商会（以下简称本会）监察委员会议，除法令别有规定外，悉依本规则之规定。

第二条　凡关于本会之建议改革事项及执委会送请核议事项，得提交监察委员会议讨论之。

第三条　监察委员会议每月二十五日举行一次，须有监察委员过半数之出席方能开会。如遇必要时，经监察委员二人以上之同意，得召开临时会议。

第四条　会议时以本会主席为主席，如因故缺席时，由常务委员中公推一人代理之。

第五条　会议时须预备签到簿及记录簿,并须先期编列议事日程,届期交议。

第六条　会议时须按照议程分案讨论,不得越出本案范围以外,在一案未讨论终结以前不得涉及他事。

第七条　讨论案件不得有二人以上同时发言,发言时并须起立。

第八条　讨论终结之决议,以出席人数过半数之同意行之可否,同数时取决于主席。

第九条　会议记录应由主席及记录人签名盖章。

第十条　本规则自分报社会运动指导委员会湖北省分会暨汉口特别市政府社会局核准之日施行。

27.市商会昨开监委会　决定每月举行例会一次

(1941 年 6 月 27 日)

市商会昨开监委会决定每月举行例会一次并推万凤逸常川驻会

汉口特别市商会于前六月二十五日召开第二次监察委员会议,出席人谢伯勤、王武刚、万凤逸,主席谢伯勤、记录章振启。

开会如仪:

甲　报告事项

主席报告遵照本会监察委员会议规则之规定,应于每月二十五日举行例会一次。

乙　讨论事项

一、执行委员会检送本会自二十九年七月份起至三十年三月份止收支清册及单据请审核案。决议:推万委员凤逸先行审核完竣后,再提交会议公核。

二、关于监察委员值月及每月例会之召集事项拟请从新议定案。决议:因徐、李两委员离汉,暂由王、谢、万三委员照第一次会议所定次序办理。

三、推定监察委员一人常川驻会监察案。决议:推万委员凤逸担任云。

(《大楚报》)

28.市商会将届周年赶制一年会务报告

(1941 年 6 月 28 日)

又讯　该会因成立周年纪念及会员大会时期,(七月八日)行将届满,除整理陆续收到各业之提案及审查各业推派之会员代表资格外,并赶制一年来会务之报告,工作极为忙碌云。

市商会周年会员大会整理提案竣事。

(《武汉报》)

29.商会章程规则市府审核竣事

(1941 年 6 月 28 日)

商会章程规则市府审核竣事　昨令饬该会遵照施行

本报讯　市商会日前草拟之该会章程、执监委会之各会议规则、办事细则等草案、经费呈市政府审核,昨悉前述各项草案业经市府审核修正于昨令饬该会遵照施行云。

(《武汉报》)

30.汉口特别市纱业同业公会致汉口特别市商会函送出席代表名单连同委托书并附抄提案三则请编列出席证号码及议事日程由

(1941 年 6 月 29 日)

汉口特别市纱业同业公会公函纱字第　号:案准大会本年六月十六日元字第 427 号函内开:案查本会依据商会章程第二十六条之规定,会员大会每年于六月十二日举行,现届六月,所有本会应兴应革事件亟待第二次会员大会解决,自应依期召集,又七月八日为本会成立周年纪念,亦须举办庆祝,为节省经费起见,经提出本会第八次执行委员会议,议决于七月八日上午九时在本会大议厅合并举行,记录并分别呈函在卷,查贵公会会员商店资本全额综计法币七〇一,〇〇〇元,照章应推定出席代表七人,相应函达,请烦查照公推并将推定代表姓名连同委托书于六月二十日以前函知到会,以便编列出席号码及席次。事关紧要,幸毋迟延为荷。等由,准此。即将推定出席代表姓名单连同委托书并附抄提案随函奉达,即希查照准予编列出席证号码及将提案列入议事日程为荷。

此致

汉口特别市商会

附出席代表姓名表一份、委托书一份、提案三则

主席　唐

中华民国卅年六月廿九日

第二则提案

汉口特别市商会第二次会员大会提案
提议人　纱业同业公会主席唐兰樵
类别
议题　无论整件或零□棉纱在本市区以内可自由流通案
理由　棉纱乃布匹毛巾之原料,为人生必需品,只要有正式纱号买卖,即可证实来自购买者,似无阻截为难之必要
办法　迩来市面常发见有手持棉纱或棉线一二□或三五□□□□即遇有类似或冒充便衣侦探者,半途盘诘□不没收其货品,此常受其凌辱□□□□□□中小商人□□以日钞购买必需品乃遭意外凌辱,无处申诉□□□……

第三则提案

提议人:纱业同业公会主席唐兰樵

类　别:

议　题:呈请层峰准予畅通货品来源以繁荣市场案。

理　由:过去各市商人多有由申购货运汉者,所以回乡来购买货不感缺乏。

近来自事变后交通日渐繁荣,但直接向申运货者尚无其事。

办　法:请设法转恳层峰速准商人自运来汉以繁荣商场。

委托书

委托书

曾　森
方文甫
程霖轩
兹委托唐兰樵　为出席
许益甫
朱璧为
韩乐三
武汉特别市总商会第二次会员代表大会代表
委托人汉口特别市业同业公会主席唐兰樵
中华民国三十年六月　三十　日

汉口特别市商会第二次会员代表大会会员代表名册

民国三十年　月　日具报

会别	代表姓名	年龄	籍贯	担任公会何职	商店牌号职务	住址
汉口特别市纱业同业公会	唐兰樵	48	汉阳	主席	鸿昌祥经理	同福里十四号
同上	程霖轩	42	安徽	常委	大隆经理	同仁里□号
同上	许益甫	37	汉阳	执委	裕昌经理	三□街十九号
同上	方文甫	40	安徽	同上	元昌经理	同法村一号
同上	韩乐三	43	黄陂	同上	□记经理	同福里三号
同上	朱璧为	36	安徽	同上	益□经理	洞庭街十三号
同上	曾森	52	安徽	候补□委	□□经理	□□街□号

(119-15-36:23-27)

31.市商会决定改进搬运许可办法

(1941 年 6 月 30 日)

本报讯　市商会调查室自办理对象搬运许可以来,颇为各方赞许。前为求改进申请之各项事宜起见,爰提经市商会第九次会议讨论,大致获圆满通过;至各项办法,当经议决由涂拔丞、王晋澄等同该室解主任幼甫。兹悉该项改进办法,业已议妥,审定如次:

一、申请搬运人应就实需证内所列物品,填具各该管公会盖章之申请书连同许可证费(每张日金一角)送经商会,实需证内如有二种以上不属同一公会申请书填送之,但次择所列物品数目最多之隶属公会。

二、前据申请书应由各公会备价，向本会请领转发各商号盖章后，再加盖公会之章。

三、书证经商会审核合格后，即收归调查室分发商会代书填写，不另取资。不合者即时退还。

四、申请人送书证时，得自行录明品名件数、地区、日期，请由商会收受人盖章，不另制给收据。

五、许可证经填送发还后，即分别汇交各公会转发各原申请人。

六、申请人将书证送经商会收受后，应即转报各该管公会请求按期派人到商会具领。

七、具领时期就送会之日算应为第四日上午，如第四日为星期日，则改为第三日下午。前项时期如因关系方面迟滞时，应顺延之。

八、各公会具领时，应盖具领人名章。前项具领人姓名印□各公会，应先期函报。

九、申请人不得妄图便利对各收发人等有所馈送。

十、各机关团体申请搬运非贩卖品时，得用公函证明。

（《大楚报》）

7 月

1.市商会二次会员大会会期迫近终止提案

（1941 年 7 月 1 日）

市商会二次会员大会会期迫近终止提案　各方提案以便利许可占多数

本报讯　市商会第二次会员代表大会会期迫近，所有各方提案及代表名册，原定于上月二十五日截止收受，遵照办理者固属不鲜。然未遵照办理者，为数亦复不少。故该会特展缓数日，用以收受各方提出之改进意见。兹据昨讯，商会已于上周末停止受理，同时将已收到提案，依其内容分为七类，共计四十八则，其中以请求谋搬运许可便利之提案居多数云。

（《大楚报》）

2.汉口市纱业公会请求减半征收棉纱业营业税提起诉愿一案经审查明确作成决定书检附正本并发原送证件通知收由

（1941 年 7 月 1 日）

国民政府行政院财政部通知书赋字第一号，案据该诉原代理人唐兰樵，前以不服汉口特别市政府批驳棉纱业营业税减半征收提起诉愿一案，业准汉口特别市政府拟具答辩书，连同本案有关文卷，咨送审核前来。兹经本部审查明确，依法作成决定书，除咨送汉口市政府查照外，合将决定书正本，并检还前证件，仰该诉愿代理人查收，特此通知。右仰汉口市纱业同业公会唐兰樵。准此。计发诉愿决定书正本一件、衡镒纱号账册三本、入会缴费收据一纸、营业税票一纸。

财政部诉愿决定书正本

财政部诉愿决定书　诉字第一号

诉愿人　汉口市纱业同业公会

代表人　唐兰樵,汉口市纱业同业公会主席,年四十八岁,男性,湖北汉阳县人,住武汉特三区同福里十四号。

原处分官署　汉口特别市政府

上列诉愿人不服汉口特别市政府批驳减半征收棉纱业营业税,提起诉愿一案,本部审核决定如下:

主文

原处分撤销

汉口市棉纱业营业税仍予减半征收

缘诉愿人以民国二十八年五月汉口市政府颁布市税捐征收规则,其附表内载棉纱业营业税为千分之五,乃实际征收变更前,湖北财政厅核定,按月依照纱商营业额折半课税之办法,爰于二十九年六月呈汉口市财政局,请求折半征收,未邀允准。嗣又检同前衡镒纱号遗存各项账簿及完税税票,证明税票所填金额系按营业金融折半之数,呈请汉口市政府援案,减撤复遭驳斥,最后搜获。前湖北财政厅办理二十六年营业税,复查时印行之复查,须知一册,其第十四项载明棉纱业营业税,系按总收入额半数,分别征免,送由汉口市商会转呈市政府,再请援案核办,复经指令驳斥诉愿人,不服检同证件,向本部提起诉愿,业经汉口特别市政府作成答辩书,咨送前来本部调集卷证审查,明确合予决定。

理由

查民国二十二年湖北财政厅核定,按月依照纱商营业金额折半,依率课税之办法,核与诉人检送之该省二十六年印行营业税,复查须知一册内第十四项之规定,确可证明。又市政府答辩书,对于是项办法并不否认,但称因本府财政局职员中,有以前经征人员。据其记忆所及,谓此项办法已于二十七年开取消等语,是二十七年前汉口市棉纱业营业税,已照营业额减半征收,更足以资反证。至国府还都后,曾明令一切法令适用二十六年十一月十九日以前施行者为准。兹查汉口市取消棉纱业营业税减半收办法,既在二十六年十一月以后,当然不能认为有效,爰为决定如主文。

财政部　周佛海

3.市商会周年会员大会整理提案竣事

（1941 年 7 月 1 日）

市商会周年会员大会整理提案竣事　计到会提案四十八件

本报讯　市商会于七月八日,举行周年庆祝同时召开会员大会,除已通知各业公会推派代表及拟具提案于六月二十五日前送会各情,已分志本报。昨悉该会对于收受各业提案,已于二十九日截止，经整理结果：收到公会八十二个单位，新代表一百三十七人，提案四十八件。大致内容约分：一、改善搬运货物；二、取缔不加入公会之商店及维护同业规约；三、救济民食；四、改善公开企业；五、改善公用税收；六、改进业务；七、保护及指导等七类。即逐一付刊装订成本云。

（《武汉报》）

4.市商会昨召开第十次执委会

（1941年7月3日）

市商会昨召开第十次执委会　决议准瓷器业组织公会　准顺丰厂单独入会

本报讯　市商会昨日下午三时开第十次执委会，出席者主席李鼎安及各执委，行礼如仪。后首由记录章振启，报告上次执行会议执行情形，继即讨论下列各案：

一、瓷器业请求组织同业公会应否照准请讨论案。决议：准其组织。

二、顺风机器油饼厂请求单独登记入会应否照准请讨论案。决议：准其单独入会。

三、油盐业同业公会函请转恳主管机关，从新确定所得税开征年度并颁发各种法规表册，以便遵循等由应如何办理请讨论案。决议：并大会提案讨论。

（《武汉报》）

5.汉口特别市山货纸张行业同业公会为登报声明图记焚毁检同报纸函请市商会核转补发

（1941年7月3日）

案准贵会元字第500号复函，以敝会图记焚毁，应登报声明并检同报纸函请核转补发等由。准此，除已登《武汉报》声明外，相应检同报纸三份，随函送达，敬希核转备案，并请补发，实深感荷。

此致

汉口特别市商会主席李

附登载启事《武汉报》三份。

汉口特别市山货纸张行业同业公会主席　徐禹门

常务委员　罗卓良　程宁陔　吴沛云　陈琴舫

中华民国三十年七月一日至三日《武汉报》第五版

市山货纸张行业同业公会启事

敬启者，敝会图记向系经理事长徐禹门保管（即乾元贞纸），不幸于五月二十三日遭焚，图记亦未携出，嗣后经理事长向□报告，经执监联席会议决议，今后对于承转文件，暂以常务委员会联署章，并函请市商会特请补发外，特此登报声明，敬布告各界垂鉴。

（119-126-269：124-126）

6.汉口特别市商会筹资定购洋米谈话会记录

(1941 年 7 月 4 日)

时间:民国三十年七月四日下午三时

地点:本会二楼会议室

出席人:李鼎安、涂拔丞、陈宪章、王晋澄、姚维章、谢有标、唐兰樵、谢伯勤、张鹏舞(涂代)

主席:李主席

记录:章振启

一、主席报告向沪采购洋米三万石之搬运许可证,已由市府向关系方面联系,不日可□发下。市府之意似欲由商会筹资向三井等三洋行定购,愈速愈妙。

二、姚委员报告三井洋行正取得洋米一千吨运汉之许可证,不日即可到达,拟由各公会先行自认所愿买数量,照价预收保证金十分之三,由本会向三井商妥后再定钱货两清办法。

三、谢委员主张先在二次会员大会场中确定各公会所需购数量,再行决定本会购进之总数量。

四、王委员主张应将此消息即日通告各公会,可先筹商,俾其出席大会时有所决定。

五、姚委员主张采集团购米办法,即以集团为单位,除各同业公会外,应加入各工会及团体、各机关、各学校,愿购者须以十包为最低限度(每一包含市石一石二斗九升,每一市石价约在军票六十元以内)。

六、涂委员主张团体应包括慈善团体及私人集合体在内,所谓私人集合体,即指各保甲及住户而言。

最后决定办法如下:

一、即日分函各同业公会并登报通告各界。

二、定购期间截至七月十日止。

三、公函及启函中须载明定购数量,以包计(即每一单位至少购十包),计算价值以市石计(即每一市石约在军票六十元内)。

(119-127-152:116-119)

7.汉口特别市商会为本市山货纸张行业公会函报前领图记被焚毁请予补发一事函市社会局

(1941 年 7 月 5 日)

公函:案准本市山货纸张行业同业公会函,查敝会图记被焚毁并恳转呈主管机关补发由。附登载《武汉报》启事三份,准此查该公会既称,前领图记被焚毁一节,尚属实,至相应检同启事二份,随函送请贵局查核备案,赐予转呈补发为荷。

此致

社会局

附启事二份。

主席　李

七月五日

（119-126-269：127）

8.汉口特别市商会送瓷器业筹备会余渊亭等为□呈请组织同业公会一案业经本会提交第十次执行委员会议：决准其组织函复查□由即希造具筹备员名册送会核转由

（1941 年 7 月 5 日）

便函：案□□呈以筹备组织瓷器业同业公会请予核准等情，□会业经派员调查并核七月一日提交本会第十次执行委员会议：决准其组织当语记录在卷，相应检送筹备人员名册式样一份，即希查照，迅将各筹备员姓名、年龄、籍贯、营业牌号、地址、资本金额依式造具清册七份函送本会，以便分别转报备查为荷。

此致

本市瓷器业同业公会筹备会余渊亭君等

附筹备人员名册式样一份。

会启

汉口特别市瓷器业同业公会筹备会筹备员名册

职别	筹备主任	筹备员	~	~	~	~	~	~
姓名								
年龄								
籍贯								
代表之商号								
地址								
备改								

（119-126-235：4-5）

9.市商会周年纪念举行二次会员大会

（1941 年 7 月 7 日）

市商会周年纪念举行二次会员大会届时应讨论者为七类四十八案

本报讯　市商会定于明（八）日举行成立周年及纪念暨召开第二次会员代表大会，其议事日程业经编印完竣。报告事项：报告该会一年来工作情形，并报告该会章程业经市府修正发下讨论事项，曾志前报为七类四十八案云。

（《大楚报》）

10.市商会成立周年　明举行庆祝

（1941 年 7 月 7 日）

市商会成立周年明举行庆祝　同日召开会员代表大会　柬请各机关团体届时观礼

本报讯　市商会之成立周年庆祝纪念，召开会员代表大会，明（八）日上午十时在该会三楼先举行庆祝仪式。继即开始开会员大会，除柬请中日长官各机关团体观礼外，并于昨分送各同业公会推派之会员代表徽章，以资为出席之识别云。

（《武汉报》）

11.市商会周年纪念今日举行会员大会

（1941 年 7 月 8 日）

市商会周年纪念今日举行会员大会　大会仪节均经昨日执监会决定

本报讯　日昨午后市商会召集执监委员举行谈话会，对今晨九时起举行之该会成立周年纪念庆祝典礼，并召开第二次会员大会，事项有所商议。

一、推主席及四常务执行委员为大会主席团，并担任招待长官及来宾事宜，由全体执监委员担任招待各会员代表事宜。

二、关于各代表所提出之七类四十八案，届时决计接受各会员代表之意见提出公开讨论。惟因天时炎热，提案众多，该会为减少时间计，将请各会员代表，对于书面已提出各提案理由及改进办法，毋庸重述外，如对各提案有新意见者，则可尽量提出讨论，借以避免重复云。

（《大楚报》）

12.市商会成立周年　今举行庆祝纪念

（1941 年 7 月 8 日）

市商会成立周年今举行庆祝纪念　并召开会员代表大会

本报讯　市商会今日上午九时，举行成立周年庆祝纪念同时并开会员代表大会，各情已详本报。兹探志该会今日开会秩序于下：一、全体肃立；二、向国旗暨国父遗像行最敬礼；三、主席恭读国父遗嘱；四、主席致开会词及工作报告；五、长官训词；六、来宾惠词；七、主席答词；八、讨论提案；九、茶点；十、散会。

（《武汉报》）

13.汉口特别市商会第二次会员代表大会会员代表签到簿

（1941 年 7 月 8 日）

1.桂云阶　杂货贩运行　　2.李云棠　花粉绒线单独业

3.舒勤余　中西菜馆业　　4.李哲诚　玻璃磨瓷料器业

5.陈尧轩　机磨面粉业　6.萧竹轩　鞋帽洋广货业
7.彭寿臣　估衣业　8.林博齐　五金业
9.杨开斌　销盐业

14.财政部为汉口市纱业公会请求减半征收棉纱营业税提起诉愿案致汉口特别市政府函(附决定书二份)

(1941年7月8日)

事由:汉口市纱业公会请求减半征收棉纱业营业税提起诉愿一案,经审查明确作成决定书检附正本并送原案卷宗咨请查收,见复由府政字第4817号　中华民国三十年七月八日

国民政府行政院财政部咨赋字第90号

案准,贵市政府府政字第六二六六号咨开:"汉口市纱业公会请求减半征收棉纱营业税提起诉愿一案,检同答辩书连同原卷咨请查核办理见复"等由,计附答辩书一份,财务类第五二四号卷一宗,准此。兹经本部审查明确,依法作成决定书,除送达诉愿人知照外,相应检还原案卷宗,并附决定书两份,咨送贵市政府查收,以一份存卷备查,一份转发财政局知照,并希将收到卷宗日期见复为荷。

此咨

汉口特别市政府

计附决定书二份财务类第五二四号卷一宗。

周佛海

中华民国三十年七月一号

财政部诉愿决定书正本

财政部诉愿决定书诉字第一号

诉愿人汉口市纱业同业公会

代表人唐兰樵,汉口市纱业同业公会主席,年四十八岁,男性,湖北汉阳县人,住汉口特三区同福里十四号。

原处分官署汉口特别市政府,上列诉愿人不服汉口特别市政府批驳减半征收棉纱营业税提起诉愿一案,本部审核决定如下:

主文原处分撤销,汉口市棉纱营业税仍予减半征收。

事实:缘诉愿人以民国二十八年五月汉口市政府颁布市税捐征收规则,其附表内载棉纱营业税为千分之五,乃实际征收变更前湖北财政厅核定,按月依照纱商营业额折半课税之办法。爰于二十九年六月,呈汉口市财政局请求折半征收未邀允准。嗣又检同前衡镒纱号遗存各项账簿及完税税票,证明税票所填金额系按营业金额折半之数呈请汉口市政府援案减征复遭驳斥,最后搜获前湖北财政厅办理廿六年营业税复查时,印行之复查须知一册,其第十四项载明棉纱营业税,系按总收入额半数分别征收免送由汉口市商会转呈市政府,再请援案核办复经指令驳斥诉愿人不服检同证件向本部提起诉愿,业经汉口特别市政府作成答辩书咨送前来本部调集卷证审查明确合予决定。

理由：查民国二十二年湖北财政厅核定按月依照纱商营业金额折半依率课税之办法核与诉愿人检送之，该省廿六年印行营业税复查须知一册，内第十四项之规定确可证明又市政府答辩书对于是项办法并不否认，但称因本府财政局职员中有以前经征人员，据其记忆所及，谓：此项办法已于廿七年间取消，等语。是廿七年以前，汉口特别市棉纱业营业税已照营业额减半征收更足以资反证，至国府还都后曾明令一切法令适用廿六年十一月十九以前施行者为准，兹查汉口市取消棉纱业营业税减半征收办法，既在廿六年十一月以后，当然不能认为有效，爰为决定如主文。

财政部　周佛海

中华民国三十年七月一日送达

15.汉口特别市商会第二次会员大会纪录

（1941 年 7 月 8 日）

时间：民国三十年七月八日上午九时

地点：本会三楼会议厅

出席人：本会主席及各常务委员、执行委员、监察委员、会员代表桂云階等一百三十人（另有签到簿）

主席：李鼎安、涂拔丞、谢有标、张鹏舞

记录：章振启、姚心辅、方新甫

开会如仪：

甲、报告事项

一、报告本会一年来工作情形（原文与开会词合刊已当场分送各会员代表）。

二、报告本会章程业经市政府修正发下。

乙、讨论事项

（一）改善搬运货物类

1.为货物搬运许可证不能通行，请设法改善案。

2.为搬运许可证申请时每被驳斥，兼之门市零售三五条香烟在市内被岗警阻拦或截留，提请设法补救案。

3.为会员营业因搬出困难，吁恳转呈救济以纾商困案。

4.拟请吁恳当局疏通积货及来源，明定封锁地域及货名，以利商业而维民生案。

5.拟请转恳当局对于和平区域以内各种非军用品货物，凡持有当地驻军实需证明书者尽量许可搬运，发展商业案。

6.拟请疏通货物来源及货物运出许可，以利物资畅通而解商业困苦案。

7.拟请售运千两茶以济商艰案。

8.茶叶百斤以内拟请准予自由携出市外案。

9.拟请对于羊山烧纸搬运许可证，急谋迅速，以便流通案。

10.拟请货物通行，借维商业而纾商困案。

11.转呈当局对各外埠有实需证明之棉纱搬运许可证，准予照数填发，借资流通案。

12.无论整件或零□棉纱，在本市区以内可自由流通案。

13.请呈请层峰准予畅通货品来源以繁市场案。

14.请求转呈当局核发实需证明书，以便派人赴各省县市镇购办货物运汉，以应环境案。

15.本业无料工作，每方涨价一百二十元，本市尚无买处，请向各主管机关要求，须发长期许可通行证，出张采办木料救济本业生存案。

16.拟请设法畅通薪柴来源以济燃料而惠贫民案。

17.为黄冈、阳逻等处布匹来源扼于原料搬运困难，恳请转呈救济，设法改善以维业务案。

18.为茶叶无法采购运销，应请积极设法救济案。

决议：

(1)一至十八案并案讨论。

(2)关于输出困难问题应据情转请军特务部，凡持有实需证明书者尽量发给许可证。

(3)关于输入困难问题应据情转请汉口地方警备队部尽量发给实需证明书。

(4)类似岗警稽查之流氓等截留市内，及水陆码头货物应据情转市政府饬警察局严加制止。

(5)各案中各业不同之困难情形应分别据情转呈中日各主管机关予以解除。

(二)取缔不加入公会之商店及维护同业规约类

19.拟请取缔未加入各业公会商店营业，以期增进正式同业商业发展而资巩固团体案。

20.拟请转函警察局，准各业公会将任意抗不入会及欠会费之商店于呈请罚办时，请随时传局勒令入会或追缴欠费以维业务而免阻挠案。

21.为属会非会员屡次劝告抗不入会，应如何补救案。

22.为请救济货物搬运困难及取缔不入公会商店案。

23.请切实协助维护同业规约案。

决议：

(1)十九案至二十三案并案讨论。

(2)关于如何取缔抗不入会或不缴会费及不守规约之属于商店主管机关职权，应据情转呈市府及社运分会转请社会部明定取缔办法，以便各分会切实执行。

(三)救济民食类

24.为米粮高涨民食恐慌请设法救济案。

25.拟请设法救济民事案。

26.拟请开关来源平抑米价以济民生案。

27.拟请减抵价以便救济贫苦民众案。

决议：

(1)二十四案至二十六案并案讨论。

(2)由会员大会授权商会向沪上购进洋米一万石。

(3)由各业当场自认愿购数量另册记载。

(4)第二十七案据情转请主管机关查核见复。

(四)改善公用企业类

28.拟请改善过江轮渡以便利乘客案。

29.拟请将中华区及难民区各处水管仍旧设置免予拆除案。

30.拟请免挖水管以全市民饮料,吁恳收回成命,酌定善后办法案。

决议:

(1)二十八案至三十案并案讨论。

(2)分别据情转呈市府及关系方面转饬各该公司遵照实行。

(五)改善税收类

31.请转请制止沿途苛征以轻成本而减消费者负担案。

32.请求改善征收营业税减轻商人负担案。

33.为营业税拟请改征法币并恳予按照二十九年度税额比例征收案。

34.拟请转呈政府免征二十九年所得税以苏商困,祈公决案。

35.为拟请缓征所得税以苏商困而轻负担案。

36.为印花税拟请仍照本年四月二十日以前税率征收以轻负担案。

37.为各业商店营业税、印花税以及房捐征收日金,公恳按照法币合算缴纳日金以昭公允而示体恤案。

决议:

(1)三十一案至三十七案并案讨论。

(2)关于所得税问题应据情转函,所得税征收局呈请财政部免征二十九年全部所得税及三十年七月份以前之第三类所得税。

(3)关于营业税问题,应据情转呈市府饬税捐稽征所,照二十九年税额征收并查账退还本年所不应征收之税款。

(4)关于印花税问题,应据情转函统税总局呈财政部恢复本年四月二十日以前税率。

(5)其他各案如制止苛征及改善税收上之日币与法币折合等,应分别查案酌办。

(六)改进业务类

38.拟请各县市合作社驻汉联络员对于运货车辆直接向本会接洽资统一案。

39.各处合作社对于山货贩商应听其照常自由贩运不加限制案。

40.拟请当局对于中国人经营之贸易汽车所需耗之汽油加以开放,能可自行购置而济商艰案。

41.拟请转请陆军特务部饬令出光,商会大量配销煤油以应市需而维夜间光明案。

42.拟请彻底改善本市屠宰场内卫生,以免鲜肉陈腐而利商业进展案。

43.为奉令禁止皮草制品限制售与日本陆军一案,谨述困难各点,公恳维持提请大会转呈市政府暨军特务部收回成命,以解倒悬案。

44.拟请转呈准许茶商携带法币前往羊楼洞等处,各产茶区使用以维业务案。

45.染坊业历来改订增加染价时感受困难,希往后改订或增加染价,须由本会自主案。

决议:

(1)三十八案至四十四案并案讨论,除四十二案业经解决,由提议人自动撤销外,其余均分别据情转请及联络疏通。

(2)四十五案保留。

(七)保护及指导类

46.为各业公会公所各机关纷纷借用如何维护以全办公而免纠纷案。

47.拟请保护茶商生命财产之安全以增进商人福利案。

48.拟请商会添设指导科以便各会员商店能直接来会询问其业务之措置方法案。

决议：

(1)四六、四七两案分别据情转请及联络疏通。

(2)四十八案交执行委员会办理。

下午二时半散会。

(119-127-152;120-129)

16.汉口特别市政府为纱业公会请求减半征收棉纱营业税提起诉愿一案令财政局

(1941年7月9日)

事由:为本市纱业公会请求减半征收棉纱业营业税提起诉愿案

中华民国三十年七月九日

汉口特别市政府训令　府政字第8587号

令财政局局长孔楚材

案准,财政部赋字第九零号咨开:准检送汉口特别市纱业公会请求减半征收棉纱业营业税提起诉愿一案答辩书及卷宗等由。兹经本部审核明确,依法作成决定书,除送达诉愿人知照外,相应检还原案卷宗,并附决定书两份,咨请查收,以一份存卷备查,一份转发财政局知照,并将收到卷宗日期见复等因。准此。除咨复外,合行检发原决定书一份,令仰该局知照,并转饬捐税征收所,知照此令。

计发决定书一份,咨府政字第8588号。

案准,贵部赋字第九零号咨略开:关于汉口特别市纱业公会请求减半征收棉纱业营业税提起诉愿一案,兹经审查明确,依法作成决定书,相应检还原案卷宗,附送决定书两份,嘱为存查转发,并将收到卷宗日期见复。等因,准此。查该项卷宗,本府业于七月八日收到,除将原决定书一份转发财政局知照外,相应咨复,即希查照为荷。

此咨

财政部部长周佛海

张□□

17.市商会发表各业货物搬出总值

(1941年7月13日)

市商会发表各业货物搬出总值　六月份数字激增超出五月份达二十余万元

本报讯　市商会办理货物搬出许可,六月份各业货物搬出总值合计为日金一〇二二八二六元,五月份仅七八〇〇一九元,两者相较,六月份货物搬出多过五月份达二四二八〇七元。兹录该会统计组发表、六月份各业货物搬出地区及货物总值如后:

广货业	沔阳	六.一六八○○
	汉川	一八.九八○○○
	嘉鱼	一九.九四八○○
	钟祥	二一.三一六○○
	岳阳	五.一一一○○
	鄂城	五.六六一○○
	武昌	六六五○○
	咸宁	六五一○○
	黄陂	一五一○○
鞋业	武昌	一.四四五○○
	沔阳	二.八二○○○
	鄂城	七.八七○○○
	汉川	二.四八○○○
	咸宁	二.八八二○○
	钟祥	四五○○○
制药业	沔阳	五八○○○
	汉川	二.二○○○
	嘉鱼	六四○○
	钟祥	一○○○○
	咸宁	一.一三六○○
	鄂城	二五八○○
梳篦剪刀业	汉川	三一九○○
	沔阳	六○○○
	钟祥	五○九○○
转运业	武昌	四七○○○
	鄂城	六一.五三三○○
	嘉鱼	二八.七七二○○
	沔阳	六.○四○○○
药油山货行业	武昌	七四四○○
纱业	武昌	一五○○○
石膏业	大冶	三二○○○
	沔阳	三.九一○○○
	广济	三.八二五○○
	蒲圻	一.一○五○○
	崇阳	五四○○○
	武昌	一六○○○
鞭爆业	汉川	二○○○○
袜业	沔阳	三.○三○○○

	咸宁	二.九二六〇〇
	钟祥	一.〇四六〇〇
	汉川	一八〇〇〇
	嘉鱼	一.三〇〇〇〇
汾酒业	嘉鱼	四〇〇〇〇
	武昌	八五〇〇〇
	鄂城	二.二〇〇〇
商会	鄂城	一〇〇〇〇
	沔阳	二五.四三六〇〇
匹头贩运业	鄂城	二.四四〇〇〇
国货匹头业	嘉鱼	四.四六二〇〇
	沔阳	二六.四五〇〇〇
	鄂城	二〇.九三三〇〇
	汉川	四.七〇〇〇〇
	钟祥	二.九〇〇〇〇
	咸宁	二.一五〇〇〇
	岳阳	一.四〇〇〇〇
匹头业	沔阳	八.四〇〇〇〇
	武昌	八.六六〇〇〇
	鄂城	一七.八一〇〇〇
	嘉鱼	六〇〇〇〇
	汉川	二.八〇〇〇〇
	钟祥	一二.六七〇〇〇
	咸宁	一.二六〇〇〇
茶叶店业	汉川	二〇〇〇
	武昌	八七〇〇〇
	沔阳	五七〇〇〇
	钟祥	三.四〇〇〇〇
	黄陂	二〇〇〇〇
新药业	钟祥	一.六一五〇〇
	沔阳	七一〇〇〇
	嘉鱼	九〇〇〇〇
	汉川	八九六〇〇
卷烟经理业	黄陂	九二.五六九〇〇
	沔阳	二二.三五〇〇〇
	武昌	三四〇〇〇
	汉川	三〇〇〇〇
	嘉鱼	六.〇三〇〇〇

	鄂城	三.〇一〇〇〇
卷烟业	鄂城	三〇.六九四〇〇
	武昌	三九.五九五〇〇
	嘉鱼	二七.八一〇〇〇
	黄冈	三.八〇〇〇〇
	汉川	六.七九〇〇〇
	黄陂	三.〇〇〇〇〇
华洋百货业	汉川	二.四六四〇〇
	沔阳	二.〇七二〇〇
	钟祥	九.六一六〇〇
	鄂城	七五〇〇〇
	武昌	一〇〇〇〇
海味糖盐业	鄂城	四九.四一七〇〇
	汉川	二一.二五五〇〇
	沔阳	二二.〇三七〇〇
	钟祥	四.八八三〇〇
	咸宁	三.四一二〇〇
	嘉鱼	一五.六一一〇〇
	武昌	一.四二〇〇〇
	天门	四〇〇〇〇
	黄陂	八五〇〇〇
中外纸业	汉川	二五〇〇〇
	武昌	一.五二〇〇〇
	鄂城	一〇.〇〇四〇〇
	钟祥	四〇〇〇〇
国产纸张业	沔阳	三.一八〇〇〇
	黄陂	二五〇〇〇
	汉川	一.〇〇五〇〇
参燕业	汉川	一四〇.〇〇
五金机器业	汉川	二九五〇〇
颜料业	汉川	五六〇〇
草帽席篁业	武昌	二四〇〇〇
面粉煤油火柴业	嘉鱼	八.三〇〇〇〇
	武昌	一二〇〇〇
	黄陂	三.五三〇〇〇
食品制造业	武昌	二八五〇〇
南酒业	武昌	二六〇〇〇
估衣业	咸宁	四〇〇〇〇

书业	汉川	二六〇〇〇
	九江	二〇〇〇
	沔阳	一〇〇〇〇
药材店业	黄陂	五〇〇〇
	汉川	一.一八〇〇〇
酒酱业	汉川	九〇〇〇
玻璃料器业	汉川	三〇二〇〇
	钟祥	五九九〇〇
	咸宁	三〇〇〇
	鄂城	一.三八〇〇〇
	岳阳	四八〇〇
	沔阳	三〇〇〇
山货纸张行业	汉川	一.六一五〇〇
	武昌	一六一〇〇
水土果业	钟祥	三二〇〇〇
	嘉鱼	二.四九三〇〇
	汉川	一一.〇六二〇〇
	鄂城	二一.八八四〇〇
	汉阳	一五〇〇〇
	武昌	一.〇三五〇〇
	咸宁	一.八一八〇〇
丝烟业	汉川	三五.一七一〇〇
	嘉鱼	三〇.五九五〇〇
	鄂城	三六.五九七〇〇
	咸宁	四.九二五〇〇
	沔阳	五.一六〇〇
	钟祥	二〇〇〇〇
合计		一〇二二.八二六〇〇

（《大楚报》）

18.市商会明召执委会研讨推进事宜

（1941 年 7 月 15 日）

本报讯　市商会于七月八日开第二次会员大会时，其经过议决交由执行案件，七大类共四十八案同时为讨论各公会最近申请之案件，已定于明（十六）日开执行委员会研究推进事项。

（《武汉报》）

19.案在财政部决定书，减半完纳至本年七月份税款，为税捐所仍照旧征收并希暂缓缴纳，倘系照案减半征收即为数照完由

（1941 年 7 月 17 日）

案查国民政府行政院财政部赋字第一号通知书开：案据该诉讼代理人唐兰樵前以不服汉口特别市政府批驳棉纱业营业税减半征收，提起诉讼一案，业准汉口特别市政府拟具答辩书，经同本案有关文卷咨送审核，前未兹经本部审核查明确依法作成决定书，除咨送汉口市政府查照外，合将决定书正本并于还前呈证件仰该诉讼代理人查收，特此通知。等因。计诉讼决定书正本一件及诉讼证件等件，连此并函抄捐原决定书决定之函文，即希查照关于本帮应定棉纱营业税，自应遵照财政部决定书减半完纳至本年七月份，税款未税捐所仍照旧征收，并希暂缓缴纳，倘系照旧减半征收，即请为数照完为荷，特此通知宝号，附抄财政部诉字第一号决定书主文一件，财政部诉讼决定书诉字第一号主文，原处分撤销，汉口市棉纱业营业税仍予减半征收。

七月十七日

（119-15-35：25）

20.汉口特别市商会为中西菜馆业同业公会请维持筵席捐百分之五税率致汉口特别市政府函

（1941 年 7 月 22 日）

事由：据本市中西菜馆业公会呈为请核转维持筵席捐百分之五税率一案呈祈鉴核如请施行由。

中华民国卅年七月廿二日

案据，本市中西菜馆业同业公会主席舒勤余呈，以筵席捐新订课税办法超过规定税率，无形中由百分之五增为百分之八，无法代征不堪赔累，请予核转饬令维持百分之五税率代征。特殊性质以日金或另筹适当办法俾资遵循，等情。据此查所称困难情形尚属实在，理合照抄原呈备文，赍请钧府俯赐鉴核，如请施行，令示祗遵。

谨呈

市长张

附赍照抄中西菜馆业公会原呈一件。

汉口特别市商会主席　李鼎安

中华民国三十年七月十九日

窃查，属会遵奉市政府社会局社实字第三三三号通饬营业收费一律改为日金一案，业经录令转知同业，于七月一日起业务收解货款账项一律以日金为标准，以符功令各在卷兹准捐税征收第二分所志函字第六〇号公函开：案奉汉口特别市捐税征收所市二字第二二号指令，本分所呈为各酒楼营业改收日金，对于筵席捐应如何征收只核示由内开呈悉。查前奉财政局训令，凡属照日币计算价目之税捐，其日币数一律以六十元折合法币一百元，再按法币税率征收日钞早经通饬遵照在案。各该酒楼营业日币仰仍遵照前令，按照折合标准征收税款，毋任违延。此

令,等因。奉此相应函请贵会查照,迅即转知各馆商遵照缴纳等由,准此。查筵席捐税则规定百分之五完全代征性质,既已实行日金单位制,实无法额外加收分文。此项折合法币课税办法,无形中由百分之五增为百分之八。于事实上、环境上颇有从违两难之苦,谨为大会分陈之:(一)查属业多半由他日之失业店员、工友凑合少数资金维持生活,实无异于消费合作社,在表面上装潢美观以求招来,实则外强中干,大有今非昔比处。此生活维艰,物价高昂之时,营业状况一落千丈,开支浩繁倍于往昔,借贷维持债台高筑,稍一失当即有崩溃之虞。(二)查属业对于营业税等各税捐为本身应有之税捐,在法币收费时期按率易课日金虽感困难尚系踊跃,输将以尽国民纳税之义务。(三)筵席捐税法规定百分之五为各家所纳之税,因稽征机关不便坐收守征,为便利计,以故向例义务委托属业馆方代征代缴,实非本身之税,而馆方按客方酒菜正价法币百元,代征法币五元后转缴之时易赔日金五元,以日法两币价值悬殊,积年累月损失之大数逾万巨,无异代人受过早有不堪赔累力难负荷之苦。(四)此次属业奉令改为日金,单用认可制不准采取折合方式售价账款业务收解一律日金为标准。属业代收客家筵席捐以值百抽五规定,百元日金无论若何只能代收日金五元为限。既不敢额外加收三元三角有违法令,抑且复遭家家质问浮收之罪,名此百分之五以外之日金三元三角,无从而来。(五)此项以日金六十元折合法币百元课税办法,实为一般营业收费日金之本身税所适合,若移引证收筵席捐颇与代征性质迥然不同。倘为扩充比额,惟有出示布告改课筵席捐为百分之八。商民俾资遵循而免困难,所有上陈困难五点均属实在情形,处此环境之下业务维艰之秋,事关国家税收暨商民切肤之痛,若不蒙予适当解决何足以资维持,理合备文,呈请钧会鉴核,俯念民艰,转呈市政府转令财政局准予维持百分之五税率及代征,特殊性质以日金征收日金或另筹适当办法,以资遵循而免赔累,伏乞指示祇遵,实为公便。

谨呈

汉口特别市商会主席李

汉口特别市中西菜馆业同业公会主席　舒勤余

21.汉口特别市商会为营业税议案致汉口市政府函

(1941 年 7 月 24 日)

案准,本市海味、糖、盐业经同业公会会员代表王晋澄、杨福堂、袁钦臣、萧文卿、刘成之等暨布匹店业同业公会主席、会员代表陈宪章先后提议,以查营业税征收章则,一为扯计法,一为现计法。凡新创店家多采用现计法,满六个月后即复查,至于扯计法以一年届为复查之期。以上两法复查终了时所有已纳税款与事实上营业金额应课之税不符者,则征收当局并准予多退少补,此现计法与扯计法征收之大概情形也。查汉口市税捐处近来对于新创□店或旧有店家一年有余均不复查。不知商等自去岁以还,各货来源稀少输出货物亦属维艰迩,更市面萧条,商场困顿,营业金额渐见减少。而税捐处仍照二十八年度税额征收,则本年浮存之税款查账后应予退换,此其一。各同业商店营业收入为法币者纳税时,须完军票营业;营业收入为军票者,纳税时又以军票折合法币再按法币完纳。军票辗转折合暗耗实大,此其二。基本上二点,拟请转恳对于各商店之营业税仍以现计法为标准改征法币。至于本年度税款暂按二十九年税额比例征收,以轻负担,等由。经于本月八日提出,本会第二次会员大会详细讨论决议“据情转呈市政府饬税捐征收所照二十九年度税额征收,并查账退还本年不应征收之税款。”等语,记录在卷,理合录案,呈祈钧府鉴核,准予如请施行。

谨呈

市长张

汉口特别市商会主席　李鼎安

22.商会二届会员大会全部提案整备付印

(1941 年 7 月 25 日)

商会二届会员大会全部提案整备付印　日内将在本报发表

本报讯　市商会于本月八日开第二次会员大会时所提,经议决各案,经该会连日办理以还,诸项端倪已具,并已将各案全部办理情形,整备付印,即将于近日内在本报发表云。

(《武汉报》)

23.汉口特别市商会为请准许茶商携带法币往羊楼洞等处产茶区使用致汉口特别市政府函

(1941 年 7 月 25 日)

案准本市制茶业同业公会提议书,略以制茶原料产地自羊楼洞等处,各乡制茶工人又多系各乡乡民所有。该处往来交易以及工人赡家均需使用法币,若不携带法币前往,即无以购原料,更无以雇佣工人。为避免营业停顿,计拟请核转向关系方面,商准茶商由汉携带法币前往羊楼洞等处各产茶区使用,等由。经由本月八日,提出本会第二次会员大会决议,据情转请核办记录在卷,理合录案,呈祈钧府鉴核赐予,转商施行。

谨呈

汉口特别市市长

汉口特别市商会主席　李鼎安

24.汉口市商会为本市货物搬运困难致汉口市特别市政府函

(1941 年 7 月 26 日)

据本市商会呈报本市货物搬运困难情形,请分别改善一案,谨摘录于下:

一、请转向军特务部磋商,凡持有当地警备队实需证明书来汉购货者尽量发给物件搬出许可愿。

二、请转向汉口地区警备队司令部磋商,明定申请发给实需证明书,布告周知,以便本市各商人遵章请领前往各外埠运购土产品及原料。

三、请令饬警察局会商友邦宪警各机关派干事员,随时查禁地痞流氓,假借宪兵队或警察局密探等名义没收货物,勒索贿赂及拘捕商人等情事,一有缉获即按照情节轻重,分别送法院及绥靖公署军法处法办。

第二科谨注　七月二十六日

批示：已与关系方面联络，暂难照准。

汉口市特别市政府

25.商会详呈市府改善货运事宜(上)

(1941 年 7 月 27 日)

本报讯　市商会第二次会员大会(七月八日)合同业公会之提案，□间有关全市商业切肤之痛者，要为改善搬运货物一项，总计达十八件之多，经议决要求予以改善。兹该会固鉴明环境关系，但其间或有壅于上闻之处，特于昨备文详呈市府陈述经过及请求改善借解商困(原呈见本日辟栏)。

汉口特别市商会改善货运呈市府文(上)

窃查，属会第二次会员大会开会时各会员代表，对于请求改善搬运货物之提案，计有海味糖盐业、卷烟经理业、染织纱布业、油盐业、鞋业、针织袜业、蛋业、制茶业、茶业店业、国产纸张行业、中外纸业、纱业、山货行业、家具业、杂木柴行业、色土布业等同业公会十八件之多，综其所述之困难情形，不外下列三点：(一)输出之困难；(二)输入之困难；(三)市内之留难。各会员代表在会场陈述三种困难情形时，均情迫词切，至有声泪俱下者。属会忝为全市商人代表，目观商人之痛苦，不敢不将症结之点及改善之方，敬为钧座一详陈之。查汉口为内地商埠，与津、沪、广之滨海可以从事于国际贸易者不同，然自海禁大开以后，汉口一跃而与津、沪、广齐名者，厥为货物之输入及输出均极便利，商业因之而发展，市面因之而繁荣耳。事变以还，关系方面因恐货物之流入非和平区域，乃限定商人。凡由汉运货往各和平区域者，须申请军特务部发给物件搬出许可证，方准出境。复恐货物出境后私运往非和平区域无从稽考，又于去冬规定：凡申请发给对象搬出许可证者，须先提出该地驻扎警备队部之实需证明书，经审核无讹后，方能发给。一以证明该项货物确系运往和平区域，二以证明该项货物确系和平区域内某一地需要。意至美，法至善也，乃实行半年以来，各地商人之持有当地警备队部实需证明书来汉，向军特务部申请发给物件搬出许可，愿者准驳参半，甚者或准少驳多，长此以往势必使外埠商贩裹足不前，本市商店坐以待毙耳，何则。各外县外埠所驻扎之警备部，其长官秩位较尊者，有发给实需证明书之权，其秩位较卑，则无此权力，惟有转请邻近警备部队秩位较尊之长官发给之。各商贩奔走往返，旅费已属不赀，重以语言之隔阂，须多方请人通译；分位之悬殊，须多方请人联络。故一纸实需证明书之取得，不知费几许心力。迨到汉后不能获得物件搬出许可，愿无法购运货返乡，乘兴而来，垂橐而返。金钱、神两受损失，一次如此，二次亦复如此，甲商贩如此，乙商贩亦复如此，道路相告，势必以来汉贩货为畏途，而望洋兴叹矣。汉市全属货运转运之枢机场所，各商店货物行销于本市者，不过十分之三。行销外埠者占十分之七。在此生活程度增高之际，商店费用，较之事变前已增加倍□。纵令销路畅旺，犹恐难获利润。若使外埠销路缩减，则营业清淡、货物停滞，而店用仍不能减少，势必血本坐耗净尽。市面凋敝而后已，伏查各地警备队部发给实需证明书时，曾经慎重考虑：一则须不违背其统制国之策；二则须适合于当地之实际需要。军特务部对于持有实需证明书来汉购货之商贩，为顾全各地警备队部威信起见，似应尽量发给物件搬出许可愿，方足以减少商人痛苦，而期政令统一。纵令环境或统制方法有变更，似亦应先行电知各地驻扎警备部队，暂不填发实需证明书，以免商人徒劳跋涉，此种理由，属会迭向军特务部反复陈说，终未收得若何效果。钧座恫□□抱，视民如伤，勇敢胆陈本市货物输出困难之症结及其改善方法，呼恳转向军特务部磋商。凡持有当地警备队部实需证明书来汉购货者，尽量发给物件搬出许可愿，庶足以恤商艰而全当地驻军之威信，此其一。复查汉市各商店货物来源，除舶来品购自洋行外，其土产品及制造用之原料，均系向外埠贩运采购。在此交通阻隔物产统制之际，汉市商人欲向外埠购入货物者，须持有汉口地区警备队司令部之实需证明书，以证明此项货物确系运往汉口，方可取得当地驻军之查验放行。本市各同业公会，目前多感货物及原料来源缺乏，迭次函请本会转请汉口地区警备队司令部发给实需证明书，以便出境采购，经本会多方联络疏通不得要领，用敢不避烦凑。（待续）

（《武汉报》）

26.商会详呈市府改善货运事宜（下）

（1941 年 7 月 28 日）

并案呼恳钧座转向汉口地区警备队司令部磋商，明定申请发给实需证明书办法，布告周知，以便本市各商人遵章请领前往各外埠运购土产品及原料，借以推进商业，繁荣市面，此其二。再查关系方面限制汉市货物输出，所以防止偷漏运往非和平区域。若在同一市区之内搬运货物，只须持有发票自可通行无阻。至邻近乡村之土产品运来市内，向不在禁止之列，乃有多数地痞流氓，假借宪兵队或警察局密探等名义，在市区内及水陆码头留难邻近乡村运至市内之土产品及本市运往本市偏僻地点之货物，如贿赂则予以放行，否则货被没收，人被拘捕。商人及乡愚昧于时势，何敢反抗。惟有束手听其宰割，流弊所及。遂至一二不法岗警亦从而效尤，如卷烟经理业同业公会之提案谓：摊贩购香烟数条行至市区内，竟被岗警阻拦或截留。纱业同业公会之提案亦谓：市内持有棉纱或棉线数尺之中小商人常遇类似，或冒充之便衣密探半途盘诘，纵不没收其货，亦常受其凌辱各等语。各该公会之提案，系陈述本身痛苦，谅非意图诬蔑危言耸听。虽市警察局及友邦宪警各机关一再布告，遇有此类情事，准由各被害人申述究办，而商人及乡愚智识能力均属有限，况在特殊环境之下，只有忍受一法，又谁敢作反唇之稽。伏思钧座为本市行政最高长官，童牙饴胥、均隶耕□、慈又神明、群伦敬仰，断不容鬼蜮横行于光天化日之下。康庄埋没于荆棘涂泥之中，以重苦吾商人，用再胪陈市井细民被害人不敢申诉苦衷。呼恳令饬警察据会商友邦宪警各机关，遴派干员随时随地明察暗访，遇有此类情事发生，立即拘捕法究。其志在索贿情节较轻者，则送法院审判科刑。其类似拦路抢劫情节重大者，即应解送驻武汉绥靖主任公署军法处依惩治盗匪暂行办法所规定之各条款，从重处断，并将犯罪事实及所列刑名布告周知，以惩刁顽而安良善，此其三。以上三项困难情形，均为本市全体商人切肤之痛，忍泪吞声，而无从申诉者。除第三项困难之解除，隶属钧府范围，应请立予施行外。观于一二两项，务必不惮烦难据理交涉，以期达到上述之改善目的。借慰全市商民翘首跂足之望，万一军特务部及汉口地区警备队司令部，限于国策及长官命令无法通融，则请钧座将汉市货物输出输入之困难情形及全市商人所感受痛苦胪陈中央。俾与日本最高当局交涉，早经调整，互惠条约早经签订。在共存共荣之原则下，当不至使汉市商人有向隅独悴之叹，况汪主席此次东渡访日，原以促进履行条约，强化国府为主旨，樾荫所及，必有以解决汉市全体商人之渴也，骨鲠在喉，一吐为快，临呈无任屏营待命之至。

（完）

（《武汉报》）

27.财部电饬市商会劝导各业缴税

（1941 年 7 月 30 日）

财部电饬市商会劝导各业缴税　体恤民艰所得税已免征两年　倘有观望阻挠概以抗税论处

本报讯　市商会于七月八日开第二次会员大会时，各业提案中曾在邀请所得税，对二十九年度所得税予豁免一案，嗣即依据原案决议，电请中央财部请求准予自三十年起开征，各情已详本报。兹悉上项情由，已于昨奉到财政部快邮代电，兹抄原电于下：

续征第一、第三两类所得税，国民政府业于五月十四日明令公布在案，国府还都继承法统本应赓续征收。第廿七、廿八两年兵燹之余，元气未复。为体恤民艰计，第一、第三两类所得税，仅从二十九年度起继续征收，用意至为宽大。各地商民明白事理者固多，而意存观望者亦复不少，似此妨碍税收殊属非是，合亟电仰该商会迅即转致各同业公会，剀切劝导各业商民遵章报缴，倘有故怀观望任意阻挠，概以抗税论处，除通知各省市政府暨司法行政部警政部，分行所属法院及警察机关查照，并饬部所得税处，通饬所属各区征收局，认真办理仰即遵照云。

（《武汉报》）

28.八国承认国府举行庆祝大会　市商会全体参加

（1941 年 7 月 31 日）

全体参加　昨函知各委各公会

本报讯　八国承认国府庆祝大会将于八月一日举行，市商会昨特函知执监各委员全体参加外，并通告各同业公会。届日派员先时到会集合，一同整队出发参加庆祝大会云。

（《武汉报》）

8 月

1.汉口市政府社会局为市商会庆祝成立周年暨第二次会员大会经过呈市长

（1941 年 8 月 1 日）

钧府案据市商会呈报举行庆祝成立周年纪念暨第二次会员大会经过，敬祈鉴核，原呈一件。奉此，遵查尚无不合，拟请指令准予备查，理合原件签请。

谨呈

市长张

社会局局长　王锦霞　谨签

2.英美堆栈各业存货商会拟定登记办法呈请市政府迅予开放

(1941 年 8 月 2 日)

本报讯　关于本市国人商业堆存英美各洋栈之货物,因针对冻结而绝封存,以致各商业交换顿趋停滞,各情已详本报。兹悉市商会鉴于碍及各业周转,经拟定登记办法,屡呈市府鉴核,俯念商艰,迅予开放以期避免利息周转之种种无形损失云。

又讯　市纱业、海味业公会负责人,昨因前述事件,经分谒关系方面,详陈该业等交换之货物,多系友邦大洋行经售者,请予俯察迅予开放云。

(《武汉报》)

3.国人寄存英美栈货　商会昨日开始登记

(1941 年 8 月 2 日)

国人寄存英美栈货商会昨日开始登记　各公会领去登记表二千份依式填明盖具铺保再汇转

本市国人寄存于英美商栈之货物,如匹头、洋纱、海味、煤炭各项物,以针对英美冻结资金之故,非彻底清查,不能搬运。故本市商会已于昨一日起开始登记,各公会已领去登记表达二千件之多,俟依式填明盖具铺保登记齐后,再行汇转云。

自冻结令下后,全市交易人于疲劳状态中,当局进行图谋各种补救策不遗余力,经过各情已志前报。兹据昨照,凡属国人货物堆存外商栈房而遭冻结者,准予申请登记。前途似无任何问题,惟手续将略有变更,大致此项登记手续,决由商会办理。俟登记截止,汇呈市府,转请关系当局核各搬出许可证,闻所有一切应用表格等。已由商会经手陆续设计付印中,近日内可望有详确之发展云。

棉纱等业动态

又讯　遭冻结后之各业同业公会,连日来正筹商对策中,棉纱业、匹头贩运业,已于日昨将各同业堆存各外商栈房货品及数量造册具报商会。卷烟经理业、面粉、煤油、火柴业,经日前第二次紧急会议议决,通告各同业存栈各货以及各牌卷烟,务于今日以前开单列据,连同原有栈单前往登记,以便转呈当局。原海味、油盐业亦有在进行中,至冻结后之钱庄,上月底比期往来款项,已见大为退色云。

(《大楚报》)

4.市府制订仓库货物搬出纳入办法须向市商会先行申请登记

(1941 年 8 月 3 日)

本报讯　关于外侨在本市区内交易事项,府制定外侨交易暂行取缔办法一种,于七月二十九日公布施行,复于八月一日布告指定该办法第二条至第五条适用范围,所有合情迭志本报。兹闻市府又将搬取及纳入指定国人及指定国法人仓库物资办法规定,业于昨日布告商民周知,兹录布告原文于下:

查本市外侨交易暂行取缔办法，业于七月二十九日公布施行，并将指定外侨布告在案。兹为明了指定外侨物资移动情形起见，所有本市区内本国商人，嗣后由指定国人及指定国法人仓库店铺搬取物资，或向各该场所纳入物资时，须先向本市商会申请登记，由该会填具物资移动申请许可证，转请阿南部队特务部长及本市长盖章许可发交申请人收执，始得凭以移动。又官厅及本国银行对于指定国人及指定国法人有下列行为时，其对方指定国人及指定国法人，暂均无须申请许可。

一、官厅公租公税之征收。

二、官厅之交易行为（但向指定国人支付款项时须经本市长之许可）。

三、银行放款之收回。

四、银行存款之收入。

除令本市商会先行举办登记，并拟具物品搬运申请书及许可证式样登记办法呈核暨分令外，合亟布告全市商民一体周知此布。

（《武汉报》）

5.外栈存货措置办法　商会将文件呈当局

（1941 年 8 月 3 日）

国人寄存英美栈房货物，市商会负责办理登记手续，已详前报，昨日市府予以正式决定。又据昨息，市商会已将各项文件、表格分别呈具当局，进行一切有效之推置，以期迅速云。

（《大楚报》）

6.汉口特别市政府为中西菜馆公会呈请维持筵席捐百分之五税率致汉口特别市财政局函

（1941 年 8 月 4 日）

事由：为市商会转请维持筵席捐百分之五税率案　中华民国三十年八月四日

汉口特别市政府指令府二字第 10088 号，令财政局局长孔楚材

签呈一件：奉交市商会转据中西菜馆业公会呈请维持筵席捐百分之五税率一案，签注意见社核示由。

签呈暨缴件均悉。准为所拟办理，除令市商会转饬知照外，仰即知照。此令！缴件存。

指令府二字第 10089 号，令本市商会主席李鼎安，呈一件：据本市中西菜馆业公会呈为请核转维持筵席捐百分之五税率一案呈祇签核为请施行由。

呈件均悉。所请与通案不合，碍难找准，仰即转饬知照。此令，件存。

中华民国卅年八月

查税捐处第二稽征所稽征员余家鼎短少税票一案，既经财政局处罚该员一个月应领薪俸十分之二，并饬出具切结，如日后有该号税票发现，愿负完全责任，听候严惩等情，似应准予备查，可否，请示。

行政科　谨签

7.英美各堆栈提存货物即将办理登记

（1941 年 8 月 4 日）

英美各堆栈提存货物即将办理登记　市府授权商会令颁发后　登报通知刻日实施办理　当局体恤商艰补救各业损失

本报讯　关于本市华人各商业寄存英美各堆栈货物，因针对冻结，遭受禁止，提出致市场交易居多停顿无从交割一节，已迭详本报。市商会依据各业纷纷陈请，经拟定办法呈请市政当局核示，并派员分途联络。昨悉前述各情，已深得当局之嘉纳，并为体恤商艰、迅予挽救起见，将授权市商会办理登记，同时依据登记向关系当局请领许可搬运证书，惟此项登记办法。闻当局即将以命令行之，同时据市商会负责者谈，一俟命令颁发，即将登记办法登报通知，遵照刻日实施办理，以期减少各业停顿之损失云。

（《武汉报》）

8.呈为棉纱营业税遵案财部决定减半征收自应遵照送达日期实施恳祈钧长鉴核迅予祗遂由

（1941 年 8 月 5 日）

国民政府财政部本年七月一日赋字第一号通知书内开：案据该诉讼代理人唐兰樵前以不服汉口特别市政府批驳纱业营业税减半征收提起诉讼一案，业准汉口特别市政府答辩书连同本案有关文卷咨送审核前来，兹经本部审查明确，依法作成决定书，除咨送汉口市政府查照外，合将决定书正本并检送前呈证件，仰该诉讼代理人查收，特此通知，仰汉口市纱业同业公会唐兰樵准此。

附检查诉讼决定书正本一份并证件各件，特此查决定书内主文之决定为（原处分撤销，汉口市棉纱业营业税仍予减半征收）并于最后注明七月一日送达字样，则是本市棉纱业营业税自应遵照决定，本年七月份起半征半免以符部令，准税捐所七月份纳税通知系令商等仍按千分之五缴纳，并声言逾期即行罚办等语，商等不胜惶惑，究竟财部决定钧局应遵行，商等愚昧未能知悉，情不得已，理合具文呈请。钧长鉴核迅来祗遵。

谨呈

汉口特别市财政局局长孔

汉口特别市纱业同业公会主席　唐

八月五日

（119-15-35：32-33）

9.外栈存货日内开始登记　手续繁冗截止期决延长

（1941 年 8 月 6 日）

外栈存货日内开始登记手续繁冗截止期决延长　登记范围仅限国人请求搬运

市商会办理国人堆存外商栈货搬出，昨讯闻已将文件、表格送呈当局审核，并悉所有应用表格亦经陆续付印，预料近两日内可望开始登记。其登记截止日期前，曾拟展缓至本月底。昨讯将再延长半月至九月中旬，至是项登记手续，大致如次：

各登记申请人于登记日期内，持指定国栈单前往商会核查。商会查验无讹，盖“登记讫”印于栈单反面，登记查验手续至此告一结束。后再由商会填具运搬申请许可书，汇呈当局，经市长、特务部长盖印许可后，方准搬运。

又讯　商会办理登记事宜仅限国人请求搬运，堆存指定国人及指定国人货物而言，其他将不予受理云。

（《大楚报》）

10.汉口特别市商会紧急通告

（1941年8月7日）

查本市中国商人寄存指定国法人仓库店铺内对象之搬运，本会迭据各业，呼请转送当局速定便利办法。兹奉市府令饬本会先行举办登记，再呈特务部暨市府会同核发物件运搬许可愿等因，自应遵办除拟具登记规则等件，呈府核准将规则条文在本会门首公告外，用特登报通告。凡寄货各商务于本月九日至九月二十日期内，凭所持栈单来会办理登记手续。特此通告。

（《武汉报》）

11.汉口市商会为本市营业税、传讯商民、审核搬运许可证等问题意见致汉口市政府函（附禀文）

（1941年8月7日）

本案遵送首席顾问核阅据云，对于该会所请各点，如传询商民问题、审核搬运许可问题、食盐问题、物资调度问题等，皆因种种原因一时均不易推行，营业税一点似可加以研究。等语。查本市营业税按旧率该征日币，自承准施行以来历时已久，事关通案似未许轻易变更，且所请按照旧率折合军票缴纳则减少税收达四分之一之巨（现行办法系百元税额征收日币百元，若准所请仍按旧税率以七五折合日币，则只收日币七十五元，故减少四分之一），库收蒙受影响匪浅，惟所呈商民无力负担等情，似又无可原，究竟应否权衡实况酌予变通以苏商困之处，拟乞钧裁示，遵奉交前因谨签复。

鉴核：研究

中华民国卅年八月七日　财政局局长　孔楚材

汉口特别市财政局　财二字第47号

窃维汉口商埠地当全华中中枢，实即和平前线。事变以还，经钧长暨友邦军宪，同心勠力，衽席斯民，遂使灰烬之余，复睹曩时繁盛，此固商民之福，亦即□□□□□□之契机也。鼎安任事月余默查全局，殊有不能已于言者。盖武汉虽属九省通衢，当地并无丝毫出产，向来之恃以维持市面跻于世界名埠者，以交通便利货物畅销。现时汉市已由残破而转为繁荣，究其实在停滞之货仍不能推销，缺乏之货仍不能运进，人民生活必需之品仍不能满足其需要，此在非常时期本为应有之现象。

钧长统策大局亦自有补救之宏图，顾鼎安在汉时久，下层情状知之较详，桑梓之念深邃，不觉刍荛之词费。谨将管见所及陈述数端，借备采择，即希垂察。

垂察

一、传询商民问题。宣抚物品原为惠济民众之用，倘不肖商人以转运供游击队，其罪诚不可逭逃。据海味、匹头五家商店环称，各该店员负责人被警察局传去交宪兵队押往外县质讯数日未归，并称该店确系安分商人，等语。查汉商向例货物成交价货两付之后，并不问其转售何人，且一店之负责惟经理一人，无论雇有店员若干只供走之役。倘负责人遇有事故久不归店，则全店失去重心，其业务立时停歇。至独立经营小商店之经理，尚须负全家生活责任外，外出久，不仅生意停歇，其家人生活同时亦濒绝境。惟军宪传询商店系为慎重货物出路起见，用意至为周密，自属不能规□，拟请嗣后遇有传询商人事项，交由中国官厅警察或法院办理，一面可以交保理清所询案件，一面仍可照常营业免受损失。各商店均有身家，均经注册，想不至有逃脱情事。至中国法律或不为文明国家所满意，然在新秩序初建时期，似可参酌援用，格外予以商民便利，以便利求全面和平之实现，否则一商失业他商不免自危于整个商场，关系匪浅。请垂察者一。

一、印花、营业两税税率问题。近据各业报称中央新订印花税暂行办法，一元以上征税一分，三元以上征税二分，十元以上征税四分均缴军票，又营业税征收军票仍照原税率缴纳，无形之中所增税率甚巨。商民无力负担，请转呈酌量改轻，情词至为恳切。窃思普通商店一元上下之贸易占最多数，现值生活昂贵，售出价值一元之货除去成本、税捐、店用，所获净利不过数分，为数极薄。再缴印花税军票一分，实值法币二分有余，所称负担过重自系实情。在此特殊环境之下，拟请援用民国廿六年以前印花税法，三元以上征收军票一分，十元以上征收军票二分似为平允。至营业税定税时，原用法币计算，现时法币仍在通用，而其值不及前二分之一，如照旧税率以军票征收是增加一倍之税。拟请按照旧率折合军票缴纳以苏商困。上列两项系商民最切，钧府勤求民隐洞及细微，目不敢壅于上闻。此应请垂察者二。

二、审核搬运许可证问题。搬运许可证原自一部分移归商会填送以来，商民咸称便利，惟军部核签此项许可证，刻下仅派两员办理。而湘鄂赣合作社联合会、物资配给组合联合会暨商会三处所送之搬运许可，原动辄盈千累百逐件审核，工作至为紧张，只两员办理实有日不暇给之势。在商店申请填送以后，盼望签□□□□件数过多，拟请军部体察实情酌量增派人员办理，按日签审发还，免致商人守候。此应请垂察者三。

三、食盐问题。政府统制食盐，原恐其漏入游击队区域，乃查和平区内乡民众淡食者仍居多数，即以本市而论，偏僻地点因挤购而捣毁商店报章历经揭载。又四月份配给法租界居民之数每斤减作十两发售，人口较多之家庭，即不免发生盐荒状态。再价值逐次增加至六角五分，此为日用必需品，太贵伤民，尤为可虑。窃思堵绝偷漏，似可由接近游匪区域之部队及维持会负其全责任之，至内部民众应使食用不可缺，供求平衡。俾安心努力于新建设之各项工作且查存储盐斤数量甚巨，似可平价酌增售额，借以流通资金，转瞬夏汛即临。民国廿年各盐仓为水浸，前车可鉴，存货无多，更须早为之所适合经济原则。此应请垂察者四。

四、物资调剂问题。查事变以前，华洋各商购办未售货积存堆栈者总值不下千万元，此种货物属于五金类者，因关军用限制不敢公然出售。其他或因存储地点为军区隔绝不便，提出或货商头脑简单不明手续,又或思想腐化以为存钱不如存货,意图观望,故多仍旧封存。同业同行最易发生妒忌,由是不良分子无故生非,常以挟小嫌而构成诬告,各种不幸事件皆足为商场之障。且货物呆存天然之朽坏固在意中,而意外之灾耗亦不无可虑。拟请军部授权商会准堆栈存货各商公开申报登记,或由军部自行登记,一律准予自由买卖以调剂物资。俾售者获有门径获畅,其流购者收买便易,用尽其利,免致□□商人坐失机会。此应请垂察者五。

凡上所列从片面不过为商民陈述困难,整个说系先谋社会之安定,以□达到真诚合作全面和平的目的。用特□□奉陈,□□□□□□,其事在钧府主管以内者,即希酌核,立予实行,其尚待转商者,恳即转函有关机关,请其采纳。明知越职言事,难免冒渎之愆,然而进思尽忠或亦仁明所许,临纸怵息,只候钧裁,再所呈钧系鼎安月来考查所得,最显明易见之事,各商困难甚多,尚待改进者,亦甚多如有意见提供采择者,容当续牍。合并陈明。

谨呈

市长张

汉口特别市商会主席　李鼎安

12.汉口特别市商会为检送瓷器业同业公会筹备员名册请查鉴核备案由送社会局社运分会

（1941 年 8 月 7 日）

呈文公函:案查前据本市瓷器业商余渊亭等呈请筹备组织瓷器业同业公会一案,业经派员调查并于七月一日提交本会第十次执行委员会议:议准其组织并推定筹备人员具报核转记录在卷。兹复据该会造报筹备员名册七份前□,除分呈函外相应理合检赍。筹备员名册二四份备文呈请,随函送请钧会鉴贵局查核备案。

谨呈此致

社会局社会运动指导委员会湖北省分会

附检送瓷器业同业公会筹备员名册二四份

汉口特别市商会主席　李□□

（119-126-235:8）

13.申请登记搬运办法　汉口特别市政府公布

（1941 年 8 月 8 日）

指定国人堆栈及店铺存储对象申请登记运搬办法　汉口特别市政府公布　仰向市商会申请登记

关于取缔英美侨商物资事项,前经市府令饬市商会拟具物品搬运申请书及许可证式样,登记办法等件呈核。兹闻市商会已遵令拟就呈送市府,经予审核修正公布施行。兹将市府审核公布之汉口特别市商民,在指定国人堆栈及店铺内存储物件申请登记运搬办法志告如下:

第一条　汉口特别市商民,在指定国人经营之堆栈及店铺内存储之物件,悉依本办法处理之。

第二条　商民存在指定国人经营堆栈及店铺内之物件，应由当事人持该项存仓证书（即栈单或其他证据）并备具铺保两家，向市商会申请登记。

第三条　商民登记后，向市商会领取登记申请书，由当事人自行填妥，交由商会制成统计后，分呈本市政府及军特务部备案。

第四条　当事人已经登记之对象，由指定国人堆栈及店铺内搬出时，须备具物件运搬申请书，向市商会请领运搬许可证。

第五条　市商会接受对象运搬申请书，经核与原登记申请书相符，即原填运搬许可证，送呈本市政府及军特务部会同核盖印章，发还商会，交由当事人持用。

第六条　当事人持用之运搬许可证于搬运物件时，应随身携带，俾使沿途军警验行。

第七条　当事人领用之运搬许可证之经用讫须即缴还市商会注销。

第八条　如有违背本办法规定者，按情节之轻重，依法处罚。

第九条　当事人持存仓证书（及栈单或其他证据）向商会报请登记时，按每张存物证书缴纳单据印刷费日钞五角。

（《大楚报》）

14.外栈存货今开始登记　商会拨定会议室办理

（1941 年 8 月 9 日）

外栈存货今开始登记　商会拨定会议室办理

国人堆存指定国人栈房及店铺对象，今起在市商会登记，市商会已拨定该会二楼会议室办理云。

（《大楚报》）

15.商民运搬各堆栈存货今开始登记

（1941 年 8 月 9 日）

商民运搬各堆栈存货今开始登记　市商会奉令派员办理

本报讯　关于寄存英美各堆栈之国人货物一案，迭经市商会极力之奔走暨市政当局之关心商艰，为期迅为救济起见，并已于昨指令市商会，遵照指令规则，从速登记各情，已数志本报。兹悉市商会奉到前令后，已于昨指派原有职员数人，专司登记事宜，即于今（九）日起开始登记云。

（《武汉报》）

16.汉口特别市制茶叶同业公会主席王武刚函报汉口特别市商会启用新图记等情

（1941 年 8 月 9 日）

案准贵会元字第 752 号公函，以转准社会局社三字第 890 号函略开：为发给本市各同业公会图记，即希转饬具领，并将启用日期即印模三份呈报备查等由，相应函达，查照办理等由。准此，当经于八月九日具领，文曰“汉口特别市制茶叶同业公会图记”，并同日敬谨启用，拓具印模三份，相应随函送，请贵会分别存转为荷。

此致

汉口特别市商会

附印模三份。

汉口特别市制茶叶同业公会主席　王武刚

八月九日

（119-126-272：48）

17.汉口特别市汾酒业同业公会为启用新图记日期及印模三份旧图记一颗函请汉口特别市商会查照

（1941年8月9日）

案准贵会元字第752号函：以准社会局函送刊就新图记，嘱即具领等由。本会已于本月九日遵照函示各节具领到会，同日并开始启用，相应拓具印模三份，暨截角旧图记一颗，备函一并送请贵会查照，即希分别存转为荷！

此致

汉口特别市商会

附印模三份。

汉口特别市汾酒业同业公会

八月九日

（119-126-273：49-51）

18.关于本帮棉纱营业税应遵照市府财局明令，自七月份起按照减半完纳为荷特此通知由

（1941年8月10日）

汉口市棉纱业同业公会通知书案载，汉口市政府财政局财字第1017号批示（呈悉，查此案前载市政府转发财政部对该会请求减半征收棉纱营业税诉讼决定书一份，到局当验抄同原件转饬税征收所遵照，自本年七月份起减半征收在案，较之前情况令饬捐税征收所遵照前案办理外，仰即知照！）等因。在此，合行抄摘原案即希查照关于本帮棉纱营业税，自应遵照市府财局明令，自七月份起按照减半完纳为荷，特此通知。

民国卅年八月十日

（119-15-35：34-35）

19.国人申请搬运外栈存货　昨日开始登记经过良好

（1941 年 8 月 10 日）

国人申请搬运外栈存货昨日开始登记经过良好　请领对象申请书一九四张换缴物件搬运者为数亦多

市商会办理搬运各指定国人栈房及店铺对象，昨起在该会二楼会议室开始受理，经过良好，统计是日各业商民前往请领物件登记申请书者数达一九四张之多，其余填具登记申请书，换缴物件搬运申请书者，为数亦覆（复）不少云。

（《大楚报》）

20.市商会电财部请免二十九年度营利事业税

（1941 年 8 月 10 日）

市商会电财政部请免廿九年度营利事业税　财部复电批驳仍须遵章报缴

市商会转呈财政部请求豁免二十九年度第一类营利事业所得税，曾于巧日代电申具。昨讯已遭财政部冬日代重批驳，其原电如次：

巧代电悉，本部征收二十九年度一类甲项所得税系遵照国府明令办理，业于马日代电□切晓谕在案，开征经各地商民率多深明大义，踊跃申报。据陈该市二十九年度商民拆伙，该业及业已让股等补缴困难情形，殊不足以为请求豁免之理由，碍难照准。仍仰遵照马日代电，明白启导，俾各遵章报缴云。

（《大楚报》）

21.市商会拟具提存开放办法

（1941 年 8 月 10 日）

市商会拟具提存开放办法　即将脱稿呈请当局核察

本报讯　关于针对英美之冻结，所有本市外人之不动产，而租住于华人住居，或堆置货物者，因此次禁提货物关系，致受不准移动货物之限制。现市商会方面据有关各业之呼请，经拟具请予开放之办法，即将脱稿呈请当局俯予核察准许所请，以恤民艰云。

（《武汉报》）

22.各业存储货物可向中江仓库堆存

（1941 年 8 月 10 日）

各业存储货物可向中江仓库堆存　昨中江函商会代为介绍

本报讯　中江实业银行顷因外籍堆栈国人寄放之货物，发生滞碍关系。兹以该行界限路二号之仓库颇为宽敞。昨特函致市商会请予介绍，各商业在外籍堆栈之货物提存时，转向该会仓库堆存,取费一切自较低廉,闻该会将转知各同业公会查照云。

(《武汉报》)

23.汉口油盐业同业公会启用图记印模转请备案由

(1941 年 8 月 11 日)

案准贵会元字第七五二号函以即日派员携带领条暨图记工本费日金二元来会具领启用并将启用新图记日期连同拓具印模三份暨截角旧图记一颗,一并送会,以便分别存转备案注销等由,准此。除派员携与具领外并与八月八日启用,相应连同拓具印模三份暨截角旧图记一颗函请贵会,转请备案为何。

此致

汉口特别市商会

附印模三份截角图记一颗。

汉口特别市油盐业同业公会理事长　夏汉卿

(119-126-267:54-55)

24.汉口特别市山货纸张行业同业公会函报市商会启用新图记日期附具印模

(1941 年 8 月 12 日)

案奉贵会转发敝会木质图记一颗,文曰"汉口特别市山货纸张行业同业公会图记",饬即具领启用报转等因,遵于八月十二日敬谨启用,除分函外,相应拓具印模三份,附函送请贵会查核,敬希分别存转备案,再敝会旧图记前因焚毁,曾经登报声明,并于七月三日函请贵会核转备案在卷,合并附闻。

此致

汉口特别市商会主席李

附印模三份。

汉口特别市山货纸张行业同业公会理事长　徐禹门

八月十二日

(119-126-269:128-129)

25.商会呈请市府核示在非指定国存货遭禁提

(1941 年 8 月 12 日)

本报讯　关于针对英美之冻结,故本市亦采取缔之报复,因此华人寄存英美堆栈之货物经市商会之请求开放,业经当局准许,并已开始登记。再行移动,惟不在指定国之堆栈,国人之货物亦遭受禁止提存。商会据各业之请求,已于前(九)日据情呈报市府核示云。

(《武汉报》)

26.湖北各县市区域商民在指定地点存储对象

（1941 年 8 月 12 日）

湖北各县市区域商民在指定地点存储对象　省府昨布告申请登记搬运办法

鄂省政府顷定定湖北省属各县市区域内，各商民在指定国人堆栈及店铺内存储物件，申请登记搬运办法，昨特布告周知用将原文录后：

一、湖北省属各县市区域内，各商民在指定国人经营之堆栈及店铺内存储之物件，悉依本办法处理之。

二、各商民存在指定国人经营堆栈及店铺内之物件，应由当事人呈验该项存仓证书（即栈单）或其他证据，并取具两家殷实铺保申请登记（已成立县市商会，地方向该商会登记；未成立县市商会，地方已成立市政府或市政处者，向该府处登记，其余向县政府登记；未成立县政府，地方应向县政府筹备处总治安维持会登记）。

三、申请登记应向前项指定机关领取登记申请书（另定式样颁行），由当事人自行填注，送由原领取登记申请书机关，经查明实在准予登记。

上项指定承办登记机关，经查明准予登记之物件，应制成统计表二份，呈报省政府备查，再由省政府以一份转送军特务部备查。

四、当事人已经准予登记之对象，由指定国人堆栈及店铺内搬出时，须备具物件搬运申请书向原登记机关请领搬运许可证。

五、指定承办登记机关接受对象搬运申请书，经核明与原登记申请书填注相符，即填发搬运许可证（另定式样颁行）。

关于搬运许可证签印，应由第二项指定承办登记机关长官署名、盖印（县市商会承办登记仍应呈由县市长官署名、盖印），并送请各地方驻屯部队长官署名，盖印后交由当事人持用。

六、当事人请领之搬运许可证于搬运物件时，应随身携带俾使沿途军警查验放行。

七、当事人请领之搬运许可证已经用讫，须即缴还原请领机关注销。

八、如有违背本办法规定者按照情节轻重依法处罚。

九、当事人呈验存仓证书（即栈单）或其他证据领取登记申请书时，核照呈验证据每张缴纳纸张印刷费日金五角。

十、本办法自布告之日施行。

（《大楚报》）

27.市商会发表七月货运统计

（1941 年 8 月 13 日）

市商会发表七月货运统计　总值达日金七十余万元

本报讯　市商会自代办各业申请货物搬运许可愿以还，现已逐渐改善。昨该会对于七月份请领准许之经过，业已统计竣事。总值数为日金七十九万余元，较之六月份约减二十余万元,至其细目(分请领者、搬运地区及所值数额)见今明两日辟栏。

(《武汉报》)

28.租借栈铺所存货物　商会准予援案登记

(1941 年 8 月 15 日)

租借栈铺所存货物　商会准予援案登记

关于国人租借指定国及指定国法人之栈房,经营堆储货物甚多。前以冻结令下,致堆存各种栈房之货物搬运因是受阻,如远东公司之打包公司六号栈房。此次国人堆存指定国及指定国法人栈铺货物,已允予以登记申请搬运。该公司所属租借栈房堆存各货无从登记,更无从搬运。经函具商会结果,在当局未曾公布统筹办法之前,已准前往登记借以不久,至其他类似性质栈铺,亦予以同样之处置,以示体念商艰云。

(《大楚报》)

29.申请登记指定栈铺货物　第一批核准搬运者

(1941 年 8 月 17 日)

申请登记指定栈铺货物第一批核准搬运者　市商会呈准当局昨已发下

市商会自办理指定国栈铺货物登记以来,各店号前往申请登记者陆续不绝。计自开办日起,至昨日止,已送达登记者数达三七五张。其第一批经查核,转呈当局核准搬运者,业于日昨发下,至第一批一〇一张,已经市府核准,即日转送当局查核,不日可望批下云。

(《大楚报》)

30.第二批运搬许可今审核竣事

(1941 年 8 月 18 日)

第二批搬运许可愿今审核竣事　市商会将转发申请登记人

本报讯　市商会自奉令办理英美栈铺堆存之华人货物登记,于本月九日开始以来,统计昨止已有四百余起。其前批送请核发之运搬许可愿,计二十六份。昨悉已经当局核准许可搬运,至第二批送核之一百零一份。闻正在审核中,大致可于今日发交市商会,转发申请登记人,以便运搬寄存之货物云。

(《武汉报》)

31.栈铺货物无由流动　商会拟定补救办法

(1941 年 8 月 18 日)

栈铺货物无由流动　商会拟定补救办法　呈侯当局核定以资遵循

冻结令下后,国人堆储各制定过栈铺、货物无以流动,当局有鉴于斯,筹划各项补救办法不遗余力。如允准申请登记搬运,是惟对下列之苦痛,仍未定以具体解决办法。商会以事属实情，爰就情形之异同分别归并，□拟具补救办法，函呈当局核定以资遵循，兹录三项事实及拟具补救办法如下：

事实□□：

一、中国人租赁指定国人之房产之一部或全部经营仓库为存储对象之所□栈单由中国人自行出具者。

二、中国商店租赁指定国人房屋营业者。

三、中国商店或个人租赁指定国人房产之一部或全部□，存储货物□箱家具等件之所，随时自由搬入搬出，并无栈单或收条等证据者。

办法：

由当事人出具租约及近三个月之租金收据，向商会登记查核后，分呈当局准可，转饬军警等，准予由各该当事人自行开具所须搬运对象之清单，沿途放行云。

（《大楚报》）

32.汉口特别市纱业同业公会公函

（1941 年 8 月 18 日）

纱字第 32 号

案准，大会元字第七五二号函开：案准社会局社字第八九零号函，以本市市制改称各业同业公会，图记应予改正名称，检送刊就新图记八十二颗暨公会名册一份，嘱为分别转饬、具领、启用报转等由到会，除分函外，相应请贵会查照。即日派员携带领条暨工本费日金二元来会具领启用，并将启用新图记日期连同拓具印模三份暨截角旧图记一颗并送会，以便分别存转备案注销，等由。准此。除将新图记印领外，兹定于国历八月十五日启用，连同拓具印模三份暨截角旧图记一颗合并送陈鉴核，分别存转备案注销为荷！

此致

汉口特别市商会

附印模三份、截角旧图记一颗。

主席　唐兰樵

33.中江仓库取价低廉　各业转存货者日众

（1941 年 8 月 19 日）

本报讯　本市国人寄放英美堆栈之货物，自经市商会奉令办理登记后，其间容有待售或一时不及成交之处，势必转移其他仓库存放。中江银行曾鉴及此，经致函市商会以该行仓库宽敞，取价从廉。故于此际转存该行仓库最为合宜，旋经市商会函知各业介绍。兹据近日结果，已有各商业纷往该行接洽转存货物者多起云。

（《武汉报》）

34.各业纷请改善搬运　商会转呈未获邀准

（1941 年 8 月 20 日）

市商会前以各业纷纷呈请改善货物搬出搬入□件，爰就各业申述之事由，归并呈三项：一、搬出之困难；二、搬入之困难；三、市内搬运之困难。具函呈请市当局予以补救，兹悉市当局经再三与关系当局磋商，结果以事关特殊情形碍难照准，已于日昨驳下商会云。

（《大楚报》）

35.汉口市商会为准许茶商携带法币往羊楼洞等处产茶区使用事致市政府函

（1941 年 8 月 21 日）

案查前准本市制茶业同业公会提议书，为拟请准许茶商由汉携带法币前往羊楼洞等处产茶区使用以维业务一案，经呈奉钧府府二字第一〇〇八〇号指令，饬将茶商牌名及拟派前往羊楼洞等处人员姓名、年龄、籍贯暨携带法币数目补报来府，以凭转商关系方面核办等因遵经转准该制茶业公会按照令饬各项列表，函送到会理合检寄原表，呈祈钧府核鉴。

谨呈

市长张

附呈茶商牌名各项一览表原表一纸。

汉口特别市商会主席　李鼎安（假）　常务委员　涂拔丞

商牌名	住所	姓名	年龄	籍贯	金额	带往地址
天一香	洞庭街 27 号	郭仲贤	四六	山西省	法币十万元分为五次平均携带	羊楼洞
聚兴顺	洞庭街 27 号	李崇德	二四	山西省	法币十万元分为五次平均携带	羊楼洞
兴隆茂	洞庭街 27 号	张树本	二八	山西省	法币十万元分为五次平均携带	羊楼洞
天源茂	洞庭街 27 号	翟桂	二三	山西省	法币十万元分为五次平均携带	羊楼洞
大合诚	洞庭街 27 号	胡古齐	四四	山西省	法币十万元分为五次平均携带	聂家市
悦来德	洞庭街 27 号	郭生伟	三一	山西省	法币十万元分为五次平均携带	聂家市
大涌钰	洞庭街 27 号	张荫南	三六	山西省	法币八万元分为四次平均携带	聂家市
天顺长	洞庭街 27 号	张社安	五二	山西省	法币八万元分为四次平均携带	羊楼洞
宏源川	咸安坊德永里	吴世然	二一	山西省	法币八万元分为八次平均携带	咸宁柏墩

36.各会议须函党部参加　市商会已转知各公会

（1941 年 8 月 21 日）

本报讯　市党部为贯彻三民主义及和运国策起见，尤赖深入民间之推进，因是昨特函致市商会。嗣后关于各同业公会开重要会议或会员大会时，须先期申请该部派员参加，借以普及和运之宣传。市商会已抄录原件，转知各同业公会查照云。

（《武汉报》）

37.化学原料用途甚广　商会奉令调查数量

（1941 年 8 月 22 日）

化学原料用途甚广　商会奉令调查数量　昨通知各公司商店据实填报

本市每年工业及药用之主要化学原料需用甚巨。兹悉当局为预备明年度需用数量起见，经制定调查表式，发交市商会转致本市各有关公司及商店，遵照限于两天内依式具实填报，以便统筹办理。但各该公司或商店填报时，应参照过去两年度（自民国廿九年四月起至本年三月止、再自本年四月至填报日止）统计实需数量为标准，不得有浮报或少报情事。嗣后倘经查明所报不实者，将来对于该公司或商店，应取得该项原料之享受禁止分给。商会以事关各有关公司及商店利益，已在分别核转中云。

（《大楚报》）

38.搬运申请登记当局陆续核准

（1941 年 8 月 23 日）

搬运申请登记当局陆续核准　昨止已达一百九十四张

本报讯　关于指定国栈铺堆存之国人货物，向市商会申请登记转呈准予搬运者，已经当局陆续批准，直至昨止共为一百九十四张，其间如煤炭、纸张、洋钉、茶叶、颜料、匹头、棉纱、杂货等均有云。

（《武汉报》）

39.国人重要公司商号商会奉令调查内情

（1941 年 8 月 27 日）

调查国人经营之主要公司商号，市商会准当局令，已于日昨函知各公会迅速办理，并限期于本月底前，按照下列调查事项，分别列表送会，借便转达，计调查事项两点如次：

（一）在武汉以外地区所有分号或代理商店（联号关系在内）地址、牌名、经理人及主要店员姓名，并业务范围经办货物种类，二十九年全年所经营之货物数量及其价额概算数。

（二）如不设分号地区之主要交易，对方者亦须开具住址、姓名与经办货物，二十九年全年之交易数量及价额概算数。

（《大楚报》）

40.拟定赁铺提存登记书　商会昨呈市府

（1941 年 8 月 27 日）

拟定赁铺提存登记书　商会昨呈市府　俾得核示便利赁铺营业商民

本报讯　关于针对冻结而遭取缔提取指定国之栈铺货物，凡属指定国人所有者，已经市商会奉令登记，陆续准予搬运至涉租赁权之铺屋存放国人之货物者，亦已经市府于日前颁布解除。自市商会近据各业申请者仍不乏人，故特于昨拟定涉有租赁铺屋者之登记式样一种，呈请市府予以核示，俾得便利上项租赁铺屋营业之商民云。

（《武汉报》）

41.汉口市政府为本市营业税传讯商民审核搬运许可证等问题致财政局函

（1941 年 8 月）

签呈一件转交本商会对于营业税传询商民、搬运许可证问题意见案签复鉴核由。

签呈暨缴件件均悉。查市商会所称传询商民、审核搬运许可证等问题既难推行，应毋庸议，所请按照旧章以七五折合军票缴纳营业税，事关变更定案未便照准，除指令市商会知照外，仰即知照此令。缴件存。

财政局转市政府为本市营业税、传讯商民、审核搬运许可证等问题令本市商会主席李鼎安。（内容如前）

42.汉口特别市财政局为转请维持筵席捐百分之五税率致汉口特别市商会函

（1941 年 8 月）

事由：商会转请维持筵席捐百分之五税率

中华民国三十年八月

查本市筵席捐捐率向依征收规则所规定百分之五征收，并无变更。至本市各项应征税捐前经呈准，自二十九年十一月一日起，依照原定法币税捐率改收日币之后，对于以日币计算价目之各业买卖交易，其日币收入拟即依照特务部对于特种营业收用。日币以军票六十元折合法币一百元之规定标准折成法币后，再按率征收日钞，亦经呈奉钧府府政字第一七六一号指令准如所拟办理并转饬遵办在案。该业属于特种营业交易收入既系日钞其代征之筵席捐，自应依据通案以日币六十元折合法币一百元，再按原定法币率百分之五征收日钞所请各节有违通案，拟请驳斥不准是否有当，理合签复，钧长鉴核。

财政局局长　孔楚材　谨签

43.汉口市政府为准许茶商携带法币往羊楼洞等处产茶区使用事致市商会函

（1941 年 8 月）

呈悉。仰将茶商牌名及拟派前往羊楼洞等处人员姓名、年龄、籍贯暨携带法币数目补报来府，以凭饬商关系方面核办。此令。

中华民国三十年八月

本案遵与首席顾问商谈据云，茶商携带大批法币出境购货势难办到。复经询据制茶株式会社称，本市茶叶来源向系该社委托茶商代办，惟此次并未委托。复又通知制茶公会派人来局声称，历次办茶系由制茶会社出具证明文件注明携款数目，委托商等前往产地采购，每次携带款项并未限制币别。近因正值采期,拟自动携款前往购办,以备市需。惟携带法币诸多限制,拟请转向关系方面商洽核办各等语。查茶商历次购茶既系由制茶会社委托出具证明方向,可携带出境采办。此次由茶商自动携带大批法币出境,在目前特殊情形似未便准予所请,奉交前因理合签复。

鉴核

财政局局长　孔楚材

退财局

查前据本市商会呈请转商关系方面准许茶商携法币前往羊楼洞等处各产茶区使用一案,业经指令该会将茶商牌名及携带法币数目等项补报,以凭饬商在案。兹据该会呈复到府可否照转,仰将原件发交财局饬请顾问向关系方面联络再夺之处。

谨乞

核示

第二科　谨签

44.汉口市商会为本市货物搬运困难祈改善事致汉口市政府函

(1941 年 8 月)

窃查,属会第二次会员大会开会时,各会员代表对于请求改善搬运货物之提案。计有海味糖盐业、卷烟经理业、染织纱布业、油盐业、鞋业、针织袜业、蛋业、制茶业、茶叶店业、国产纸张行业、中外纸业、山货行业、家具业、杂木柴业、色土布行业等同业公会十八件之多。综具所述之困难情形不外下列三点:(一)输出之困难;(二)输入之困难;(三)市内之留难。各会员代表在会场陈述三种困难情形时,均情迫词切至有声泪俱下者,属会忝为全市商人代表目睹商人之困苦不敢不将症结之点及改善之方敬为。

钧座一详陈之查汉口为内地商埠与津、沪、广之滨海,可以从事于国际贸易者不同,然自海禁大开以后,汉口一跃而与津、沪、广齐名者,厥为货物之输入及输出均称便利,商业因之而发展,市面因之而繁荣耳。事变以还,有关方面因恐货物之流入非和平区域者,须申请军特务部发给物件搬出许可愿方准出境。复恐货物出境后私运往非和平区域无从稽考,又于去冬规定凡申请发给对象搬出许可愿者,须提出该地驻扎警备队部之实需证明书,经审核无讹后方能发给。一以证明该项货物确系运往和平区,二以证明该项货物确系和平区域。内某一地所需要意至美至善也,乃实习半年以来,各地商人之持有当地警备部队实需证明书来汉向军特务部申请发给物件搬出许可愿者准驳参半,甚者或准少驳多。长此以往,势必使外埠商贩裹足不前,本市商店坐以待毙。耳何则各外县外埠所驻扎之警备队部其长官秩位较尊者,有发给实需证明书之权。其秩位较卑者则无此权力,惟有转请邻近警备部队秩位较尊之长官发给之,各商贩奔走往返旅费已属不赀重,以语言之隔阂须多方请人通译,今位之悬殊须多方请人联络。故一纸实需证明书之取得,不知费几许心力。迨到汉后,不能获得物件搬出许可愿,无法购得运货物返乡乘兴而来垂橐而返,金钱、精神两受损失,一次如此二次亦复如此,甲商贩如此乙商贩亦复如此。道路相告,势必以来汉贩货为畏途,而望洋兴叹矣。汉市全属货物转运至枢机场所,各商店货物行销于本市不过十分之三,行销外埠者占十分之七。在此生活程度增高之际,商店货物行销较之事变前已增加倍□,纵令销路畅旺犹恐难获利润。若使外埠销路缩减则营业清淡、货物停滞,而店用仍不能减少,势必至血本坐耗净尽,市面凋敝而后已。伏查各地警备部队发给实需证明书时,曾经慎重考虑:一则须不违背其统制之国策;二则须适合于当地之实际需要。军特务部对于持有实需证明书来汉购货之商贩,为顾全各地警备部队威信起见,似应尽量发给物件搬出许可愿,方足以减少商人痛苦,而期政令统一。纵令环境或统制方法有变更,似亦应先行电知各地驻扎警备部队,暂不填发实需证明书,以免商人跋涉,此种种理由,属会迭向军特务部反复陈说,未收□若效果。

钧座恫□□抱,视民如伤,勇敢胪陈本市货物输出困难之症结及其改善方法,呼恳转向军特务部磋商。凡持有当地警备部队实需证明书来汉购货者,尽量发给物件搬运许可愿,庶足以恤商艰而全当地驻军之威信,此其一。复查汉市各商店货物来源,除舶来品购自洋行外,其土产品及制造用原料均系向外埠购入货物者,须持有汉口地区警备队司令部之实需证明书,以证明此项货物确系为汉口需要及确系运往汉口方,可取得当地驻军之许可出境,沿途驻军之查验放行。本市各同业公会目前多感货物及原料来源缺乏,迭次函请本会转请汉口地区警备队司令部发给实需证明书以便出境采购。经本会多方联络,流通未得要领,用敢不避烦渎并案呼恳。

钧座转向汉口地区警备队司令部磋商,明定申请发给实需证明书办法公告周知,以便本市商人遵章请领前往各外埠运购土产品及原料,借以推进商业繁荣市面,此其二。再查关系方面限制汉市货物输出,所以防止偷漏运往非和平区域,若在同一市区内搬运货物只须持有发票自可通行无阻。至邻近乡村之土产品运来市内向不在禁止之列,乃有多数地痞流氓借宪兵队或警察局密探等名义,在市区内及水路码头留难。邻近乡村运至市内之土产品及本市运往本市偏僻地点之货物得贿赂则予以放行,否则货被收人被拘捕,商人及乡愚昧于时局何敢反抗,惟有束手听其宰割。流弊所及遂至一二不法岗警,亦从而效尤。如卷烟经理业同业公会之提案谓:摊贩购香烟数条行至市区内竟被岗警阻拦或截留。纱业同业公会之提案亦谓:市内持有棉纱或棉线数坨之中小商人,常遇类似或冒充之便衣密探半途盘诘,纵不浸收具货,亦常受其凌辱各等语。各该公会之提案,系陈述本身痛苦,谅非意图诬蔑,危言耸听。虽市警察局及友邦宪警各机关一再布告,遇有此类情事,准由各被害人申诉究办,而商人及乡愚智识能力均属有限,况在特殊环境之下只有忍受一法,又谁敢作反唇之稽伏思。

钧座为本市行政最高长官,□□□□□□□□□□□□□□□□□□,断不容鬼蜮横行于光天化日之下。康经理浸于荆棘涂泥之中以重苦,吾商人用再胪陈市井细民被害不敢申诉之苦衷,呼恳令饬警察局会商友邦宪警各机关遴派干员,随时明察暗访,遇有此类情节发生,立即拘捕讯究,其志在索贿情节轻者,则送法院审判科刑,其类似搁路抢夺情节重大者,即应解送驻武汉绥靖主任公署军法处依惩治盗匪。暂行办法所规定之各条从重处断,并将犯罪事实及所科刑名布告周,以儆刁顽而安良善,此其三。以上三项困难情形均为本市全体商人切肤之痛忍泪吞声而无从申诉者,除第三项困难之解除隶属。

钧府范围应请立予施行外,关于一、二两项务恳不惮烦(繁)难,据理交涉以期达到上述之改善目的,借慰全市商民翘首跂足之望,万一军特务部及汉口地区警备队司令部,限于国策及长官令无法通融,则请钧座将汉市货物输出输入之困难情形及全市商人所感受之痛苦胪陈中央,俾与日本最高当局交涉以资救济。窃思中日邦交,早经调整互惠条约,早经签订在共存共荣之原则下,当不至使汉市商人有向隅独悴之款,况汪主席在此东渡访日,原以促进履行条约强化国府为主,上日樾荫所及,必有解汉市全体商人之□也。骨鲠在喉,一吐为块(快),临呈无任屏营待命之至。

谨呈

市长张

汉口特别市商会主席　李鼎安

45.汉口特别市政府为该市商会举行庆祝成立周年暨第二次会员大会经过情形准备查案给社会局、市商会

(1941年8月)

签呈暨缴件均悉。已指令时商会准予备查,仰即知照。此令!

9月

1.指令:社会运动指导委员会汉口特别市分会令汉口特别市商会为贵呈瓷器业同业公会筹备员名册请鉴核备案由

(1941年9月2日)

呈件均悉。查人民团体组织,应依照发起组织申请许可手续程序办理呈准后,方可推举筹备员、成立筹备会,现在该瓷器业商余渊亭等筹备组织本市瓷器业同业公会,未获申请许可,遽由该会转呈筹备员名册前来,核□□空手续不合,兹随令检发人民团体组织须知一份,仰即转饬遵照办理,迅速补其发起手续,以凭核办。

此令。件存。

附发人民团体组织须知一份。

主任委员　孙迪堂

监印　孙子嘉

校对　李凤威

九月二日

(119-126-235:9-10)

2.汉口特别市商会送本市瓷器业同业公会筹备会余渊亭等奉本市社运分会令□于贵业组织公会一案,应依照程序办理函达查照由

(1941年9月4日)

便笺:查前据来呈,以筹备组织瓷器业同业公会暨造送筹备员名册到会,业经本会分别转报备案在卷。兹奉社会运动指导委员会汉口特别市分会平字第五四号指令内开:呈件均悉:此

令,件存。等因。附发人民团体组织须知一份,奉此,相应检附原件随函送请贵业查照称见后为荷!

此致

本市瓷器业同业公会筹备会

附检人民团体组织须知一份。

(会戳)启

九月四日

(119-126-235:11)

3.市商会召开执委会报告接洽贷款圆满

(1941 年 9 月 4 日)

本报讯　市商会于二日下午三时开第十三次执委会,除讨论应行照办之案件经决议通过外,并即席开小组会议,报告向中江银行贷款情形,据闻将与中江直接办理,接洽情形极为圆满云。

(《武汉报》)

4.市商会二届会员大会改善轮渡提案

(1941 年 9 月 5 日)

市商会二届会员大会改善轮渡提案　市商会呈市府转饬改善　交通公司呈复积极进行

本报讯　市商会本年七月八日举行周年纪念,并开第二次会员大会时,各业之提案中,对于轮渡请予改善一案,早经该会转呈市政当局转饬改善。兹悉市府昨指令市商会,关于该案已据公用局签呈据交通公司呈复。对于近来设施,已由环境之需要,而逐渐实现。略。如业已增加轮渡,扩充班次,增设救生用具,并现在预备改善码头设施,各等因令仰转饬所属知照,该会奉令后,即将转知各同业公会知照云。

(《武汉报》)

5.商会处理指定国人资产　财局派员会同办理

(1941 年 9 月 5 日)

商会处理指定国人资产　财局派员会同办理　左、朱两氏克日前往协助监督

对于处理英美等指定国人资产,财部订定应由各省市财政厅局办理。本市方面,鉴于商民向指定国或指定国侨商提取物资,或纳入物资申请登记等事项,前为办理便利计,系实由市商会办理。施行以来,为期已久,未便再事更张。故已令财局指派该局秘书左维屏、文书股主任朱薪传二人,克日前往该会会同办理。业于日昨函令商会知照,至监督办法,该局已在拟定中,不日可望核准发下云。

(《大楚报》)

6.市商会办理提存登记　财局派员督办

(1941 年 9 月 5 日)

市商会办理提存登记　财局派员督办　昨令市商会拟具监督办法呈报

本报讯　市财政局昨函市商会,以奉市府令开,准财政部咨略谓:关于处理英美等指定国人资产事项,应由财政局办理嘱转饬遵照办理各情,查本市关于商民向指定国侨商提取物资、或纳入物资、申请登记等事项,前为办理便利起见,系责由商会办理施行已久,自未便再事更张,即由该局指派职员二人前往市商会督同办理,并令仰拟具监督办法具报,奉此遵即指派左秘书维屏、文书股主任朱薪传二人合同办理,即希查照云。闻左秘书维屏已于昨日到会,商同办理登记事宜云。

(《武汉报》)

7.推行所得税征收　财部电商会督促进行

(1941 年 9 月 6 日)

推行所得税征收　财部电商会督促进行　阐明征收所得税抱有绝大决心

财政部前为续征第一、三两类所得税,曾于上月马日代电各地商会转知各同业公会开导各业商民遵例报缴,并训令所得税处通饬所属各区征收局认真办理。自开征以来,已将两月。除上海区呈报,各银行、公司、商店申报尚属踊跃,并已缴纳税款外,其他各地商民,对于申请报缴多迟延观望。现限期行将届满,除由财部严令各该征收局长赶速催征,其逾期不报者依法惩处外,特再电仰遵照。盖政府对所得税之实施,抱有绝大决心,故财部感日代电市商会主席仰体中央意旨督促进行,市商会奉此,于即日转函各同业公会知照云。

(《大楚报》)

8.市商会通知各同业遵限期报缴所得税

(1941 年 9 月 7 日)

市商会通知各同业遵限期报缴所得税　武汉所得税局聘涂氏任会计

本报讯　关于继续征收武汉区所得税事宜,日前财政部曾以快邮代电令仰市商会督促进行各情,已详昨日本报。兹悉所得税局同时亦接奉前令催缴。据该局讯,为期于限令(九月底)前完成报缴手续及免除商人观望,特聘请专门会计师涂拔丞君(现任商会常委)负该局义务会计之职,一以便于各业报缴合乎税则,一以代表商业报缴之推进。同时市商会亦依据前令分知各同业公会转知各同业,幸毋再事犹豫观望,须知所得税系取之于得利者而言,务希遵限前往报缴,以免致于未便云。

(《武汉报》)

9.中江贷款一百万元协助商会繁荣市面

（1941 年 9 月 8 日）

谋市面之繁荣，商会爰向中江事业银行信用贷款三百万元，已得中江方面允诺先行贷款一百万元。此后视情形之发展与需要继续贷予。市商会为此特于日前召开小组会议集商讨贷办法。当经推定该会张常委鹏舞、谢监委伯勤、陈执委宪章、王执委晋澄负责草拟规章，然后提会予以审核。闻实现日期，大致当在该会李主席返汉后云。

（《大楚报》）

10.市商会提存登记昨达千余户

（1941 年 9 月 9 日）

市商会提存登记昨达千余户　提存毋须申请事项财局昨函知市商会

本报讯　市商会奉令办理国人寄放指定国栈铺之货物登记以来，据昨讯，现已达一千余户，并已陆续请准搬运。兹该会以现离九月廿日止之期近迩，届日登记完竣与否，将视情形而定云。

又讯　关于市府公布处理指定国人资产毋须申请事项凡七则，详情已志七日本报，财政局奉令并检同布告于昨，饬令函知市商会转知所属一体知照云。

（《武汉报》）

11.物件搬运许可申请上月份总数缩减

（1941 年 9 月 9 日）

市商会办理物件搬运许可申请成绩颇佳。上月份扼于申请减少，故经批准核发搬运数量亦因是略形回缩。七月份计各业货物搬出总值为七九八〇三六元。八月份已减少一九六七八元为七七八三五元。至各业搬出地点、数量，均在该会统计股详为统计中，不日即可发表云。

（《大楚报》）

12.汉口市政府为征收营业税标准及日币军资收入折合法币完纳致财政局、市商会函

（1941 年 9 月 9 日）

事由：关于营业税案

令财政局局长孔楚材

两签暨缴件均悉。查关于征收营业税标准在本年末举行复查以前，仍照旧额完纳一节，应准各拟办，至关于征收日币及军票收入折合法币完纳一节，暂时未便变更。除指令市商会知照外，仰即知照。此令。缴件存。

13.办理禁提登记圆满　市商会定期截止

（1941 年 9 月 11 日）

市商会办理国人堆存指定国栈铺对象申请搬运，经过颇属良好。兹据昨讯，该会准当局令，已遵定于本月二十日截止办理登记申请云。

（《大楚报》）

14.油盐业同业公会呈暂缓送货自制袖章由

（1941 年 9 月 15 日）

汉口特别市油盐业同业公会公函油字第 285 号：案据各会员声称：自当局需要夫役以来，本业工人，对于输送货物，多畏缩不前，长此以往，将使各零售食油商店，无油应市，若不蒙设法救济，前途实不堪设想，等语。前来查食油为民生必需之品，不可一日缺乏。各该工人因恐怖夫役事务暂缓输送，亦在情理之中。本会为兼筹并顾计，拟自制袖章一种，分发各该送油工人佩戴，用资识别，相应检具式样□，请贵会迅赐转报备案，以维民食，不胜感祷之至，仍祈见后为何。

此致

汉口特别市商会

附袖章式样十六份。

汉口特别市油盐业同业公会理事长　夏汉卿

（119-126-267：51-52）

15.汉口特别市商会公函

（1941 年 9 月 17 日）

字第□号公函：案据本市油盐业同业公会油字第二八五号函开：案据各会员声称：仍祈见后为荷！等由，准此。相应检同袖章十五份，随函送请贵局查核为荷！

此致

汉口特别市警察

附检送该会袖章十五份。

主席　李

常务委员　涂

（119-126-267：53）

16.卷烟贩运业成立公会昨呈商会明示

（1941 年 9 月 24 日）

卷烟贩运业成立公会昨呈商会明示　或将与卷烟经理业合并

本报讯　客年卷烟经理业同业公会自正式成立后，继即有卷烟贩运业同业公会筹备会呈请准予组织，以一业务同一性质似有合并之必要，惟因双方当时意见未洽，故迭经调解无效，悬挨迄今。昨据闻双方因营业关系时相周旋，以前无谓之见，均无形永释云。

又讯　卷烟贩运业筹备会，昨函请市商会，以前述一年来之经过致该会未正式成立，对会员间各项措施亦觉碍难，故请对该会应否宣告成立，抑与经理业合并，二者必有其一，请予明示云。

（《武汉报》）

17.八月份各业货运　商会发表统计

（1941 年 9 月 25 日）

本报讯　经由市商会转请货物搬出许可愿，八月份准许搬出者，计有国货匹头业、布匹业、海味糖盐、石膏、中外纸张、山货纸张等三十二业及市商会之代请者，计货物总值为日票七十八万〇九百九十五元，较前(七)月份总值无多出入至输出目的地，则为鄂城、钟祥、武昌、汉川、沔阳、岳阳、咸宁、嘉鱼、黄陂、黄冈等处云。

（《武汉报》）

18.增高染价意见分歧　商会再召调解

（1941 年 9 月 26 日）

本报讯　染坊业因颜色原料成本加高，要求布匹店业增高染价一案，因双方各执一词，以致悬而未决，嗣乃函请市商会予以公断，迭经该会召集谈话，无如双方内部意见分歧致无成果。兹悉该案已由市商会极力斡旋已渐趋接近，同时双方表示，决请市商会居间处断，闻该会即将再行召集调解云。

（《武汉报》）

19.商会员工恳请预支半月薪金

（1941 年 9 月 27 日）

市商会成立以来，内部职工人等，秉承该会主席意旨竭力奉公，异常勤劳，当此生活水准高超之时，仅堪糊口。现以节关在迩，该会职工等愈感困难，拟请求节赏，又无先例可援。故特具呈该会代主席涂拔丞，请求在节关前预支薪金半月，以资救济云。

（《大楚报》）

20.市斌胜源等华洋货业加入公会呈商会登记

（1941 年 9 月 28 日）

本报讯　市华洋百货业公会，近据林记新中和祥、斌胜源等六家函请，遵照工商同业公会法加入该会为会员，转请市商会登记，该会除准加入为会员外，并检同登记书附函录请市商会，转报主管机关备案。

（《武汉报》）

21.汉口市财政局为照旧额征收营业税等令汉口市商会

（1941 年 9 月）

指令：府二字第 11764 号，令本市商会主席李鼎安。

呈悉。所请按照二十九年度税额征收营业税等情，查本市各营业税系经二十九年复查，按二十八年各商店营业查额分别照章征收，在本年尚未举行复查以前，仍应照旧额完纳。至关于征收日币及军用票收入折合法币纳税一节，暂时未便变更，仰即分别转饬知照。此令！

22.汉口市商会为对各商店营业税仍以现计法为标准改征法币致汉口特别市政府财政局函

（1941 年 9 月）

本案遵经征询首席顾问意见，对于征收日币及军票收入折合法币纳税一节，暂时不必变更，应如何办理之处，仍祈钧裁谨签复。

市长　张

财政局长　孔楚材

汉口特别市政府财政局八月二十八日

批示：照首席顾问意见

遵查市商会转据海味、布匹等同业公会呈为关于营业税请求两点，谨签复如下：

一、关于征税标准。查本市各业营业税系经二十九年复查按二十八年度各商店营业金额分别照率征收，本年开始照章本应举行复查，惟前据税捐处呈，以交通阻滞货运不畅，为顾及税收兼恤商情期间，拟暂从缓办经转奉钧府指令照准在案，查各业税额既经二十九年复查，确定在本年尚未举行复查以前似仍应照旧纳完。

中华民国卅年八月十三日九时到

二、关于征收日币及军票收入折合法币纳税。查本市各项税捐一律改征日钞，施行之初曾奉钧府交下该会转据各同业公会呈以改征日钞负担过重，请收回成命，等情。当经据情签复鉴核予以驳斥在卷。至以日币计算价目之各业买卖交易其纳税捐，应以日币按率折合法币后，再按原定法币税率征收日钞，亦经呈奉核准通饬施行在案，惟查该会所呈市面萧条，商场困顿情形，亦同属实，究竟应否酌以变通，以资救济而恤商艰拟请钧长核夺示遵。

综上所述，是否有当，理合签复鉴核。

中华民国三十年八月二十二日收到

汉口特别市政府财政局

批示：交原局与首席顾问一谈

10 月

1.布匹业与染坊业增价纠纷　商会处理可望解决

(1941 年 10 月 1 日)

布匹业与染坊业,因增价问题闹成僵局。详情已志前报,经市商会于日前召集该两业负责人会谈后,大致尚称圆满。已由布匹业将染坊业所拟定增价表格,带回从长磋商,定于本月二日午后三时回复,再为定夺云。

(《大楚报》)

2.省会商会即将成立

(1941 年 10 月 2 日)

省会商会,闻经胡树楠等筹组以来,业经湖北省社会运动指导委员会派员积极协助,现已筹组就绪,该会设武昌大堤路吉祥巷十三号,将于本月中旬举行成立大会云。

(《大楚报》)

3.社局令商会及公会清查车商加租账务

(1941 年 10 月 4 日)

市社会局为求迅速解决人力车商退还非法所加车租一案,王局长特委洪震科长于昨晨召集市工总会代表唐小山、徐进及市商会代表陈艺华等商讨办法,结果:议决由市商会市工会派员会同车业同业公会及车夫公会,共同清理退还车租账务限期呈报,并随时密查。倘各车商仍有抗命情事,即据实报告,以凭法办。至于车商呈请根据现时物价消耗,召集各机关公断加租一节,社局仍如前令批驳云。

(《大楚报》)

4.汉口特别市棉籽行业同业公会筹备处为继续筹备棉籽行业同业公会呈乞市总商会鉴核备案

(1941 年 10 月 13 日)

为呈请事,窃属会于事变时改散,去年奉令饬将属会成立,因同业未归以致停顿。现同业复归,营业稍进繁荣,故于十月七日由同业开筹备会会议,并公推黄秀坪为筹备主任,以李惠民为副主任。兹觅定会址在本市老官庙正巷 106 号,理合具文呈请钧会鉴核,俯准备案,并乞指令祇遵,以维会务而有统系,实为公便。

谨呈

汉口特别市总商会会长李

汉口特别市棉籽行业同业公会筹备处发起人　黄秀坪、李惠民、陶子余、毛鸿钧、张惠民、吴福臣、熊树之、宋新民

十月十三日

(119-126-270:92-93)

5.市商会召开执行委员会议

(1941 年 10 月 18 日)

本报讯　市商会于十六日下午三时开第十四次执委例会,出席有李鼎安、涂拔丞、谢有标、陈宪章、王晋澄、姚维章,请假委员方子颖、邹济之,列席人秘书熊曾缓、张安尽,记录章振启。开会如仪。

甲、报告事项

一、报告第十三次执行委员会议议决各案执行情形。

二、报告本会三十年七月份及成立周年纪念庆祝会,第二次会员大会收支各款项已造具收支清册及单据簿,请查阅后,送交监察委员会审核。

乙、讨论事项

一、鼎裕榨油米粉厂请求单独登记入会应否照准请讨论案。决议:函约该厂负责人来本会谈话后,再提交下次会议讨论。

二、本会执行委员名额依市府修订发下之章程规定应为十五名。除现有十一名外,尚缺四名,拟遵章以候补执行委员成禹门、唐兰樵递补两名,其余两名则俟下届改选半数时补足是否可行请讨论案。决议:通过,俟分别呈函市政府及市社会局备查后再函成、唐两委员查照。

(《武汉报》)

6.九月份货物搬运许可商会发表统计

(1941 年 10 月 19 日)

本报讯　市商会办理货物搬运许可证,九月份已核算统计竣事。货品总值较八月份,略有增加。兹将统计分别载列于次:申请许可证共二千七百五十一张,核准许可证共二千一百六十八张,驳回许可证共五百八十三张,已经许可搬运货品之总值为九十六万四千一百七十三元。

(《武汉报》)

7.市府昨请有关法团商讨更生纪念名称

(1941 年 10 月 19 日)

本报讯　汉口市政府为确定本月二十五至二十七三日,武汉更生三周年纪念日之名称,俾资统一宣传起见,特于昨日下午三时,函请各有关团体及新闻界在秘书处第四科举行谈话会。计到中日文化协会汪书城、市社运会姜钟叙、东青联盟谢鹿萍、武汉报庄泗川、大楚报张榆芳、市府朱斌等多人当就武汉更生及复兴之意义加以讨论,结果经一致决定名称,定名“武汉更生

纪念日”。届时除中日各界,举行各项庆祝仪式以志纪念外,并将由报发行特刊,专载各种纪念文字,俾广告宣传云。

(《武汉报》)

8.市商会主席李鼎安氏东渡考察工商业经过

(1941 年 10 月 19 日)

市商会主席李鼎安氏,此次在前月上旬赴沪并东渡考察工商业,于本月十日归来。记者为欲明悉该氏此行经过,经走访数次,只以该氏甫卸行装,同时酬酢甚忙,故每值时左,嗣经留刺相约。始于昨得晤李氏于商会办公室,阔别之下,相与寒暄毕,记者即叩询此行经过,当承出示所记梗概,爰志之如下:

鼎安此次向商会请假赴沪目的有三:(一)考察南京、上海方面办理物品搬出、搬入手续,以作本市改善之借鉴。(二)与南京、上海两市商会取得联络,共谋京、沪、汉市商业之发展。(三)与友邦各实业家交换意见,以期达到中日经济之提携。抵沪后,小作勾留,与各方面联络,稍有端倪。适与友邦鲇川义介先生所组织之日产公司支店长安藤先生邀约苏省,闻人李栋先生及鼎安同赴友邦观光,于上月十一日搭船,十五日抵东京寓帝国饭店。连日阴雨,至二十一日始晴,遂赴市内市外参观该组会各种事业,该组会规模宏大资本总计日金二十五亿元,人才集聚、管理科学化。其总裁鲇川先生于百忙中拨冗招待,晤谈甚欢,并由该社长副社长及各实业专家设宴款待,席间畅谈。该组合营业企划,鼎安此次获益良多。越数日,又往拜访东京工商会议所会头藤山、五岛两先生。蒙五岛先生设宴招待,并邀驻日公使陈伯蕃先生作陪,席间对于中日两国将来贸易之发展,略为讨论。以武汉为九省通衢,管南辖北,实居全中国商业上之重要地位,转瞬全面和平实现,中外货物流通,武汉前途当更蒸蒸日上。渠等又诏汉口特别市商会亟宜将调查机构扩大组织,下分设经济、金融、物资、贸易、统计、联络六科,延揽专门人才,精密研究中日合作事业,以期达到精诚亲善之目的。毋徒作口头虚伪之浮夸,立言扼要,不蔓不枝,其后复走访各商界巨子。承颜接辞,亦获得相当教益。嗣以会务亟待改进,未便久游,乃买棹返沪转京回汉,鹿装甫卸,即此笔记其梗概如此。

(《武汉报》)

9.市商会草拟扩充内部计划

(1941 年 10 月 21 日)

本报讯　市商会主席李鼎安氏,自东渡考察于日前归来后,现悉该氏对于日工商会组织,内部机构之完备,人才之充实,是以堪与欧美匹敌。回观素称九省通衢之地,东方芝加哥(汉口)之市商会,对之不无瞠乎其后之感,又以商会为工商业之表率,欲发展经济,必须明了现代之状况。在此中日经济合作初步起见,更须有一切之准备。故将草拟扩充内部计划如统计、调查、编纂等,至经费如何筹划、专门人才之聘用,亦正在积极进行中云。

(《武汉报》)

10.市商会定期举行监察委员会议

(1941 年 10 月 23 日)

本报讯　市商会监察委员会,顷以诸项会务即待决定,爰特订于本月二十五日下午三时,在该会会议厅举行监察会议,昨已分别函知各该监察委员,届时前往出席与议云。

(《武汉报》)

11.新式女服职工要求加薪　商会从中进行调解

(1941 年 10 月 25 日)

新式女服职工要求加薪　商会从中进行调解　定期召集劳资开座谈会

市洋服业公会,以新式女服业职工要求增加工资,而酿成劳资纠纷,并于前日由市商会先单独召集该业公会方面劝导。兹悉市商会定于二十七日新钟上午十时,会同总工会召集双方,在商会开座谈会,进行调解云。

(《大楚报》)

12.制皂业公会请发许可证

(1941 年 10 月 26 日)

烧碱缺货　制皂业公会请发许可证

市肥皂制造业公会,以制造肥皂原料之烧碱,现时市面已感缺乏,特将同业需用数量列表,函请商会转请关系方面发给许可证书,以便就近向洋行购用云。

(《大楚报》)

13.新式女衣业劳资纠纷昨在商会试行调解

(1941 年 10 月 28 日)

新式女衣业劳资纠纷昨在商会试行调解　结果决定办法三项

市洋服业公会与新式女衣业公会一因增加工资酿成劳资纠纷,市商会为试行调解起见,于昨(二十七)日下午二时在该会邀请总工会代表暨劳资双方代表举行座谈会试行调解,结果决定三点:(一)加价多少听候主管机关决定。(二)加增日期定自十月十五日起实行。(三)双方通知会议,一方发活,一方复工。

(《大楚报》)

14.女服业公会增加工资　市商会初步调解圆满

(1941 年 10 月 28 日)

本报讯　市新式女服业职业公会,因会员间以现在百物昂贵、生活维艰请求增加工资,经该会议定各项工资价目转函洋服业同业公会通知履行。嗣该公会以所要求增加工资,其间不无差别之处,故函请市商会予以调解。昨市商会经召集双方代表,在该会会议室作试行调解,由该会谢常委有标主席与劳资双方商谈之下,结果成立初步之决定,其决定于下:(一)加价多少,听主管机关决定。(二)加价日期定自本年十月十五日起算。(三)双方通知各自会员即日发货复工。上列三项决定双方代表满意赞同并签名云。

(《武汉报》)

11 月

1.汉口特别市商会第十五次执行委员会议纪录

(1941 年 11 月 1 日)

时间:民国三十年十一月一日下午三时

地点:本会二楼会议室

出席人:李主席鼎安、涂常务委员拔丞、张常务委员鹏舞、谢常务委员有标、夏执行委员汉卿、王执行委员澄、陈执行委员宪章、郇执行委员济之、方常务委员予颖、贺执行委员□□、姚执行委员维章

列席人:熊主任秘书曾绶

主席:李主席

记录:助理秘书章□□

开会如仪:

甲、报告事项

报告第十四次执行委员会议决各案执行情形

乙、讨论事项

一、鼎祐榨油米面厂请求单独登记入会一案,遵照第十四次执行委员会议之决议,并约该厂负责人来会谈话。据声称,该厂生财机器均系租赁,资本六千元,仅作活动之用,现时专营榨油,将来油如有缺,用机器制造米面等语,应否?

决议:准其以榨油店名义单独登记入会。

二、棉籽行业呈请组织同业公会应否照准请讨论案。决议:准其组织,俟饬请主管官署核复后再行函知该业。

散会

(119-126-270:94-95)

2.汉口市山货行业筹备会为成立筹备会函请市商会查照

(1941 年 11 月 2 日)

径启者,顷准贵会函开,略以各业同业公会筹备会筹备员略历表尚未送会,无从根据资格。

应于三日内造具二份送会,以便审核等由。附筹备员略历表格式一份,准此遵即造就二份,随函送请查照为荷。

此致

汉口市商会筹备会

附筹备员略历表二份。

汉口市山货行业同业公会筹备会启

十一月二日

汉口市山货行业同业公会筹备会筹备员略历表

职别	理事长	常务理事				理事						汉口市山货行业同业公会筹备会筹备员略历表(民国三十年十一月二日具)
姓名	张福卿	熊幼珊	易柏阶	陈笙阶	常元恺	厚星洲	刘玉山	鲁文山	刘荣生	曹子轩	余希俊	
年龄	四四	四九	四八	四七	四五	四九	五九	四五	四五	五四	四八	
籍贯	汉川	黄陂	黄陂	孝感	黄陂	汉阳	孝感	汉阳	沔阳	麻城	麻城	
学历	中学毕业	私塾十年	同左	同左	同左	中学毕业	私塾七年	同左	同左	同左	中学毕业	
经历	经理	同左	同左	同左	同左	同左	同左	同左	同左	同左	同左	
商店牌名	张福隆	志丰永	易大昌	同与祥	常元顺	永与和	复兴公	天顺公	鼎泰	与盛成	同复厚	
营业所在地	沈家庙河街三十五号	油皮巷二十六号	打铜街六号	大江家院十六号	球场街一百一十九号	文书巷七号	陈家湖正街二十六号	陈家湖正街八十四号				
备考												

(119-126-269:69-73)

3.汉口特别市商会函请社会局社会运动指导委员会汉口特别市分会第二科查核黄秀坪等呈请发起筹备棉籽行业同业公会一案

(1941 年 11 月 5 日)

案据本市棉籽行业同业公会筹备处发起人黄秀坪、李惠民、陶子余、毛鸿钧、张惠民、吴福臣、李桂森、熊树芝、宋新民等九人如□□呈称,窃属会于事变时解散。去年奉令饬将属会成立云云云,理合呈请鉴核,俯准备案,并转报等情。当经饬据调查复称,遵即前往该处晤得发起人黄秀坪、李惠民等,详询据称:(一)事变前原有公会;(二)现因发起仅有会员九家余,俟核准组织后,祈召集一并登记;(三)同业行帖现在清理中;(四)发起人黄秀坪、陶子余系该公会前届主席委员,余者均久业棉籽行。综上各情,尚属实在,理合呈报鉴核等语,复经本会第十五次执行委员会议决议"准其组织。俟转请主管官署核复后再行函知该业"等语记录在卷,除分函外,相应函请贵局查核见复为荷。

此致

汉口特别市社会局社会运动指导委员会汉口特别市分会第二科主席李

汉口特别市商会　启

十一月五日

（119-126-270：88-89）

4.公函：汉口特别市政府社会局□函送瓷器业同业公会筹备员名册案

（1941年11月15日）

汉口特别市政府社会局公函

社三字　第1636号：前准贵会元字第七五零号函送本市瓷器业同业公会筹备员名册，嘱查核备案等由，附名册二份准此查本案。曾奉市府交社运会签呈称：案据余渊亭等发起组织汉口特别市瓷器业同业公会呈赍申请许可组织理由书及发起人略历表三份来会，经派员前往调查尚属实在，可否准予组织，理合检目申请书及略历表签请鉴核示遵等因下局业，由本局签复□准予组织在卷，□函前由相应函复查照为荷！

此致

汉口特别市商会

局长　王锦霞

秘书　徐机代行

监印　柯正清

校对　徐凌旭

十一月十五日

（119-126-235：12-13）

5.汉口特别市政府社会局函市商会准黄秀坪等发起筹备棉籽行业同业公会案

（1941年11月17日）

案准贵会本年十一月七日函据黄秀坪等呈请发起筹备棉籽行业同业公会一案，嘱查核见复等由。准此，查各社团发起组织，依法应向市社运会申请许可，相应函复，即希查照办理，并转饬造具发起人略历表二份报核为荷！

此致

市商会

局长　王锦霞

十一月十七日

（119-126-270：96）

6.汉口特别市商会送本市瓷器业同业公会筹备会准社会局函□于贵业组织公会一案业准予成立函达查照由

（1941 年 11 月 17 日）

便函：查前据来呈，以筹备组织瓷器业同业公会暨造送筹备员名册到会，业经分别传报，旋奉市社运分会指令以贵会应依照业起组织申请许可手续程序办理呈准后，方可推举筹备员，成立筹备会，并附发人民团体组织须知。等因，并经函达贵会查照办理见复各在卷。兹准汉口特别市社会局社三字第一六三六号公函即闻：查此案曾奉市府交社运会签呈称，相应函复查照等由，准此。相应函达查照！

此致

本市瓷器业同业公会筹备会

（会戳）启

十一月十七日

（119-126-235：14-15）

7.汉口特别市商会函本市棉籽行业公会发起人黄秀坪等

（1941 年 11 月 19 日）

案查前据来呈，以发起筹备组织棉籽行业同业公会请准予备案并转报等情，业经分别转函在卷，兹准社会局社三字第 1646 号公函节开：查各社团发起组织依法应向市社运分会申请许可，相应函复，即希查照兴办理，并转饬造具发起人略历表报核等由，准此。相应抄同表式一份，函请查照，依式造具略历表六份函送□会以便分别存转。

此致

黄秀坪等

附发起人略历表式一份

汉口特别市商会

十一月十九日

（119-126-270：97）

8.汉口市商会为本年十二月定期会员大会暂缓举行一案呈市政府

（1941 年 11 月 20 日）

案查本会章程第二十八条之规定，会员大会每年召开两次，于六月十二日举行本年大会，于七月八日本会庆祝成立周年纪念，同时举行。曾将开会经过情形呈报钧府鉴核在卷，现因瞬届十二月会员大会，议决本届会员大会暂缓举行，呈报市府及函市社会局备查等语，记录在卷，除分函外，理合呈祈钧府鉴核备案。

谨呈

市长张

汉口特别市商会主席　李鼎安

9.调查员胡茂珊呈市商会主席李

（1941 年 11 月）

窃职奉派调查棉籽行业申请组织同业公会一案，遵即依照指示调查五点，前往该会晤得筹备人黄秀坪、李惠民等，详询据称于下：

（1）事变前原有公会。

（2）现因筹备仅有会员九家，余俟核准组织再行召集登记。

（3）现在清理中。

（4）待商会许可筹备后即行登记。

（5）发起人黄秀坪、陶子余系该公会前届主席委员，余者均久业棉籽行，综上各情，尚无虚伪。经职另向该公会索取筹备员名册一份，暨前市商会会员录一册，并呈鉴核，至会员录，该会坚请发还。

谨呈主任解　转呈主席李

调查员胡茂珊呈

附呈该会筹备人名一份、前市商会会员录一份。

该会员录已发还

调查员　胡茂珊

汉口特别市棉籽行业同业公会筹备处筹备员名册

（1941 年 10 月 17 日）

姓名	黄秀坪	李惠民	陶子余	毛鸿钧	张惠民	李桂森	吴福臣	宋新民	熊树之
年龄	71	46	60	38	42	38	40	46	64
籍贯	汉川	汉川	鄂城	汉川	鄂城	汉川	鄂城	汉川	汉阳
经历	粮食棉籽	棉籽	棉籽油饼	棉籽油饼	棉籽油饼	棉籽油饼	棉籽油饼	棉籽	棉籽
现在职业	粮食棉籽	棉籽	棉籽油饼	棉籽油饼	棉籽油饼	棉籽油饼	棉籽油饼	棉籽	棉籽
牌名	黄万泰	李惠济	陶锦盛	毛华丰	万兴	李裕森	集泰	发泰	协泰新
地址	遇子巷河街二百四十二号	老官正巷 108 号	金庭公店一巷 30 号	金庭公店二巷 3 号	汉正街三怡里 13 号	汉正街庆和里 3 号	汉正街余庆里 6 号	汉水街 83 号	汉水街 200 号
备考	公推本会主任	公推本会副主任	公推本会副主任	公推本会筹备员	公推本会筹备员	公推本会筹备员	公推本会筹备员	公推本会筹备员	公推本会筹备员

（119-126-270：90-91）

10.汉口特别市政府为本年十二月定期会员大会暂缓举行案致市商会

（1941 年 11 月）

呈一件：为本年十二月定期会员大会暂缓举行一案，呈请核备案。

呈悉。准予商查。此令！

11.汉口特别市政府社会局为市商会暂缓举行会员大会案呈市政府

（推测为 1941 年 11 月）

案准市商会元字第一二零四号函开：案查本会章程第二十八条之规定，会员大会每年开两次，于六月、十二月举行。本年六月大会，业于七月八日本会庆祝成立周年纪念同时举行。曾将开会经过情形函报贵局，查核在卷。现因瞬届十二月会员大会，应否决定会期，或先期筹备提出本会第十六次执行委员会议决，本届会员大会暂缓举行。呈报市政府函市社会局备查，等语，记录在卷。除呈报外，相应函请贵局查核备案。等由。准此。应否准予备案，理合具文，呈请鉴核示遵。

市长张

社会局局长　王锦霞

12 月

1.泰来纱号为遗失交换印章函请武汉特别市纱业同业公会补发公布周知由

（1941 年 12 月 14 日）

径启者，本号于本月十日在交换处用交换证明印章时，罔料该印已遗失，不知失向，遍寻未获，兹特具呈钧会补给新章一颗外，并行布示本会交换处，使本同业明了，以防杜弊，不胜感盼之至。

谨呈

纱业同业公会

唐主席台鉴

十二月十一日

泰来　谨具

汉口特别市纱业同业公会通告，□字第 15 号

案准会员泰来纱号函开：本号于本月十日在交换处用交换证明印章时，罔料该印已遗失，不知失向，遍寻未获，兹特具呈钧会补给新章一颗外，并行布示本会交换处，使本同业明了，以防杜弊。等情，准此事关遗失声明，应予作废，除由会另刻方形新印，补发以示□□外，特此通

告周知。

此布

中华民国三十年十二月

(119-15-34:39-41)

2.汉口特别市商会为设立汉口合作社开谈话会致各同业工会暨筹备会

(1941 年 12 月 16 日)

案查,商会设立汉口合作社一案,前经召集各业公会负责人开谈话会,并将谈话结果连同该社规程函达。查□见复各在卷。兹因商会方面来员催办至急,非可延缓,特再订于本月十八日(星期四)午后新钟三时,仍在本会召开谈话会,共策进行事关商人权益。除分函外,相应函请贵会负责人准时出席,万毋不到自误。

此致

本市各同业工会暨筹备会

(会戳)启

3.汉口特别市商会为召集各公会负责人开谈话会致各同业公会委员便函

(1941 年 12 月 17 日)

查设立汉口合作社事件已定,兹订于本月十八日(星期四)下午新钟三时,在本会二楼会议室,召集各同业公会负责人开谈话会,商讨设立汉口合作社,事关重要。本会常务委员及执行委员、监察委员应请届时出席参加讨论,借收集思广益之效。除分函外,相应函达查照,即希准时出席为荷。

此致

各常务委员、各执行委员、各监察委员

(会戳)启

4.汉口特别市商会为订期举行谈话会致全体委员、各同业公会及筹备会等出席便函

(1941 年 12 月 20 日)

案查,本市各业对汉口合作社认股数目一案,因关系方面催促急迫,亟待确定,兹再订于本月二十二日(星期一)下午新钟三时,在本会三楼大会场召请本会全体常务及执监委员,各同业公会主席或负责之常务委员,各筹备会主任或负责之筹备员,各有关单独业商店(即本会商店会员)店主或经理人,开谈话会商讨一切,并决定最后办法。除分函外,相应函达。查照,事关重要,务希拨冗准时出席为荷。

此致

本会全体委员、本市各同业公会及筹备会主席、主任、各有关单独业商店店主或经理

（会戳）启

5.汉口特别市商会为履行取缔发行私票函连查照特行业由发同业各商店函一件

（1941 年 12 月 20 日）

案奉汉口特别市政府元字第一六八三四号通令开：案准阿南部队特务部阿恃建第三四六号函译开：查最近本地商号团体咸借补充小额法币，□足之名目私行发行各种小额法币代用券且其流通额亦有相当之多。兹查此种滥发之私票，对于金融经济之安定障害颇足，尚希贵府饬令□属各机关及钱庄□民众等严禁该私票之印刷发行□流通，并予以取缔等因，准此。除分令财政、警察、社会三局遵照会□严行取缔外，合行令仰遵照并转饬各商号，一体遵照。此令。等因，奉此。除分函外，相应函达查照，饬行同业各商店遵照。

此致

（119-15-39：1-2）

6.汉口特别市商会为函请制茶业同业公会加认合作社股份并见复致制茶业同业公会

（1941 年 12 月 23 日）

案查，本市各同业公会对汉口合作社认股一案，迭经本会函约各业负责人谈话，并促其向同业广为劝导在卷。贵业为本市大业务之一，所认仅为四十股份，与其他各业比较，未免相形见绌，现各业对于原认股数均有增加。贵业事同一律，谅不后人，相应函达查照，希即召集同业商讨收加认股份，数目于几日内函复本会，汇转为荷。

此致

本市制茶业同业公会

（会戳）启

7.汉口特别市商会为确定合作社认股数目一案致各同业公会、筹备会

（1941 年 12 月 23 日）

关于本市各业对汉口合作社认股一案，经函约各负责人于本月二十二日下午来会谈话，决定各业认股数目在卷。兹查贵会于是日并未派员参加，想系同业中对于认股数目当在商讨，所致用再订于本月二十四日下午三时专谈。

贵会负责人来会谈话，并希于来会前收同业认股数目确定，俾谈话时有所标准，事关重要，万毋意存观望，致□市府及关系方面责难为盼。

此致

本市各同业公会及筹备会(以二十二日未来会谈话者为限)

(会戳)启

8.汉口特别市商会为对于请求减少合作社认股数目一案碍难通融致颜料业公会

(1941 年 12 月 31 日)

案查,贵会对应认汉口合作社股份数目,经以元字第一三五一号函达在案。嗣准贵会主席来会面商请求减少所应认股数,当即扰情。转陈各有关机关均以事关定案,碍难通融,且颜料业为本市大帮之一,其业务又与合作社有密切关系,此次所定应认股份为数无多,实已再三斟酌,饬转知迅予遵办,等因。除面复贵主席外,用再函达查照,务希共说当局筹设合作社调剂汉口市面之意旨,照前函所列股数,向同业公平劝认以利进行。

此致

本市颜料业同业公会

(会戳)启

9.汉口特别市政府为市商会暂缓举行会员大会案令社会局

(1941 年 12 月)

呈悉。查本市商会请暂缓举行会员大会一节,前据该会径行呈报到府,业经令准在案,仰即知照。此令!

1941 年其他

1.汉口市民众事务所职业介绍暂行办法

(1941 年)

第一条　本办法依照《汉口市政府民众事务所组织规则》第三条第一项订定之。

第二条　凡属本市市民,部分性别、年龄在十四岁以上六十岁以下,合于下列之规定者,得向本所申请介绍职业。

一、确系失业无力自谋生活者。

二、技术与工作有专长者。

三、身体健全者。

第三条　凡有下列情事之一者,本所得拒绝介绍:

一、患精神病或有宿疾及残废者。

二、褫夺公权尚未恢复者。

三、品行不端及染有不良嗜好者。

第四条　本所职业介绍之范围如下：

一、工商团体之佐理人员。

二、公司工厂之员司职工。

三、机关、法团及商店、家庭之雇用职工、家庭教师及保姆。

第五条　申请介绍职业者须先呈验市民证、户口单或其他足以证明身份之凭据，领取申请书依式填明，附粘本人最近二寸半身像二张，送至本所或各分所换取登记证。

第六条　凡工商团体、公司、工厂、机关、法团、商店、家庭如委托征求第四条所举员工，须向本所或各分所领取（或函索）征求员工委托书，填明送所换取登记证。

第七条　本所接收申请或委托后于求人求职两方，得为详细之调查必要时，对求职者得施以考验。

第八条　凡申请介绍但因合于征用愿望或有特殊情形者，得尽先介绍委托征求员工者，除有特殊需要外，亦依照委托次序办理。

第九条　凡经本所介绍职业者，以三日为试用期间无论合意与否，受雇者须以试用情形通知本所，如合意时被介绍人须觅保人取具保证书，交由雇方收执。

第十条　本所对于得业者有监督之权，得随时派员考察之。

第十一条　本所介绍职业，以本市区为限，其他地方如有委托征用时，本所得考察情形酌予介绍一切办法，随时协调定之，并呈报社会局备查。

第十二条　本所介绍职业关系事项，以公告行之或在本埠各报刊登启事，于必要时并以函件通告之。

第十三条　本所介绍职业，系纯粹服务性质，不征收任何费用。

第十四条　本办法自承奉市长核准之日施行。

（《大楚报》）

2.汉口特别市商会第一次委员名册

（1941年）

职别	姓名	年龄	籍贯	代表之业务	经营之业务	住址	附注
主席	李鼎安	五六	黄陂	国内外贸易业	鼎新公司董事长	特二区一德街五号	
常务委员	方子颖	四二	黄冈	银行业	中国农工银行经理	法租界西贡街79	
	涂拔丞	四八	武昌	银行业	汉口商业银行副经理	法租界西贡街113	
	谢有标	五三	浙江	棉花纱布业	荣记商行经理	交通路20号	
	张鹏舞	四九	黄陂	煤焦贩运业	和丰经理	苗家码头七号	
执行委员	贺衡夫						
	姚维章	五二	浙江	杂粮杂货业	三诚公司经理	扬子街原一里六号	
	陈宪章	三三	武昌	布匹业	德记经理	汉正街二〇五号	

（续表）

职别	姓名	年龄	籍贯	代表之业务	经营之业务	住址	附注
执行委员	夏汉卿	四九	南京	油盐业	复丰经理	民族路一七五号	
	王晋澄	四八	咸宁	海味糖盐业	鸿成经理	武圣庙正街	
	邹济之	五六	江西	金银首饰业	老邹协和银楼经理	法租界潞安里口	
监察委员	王武刚	五四	湖北	制茶业	武汉制茶公司经理	江汉路五〇号	
	谢伯勤	五九	浙江	公认钱庄业	同安庄经理	市政街崇正里七号	
	徐炽卿	六二	江苏	绸缎业	徐协盛经理	夫原村四号	
	万凤逸	四九	黄陂	煤焦贩运业	新记煤号经理	怡和街四号	
	李桂荪	四四	鄂城	国内外贸易业	鼎新公司经理	特二区一德街五号	
候补执行委员	成禹门	五七	通山	布匹业	生计经理	汉正街六二五号	
	唐兰樵	四九	汉阳	纱业	鸿昌祥经理	同福里一四号	
候补监察委员	彭华庭	五一	黄安	公认钱庄业	和安庄经理	咸安坊一一号	
	周赞卿	三六	浙江	金银首饰业	老天贵银楼经理	法租界德兴里口	

3.武汉市工商业联合会关于汉口市商会各同业公会一览表和武汉市工商联工商业会一览表

（1941年）

汉口特别市商会各同业公会一览表　　民国三十年　月　日制

业别	会员数	资本总额	会址	主席姓名	年龄	籍贯	职业	住址
贸易人力车业公会	一四二户		府西一路一号	熊雯清	五九	武昌	熊清车行	长堤街二〇七号
公认钱庄业公会	五四户	一六二四〇〇〇〇〇	江汉村三号	谢伯勤	五九	浙江	同安庄经理	崇正里七号
号栈业公会	七九户	二九二二〇〇〇	西关帝庙二四号	闵子清	五五	沔阳	乾恭经理	西关帝庙二四号
鱼行业公会	二三户	四三七〇〇〇	火通□巷十五号	彭锦亭	五八	黄陂	彭□顺经理	汉正街四五二号
海味糖盐业公会	八六户	一七五四五〇〇〇〇	大夹街油公巷二号	王晋澄	四八	咸宁	鸿成经理	武圣庙正街
石灰业公会	五五户	八三一〇〇〇	□义里三号	王玉山	六六	黄陂	王正兴□□□	汉寿里

（续表）

业别	会员数	资本总额	会址	主席姓名	年龄	籍贯	职业	住址
染织纱布业公会	二二〇户	二三九九四〇〇〇	存仁巷□八号	龙少伯	五六	黄□	集成经理	静云巷四二号
牛肉业公会	四七户	二四五〇〇〇〇	汉寿里四四号	刘福阶	六〇	黄陂	□兴公经理	球场大□□一五号
粮食行业公会	六〇户	二四一五〇〇〇	汉正街□宵□□	王瑞麟	四一	汉口	□茂祥经理	特□□五码头
杂货店业公会	五八户	一一二五〇〇〇〇	火大路杂货公所	曹云阶	五〇	黄陂	元成彰经理	汉正街七一八号
粮食制造业公会	五一户	六〇七一〇〇〇	□安下里□二号	程云山	三七	安徽	华达云记	□□街九七八号
食品杂货业公会	四七户	七五二〇〇〇〇	汉正街□德巷六号	汪少峰	四〇	安徽	汪玉霞经理	五彩正街
汾酒业公会	二四户	一二七〇〇〇〇〇	汉中路一六号	郑普卿	五三	武昌	火有庆经理	汉正街八八四号
猪肉业公会	一四八户	一〇四七〇〇〇〇	长堤街六九〇号	曾南甫	六二	汉口	曾义兴经理	汉正街一〇四四号
丝线锦□业公会	三〇户	四二三〇〇〇〇	又二九八号	胡正卿	六〇	安徽	胡正记经理	咸安坊德永里
旅栈业公会	一二户	六六七〇一〇〇〇	生成南里四号	叶鸣声	四九	武昌	火同旅社经理	生成里七一号
杂木柴行业会	三三户	六四四〇〇〇	苗家码头四号	邬明盛	四〇	汉阳	同和公经理	石码头河沿二〇号
瓜菜薯行业公会	一七户	四〇五〇〇〇	汉水街二一五号	舒厚泽	五〇	黄陂	万茂永经理	三友街一五号
籐袋业公会	一〇三户	二六四〇〇〇〇	汉正街淮盐公所	詹春堂	四七	黄陂	福兴祥经理	中正路八八四号
炒坊业公会	八二户	三一一五〇〇〇	利济巷二二三号	罗宝臣	五一	汉阳	罗愧记经理	利济巷一三二号
踩布业公会	一八九户	一三五三九〇〇	长堤街六七四号	毛少卿	四五	孝感	毛万兴经理	陛□巷七二号

（续表）

业别	会员数	资本总额	会址	主席姓名	年龄	籍贯	职业	住址
山货纸张行业公会	四八户	一〇一〇〇〇〇〇	沈家庙北实里一	徐禹门	五四	黄陂	□元贞经理	小尖街六五号
废旧洋铁熔化铁器业公会	三三户	九七〇〇〇〇	中山路天一巷六五号	李颂蕃	四六	黄陂	李礼记经理	汉成里一三号
估衣业公会	一〇四户	九九九一〇〇〇	笃安下里五号	彭寿臣	五三	黄陂	公□堤□	汉正街公□里
颜料业公会	五二户	一二二一〇〇〇〇	花楼街四五〇号	毛皇五	四八	汉阳	瑞记经理	汉正街五四一号
色土布行业公会	二五户	九六〇〇〇〇	民权路齐安公所	周爽秋	五〇	黄冈	泰安经理	平安里八七号
卷烟经理业公会	二一三户	八六五〇〇〇〇〇		宋椿庭	五八	汉阳	宝兴□经理	市府街
国产纸张行业公会	二六户	六五二〇〇〇〇	汉正街五七五号	伍林山	五〇	鄂城	同盛福经理	汉正街五七五号
芦柴业公会	三九户	一五七〇〇〇〇	西满路同庆里十三号	游书田	五三	嘉鱼	游书记经理	新马路三七号
机器米业公会	一三二户	三四三一五〇〇〇	土□木兰宫街七八					
柴煤业公会	四七七户	八二四六〇〇〇	芦家二巷十四号	王涵清	五四	黄陂	王□□经理	熊家巷十二号
制造南酒业公会	四九户	一六五〇〇〇〇	三民路公合里八	罗钟珊	四六	夏口	罗森泰经理	汉正街二六一号
布匹店业公会	八六户	一二七八〇〇〇〇〇	汉正街鸿盐公所	陈宪章	三二	武昌	德记经理	汉正街二〇五号
纱业公会	六三户	六八五〇〇〇〇〇	启昌里九号	唐兰樵	四八	汉阳	□富经理	同福里十四号
国货匹头号业公会	三七户	一二五八〇〇〇〇	统一街清白巷	汪炳臣	三八	黄陂	义记经理	统一街一七二号
中西叶馆业公会	七七户	四七九三〇〇〇	汉正街三八二号	舒勤余	四八	安徽	随同经理	汉正街三八二号

（续表）

业别	会员数	资本总额	会址	主席姓名	年龄	籍贯	职业	住址
鞋业公会	八七户	五八九〇〇〇〇	长堤街一九四号	张栋庭	四〇	汉阳	张玉成店主	永宁街六号
煤焦贩运业公会	四〇户	一一二二五〇〇〇	洪益巷七三号	熊信诚	六五	黄陂	诚记经理	洪益巷七三号
针织袜业公会	七二户	五一七四〇〇〇	芦子后街十四号	程少棠	五二	武昌	祥泰经理	汉正街三〇八号
新旧水器业公会	六一户	一九二五〇〇〇	□仁巷六五号	徐礼臣	四八	汉阳	徐义隆经理	□仁巷六五号
五金旧货业公会	五五户	二三三五〇〇〇	广益桥堤街一一五号	李青山	五四	孝感	李兴□经理	堤街一一五号
拆售屋料业公会	六七户	二七七六〇〇〇	兴记里二二号	刘华甫	五二	黄陂	懋华经理	乔家巷二六号
染坊业公会	七七户	三九五五〇〇〇	长堤街三三九号	涂礼臣	五五		漂泰祥经理	大水兰巷十二号
煤业公会	三二二户	二二六五〇〇〇〇	乔家巷子二号	高坤山	四六	汉阳	陈春成经理	汉景街三八号
药材号业公会	二二户	八三〇〇〇〇〇	药王庙四号	陈春亭	五三		陈春记经理	万顺巷二号
山货行业公会	一四四户	五五〇六〇〇〇	大火巷山货公所	张福卿	四九	汉川	张福隆经理	沈家庙河街二一
中外纸业公会	一一五户	二三〇〇五〇〇〇	汉中街存仁巷	蓝熙周	六六	汉阳	蓝金秀经理	汉正街七四〇号
杂货行业公会	一五户	四七〇〇〇〇〇	小光街贻寿里一号	舒子寿	四八	黄冈	永泰经理	小光街贻寿里二号
水土果业公会	四五户	二三一〇〇〇〇	老官庙厚善里九	叶瑞安	四二	汉阳	永茂详经理	小新码头
参燕业公会	三〇户	一二六〇〇〇〇	汉正街□□□□□	蔡国桢	五二	孝感	元泰经理	统一街□□号
茶叶店业公会	四七户	九〇九〇〇〇〇	杨子□巷二五号	俞东如	四〇	汉阳	天生裱店东	汉正街五六五号

（续表）

业别	会员数	资本总额	会址	主席姓名	年龄	籍贯	职业	住址
新药业公会	六八户	九七五〇〇〇〇	新安市场庆德堂内	许敬之	三七	安徽	益达经理	延昌里六号
丝绸行业公会	九户	一七五〇〇〇〇	三皇殿一号	胡筱轩	四二		森昌仁经理	三皇殿八号
清茶业公会	一九一户	二四三八五〇〇	老官庙厚善里	冷耀卿	四六	汉阳	安乐社经理	利济巷一〇五号
五金业公会	六六户	五二六〇〇〇〇	青芬三路□□里三号	林博齐	五二	黄冈	义协昌经理	棉花街一五〇号
华洋桶篓油米制炼业公会			联怡里三一号	张梓樵	三二	汉阳	张□记经理	联怡里三一号
油监业公会	六七户	二三三三〇〇〇〇	火炎街广合巷十号	夏汉卿	四八	南京	复□经理	民族路一七五号
面粉煤油火柴业公会	二七五户	六四二四〇〇〇〇	天钦村二号	刘南陵	三六	汉阳	福昌经理	汉正街八二一号
皮业公会	八七户	五四一〇〇〇〇	洋台子巷皮业公所	张幼泉	四七	同上	义茂隆经理	协和里三号
电料业公会	一〇七户	八〇九〇〇〇〇	太和桥堤街九七号	廖荣甫	四二	武昌	荣□经理	水心□□四号
营造业公会	一二四户	二三九四〇〇〇〇		鲁方才	六六	同上	汉兴昌经理	鄱阳街四二号
牛奶业公会	五七户	六五八五〇〇〇		康当华	六八	汉阳	康锦□经理	汉阳月湖街七三
广货业公会	一七一户	一二六八五〇〇〇		周仲臣	五二	汉阳	周祥兴经理	汉正街二六八号
酒酱业公会	四五户	一三二二五〇〇〇	汉正街二二五号	陈培生	四九	浙江	朱岳盛经理	后花楼六五号
青红砖瓦业公会	三二户	五六五〇〇〇		周继廷	五一	黄冈	周义盛经理	沈家庙四三号
棉花行业公会	一一户	三五四〇〇〇〇	五桂巷	龙藻堂	五一	汉川	德泰经理	英文楚报馆三楼

（续表）

业别	会员数	资本总额	会址	主席姓名	年龄	籍贯	职业	住址
鞭炮业公会	二九户	一二七八〇〇〇	长堤街	白智臣	六六	黄陂	白万和经理	汉正街七一三号
新式皮件皮鞋业公会	一二九户	一三二八四〇〇〇		张筱南	三〇	武昌	拔佳经理	江汉路
华泽百货业公会	四一户	一八二一〇〇〇〇	文华里	刘福廷	五〇	黄陂	义记经理	特□区文叶里
转运业公会	三三户	四一八〇〇〇〇〇	五桂巷二十号	王文卿	四八	汉阳	中兴经理	大夹街三一三号
鞋帽洋广货业公会	一三户	四七〇〇〇〇〇	惠安里十一号	萧行轩	五九	同上	广生祥经理	汉正街二四四号
米粮店业公会	九六户	五三九一五〇〇		陈云峰	四八	同上	义大昌经理	汉正街八一二号
茶叶行业公会	一八户	六二〇〇〇〇〇		陈佑卿	四八	同上	□生荣经理	小尖街一〇三号
玻璃搪瓷料器业公会	七八户	六二五五〇〇〇	万寿街五一号	李哲诚	二八	同上	洪盛经理	花楼街
汽车运输业公会	一九户	一二二〇〇〇〇〇		周大东	三六	上海	汉口汽车行经理	天智路二三□号
销□业甲组	二六户	二四九〇〇〇〇〇	□□街					
销□业乙组	二□二户	八九〇五〇〇〇〇	怡和街					
番业公会	二〇户	二一八〇〇〇〇	□□巷□□□□□	章寔逢	四二	黄陂	楚文经理	花楼街二五七号
脚踏车业公会	九九户	二一四六〇〇〇		萧□卿	五三	汉口	静心经理	文□街五四四号
制茶业公会	一一户	四八〇〇〇〇〇〇		王武刚	五三	汉阳	武汉制茶公司	江汉路五〇号
五金机器业公会	一六五户	七三七三一〇〇		彭□齐	五〇	黄陂	普□经理	大夹街三六号

（续表）

业别	会员数	资本总额	会址	主席姓名	年龄	籍贯	职业	住址
家具业公会	五一户	一〇二三〇〇〇〇		邵□友	五四	浙江	□昌经理	花楼街三七八号
帽业公会	五四户	四四七〇〇〇〇		夏海卿	五〇	黄陂	□□□经理	统一街三六八号
杂货贩卖业公会	一〇八户	一一四六〇〇〇〇		田锡堂	四七	武昌	云昌经理	特三区元和里二号
矿坊业公会	一〇三户	四六一五〇〇〇		邬香甫	四七	鄂城	邬□□经理	汉中路仁存里十五

汉口特别市商会各同业公会筹备会一览表　　民国三十年　月　日制

业别	会员人数	资本总额数	会址	筹备主任姓名	年龄	籍贯	职业	住址
石膏业筹备会	四〇户	二一五〇〇〇〇	利济巷二二□巷	彭湖泉	四四	黄陂	彭□□经理	□义巷三号
枪□业筹备会	九〇户	二一四四〇〇〇〇		陈□□	四七	武昌	□□经理	汉正街二四号
猪行业筹备会	二二户	一七七〇〇〇〇	□□□长□公所	胡少庆	五八	黄陂	□□□经理	□□□□号
国药业筹备会	三八户	一九八六〇〇〇〇	长堤街七五八号	□□□	四六	汉阳	□□经理	□□楼九二号
药材行业筹备会	十户	一〇二〇〇〇〇	三皇殿□	刘□□	四七	黄陂	协□成经理	沈家庙□街二九
梳篦剪刀业筹备会	一四户	四三九〇〇〇		茅春亭	五〇	武昌	九□经理	汉正街二四六号
药油山货行业筹备会	二〇户	一六二〇〇〇〇	紫□巷十一号	吴□东	四一	黄陂	永盛□经理	紫□巷七号
□药业筹备会	二九户	二〇二〇〇〇〇	沈家庙河街六七	王振先	二七	咸宁	王□典经理	沈家庙河街六七
制造□度业筹备会	三〇户	五六四〇〇〇		余□泉	四八	黄陂	□□□经理	永宁街二号
□烟业筹备会	二一户	一五〇五〇〇〇	王□堂燕山巷一九二号	郑庆云	五二	安徽	□瑞和店主	长堤街六□五号

（续表）

业别	会员人数	资本总额数	会址	筹备主任姓名	年龄	籍贯	职业	住址
□鸣行业筹备会	十□户	四九〇〇〇〇	□□	陈堂皆	四一	孝感	同兴祥□□	大江家院□□□
照相业筹备会	一〇八户	四〇五六〇〇〇	天钦村二号	左用甫	四二	汉阳	清充经理	三官巷六号
油饼行业筹备会	七户	三五〇〇〇〇		曾彬臣	五八	武昌	洪盛新经理	中华区艺和里
金银首饰业筹备会	三户	二八二〇〇〇〇		周赞卿			老天宝经理	法租界
药材店业筹备会	一六户	三九一〇〇〇〇		项文卿	三八	汉阳	复眷经理	九如巷十一号
棉絮卷花业筹备会	二二户	一四七〇〇〇〇		周青嵩	五〇	湖南	□□□经理	花楼街一四号
绸缎业筹备会	三一户	二五〇〇〇〇〇〇	天钦村四号	徐炽卿	六一	江苏	美利经理	天□□四号
铁业筹备会	九户	三〇〇〇〇〇〇		杨瀛测	二二	汉阳	和成经理	西堤街四七号
熏皮业筹备会				曾燽堂	四五	汉阳	会恒发经理	八甬街一一〇号
匹头贩运业筹备会	五六户	法币一八〇〇〇〇〇〇 日金七七二〇〇〇〇〇		李松光	四六	孝感	永利经理	□□里十六号
蛋业筹备会	六三户	六三八〇〇〇〇		胡锦山	二八	黄陂	合记经理	汉正街一二二四号
毛巾业筹备会				顿立齐	二二	汉阳	顿立记经理	汉正街二四四号
酒店业筹备会	一一户	一〇一〇〇〇〇		韩□□	五一	河北	□□□经理	民族路□七号
肥皂制造业筹备会				田文霆	五四	黄陂	祥大经理	汉正街一八七号
草帽席簟毡货业筹备会	二八户	四五九〇〇〇〇		徐霁岑	五八	山东	□□经理	汉正街二八七号

（续表）

业别	会员人数	资本总额数	会址	筹备主任姓名	年龄	籍贯	职业	住址
机磨面粉业筹备会				林美九			券东经理	汉正街一三四号
瓷器业筹备会	七户	二四〇〇〇〇〇		余渊亭	五九	江西	祜盛仁经理	汉正街九八号
洋服业筹备会	七户	六四五〇〇〇〇		李世堂	三八	宁波	利记经理	保华街二八号

汉口特别市商会各业单独业会员一览表　　民国三十年　月　日制

公司及商店牌名	会员姓名	年龄	籍贯	资本额	商店职务	住址	附注
鼎新公司国内外贸易业	李桂□	四二	鄂城	三〇〇〇〇〇〇〇	经理	特区一总街五号	
三诚公司杂粮杂货业	姚维章	五一	鄞县	一〇〇〇〇〇〇〇	同上	杨子街钦一里六号	
福记茯苓行业	周汉禀	五二	汉口	一〇〇〇〇〇	同上	大哄码头同兴巷四号	
博恒格茯苓行业	傅克刚	五八	英山	一〇〇〇〇〇	同上	□□巷□□巷五号	
谦泰益合记茯苓行业	周焕齐	六五	麻城	一五〇〇〇〇	同上	日华区黄白里□号	
新全山洗染店业	董莲夫	四九	绍兴	二〇〇〇〇	同上	大夹街	
云龙洗染店业		同上	同上	一五〇〇〇	同上	统一街 5 号	
孙永盛焕记陶器业	孙贤	五〇	汉口	三〇〇〇〇	同上	汉水街	
万泰公陶器业	王华山	六二	黄冈	三〇〇〇〇	同上	汉水街三九一号	
复兴堆栈业	王依平	三三	汉阳	一〇〇〇〇〇〇	同上	汉水街二〇二号	
福源盛橘饼业	雷天一	五二	江西	二〇〇〇〇〇	同上	小尖街五一号	
义记泥铖业	朱□□	四九	上海	二〇〇〇〇〇〇	同上	□抬里二四号	
义协祥桐皮油业	朱振钧	四一	□县	三〇〇〇〇〇	同上	汉润里四二号	
瑞泰昌蚌壳扣料	李庆余	五五	镇江	一〇〇〇〇〇〇	同上	安定巷五一号	
广成和冶坊业	姚希贤	四二	汉阳	一〇〇〇〇〇〇	同上	□河街二五六号	
苏恒泰水□雨伞	苏荫泉	四二	长沙	一一一〇〇〇〇	同上	湖东巷一三号	
宏昌皮货业	王文连	四五	□南	二〇〇〇〇〇	同上	汉润里七号	
白敬宇服药业	侯希甫	三八	定县	六〇〇〇〇〇	同上	汉润里一二号	
桐凤眷花粉绒球业	李树棠	六三	孝感	二〇〇〇〇	同上	□□街二六八号	
友益肥皂业	黎海峰	五六	浏阳	一五〇〇〇	同上	汉正街□□七〇号	
公信榨坊业	陈戒二	四一	汉阳	五〇〇〇〇〇〇	同上	汉□街五□九七二号	
顺大福记木厂业	沈儒长	五六	武昌	一〇〇〇〇〇〇	同上	汉□街□□号	

（续表）

公司及商店牌名	会员姓名	年龄	籍贯	资本额	商店职务	住址	附注
顺丰安记机器油饼□	陈国安	四一	黄陂	二〇〇〇〇〇	经理	汉正街七八九号	
远东公司□□□□□贸易	唐远□	六二	汉阳	一〇〇〇〇〇〇	同上	鄱阳街	
鸿泰济记典业	邓济之 杨华庭	五四 四九	江西 武昌	三〇〇〇〇〇〇	同上	汉润里一五号	

已登记尚未组织筹备会各业

业别	户数	资本	备改
印染花布业	二四户	二四九〇〇〇〇	
红绿黄纸业	一二户	二一〇〇〇〇	
印刷业	二一户	八三〇〇〇〇	
民船业	九户	一九三〇〇〇	

（119-126-8：1-7）

1942 年

1 月

1.社会局整理各商业公会

（1942 年 1 月 1 日）

省府一年来工作概况　社会局　整理各商业公会

汉市商会系于去年正式成立，本年成立各业公会七十四同业公会，筹备会二十四。

（《大楚报》）

2.讨论合作社规程股份商会昨召联会

（1942 年 1 月 1 日）

讨论合作社规程股份商会昨召联会　并商得中江银行代收股款

本报讯　市商会于昨（三十一）日下午三时开第四次执监联席会，除报告外，并有重要讨论案二件：一、关于汉口合作社规程案，本会已加具意见，请逐条讨论后，以便汇陈当局采纳。二、各业对汉口合作社所应认股份，业已分别函知。关于缴款日期及收款方式，应即决定案。

又讯　市商会为汉口合作社认股事宜经迭经开会，并作最后确定，各情已迭详本报。昨悉除将认股多少分知各同业公会知照外，至收股款部分，业已商得中江实业银行为代收股款之处，刻正印制股款收单，一俟就绪，再行通知各业定期缴纳股款云。

（《武汉报》）

3.汉口特别市商会为核实钱庄业公会认股商家致钱庄业公会

（1942 年 1 月 6 日）

敬启者，案准三十年十二月二十九日台函以汉口合作社认股一案，所派敝业为八百七十股,计捌万柒千元,此项数额在贵会系按照登记案由各钱庄五十八家所派定。兹查内有公济、肇康、合兴、连成福记等四家,早经陈报收歇,并由财政局发还保证金给领在卷。计只五十四家,嗣又加入集裕、中和、德裕等三家(在申请许可中),综计先后实有五十七家,合再报请查核为荷。

此致

汉口特别市商会

(会戳)启

4.汉口合作社各业股份市商会限期缴纳半额

(1942 年 1 月 7 日)

本报讯　市商会为汉口合作社之认股事宜,经于客年十二月二十七日召集各业同业公会,作最后认股之确定,并经张市长莅会说明现代之需要及合作之权益,各情经详本报。顷悉于新年献岁后,昨市商会以股额已渐次告齐,特函知各业于本月十日,将所认股额全部十分之五,先行于该日起缴由中江银行代收制取收据,以为将来换领股票云。

(《武汉报》)

5.汉口特别市政府为缮具各业公会对于设立汉口合作社意见呈复令商会主席李鼎安

(1942 年 1 月 14 日)

呈件均悉。准予备查,此令。

市长张仁蠡

6.中交破旧法币不得拒用

(1942 年 1 月 15 日)

本报讯　市政府案据市商会呈称,本市破旧法币充斥市面,但中交各银行均已停业,致该项法币无处调换。若商人拒绝使用,影响金融,拟请饬属布告商民,对于十元、五元旧法币虽已破烂而未达不堪使用程度者,仍照常通用,不得有折扣或拒绝收受情事,以免人民蒙受以外损失等情。兹悉市府据呈后,业经令饬财政局、警察局会同布告商民人等一体遵照云。

(《武汉报》)

7.汉口特别市商会为函送汉口合作社股款收据致中江实业银行

(1942 年 1 月 16 日)

案查,汉口合作社股款收据,前经本会制就三百张(自汉字第一号起至第三百号止),计三本函送贵所誊收备用在卷。兹再制就上项收据五百张(自汉字第三百零一号起至第八百号止),计五本,一并送请誊收,并希赐予收条,存查为荷。

此致

中江实业银行

（会戳）启

8.讨论改订面粉售价案　市商会昨开执委会议

（1942 年 1 月 17 日）

本报讯　市商会于昨（十六）日下午三时开执委会议，同时对于日常必需品价格亦有所论，列讨论例行案件如下：

一、鸭行业组织公会一案，已遵照第十八次执行委员会议之决议，再派调查员胡茂珊详查具报前来，兹将该员报告调查情形之签呈，提请讨论应否准其组织案。

二、磨坊业同业公会呈以该业售面价目，拟遵照当局上年十二月十五日所审定之日用必需品，价格一览表上面粉类杂牌最高价格之规定，每市秤百斤改售军票三十五元请予备案，并转请各有关机关备查等情，应如何办理请讨论案。

（《武汉报》）

9.市商会今召各业议日需物资

（1942 年 1 月 18 日）

本报讯　市商会以奉物资统制委员会紧急通知，饬即召集各公会负责人开谈话会，报告各种物价，以便规定公平价格。因是该会订于今（十八）日下午新钟二时，开各业负责人谈话会，并附具填写价格表，嘱各业开具详单到会以便参加起见，否则一经规定即无再行陈述之机会，其应行之日用必需品名目亦经详列，共二十一大类至品名。俟公定价格时，再行一并刊载。

（《武汉报》）

10.市商会昨召集各业呈报日需物价

（1942 年 1 月 19 日）

市商会昨召集各业呈报日需物价　日内即呈统委会审核公定

本报讯　市物价统委会，为期安定武汉三镇民生，并使各业于合理利润之下，导引日常必需品各项价目于正轨，祛除囤积居奇操纵之弊，经令由市商会迅于召集各经营有关日常必需品各业，详确报告，以凭审核公定，各情已详本报。市商会奉令昨特假星期日召集各业对于前述各情举行商讨，并由粮食管理局长徐养之、社会局长王锦霞及王桂森科长出席指示，统制之意义在安定民生，呈报价格应本乎合理的利润。该会李主席鼎安及常委亦均列席参加，到各公会代表五十余人，嗣由徐局长按照所列日需品之各业分别详细咨询，如现时产地价格，经过运费捐税，斤量多寡比较，综合成本卖价之利润，筹码换算之关系，无不详为研讨追尽。预作假定之价目以俟汇齐日内，即赍呈统委会审核公定，其类别俟公定价格时商行刊载。

（《武汉报》）

11.省会商会一起组织解放战后援委员会

（1942 年 1 月 20 日）

大东亚战争爆发伊始，友邦日本屡创赫赫战绩，香港、马尼拉相继攻陷，新加坡亦将指日可破，英美帝国主义在侵略东亚之根据地，丧失殆尽，湖北省商会、各业同业公会、省师同学会、律师公会、车夫工会等团体为协力日本作战起见，特发起组织“大东亚战争湖北省会民众后援委员会”，据闻日内即将召开筹备会议。

（《大楚报》）

12.市商会通知各业限明缴行佣说明

（1942 年 1 月 21 日）

市商会通知各业限明缴行佣说明　汇呈审核日需物价

本报讯　市商会于前（十八）日召集各业谈话，按照物价统制办法，责由各有关日常生活必需品之业务，呈报各项货物价目，以便汇呈统委会审核公定。昨该会据查各业呈报，其间如产地价格，经运之捐税缴费，市行佣以至如成本殊乏构成之说明理由似欠，特再紧急通知各业，务希对于某一物品如前述各情加以构成说明之理由，期于审核时醒目，一面稽延，并限于明（廿二）日一律汇齐云。

（《武汉报》）

13.敌系仓栈存货　各商纷呈请提取

（1942 年 1 月 23 日）

敌系仓栈存货　各商纷呈请提取　昨商会呈准市府转商关系当局

本报讯　自大东亚战争爆发于十二月八日以还，此间当局为清除敌系残存之经济势力，依国际法均予保管，同时对国人之存放货物于各该敌系货仓栈者，则予以登记以示区别。近日以来，一般商人（存放货物者）以旧历年关结束在即及清洁往来彼此间手续，均纷纷向市商会请转向当局，恳求予以提取已登记货物之便利，此情昨经李鼎安主席面谒，张市长呈述经过，已蒙市长面准，转将前述经过情形，向关系当局商洽，必可获致圆满结果云。

（《武汉报》）

14.昨日举行筹备会　由商会召各法团联合组织

（1942 年 1 月 23 日）

大东亚战争鄂民献金委会昨日举行筹备会　由商会召各法团联合组织　决定团体学校人民献纳法

本报讯　湖北省宣传处为发动鄂省民众献金，特于昨日下午二时在省府大礼堂举行献金大会筹备会。出席者吕宣传处长、陈秘书主任、吴事业科长、东青联盟市分会王祥生、县分会董有志、省社运会陈人杰、市政处刘邦标等十余人，开会后首由吕主席报告开会意义，继即讨论，决定设立大东亚战争湖北省会民众献金委员会，会址设于湖北省商会内，由商会召集各法团联合组织，各行政机关则指导监督并宣传献金意义，并定于短期内举行成立大会，同时组织检查组，献金种类，凡铜、铅、铝、锡等废旧物品皆可献纳。献纳手续：一、人民团体会员纳献金属者送由各该管团体汇交委员会。二、学生献纳金属者送由各该校汇交委员会。三、普通人民献纳金属者，送由各该管警察分局署所汇交委员会云。

（《武汉报》）

15.汉口特别市纱业同业公会公函

（1942 年 1 月 23 日）

纱字第 50 号

案查，敝会三十年度制发之圆形蓝底白字会员证章曾经配发各同业会员佩用，并于上年五月十四日检同式样函请分别存转备查各在卷，兹以是项证章使用颇久，遗失过多且不合规定，自应声明一律作废，除通知全体会员严禁佩用并由会遵照格式另制横长方形证章应用再行函请分别存转备查外，相应函请大会查照备案，分别转请备查为荷！

此致

汉口特别市商会主席　李

主席　唐兰樵

16.汉口特别市商会为更换会员证事由致汉口特别市纱业同业公会

（1942 年 1 月 24 日）

案准，贵会来函以前制发会员图形证章因不合规定已经作废，拟遵照现定格式另制分发佩用，请予备查并特报等由。旧证章作废自应备查，俟新证章样式检送过会再行特报查照，连将新制证章赶造送会，以便核查。

此致

汉口特别市纱业同业公会

（会戳）启

17.汉口特别市商会为汉口合作社股款事件召集各公会商店负责人谈话会

（1942 年 1 月 26 日）

时间：民国三十一年元月二十六日下午三时

地点：本会三楼

事由：催缴汉口合作社股款事件

	公会或商店名称	出席人姓名
1	印刷业	陈献珍
2	油盐业	夏汉卿
3	肥皂制造业	田春霆(萧翼升代)
4	家具业	邵耕友
5	茯苓行业	傅载秋代表

18.天松祥纱号为荣昌欠款日钞一百六十元,请转知偿或扣抵,并希赐复由

(1942 年 1 月 20 日)

谨启者,缘小记于上月卅一日在茶会上交割期间有荣昌纱号经手王少卿君与小记交割时宝欠小记日钞壹百陆拾元正宝,因欠款不足不能□□□当向贵会陈、曾、刘三君声明允为负责,乃随时办理手续无如该号至今未能清债,并闻该号无意营业,理合将实在情形函请贵会转知该号即将欠款偿还,以清手续,万一不允,请由在该荣昌纱号寄在保证金内扣除抵偿以维商艰,并希赐复□肃奉恳。

谨呈

纱业公会交换组曾主任鉴核

天松祥书柬谨启

元月廿日

笺函:径启,此接准会员天松祥纱号函开:缘小记云函并希赐复等因,到会查王少卿君在交换场上出席系宝号所委托,今与同业间既发生货款纠纷,本会自当受理曾经一再召开评判会议,进行调解,既料贵经理竟置之不理无人出席,殊属不合,且可关商信责有攸归相当录函转达即希查照办理,即日见后以□校转为荷。

此致

荣昌宝号袁揽为先生

(会奉)启

一月廿八日

(119-15-39:3-6)

19.荣昌纱号为函复王少卿君与天松祥,乃渠私人手,敝号碍难过问无法负责,即祈查核由

(1942 年 1 月 29 日)

□□者,顷准贵会元月二十八日函开:略称天松祥纱号与王少卿君交割欠款一事,该纱号荣昌为其偿还一节等因,因敝号在场交换均系盖印为凭,今王少卿君与天松祥乃渠私人手续与该号毫无关系,敝号碍难过问无法负责。事关敝号信誉,即祈查核为荷。

此上

纱业公会兰樵主席

谨启

元月廿九日

（119-15-39:7）

20.堆存敌仓库货物登记者可望发还

（1942 年 1 月 29 日）

堆存敌仓库货物登记者可望发还　市商会录货主品名呈当局审核

自大东亚战争爆发以来，所封闭敌性仓库之中，颇多为国人事变前堆存之货物。商人以货物为命账，一旦丧失货物，即无以营业，谋生更受困难。当局有鉴于此，爰于前令饬办理登记，惟以时届近年终结算期，各商亟待搬运出栈，以使交割了结，故经先后呈请准予搬运者为数极多。市商会特分途向各有关方面商请，日前已获得圆满结果并令商会将已申告登记者，经速抄录货主、品名、件数及堆存仓栈等呈核，商会遵令，经赶办之下，已于日昨送呈，俟核定后发还。

（《大楚报》）

21.市商会议定各业向中江借款办法

（1942 年 1 月 30 日）

市商会介绍各业分认汉口合作社股据向中江实业银行借款暂行办法，共计十条。业经昨该会第六次执监联席会议通过款及月息六厘，三月以转已祥前讯，不在细述外，共对于扣除息金之一项，规定：凡在借款期内，各借款之公会，商店应得之汉口合作社年利及回佣，均由中江代领，扣作息金多退少补。

（《大楚报》）

22.汉口市商会介绍各业向中江借款暂行办法

（1942 年 1 月 31 日）

汉口市商会介绍各业向中江借款暂行办法

一、已缴足所摊认汉口合作社半数股本之各同业公会，各筹备会或其会员商店，各单独业商店，如需款项周转时，得以股款收据为担保品，由市商会介绍保证，向中江实业银行借款。

二、市商会介绍及保证方法，由市商会与中江实业银行双方协订之。

三、借款数目，不得超过已缴股款百分之八十。

四、借款利率为月息六厘。

五、借款期限暂定为三个月，届期不能清偿者得由借款会店，先将利息付清，申请市商会，转商中江实业银行转期。

六、借款户名须与股款收据之户名相符。

七、借款手续先由各公会主席及常务委员，各筹备会筹备主任及筹备员，各单独业商店主或经理人向市商会出具保证书,请求转向中江实业银行保证后,再持股款收据,径向中江实业银行照普通有价证券借款手续办理。

八、在借款期内,如汉口合作社填发股券时,由市商会通知借款会店会同中江实业银行主管人员领取,仍交中江实业银行存作担保品,并将原股款收据注销。

九、在借款期内,各借款会店应得之汉口合作社年利及回佣,均由中江实业银行代为领取,扣作息金,多退少补。

十、本办法如有未尽事宜随时增订修改。

(《大楚报》)

23.汉口合作社缴纳股款限期届满　市商会修正通知各业查照

(1942 年 1 月 31 日)

汉口合作社缴纳股款限期届满　向中江银行借款办法市商会修正通知各业查照

本报讯　市商会对于各业分认汉口合作社股份事宜,因奉令提前赶办竣事,经于本月二十六日召集各业谈话,详细说明。并将向中江实业银行,接洽以股款收据为凭,各个周转可资息借各情,促未缴之各业务以权利所在,迅于本月三十日缴齐以免将来自贻向隅,各情已详本报。兹悉该会以缴款限期(今日)业经届满,特拟定介绍向中江实业银行借款暂行办法共十条,提经前(二十九)日执监联席会议修正,昨特通知各业查照,兹将修正办法列后:

汉口特别市商会介绍各业向中江实业银行借款暂行办法

第一条　已缴足所摊认汉口合作社半数股本之各同业公会,各筹备会或其会员商店,各单独业商店,如需款项周转时,得以股款收据为担保品,由市商会介绍保证,向中江实业银行借款。

第二条　市商会介绍及保证方法,由市商会与中江实业银行双方协订之。

第三条　借款数目,不得超过已缴股款百分之八十。

第四条　借款利率为月息六厘。

第五条　借款期限暂定为三个月,届期不能清偿者得由借款会店,先将利息付清,申请市商会转商中江实业银行转期。

第六条　借款户名须与股款收据之户名相符。

第七条　借款手续先由各公会主席及常务委员、各筹备会筹备主任及筹备员、各单独业商店主或经理人向市商会出具保证书,请求转向中江实业银行保证后,再持股款收据,径向中江实业银行照普通有价证券借款手续办理。

第八条　在借款期内,如汉口合作社填发股券时,由市商会通知借款会店会同中江实业银行主管人员领取,仍交中江实业银行存作担保品,并将原股款收据注销。

第九条　在借款期内,各借款会店应得之汉口合作社年利及回佣,均由中江实业银行代为领取,扣作息金,多退少补。

第十条　本办法如有未尽事宜随时增订修改。

(《武汉报》)

2 月

1.商会设经济调查处
(1942 年 2 月 5 日)

商会设经济调查处　处长派刘以仁担任

调查物资与物价其责任殊为繁重,设不使负责有人,则难得其要领及梗概。市商会有鉴于此,乃有筹设经济调查处之举。昨讯该处处长已派定为刘以仁氏担任,并负责筹备事宜定近期内正式成立。

(《大楚报》)

2.市商会增设经济调查处
(1942 年 2 月 6 日)

本报讯　市商会顷以本市位居长江中游,为土产舶来货品交替之总汇,益以现今新时代之经济,已步入统制阶段,爰本协力政府之旨,对于如需给之调节,物价统制之推行,各事项要皆须有精确之调查,始克奏效。经于内部增设经济调查处(设于商会二楼),昨已开始筹备,并由该会秘书刘以仁担任处长一席云。

(《武汉报》)

3.市商会今召执监联会　社运会昨通令争议仲裁法
(1942 年 2 月 7 日)

本报讯　关于劳资争议事件,市社运分会爰依照仲裁法第十六条之规定,昨通令市商会推派四十八人为仲裁,仰遵照办理云。

又讯　市商会今日召集执监联席会,即席并开小组会,商讨昨年所议向中江借款借资繁荣商业之事宜云。

(《武汉报》)

4.繁荣市面向中江借款　商会推定负责人选
(1942 年 2 月 8 日)

繁荣市面向中江借款　商会推定负责人选

为调剂市面,促进市场繁荣,市商会爰向中江实业银行借款之举,详情曾□□□,其后虽经数度磋商,旋因故妥议。日昨市商会循例召开执监联席会议,因人数不足,临时改为谈话会,对借款问题提出商榷。当经议定推该会涂常务委员为起草委员会主任委员,负责起草各个会员借款细则,并定期后(九)日由涂主任委员向中江方面商洽借款手续,同时当经推定者,另有委员五人。

(《大楚报》)

5.市商会函各业公会协力经济调查

(1942 年 2 月 10 日)

市商会函各业公会协力经济调查　今召各业商缴股款问题

本报讯　市商会于日前成立经济调查处,以还工作,颇形忙碌。兹悉该处为便于调查工作起见,特拟立通函,周知各业公会。嗣后如遇该处调查经济时,希于接洽与协力,以期对于工作之完善云。

又讯　市商会为调剂市面及繁荣商业,同时对于汉口合作社所认股款。据中江实业银行代收函告已达三十二万元,其间相差之数已缴未足或未缴者,期于结束之前,彻底予以分析,因是定于今(十)日上午十时,召集各业负责人举行谈话,商讨前述两重要问题之处理办法云。

(《武汉报》)

6.市商会扩充事业费用开征货运许可手续费

(1942 年 2 月 14 日)

本报讯　市商会自于昨年奉令办理商人申请搬出物品许可证以来,成绩颇为良好。迭以纸张需用浩繁,经费无从开支,经拟定于本年二月二十日起,嗣后按照许可物品价格总金额征收手续费百分之一,以便扩充商会事业经费之用,至所有搬出许可证书用纸费每份日金一角则仍旧收取。此项措施,业已呈奉当局准予实行,同时并转知各业商店知照云。

(《武汉报》)

7.汉口特别市商会因参加汉口特别市民众庆祝大会致汉口特别市各业同业公会函

(1942 年 2 月 16 日)

案奉汉口特别市社会运动指导委员会紧急通知,以庆祝光复星加坡,建设大东亚,汉口特别市民众庆祝大会定于本月十九日下午新钟三时,在本会市中山公园举行,饬转知各公会派员踊跃参加,等因。自应遵办处分函外,相应函达贵会查照,务希于是日下午二时(新钟)派员三人前来本会二楼集合以便整队同往,事关重要,万毋延误为盼。

此致

汉口特别市　业同业公会

汉口特别市商会　启

保卫东亚纪念日社团人员第四次集训表

时间	地点	训导人	受训人数	备注
下午十时	社运会	社运会正副主任	各社团代表四十五人	
下午三时	农筹会	该会筹委	三十人	
下午三时	工整会	该会整委	六十人	
下午三时	商会	该会主席	二十人	
下午三时	善堂联合会	该会理事长	四十人	
下午三时	红十字会	该会会长	四十人	
下午三时	私塾教育研究会	该会委员	二十人	
下午三时	花楼街公益会	该会理事长	二十人	
下午三时	匹头贩运业同业公会	该会理事长	三十人	
下午三时	布匹店业同业公会	该会理事长	二十人	
下午三时	海味糖盐业同业公会	该会理事长	三十人	
下午三时	洋服业同业公会	该会理事长	二十人	
下午三时	纱业同业公会	该会理事长	二十人	
下午三时	旅栈业公会	该会常理	二十人	
下午三时	放运水牛业公会	该会常理	三十人	
下午三时	酒饭食管业公会	该会常理	三十人	
下午三时	中药炮制业工会	该会常理	二十人	
下午三时	洪兴正义会	该会筹委	二十人	

8. 市商会经济调查处函纱业公会为订于二月二十一日下午三时开座谈会敬祈台端准时参加由

（1942 年 2 月 19 日）

径启者，本处奉谕调查本市现时物资情形，俾作将来调剂盈虚，以谋经济在合理化上逐渐发展之基础，爰特订于二月二十一日（星期六）午后新钟三时在本会三楼会议厅开座谈会并备茶点竭诚招待。敬祈台端准时莅临参加，不胜念祷。相应函达，即希查照为荷。

此致

纱业公会主席唐

汉口特别市商会经济调查处启

卅一年二月十九日

（119-15-36：8-10）

9. 市商会为函请转知春顺于本月二十五日以前携带证据来会补行登记由

（1942 年 2 月 24 日）

案准贵会函送会员春顺纱号存栈被封货物登记表三份到会，嘱查照并案办理等由，查□理此类案件前奉市政府检发通告下会，业经函达在卷，准函前由，□□□□□，函请查照转知春顺纱号于本月二十五日以前携带证据来会补行登记，以凭备办。

此致

本市纱业同业公会

附市政府通告一份。

汉口特别市商会

汉口市政府通告：案查中国人寄存英美仓库货物登记一案，业经办理完了，兹准军特务部来函对于该项寄存货物规定处理办法两项合亟通告，仰向本市商会办理申请手续，一经筹齐由本府转送军特务部为要。

计开：

一、在去年九月二十日以前已登记之物资证据虽经认为悉正当之物，而于军方必要时即以军规定价额征发之，于军方不需时准予□出运搬日期另示。

二、对于在去年九月二十日以前未登记之物资以没收为原则，而认为有不得已之情事者根据文书证据调查之后进前项征发之，或准予运搬，但须于今年二月二十五日以前速为，经由市政府回汉口军特务部申请。

中华民国三十一年二月十八日

（119-15-54：003-007）

10.汉口市商会为经济紧急措施方案致汉口市各业同业公会函

(1942 年 2 月 21 日)

案奉二、卅二收湖北省政府省财三特字第 3542 巧代电开:奉行政院丑筱从伍电开,国防最高委员会第(218)次常会决议指定经济紧急措施方案,其内容兹摘要分示如次:(1)即日禁止黄金条块金饰之买卖,违者没收充公;(2)即日禁止外国币券之流通与买卖,违者没收充公;(3)在经济紧急措施时期之内,禁止闭厂罢工;(4)禁止投机垄断或其他操纵行为;(5)原定非常时期取缔日用重要物品囤积居奇办法,应严格继续执行,违者除没收其囤积之物品外,并依该办法及(27)年府令公布之非常时期农矿工商管理条例从严处罚;(6)各省市地方政府应负责监督经营日用必需物品之行号,遵行政府政策,供应社会需要;(7)工商行税出售民生日用亟需品,不得超过公布价格,并不得囤积,延不供应,违者以扰乱市场论罪,从重惩处。各项紧急措施详细办法,另航寄发外,将先电仰遵照办理,并于一周内电报备查。等因,奉此。自应遵办除分电并布告周知外,合亟电仰遵照切实办理,仍将遵办情形随时报核为要。等因,奉此,除分行外相应函希查照,转知切实遵办,并随时报会凭转为盼。

此致

汉口市各业同业公会

汉口市商会启

11.市商会经济调查处重编各业会员名称

(1942 年 2 月 27 日)

本报讯　市商会经济调查处,以当兹旧历新正。各业间会员、商店不免有停业或新股东参加营业情事,以是现拟分别重行编造该项名称,借收接洽之便利,并印就表册一种,附函送达各业公会转知会员查照,从速填就,径送该处,以便汇编。再嗣后如遇有停业,或新股东参加及迁移地址等情事,除报市商会存转外,并希各业公会随时通知该处云。

(《武汉报》)

12.武汉经济统制事务处为增收临时通行证工本费令市食品杂货业公会

(1942 年 2 月 27 日)

查本处前为谋配给物资移动之便利起见,曾经制定甲乙两种配给物资临时通行证,自本月十六日起实行填发,业由经统字第四五一号令饬知在案。惟自实行以来,每日申请发给者为数伙,其所需纸张印刷工料成本积日弥多,势将成为巨额之支出。兹规定自三月一日起,凡由申请者请求填发此项临时通行证时,每一份□□□□□□□金五分,以资抵补。除布告暨分行外,合亟令仰查照,转知所属各组合员、各会员一体遵照为要。此令!

处长　孔楚材

3 月

1.各业申请货运许可证　商会发表统计

（1942 年 3 月 3 日）

本报讯　市商会办理之物品搬运许可证，上月份兹二日起至十三日止统计，刻据探悉，计申请许可证纸张数为二百五十张，已核准者为一百九十五张，否准者为五十五张，保留者无，核准物品总值为日金二十三万零四百三十八元云。

（《武汉报》）

2.各业认合作社股款　商会催办纳借手续

（1942 年 3 月 4 日）

本报讯　市商会对于各业承认之武汉合作社股款，迭经一再召集各业阐述权利所在，并以前月间适当旧历年关，或者周年上有所不便，复经商得中江实业银行同意，允以股款收据，向该行息借，此项办理程序，业经大部完成。惟迄今仍有少数股款，概未缴清，而又未立借款，似觉未合，为顾及各该未缴股款及未立借款之权益起见，昨特行函催，于即日起，三日内迅速携带公会图记及负责人私章到会办理前项手续，竟其事云。

（《武汉报》）

3.汉口特别市山货纸张业同业公会为维持店支现状同意酌加佣金呈请市商会鉴核备案

（1942 年 3 月 5 日）

呈：为维持店支现状同意酌加佣金，仰即祈钧会鉴核，曲念商艰准予备案事，窃属会兹据同业来会函称。敬启者，情因现时百物昂贵，有加不已，生活程度增高数十倍之多，由是店支日见加重，难以担负，请求设法维持现状等情。到会据此，爰于二月二十五日召开执监及同业全体会议，查行与客间有相互之利益，对于客货方面，佣金部分，自前年以来皆系百分之三，现经公同议决提百分之四五。综前年与现议合扣佣金而论，仅加分半以资补助，而昭平允，并议定将来物价平抑、店支减轻之际，一律仍照原来佣金数目合扣，记录在卷，理合备文呈请鉴核，准予备案，以恤商艰而维现状，实感公便！

谨呈

汉口特别市商会主席李

汉口特别市山货纸张业同业公会主席　徐禹门

三月五日

（119-126-269：130-131）

4.汉口特别市商会函请山货纸张行业同业公会将会议纪录检送四份到会以便核转由

（1942 年 3 月 5 日）

便函：案据来呈，以行佣不敷店支，曾经召集执监联席会议，酌加佣金一分五厘。连前行佣，合共四分五厘，一致决议。俟将来物价平抑、行支减轻时，一律仍照原案佣金合扣，记录在案，准予核准备案等情。据此，查此案既经执监联席会议决定，相应函请将会议纪录检送四份到会，以便转报。

此致

汉口特别市山货纸张行业同业公会

汉口特别市商会

三月五日

（119-126-269：132）

5.汉口市山货纸张行业同业公会呈市商会

（1942 年 3 月 5 日）

窃属会顷奉钧会公函节开“查此案既经执监联席会议决定，应请将会议纪录检送四份过会，以便转报”等因，奉此遵即抄录四份，理合备函，连同纪录呈请核转，毋任公感之至。

敬呈

汉口特别市商会

汉口市山货纸张行业同业公会

三月五日

（119-126-269：133）

6.英美仓库栈补行登记已竣　市商会呈报清册备查

（1942 年 3 月 7 日）

本报讯　市商会奉令办理敌性英美仓栈之国人所存货物补行登记，于前月二十一日起至二十五日止，早经办理完竣登记户数将近九百户，并经将办理经过呈报当局，刻正赶造清册分送各有关机关，借资备查云。

（《武汉报》）

7.汉口特别市瓷业同业公会为本会主席刘春波辞职以委员钱诚九、袁国钦、王季持递补职务请予备查由

（1942 年 3 月 8 日）

公函：案本会主席刘春波现因营业关系须长时离汉，未能担任会务，请予辞去职务于本年

二月二十八日召开会员大会决议准予辞去职务,所遗主席一缺遵照会章以常务委员钱诚九递补,所遗常务委员一缺以执行委员袁国钦递补,所遗执行委员一缺以候补执行委员王季持递补,记录在卷,除呈报主管机关备案外,相应函达大会查照为荷。

此致

汉口特别市商会

汉口特别市瓷业同业公会

三月

(119-126-235:42-43)

8.武昌商会筹组物资运销处

(1942年3月10日)

本报讯　湖北省会商会成立以来,对于会务推行颇为积极,现以省会商业逐渐发展,交易日繁,惟各商人多不明了,请领搬运证手续,特拟筹组湖北省会商会物资运销处,附设该会专代商人运销货物,并已拟具章程,呈请省政府当局及关系方面,一俟核准后,即可成立云。

(《武汉报》)

9.日商会市商会举行恳亲联欢

(1942年3月14日)

本报讯　汉口日本商工会议所,自岩崎贤太郎氏就任会长及上西春松氏任副会长后,刻为恳亲起见,于昨函请市商会主席及常委等于本月十八日下午七时,假座亲仁会举行恳亲联欢会云。

(《武汉报》)

10.明商会执委会研讨各公会员福利事宜

(1942年3月15日)

本报讯　市商会顷奉市社运会令,为完成各业公会组织,特令市商会对于已筹备未成立者,统限于三月底以前完成正式成立手续。其未发起筹备者,亦应研究推进。同时关于各业会内对会员福利事宜,必须详为策动。昨悉该会对于前述令办事项已决定提交本月十六日执委会详为研讨,借资以竟事功,并即席讨论其他例行案件云。

(《武汉报》)

11.汉口特别市山货纸张行业同业公会纪录

(1942年3月16日)

二月二十五日

召开执监及同业会

时间:上午十二时

地址:本会议厅

出席人:三十一名

主席:徐禹门

记录:胡子鸿

开会如仪:

报告事项(从略)

讨论事项关于本会同业行佣金额应如何规定请公决案决议:暂一律九五五合扣,俟将来物价平抑店支减轻时仍照原佣合扣。

(119-126-269:134)

12.敌性仓库存货明日起陆续启封

(1942年3月17日)

敌性仓库存货明日起陆续启封　当局规定各库栈存货搬运日期　已登记者得准时请求运送出栈

国人堆存英美等敌性仓库货物,自封闭以来,经市商会一再呈请当局后,先后已准予备行登记,并酌量情形定期发还,详情迭志前本报。兹据昨讯,当局已规定各栈出栈日期及办法如次:

一、各栈货出栈日期:

出栈日期	货栈名
本月十八日	卜内门
十九日	怡和
二十日	平和
廿三日	太古
廿四日	打包
廿五日	隆茂
廿六日	天祥
廿七日	瑞记
廿八日	远东
三十日	新泰
卅一日	祥泰
四月一日	庆泰

二、请求运货出栈时应事先具备下列两点手续:

甲、携带所有一切足资证明之文件。

乙、缴纳出栈手续费,约为出栈货物价值总额百分之一。

三、出栈时间:每日午前自九时半至正午(十二时),午后一时半至三时半。

四、请求搬运货出栈之资格,仅限已在市府登记者。

(《大楚报》)

13.汉口特别市商会为本市山货纸张行业公会呈以维持店支现状同意酌加佣金等情呈请市社会局核示

（1942 年 3 月 17 日）

呈文：案据本市山货纸张行业同业公会呈称，实为维持店支现状，同意酌加佣金之请，而维现状，实感公便等情，计附会议纪录二份到会，除提□一份存查外，理合检同该会会议纪录一份，赍请钧局鉴核，准予备案。

谨呈

汉口特别市社会局

附赍该公会会议纪录一份。

汉口特别市商会

三月十七日

（119-126-269：137）

14.办理各仓库启封事宜　商会召集前职员负责

（1942 年 3 月 19 日）

本报讯　当局为体恤商人起见，对存放敌性仓库国人之货物，准予启封发还，已于前日令市商会通知该已登记、未搬取及补行登记者，遵照表列日期、地点，携带证书搬取，各情经详昨日本报。据悉，市商会于奉到前令后，以各该仓库之华籍职员早已星散，搬取货物时，不无困难之处，经该会分途召集前各该仓库负责职员担任协助。不过各该负责人，于在此耽过时间不无费用，闻或将由市商会设法予以补给云。

（《武汉报》）

15.仓库存货启封发还　当局顺延搬运日期

（1942 年 3 月 24 日）

本报讯　前次关系当局为体恤国人所有堆存英美仓栈之货物，经令准启封发还，并示以搬运日期，各情经详志本报。兹据昨讯，因时间迫促搬运不及，复经当局略于将日期顺延，并通知市商会转知各该存货之户，至顺延日期爰分别志之于次：

二十四	打包厂
二十五	打包厂
二十六	隆茂
二十七	同
二十八	天祥
三十	瑞记
三十一	同

四月一日	远东
四月二日	远东
四月三日	祥泰
四月四日	同
四月六日	瑞生
四月七日	同
四月八日	其他

(《武汉报》)

16.市棉纱业呈商会恢复交换

(1942年3月24日)

本报讯　市纱业同业公会同业间营业交换,于本年二月间,因时当农历年节致告停顿。最近该同业因货销不畅,出路阻塞,纷纷请求即日恢复交换以维业务。该会因是昨特据情函请市商会,拟于四月一日恢复交换,并附将修正交换办事细则,一并请为分呈市社运会及社会局备案云。

(《武汉报》)

17.未组织工会策动成立　商会执委会讨论方针

(1942年3月24日)

本报讯　市商会于奉令督促各业已在筹备之公会务于本月底正式成立,业已录令通知各筹备会遵令办理,昨悉关系策动发起成立未组织之各业公会事宜,将提交执行委员会议,讨论如何策动之方针云。

(《武汉报》)

18.商会法市府奉令饬属遵照

(1942年3月28日)

本报讯　关于商会法,业经国府修正明令公布,令饬行政院饬属遵行。兹悉本市市政府奉令后,检同该商会法,分别饬属遵照云。

(《武汉报》)

19.敌性仓库提存手续费一律发给收据

(1942年3月29日)

敌性仓库提存手续费一律发给收据　瑞记栈起封日可望实施

敌性仓库国人存货启封,自十八日开始以来,已达十日。其先后开启之货栈亦达七处之多,日昨为天祥栈,今日星期休息,周一为瑞记栈出货之日。

又讯　为期杜绝流弊,进而求核算、统计之便利,当局对各敌性仓库之栈租征收特制发收据一种,以资补救,刻为使精益求精计,续由市商会赶制手续费收据一种,借凭填发,其收款之责,则仍由中江银行担任,闻此项办法周一即可实施。

(《大楚报》)

4 月

1.市商会定期举行执监联席会

(1942 年 4 月 2 日)

本报讯　市商会为讨论推进各业公会事宜,原定于昨(一)日召集执监联席会,旋因事改于本周星期六即七日举行,至其应付讨论之案件,爰志其事由于后:

一、市政府令饬本会,依照修正商会法改组具报等因,应如何办理请讨论案。

二、市社运会令饬本会,对于已有公会筹备会组织之各业,促其克日成立,正式公会未发起组织公会,各业应如何推动发起请讨论案。

三、市社运会令饬本会举办商人公益事业,并饬转知各同业公会一体遵办等因,应如何办理请讨论案。

2.瑞生栈存货未登记者限今日补行二次登记

(1942 年 4 月 5 日)

国人寄存瑞生栈内未登记之货物,此次经呈请准予二次补行登记事,日昨已得当局允可,遵照之前办法,限于今日向市商会办理补行登记手续,以维货主本身利益。闻此次限期决不再行延展。

又讯　市商会代收栈货出栈之手续费,二日在打包公司经收四百七十九元,远东十五元,又三日远东栈五百元,三共计军票九百九十四元。

3.市商会颁发经济调查员证章

(1942 年 4 月 6 日)

本报讯　市商会自经设立经济调查处以来,推行商界调查工作,不遗余力。兹该处为证明职员身份起见,特制定银灰色三角形当中隽一“调”字证章一种,分发职员佩戴,以资鉴别,并于昨日检送样式分函各机关备查云。

(《武汉报》)

4.合作社运到麻饼菜饼昨函商会转同业承购

（1942 年 4 月 7 日）

本报讯　武汉合作社成立以还，本其谋武汉三镇市民福利之职旨，除努力购入各项物品以资供应外，昨悉该社又运到麻饼、菜饼多件，仍本公开标卖方针，于昨函致市商会转知承购该物品同业，于今（七）日上午十时，运到该社按标接洽承买云。

（《武汉报》）

5.市钱摊业筹组公会　商会呈社会局备案

（1942 年 4 月 8 日）

本报讯　市钱摊业为团结同业共谋福利及协助政府调剂金融、防止操纵起见，日前经发起筹备同业公会，并将经过函呈市商会，旋经派员调查召集该业筹备负责人段瑞峰到会谈话督促依法推进组织，并由市商会据情分呈市社运会、社会局备案，以便进行筹备事宜云。

（《武汉报》）

6.程霖轩先生函武汉特别市纱业同业公会一件函为遗失行号证章一枚，除登《大楚报》作废外请补发由

（1942 年 4 月 10 日）

拟办：此函存案备查，证章请主席核准补发。

啸安上　四、十三

批办：照发

四、十四

民国卅一年四月十日

汉口信丰纱布号：敬启者，鄙人不慎遗失行号会证章一枚，除登本日《大楚报》声明作废外，理合函报钧会备案，并希补发是荷。

此致

纱业公会主席唐

卅一年四月十日

程霖轩启

（119-15-34：42-43）

7.汉口特别市商会为派员前往社会服务科阐明主义及国策致汉口特别市各业同业公会函

（1942 年 4 月 11 日）

汉口特别市政府一字第四四二四号训令开：案准，中国国民党汉口特别市党执行委员会总

字第四七号公函开:案准,中国国民党汉口特别市执行委员会总字第四七号公函开,案查本会第二届第二次执行委员会讨论事项第三案,据本会社会服务科提查各人民团体成立时,应报请本会派员前往阐明主义及国策,本市各公益慈善工会团体均能遵照报请,惟商会多未遵办,应如何办理,请公决案。当付讨论决议函请汉口特别市政府令饬市总商会查照办理等语,记录在卷,用特录案函达府请烦查照办理见复。等由,准此。除函复并令饬社会局暨本市社运会知照外,合行令仰该会转饬所属一体遵照此令。等因,奉此。自应遵办,除分函外,相应函达,查照办理为荷。

此致

汉口特别市各业同业公会

汉口特别市商会　启

8.合作社运到纸张函商会介绍承销

(1942年4月12日)

本报讯　武汉合作社昨函市商会,以近运到羊山土表等纸多件,请为介绍。经商会分函山货、纸张行业两公会转知同业会员,于明(十三)日上午,径到该社承标上项等纸张云。

(《武汉报》)

9.国人寄存各堆栈物品商会再规定启封日期

(1942年4月13日)

本报讯　国人寄存英美等堆栈之物品,经当局体恤令示启封发还,并令由市商会办理,嗣以期间迫促,复予以顺延。兹悉关于其他各堆栈启封之期,亦已经市商会商得当局允准指定搬出日期于次:

四月十五日	新泰
四月十六日	太平洋行
四月十七日	万安洋行
四月十八日	庆丰
四月十九日	怡和
四月二十日	南洋

(《武汉报》)

10.汉口特别市山货纸张行业同业公会为任期届满遵照筹备呈祈市商会鉴核

(1942年4月13日)

呈:为任期届满,遵章筹备,呈请鉴核,并祈转报汉口特别市社会运动指导委员会暨社会局,借符定章,俾资遵循。事窃查属会于民国二十九年成立以来,任期届满,自应遵章筹备改选。业经四月二日召集执监联席会，议决公同推定徐禹门为筹备主任，吴沛云、陈西桥、王泽生、楼静山、罗仁甫、王世和、吕厦千、郭云汉等为筹备员，负责办理进行事项，记录在卷，理合备文呈报钧会，核转汉口特别市社会运动指导委员会暨社会局，借符定章，俾资遵循，实感公便！

谨呈

汉口特别市商会主席李

汉口特别市山货纸张行业同业公会筹备主任徐禹门

四月十三日

（119-126-269:138-139）

11.昨商会通告各仓存户限期申报征用货给价

（1942 年 4 月 16 日）

本报讯　市商会先后奉市府令办理国人寄存本市英美各仓库货物之搬出事件，刻以大部分已告完竣。关于因军方亟应从速清查造册，呈请军特务部转商给价以维血本，于昨特通告周知，希各货物所有人前往申报，至申报手续爰录如次：

（一）凡在本会已经登记而未搬出货物者，限于四月二十五日以前持原登记证件（栈单等）来本会调查室领取申报表填写。

（二）申报表上所填之货主姓名及货物数量等，须与原登记证之申请书相符，并须记载最近住址以便通知。

（三）申报表填就后连前原登记证件，一并交本会调查室制取收据。

（四）给价款项办法经核准后，本会即通知各货物所有人凭所持收据具领。

（五）凡被征用各货物所有人不于四月二十五日以前来会报者，即系放弃请求给价不再补办。

（《武汉报》）

12.团部关于接收等项致汉口特别市商会函

（1942 年 4 月 18 日）

案准，团部部队特务部长团特建第一〇八号函释开：兹将占据地区内之物体搬出，许可接收事务委托代为依照下列各项办法予以处理，以期完善为荷。等由，准此。除分函外，相应抄同各项办法随函送达，查照办理为荷。

此致

本市各业同业公会

附抄送各项办法。

汉口特别市商会　启

13.汉口特别市商会发使函函请全体理监事王顾问各公会筹备会来会商讨案由

（1942 年 4 月 23 日）

使函：兹有要事亟待磋商，请名誉贵会负责人准于明日（二十四日）下午新钟三时来会共同商讨为荐。

此致

本会全体理监事及王顾问、各业务较大之公会及筹备会

（会戳）启

三十二年四月二十三日

（119-127-152：131）

14.合作社到货今转销　商会配给菜油三十担

（1942 年 4 月 24 日）

本报讯　武汉合作社运到盐干鱼五千八百四十一斤，定于今（二十四）日上午十时接洽，承买者方面已函致市商会转为介绍。

又讯　市商会经济调查处召集油坊与杂货店业配给菜油三十担，共五十篓二十五家，每份二篓，价市秤日金六十九元五角，据悉合作社尚有麻油一百余担待时出售云。

（《武汉报》）

15.商业学校简章函市商会查照

（1942 年 4 月 26 日）

本报讯　洪道社汉口分社为提高商人知识、灌输商业道德起见，特在市药帮巷二十号创设商业补习学校，业经呈奉教育局准予备案，按照简章第四条内载"本校学生入学资格、以年在十五岁以上、二十岁以下高小毕业或具有同等学力者为合格，并得由商会或同业公会保送之"职是于昨，附同简章函请市商会查照，并转知各同业公会云。

（《武汉报》）

16.市商会将续行配给油荒无形消除

（1942 年 4 月 28 日）

本报讯　市商会经济调查处于前日召集油盐业、杂货店业、杂货贩卖业等配给麻油一百九十九桶，每桶三十斤，共计五千九百余斤。遵照指定价七角二分计算，并闻不日续将配给，油荒经此整顿后，已无形消除云。

（《武汉报》）

17.市商会昨续配给麻油

（1942 年 4 月 29 日）

市商会昨续配给麻油　并定下月一日开理事会议

本报讯　市商会经济调查处昨续行配给麻油二十大桶，分配于杂货店、杂货贩卖、油盐等业，每业三百斤，共计为六千斤，细数分配则由该业等自行决定。

又讯　市商会将于五月一日，开理事会讨论各业改选及促未成立公会等之事宜云。

（《武汉报》）

5 月

1.输入菜油万二千斤　市商会分配杂货店

（1942 年 5 月 6 日）

本报讯　福原洋行输入之菜油一万二千斤，昨经市商会经济调查处，介绍配给于杂货店及杂货贩卖两业，至油盐业则因数量过少，将待下次分配。价目则仍照规定日金每斤六角九分五，售出则为七角四分五，并当时立具约书配交云。

（《武汉报》）

2.消弭商业不景气状态　商会拟禁止买空卖空

（1942 年 5 月 7 日）

消弭商业不景气状态　商会拟禁止买空卖空　并定明日召集钱纱等业谈话

本报讯　市商会对于现时商业不景气状态，经理事会会议决议，拟定意见四点，呈请市府俯准施行。意见要点，大致为取缔投机事业、务须正常交易、禁止买空卖空等项云。

又讯　上月下旬以还，市面钱业倒闭与停业者相继而起，影响所及如香烟、纱业等，致呈不安状态。考其实际多属投机失败者多，市商会鉴此情势，殊妨碍整个商业前途，为期导入正轨起见，已决定（八）日下午三时，召集钱业、纱业、匹头贩运、海味糖盐、卷烟等五业，对于各该业营业及茶会等事件有所会商云。

（《武汉报》）

3.商会定期标卖药材

（1942 年 5 月 7 日）

本报讯　武汉合作社，昨函市商会，关于土产物资公卖部分，近有柴胡、苍术两种药材定于本月十二日上午十时标卖，请转知该业届时前往承买，市商会已予录函转知药业知照云。

(《武汉报》)

4.商会昨召集各业讨论安定市面办法

(1942 年 5 月 9 日)

继一部分钱庄倒闭,烟、纱□歇后,市面顿起骚乱,虽经当局竭力维持,无奈病根深重,非短期内可望圆满根治,致人心仍欠安定。后市尚虽乐观,当局除积极设法防止未然外,日昨市商会复召集钱、海味糖盐、纱、布各业负责人谈话,出席者计市商会代理理事长谢有标、熊秘书主任及各业代表时似甫、王晋澄、唐兰樵、王理堂等,当场对取缔各□期货交易,钱业倒闭善后及禁止营业对照、暗盘等,词论甚详。

(《大楚报》)

5.市商会昨召集钱纱等业会谈　准各业自定营业范围

(1942 年 5 月 9 日)

本报讯　市商会鉴于迩来各商业之不景气,以致钱业连续有倒闭,闻查其原因,无外:(一)投机而遭失败。(二)经济商业逾越常规,致使市面顿呈不安状态,为期经将前述意见缕(屡)呈市府外,并于昨(八)日下午三时,召集各业负责者到会会商。计到钱业公会时似甫、钞业唐兰樵、匹头贩运王理堂、海味糖盐王晋澄等,席次由商会常务理事谢有标详细劝导以上各业对于茶会之买空卖空事件,务须从慎加以范围,以免影响整个商业前途。各出席负责代表,亦就各个营业立场分别阐述,会商结果,准由各业自行对于各业本身同业加以检讨与规定营业范围,以度此当前难关云。

(《武汉报》)

6.市商会为庆祝完成肃清美国东亚势力民权大会,请派员二人于十一、十二两日下午一时齐集本会以便分别前往参加由

(1942 年 5 月 9 日)

案奉汉口特别市社会运动指导委员会,平字第八九二号紧急通知开:兹订于本月十一日下午新钟二时,在新市场大舞台举行庆祝完成肃清美国东亚势力,汉口特别市民众大会希即推定主席团人员及拍定参加人数,由领队率领前往参加,并希于次日(十二日下午二时新钟)亦按原参加人数,率领往市立一男中操场集合有幸,除分知外,相应检发实施计划主席团领队徽识、口号、路线图各件,奉此,除分函外,相应函请贵会查照,派员二人于本月十一、十二两日下午新钟一时,齐集本会,以便整队分别前往参加!

此致

纱业同业公会

会启

五月九日

（119-15-33:36-37）

7.市商会将召集各业阐述调查存货真谛

（1942 年 5 月 10 日）

本报讯　市商会经济调查处，奉令成立以还，对于各项经济应行办理事项，如物价及其暗市、记忆调剂配给诸端业已渐次树立规模，惟对市各业之存货，欲明了其确数与预为调剂供求平衡起见，经一再函知各业查照办理，但依此填报者固多，而观望犹疑者尚属不少。兹该处为使各业明悉推进事务，即将分别召集各该业，详细对于调查真意之所在予以阐述，而期以竟事功云。

（《武汉报》）

8.昨商会经济调查处续行分配菜油百担

（1942 年 5 月 10 日）

本报讯　市商会经济调查处，昨续行分配杂货店、杂货贩卖、油盐等业，计菜油约一百担。该品系高侨所搬入，售价为日金六十九元五角，零售仍为日金七角四分五云。

（《武汉报》）

9.商业调查市商会函法界协助调查

（1942 年 5 月 13 日）

本报讯　市商会经济调查处，为调查本市全部商业经济状况，俾供全部参考起见，除市各部门商业调查已具相当头绪外，至法租界商业尚付阙如，因是于昨特函法租界巡捕厅，关于调查员前往工作时，请予协助，以利进行云。

（《武汉报》）

10.市商会函为卫生运动工会假中山公园举行定于五月十五日上午九时来会集合前往参加由

（1942 年 5 月 14 日）

派霍理臣先生出席

纱业同业公会

案奉汉口特别市社会运动指导委员会平字第九一二号通令开：案准汉口特别市卫生局函开，略以遵照中央规定于本年五月十五日上午十时假中山公园内康乐堂举行三十一年度卫生运动大会，请策动本市各社团派员参加等由，准此，除函复并分行外，合行令仰该会派定五十人准时前往参加为要。等因，奉此。除分函外，相应函请贵会查照派员于本月十五日上午九时以前来本会集合整队前往，希毋迟延致误事机为荷。

此致

汉口特别市　业同业公会

汉口特别市商会　启

五月十三日

(119-15-57:4-5)

11.市商会为保卫东亚纪念日应行事项暨宣传实施办法由

(1942 年 5 月 14 日)

案奉汉口特别市政府府〇〇字第五八四八号训令开：查保卫东亚纪念日，应行事项暨宣传实施办法：前经会饬遵录在案：兹将该办法第二条修改为“停止宴会，对于公务人员之稽查，由社运会同警察局密查，如有违背规定者，即报请予以相当处分”；第六条修改为实施全市各级集训，每月七日，市长在府集合各高级主官，先予训示，八日照表列分别集训。讲村田市政府秘书处第四科编印要领供给之，除分会外，合行拟发修正表一份，仰该会遵照，并转饬各业商会，一体遵照等因。计发修正宣传实施办法表一份；奉此，正遵办开，同日又奉，市社运会平字第八六四号训令，同前因；查此案前奉汉口特别市政府令行下会经已函达在令，兹奉前因，相应抄附原件，随函送请查照遵办。

此致

本市　业同业公会

附抄修正宣传实施办法表一份

保卫东亚纪念日(每月八日)应行事项暨宣传实施办法，汉口特别市政府秘书处第四(宣传)科订：

1.全市各机关及民众一律悬挂国旗一天。

2.停止宴会，对于公务人员由社运会派员密查，如有□□□令者，呈报予以相当处分。

3.停止一切娱乐(电影院除外)，但利用娱乐场所及原有节日增减作保卫东亚纪念之宣传。

4.发行纪念月报。

5.策动报社刊载宣传文字。

6.实施全市各级集训详细办法列表如此。

时间	上午	上午	上午	上午
负责训导者	各警分局长及其他重要人员	教育局长及其他重要人员	社运会全体及重要人员	独立范围或团体主官及重要人员
受罚者	全市各联保甲长	全市各级学校教职员	全市各社团领导及重要人员	各级干部

（续表）

时间	下午	下午	下午	下午
负责训导者	全市各联保甲长	全市各级学校教职员	全市各社团领袖及重要干部	各级干部
受罚者	一般市民	各级学校学生	各社团一般分子	一般人员
训练方法	阐明大东亚战争之意义，讲述大东亚战争一个月内之成果	测验听众对大东亚战争之认识与观感	阐明新国民运动之理论与实践方法	指示新国民生活之必要条件

表注：

①市政府秘书处第四科负以上各种集训监督指导之责。

②每月各级集训终了，应由最高主官将经过情形呈报以应考核。

③每月一日至八日期内市政府秘书处第四科监督指导并尽量协助市区各团体为纪念保卫东亚之一切宣传工作。

（119-15-33：38-40）

12.市商会欢迎印菲代表演讲大会于十三日下午一时派员二人来会集合以便前往由

（1942年5月14日）

顷奉汉口特别市社会运动指导委员会函开：查印菲代表业于本日抵武汉，各界为筹备欢迎暨扩大宣传起见，经会同决定召开击灭英美势力欢迎印菲代表演讲大会。本市方面十三日起至十六日止，每日下午二时分别在上海黄金明星新市场四剧院举行，由市党部市政府暨本会分负召集之。除分行外，相应检同各界民众参加日期、时间、地点暨人数分配表一份，函达查照，至希准时参加等因，附各界民众参加演讲大会分配表一份，奉此，查表内所载商会参加人数指定一百人于三月十五日下午新钟二时在明星剧院参加上项大会。除分函外，相应函请查照派员二人十五日下午新钟一时以前齐集本会，以便同往参加。在日昨庆祝完成肃清美国东亚劳力案。汉口特别市民众大会游行时，各业前来本会者仅五人且均未待集合而先后各个散去，以致未能前往参加，贻误庆典不独主管官最严词诘责，即外界亦多听訾议，殊与本会名誉有妨，此次演讲大会系为欢迎外宾更为重要，毋再玩忽不理致干主管官署。

此致

（119-15-33：41-42）

13.函为召集各业工会主席于本月十四日下午三时来会参加商讨各业参加民众大会办法由

（1942年5月14日）

查本市迭次举行民众庆祝大会时，本会均遵令函请各同业公会派员来会同往参加，乃各公会均视为具文,多不派员来会参加致本会迭受主管官署督责及外界訾议。现值大东亚战争胜利之际,除各项民众庆祝会举行必多,若仍因循守习,遏参加不力不独立以仰体政府领导社运之意者,且恐引起友邦当局之误会,为惩前毖后计订于本月十四日(星期四)下午新钟三时召集各业务较大且熟心公益之同业公会主席来会共同商讨,此后各业参加民众大会办法借资补救而免贻误,查照务希准时来会商讨为荷。

此致

汉口特别市纱业同业工会主席唐兰樵先生

(119-15-33:43-44)

14.市商会公函为奉令通知各业公会派员参加人数现拟定办法遵照办理由

(1942 年 5 月 16 日)

汉口特别市商会公函元字第二〇一五号,查本市各业同业公会对于本会奉令通知派员参加各项民众大会多奉行不力,致本会受主管官署责难及外界訾议,经于本月十四日下午三时秉承市社运会召集业务范围较大之各同业公会理事长谈话,并由市社运会派姜科长、张股主任来会出席,反复阐述各公会应踊跃参加各项民众大会意旨,并当场决定此后参加办法如下:

(一)各公会收到商会通知派员参加各项民众大会函后,应即派定理事或职员若干人(每次应派人数由商会通知函中临时载明)准时来商会整队同往,不得迟到、早退或中途走散;

(二)商会应备各公会参加人签到簿,于每次参加完竣后呈市社运会核问;

(三)不派员参加之各同业公会由市社运会查明后,予以惩戒处分;

(四)各公会应自备白竹布袖章(宽六市尺,横书“汉口特别市某某业同业公会”并盖各公会图记)交出席参加人佩戴,以资识别;

(五)本日未召集之各公会理事长亦函其一律照办。

除呈报市社运会备查暨分函外,相应函达贵会查照办理为荷。

此致

本市　业同业公会

理事长李鼎安　假

常务理事谢有标　代

中华民国三十一年五月十六日

(119-15-57:8-10)

15.市食品杂货同业公会函请合作社配给食油

(1942 年 5 月 16 日)

本报讯　市食品杂货业公会,以该同业门市率多零售食油,以应市民需要,近来自改为配给,以还皆属油业、杂货店及杂货贩卖业所得。该业则独付阙如,前函武汉合作社请予配给。

据复关于食油,已由市商会统筹办理,故该会昨再函请市商会,闻商会方面已交由经济调查处办理云。

(《武汉报》)

16.市商会谋配给系统化筹组油业组合

(1942年5月19日)

市商会谋配给系统化筹组油业组合　菜麻油三百余担分配竣事

本报讯　市商会经济调查处自开始,对于食油实施配给以来,现已顺利推进,成绩颇佳。兹更为督促各该油业达于组合化起见,已于昨(十八)日下午三时,召集油盐、杂货店、杂货贩运、食品杂货等四业,详细研究章程,期油业组合月底于成,而为有系统之配给云。

又讯　该处昨又配给菜油、麻油两起,输入者为瀛华菜油三百担,又武汉合作社麻油三十七担,配出方面为油盐、杂货店、杂货贩卖等三业云。

(《武汉报》)

17.筹组油业组合现在积极进行中

(1942年5月21日)

本报讯　市商会经济调查处督促组织之油业组合,自前日一度召集谈话后,经决定积极筹备。昨悉已由油业公会主席夏汉卿负责进行正草拟办法中,并将觅一相当地点,开始办理组合事宜云。

(《武汉报》)

18.汉口特别市政府社会局为本市山货纸张行业同业公会增加佣金案训令市商会

(1942年5月21日)

令本市商会,前据该会呈,以据本市山货纸张行业同业公会呈请,准将佣金增为百分之四五一案,经呈奉市政府府二字第六三一六号指令内开:呈并均悉,准予照办,仰即转饬遵照此令。等因,奉此。合行令仰知照,并转饬遵照。此令。

局长　王锦霞

五月二十一日

(119-126-269:140)

19.汉口特别市商会函山货纸张行业同业公会准予照办增加佣金案

(1942年5月22日)

案查前据呈请准收佣金,增为百分之四五,请予转呈一案,当经转请在卷。兹奉汉口特别市社会局社三字第二五九一号训令节开:案经呈奉市政府:二字第六三一六号指令内开:呈件均悉,准予照办,仰即转饬遵照此令。等因,奉此。合行令仰知照,并转饬遵照此令。等因,奉此。相应函达,即希查照转知为荷!

此致

本市山货纸张行业同业公会

汉口特别市商会

(119-126-269:141)

20.商会经济调查处昨续行分配食油

(1942 年 5 月 22 日)

本报讯　市商会经济调查处,昨(二十一)日续行分配食油,计有大仓由鄂城运来麻油五千四百五十斤,已如数配给油业、杂货、杂货贩卖等三业;又菜油三百八十五斤,则独配杂货贩卖业,南里由信阳运来之麻油三千九百斤,亦已分配以上三业云。

(《武汉报》)

21.整顿本市商业　市商会将制发调查表调查各商店营业情形

(1942 年 5 月 26 日)

鉴于前一度市场之混乱及夫钱庄各商号之相继倒闭,市商会除拟具妥善办法呈请市府核准施行外,并拟调查各商店之资本金额及营业状况,自与财政局商议及请示以来,日昨已由财局拟订调查表,由市商会制发,不日即将从事调查。

(《大楚报》)

22.汉口特别市纱业同业公会第一次改选理监事半数经过情形

(1942 年 5 月 30 日)

汉口特别市纱业同业公会第一次改选理监事半数经过情形于后

时间:民国三十一年五月三十日下午一时

地点:三民路老会宾酒楼

各机关监选代表:社会局杜伯勋、社运局张超凡、市党部万必武、市商会陈艺华、武汉合作社愈炎午、警察第四分局陶步陶

各界来宾:共四十人

出席会员代表:唐兰樵等共八十六名

抽签结果,留任历史五名:唐兰樵、程霖轩、曾森、许益甫、韩乐三。

留任监事二名:张善夫、刘东明

当选理事四名:蔡紫波、洪镒山、刘序西、杨汉卿

当选监事一名:王理堂

当选候补理事三名:王义生、周新民、萧明章

当选候补监事一名:余锦洲

留任理事与当选理事九名中,除韩乐三因病请假未到外,八名彼此互选唐兰樵、程霖轩、曾森为常务理事,并公推唐兰樵为理事长。

当日新旧理事宣誓就职,由主管官署出席代表监誓,所有奉派出席情形理合报请鉴核。

谨呈

理事长李

职陈艺华　谨呈

23.汉口特别市纱业同业公会第二次会员代表改选大会记录

(1942 年 5 月 30 日)

日期:中华民国三十一年五月三十日下午一时

地点:三民路老会宾酒楼三楼大厅

各机关出席代表:社会局杜伯勋、社会运动指导委员会张超凡先生、市党部万必武先生、市商会陈艺华先生、武汉合作社俞炎午先生、警察四分局陈步陶先生,以及机关报社洋行暨其他来宾四十人,出席会员代表八十六名,代表会员牌号四十六户(详签名簿)。缺席会员牌号计通成、正裕新记、立丰、信康、春顺、惠丰六户,下午一时出席会员代表过全体之大半数,开始进行会议,□□由司仪张善吴君按照预定程序司仪。

一、振铃开会。

二、监选员指导员各界来宾暨主席团依次就席。

三、会员代表依次入席。

四、全体肃立向总理遗像主席玉照鞠躬、恭读总理遗嘱。

五、推举临时主席,公推唐前熊为大会临时主席,一致赞成。

六、前届理事长报告会务,经过由前理事长唐兰樵起立致辞:略谓在职两年,无多建树,愧对同业至会务,经过非片言所尽。爰是以笔代口,曾汇编成册发各位,作为单位简报,请各位从容检讨,借以节省大会时间,恕不重声。所幸两年来,我所旦夕企望卸下仔肩之一日已到临,希望同业另选贤,能接替会务。俾兰樵得以休息一下,则感激不尽云。

七、监选员训词。(略)

八、指导员训词。

由市党部万指导员、市商会陈指导员次第训词,大意不外勉励、督责、期望三点,情词恳挚,因长从略。

九、来宾惠词。

首由苏道卫律师提示法律根据,解释商号与同业公会及同业公会与商会之产生程序,因而表明公会对于同业之重要性;复由合作社俞股长及洋行方面王东周先生等相继致辞,嘉勉鼓励。

十、主席致辞。

代表全体会员感谢各机关长官、各界来宾之厚意。

十一、进行选举。

用本届照章只改选半,应先抽签后票选,故分抽签、票选两部分。

(一)由监选员当场抽签结果

留任理事五名:唐兰樵　程霖轩　曾森　许益甫　韩乐三

留任监事二名:张善夫　刘东明

(二)会员代表投票结果

当选理事四名:蔡紫波得六十五票　洪镒山得五十七票

刘序西得五十二票　杨汉卿得四十五票

当选候补理事三名:

王义生得三十一票　周新民得十三票　萧明章得十票

当选监事一名:王理堂得二十五票

当选候补监事一名:余锦洲得十九票

十二、当选常务理事及理事长。

按留任五名当选四名,共计九名理事中,除留任理事韩乐三君,一名因病请假未到外,八名理事互选结果:

唐兰樵得八票　当选为理事长(连任)

程霖轩得八票　当选为常务理事(连任)

曾森得六票　当选为常务理事

十三、宣告散会。

十四、摄影。阴天而光线与地点两不相宜,故尔未果,拟留待他日补摄。

6 月

1.汉口特别市商会为理监事履历表及理监事相片事宜表致彭监事(附履历表)

(1942 年 6 月 2 日)

汉口特别市社会运动指导委员会平字第九六六号训令,抄发人民团体组织办理程序,饬本会补办立案手续,自应遵办。查此项手续内,尚须备具理监事履历表及理监事相片表,除分函外,相应抄同履历表随函送请查照,即希逐项填明,连同最近一寸半身相片五张一并送会汇办为荷。

此致

彭监事

附履历表。

汉口特别市商会　启

附:汉口特别市商会理监事履历表

姓名:彭华庭

年龄：五十二
籍贯：黄安
职务：汉口市商会监事
学历：中学毕业
经历：应城□盐公司理事、和安钱庄经理、复兴公司采办、第一纱厂采办
住所或通讯处：咸安坊十一号
党籍：未
任职年月：廿九年三月十五
备注

2.市商会函为鸿裕纱号梅幻云之股款一案业奉市府指令呈件均悉准予备查由

（1942 年 6 月 3 日）

查前准贵会函为鸿裕纱号梅幻云之股款贰万元业由汉口宪兵队本部特务班及特工武汉区部提去，原有合同已登报申明作废，并附送收据照片三张，请予转报备查一案，经已检同照片呈奉汉口特别市政府府二字第七〇三八号指令开：呈件均悉。准予备查，除分令本府财政、社会两局知照外，仰即知照此令。件存。等因，奉此。相应函达查照！

此致

本市纱业同业公会

汉口特别市商会　启

六、三

（119-15-37：49-51）

3.汉口特别市社会运动指导委员会为汉口特别市保卫东亚纪念日社团人员第二次集训令本市布匹店业同业公会

（1942 年 6 月 5 日）

查本月八日为国定保卫东亚纪念日，自应依照本会前颁之保卫东亚纪念日社团人员第一次集训办法，继续举行第二次集训，以符规定。兹制订汉口特别市保卫东亚纪念日社团人员第二次集训一种及油印市府所订保卫东亚纪念日集训要点，令发遵照办理，并仰该会推派高级干部二人于八日上午十时前来会听讲为要。此令！

附发汉口特别市保卫东亚纪念日社团人员第二次集训表及集训要点两种各一份。

主任委员　孙迪堂

4.汉口瓷业同业公会筹备会成立请派员届期出席由

（1942 年 6 月 5 日）

为呈报事窃本会筹备业已就绪并奉汉口特别市社会运动指导委员会批示转奉汉口特别市

政府指令筹备会成立准予备查在案,兹决议定检(本月十二日上午十二时)假座汉口三民路会宾大酒楼开成立大会并当场选举理监事,为此呈请钧会届期派员莅临监选并指导一切,俾资遵循,实为公便。

谨上

汉口特别市总商会

汉口瓷业同业公会筹备会　筹备主任余渊亭　具

六月五日

(119-126-235:16-17)

5.市商会通函(元字 2078 号)为纪念保卫东亚第二次集训请于本月八日下午二时推派代表到会参加由

(1942 年 6 月 6 日)

请指派代表届时前往,希核批。

啸安　上

六、六

请霍理臣、唐□□出席。

纱业同业公会

六、六

查前奉元字第二〇七八号汉口特别市政府暨市社运会通令,以每月八日为保卫东亚纪念日,抄发应行事项暨修正宣传实施办法一份,饬令遵照并转饬各业一体遵照等因,曾经分转查照遵办并按期奉行在案,兹因本月保卫东亚纪念日行将届临,自应遵照宣传实施办法,在本会三楼大会场集训,以符功令,除分函外,相应函达贵会查照推派代表,于是日(六月八日)下午三时到会参加,事关重要,毋希如时准到毋误是盼。

此致

本市纱业同业公会

汉口特别市商会　启

六、三

(119-15-57:16-17)

6.汉口特别市商会送本市瓷业总会筹备会函据呈报定期开成立大会,案函请查照分别办理由

(1942 年 6 月 6 日)

案据呈报定期本月十二日上午十二时假座会宾酒楼开成立大会,请派员出席等情到会查。贵会会员尚未向本会办理登记手续,遂所定期开会成立,殊与规定不合,相应函请查照。一面特知各会员□成立大会期前,□填具登记申请□□□营业许可证前□本会申请登记,一面造具会员名册连同章程,并函送□会,以便派员出席。

此致

本市瓷业同业公会筹备会

（会戳）启

（119－126－235：18）

7.汉口特别市政府社会局训令：关于各□业茶会以改不得再为买空卖空情事发见□于究办由

（1942 年 6 月 9 日）

汉口特别市政府社会局训令社二字第 1318 号令市纱布业同业公会，案奉市政府社二字第六六三一号训令内开：案据本市商会理事长李为量称查茶会举引第二十三次理事会议时，理事陈宪章提案略称，本市最近发生钱庄、香烟号、纱号倒闭，传事人心颇为不安，惩前毖后对于商人投机引为应传，当局予以制止。其业经倒闭为号之债权人利益。亦应传当局予以维持，是否有当请讨论等由径决议：（一）倒闭各号之债权债务应通盘筹配，其债权债务人间自相抵发者，应绝对制止，已抵□不生效力；（二）倒闭各号□偿债务不足之额，依法应由各股东负连带责任，不得以业经分成偿还为口实；（三）为业茶层（同业间交换货物之集会）应绝对遵守当日钱货面交原则，其有期货交易或买空卖空，此概予取缔；（四）钱业赌盘应经以严取缔。根据以上四点具呈市政府请求转饬各主管局施行等语记录在卷，理合录□呈请钧府鉴核俯准转饬施行等情。此□尚可行，应准照办，除指令遵照，并分令警察、财政局遵照暨函军将务部查照外，合引令仰遵照切实执行为要。此令等因，奉此。自应切实遵照予以有效制止，尚安市场。除会商警察、财政两局切实执行并分令有茶会各商业公会外，合亟令仰该公会自本令之日起，毋得再有买空卖空情事□于究办切。

局长　王锦霞

六月九日

（119－15－39：11－12）

8.汉口特别市瓷业同业公会筹备会为呈报改期成立大会由

（1942 年 6 月 11 日）

为呈报事窃本会前曾订期本月十二日开成立会，嗣奉钧会公函略开；查本会会员尚未向钧会办理登记手续，遽行定期开成立会，殊与规定不合并赶造会员名册、会章，携带各会员营业许可证送会。同日又奉汉口特别市社运会指令内开：略同前情并嘱另行改期开成立会各等因。奉此，刻因办理上项手续需费相当时日，事前本会不明手续，以致错误。且俟会员名册、会章办理完竣即携带各会员营业许可证到会申请登记所有，开会日期再候另行订期。呈报理合呈请鉴核，实为公便。

谨呈

汉口市特别市总商会

汉口瓷业同业公会筹备会筹备主任　余渊亭

六月十一日

(119-126-235:19-20)

9.社会局发为市商会公函:为戢倒倒风,拟请转呈□□严重惩办□欺骗卷款潜逃而倒闭之商户以儆□顽由

(1942 年 6 月 12 日)

案奉社会局社二字第一三一八号训令内开:(录原文)等因,奉此。查本案前准,贵会函知转饬同业遵照,并于五月廿五日以纱字第六十号函复在案查。贵会第二十三次理事会议,陈理事宪章提案,对已倒各户拟依法办理,为思患预防计,呈请主管官署抑止投机事业。其同心商场思虑周密,令人景仰,窃思商场倒闭习惯,自古已然,不自今始。过去商场历史,各行业中,无论其营业之久暂,其能全始全终者,十不得二三。而各商民法对于债务人宣告破产即是了结,□无特殊有效制止办法之规定。此□以倒闭之风不能自已者也。近来,□上市面萧条,人心不古,大众生活复习于奢靡之途行,见社会生产力少而耗费力大,故商店倒闭,在六日见增多。考察商号倒闭缘由,不外下列三点:(一)营业亏损负债日重,无力清偿,周转不灵而倒闭者;(二)为贪厚利不顾利害,以有限之资本经营无限之业务,一旦行情变化,无力担负亏损,并借口投机失败,掩饰责难而倒闭者;(三)起意不良,居心转骗,设计卷款潜逃而倒闭者。此上三种,第一种尚情有可原;第二种贪心过重,漠视商业道德,已属罪有应得;至若第三种则行同折曰根本即丧失商人人格,实属罪不胜数。揆以法律诛心之义,对于此种商场败类,希望主管当局,予以相当惩罚,庶商民知聆警惕,惩前毖后,或可制止倒风于一时。即为最近发生之天华布店倒闭一案是也。据一般传说,该号于事前,曾向布匹贩运业各商号,大量赊进,即贱卖售出,以遂其债资捆逃之固追,到期无款,应交布匹贩运业债权各户,发觉时,该号经理人已隐匿无踪。似此起意不良居心,欺骗之商场败类。拟请转陈主管官署严重惩罚,以戢倒风,而儆力顽似胜空言制止,较为有效矣。是否有当,拟请大会核夺转请层峰鉴核施行为幸!

此致

汉口特别市商会理事长

六月十二日

(119-15-39:13-15)

10.汉口特别市山货纸张行业同业公会为遵章递补理监事呈请汉口特别市商会鉴核备案

(1942 年 6 月 15 日)

呈:为遵章递补理监事,仰祈鉴核,予以备案,俾利进行会务事,“窃查属会理事邱柏阡因店歇业他就,米叔安染病,谢世文监事陈西桥前店收歇,综上所遗各缺额,势难久悬,提经理监联席会议决,照章递补,以候补理事黄石村与罗华陔递补,监事缺额以候补监事张尊三递补,记录在卷,除呈报汉口特别市社会运动指导委员会外,理合将递补情由呈请钧会备案,实感公便!

谨呈

汉口特别市商会主席李

汉口特别市山货纸张行业同业公会理事长　徐禹门

六月十五日

（119-126-269：142）

11.汉口特别市商会为黄石村等递补理监事一案呈市社会局

（1942 年 6 月 17 日）

案据本市山货纸张行业同业公会呈称："窃查属会理事邱柏阡因店歇业他就……云云云……理合收递补情由，呈请鉴核备案。"等情，据此。除查册更注外，理合转请钧局鉴核备案！

谨呈

汉口特别市社会局

汉口特别市商会

六月十七日

（119-126-269：144）

12.汉口特别市山货纸张行业同业公会呈市商会

（1942 年 6 月 21 日）

窃属会于民国二十九年五月成立以来，任期已届二年，自应遵章改选半数。提经理监会议议决，定于七月六日上午三时假三民路会宾酒楼举行会员代表大会，改选半数理监事，记录在卷，除呈报社运会及市党部外，理合缮具会员名册暨现时在职理监事略历表各三份，备文汇呈请钧会核转"市政府社会局"并祈届时派员莅场指导，实感公便。

谨呈

汉口特别市商会主席李

附呈会员名册及理监事略历表各三份。

汉口特别市山货纸张行业同业公会理事长　徐禹门

六月二十一日

（119-126-269：145-146）

13.汉口特别市商会分呈市社会局、山货纸张行业同业公会

（1942 年 6 月 23 日）

案据本市山货纸张行业同业公会呈称："窃属会于民国二十九年五月成立以来……云云云，备文呈请钧会核转并祈派员届时莅场指导等情。"附会员名册及理监事略历表各三份，据此除提存备查并函复外，理合检赍原附册表，具文呈请钧局鉴核备查，并祈届时派员监选。

谨呈

汉口特别市社会局

附呈本市山货纸张行业公会会员名册暨理监事略历表各一份。

案据来呈:以成立已经二载,决定于七月六日上午十二时在三民路会宾酒楼举行会员代表大会,改选半数理监事,请派员指导,并转报等情。附会员名册暨理监事略历表三份到会,除分别提存转报并派陈主任□□饬时出席外,相应函请查照。于会期五日前,径行请市党部派员指导,报请当地警察分局及宪兵队派员维护,以昭慎重。

此致

本市山货纸张行业同业公会

汉口特别市商会

六月二十三日

(119-126-269:147-148)

14.汉口特别市社会运动指导委员会致汉口特别市纱业同业公会函

(1942 年 6 月 25 日)

汉口特别市社会运动指导委员会函开:案准汉口特别市政府秘书处函送保卫东亚纪念日月报第三期,请分发各社团张贴、阅览等由过会,自应照办,除分函外,特检同该期月报一百份函送查收张贴、阅览,并转发各同业公会张贴、阅览等由。附保卫东亚纪念日第三期月报一百份,准此。除分函外,相应检同月报一份,随函送请查照!

此致

汉口特别市纱业同业公会

附第三期月报一份。

启

六月二十五日

(119-15-33:45)

15.汉口特别市政府社会局为山货纸张行业公会呈以黄石村等递补理监事案指令市商会

(1942 年 6 月 28 日)

令:市商会呈一件,据山货纸张行业公会呈报以黄石村等递补理监事一案,转报备查由。呈悉。准予备查,仰即转饬知照。此令。

局长　王锦霞

六月二十八日

(119-126-269:149)

16.汉口特别市保卫东亚纪念日社团人员第二次集训表

（1942 年 6 月）

汉口特别市保卫东亚纪念日社团人员第二次集训表

民国三十一年六月份　汉口特别市社会运动指导委员会订

时间	地点	训导人	受训人数	备考
上午十时	社运会	社运会正副主任	各社团代表四十余人	
下午三时	农筹会	该会筹委	三十人	
同上	工整会	该会整委	六十人	
同上	商会	该会主席	二十人	
同上	善堂联合会	该会理事长	四十人	
同上	红十字会	该会会长	四十人	
同上	私塾教育研究会	该会委员	二十人	
同上	花□街公益会	该会理事长	二十人	
同上	匹头贩运业同业公会	该会理事长	三十人	
同上	布匹店业同业公会	同上	二十人	
同上	海味糖盐业同业公会	同上	三十人	
同上	洋服业同业公会	同上	二十人	
同上	纱业同业公会	同上	二十人	
同上	旅栈业工会	该会常务理事	二十人	
同上	放运水业工会	同上	三十人	
同上	酒饭面馆业工会	同上	三十人	
同上	中药炮制业工会	同上	二十人	
同上	洪兴正义会	该会筹委	二十人	
同上	安清分会	该会常务理事	三十人	
同上	理教会	同上	二十人	
同上	冬社团剧社	同上	二十人	
同上	汉阳旅汉同乡会	该会理事长	二十人	
同上	安徽旅汉同乡会	该会筹委	二十人	
同上	佛教正信会	该会理事长	四十人	
同上	新闻记者公会	该会常务理事	二十人	

（119-15-57：14-15）

7 月

1.汉口特别市商会函山货纸张行业同业公会

（1942 年 7 月 3 日）

便函：案查前据呈，以理事邱柏阡、朱□□，监事陈西桥均因事故出缺，业经理监联席会议决议，以候补理监事黄石村等递补等情一案，经已转奉社会局社三字第 2732 号指令，准予备查等因，奉此相应函达贵会查照。

此致

汉口特别市山货纸张行业同业公会

汉口特别市商会

七月三日

（119-126-269：150）

2.汉口特别市社会运动指导委员会为汉口特别市保卫东亚纪念日社团人员第三次集训令本市布匹店业同业公会

（1942 年 7 月 6 日）

查本月八日为国定保卫东亚纪念日，自应依照本会前颁之保卫东亚纪念日社团人员集训办法，继续举行以符规定。兹制定汉口特别市保卫东亚纪念日社团人员第三次集训表一种，令发该会遵照办理，并仰推派高级干部二人于八日上午新钟十时前来会听讲为要。此令！

附本市保卫东亚纪念日社团人员第三次集训表一份。

主任委员　孙迪堂

3.市商会函准本会函为本市天华布店倒骗巨款请转依法追究一案已奉市府指令开呈悉已分令社会警察两局会同依法追究仰即知照由

（1942 年 7 月 7 日）

案查前准贵会函为本市天华布店经理吴云阶倒骗巨款请予转恳依法追究一案，经已呈奉市政府府二字第八七四一号指令开：呈悉。已分令社会、警察两局会同依法切实追究吴，仰即知照此令。等因，奉此。相应函达查照。

此致

本市纱业同业公会

汉口特别市商会　启

卅一.七.七

(119-15-37:55-56)

4.社运会训令为保卫东亚纪念日请派高级干部二人于八日上午新钟十时来会听请由

(1942年7月7日)

汉口特别市社会运动指导委员会训令元字第115号令本市纱业同业公会,查本月八日为国定保卫东亚纪念日,自应依照本会前颁之保卫东亚纪念日社团人员,集训办法继续举行,以符规定。兹制订汉口特别市保卫东亚纪念日社团人员第二次集训表一种,令发该会遵照办理,立仰推派高级干部二人于八日上午新钟十时前来会听讲为要。

此令

附本市保卫东亚纪念日社团人员第三次集训表一份。

汉口特别市保卫东亚纪念日社团人员第三次集训表

民国三十一年七月份　汉口特别市社会运动指导委员会订

时间	地点	训导人	受训人数	备考
上午十时	社运会	社运会正、副主任	各社团代表四十余人	
下午三时	农筹会	该会筹委	三十人	
同上	工整会	该会整委	六十人	
同上	商会	该会主席	二十人	
同上	善堂联合会	该会理事长	四十人	
同上	红十字会	该会会长	四十人	
同上	私塾教育研究会	该会委员	二十人	
同上	花楼街公益会	该会理事长	三十人	
同上	匹头贩运业同业公会	该会理事长	三十人	
同上	布匹店业同业公会	同上	二十人	
同上	海味糖盐业同业公会	同上	三十人	
同上	洋服业同业公会	同上	二十人	
同上	纱业同业公会	同上	二十人	
同上	旅栈业工会	该会常务理事	二十人	
同上	放运水业工会	同上	三十人	
同上	酒饭面馆业工会	同上	三十人	
同上	中药炮制业工会	同上	二十人	
同上	洪兴正义会	该会筹委	二十人	

（续表）

时间	地点	训导人	受训人数	备考
同上	安清分会	该会常务理事	三十人	
同上	理教会	同上	二十人	
同上	冬社国剧社	同上	二十人	
同上	汉阳旅汉同乡会	该会理事长	二十人	
同上	阳新县旅汉同乡会	同上	二十人	
同上	安徽旅汉同乡会	该会筹委	二十人	
同上	佛教正信会	该会理事长	四十人	
同上	新闻记者公会	该会常务理事	二十人	

保卫东亚纪念日集训报告表

团体名称：汉口特别市纱业同业公会

地点：鄱阳街二十二号

时间：七月八日下午三时

训导人：唐兰樵

受训及其人数：二十人

训词概要：今天就是大东亚建设纪念日。过去三年前之今日，中日两民族因受英美横梗其间，暗中挑唆，阻挠中日民族建设大东亚之伟业，而致演成长期流血之悲剧，也就是东亚民族之最大不幸，东亚建设之最大阻碍。须知东亚系东亚人之东亚，建设东亚非中日两民族实行合作，肃清英美在东亚之恶势力，尤须两民族同具信心，终必完成和平之基业。备考。

七月九日

（119-15-33：46-50）

5.汉口纱业同业公会通告江商催出垫银仓单之货展限至七月二十日为止，愈数作废由

（1942 年 7 月 10 日）

适启者，江商洋行催出垫银仓单之货前已通告各号在案出会，据江商负责人来会声称，截至本月八日止，除已登记，此外尚有七十余件未去登记，并限九日出请，否则议项仓单无数，当经本会售发推派代表许益青、方文甫、谢丙英、姜钰山四名前往□□□□，结果务须允许展限至本月二十号出请，在二十二号以前，该号不负任何危险责任，逾期不出支，仓单作废，再无延展余地。请各号□□请查所有经□售出该行仓单，在此限期内个别通知，以清各个手续责任，除由会登报声明外，特此通知！

此致

宝号

汉口纱业同业公会启

（119-15-34：19-20）

6.汉口市轿子公会为产业契约遗失请予证明以便办理登记手续呈汉口特别市商会

(1942年7月10日)

具呈人轿子公会为产业契约遗失,呈请俯予证明,以便办理登记手续,具领拆迁费及拆迁证。事缘本会曾在汉口仁里下巷七十四号置有房屋一栋基地一并在内,现因当局开辟武圣马路,该屋适位于拆迁线内,自应遵照拆迁,俾符规定。惟上项房屋基地原有契约因事变遗失,无凭办理拆迁手续。除由本会登报声明外,并公推詹炳臣为负责代表,依照正当手续连同所登《大楚报》一并备文呈请钧会鉴核,迅予发给产权证明书一纸,以便转向武圣路拆迁委员会具领拆迁费及拆迁证,俾资拆迁,实为德便。

谨呈

汉口特别市商会

具呈人:轿子公会

负责人:詹炳臣

铺　保:周鑫记瓷号、宁源发

徐志祥、龚忠高、詹永立、万代礼、韩昌荣

7.汉口特别市商会经济调查处为请于调查物资物价及配给时受害人检举受害事实通知食品杂货业公会

(1942年7月11日)

汉口特别市商会经济调查处通告　市商经发字第二八一号

本处秉承叠峰意旨,办理调查物资物价及配给各事宜,原为沟通商情,以求社会之安定。职司所在与各商店息息相关,曾迭经告诫员司廉洁自重,但恐不肖之徒冒充本处职员,向商家招摇撞骗,无理需索,无论其情节如何,均准当事人将受害事实,用书面直送本处报告,或径向本处长当面陈诉,决当依法送惩,不稍宽贷。特此通告,即希亮察。

处长　刘以仁

8.市商会为催缴二、三月份长江书刊款由

(1942年7月11日)

案查前准元字第二二一七号,汉口特别市政府秘书处函送二、三月份长江书刊各二百四十册,每册定价金一元,嘱咐即按照附表所载分配说明分向各同业公会劝销,再由各同业公会向营业范围较大之商店劝销等因。当经检同该书刊随函送请查照办理,并请将该刊价款即交本会事务股收齐汇缴在卷,现已时逾一月,该刊价款尚未准贵会送交,前来迭准市府秘书处函电交催,急于星火,未便久迫,务请查照前函迫将该刊价款于三日以内如数收齐,送会俾便汇缴,以免催诘为盼。

此致

本市纱业同业公会

启

七月十一日

(119-15-33:51)

9.汉口特别市商会为准予发给房屋基地产权证明书致汉口市轿子公会负责人函(附证明书)

(1942 年 7 月 13 日)

案据来呈,以原有房屋基地一处,坐落本市仁里下巷七十四号,因契约于事变时遗失,特备具铺保二家保证书前来,请予查核发给证明书,以便申请登记等情,业经本会派员查明无异,自应准予证明,兹将证明书随函送请查收。

此致

本市轿子公会负责人詹炳臣等

附证明书一纸。

(会戳)启

附:汉口特别市商会为轿子公会房屋基地产权证明书

汉口特别市商会证明书

兹证明本市轿子公会原有房屋基地一处,坐落本市仁里下巷七十四号,基地面积为长一丈二市尺八寸,宽八市尺,东至项姓,西至仁里下巷,南至王姓,北至郭姓为界。因原契于事变时遗失,由该公会负责人詹炳臣等,赍送周鑫记及宁源发两商店所具保证书前来,保证此项产权,确系该公会所有,业经本会派员调查属实。特此证明。

理事长　李

常务理事　涂　代

中华民国三十一年七月十三日

10.汉口特别市社会运动指导委员会为市商会立案表册呈市政府

(1942 年 7 月 14 日)

案据本市商会呈送章程会员名册成立大会报告表,第一次理监联席会议记录立案表全宗各四份,申请登记立案等情,到会经核,尚无不合理。检同原赍各件各二份,备文呈请钧府备案。

谨呈

汉口特别市市长　张

汉口特别市社会运动指导委员会主任委员　孙迪堂

11. 汉口特别市商会为准予发给无基房屋产权证明书致汉口市轿子公会负责人（附证明书）

（1942 年 7 月 17 日）

案据来呈，以署记文化公司原有无基房屋十二栋，坐落本市文华里湖北街等处，因租地建筑图遗失，特备具铺保二家保证书前来，请予查核发给证明书，以便代理申请登记等情，业经本会派员查明无异，自应准予证明，兹将证明书随函送请查收。

此致

署记文化公司代理人欧阳实生

附证明书一纸

（会戳）启

附：汉口特别市商会为文化公司原有无基房屋产权证明书

汉口特别市商会证明书

兹证明署记文化公司原有无基房屋十二栋，坐落本市文华里第一至十号暨湖北街第五十九及六十号等处，其租有基地面积为一百六十方，东至宝新米厂，西至汉润里，南至杨姓，北至街面人行路为界。因租地建筑图遗失，由该公司委托代理人欧阳实生赍送亚洲药房及福和两商店所具保证书前来，保证此项无基房屋产权，确系该公司所有，业经本会派员调查属实。特此证明。

理事长　李

常务理事　涂　代

12. 江商洋行为对于同业有该行之栈单者速急自行理出，在此隐患莫测之时，一旦罹此损失概不负责由

（1942 年 7 月 17 日）

敬启者，前承贵同业各宝号在敝行所订各棉纱延展逾期未出者，亦有垫款持有，敝行念章栈单未转出者亦复不少。今晨据敝行大班申明，可在平常安谧之时忝层往来情感，所开理宜通融，据昨涂□莅临本市，隐患莫测，一旦罹此，损失显须咎由自取，弊概不负责，并特据情通告。贵会伏乞转咨各贵同业，即为自行理出，幸毋延展自误。

此请

汉口特别市纱业同业公会

主席唐　启

昭和 17 年 7 月 17 日

（119-15-34:13-14）

13.汉口特别市五金业同业公会第一届第一次改选会员名册

(1942 年 7 月 17 日)

汉口特别市五金业公会第一届第一次改选会员名册

(中华民国三十一年六月十五日改选具报)

商店牌号	营业主或经理人姓名	店员人数	资本金额	代表										
				人数	姓名	别号	性别	年龄	籍贯	在店职务	教育程度	是否党员	店址	备注
义协昌	林传齐	三	一千元	一	林传齐		男	五二	黄冈	店主	私塾五年	否	长堤街136	
兴华	敖佑卿	三	一千元	一	敖佑卿		男	三八	汉阳	店主	初中	否	西堤街9	
恒益	方坤臣	六	一千元	一	方坤臣		男	五〇	汉阳	店主	私塾五年	否	西堤街17	
荣昌	胡荣廷	一	四千元	一	胡荣廷		男	四三	黄陂	店主	私塾三年	否	花楼街260	
潘润祥	潘润生	三	二百元	一	潘润生		男	四八	黄陂	店主	私塾五年	否	长堤街91	
正泰	严际丰	四	五百元	一	严际丰		男	二八	黄冈	店主	初中	否	西堤街22	
久丰祥记	周家安	四	一千元	一	周家安		男	四二	黄冈	店主	私塾五年	否	长堤街114	
永昌	魏汉翔	三	一千元	一	魏汉翔		男	四六	黄陂	店主	私塾二年	否	长堤街134	
华太永记	吴梓香	四	二百元	一	吴梓香		男	四四	汉阳	店主	初中	否	长堤街113	
大中	彭志荣	六	五千元	一	彭志荣		男	二六	孝感	店主	初中	否	长堤街106	
和丰	熊嵩山	一	八百元	一	熊嵩山		男	三〇	黄陂	店主	私塾五年	否	西堤街20	
万源祥	李云卿	四	二百元	一	李云卿		男	三六	黄安	店主	私塾五年	否	长堤街56	
顺丰大房	胡玉廷	三	八百元	一	胡玉廷		男	四八	黄陂	店主	私塾五年	否	长堤街94	

（续表）

商店牌号	营业主或经理人姓名	店员人数	资本金额（元）	代表										
				人数	姓名	别号	性别	年龄	籍贯	在店职务	教育程度	是否党员	店址	备注
祝万顺	祝燮卿	二	四百元	一	祝燮卿		男	四八	黄陂	店主	私塾二年	否	长堤街110	
恒裕	严静齐	二	一千元	一	严静齐		男	六二	黄冈	店主	私塾五年	否	长堤街107	
新发祥	雷侠五	二	四百元	一	雷侠五		男	四二	黄陂	店主	识字	否	长堤街9	
顺丰二房	胡春霆	二	四百元	一	胡春霆		男	四六	黄陂	店主	识字	否	长堤街102	
严义泰	严汉卿	二	四百元	一	严汉卿		男	三〇	黄陂	店主	识字	否	长堤街212	
义昌	余楚生	三	一千元	一	余楚生		男	六一	黄陂	店主	识字	否	长堤街7	
程万发	程镒三	二	一百五十元	一	程镒三		男	四九	黄安	店主	识字	否	长堤街86	
义兴昌	余永峰	四	三百元	一	余永峰		男	四〇	黄陂	店主	识字	否	花楼街386	
义丰	陈钰钦	二	四百元	一	陈钰钦		男	四八	黄陂	店主	识字	否	长堤街91	
兴昌	金启发	一	二百元	一	金启发		男	四五	黄冈	店主	识字	否	长堤街39	
春生永	徐盛瓊	三	二百元	一	徐盛瓊		男	三一	黄安	店主	识字	否	长堤街100	
林记	沈先林	三	三百元	一	沈先林		男	四九	武昌	店主	识字	否	东堤街151	
义厚祥	程华轩	一	二百元	一	程华轩		男	五六	黄安	店主	识字	否	东堤街139	
文记	闸文山	一	一百元	一	闸文山		男	五〇	汉阳	店主	识字	否	长堤街216	
陈恒兴	陈云卿	一	一百元	一	陈云卿		男	四九	黄冈	店主	识字	否	长堤街255	

（续表）

商店牌号	营业主或经理人姓名	店员人数	资本金额（元）	代表										
				人数	姓名	别号	性别	年龄	籍贯	在店职务	教育程度	是否党员	店址	备注
杨永太德记	杨汉卿	一	二百元	一	杨汉卿		男	五〇	黄陂	店主	识字	否	长堤街280	
信丰	熊彩青	四	一百元	一	熊彩青		男	四四	黄陂	店主	识字	否	长堤街132	
义和	金云山	一	一百元	一	金云山		男	二二	武昌	店主	识字	否	长堤街326	
张兴记	张庭山	四	二百元	一	张庭山		男	四六	东山	店主	识字	否	广益硚358	
李荣记	李荣山	二	三百元	一	李荣山		男	六〇	蒲圻	店主	识字	否	清谷路华德里5	
恒和祥	叶志刚	四	三百元	一	叶志刚		男	三〇	黄陂	店主	识字	否	长堤街449	
萧源兴	萧汉洲	二	三百元	一	萧汉洲		男	三六	孝感	店主	识字	否	延寿巷28	
屈洪发	李汉卿	三	一百元	一	李汉卿		男	六八	黄陂	店主	识字	否	港边巷32	
义兴祥	张炎臣	一	四百元	一	张炎臣		男	四〇	黄陂	店主	识字	否	西堤街21	
白森记	白大成	二	二百元	一	白大成		男	四九	黄陂	店主	识字	否	公安路36	
富华协记	张晓峰	五	二千元	一	张晓峰		男	四一	广东	店主	识字	否	长堤街116	
发记	张景华	一	八百元	一	张景华		男	二四	黄陂	店主	识字	否	长堤街93	
同孚	骆伯毅	一	五百元	一	骆伯毅		男	四八	汉阳	店主	识字	否	清谷路武昌里3	
和记	李宗和	一	二百元	一	李宗和		男	三〇	孝感	店主	识字	否	汉景街39	
永丰	胡祥齐	二	二百元	一	胡祥齐		男	五二	黄陂	店主	识字	否	长堤街45	

（续表）

商店牌号	营业主或经理人姓名	店员人数	资本金额（元）	代表										
				人数	姓名	别号	性别	年龄	籍贯	在店职务	教育程度	是否党员	店址	备注
福昌	熊大章	三	二百元	一	熊大章		男	四八	黄陂	店主	识字	否	西堤街30	
福源祥	王兆焜	一	二百元	一	王兆焜		男	五一	黄陂	店主	识字	否	长堤街14	
大丰	王济南	二	三百元	一	王济南		男	四六	黄陂	店主	识字	否	西堤街26	
茂泰祥	刘茂林	一	一百元	一	刘茂林		男	二三	黄陂	店主	识字	否	公安路70	
裕泰	蒋忠祥	二	三百元	一	蒋忠祥		男	四二	宁波	店主	识字	否	新成里19	
联兴	金联友	六	五千元	一	金联友		男	三〇	汉阳	店主	识字	否	长堤街136	
彭森记	彭永森	四	三百元	一	彭永森		男	五八	汉阳	店主	识字	否	喜家巷27	
协昶	萧子卿	三	五百元	一	萧子卿		男	四一	汉阳	店主	识字	否	清谷路武昌里3	
宝记	严渭耀	四	八千元	一	严渭耀		男	五八	浙江	店主	识字	否	汉景街174	
顺昌	袁柏臣	一	二百元	一	袁柏臣		男	四六	黄陂	店主	识字	否	长堤街49	
森记	涂万卿	四	三百元	一	涂万卿		男	三五	黄陂	店主	识字	否	长堤街169	
协丰	潘发祥	四	五百元	一	潘发祥		男	三八	黄陂	店主	识字	否	长堤街555	
富记	吴国材	一	二千元	一	吴国材		男	三二	广东	店主	识字	否	前花楼茶松巷5	
胡和记	胡传茂	一	五百元	一	胡传茂		男	四〇	黄陂	店主	识字	否	长堤街6	
福源	柯虞階	五	三千元	一	柯虞階		男	五〇	大冶	店主	识字	否	法界巴黎街6	

（续表）

商店牌号	营业主或经理人姓名	店员人数	资本金额（元）	代表										
				人数	姓名	别号	性别	年龄	籍贯	在店职务	教育程度	是否党员	店址	备注
天顺祥	阮顺臣	一	三百元	一	阮舜臣		男	五一	黄安	店主	识字	否	太和桥132	
同兴发	段继光	五	二百元	一	段继光		男	四八	黄陂	店主	识字	否	太和桥128	
福泰长	蔡少齐	一	四百元	一	蔡少齐		男	四〇	黄陂	店主	识字	否	西堤街18	
正昌	周茂双	二	三百元	一	周茂双		男	三〇	黄陂	店主	识字	否	长堤街140	
祥茂永	王鑫	五	一万元	一	王鑫		男	三七	浙江	店主	识字	否	法界三德里17	
德生厚	蔡昭民	三	四千元	一	蔡昭民		男	三九	黄陂	店主	识字	否	长堤街130	
元利	林更桂	一	一千五百元	一	林更桂		男	四一	黄冈	店主	识字	否	长堤街112	
祥泰	周吉臣	三	一千元	一	周吉臣		男	四六	麻城	店主	识字	否	长堤街132	
胡兴发二房	胡华廷	一	一千元	一	胡华廷		男	四〇	黄陂	店主	识字	否	西堤街32	
郑德茂	郑正国	一	五百元	一	郑正国		男	二五	黄陂	店主	识字	否	钟台左巷7	
公记	张应山	五	五百元	一	张应山		男	五七	黄陂	店主	识字	否	长堤街明德里1	
协丰永	周清山	六	五百元	一	周清山		男	三〇	黄陂	店主	识字	否	西堤街37	
玉记	韩自元	二	三百元	一	韩自元		男	四〇	黄陂	店主	识字	否	长堤街528	

（8-1-327:009-014）

14.汉口特别市五金业同业公会第一届第一次改选职员名册

（1942 年 7 月 17 日）

汉口特别市五金业同业公会第二届当选人员名册

（六月十五日改选六月十七日填报）

职别	姓名	别号	性别	年龄	籍贯	营业种类	所属商店	在商店之职务	教育程度	是否党员	住址	备注
理事长	林传齐		男	五二	黄冈	五金	义协昌	经理	私塾五年	无	长堤街 136	留任
常务理事	敖佑卿		男	三八	汉阳	五金	兴华	经理	初中	无	西堤街 9	留任
常务理事	方坤臣		男	五十	汉阳	五金	恒益	经理	私塾五年	无	西堤街 17	新任
理事	胡荣廷		男	四三	黄陂	五金	荣昌	经理	私塾三年	无	花楼街 260	留任
理事	潘润生		男	四八	黄陂	五金	潘润祥	经理	私塾五年	无	长堤街 91	留任
理事	严际丰		男	二八	黄冈	五金	正泰	经理	初中	无	西堤街 22	新任
理事	周家安		男	四二	黄冈	五金	久丰祥记	经理	私塾五年	无	长堤街 144	新任
候补理事	魏汉翔		男	四六	黄陂	五金	永昌	经理	私塾二年	无	长堤街 134	新任
候补理事	吴梓香		男	四四	汉阳	五金	华太永记	经理	初中	无	长堤街 113	新任
候补理事	彭志荣		男	二六	孝感	五金	大中	经理	初中	无	长堤街 106	新任
监事	熊嵩山		男	三十	黄陂	五金	和丰	经理	私塾五年	无	西堤街 20	留任
监事	李云卿		男	三六	黄安	五金	万源祥	经理	私塾五年	无	长堤街 56	留任
监事	胡玉亭		男	四八	黄陂	五金	顺丰大房	经理	私塾五年	无	长堤街 94	新任
候补监事	祝燮卿		男	四八	黄陂	五金	祝万顺	经理	私塾二年	无	长堤街 110	新任

（8-1-327:016-017）

15.汉口特别市瓷业同业公会筹备会呈报开成立大会日期由

（1942 年 7 月 17 日）

为呈报开成立大会日期，请予派员指导事，窃本会现因筹备就绪，兹订于七月廿八日（星期二)上午十二时钟假三民路会宾大酒楼开成立大会,除分呈社会局社会运动委员会、警察局派员指导外,理合呈请钧会届时派员莅临监选并指导一切,实为公便。

谨呈

汉口特别市总商会主席

汉口特别市瓷业同业公会筹备会主任委员　余渊亭具

七月十七日

(119-126-235:21-22)

16.市社运会转报五金业公会改选经过案

(1942 年 7 月 18 日)

案查本市五金业同业公会成立两年期满,应依法改选半数,已于六月十五日假三民路会宾楼举行改选大会,并经本会派员出席监选在案,兹据该会先后呈赍会员名册及改选职员名册前来,经核尚无不合,除指令准予备查并分呈外,理合检同原赍会员名册及改选职员名册各三份备文呈请鉴核备查,再该会补行登记立案手续,正在督促办理中,合并陈明。

谨呈

汉口市特别市市长张

附赍五金业公会会员名册及改选职员名册各二份

汉口特别市社会运动指导委员会主任　孙迪堂

(8-1-327:003-004)

17.汉口特别市山货纸张行业同业公会为缮具第二届理监事略历表呈请市商会备案

(1942 年 7 月 18 日)

窃属会已于本年七月六日假三民路会宾馆举行第二届改选,召集会员代表大会。曾蒙钧会派员出席指导监选在案,除将留任及改选理监事在略历表内载明外,理合缮具理监事略历表三份,汇呈钧会,予以备案,并祈核转社会局,深感公便。

谨呈

汉口特别市商会主席李

附呈第二届理监事略历表三份。

汉口特别市山货纸张行业同业公会理事长　徐禹门

七月十八日

汉口特别市山货纸张行业同业公会第二届理监事略历表

（1942 年 7 月 18 日）

职别	理事长	常务理事				理事					
姓名	徐禹门	吴沛云	郭云汉	罗仁甫	罗若农	黄石村	罗南卿	罗华陔	汪海清	梅松鹏	杜志刚
性别	男	男	男	男	男	男	男	男	男	男	男
年龄	55	47	38	48	39	48	40	38	37	52	49
籍贯	黄陂	汉阳	黄冈	黄陂	黄陂	孝感	黄陂	黄陂	黄陂	黄陂	天津
商号	韩元贞公记	芝信	集成	公和	慎昌	复泰	同泰祥	远大	宝昌	永兴和	聚兴永
住址	小夹街六二号	邱家巷三五号	汉正街四九七号	小夹街四六号	小夹街三九号	小夹街四十号	统一街二六五号	邱家巷三一号	统一街二四一号	小夹街四七号	统一街二六四号
备考	留任	留任	新选	新选	新选	留任	留任	留任	留任	新选	新选

职别	监事					候补理事	
姓名	张尊三	仝鹤皋	屠鹤鸣	王河清	陈西桥	王泽生	张法三
性别	男	男	男	男	男	男	男
年龄	32	34	52	50	50	47	52
籍贯	汉阳	黄陂	汉阳	汉阳	武昌	黄陂	黄陂
商号	珍记	春生祥	同济顺记	源盛水	德和福记	庆丰源和记	惠源
地址	小夹街二三号	统一街二七五号	小夹街八六号	万安巷四七号	统一街三二四号	汉正街一一〇号	小夹街五三号
备考	留任	留任	留任	新选	新选	新选	新选

职别	候补监事			
姓名	王柏庭	陈炳南	朱振声	李明齐
性别	男	男	男	男
年龄	51	29	48	39
籍贯	汉阳	汉阳	安徽	汉阳
商号	协昌	福昌	同福	源盛兴记
地址	统一街二一六号	明德路二五号	小夹街八四号	汉正街七七号
备考	新选	新选	新选	新选

（119-126-269：151-156）

18.汉口特别市瓷业同业公会筹备会呈送会员名册及章程草案由

（1942 年 7 月 18 日）

为呈送会员名册暨章程草案，请予备查事案。钧会函饬造送会员名册暨章程草案及会员入会申请书、会员营业许可证送会查验等因，奉此除分呈社会局、社会运动指导委员会外，理合造具会员名册暨章程草案各二份，呈送钧会鉴核备查。惟营业许可证计有荣昌等廿四家均属旧式，业经通知同业各家务必速向社会局换领新式营业许可证，俾便并向钧会申请入会所有前领入会申请书随后补呈，请为并案照准，实为公便。

谨呈

汉口特别市总商会

附会员名册二份、章程草案二份。

汉口特别市瓷业同业公会筹备会呈　筹备主任　余渊亭

七月十八日

（119-126-235：23-24）

19.市商会经济调查处通告惩有冒该处职向商家招摇撞骗无理需索所用书面报告该处由

（1942 年 7 月 19 日）

汉口特别市商会经济调查处通告市商经发字第二八一号本处秉承叠峰意旨，办理调查物资物价及配给各事宜，原为沟通商情，以求社会□安定。职司所在，与各商店息息相关。曾迭经告诫员司，廉洁自重，但恐不肖之徒，冒充本处职员，向商家招摇撞骗，无理需索。无论其情节如何，均准当事人将受害事实用书面直送本处报告，或径向本处长当面陈述，决当依法送惩，不稍宽贷。特此通告，即希毫察。

处长　刘以仁

七月十一日

（119-15-39：18-19）

20.汉口特别市商会呈市社会局本市山货纸张行业公会第二届改选各理监事略历表

（1942 年 7 月 21 日）

案据本市山货纸张行业同业公会呈称：“窃属会于本月六日假三民路会宾大酒楼举行第二届职员改选，曾蒙各主管机关莅场监督选指导，除将推举各职员造具略历表附呈外，理合备文呈报，鉴核备案。”等情；附呈第二届理监事略历表三份。据此，除提存备查外，理合检赍皋附表，备文转请钧局鉴核备案！

谨呈

汉口特别市社会局

附赍该公会第二届理监事略历表二份。

汉口特别市商会

七月二十一日

（119-126-269:157）

21.汉口特别市商会呈社会局本市瓷业公会筹备会（一）据先后呈为定于开成立大会暨造送会员名册章程各情形并□查以办理由（二）据本市瓷业公会筹备会呈赍会员名册暨章程草案一案呈请鉴核□□备查由

（1942 年 7 月 21 日）

便函:案据来呈以筹备□□定于七月二十六日正午十二时假座三民路会宾酒楼开成立大会,请派员指导正办理间,复□呈送会员名册暨章程各二份,请为转报社会局备查各等情到会,除派陈主任艺华届时出席暨检查原附件转报作相应函达。查□□大会期前,尚须径呈市党部派员指导贵同业荣昌等二十四家换证登记手续并希替本赶办齐全以符规定再行附名册章程,不敷□转应各补送一份过会备查。

此致

本市瓷业同业公会筹备会

（会戳）启

呈:案据本市瓷业同业公会筹备会呈称:案奉钧会函饬造送会员名册,请为并案照准等情。附会员名册暨章程草案各二份据此理合检赍原附件。转呈钧局鉴核存转备案

谨呈

汉口特别市社会局

附赍该会会员名册暨章程草案各二份。

汉口特别市商会（盖理事长章）

七月二十一日

本市瓷业公会定推本月二十八日正午十二时假三民路会宾酒楼开成立大会□

批　贵主任前往出席等因,特达即希查照。

此上

陈主任

请王宪章、陈仲琦两兄代表出席

七月二十八日奉,派王宪章、陈仲琦出席汉口特别市瓷业同业公会成立选举大会。兹出席者,社运分会张超凡,社会局杜伯勋,市党部李光灿,市商会王宪章、陈仲琦,该会会员代表二十九人,临时主席余渊亭,选举结果:当选理事刘春波、余渊亭、钱诚九、袁国钦、王彩挺、李茂如、曾福田等七人,监事胡迎丞、周荣棠、黎松山等三人,候补理事傅少斌、王季持、胡少泉等三人,候补监事熊达三一人,当时票选常务理事刘春波、余渊亭、钱诚九三人互相推选刘春波为理事长,以上监选经过情形,理合报请鉴核。

谨呈

主任陈

转呈理事长李

王宪章、陈仲琦签呈

七月二十九日

(119-126-235:25-27)

22.汉口特别市政府为修正本市商会章程等件案令市社运会

(1942 年 7 月 21 日)

汉口特别市政府指令　府一字第 10353 号

呈一件:为呈赍本市商会立案表册案。呈件均悉。据呈赍本市商会立案表册核无不合,兹将原赍章程暨该商会办事细则一并予以审核修正,并将该商会执行委员会及监察委员会会议规则分别修正,为理事会及监事会会议规则俾符实际。除分令社会局知照外,随令抄存修正原件,仰即转饬遵照,将上项修正章则各缮正二份,呈转来府再行并案核办。此令。

23.汉口特别市海味糖盐业同业公会会员名册

(1942 年 7 月 22 日)

汉口特别市海味糖盐业同业公会会员名册

(中华民国三十一年五月十七日填报)

商店牌号	营业主或经理人姓名	店员人数	资本金额	代表							店址	备注
				人数	姓名	性别	年龄	籍贯	在店职务	教育程度		
义丰	熊彬如	二一	法币四万元	一	熊彬如	男	四〇	咸宁	经理	私塾	汉正街 573 号	
义和隆	方忠卿	三〇	法币四万元	一	方忠卿	男	五〇	武昌	经理	同上	汉正街 601 号	
信丰	李鹤成	二四	法币四万元	一	李鹤成	男	五〇	咸宁	经理	同上	汉正街 55 号	
义成	姚茂青	三〇	法币五万元	一	姚茂青	男	三六	汉阳	经理	同上	汉正街 328 号	
裕成	袁钦臣	三二	法币三万元	一	袁钦臣	男	五七	咸宁	经理	同上	汉正街 187 号	
协昌	晏立棠	二一	法币五万五千元	一	晏立棠	男	四八	武昌	经理	同上	汉正街 198 号	

（续表）

商店牌号	营业主或经理人姓名	店员人数	资本金额	代表								
				人数	姓名	性别	年龄	籍贯	在店职务	教育程度	店址	备注
信记	杨福堂	二八	法币四万元	一	杨福堂	男	五六	武昌	经理	私塾	汉正街 281 号	
华成永记	高文轩	二五	日金三万元	一	高文轩	男	三七	鄂城	经理	同上	汉正街 117 号	
同丰永记	丁子衡	二八	法币四万元	一	丁子衡	男	五四	武昌	经理	同上	汉正街 102 号	
德成	董凤翔	三二	法币四万元	一	董凤翔	男	五〇	咸宁	经理	同上	汉正街 65 号	
大兴祥福记	周大运	二〇	法币十二万元	一	周大运	男	六〇	宁波	经理	同上	汉正街 68 号	
丰盛	胡甫文	二四	法币三万六千元	一	胡甫文	男	五三	咸宁	经理	同上	汉正街 16 号	
诚丰	毛信孚	二二	法币二万八千元	一	毛信孚	男	六〇	咸宁	经理	同上	小夹街 13 号	
信盛	金海廷	二五	法币二万四千元	一	金海廷	男	五八	咸宁	经理	同上	小夹街 32 号	
丰顺	黄少南	二六	法币四万元	一	黄少南	男	五四	咸宁	经理	同上	汉正街 140 号	
瑞隆	张怀勆	二三	法币三万四千元	一	张怀勆	男	四五	咸宁	经理	同上	小夹街 35 号	
鸿盛	周鸿钧	一六	法币二万四千元	一	周鸿钧	男	六二	咸宁	经理	同上	小夹街 44 号	
信义隆	刘炳卿	二二	法币三万五千元	一	刘炳卿	男	四九	咸宁	经理	同上	小夹街 30 号	
同成	余政和	一四	法币一万二千元	一	余政和	男	四〇	咸宁	经理	同上	小夹街 46 号	
丰成	何朗轩	二二	法币四万元	一	何朗轩	男	四〇	咸宁	经理	同上	特三区□□街 20 号	
志成	晏仲亭	一九	法币三万元	一	晏仲亭	男	四〇	武昌	经理	同上	特三区同仁里 4 号	

（续表）

商店牌号	营业主或经理人姓名	店员人数	资本金额	代表								
				人数	姓名	性别	年龄	籍贯	在店职务	教育程度	店址	备注
合兴隆	吕复三	八	法币二千元	一	吕复三	男	四八	咸宁	经理	私塾	小夹街 15 号	
兴泰祥	吕礼亭	七	法币五千元	一	吕礼亭	男	五〇	咸宁	经理	同上	小夹街 58 号	
宝大祥	余宋传	二〇	法币三万六千元	一	余宋传	男	四五	浙江	经理	同上	后花街 125 号	
茂昌	王鹤声	二〇	法币三万元	一	王鹤声	男	三六	浙江	经理	同上	后花楼 129 号	
公昌	叶尧階	一七	法币三万元	一	叶尧階	男	五三	汉阳	经理	同上	特三区天津街 11 号	
东生阳	张思鑫	一五	法币三万四千元	一	张思鑫	男	五〇	浙江	经理	同上	黄陂街 35 号	
德安	周德仁	二	法币六千元	一	周德仁	男	五〇	咸宁	经理	同上	汉正街□□号	
新记	汪文轩	一二	法币一万五千元	一	汪文轩	男	四八	安徽	经理	同上	小夹街 1□号	
福泰	周纯儒	二一	法币四万元	一	周纯儒	男	五〇	咸宁	经理	同上	民族路 47 号	
泰丰	周茂如	一九	法币三万元	一	周茂如	男	五二	咸宁	经理	同上	小夹街 103 号	
荣丰	沈炳荣	二二	法币二万四千元	一	沈炳荣	男	六四	咸宁	经理	同上	汉正街 670 号	
厚昌	屠荣廷	二三	法币三万元	一	屠荣廷	男	四〇	汉阳	经理	同上	汉正街 658 号	
盛昌	刘诚枝	一三	法币二万四千元	一	刘诚枝	男	五一	汉阳	经理	同上	小夹街永兴里 5 号	
德大元记	刘元禧	二二	法币一万五千元	一	刘元禧	男	三四	咸宁	经理	同上	汉正街 93 号	
义大	秦翰卿	二〇	法币三万元	一	秦翰卿	男	五二	咸宁	经理	同上	小夹街 91 号	

（续表）

商店牌号	营业主或经理人姓名	店员人数	资本金额	代表								
				人数	姓名	性别	年龄	籍贯	在店职务	教育程度	店址	备注
万成	金次祈	一二	法币三万元	一	金次祈	男	五〇	咸宁	经理	私塾	大夹街 123 号	
正诚	张佛心	一一	法币一万六千元	一	张佛心	男	三七	咸宁	经理	同上	民族路 18 号	
同昌裕协记	张永明	一九	法币三万元	一	张永明	男	三三	汉口	经理	同上	民族路 34 号	
裕隆	赵纲甫	一六	法币二万元	一	赵纲甫	男	四二	嘉鱼	经理	同上	大夹街 213 号	
同茂	杨砚臣	一五	法币二万元	一	杨砚臣	男	五三	汉阳	经理	同上	汉正街翠山巷 27 号	
寿丰	许石君	一一	法币二万元	一	许石君	男	五四	安徽	经理	同上	小夹街 79 号	
顺丰	萧松樵	一〇	法币一万元	一	萧松樵	男	三四	汉阳	经理	同上	小夹街昤凌里 6 号	
荣昌	郑访贤	七	法币一万八千元	一	郑访贤	男	四九	宁波	经理	同上	后花楼 6163 号	
正大	萧文卿	二四	法币一万元	一	萧文卿	男	五三	汉阳	经理	同上	汉正街 127 号	
中和	徐凤生	三〇	法币三万元	一	徐凤生	男	六四	大冶	经理	私塾	汉正街 613 号	
源昌	王增荣	一二	法币二万元	一	王增荣	男	三八	浙江	经理	同上	小夹街鸿祥里 1 号	
永和	刘燮菴	一七	法币二万元	一	刘燮菴	男	三二	汉阳	经理	同上	花布街恒泰里 1 号	
厚安	嵇尊浩	四	日金一万元	一	嵇尊浩	男	三八	汉阳	经理	同上	洞庭村 27 号	
正昌	陈梦鱼	一九	法币三万元	一	陈梦鱼	男	四七	浙江	经理	同上	花楼街 104 号	
德顺	张德纯	一二	法币六万元	一	张德纯	男	四六	天津	经理	同上	花楼居巷义平里 11 号	

（续表）

商店牌号	营业主或经理人姓名	店员人数	资本金额	代表								
				人数	姓名	性别	年龄	籍贯	在店职务	教育程度	店址	备注
厚成	桂心齐	一八	法币三万元	一	桂心齐	男	五六	武昌	经理	私塾	特三区市政街 18 号	
福和	徐定章	五	日金六千元	一	徐定章	男	三八	武昌	经理	同上	仁里下巷 94 号	
丹成	刘光礼	五	法币二千元	一	刘光礼	男	三一	咸宁	经理	同上	五桂巷 1 号	
鸿成久记	佘冠卿	一六	日金二万元	一	佘冠卿	男	四二	咸宁	经理	同上	汉正街 651 号	
源丰长记	佘治群	八	日金一万二千元	一	佘治群	男	四二	咸宁	经理	同上	遇字下巷 12 号	
衍源	周师钧	一五	日金二万元	一	周师钧	男	三五	浙江	经理	同上	花楼居巷 150 号	
同利	丁才康	三	日金一万元	一	丁才康	男	三八	武昌	经理	同上	涂家厂恒泰里 4 号	
昌记	尹致中	六	法币一万元	一	尹致中	男	三九	江苏	经理	同上	洞庭村 3 号	
同福和	刘茂堂	一〇	法币二万元	一	刘茂堂	男	五九	武昌	经理	同上	汉正街 191 号	
曾万顺	曾竹萱	四	法币五千元	一	曾竹萱	男	三五	咸宁	经理	同上	小夹街 50 号	
昌余	邬鹤庆	二〇	法币六万元	一	邬鹤庆	男	四〇	浙江	经理	同上	万千街 8 号	
同昌祥瑞记	王彩章	二〇	法币八万元	一	王彩章	男	四八	浙江	经理	同上	后花楼 47 号	
晋成	王康臣	一五	日金二万四千元	一	王康臣	男	五二	咸宁	经理	同上	小夹街延安下里 5 号	
丰记	郑君维	八	日金四万元	一	郑君维	男	五三	咸宁	经理	同上	特三区联怡里 34 号	
鸿益	曹光甫	一〇	法币二万元	一	曹光甫	男	三〇	宁波	经理	同上	延安里 4 号	

（续表）

商店牌号	营业主或经理人姓名	店员人数	资本金额	代表								
				人数	姓名	性别	年龄	籍贯	在店职务	教育程度	店址	备注
永昌复记	金庆福	五	法币二万元	一	金庆福	男	二八	安徽	经理	私塾	德林房子15号	
张永茂	张兰亭	五	日金一万元	一	张兰亭	男	二八	汉阳	经理	同上	汉正街93号	
天成	余海平	一二	日金二万八千元	一	余海平	男	四七	咸宁	经理	同上	特三区松柏里3号	
益祥	龙治平	一〇	法币五万元	一	龙治平	男	五一	咸宁	经理	同上	小夹街两仪里1号	
兴昌	宗云階	二〇	法币五万元	一	宗云階	男	四三	武昌	经理	同上	汉正街377号	
福丰新记	陈翕夫	一八	法币六万元	一	陈翕夫	男	五八	咸宁	经理	同上	小夹街36号	
泰记	李贡廷	四	法币二万五千元	一	李贡廷	男	四八	稀水	经理	同上	后花楼45号	
汉康	姚瑞麟	四	法币二万元	一	姚瑞麟	男	四四	宁波	经理	同上	交通路保成里1号	
方毓记	方毓轩	四	法币二万元	一	方毓轩	男	五〇	咸宁	经理	同上	小夹街仁寿下巷3号	
协丰	戴燮秋	一〇	法币三万元	一	戴燮秋	男	四八	咸宁	经理	同上	杨千总巷18号	
华丰	陈云舫	八	法币三万元	一	陈云舫	男	二九	咸宁	经理	同上	统一街18号	
盛丰	刘焕章	八	法币四万元	一	刘焕章	男	四二	咸宁	经理	同上	汉正街永福里3号	
集昌	刘道衡	一〇	日金二万元	一	刘道衡	男	二九	汉阳	经理	同上	杨千总巷22号	
利丰	陈丽生	六	法币四万元	一	陈丽生	男	五一	咸宁	经理	同上	小夹街58号	
诚记	殷伯循	一〇	日金一万元	一	殷伯循	男	三六	咸宁	经理	同上	石码头杏祥里1号	

（续表）

商店牌号	营业主或经理人姓名	店员人数	资本金额	代表								
				人数	姓名	性别	年龄	籍贯	在店职务	教育程度	店址	备注
谦和	刘同菴	一〇	法币四万元	一	刘同菴	男	五〇	咸宁	经理	私塾	小夹街 72 号	
恒丰	董云程	六	日金一万元	一	董云程	男	四八	咸宁	经理	同上	汉正街恒远里 9 号	
诚昌	杨元诚	七	法币八万元	一	杨元诚	男	五六	武昌	经理	同上	前花楼 55 号	
兴记	黄康衡	八	法币十万元	一	黄康衡	男	五二	咸宁	经理	同上	三皇殿 11 号	
仁丰	余幼珊	一二	法币九万元	一	余幼珊	男	四二	咸宁	经理	同上	武圣庙怡里口 526 号	
鸿兴	易恒章	九	法币二万元	一	易恒章	男	五二	汉阳	经理	同上	小夹街延安上里 1 号	
亿丰	刘心泉	一一	法币五万元	一	刘心泉	男	三七	咸宁	经理	同上	居巷内苗家码头	
复丰庆	钱耀峰	一五	日金二万元	一	钱耀峰	男	四六	咸宁	经理	同上	小夹街 70 号	
鼎盛	郑步青	一四	日金二万元	一	郑步青	男	四一	咸宁	经理	同上	法益巷 103 号	
同和	金寿山	一二	日金二万元	一	金寿山	男	四八	安徽	经理	同上	打铜街 35 号	
豫丰	魏敬舆	二〇	日金四万元	一	魏敬舆	男	三六	咸宁	经理	同上	戏子街江苏大巷	
谦□	余碧轩	一二	法币六万元	一	余碧轩	男	五四	咸宁	经理	同上	小夹街鄱阳 79 号	
庆丰	何功京	一九	日金二万元	一	何功京	男	三四	咸宁	经理	同上	特三区街 20 号	
久裕	袁德馨	七	法币四万元	一	袁德馨	男	五四	咸宁	经理	同上	汉正街□□里□□号	
信大	秦东海	二	法币二万元	一	秦东海	男	二八	咸宁	经理	同上	民族路 112 号	

（续表）

商店牌号	营业主或经理人姓名	店员人数	资本金额	代表								
				人数	姓名	性别	年龄	籍贯	在店职务	教育程度	店址	备注
福盛	周璧臣	七	日金二万元	一	周璧臣	男	四八	咸宁	经理	私塾	小夹街 83 号	
人和祥记	董泽山	一六	法币十四万元	一	董泽山	男	五一	咸宁	经理	同上	汉正街 48 号	
恒和祥久记	佘赐畴	二三	日金二万四千元	一	佘赐畴	男	六〇	咸宁	经理	同上	小夹街 10 号	
德隆庆记	童衡臣	一七	日金二万元	一	童衡臣	男	四五	咸宁	经理	同上	民族路 5 号	
义记永	余云階	一六	日金一万八千元	一	余云階	男	六〇	咸宁	经理	同上	小夹街 3 号	
益丰永记	刘昌宏	一二	日金二万五千元	一	刘昌宏	男	三一	咸宁	经理	同上	天津街联怡里 4 号	
克成	姚仲时	一〇	日金四万元	一	姚仲时	男	三九	汉阳	经理	同上	九如桥 290 号	
永盛	章衡如	一〇	日金二万元	一	章衡如	男	五〇	咸宁	经理	同上	汉正街 140 号	
济昌	陈钟彝	八	日金二万元	一	陈钟彝	男	五一	浙江	经理	同上	兰陵路 14 号	
鸿成久记	王晋澄	一六	日金二万元	一	王晋澄	男	四九	咸宁	店主	同上	汉正街 651 号	

（8-1-327:027-031）

24.汉口特别市海味糖盐业同业公会第一次改选当选会员名册

（1942 年 7 月 22 日）

汉口特别市海味糖盐业同业公会第一次改选当选会员名册

（三十一年五月九日改选三十一年五月廿八日填报）

职别	姓名	性别	年龄	籍贯	营业种类	所属商店	在商店之职务	教育程度	是否党员	地址	备注
理事长	王晋澄	男	四九	咸宁	砂糖海味	鸿成久记	店主	私塾		汉正街 651 号	留任
常务理事	姚仲时	男	三七	汉阳	同上	克成	经理	同上		九如桥 290 号	留任
同上	董凤翔	男	五〇	咸宁	同上	德成	经理	同上		汉正街 65 号	留任
同上	魏敬舆	男	三六	咸宁	同上	豫丰	经理	同上		戏子街江苏大巷口	新选
同上	张永明	男	三三	汉口	同上	同昌裕协记	经理	同上		民族路 34 号	新选
理事	杨福堂	男	五六	武昌	同上	信记	经理	同上		汉正街 281 号	留任
同上	周大运	男	六〇	宁波	同上	大兴祥福记	经理	同上		汉正街 68 号	留任
同上	董□□	男	五二	咸宁	同上	德隆	店主	同上		民族路 17 号	留任
同上	程赓山	男	五二	汉阳	同上	顺丰	店主	同上		小夹街盼庆里 6 号	新选
同上	张德纯	男	四六	天津	同上	德顺	经理	同上		花楼居巷义平里 11 号	新选
同上	张怀劬	男	四五	咸宁	同上	瑞隆	经理	同上		小夹街 35 号	新选
监事	佘范九	男	五九	咸宁	同上	恒和祥	经理	同上		小夹街 10 号	留任
同上	周纯儒	男	五〇	咸宁	同上	福泰	经理	同上		民族路 47 号	留任

（续表）

职别	姓名	性别	年龄	籍贯	营业种类	所属商店	在商店之职务	教育程度	是否党员	地址	备注
监事	陈友珍	男	五四	咸宁	砂糖海味	益丰永记	店主	私塾		天津街联怡里4号	留任
同上	袁钦臣	男	五七	咸宁	同上	裕成	经理	同上		大夹街187号	新选
同上	胡甫文	男	五三	咸宁	同上	丰盛	经理	同上		汉正街16号	新选
候补理事	姚茂青	男	三六	汉阳	同上	义成	经理	同上		汉正街328号	
同上	晏立棠	男	四八	武昌	同上	协昌	经理	同上		汉正街198号	
同上	陈钟彝	男	五一	浙江	同上	济昌	经理	同上		兰陵路14号	
同上	金燮卿	男	五四	咸宁	同上	信盛	店主	同上		小夹街32号	
同上	萧文卿	男	五三	汉阳	同上	正大	经理	同上		汉正街127号	
候补监事	何朗轩	男	四〇	咸宁	同上	丰成	经理	同上		特三区鄱阳街20号	
同上	晏仲亭	男	四〇	武昌	同上	志成	经理	同上		特三区同仁里4号	

（8-1-327:040-042）

25.汉口特别市政府社会局回文证送本市商会
（1942年7月22日）

为市山货纸张行业公会第二届改理监事略历表，特请鉴核备查。

来文已悉。

局长　王锦霞

七月二十二日

（119-126-269:159）

26.汉口特别市政府令本市社会运动指导委员会呈一件为转报五金业公会改选经过案
（1942年7月23日）

呈件均悉。准予备查，仍仰将该公会补行主案各项表件，特呈来府候核。此令。

件存。

中华民国三十一年七月　日

（8-1-327:021-022）

27.市社运会转报海味糖盐业公会改选经过案
（1942年7月24日）

案查汉口特别市海味糖盐业同业公会，成立两年期满，应依法改选半数，已于五月九日假三民路会宾酒楼举行改选大会，并经本会派员出席监选在案，兹据该会先后呈赍会员名册及改选职员名册前来，经核尚无不合，除指令准予备查并分呈外，理合检同原赍会员名册及改选职员名册各二份，备文呈请鉴核备查。再该会补行登记立案手续正在督促办理中，合并陈明。

谨呈

汉口特别市市长　张

附呈海味糖盐业公会会员名册及改选职员名册各二份。

汉口特别市社会运动指导委员会主任委员　孙迪堂

（8-1-327:025-026）

28.汉口特别市社会运动指导委员会转报纱业公会改选经过案

（1942 年 7 月 25 日）

案查汉口特别市纱业同业公会成立两年期满，应依法改选半数，已于五月三十日假三民路会宾楼举行改选大会，并经本会派员出席监选在案，兹据该会先后呈赍会员名册及改选职员名册前来，经核尚无不合，除指令准予备查并分呈外，理合检同原赍会员名册及改选职员名册各二份备文呈请鉴核备查。再该会补行登记立案手续正在督促办理中，合并陈明。

谨呈

汉口特别市市长　张

附呈纱业公会会员名册及改选职员名册各二份。

汉口特别市社会运动指导委员会主任委员　孙迪堂

（8-1-327:066-067）

29.汉口特别市纱业同业公会会员名册

（1942 年 7 月 25 日）

汉口特别市纱业同业公会会员名册

商店牌号	营业主或经理人姓名	店员人数	资本金额	代表										
				人数	姓名	别号	性别	年龄	籍贯	在店职务	教育程度	是否党员	店址	备注
颐安	邹克儒	7 人	日金 一万六千元	2 人	邹克儒 张觉先		男	56 45	江西	经手	私塾	否	特三区崇正里新 5 号	
同和	陈荷武	8 人	七千元	2 人	陈荷武 阳家宽		男	38 20	武昌	经手	私塾	同上	汉正街 267 号	
天松祥	杨汉卿	6 人	五千元	2 人	杨汉卿 阳楚卿		男	56 50	汉阳	正副经理	私塾五年	同上	汉正街 229 号	

（续表）

商店牌号	营业主或经理人姓名	店员人数	资本金额（元）	代表										
				人数	姓名	别号	性别	年龄	籍贯	在店职务	教育程度	是否党员	店址	备注
同裕	万俊珊	10 人	日金二万元	2 人	万俊珊 李厚樑		男	30 23	江西	经手	高小	否	汉正街42 号	
久丰长记	汤耀明	5 人	二万元	2 人	汤耀明 吴禹生		男	37 26	武昌 鄂城	经手	高小	同上	法租界庆平里19 号	
公记新	萧福亭	15 人	二万元	2 人	萧福亭 袁润梧		男	49 52	汉阳 汉口	店员	私塾	同上	汉正街594 号	
纬新	余锦洲	3 人	二万元	2 人	余锦洲 葛维栋		男	46 40	安徽 汉口	店员	初中	同上	法租界巴黎街14 号	
春顺	曾宜齐	3 人	四万元	2 人	曾宜齐 刘春安		男	33 30	武昌	店员	同上	同上	法租界德兴里9 号三楼	
同安	韩稚波	2 人	一万元	2 人	韩稚波 靖西山		男	51 24	黄冈	店员	私塾	同上	木兰宫街 62 号	
大丰	刘序西	5 人	一万人	2 人	刘序西 李襄臣		男	55 40	江苏	经手	初中	同上	特三区鼎余里17 号	
益裕	胡熙安	6 人	一万元	2 人	胡熙安 郭汉臣		男	48 59	应城 汉阳	经手	初中 高小	同上	特三区联怡里新 1 号	
和顺	陶郎如	3 人	一万元	2 人	陶郎如 万少亭		男	36 30	黄冈	经手	私塾	同上	乔家巷14 号	
裕昌	许益甫	4 人	二万元	2 人	许益甫 陈荣良		男	40 34	汉阳	经手	中学	同上	三教街19 号	
怡安	张季丰	11 人	日金一万元	2 人	张季丰 唐松泉		男	46 52	同上	经手	初中	同上	公兴村6 号	
大经	熊枝章	5 人	一万元	2 人	郑伯初 熊华龙		男	46 29	武昌 汉阳	副理 经手	同上	同上	阜昌街9 号	

（续表）

商店牌号	营业主或经理人姓名	店员人数	资本金额（元）	代表										
				人数	姓名	别号	性别	年龄	籍贯	在店职务	教育程度	是否党员	店址	备注
大森	周序初	4 人	二万元	2 人	周序初 邹耀光		男	40 28	安徽	经手	高小	否	统一街 208 号	
益丰	洪镒山	3 人	八万元	2 人	洪镒山 杨芹香		男	48 29	安徽 汉阳	经手	中学	同上	天津街新 20 号	
盛记新	邝惠亭	3 人	一万元	2 人	邝惠亭 邝能山		男	33 39	汉阳	店员	私塾	同上	统一街 106 号	
元昌	方文甫	5 人	二万元	2 人	方文甫 张余之		男	45 30	安徽	店员	中学	同上	联怡里口泰康楼上	
同丰新记	王厚荣	5 人	二万元	2 人	王厚荣 万辉庭		男	55 36	汉阳	经手	初中	同上	汉正街 301 号	
协记丰	汪时鑫	2 人	一万元	2 人	汪时鑫 谭达人		男	39 36	安徽	店员	高小	同上	界限路 15 号	
袁福记	袁福藻	4 人	四千元	2 人	袁福藻 张文臣		男	36	汉阳	经手	同上	同上	汉正街 587 号	
永丰	叶凯臣	8 人	三万元	2 人	张云亭 叶凯臣		男	42 32	鄂城	经手 经理	高小 初中	同上	汉正街 293 号	
久裕	周新民	4 人	二万元	2 人	周新民 周旭初		男	39	湖南	店员	初中	同上	咸安坊 7 号	
和盛	王义生	4 人	日金一万元	2 人	王义生 袁舜臣		男	46 34	汉阳 黄陂	经手	同上	同上	鄱阳里 6 号	
正裕新记	蔡仲膺	5 人	十万元	2 人	蔡仲膺 罗清生		男	44 43	湖北	经手	中学	同上	扬子街钦一里 7 号	
华群	李鸿翔	3 人	一万元	2 人	李鸿翔 闵清臣		男	43 34	夏口	经手	初中	同上	两仪街 29 号	
吉和	万时卿	4 人	日金一万元	2 人	万时卿 吴少甫		男	42 37	汉阳	经手	私塾	同上	大夹街 220 号	
信丰	程霖轩	14 人	三万元	2 人	程霖轩 吴贤雄		男	42 19	安徽	店员	中学	同上	同仁里 13 号	

（续表）

商店牌号	营业主或经理人姓名	店员人数	资本金额（元）	代表										
				人数	姓名	别号	性别	年龄	籍贯	在店职务	教育程度	是否党员	店址	备注
长记	杨益甫	8人	二万元	2人	刘东明 杨益甫		男	48 44	汉阳	经理 股东	中学	否	汉正街323号	
瑞济	徐南孚	3人	二万元	2人	徐南孚 李健民		男	28 26	黄陂	经手	同上	同上	新德里6号	
椿茂	汪兆光	4人	日金一万元	2人	李旭来 熊贤之		男	27 20	孝感 天门	经手 店员	高小	同上	法租界满沙街18号	
联丰	蔡紫波	8人	日金二万元	2人	蔡紫波 蔡兰舫		男	47 30	安徽	店员	中学	同上	六世村8号	
大有	王理堂	7人	十二万元	2人	王理堂 王明忠		男	50 20	汉阳	店员	同上	同上	咸安坊10号	
信康	黄厚荣	3人	十万元	2人	黄厚荣 赵国卿		男	33 41	同上	经手	初中	同上	同福里3号	
泰安	高汝翼	3人	日金一万元	2人	高笃安 江计然		男	33 30	武昌	经手 店员	同上	同上	如寿里24号	
德大	李树堂	8人	八万元	2人	姚迪之 李远大		男	40 25	汉阳	经手 股东	高小	同上	鄱阳街60号	
裕大	万钰山	5人	日金二万元	2人	万钰山 张善夫		男	50 46	汉阳	经手	中学	同上	巴黎街崇德里5号	
和昶	曾定国	3人	三万元	2人	曾定国 曾国璋		男	33 30	同上	店员	初中	同上	江汉路3号	
济生	萧明章	10人	二万元	2人	萧明章 郭止灵		男	45 29	同上	经手	私塾	同上	延昌里8号	
森祥	胡致和	3人	日金一万元	2人	胡致和 叶君恒		男	51 45	安徽 汉阳	副理	同上	同上	同福里6号	
和祥	李俊祥	4人	日金一万元	2人	李俊祥 赵治鑫		男	48 17	汉阳 同上	股东	初中	同上	新德里6号	
永生	齐治国	5人	三万元	2人	齐治国 刘懋如		男	31 31	鄂城 大冶	店员	同上	同上	汉正街173号	

（续表）

商店牌号	营业主或经理人姓名	店员人数	资本金额（元）	代表										
				人数	姓名	别号	性别	年龄	籍贯	在店职务	教育程度	是否党员	店址	备注
永隆	程举百	5 人	一万元	2 人	程举百 曾尧臣		男	33 28	黄安	店员	高小	否	汉正街树屏里 8 号	
通成	叶服菴	3 人	日金一万元	2 人	叶服菴 郑松如		男	44 48	汉阳	副理	私塾	同上	统一街清白巷 2 号	
立成	张雪舫	3 人	日金二万元	2 人	张雪舫 程向荣		男	55 55	黄冈 黄安	店员	中学	同上	五族街 41 号三楼	
会通源	刘伯澄	3 人	十万元	2 人	刘伯澄 叚子安		男	45 36	山西	店员	同上	同上	法租界福煦路 15 号	
惠丰	唐少齐	4 人	日金五千元	2 人	唐少齐 崔潘村		男	52 49	汉阳 安徽	经手	私塾	同上	咸安坊 4 号	
福昌祥记	刘瑞堂	3 人	二万元	2 人	刘瑞堂 金玉鸣		男	48 30	汉阳	店员	同上	同上	汉正街余庆里 14 号	
立丰	胡焕玉	4 人	日金五千元	2 人	胡焕玉 张地山		男	44 37	黄安	股东	同上	同上	咸安坊德永里 5 号	
谦丰益记	韩乐三	4 人	二万元	2 人	韩乐三 萧仲猷		男	45 24	黄陂	店员	中学	同上	同福里 8 号	
衡大	冯衡卿	2 人	四万元	2 人	冯衡卿 黄本顺		男	52 29	汉阳	经手	中学 高小	同上	存仁巷 107 号	
鸿裕	唐兰樵	7 人	十万元	2 人	唐兰樵 陈松龄		男	48 41	汉阳	经手	大学	是 否	同福里 14 号	
鼎兴森记	曾森	4 人	日金一万元	2 人	曾森 曾瑞芝		男	53 44	安徽	店员	中学	否	市政街 14 号	

（8-1-327:068-072）

30.汉口特别市政府令本市社会运动指导委员会呈一件转报海味糖盐业公会改选经过案

（1942 年 7 月 27 日）

呈件均悉。仍仰将该公会补行登记立案情形续报备查。此令。件存。

中华民国三十一年七月　日

（8-1-327）

31.汉口特别市商会函本市山货纸张行业同业公会

（1942 年 7 月 27 日）

便函:案查前据呈报本届改选理监事略历表,经已转呈社会局社三字第二八五三号回文证开来,文已悉,奉此相应函达贵会查照。

此致

本市山货纸张行业同业公会

汉口特别市商会

七月二十七日

（119-126-269:160）

32.汉商会为市府秘书处第四科续发四、五月号长江书刊□会特向同业劝销由

（1942 年 7 月 27 日）

元字第三三七五号。案准汉口特别市政府秘书处第四科续行发送四、五月号长江书刊各一百三十册,定价每册军票捌角,嘱分派各同业公会转为劝销到会,自应照办。除分送外,相应检同该刊各式拾册随函送请查收转向同业较大商店,如数劝销并希按照上开定价将所有价款即予收齐,交由本会事务股汇缴。

此致

汉口特别市纱业同业公会

附送四、五月号长江书刊各式十册。

启

七月廿七日

（119-15-33:52）

33.市商会劝谕各业广施茶水

（1942 年 7 月 27 日）

本报讯　本市商会,鉴于一般劳苦大众每日奔驰于烈日之下,血汗交流,最易中暑。兹为

救济此辈以免舌燥唇干而致中暑起见，特劝谕本市各业同业公会，设法广施茶水，俾资解渴祛暑。然各业公会，接获通知后，业已开始施给者，虽为数尚多，而观望未办者亦大有人在。现该会特于日昨再行劝谕各业公会，无论数目多寡，而略为设置共襄善举，时并通知其他已办各会，嗣后对于茶亭或茶桶迁移地址或增减数目，亦请随时报知，以资统计而便稽考云。

（《武汉报》）

34.汉口特别市公认钱庄业同业公会第一届第二次职员名单（民国三十一年七月十六日）

（1942 年 7 月 28 日）

理事长　谢伯勤
常务理事　谢伯勤（兼理事长）
徐桐冈
时似甫
理事　谢伯勤（兼理事长及常务理事）
徐桐冈（兼常务理事）
时似甫（兼常务理事）
张榕初
吴证三
汪石峰
叶幼东
朱有春
蔡鼎新
监事　王祥轩
杨葆初
葛楚材
候补理事　余友谦
孙鼎吾
周达三
候补监事　余茂棠

（8-1-327：092-093）

35.汉口特别市政府社会局指令：令市商会呈一件为呈送瓷器业公会会员名册章程草案仰祈鉴核存转备查由

（1942 年 7 月 28 日）

呈件均悉。查本市瓷器业同业公会章程名册，曾据该同业公会呈报到局，当时筹备员略历表暨筹备会印模尚未据报，应各补呈一份，又该会现用“瓷业”名称与核定“瓷器业”名称不符应即改正,曾经指令分别遵办具报在案,仰即知照并转饬迅即遵办报核为要。

此令。件存。

局长 王锦霞
监印 柯正清
校对 徐凌旭
(119-126-235:28)

36.汉口特别市政府财政局呈市政府据钱业公会呈报第一届第二次改选大会当选理监事姓名转请鉴核存转由

(1942 年 7 月 29 日)

案据汉口特别市公认钱庄业同业公会呈称:窃本会于七月十六日假汉口特别市商会召集会员代表大会并举行第一届第二次理监事改选大会,当由钧局派员出席指导。是日,除改选半数理监外,共留任理事为谢伯勤、徐桐冈、时似甫、张榕初、吴证三等五人,当选理事为汪石峰、叶幼东、朱有春、蔡鼎新等四人,当选候补理事余友谦、孙鼎吾、周达三等三人,又留任监事王祥轩、杨葆初等二人,当选监事为葛楚材,当选候补监事余茂棠,并于是日复选理事长及常务理事,由理事九人互选,其结果谢伯勤为理事长,徐桐冈、时似甫为常务理事,均于是日宣誓就职。所有选举情形另单抄呈,除分别呈报暨函咨外,理合呈祈钧局鉴核并希分呈汉口特别市政府暨军特务部鉴核,伏候示遵,实为公便等情。附选举报告表、职员名单各四份,据此经核尚无不合,理合检同原表单各二份一并备文呈请钧长鉴核。

谨呈

市长张

附呈选举报告表、职员名单各二份。

汉口特别市政府财政局局长 孔楚材
(8-1-327:090-091)

37.汉口特别市商会送市瓷器业公会奉社会局令关于贵会筹备员略历表暨印模应各补呈一份并改正公会名称函请查照分别遵办由

(1942 年 7 月 30 日)

便函:查前据来呈,以筹备成立,附贵会会员名册暨章程草案等件到会,业经转报备查在卷。兹奉汉口特别市社会局社三字第二八六五号指令闻:呈件均悉。迅即遵办报核为要等因。奉此,相应函达查照分别遵办。

此致

本市瓷器业同业公会

(会戳)启
七月三十日
(119-126-235:29)

38.汉口特别市保卫东亚纪念日社团人员第三次集训表

（1942年7月）

汉口特别市保卫东亚纪念日社团人员第三次集训表

民国三十一年七月份　汉口特别市社会□□指导委员会

时间	地点	训导人	受训人数	备考
上午十时	社运会	社运会正、副主任	各社团代表四十余人	
下午三时	农筹会	该会筹委	三十人	
同上	工整会	该会整委	六十人	
同上	商会	该会主席	二十人	
同上	善堂联合会	该会理事长	四十人	
同上	红十字会	该会会长	四十人	
同上	私塾教育研究会	该会委员	二十人	
同上	花楼街公益会	该会理事长	三十人	
同上	匹头贩运业同业公会	该会理事长	三十人	
同上	布匹店业同业公会	同上	二十人	
同上	海味糖盐业同业公会	同上	三十人	
同上	洋服业同业公会	同上	二十人	
同上	纱业同业公会	同上	二十人	
同上	旅栈业工会	该会常务理事	二十人	
同上	放运水业工会	同上	三十人	
同上	酒饭面馆业工会	同上	三十人	
同上	中药炮制业工会	同上	二十人	
同上	洪兴正义会	该会筹委	二十人	
同上	安清分会	该会常务理事	三十人	
同上	理教会	同上	二十人	
同上	冬社国剧社	同上	二十人	
同上	汉阳旅汉同乡会	该会理事长	二十人	
同上	阳新县旅汉同乡会	同上	二十人	
同上	安徽旅汉同乡会	该会筹委	二十人	
同上	佛教正信会	该会理事长	四十人	
同上	新闻记者公会	该会常务理事	二十人	

8 月

1.财政部为禁止使用旧币之布告

（1942 年 8 月 4 日）

财政部布告

查整理旧法币条列，业经公布施行，并指定苏、浙、皖、粤四省及南京、上海、厦门三市，分别实施各在案。兹定于民国三十一年八月十日起，再就武昌、汉口两市（包括租界）及汉阳县城市开始旧币与中央储备银行券全面交换，并于交换期满后，应速根据《禁止使用旧币办法》实行禁止旧币使用，所有办法择要分列如下：

一、中央储备银行券为唯一法币。

二、旧币与中央储备银行券应按二对一之比率交换之。应行交换之旧币为中央、中国及交通银行发行之钞券。关于交换之详细办法，由中央储备银行另定之。

三、交换期限满期后，应速禁止各种旧币之使用。

按照以上办法，旧币之法定通货性，既经取消，中央储备银行券推行顺利，币制自可日见统一，全面交换一经完竣，旧币禁止使用，金融非但即可稳定，一般持有旧币者之利益，亦得保障，各界人士，务各咸体斯旨，早自踊跃交换，援助政府统一币制，以安民生，切毋观望自误，合亟布告。

部长　周佛海

2.日信洋行交来汉口特别市纱业同业公会为所发出栈单如遇战事危险及其他不测损害概不负责由

（1942 年 8 月 5 日）

敬启者，敝编纂部同业所发出栈单原定规章在可能范围以内之事故限期负责，如遇战事危险及其他不测损害，概不负责。兹为备忘起见，特再重行声明，促请注意，俾免将来纠纷，故将函请贵会转文各同业知照为荷。

此致

汉口市棉纱业同业公会军票交换用物资配给组合

棉业部汉口支部

昭和十七年八月四日

顷据日信洋行函称："敝棉业部同业所发出栈单，原定规章在可能范围以内之事，故限期负责，如遇战事危险及其他不测损害，概不负责。兹为备忘起见，特再重行声明，促请注意，俾免将来纠纷，故将函请贵会转文各同业，知照为荷。"等情，据此相应照录原函转达宝号查照是为至盼。

此致

宝号

（会戳）启

八月五日

（119-15-34:21-23）

3.汉口特别市社会运动指导委员会为汉口特别市保卫东亚纪念日社团人员第四次集训令本市布匹店业同业公会

（1942 年 8 月 6 日）

查本月八日为国定保卫东亚纪念日，自应依照本会前颁之保卫东亚纪念日社团人员集训办法赓续举行，以符规定。兹制订本市保卫东亚纪念日社团人员第四次集训表一种及集训要点一份，令发遵照办理，并仰该会推派高级干部二人，于八日上午新钟十时，前来会听讲为要。此令。

附发本市保卫东亚纪念日社团人员第四次集训表一种、集训要点一份。

主任委员　孙迪堂

4.汉口特别市商会为转知张贴实施新旧币全面交换布告致汉口市各业同业公会函

（1942 年 8 月 7 日）

案奉汉口特别市政府府二字第一〇一六九号训令开："案准财政部钱壹字第二八七号公函开，案查武昌、汉口两市（包括租界）及汉阳县城，自本年八月十日起，实施新旧币全面交换一案，业经本部另案咨请查照在案。兹再颁发布告，分寄各省市张贴街衢，俾众周知。除分行外，相应检同布告五十份，函请贵市政府查照并饬属遵照。等因，准此。除将布告张贴并分令外，合行抄发原布告，令仰知照并饬属知照。"等因，计抄发布告一份，奉此。除分函外，相应照抄原件一份，随函送达查照，饬知遵办。

此致

本市　业同业公会

附抄布告一份。

汉口特别市商会　启

5.汉口特别市商会经济调查处为向本处调查职员颁发证明书及铜质证章通知食品杂货业公会

（1942 年 8 月 7 日）

汉口特别市商会经济调查处通告　市商经发字第三七三号

卷查本处成立以后，曾于四月间以第六八号通告通知，凡属本处职员赴各处调查，或向各商家有所接洽者,均持用汉口军特务部颁发之证明书暨佩有两种铜质证章,并印制该证章及证明书样式随函附发,请烦查照。嗣后复恐有不肖之徒冒充本处职员,向各商家招摇需索情事,曾于七月间,以二八一号通告通知,准受害当事人将受害事实,用书面直送本处报告,或径向本处长当面陈诉,以凭依法送惩。各在卷,兹为缜密防范起见,特再制发本处职员身份证明书一种,嗣后应请各商家特别注意,凡遇用本处名义向各商家无论接洽或调查任何事件,均须首先验明其有无此种证明书,倘若无之,必系假借本处职员名义,意图招摇撞骗,应请各商家随时通知□察,立予拘送该管警察分局,并通知本处,决当依法严厉惩处,不稍宽贷。除函请警察局予以协助并分行外,特此通告,即希亮察。

处长　刘以仁

6.市经济调查处今召集棉纱等业公会讨论各业对停顿后意见

(1942 年 8 月 8 日)

本报讯　市各业茶会市场,自因当局限价关系,而相率宣告停止买卖之后,刻闻市商会经济调查处,有鉴如斯,特定今日上午十时,召集棉纱、匹头、卷烟、海味以及麦粉等业公会,前往讨论各业对于停顿后意见及一切将如何处置态度云。

(《武汉报》)

7.市商会经济调查处今召纱、烟等业谈话

(1942 年 8 月 8 日)

市商会经济调查处,为近数日内,市场为如布、卷烟等陆续停止交易故,为明了各市场停顿后之状况及今后之调整办法,特定今日上午十时,召集棉纱、布匹、卷烟、海味糖盐及粮食面粉等十业举行谈话,俾使各业能互相交换意见,以资公定价格发生宏大之效果。

(《大楚报》)

8.市商会经济调查处召各业公会举行座谈会

(1942 年 8 月 9 日)

市商会经济调查处召各业公会举行座谈会将拟具意见书面呈报当局

市商会经济调查处,为明了各市场停顿后之情况,特于昨日上午十时,召集本市重要各业,如粮食、棉纱、卷烟、匹头贩运、布匹、海味糖盐、华洋百货、面粉、煤油等公会举行座谈会,会中对目下市场状态及其调整意见,用书面详述,并为体奉当局意旨。兹后拟于公定价格范围内筹组各业组合,以利交易。该项建议,将一并由调查处转呈当局。

(《大楚报》)

9.汉口特别市商会章程

（1941 年 6 月 26 日核准,1942 年 8 月 10 日修正）

第一章　总　则

第一条　本章程依据商会法及商会法施行细则订定之。

第二条　本会定名为汉口特别市商会(以下简称本会)。

第三条　本会以图谋工商业及对外贸易之发展、增进工商业公共之福利为宗旨。

第四条　本会以汉口特别市行政区域为区域。

第五条　本会会址设于汉口中山路一六六号。

第六条　本会受社会运动指导委员会湖北省分会之指导监督暨汉口特别市政府社会局之监督指挥。

第二章　任　务

第七条　本会任务如下:

一、关于筹议工商业之改良及发展事项。

二、关于工商业之征询及通报事项。

三、关于国际贸易之介绍及指导事项。

四、关于工商业纠纷之调处及公断事项。

五、关于工商业之证明及鉴定事项。

六、关于工商业之调查、统计、编纂等事项。

七、关于在工商业范围内建议于政府暨政府委托代办事项。

八、关于筹设各种民营公用工商业场所暨其他有关工商业之公共事业及商业学校事项。

九、关于国际工商业之联络、协助等事项。

十、关于市面经济之调整事项。

十一、关于合于第三条所揭宗旨之其他事项。

第三章　会　员

第八条　凡在本市区域内经营工商业者,均应备具入会申请书,向本会登记为会员,并由本会发给会员证书。

第九条　前条会员分下列二种:

一、同业公会会员。

二、商店会员。

第十条　公会会员及商店会员均得举派代表出席本会,称为会员代表,但公会会员代表人数至多不得逾七人,商店会员代表人数至多不得逾三人。前项会员代表以在本市区域内之中华民国商人,年在二十五岁以上者为限。

第十一条　会员均须遵守本会章程,服从本会决议案,并按时缴纳各种会费。

第十二条　会员不得无故出会，设因公会解散，或商店迁移于本市区域外营业及歇业等情事必须出会者，须申叙理由，填具出会书送交本会审查认可。

第十三条　会员不遵守本会章程决议，或有其他破坏本会行为及欠缴会费者，得由会员大会决议予以警告或除名等处分。

第十四条　会员代表有表决权、选举权及被选举权。

第十五条　有下列各款情事之一者，不得充本会会员代表。

一、褫夺公权者。

二、有反动行为者。

三、受破产之宣告尚未复权者。

四、无行为能力者。

第十六条　会员代表得由原推举之会员随时更换，但已选为本会执行委员、监察委员者，非有依法应解任之事由，不得将其撤换。

第十七条　会员代表有不正当之行为，致妨害本会名誉者，得以会员大会之议决将其除名，并通知原推举之会员。前项受除名处分之会员代表，自除名之日起三年以内不得再充(当)会员代表。

第四章　组织及职权

第十八条　本会最高权力机关为会员大会。

第十九条　本会设执行委员十五人，候补执行委员五人；监察委员七人，候补监察委员三人，由会员大会选任之，并由执行委员互选常务委员五人就中选任一人为主席，综理本会会务，对外代表本会。

第二十条　执行委员及监察委员任期均为四年，每二年改选半数，不得连任。第一次改选方法以抽签定之，但委员人数为奇数时，留任之人数得较改选者多一人。

第二十一条　主席及常务委员缺额时，由执行委员补选之。执、监委员缺额时，由候补执、监委员依法递补之，其任期均以补足前任任期为限。候补执、监委员未递补前不得列席会议。

第二十二条　执行委员依本章程之规定及会员大会之议决行使职权。

第二十三条　常务委员依本章程之规定及执行委员会之决议行使职权。

第二十四条　监察委员会之职权如下：

一、监察、执行委员会，执行委员大会之议决案暨考察本会职员是否称职。

二、审查执行委员会处理会务及本会预计算。

三、稽核执行委员会之财政出入。

四、决议执行委员会提出之处分会员案件及向会员大会提出弹劾案。

五、其他关于本会一切监察事项。

第二十五条　执行委员及监察委员有下列各款情事之一者，应即解任。

一、因不得已事故，经会员大会议决准其退职者。

二、旷废职务，经会员大会议决令其退职者。

三、于职务上违背法令、营私舞弊，或其他重大之不正当行为，经会员大会议决令其退职，或由主管机关令其退职者。

四、发生第十五款各款情事之一者。

第二十六条　执行委员及监察委员均为义务职,但常务委员及主席得按实际情形酌给临时办公费。

第二十七条　本会得酌设秘书并置总务、调查两组,每组设主任一人,办事员、书记若干人,办理各项事务,其名额、薪资由执行委员会议定,提交会员大会公决之。

第五章　会　议

第二十八条　会员大会分定期会议及临时会议两种,均由执行委员会召集之。定期会议每年开会两次,于六月、十二月举行之;临时会议经执行委员会认为必要,或由会员十分之一以上之请求,或由监察委员会函请召集时召集之。

第二十九条　会员大会之决议,以会员代表过半数之出席,出席代表过半数之同意行之。

第三十条　下列各款事项之决议,以会员代表三分之二以上之出席,出席代表三分之二以上之同意行之:

一、核定预计算。

二、变更章程。

三、会员或会员代表之除名。

四、职员之退职。

五、清算人之选任及关于清算事项之决议。

第三十一条　召集会员大会应于十五日前通知之,但因紧急事项召集临时会议者,不在此限。

第三十二条　执行委员会每月开会二次,如有必要,并得召集临时会议,惟须有执行委员过半数之出席方能开会,出席执行委员过半数之同意方能决议可否,同数时取决于主席。

第三十三条　监察委员会每月开会一次,如有紧急事项并得召集临时会议,惟须有监察委员过半数之出席方能开会,出席监察委员过半数之同意方能决议。监察委员会开会时,由出席监察委员临时互推一人为主席。

第六章　经费及会计

第三十四条　本会经费分下列二种:

一、事务费由会员大会议决,以资本之比例分担之。

二、事业费由会员大会议决筹集之。

第三十五条　本会之会计,年度自一月一日起至十二月三十一日止。

第三十六条　本会经费之预计算及其事业之成绩,每年须编辑报告刊布之,并分报社会运动指导委员会湖北省分会暨汉口特别市政府社会局备案。

第七章　附　则

第三十七条　本章程未规定事项,悉依商会法及商会法施行细则之规定办理之。

第三十八条　本章程自分报社会运动指导委员会湖北省分会暨汉口特别市政府社会局核准后施行。

10.汉口特别市商会办事细则

(1941 年 6 月 26 日核准,1942 年 8 月 10 日修正)

第一条　汉口特别市商会(以下简称本会)办理会务,悉依本细则行之。

第二条　主席综理本会事务,常务委员襄助主席管理本会事务。

第三条　本会对外文件由主席署名行之。

第四条　凡关于重要事件,主席及常务委员认为不能解决者,得提交执行委员会议讨论决定之。

第五条　本会秘书职掌如下:

一、关于机要事项。

二、关于分配、撰拟、审核、文稿事项。

三、关于翻译及交际事项。

四、关于会议事项。

五、其他主席交办事项。

第六条　本会总务组职掌如下:

一、关于文件收发、缮校及保管档案事项。

二、关于文稿、章则之撰拟事项。

三、关于典守印信事项。

四、关于商人登记入会,商、工业团体之组织及指导成立事项。

五、关于本会预算计算及会计庶务事项。

六、关于公用物品之购置及保管事项。

七、关于本会人事事项。

八、其他一切有关本会事项。

第七条　本会调查组职掌如下:

一、关于商人申请登记之调查事项。

二、关于商、工业资本额及业务之调查事项。

三、关于商品物价之调查事项。

四、关于各机关委托调查事项。

五、关于管理物品搬运许可愿填写事项。

六、关于本会一切统计事项。

第八条　本会办公时间,依照市政府规定办公时间办理,各职员应按时签到,不得迟到早退,所有办事勤惰由各组主任随时考核。

第九条　本会职员除星期例假外,不得擅离职守,如有特别事故请假者,须先呈准。

第十条　本会职员承主席及秘书暨各组主任之命分任工作。

第十一条　本会到文须由收发员摘由编号,登簿注明到文月日,送由各主管、主任拟具办法,转送秘书核阅后,再呈主席核批交办。

第十二条　凡来文封面注明“机密”字样,或主席姓名亲启者,不得拆封,须送由秘书转呈主席收阅,俟发下后补办收文手续。

第十三条　各组应办之例行文件由各组拟稿送核,如有会核之件须送关系组会核,遇重要文件不能决定办法时,应签呈主席核定。

第十四条　撰拟稿件应由拟稿人签名、盖章、登录、送稿簿,送主管主任核阅盖章后送秘书核转主席核定判行。

第十五条　凡判行文件缮写完毕,经校对无误用印后,交收发员登簿封发。

第十六条　凡文件封发后,其原稿及来文全卷应交管卷员分别归档,机密文件由秘书保存之。

第十七条　本会各种会议规则另定之。

第十八条　本细则如有未尽事宜,得随时修正之。

第十九条　本细则自分报社会运动指导委员会湖北省分会暨汉口特别市政府社会局核准之日施行。

11.汉口特别市商会监事会会议

(1941 年 6 月 26 日核准,1942 年 8 月 10 日修正)

第一条　汉口特别市商会(以下简称本会)监事会议,除法令别有规定外,悉依本规则之规定。

第二条　凡关于本会之建议改革事项及理事会送请核议事项,得提交监事会议讨论之。

第三条　监事会议每月二十五日举行一次,须有监事过半数之出席方能开会。如遇必要时,经监事二人以上之同意,得召开临时会议。

第四条　会议时由出席监事中互推一人为主席。

第五条　会议时须备签到簿及记录簿,并须先期编列议事日程,届期交议。

第六条　会议时须按照议程分案讨论,不得越出本案范围以外,在一案未讨论终结以前不得涉及他事。

第七条　讨论案件不得有二人以上同时发言,发言时并须起立。

第八条　讨论终结之决议,以出席人数过半数之同意行之可否,同数时取决于主席。

第九条　会议记录应由主席及记录人签名盖章。

第十条　本规则自呈报汉口特别市社会运动指导委员会核准之日施行。

12.汉口市商会公函为市商会举行第三次会员大会改选理监事半数照章应推定出席会员代表五人以便汇报由

(1942 年 8 月 14 日)

汉口特别市商会公函元字第二三四七号:查本会订于本月二十二日上午九时举行第三次会员大会改选理监事半数,业经呈奉层峰核准在卷。兹查贵会照章应推定出席会员代表五人,相应函达查照,即希就理监事中推定并将推定代表姓名连同委托书于本月十九日下午五时以前函知到会,以便汇报市社运会及编列出席证号码。事关紧要,幸毋迟延为荷。

此致

本市纱业同业公会

理事长　李鼎安

中华民国三十一年八月十四日

(119-15-36:11-12)

13.市商会本届理监事定二十二日改选

(1942 年 8 月 15 日)

市商会本届理监事已届任满,经该会向各方联络结果,决定于本月二十二日,举行改选。其方式依照法定办理,改选半数。闻各业通知业已发出,各机关亦可于日内致函报告。并讯该会章程、办事细则及理监事会议章程,已由市府略加修正,公布实施。又今日午后,将举行理监事联席会议。

(《大楚报》)

14.商会经济调查处召集各业商谈卷烟配给组合等规则

(1942 年 8 月 16 日)

商会经济调查处召集各业商谈卷烟配给组合等规则　按等级平均分配借免从中渔利

市商会经济调查处,以公定价格发表后,日用物资不致因市场停顿而趋于呆滞起见,故奉当局之委托,筹备组织各业配给组合,除纱布外,昨复召集卷烟经理业、杂货贩卖业、海味糖盐业、杂货店业、食品杂货业,商讨组织卷烟配给组合及火柴、洋烛、肥皂配给组合之章程细则,双方协议颇为详尽,目下各业正积极筹备中。

又讯　卷烟等配给组合之规则,其重要部分以不论商店或摊贩,均可加入于组合会员,享受配给权利,日后各项物资配给,决定依照所加入之会员按等级平均分配之,以免规模较大之公司从中渔利。

(《大楚报》)

15.汉口特别市商会为发放汽车等奖励补助金致本市各业同业公会函

(1942 年 8 月 17 日)

案奉汉口特别市政府府二字第四五五七号训令开:案准汉口军特务部汉特建第一〇七号函译开,兹根据昭和十七年三月七日三省会议之决议,对于拟装置代用燃料瓦斯发生炉(以下简称代燃机)之载重汽车及公共汽车之所有者,按照下列之规定发与奖励补助金,函请查照。等因,准此。除分令外,合行抄发原规定,仰该会知照并转饬所属各同业公会一体知照。此令。等因,计抄发规定一份到会,奉此。除分函外,相应抄录规定随函送请贵会查照,希转饬知各会员商店知照。

此致

本市各业同业公会

计抄发规定一份。

汉口特别市商会　启

16.汉口特别市商会为督促以旧法币调换中储券致各业同业公会

(1942 年 8 月 17 日)

汉口特别市商会公函　元字第二三五九号

查本市旧法币调换中储券期限定于本月二十三日截止,业经各有关机关布告在案。现距截止期限不远,凡我商人务须仰体政府统一币制,安定金融之意旨,踊跃调换,万毋意存观望,隐匿不前。除分函外,相应函达贵会查照,即希向所属会员商店挨户劝导,如期调换,以符功令而免自误。

此致

各业同业公会

理事长　李鼎安

17.瓷器业公会筹备会发汉口特别市商会公函:送筹备会略历表及印模各一份由

(1942 年 8 月 17 日)

兹奉大会元字第二二九五号公函,以奉汉口特别市社会局社三字第二八六五号指令,饬本会补具筹备员略历表暨筹备会印模各一份,并以本会现用瓷业名称与核定瓷器业名称不符,饬即改正,嘱即照办等由。到会查本会在事变前名称原系汉口市瓷业同业公会,本会前成立筹备会呈请社会运动指导委员会备案亦系以汉口特别市瓷业同业公会筹备会之名义并蒙准予备案,而所用之图记亦系汉口特别市瓷业同业公会筹备会等字样,除遵令补具筹备员略历表暨筹备会印模各一份,祈予转呈外用特函请大会将本会瓷业名称之历史及现在,在社会运动指导委员会备案之事实转呈社会局,请仍以汉口特别市瓷业同业公会名称备案,一则以符过去之历史,一则以符现在之事实,实为公便。

此上

汉口特别市商会

附本会筹备员略历表、筹备会印模各一份。

汉口特别市瓷业同业公会

八月十七日

(119-126-235:30-33)

18.市商会为旧法币调换中奏截止期限不远,□同业各商店迅即期调换,毋观望自误由发各同业公会公函一件

(1942 年 8 月 17 日)

元字第二三五九号:汉口特别市商会公函,查本市旧法币调换中储券期限定于本月二十三

日截止,业经各有关机关布告在案。现距截止期限不远,凡我商人务须本月二十三日截止。业经各有关机关布告在案现距截止期限不远。凡我商人务须仰体政府统一币制安定金融之意旨,踊跃调换,万毋意存观望隐匿不前。除分函外,相应函达贵会查照,即希向所属会员商店挨户劝导如期调换,以符功令而免自误。

此致

各业同业公会

理事长　李鼎安

八月十七日

(119-15-39:21-22)

19.汉口特别市商会呈汉口特别市政府社会局为准本市瓷业同业公会函遵令补具该会筹备员略历表暨印模各一份□为转呈备查并陈述该会现用瓷业名称经过情形并请核示饬遵由

(1942 年 8 月 18 日)

案查前据本市瓷器业同业公会呈送会员名册暨章程草案请转报鉴核备查一案,经呈奉钧局社三字第二八六五号指令,当即饬知查照分别遵办在卷,前准该公会函开奉令饬本会补具筹备员略历表,转呈社会局请仍以汉口特别市瓷业同业公会名称备案,一则以符过去之历史,一则以符现在之事实等由,并附汉口会筹备员略历表暨筹备会印模各一份前来理合检同原件一并据报转呈钧局鉴核分别转饬。

谨呈

汉口特别市政府社会局

附赍该会筹备员略历表暨筹备会印模各一份。

汉口特别市商会(理事长章)

八月十八日

(119-126-235:34-35)

20.商会会员大会各方请柬已发出

(1942 年 8 月 20 日)

市商会定本月二十二日召开第三次会员大会,同时并举行理监事改选,详情已志前报。兹悉该会以大会日期届近,故除积极筹备外,并于昨发出请柬,请各界届时出席。

(《大楚报》)

21.笺函:□金保委会准市商会函知议决,对于投机行为及时制止办法四项饬转行查照由二份

(1942 年 8 月 20 日)

案准汉口特别市商会元字第 2040 号函节开:本市最近发生钱庄、烟、纱号倒闭情事人心颇

为不安。惩前毖后,对于商人投机行为应请当局予以制止。经第二十三次理事会议决,临时制止办法四项:(一)倒闭各号之债权债务,应通盘筹报,其私自互相抵者,绝对制止,已抵者,不生效力;(二)倒闭各号清偿债务,不足之额,依法应由各股东负连带责任,不以业经分成偿还为口实;(三)各业茶会(同业间交换货物之集会)应绝对遵守当日钱货两交之原则,其有期货市场,或买空卖空者,概予取缔;(四)钱业赌盘应严取缔。根据以上四点具呈市政府请应转饬各主管局施行在案,除分函外相应函传查照等情;准此,按本会交换,会员同意之交换,向以现货为原则,并无买空卖空情事。□令为周转上关系彼此相互通融,数日仍系实行钱货□交□□□谓之为期。除据实函复,市商会备案,以免淆乱听外相应函请查照转告会员同业绝对遵守钱货两交之原则,以符功令而杜弊端,是为函要。

此致

交换组主任

□金保委会副主任　蔡

五月廿四日

分致同业各商号函,案奉汉口特别市政府社会局本月二十日训令内开:社二字第 1524 号令纱业公会案奉市政府:二字第一〇六九四号训令内开:查武汉地区,各种货物批发及零售最高标准价格,业经规定登报实施,照录全文并转饬各同业公会,通知各该商民一体遵照,仍希□取缔情形,随时报核。此令。等因,奉此。除遵照派员,切实稽查,随时取缔,并分令各同业公会外云函,以便转报而资查考,毋□达延此令等因。奉此,相应录令转达宝号查照切实遵照,公官价格之限价按货标照凭稽核,其未□公官价格之货物并希详细列表,以便转报资查考幸,毋自贻伊戚为盼。

此致

宝号

(会衔)启

八月二十日

(119-15-39:16-17)

22.汉口特别市商会第二届当选职员名单

(1942 年 8 月 22 日)

常务理事兼理事长:李鼎安

常务理事:涂拔丞、谢有标、唐兰樵、梅幼□

理事:姚维章、陈宪章、夏汉卿、王晋澄、张鹏舞、谢伯勤、祝尧如、程霖轩、刘南陔、李松元

候补理事:罗宝珊、邓廷珍、郑晋卿、王瑞麟、毛星五

监事:成禹门、王武刚、彭华庭、周□卿、曹云阶、龚藻堂、蔡国桢

候补监事:葛楚材、许敬之、罗卓良

23.市商会今举行会员代表大会

（1942年8月22日）

市商会第三次会员代表大会，定今日上午九时举行，其礼堂布置，已于昨筹备就绪。各项仪式亦已决定，主席团及其他人选均已选就，届时并将报告该会两年来之工作状况、收支概况及修正之会章等，理监事改选亦同时举行，预料当有一番盛况。

上月零售物价指数表　市商会经济调查处公布

市商会经济调查处，七月份之零售物价指数表及四种主要生活物价定基价比，与环比之比较表业已编列成就，兹录志如下，借资关心物价变化者参考：

零售物价指数表（二十五年全年平均——100）

类别	物品项数	七月指数
米粮	二二	五九九.一
食物	四九	四二四.二
衣着	一六	五七五.八
日用品	五	六九〇.七
燃料	四	四八一.〇
杂项	一四	三三三.二
总指数	一一〇	五〇一.五

四种重要生活物价定基价比与环比比较表（注：①定基价比以本年三月为基期；②环比以前月为基期。）

品名	六月	七月
米（每担）		
均价	九二.三三	六一.〇七
定基价比	一五〇.七	九九.七
环比	一一一.一	六六.一
杂粮（每担）		
均价	三五.六九	三一.〇〇
定基价比	一〇二.五	八九
环比	九二.四	八六.九
面粉（每袋）		
均价	二三.九六	一六.五三
定基价比	一二.八	七七.八
环比	八八.九	六九
食油（每斤）		
均价	〇.七一	〇.七九
定基价比	一〇六	一一七.九

环比	一二六.八	一一一.五

（《大楚报》）

24.市商会昨隆重举行三届会员代表大会

（1942 年 8 月 23 日）

市商会昨隆重举行三届会员代表大会改选常务理事及理监事

商会新任理监事名单

常务理事兼理事长	李鼎安				
常务理事	涂拔丞	谢有标	唐兰樵	梅幼□	
理事	姚维章	陈宪章	夏汉卿	王晋澄	张鹏舞
	谢伯勤	祝尧如	程霖轩	刘南陔	李松元
候补理事	罗宝珊	邓廷珍	郑晋卿	王瑞麟	毛星五
监事	成禹门	王武刚	彭华庭	周□卿	曹云阶
	龚藻堂	蔡国桢			
候补监事	葛楚材	许敬之	罗卓良		

汉口特别市商会第三次会员代表大会,昨日上午于政商两届首脑之云集下盛大举行。到会者有张市长、行营杨参谋长代表、特务部长代表、三省财委会、市党部、社运会等各机关长官来宾四五十人,会员出席者共三百十二人,济济一堂,情况极为隆重。十时大会开始,主席李鼎安于仪式完毕后,致开会词略谓:本会理监事任期已满两年,今日于本市中日长官指导监督下举行改选,当以同甘共苦之精神,使会务日趋进展,同时并因各长官之体恤商艰,每于可能范围内采纳商人意见,深表感谢。词毕,次由涂理事报告商会最近一年来之工作,重要者:(一)办理国人寄存英美各仓库货物登记搬运及被军方征用申请给价事件。(二)国人租赁英美房屋登记及对于英美荷兰人债权债务登记。(三)筹募武汉合作社股款等四项。此外并由谢伯勤、谢有标两理事报告收支概况及修正章程后,即由各长官训词:

商会——商人之团体,须充实力量繁荣市面　张市长词

张市长谓:市商会成立两年来,虽因环境之困难,其成绩未如一般人所预期,惟以第三者观之,理事长以下及全体会员,不能不说已尽相当努力,而本市商界亦因公益与商会热心合作,各情殊堪嘉许。兹后尚望各同仁,不论报酬之有无,商界本身之发展,倘有不满意之点,亦应体谅环境,竭诚拥戴。商会为商人之团体,其义务为介绍物资之输出输入,商业行情之贡献及其他商业改良之意见。故各商人须与商会取得密切联络,以充实商会之力量,事变以还,因大商店、大商人之星散,商会机构渐弱,政府为繁荣市面,不得不补助一部分之经费,惟政府此项目的不仅援助商会,而且援助商人,使商会工作日趋合理化。故商人须明了其意义,利用商会谋业务之发展。此外,于兹改选期中,本人当以诚意,为商会之前途努力。

排除个人的私欲以大众幸福为目标　落合部长词

落合部长惠词:(经济班长五十岚氏代表)汉口居中国之心,物资集散之一大市场。现在和平建设工作正风行全国,贵会之发达亦即是和平建设工作之推广,其意义至为重大。现时经济动态,比之事变前大不相同,尤其在大东亚战争爆发后之今日,武汉地区实为军事作战之前

线。在物资交流方面，有种种条件及限制，各商家之痛苦固然值得同情；但另一方面，民生的安定也须顾及，希望各位在这战事未了之过程中更加努力，格外自重，以达到解决时局之大目的。此外，尤望今后为和平建设与解决事变作进一步的努力，协助大东亚新秩序之建设完成使命，以极大的道义信念，各尽其职，以前被欧美麻醉所抱的崇拜西洋思想，须完全脱换。现在不但以收回已失的权益为自足，要进而排除欧美自由个人主义与物质共产主义，重新梳理道义国家之建设。在交易上、营业上须极端排(除)去少数个人的利益私欲，务以大众之幸福为目标。

此后即由杨参谋长代表何仲英氏致词，勉商人于此和平第一线之武汉，尽可能努力促市面繁荣。社运会孙迪堂主任，更以市长训词之意义，加以深详之解释。社会局局长王锦霞氏，对政府之经济政策与个人财产之因果性叙述颇详，促商人对中储券协力。各长官训勉有加，于李理事长致谢词声中，出席会员俱极感兴奋。

(《大楚报》)

25.汉口特别市商会为转知《禁止使用旧法币办法》解释事项致汉口市各业同业公会

(1942年8月24日)

案奉汉口特别市政府府二字第一〇七六八号训令内开："案准，财政部钱一字第八〇号咨开，查《禁止使用旧法币办法》前经呈请行政院鉴核，并由部布告施行在案，该办法第一条前段，载有'各种旧币，除中央、中国、交通各行发行之辅币券暂准流通外，一律禁止使用'之规定，兹为使一般民众明了该条文'使用'二字之意义起见，特再加以明确解释，所谓'使用'，系指持有旧币并兼有下列之行为者而言：

(一)有以旧法币而为买卖物品之行为者。

(二)有以旧法币为处理资产之行为者。

(三)有以旧币缴纳付旅费、车资、租金及其他费用之行为者。

(四)有以旧币兑换其他通货之行为者。

(五)有以旧币于金融机关为存款之行为者。

(六)有以旧币为担保品之行为者。

(七)有以旧币成立债权或偿付债务之行为者。

(八)有以旧币为有息借贷、无息借贷及其他借贷之行为者。

(九)有以旧币为勤劳报酬及其他酬赠之行为者。

凡有以上行为，不论其授受如何，均认为使用旧币，应依法惩处，除呈请行政院鉴核备案，并由部布告分行外，相应咨请贵市政府查照，并转饬知照为荷。等因，准此。除分令外，合行令仰知照，并转行各同业公会一体知照。此令。"等因，奉此。除分函外，相应函达查照，转各会员知照。

此致

本市各业同业公会

汉口特别市商会　启

26.汉口特别市商会为检发第二届各职员名册致各业同业公会

（1942 年 8 月 25 日）

汉口特别市商会公函　元字第二三九九号

案查八月二十二日本会召开第三次会员大会举行改选,所有当场推选第二届各职员姓名业经记录在卷,除分函外,相应检同当选职员名单,函请贵会查照。

此致

汉口市各业同业公会

理事长　李鼎安

27.汉口特别市商会致汉口特别市纱业同业公会公函

（1942 年 8 月 25 日）

案查八月二十二日本会召开第三次会员大会举行改选,所有当场推选第二届各职员姓名,业经记录在卷。除分函外,相应检同当选职员名单函请贵会查照。

此致

汉口特别市　业同业公会

附送本会第二届当选职员名单一纸。

理事长　李鼎安

中华民国三十一年八月二十五日

汉口特别市商会第二届当选职员名单

（民国三十一年八月二十二日）

计开:

常务理事长　李鼎安

常务理事　涂拔丞

谢有标

唐兰樵

梅幼□

理事　姚维章

陈宪章

夏汉卿

王晋澄

张鹏舞

谢伯勤

祝尧如

程霖轩

	刘南陔
候补理事	李松元
	罗宝珊
	邓廷珍
	郑晋卿
	王瑞麟
	毛星五
监事	成禹门
	王武刚
	彭华庭
	周□卿
	曹云阶
	龚藻堂
	蔡国桢
候补监事	葛楚材
	许敬之
	罗卓良

（119-15-36：15-17）

28.新旧币交流兑换　商会函各业尽量向外县传报

（1942年8月26日）

新旧法币交流兑换办法拟定后，乡运贩货来汉，对于不能携带新币回乡之顾虑，自可免除。市商会为谋政府此项措施，使四乡贩商周知，借资土产物品踊跃供给本市起见，特于昨函嘱各业会员商店，尽量将交流兑换办法及兑换地点，向外县广为报知，或以耳闻，或以信件，务期四乡商人，能普遍知悉是项情形。

（《大楚报》）

29.自八月一日起禁止携带旧币　商会函各公会周知

（1942年8月26日）

财政部为彻底禁止使用旧币起见，待特别交换期限止，定八月一日起，凡已经实行禁用旧币之各区域，一律禁止携带旧币，倘有违犯，即将所带旧币没收充公依法惩处，市商会恐是项法令尚未周知，故于昨函各业公会，一体知照。

（《大楚报》）

30.拒绝收受旧币标语　各商号须张贴门首

（1942年8月26日）

旧法币业已禁止使用，自日前起各商店营业，对旧法币俱拒绝收受，市府暨关系方面，督促贾客注意起见,特会发大批布告标语,如"本店拒收旧法币"等,分交各业公会加盖图记,转交会员商店张贴门首。惟目下少数商店,尚有未加张贴者。故市商会昨日复函请警察局转饬各分局值班员警,随时监督令其张贴,并讯未分得是项标语布告之商号,可向各业公会或市商会索取。

(《大楚报》)

31.市商会定期举行二届首次理监事会议

(1942 年 8 月 27 日)

汉口特别市商会,自本月二十二日举行会员代表大会,选出新任理监事后,兹定于明(二十八)日举行第二届第一次理监事联席会议,届时将讨论今后工作之进行方针,并谋全体理监事间共同努力发展会务。

(《大楚报》)

32.商会经济调查处复有麻油配出

(1942 年 8 月 27 日)

武汉合作社昨日将由麻城运抵之麻油五千六百市斤,向市商会经济调查处登记,由调查处将该项麻油配给与食用油组合,总计连日经济调查处配出之食油,总共达四万余斤。

(《大楚报》)

33.银根稍趋活动　钱业拆息仍坚定高峰

(1942 年 8 月 28 日)

前项因新旧币之兑换,银根一度绝形紧绌,故市面行情于调动头寸困难下,一部分由整伏软,一部分则欲伸乏力。惟近日以旧币已禁止使用,市上情形多趋于正常,且人心亦较为安定,银钱业方面,对拆放似亦不若前之坚持,故银根已稍趋活动。惟公会挂牌,则军票与中储券,俱仍站定七角之最高峰。

(《大楚报》)

34.汉口特别市社会运动指导委员会为遵饬呈赍市商会修正章程规则各件呈市商会

(1942 年 8 月 28 日)

案奉钧府府一字第一〇三五三号指令开:略以本市商会呈赍立案表册核无不合,兹将各项章则一并予以审核修正,随令抄发修正原件,仰即转饬遵照上项修正章则各缮正二份,呈转来府再行并案核办。此令。等因,奉此。自应遵办。经转饬,去后,兹据该会赍呈缮正章程办事细则,理事会会议规则,监事会会议规则各二份来会,理合检同原赍件各二份。呈请核示祗遵。

谨呈

汉口特别市市长　张

汉口特别市社会运动指导委员会主任委员　孙迪堂

35.汉口特别市商会为转汉口特别市政府关于禁止使用旧法币并扩大储备券之流通范围的训令致汉口市各业同业公会

（1942 年 8 月 29 日）

汉口特别市政府二字第一一〇一二号训令开：案准汉口军特务部建第三四六号函译开，查本区域内关于储备券之禁止流通，禁止接触。武汉三镇全面交换期满后（八月二十三日），即当绝对禁止使用旧法币，以是亟应设法扩大储备券之流通范围。兹特函请转饬所属各机关，务须按照左开要领积极实施：（一）各机关之财政收入及支出虽仍用军票单位，而以军票收支为原则，但储备券之流通用，该券纳付时或各机关发放薪给之饷，以及支付各种款项及购物货款时，依照法定换算率约以半数，尽可能范围内以储备券折合收付之。（二）日用品及食料杂货商以及其他一般商店，无论批发或零售，均使兼办储券单位，及军票单位并于可能范围内应使于交易时，尽量行使储备券。（三）旅馆、饭店、茶馆、饮食店等之房费、筵席饮食费、理发业、澡堂、戏园、电影院、出赁汽车业、公共汽车、轮渡等之价目票价及收费。等因，准此。除分令外，合行令仰，遵照并转饬各同业公会遵照。此令。等因，奉此。除分函外，相应函达，查照转知。

此致

汉口市各业同业公会

汉口市特别市商会

36.市商会为旧法币禁止使用，应设法扩大储备券之流通由发各同业公会函一件

（1942 年 8 月 29 日）

案奉汉口特别市政府二字第一一〇一二号训令开：案准汉口军特务部汉特建第三四六号函译开：查本区域内关于储备券之禁止流通，业经解除武汉三镇全面交换期满后（八月二十三日），即当绝对禁止使用旧法币以是亟应设法扩大储备券之流通范围，兹特函请转饬所属各机关务须按照左开要领积极实施：（一）各机关之财政收入及支出，虽仍用军票单位而以军票收支为原则，但因储备券之流通用券纳付时，或各机关发放薪给之饷以及支付各种款项及购物货款时，依照法定换算率约以半数，尽可能范围内以储备券折合收付之；（二）日用品等食料集货商以及其他一般商店，无论批发或零售，均应使兼采储券单位及军票单位，并于可能范围内应使于交易时，尽量行使储备券；（三）旅馆、饭店、茶馆、饮食店等之房费、筵席费、饮食费，理发业、澡堂、戏院、电影院、出赁汽车业、公共汽车、轮渡等之价目票价及收费等，均应使采储备券单位与军票单位并于可能范围内应使极力收受储备券等因，准此。除分令外，合行令仰遵照，并转饬各同业公会遵照此令。等因，奉此。除分函外，相应函达查照转知。

此致

汉口特别市同业公会

汉口市商会启

八月廿九日

元字第二三八八号：案奉汉口特别市政府二字第一〇七六八号训令内开：案准财政部钱一字第八〇号咨开：查禁止使用旧法币办法，前经呈请行政院鉴核，并由部布告施行在案，该办法第一条前段，载有“各种旧币，除中央、中国、交通各行发行之辅币券，暂准流通外，一律禁止使用”之规定，兹为使一般民众，明了该条文“使用”二字之意义起见，特再加以明确解释，所谓“使用”，系指特有旧币，并带有下列之行为者而言：

（一）有以旧法币而为买卖物品之行为者；

（二）有以旧法币为处理资产之行为者；

（三）有以旧法币缴付旅费、车资、租金及其他费用之行为者；

（四）有以旧法币兑换其他通货之行为者；

（五）有以旧币于金融机关为存款之行为者；

（六）有以旧币为担保品之行为者；

（七）有以旧币成立债权或偿付债务之行为者；

（八）有以旧币为有息借贷、无息借贷及其他借贷之行为者；

（九）有以旧币为勤劳报酬及其他酬赠之行为者。

凡有以上行为，不论其授受如何，均认为使用旧币。应依法惩处，除呈请行政院鉴核备案，并由部布告分行外，相应咨请贵市政府查照，并转饬知照为荷。等因，奉此。除分函外，相应函达查照，转各会员知照！

此致

本市同业公会

汉口特别市商会　启

八月廿五日

（119-15-39：23-25）

37.汉口特别市商会为转知新增新旧法币特别交换时期致汉口特别市各业同业公会

（1942 年 8 月 30 日）

汉口特别市政府府二字第一一一二六号训令内开：查新旧币交换期限届满后，自八月二十四日起绝对禁止使用旧法币。业经分令知照，并布告周知各在案。兹恐商民或有因故未能如期兑换，为示体恤，计经与各关系方面联络，定自八月二十四日起至三十一日止，为新旧法币特别交换时期，并在硚口、集家嘴、后花楼、五族街、江岸、华景街、球场等七处各设兑换处一所。在特别交换期内对旧法币仍绝对禁止使用及携带，但准其赴上开各兑换处所兑换。除布告并分令，暨警察局派警严查强制前往兑换外，合行令仰知照，并饬各同业公会知照。此令。等因，奉此。除分函外，相应函达查照转知。

此致

汉口特别市各业同业公会

汉口特别市商会　启

38.汉口特别市政府社会局指令：令市商会呈件，为呈送瓷业公会筹备员略历表印模等件并陈述该会误用瓷业名称经过情形鉴核示案

（1942 年 8 月 31 日）

社三字第 2972 号

呈件均悉。据呈本市瓷业公会补具筹备员略历表暨印模等件，经核尚无不合准予备查□□仍以汉口特别市瓷业同业公会名称备案一节，本局业已社三字第二九二五号训令饬将该会原核定名称改正为汉口特别市瓷业同业公会，□案并仰知照并转饬知照。

此令。件存。

局长　王锦霞

监印　柯正清

校对　徐凌旭

八月三十一日

（119-126-235：39）

39.汉口特别市商会理事长李鼎安代电实业部部长梅钧鉴关于第三次改选理监事会议事

（1942 年 8 月）

南京实业部部长梅钧鉴：本日本会召集第三次会员大会进行改选，当经改选完成，全体理监事即时就职。谨此电陈，伏维垂汉口特别市商会理事长李鼎安察。

汉口特别市商会理事长　李鼎安　叩养

40.第四次举行保卫东亚纪念集训训示要点

（1942 年 8 月）

八月八日，本市第四次举行保卫东亚纪念，各级集训□□集训时之训示各要点，兹阐述如下，以供参考：

一、一月以来，轴心军在北非之胜利，攻陷杜白鲁克要塞，进入埃及境内及在苏联境之胜利，攻克罗斯托夫要塞，使苏军主力已濒溃灭之前夕，以及印度、埃及、阿拉伯各地民族运动之勃起，使英美极感棘手，难于应付。世界局势之转变，证明旧秩序终将没落，新秩序之建立，已将完成，建设东亚应更加紧信心，努力促其早日实现。

二、国内方面，新法币流通区域，已自苏、皖、浙三省，京、沪两特别市，推广之广东全省及武汉区域，在此时期，财政部长周佛海氏东渡访日，或立一万万元借款，以为中储银行发行准备之

需,证明新币信用日着,基础日强及中国金融机构日益巩固。建设东亚之终极目的,在于确立东亚之经济建设。此后中国因币制之强化,当更努力担负此项责任,以共同完成其使命。

三、新国民运动之宣传时期已过去,已进入于训练时期,如何实施训练,要在处处注重身体力行,实践第一。东亚民族面临此划历史之时代,无论言何项建设,非有最大之毅力以赴,以打破当前困难不可。新国民运动之训练,即使每个国民具有新国民之新精神,唯此新精神之训练,乃是复兴建国与建设风雅之唯一要素。

四、关于行政报告,就本月份各项行政事项之应晓示于市民者,由各主管机关,就管辖范围内,自行择要报告之。

9 月

1.汉口特别市社会运动指导委员会签呈市长张为卷烟业同业公会改选案

(1942 年 9 月 1 日)

查整理本市卷烟业同业公会一案,前经将处理办法经过呈报在卷,兹据该会呈赍章程会员名册请核示并定于本月五日假市商会举行选举,请派员监选各等情,据此查章程第十六条所订设理事十一人、候补理事五人、监事五人、候补监事三人,似无不合,亦请予照准。惟查该会已往纠纷迭起,此次选举对于人选自应审慎。选举时,拟饬该会加倍票选,呈由政府圈定。标准:(一)会员营业资本额;(二)各帮应平均支配;(三)地区布置务求均匀;(四)在同业中素具声望、热心公益者。除会员名册章程另案呈核外,理合先将以上各缘由签请核示祇遵。

谨呈

市长张

汉口特别市社会运动指导委员会主任委员　孙迪堂

(8-1-327:043-044)

2.营业兼采新法币单位　市商会转知各业遵照

(1942 年 9 月 1 日)

本报讯　在储备券未发行以前,此间商业交易及机关收付款项、职员薪给以及其他一切支付概以军票为本位,现值新币甫经通行之时,本市当局诚恐各界囿于习惯,对于收付款项无所适从,为求储备券流通范围之扩大起见,特令饬市商会转知各同业遵照,兹将所定范围各点照录如下:

(一)各机关之财政收入及支出,虽仍用军票单位,而以军票收支为原则,但因储备券之流通用该券纳付时,或各机关发放薪给之饷,以及支付各种款项及购物贷款时,依照法定换算率约以半数尽可能范围内以储备券折合收付之。(二)日用品及食料杂货商,均应使兼采储券单位及军票单位,并于可能范围内应使于交易时尽量行使储备券。(三)旅馆、饭店、茶馆、饮食店等之房费、筵席费、饮食费，理发费、澡堂、戏园、电影院、出赁汽车业、公共汽车、轮渡等之价目票价及收费等，均应使兼采储备券单位与军票单位，并于可能范围内应使极力收受储备券。

（《武汉报》）

3.交流兑换处暂行办法　市商会转知各业遵行

（1942 年 9 月 2 日）

本报讯　省市当局，以武汉三镇全面兑换旧币期限业经届满。兹为便利一般四乡负贩起见，于昨将交流兑换处暂行办法及兑换处设置地点令饬市商会，转知各同业公会，通知各同业就便向一般往来客商详细说明，以便转向外县广为宣传。商会奉令后，通知各同业公会查照办理。

（《武汉报》）

4.纱布等业筹备组合　商会明召开座谈会

（1942 年 9 月 2 日）

本报讯　市商会经济调查处，顷以关于筹备布匹、棉纱、绸缎、呢绒配给组合一案，自上（八）月二十七日召集各该业同业公会负责人举行座谈会后，为时已越数日。对于各业筹备配给组合事宜，是否进行亟应明了且因关系方面对于各该业之筹备动态一再催询，故该处于昨（一）日通知各该业同业公会，定于明（三）日举行座谈会，务盼各负责人准时出席，以便咨询而策进行。

（《武汉报》）

5.火柴皂烛配给组合规则

（1942 年 9 月 3 日）

本报讯　市商会经济调查处，对于督促火柴、皂烛筹组之配给组合，自前度邀集有关该业负责人商谈，促其进行筹谋以来，兹昨该处复召集有关此业负责人举行座谈会。商谈之下，关于组合规则，经刘处长详为解说，各方深为满意。商议结果颇为圆满，该有关各业决于即日函请该处转呈关系当局核准颁布实行云。

又讯　该处复于今日分别召集纱布等业组合及砂糖组合举行座谈会，期以迅速筹备进行云。

（《武汉报》）

6.配给各业公会面粉　粮局已交仓库储存

（1942 年 9 月 3 日）

配给各业公会面粉　粮局已交仓库储存　商会转知各业停止购领

本报讯　配给本市各同业公会之面粉，自经市商会向粮食管理局要求准许展期五日后，昨日为展期第二日,市商会忽接粮食管理局通知,谓:关于商会所属各同业公会之面粉已交仓库储存,以备将来需要时之用。并声明以上(八)月底为配给截止之期,逾期接洽者停止配给。市商会准函后,当即通知各同业公会停止购领矣。

(《武汉报》)

7.棉籽棉油棕皮茶柴五项物资搬出入须申请许可

(1942年9月4日)

棉籽棉油棕皮茶柴五项物资搬出入须申请许可　市商会昨转知各业公会知照

本报讯　物资采办输入许可,自经关系当局统筹办理以来已见确定。兹以棉籽、棉油、棕榈皮、茶、木柴等五项亦加以限制,自由搬出入即须得许可。是以此关系当局为使商民明了起见,特与昨日函令市商会转知有关各同业公会会员商店知照,凡采办以上五项物品须经申请许可,使能购买或贩卖云。

(《武汉报》)

8.汉口特别市政府令本市社会运动指导委员会签呈一件为卷烟业同业公会改选案

(1942年9月4日)

签呈悉。准如所拟办理,仰仍该同业公会改选情形续报备查。此令。

中华民国三十一年九月四日

(8-1-327:044-045)

9.汉口特别市社会局第一、三、二科为市商会立案表册事宜呈市政府

(1942年9月5日)

据请参事核查,本市商会自二十九年七月八日成立以后,曾经该会将成立日期暨选举情形以及理事长就职开始办公日期,先后报经本府,分别呈咨行政院暨前社会部查核备案,嗣于上年六月经本府核定章程,并令存会员名册样式,饬遵办具报。迨至本年七月,据本市社运会特赍该商会立案表册各二份请备案等情,复经本府将该商会章则等件修正指令特饬送照缮正,呈府核办各在案。兹据本市社运会特赍修正上项章则等件,业已核示等情,前来查核尚无不合,并询据该会主管科姜科长声称,本案已分呈中央社运会等语,拟即指令依照人民团体组织方案第六章第三十二条规定,俟寄到中央社运会令准立案后,即将发给立案证书日期暨号码补救来府,再行检同立案表暨章则各一份,依据本年一月七日修正商会法第六条规定,咨请实业部备案,所拟当否,理合签请核示。

汉口特别市政府第一、三、二科　谨签

10.市商会致纱业同业公会训令:为本市人民团体奉行各种重要会议应先请社运会派员出席指导由

（1942 年 9 月 7 日）

拟提会讨论。

九月七日

案奉汉口特别市社会运动指导委员会平字第一三七六号训令开:查本市各人民团体举行各种重要会议,应先期呈请本会派员出席指导,并将会议记录呈报备查一案。经于三十年十一月七日以平字第三一八号训令饬遵在案,其遵照办理者固多,迄未遵办者亦复不少,殊属有违功令,除分令外,合行重申前令,嗣后务仰切实遵照,并转饬遵照。等因,奉此。除分函外,相应函达查照遵办。

此致

本市　业同业公会

汉口特别市商会　启

九月七日

（119-15-57:22-23）

11.市商会为新旧币交换期满,展至八月三十一日止,绝对禁止使用旧币即携带由发各同业公会函一件

（1942 年 9 月 8 日）

元字第二四一六号:案奉汉口特别市政府府二字第一一一二六号训令内开:查新旧币交换期限届满后,自八月二十四日起,绝对禁止使用旧法币。业经分令知照,并布告周知各在案。兹恐商民或有因故未能如期兑换,为示体恤,计经与各关系方面联络,定自八月二十四日起至三十一日止,为新旧法币特别交换时期,并在硚口、集家嘴、后花楼、五族街、江岸、华景街、球场等七处各设兑换处一所,在特别交换期内,对旧法币仍绝对禁止使用及携带,但准具赴上开各兑换处所兑换,除布告并分令暨警察局派警严查强制前往兑换外,合行令仰知照并饬各同业公会知照此令。等因,奉此。除分函外,相应函达查照转知。

此致

汉口特别市同业公会

（119-15-39:20）

12.汉口特别市政府为将市商会立案表册呈准行政院立案后再补报令汉口特别市社会运动指导委员会

（1942 年 9 月 8 日）

汉口特别市政府指令　府一字第 12128 号

呈件均悉。本案应俟该会呈送行政院社会运动指导委员会令准立案后,再将存给立案,证

书日期及号码补报来府,以凭核转实业部备案,仰即遵照。此令!

13.市商会为催缴四、五期长江书刊日金全三十二元由

(1942 年 9 月 10 日)

元字第 2400 号,查前由贵会分销之长江书刊欠缴价款共计五、四期共肆拾本,价款共日币三十二元,迄已多日未见交会迭准。市府秘书处第四科催缴此款,无以应付用。特函准贵会希将该款照数措齐过目送会,以便纾解为荷。

此致

汉口特别市纱业同业公会

启

九月九日

(119-15-33:53)

14.汉口市山货纸张行同业公会呈市商会

(1942 年 9 月 11 日)

敬呈者,属会前租广福三巷房屋,不便办公,今暂迁至小夹街第六十二号乾元贞纸行内办理一切,理合备函呈报钧会备查,不胜公威之至。

敬呈

汉口特别市商会主席李

汉口市山货纸张行同业公会谨具

九月十一日

(119-126-269:161-162)

15.汉口特别市商会为本市山货纸张行业同业公会迁移会址一案呈请市社会局鉴核备查

(1942 年 9 月 12 日)

呈文:案准本市山货纸张行业同业公会函以会址不便办公,业已迁至小夹街六十二号,照常办公等由。准此,除已查照改□外,理合具文报请钧局鉴核票证备案。

谨呈

汉口特别市社会局

汉口特别市商会

九月十二日

(119-126-269:163)

16.汉口特别市商会为关于外国人交易取缔令致汉口特别市各业同业公会函

（1942 年 9 月 13 日）

案奉汉口特别市政府府二字第一一五七〇号训令开：案准阿南部队特务部阿特建第二七八号函译开：查关于外国人交易取缔令一案，兹数追加下列事项毋须申请许可：(1)根据(货物交易保证书)而由指定国受动产之引渡时；(2)中国方面，银行为由指定其贷款或存款之利息或手续费、保管费、垫付款其他类似者而取得通货时或发还存款时；(3)中国方面，信托公司为由指定者收入其信托者，报酬或贷款之利息、手续费、保管费、垫付款其他类似者而取得通货时；(4)中国方面，保险公司为由指定书收入其保险费或贷款之利息、手续费其他类似者而收受通货时；(5)中国方面，仓库业者为由指定者收受关于其寄托物之保管费、搬货费其他类似者而取得通货时；(6)中国方面，银行为由指定者收入其存款或借款之借入而取得通货时或存款之发还时；(7)中国方面，信托公司由指定者承受金钱信托或因承受信托而取得通货时。相应函达查照。等因，准此。除参照原情，由府另行布告，并分令外合行抄发原布告令，仰遵照办理，并饬属遵照。等因，计抄发布告一份，奉此。除分函外，相应函请查照，希即转行各同业商店知照。

此致

汉口特别市　业同业公会

汉口特别市商会　启

17.汉口特别市商会为外国人交易取缔令致汉口特别市各业同业公会函

（1942 年 9 月 15 日）

案准，汉口特别市财政局一字第一〇五〇号公函内开："案奉汉口特别市政府府二字第一一四〇号训令内开：'案准阿南部队特务部阿特建第二七〇号开，函查关于外国人交易取缔令，凡经营运送事业者由指定国人受领运费使用费□，官费或类似此等情形者，而取得通货时毋须申请许可函达查照。等因，准此。合行令仰遵照办理，并转行各机关暨本市商会知照。此令。'等因，奉此。除分函外，相应函达，即希查照。"等由。准此，除分函外，相应函达查照。

此致

汉口特别市　业同业公会

汉口特别市商会　启

18.昨日商会座谈　教界定期庆祝

（1942 年 9 月 15 日）

满洲建国十周年纪念，市教局特定是日下午二时，假圣罗以女中召集市立各中小学，届时须一律整齐服装，按时到会参加云。

昨为庆祝满洲建国十周年纪念宣传周第三日，市商会于昨日下午三时，在该会会议室举行满洲建国十周年纪念商界座谈会。到各业出席代表约计数十人，并由市府宣传科派胡靳吾暨社运分会派有姜钟叙、张超凡等莅临参加指导，首由主席讲述纪念意义，继由各业代表顺序贡献真意,情况备形热烈紧张,直至五时许方告散会。

(《武汉报》)

19.本市纱业同业公会为各业请求当局改善营业税,该会订于本月十七日下午二时召集理事会及较大之同业公会理事长准时参加商讨由

(1942年9月15日)

请本会常委及主席同时出席。

查各业请求转恳当局改善营业税一案,亟待商讨,兹订于本月十七日下午二时召集本会全体理监事及业务范围较大之公会理事长、筹备主任、单独业商店经理来会共商一切,以利进行。除分函外,相应函达。贵理事长查照事关商人切身痛苦,务希准时参加商讨为荷。

此致

本市纱业同业公会

启

九月十五日

(119-15-35:40)

20.市经济调查处发表本月上旬零售物价指数

(1942年9月17日)

本报讯　市商会经济调查处,对于编制日常消费零售物价之指数,原定为每月编制一表。现因适应环境,为期推进敏速起见,决定自本月起以每旬编制一次,每月三次。关于本月上旬指数,该处业已于昨编制成就,兹将录志如下:

民国三十一年九月份上旬汉口零售物价指数表

基期:民国二十五年全年平均=100　简单几何平均

类别	项数	指数
米粮	二二	五二一.三
食物	四九	四八五.二
衣着	一六	五二六
日用品	五	六七二.一
燃料	四	五四四.二
杂项	一四	三七六.七
总指数	一一〇	五一三.一

附注:一、本指数以湖北省政府编制二十五年物价为基数,按该年汇率折合日金计算。

二、本表物价单位采用日金。

三、本表采用零售价格着重在消费方面,为逐渐推求各种生活指数之基础。

四、本处调查物价种类繁多,择其日常生活最需要者编制指数。

(《武汉报》)

21.武汉合作社各业抵押股款　中江银行限期赎取

（1942 年 9 月 17 日）

武汉合作社各业抵押股款　中江银行限期赎取　昨函请市商会转知各业

本报讯　市商会对于各业于去岁承认之武汉合作社股款，其时因适当旧历年关，旋多有周转不便之处。该会时为便通办法，经商得中江实业银行同意，允以一部分股款收据，向该行息借，得底于成，迄今半载有余。该行刻以商会担保此项股本收据抵押借款限期，均已逾期势难延宕。特于昨日函致商会转知各业，限于一周内将此项借款赎取，以清手续云。

（《武汉报》）

22.各业呈请改善营业税　市商会定今集议办法

（1942 年 9 月 17 日）

本报讯　近际本市各业，对于纳缴营业税问题，颇多感觉从中碍难照准，纷纷将居间情形备文呈请商会，解述一切应难照准。商会对此，闻定于今日下午二时召集各业负责人暨各筹备会主任，以及单独业商店经理人，共计六十余业，举行会议。借资商讨请求改善办法，业已于昨发出通知各业届时出席参加以策进行商讨。

（《武汉报》）

23.汉口特别市商会为社会局回文证以所报迁移会址一案函本市山货纸张行业同业公会

（1942 年 9 月 18 日）

案查前准函报会址不便办公，业已迁移会址一案，经已转呈社会局社三字第 3046 号回文证开，来文已悉。等因，至此。相应函达。

此致

汉口特别市山货纸张行业同业公会

汉口特别市商会

九月十八日

（119-126-269：168）

24.改善各业营业税将再行慎密研讨

（1942 年 9 月 18 日）

本报讯　市商会对于各业陈述营业税征收率纳缴问题，特于昨日下午三时，召集较大各公会负责人，在该会会议室举行座谈会，到各业公会暨各筹备会以及单独业代表共计五十余人。席间首由该会李理事长作以上之详问，继由涂、谢两氏常委加以解述，各出席负责代表当作各业本身立场亦予分别阐述，一时当场互相交换意见颇极详尽，而使商讨改善请求办法极多，事关政府税收问题重大,经会商结果定以再加慎密研讨而作办理。会商约历二时许,始行散会云。

(《武汉报》)

25.市皂烛火柴业组合呈请核准筹备成立

(1942年9月18日)

本报讯　关于各业组合在各当局统制物资日趋严厉之今日,此合理化各业之组合极为社会人士所关心。纱布呢绒组合,在上日已成立筹备会,各情已志本报。皂烛火柴组合,自各有关经营此业者,共商筹组进行以来,对于讨论筹组细则,现已计划完成。该组合并于昨日将此项细则随函呈请商会经济调查处,以备转呈关系方面待命核准施行期以筹备成立云。

(《武汉报》)

26.市商会二届首次理事会议改定下月一日举行

(1942年9月19日)

本报讯　市商会为检讨过去会务之情形,商酌今后发展之方针起见,原定前十七日召开二届首次理事会议,旋因是日出席理事人数未齐,致未能开会,刻闻该会对于此项会议业已改定十月一日召集举行云。

(《武汉报》)

27.未取得会员资格各业不准加入组合

(1942年9月19日)

未取得会员资格各业不准加入组合　充实规则办法昨公布实行

本报讯　市商会经济调查处,自奉关系当局委任,督促办理各业组合事宜以来,一切经过成绩良好。自为更进一步加强各业筹组起见,以属于甲等之各业组合,如未经取得各公会会员资格即不准加入组合,又凡兼营业务者,须以两公会区别之,要以加入业务为标准,否则无效。此项充实规则办法,业经商得关系方面同意,并特于昨日公布实行云。

(《武汉报》)

28.各业纷筹组合声中　市芦柴等两同业公会昨呈请筹组运销组合

(1942年9月19日)

本报讯　芦柴业公会近际鉴于各业配给组合纷纷筹组,特于昨日呈请商会经济调查处,亦要求允许进行筹备组织而利配给,以维业务等称。同时杂木柴行业公会,亦于昨日呈请该处欲期筹组运销组合,俾资圆滑搬运,至以为目的,闻该处以上两公会陈述之意见,将定期邀集该两业公会负责人接洽解述云。

(《武汉报》)

29.讨论改善营业税办法市商会将召二次座谈

（1942 年 9 月 21 日）

本报讯　本市各业同业公会前呈请市商会设法改善营业税完纳办法。该会据呈后，业经召集全体理监事及各业同业公会理事长举行首次座谈会，各情已详本报。兹悉该会为求更进一步详加商讨，以资集思广益，作良善之具体计划起见，将于日内再行召集首次出席人员，举行二次座谈会云。

（《武汉报》）

30.再度研讨改善营业税　市商会今召二次座谈

（1942 年 9 月 24 日）

本报讯　市商会对于完纳营业税，各业请求商会予以改善问题。该会据呈后，以事关政府税收，曾于日前一度慎重召集全体常委及各业公会负责人举行座谈，商讨此项问题，各情已披露本报。昨悉该会为使更求彻底详加讨论法，而期获得具体尽善办（法）起见，特于昨日再行通知较大各业公会，定期今日中秋节上午十时，到该会举行二次座谈会，以策慎重共商研讨而定善良办法云。

（《武汉报》）

31.力谋改善各商营业税　市商会今召三次座谈

（1942 年 9 月 26 日）

本报讯　市商会对于各业完纳营业税，经前二十四日召集全体常委及较大各业公会负责人，举行二次座谈。于共商研讨下，所得策划更为详尽，并已渐获头绪。兹悉该会为力谋详加商讨，俾得具体改善策行起见，特于昨日复再通知各同业公会，定于今日下午二时再作三次座谈商讨，借资决定具体办法云。

（《武汉报》）

32.武汉统税局整顿印花税

（1942 年 9 月 26 日）

武汉统税局整顿印花税　定本月廿九日开始检查

本报讯　武汉统税总局，为整顿本市印花税票起见，特定于本月二十九日开始检查，该局昨函请市商会转知各同业公会一体知照。商会对此，闻将于今日通知各同业公会备悉云。

（《武汉报》）

33.汉口特别市商会为未入会等,调查已入会而未报税特劝导复请查照由

(1942 年 9 月 27 日)

案准贵会本年九月二十七日元字第二五六〇号公函略开:为函请调查未入会各商店之营业金额及所纳营业税额,希查照办理见复等由,附调查表格式一纸,准此。查此案,大会正在办理,平时未入会,此调查已入会而未报税,特劝导函准前由,特此函复,查照为荷。

此致

汉口特别市商会

经启共案准汉口特别市商会本年九月二十七日函略开:为函请调查未入会未报捐税为各商店之营业金额及所纳营业税额,希查照办理见复等,内附调查表格式一纸,准此相应函请。查照。按下列表式填明,交原入口会以汇核办函复。

此致

(119-15-35:44-45)

34.汉口特别市商会为函请调查未入会商店之营业金额及所纳营业税额希查照办理由

(1942 年 9 月 27 日)

汉口特别市商会公函元字第二五六〇号:查本会前准市财政局函请协助复查营业税,并嘱初步统计各业营业金额一案,业经通知各公会及筹备会函报各委员商店最近一年营业金额及最近一月所纳营业税额并先后召请各会员商店最近一年营业金额,本市及法租界内,尚有多数不加入同业公会之商店,其营业金额及每月纳税额,本会无从考查,经来会谈话之各公会负责人与本会全体理监事商讨,决定由本会授权各公会及筹备会,将各该业中未入会商店(其兼营别种业务已加入他公会者不在其内)之营业金额及纳税额详查报会,以便统筹,如有拒绝调查者,由该会函告本会转请当局协助,俾使便利进行,除分函外相应检阅调查表格式一纸,随函送请贵会查照办理见复为荷。

此致

本市纱业同业公会

附调查表格式一纸。

理事长　李鼎安

九月二十七日

(119-15-35:41-42)

35.《江汉晚报》为庆祝双十节登庆祝广告通知书一份由

(1942 年 9 月 28 日)

敬启者,本年度双十节为我国成立三十一周年,凡我官商士民理应热烈庆祝。本报定于是

日发行特刊以示隆重纪念，兹奉上广告通知书一份，请贵会惠登庆祝广告以示贺忱，并希填示办法即日掷下，以便汇集付梓为荷。

此致

纱业同业公会

江汉晚报社启

九月廿八日

（119-15-33:60-61）

36.实业部批文送汉口特别市商会

（1942年9月）

原具代电人：汉口特别市商会理事长李鼎安代电一件，为电陈养日召集大会改选完成，全体理监事即时就职由，养代电悉。仍仰备具□定文件，依商会法规定，将应报呈由该主管官署转报本部备查，据电前情，合行批示遵照。此批！

10月

1.商事公断处　市商会决派员负责筹备

（1942年10月1日）

商事公断处　市商会决派员负责筹备　昨二届理监联席会决议

本报讯　汉口特别市商会，于昨下午一时，在该会会议室召开第二届第二次理监联席会议，出席全体理监事等二十余人，主席李鼎安氏，如时开会。

报告事项

一、理事李松元辞职，以候补理事罗宝珊递补一案已奉市社运会指令核准。

二、本会已遵照第一次理监联席会议临时动议第一案之决议函请各业提出议案，计一月内仅收到纱业公会议案一件，匹头贩运业公会议案四件。除关于改善营业税议案二件，本会连日正在积极进行，毋庸讨论外，其余三件均提请本次会议讨论。

三、市财政局组织营业税复查委员会，函请本会推派理事一人为该会咨询委员，已遵照第一次理监联席会议讨论事项第一案之决议，推涂常务理事担任是项职务。

四、市财政局函请本会尽力协助复查营业税并嘱于复查开始前将各业营业金额作初步之统筹，以减少复查困难等由，业经连日召请各业负责人来会谈话交换意见，现正在积极统筹中。

讨论事项

一、彭监事华庭函请辞职应否照准请讨论案。决议：未留。

二、匹头贩运业公会建议，本市转请武汉合作社公布营业方针，发给正式股票应如何办理请讨论案。决议：通过转函武汉合作社。

三、匹头贩运业公会建议，本会转恳军部将英美堆栈存华商货物迅予解决，以安商业，应如何办理请讨论案。决议：通过推李理事长向军特务部联络。

四、匹头贩运业公会建议，本会筹设商事公断处解决商场纠纷，以免讼累，应如何办理请讨论案。决议：通过推王晋澄、祝尧如理事等负责筹备。

直至下午六时始告散会云。

（《武汉报》）

2.汉口特别市政府令本市社会运动指导委员会呈一件转报纱业公会改选经过案

（1942 年 10 月 1 日）

呈件均悉。仰仍将该会补行登记立案情形续报备查。此令。件存。

中华民国卅一年十月　日

（8-1-327：085）

3.汉口特别市山货纸张行业同业公会为依次递补各委员呈请本市商会备案并核转社会局

（1942 年 10 月 2 日）

呈为递补各委员，仰祈钧会备案，并祈核转社会局，以利会务进行。事窃属会查常务委员罗若农病故，又监察委员余鹤皋歇业，均应依次递补缺额，以维会务。爰于九月二十三日提经理监事联席会议，议决常务委员缺额，当由执行委员公举依次递补之，执行委员王泽生补任之，又监察委员缺额，由候补监察委员李明齐依次递补之。除呈请社运会备案外，理合备文呈请鉴核，予以备案，并祈核转社会局，以利会务，实感公便！

谨呈

汉口特别市商会主席李

汉口特别市山货纸张行业同业公会理事长　徐禹门

十月二日

（119-126-269：173-174）

4.汉口特别市山货纸张行业同业公会为同业被骗呈祈市商会核转汉口地方法院检察处

（1942 年 10 月 3 日）

径呈者，案据本会会员聚兴永经理人杜志刚函称：径启者，小记于九月十六日有本市生成里门牌九十号。华丰公司经手艾凤九、徐有余、张正亨等来民店购夹板纸四千块，价日金共计日金五千三百六十元，当时交日金一千元，又交兑条一千元，下欠三千三百六十元，言明货送到该公司，货款交清。民即日将货送到该公司，该三人避不见面，公司人言到银行取款去了，稍候即回。适于此时，来国际运输汽车二辆，号码 1914、1950，又板车五辆，将货悉数运走，民追问该公司人，云转往堆栈，不料候到夜深，不得要领，一连数日避不见。至二十二日在笃安里附近茶楼，将经手徐有余寻获，又在路途寻获张正享，经民一再请求，该二人始云前花楼十九号徐春记三楼尚存夹板纸二千块，允许退回，民因该二人心怀叵测，当报宪兵队备案，并请警察四分局第五派出所派警察十二名，会同该公司徐有余、张正享二人将货提出运回，并立有退条一纸，除退回货二千块，值日金二千六百八十九，尚欠日金六百八十元。货退回之后，该公司人又串通第三者名凤六带领日人二名，持华丰公司退货收据来民店，威吓声称此货系艾凤九等出卖与伊，不由分辩，将民带往维新路宪兵队。该队以案关华人涉讼，置之不理，又将民带往生成里华□巨公司，此时大孚宪兵队赶到，限期排辞后，将民店员翟嘉宇、被告徐有余一并带往宪兵队，责令该徐有余取保交出，艾凤九多日亦未交，显系串通骗诈无疑，民迫不得已只得依法向法院提起公诉。民此次所售之货，俱是同业客货，客家催索货款甚急，难以应付，民资本不过日金千元，而受此巨骗，同业货款软何偿还，家小数口何以生存，诉讼缠绵将来何堪设想。痛哭流涕，惟有恳请徐主席主持正义，仁慈怀救同业于水火之中以维命本，大恩大德，没齿难忘，□等由。准此经属会派员各方调查，该聚兴永受骗，确系实情，除另函汉口地方法院检察处秉公法办外，理合转请钧会，本维护商民之福利，准予转函汉口地方法院检察处，彻底侦办，以维命本而保营业，实为公便！

谨呈

汉口特别市商会主席李

汉口特别市山货纸张行业同业公会理事长　徐禹门

十月三日

（119-126-269:169-171）

5. 为复查营业税市商会理监事联席会议决定，但识汉口特别市商会协助营业税复查委员会请就理事长及常务理事中推举一人为委员克日见复由

（1942 年 10 月 3 日）

汉口特别市商会公函，元字第二五七五号：查市财政局函嘱本会协助复查营业税一案，经连日召请各业委员负责人谈话，及迭次本行理监联席会议讨论之结果，决定组织汉口特别市商会协助营业税复查委员会，以本会全体理事及各有关同业公会暨筹备会负责人为委员，共同推进，借收裕课，便商之效。除分函外，相应函达贵会查照，即希就理事长及常务理事中推举一人为委员，来会并盼克日见复为荷。

此致

汉口特别市同业公会

理事长　李鼎安

十月三日

（119-15-35:46-47）

6.市经济调查处编制商店清册

（1942 年 10 月 3 日）

本报讯　市商会经济调查处，自奉上峰意旨筹设成立后，对于办理本市经济调查事项。在成立之初，即先以征求编制各公会会员商店清册，以资稽考，而便联络。惟时至今日，不图各同业公会缮造尚未十分齐全，且各会员商店而多异动。兹为敏捷妥善办理起见，决定专派该处调查股职员，携带原有各业会员商店清册为根据，分赴各同业公会或筹备会详细核对。如遇有异动及新张歇业，或从前漏列及新近加入为会员者，统须注意缮造齐全，以便编制统计图表云。

（《武汉报》）

7.复查营业税　市商会成立协助委员会

（1942 年 10 月 3 日）

本报讯　营业税之初步调查，市财局以复查手续颇繁，为期便益商民起见，特请商会予以协助。商会方面，以事关政府税收，欲期协□□□□□□长计议。自经该会迭召各业举行座谈商讨计议极称圆满。该会兹为积极进行，以期达到协助效能起见，复于昨日午后召集全体理监事会议，专事追讨此项问题。并成立协助复查委员会，借以考查各业营业金额而便统筹。席间对于筹划进行经商讨结果，更趋充分力量对于协助财局复查极表而怀把握云。

（《武汉报》）

8.汉口特别市商会为营业税假定之数目每月应纳税率并查行之为有无异议请即派负责人于本月七日下午新钟三时来会商洽否则本会即认为确定而答复市财政局由

（1942 年 10 月 4 日）

汉口特别市商会公函元字第二五八〇号：查市财政局函嘱协助复查营业税，并初步统计各业营业金额一案，经本会连日召请各公会及筹备会负责人来会谈话，交换意见并举行理监联席会议讨论数次。关于协助复查部分，已决定组织汉口特别市商会协助营业税复查委员会，由本会全体理监事及各有关公会暨筹备会负责人共同参加，积极推进，以元字第二五七号函达各会即日推举委员一人来会在案；关于统计各业营业金额部分，因半月以来，各业未依照迭次面谈及书面通知所定办法报会，即有少数报会者，亦与实际稍有出入，而市财政局催促本会答复统计各业营业金额之总数甚为急迫，未便久延，已由本会归纳各业负责人来会谈话时，定意见并参考大多数业务，每月所纳营业税额，将本市各业最近一年营业金额分别予以假定，制成概数一览表，以便答复，市财政局兹查表内假定贵业按最近一年营业金额计算，平均每月应纳营业税军票一千元（假定数目系包括贵业未入会各商店在内，但法租界各商店无论已未入会均除外，因市财政局对法租界营业税另有办法），贵会对于上开假定数目如有异议，请即派负责人于本月七日（星期三）下午新钟三时来会商洽，否则本会即认为确定而答复市财政局，事关切身利害,万毋观望自误。除分函外相应函达。

此致

本市纱业同业公会

十月四日

(119-15-35:49-50)

9.汉口特别市商会为聚兴永出卖夹板纸受骗一案函复本市山货纸张行业同业公会

(1942 年 10 月 5 日)

案据来呈:为会员聚兴永行经理杜志刚函诉华丰公司经手艾凤九、徐有余、张正享等购夹板四千块,串通行骗一案,请予转函彻底侦办,以维命本而保实业等情,□会查此案,该聚兴永行既经依法起诉,又经贵会查得该行受骗情形确实,出函证明请办,自应听候法律解决,相应函复查照特知。

此致

本市山货纸张行业同业公会

汉口特别市商会

十月五日

(119-126-269:172)

10.汉口特别市商会呈本市社会局

(1942 年 10 月 5 日)

案据本市山货纸张行业同业公会呈称:窃属会常务理事罗若农病故,又监事余鹤皋营业收歇缺额均应予除职,已于九月二十三日提经理监联席会议议决,所遗之缺,以理事王泽生、候补监事李明齐分别依次递补,除呈请社运会备案外,理合备文呈请鉴核并祈转报社会局备案。等情。据此,理合转请钧局鉴核备查!

谨呈

汉口特别市社会局

汉口特别市商会

十月五日

(119-126-269:175)

11.汉口特别市商会为公推常务理事长曾森为汉口特别市商会协助营业税复查委员后请查照由

(1942 年 10 月 5 日)

案准贵会本年十月三日元字二五七五号公函略开:以组织汉口特别市商会协助营业税复

查委员会查照,即希就理事长中推举一人为委员来会并盼克日见复等由。准此,提经本会第十一次理事会议决,公推常务理事曾森为委员等语记录在卷,函准前由,相应复请查照为荷。

此致

汉口特别市商会理事长李

(119-15-35:48)

12.市商会积极进行筹备　商事公断处近将成立

(1942 年 10 月 7 日)

本报讯　市商会于日前召开第二届第二次理监联席会议,对于席间讨论各事项中,经决议通过筹设之商事公断处,并推王晋澄、祝尧如理事等负责筹备,各情已志前本报。兹悉该商事公断处之筹设,自王晋澄理事等奉委着手从事筹备进行以来,颇称顺利。该会以该公断处主旨为解决商场之一切纠纷,以期导商场步入正轨。是以该会对于此公断处之筹设极为重视,昨闻决定于短期间迅速筹设成立,以不负各业期望云。

(《武汉报》)

13.汉口特别市社会运动指导委员会为呈报本市针织袜业同业公会遵令更正职员名称案

(1942 年 10 月 8 日)

案查前据本市针织袜业同业公会呈报该会理监事缺额依次递补一案,呈奉钧府府三字第一二六九九号指令内开:呈悉。仰即转饬该同业公会将理监事名称依法更正为执监委员后,再行报转备查。此令。等因,遵即转饬遵照更正去后,兹据该会呈报遵令已将理监事名称改为执监委员等情前来,理合备文呈请鉴核备查。

谨呈

汉口特别市市长　张

汉口特别市社会运动指导委员会主任委员孙迪堂　假

副主任委员倪元　代

(8-1-327:064-065)

14.汉口特别市社会运动指导委员会为呈复纱业公会立案经过情形案

(1942 年 10 月 9 日)

案奉钧府府三字第一三一四三号指令饬将本市纱业公会补行登记立案情形续报备查。等因,奉此。查该会补行登记立案业经呈奉钧府府一字第一二五七三号指令核准,由本会于本年九月三十日发给运字第十三号立案证书一纸并经呈报在卷,奉令前因,理合将经过情形呈请鉴核备查。

谨呈

汉口特别市市长　张

汉口特别市社会运动指导委员会主任委员孙迪堂　假

副主任委员倪元　代

（8-1-327：085-086）

15.市经济调查处函催组合会员报交名册

（1942 年 10 月 9 日）

本报讯　市商会经济调查处，前奉上峰意旨，对于各业筹备之配给组合之有关各公会会员名册通知限期于上月底造具送交该处，以便编制。各情曾志前本报，兹闻该处以除海味、杂货贩卖两业已经造具送交外，其他各业尚未经造具送交，殊感有碍预定计划，且以上峰屡催。在此困难下，该处特于昨日再行函催火柴、卷烟、纱布等业有关公会，仰即造具送交，俾便统计编制云云。

（《武汉报》）

16.市经济调查处发表食用油配给统计

（1942 年 10 月 10 日）

本报讯　市商会经济调查处办理市场食用油之配给，九月份该处对食用油组合配给之总额，据昨探悉。其统计数：麻油为五万四千五百一十二市斤，售出总值以每斤公价八角七分为标准，计日金四万七千四百余元；菜油配给计有十五万一千二百九十三市斤，售出总值以每斤公价八角二分计算，共计日金十二万四千余元。来源方面，以汉阳日华油厂供给为最多，其次为九江，再次为信阳等处。承受配给方面，在食油组合所属为油盐业、杂货店业、食品杂货业、杂货贩卖业等云。

（《武汉报》）

17.汉口特别市商会为转汉口特别市政府社会局关于各种人民团体管理权划分的训令致食品杂货业同业公会文

（1942 年 10 月 13 日）

汉口特别市政府社会局社三字第三一四三号训令开：案奉市政府一字第一二九〇二号训令开：案奉行政院行字第七五五八号训令开：现奉国民政府第二六七号训令函，据本府文官处签呈，准中央政治委员会秘书处中政秘字第二〇九六号公函开：查三十一年八月二十七日，中央政治委员会第一〇七次会议讨论事项，第九案主席交议各主管部会记关系部会，对于各种人民团体管理权之划分，订定原则，请公决案，当经决议通过记录在卷，相应录案，并抄附上项原则函达，即希查照，转陈分令遵照。等由，理合签请鉴核等情，据此应照办，除分令外，合行抄发原附件，令仰该院分别转饬遵照。等因，计抄发原附各主管部会及关系部会对于各种人民团体管理权之划分原则一份。奉此,除分行外,合行抄发是项原则,令仰该市府饬属一体遵照抄获各主管部会及关系部会对于各种人民团体管理权之划分原则一份,奉此除分令外,合行抄发是项原则,令仰知照并转饬各同业公会知照。此令。等因,计抄发原则一份,奉此除分函外相应抄同原则,呈请查照。

此致

汉口市特别市食品杂货业同业公会

附抄送各主管部会及关系部会对于各种人民团体管理权之划分原则一份。

汉口市特别市商会启

18.汉口特别市政府社会局指令本市商会

(1942 年 10 月 15 日)

呈存,为山货纸张行业公会常务理事罗若农病故、监事余鹤皋停止营业,□缺,经提会议,以王泽生、李明齐依次递补,转请鉴核备案。

呈悉。准予备查仰祈转请知照。此令。

局长　王锦霞

十月十五日

(119-126-269:176)

19.汉口特别市纱业同业公会为协助营业税复查已向市财政局联络处订于十六日下午新钟二时半请催派负责人出席由

(1942 年 10 月 15 日)

查协助营业税复查一案本会已与市财政局联络多次,关于各业申报营业金额,填表手续亟待划一,以免分歧,兹订于本月十六日下午新钟二时半,召请各公会及筹备会负责人来会,共同商定俾使进行,除分函外相应函达,贵会查照即希催派负责人来会为荷。

此致

汉口特别市纱业同业公会

启

十月十五日

(119-15-35:51)

20.市经济调查处发表本月上旬零售物价指数

(1942 年 10 月 16 日)

本报讯　市商会经济调查处,对于市场零售物价调查之本月上旬指数表,业经于昨编制完成。各项价格,较之上月下旬,俱见激增;而有涨无跌,尤以米粮为甚,用将该表分录列下,以为关心者告。

十月上旬汉口市零卖物价指数表

基期:民国二十五年全年平均——100

类别	十月上旬指数	较前增额
米粮	五八七.一	四〇.一
食物	五四五.二	一二.三
衣着	五四〇.八	三二.四
日用品	六八四.三	六.四
燃料	六三三.三	四五.四
杂项	四一三.四	二七.四
总指数	五五九.九	三七.七

(《武汉报》)

21.汉口特别市商会函本市山货纸张行业同业公会

(1942 年 10 月 17 日)

前据来呈,以常务理事罗若农、监事余鹤皋缺额,业提交理监联席会议,议决以王泽生、李明齐分别依次递补一案。经已转呈汉口特别市社会局社三字第三一七八号指令开:呈悉:准予备查。仰即转请知照。等因,奉此。相应函达查照!

此致

本市山货纸张行业同业公会

汉口特别市商会

十月十七日

(119-126-269:177)

22.申请书填报汇集后各业组合定期成立

(1942 年 10 月 19 日)

本报讯　本市市商会经济调查处自经关系方面许可办理配给事业后,分设专股办理配给事宜,其首先成立者有食油配给组合,业经实施配给,成绩良好。其尚有未经成立而正在筹备者,计有棉纱、布匹、绸缎、呢绒、卷烟、砂糖、火柴、烛皂等各业,最近均在积极进行筹备各组合之章程,均经前后由该处分别转请关系方面核准各情,已迭见本报。近闻各组合对于配给量之承受资格,已由该处分定甲乙交由各组合按其资力之大小,转知各组合员自行分配,以便将来对于货物实施配给时有一定之标准。再各业组合之组合员均已纷纷向该处领取申请书、办理申请手续,已见昨报。惟该处将申请期限制本月底截止。时间迫近,故各组合之组合员前来申请者□□踊跃,一俟各业申请书填报汇集后,即将分别定期促其实现而告成立云。

(《武汉报》)

23.本市纱业同业公会为协助核查营业税一案派员即会领取标条转交同业商店胶贴而免重复调查由

（1942 年 10 月 20 日）

案查本会协助复查营业税一案，关于尚未加入同业公会商店以及尚未组织同业公会之商店，其营业额每年究有若干，自非派员实地调查，即不足以明真相，昨经本会协助复查委员会常务委员会议决定，对于上开各商店由本会派员组织调查班，即日开始分途调查，对于已加入同业公会之商店，即由商会制发标条，文曰“本店营业税申报表已送由同业公会汇报”等字交由各同业公会，按照会员家数，备函具领加盖会章，转发各商店张贴窗橱，或其他显见之处，以示区别，而免重复调查，惟此项标条关系极为重要，各同业等于记录在卷，兹查此项标语条，业经印就，用特函达即希派员携函来函会具领，毋延为荷。

此致

本市纱业同业公会

汉口特别市商会　启

十月二十日

案查协助营业税复查各业派员参加一案，敝会参加方经五、姚伯衡、王少卿、戟幼卿等四君参加服务，相应函达即希查照为荷。

此致

汉口特别市商会

（119-15-35：53-55）

24.本市纱业同业公会为营业税申报限于本月三日以前汇送汉口特别市商会由

（1942 年 10 月 21 日）

紧急通知：查各业商店营业税申报表送会日期，迭经本会召集各公会负责人开会决定，并一再通告请送由，各该公会汇送本会转送市财政局，以便审查，迄今日又各业公会汇送到会者，为数尚少，不得已又于本日召集各业公会负责人，于十一月三日以前，将各该业商店之营业税申报表送到本会，以便转报。倘逾期仍未送到者，政府即予分别处罚，属于全业者，即罚其公会负责人，属于某一商店者，即由各该公会负责人指出牌名，罚其商店，言出法随，希毋迟延自误等语，用再通知务请贵会负责人深切注意，如期汇送来会，无任企盼。

此致

本市纱业同业公会

汉口特别市商会　启

十月廿一日

案准汉口特别市商会本年十月卅一日元字第二六九二号紧急通知函开：查各业商店营业税申报表送会日期，迭经本会召集各公会负责人开会决定，一再通告请送由各该公会汇送本会转送市财政局以便审查。迄今日久,各业公会汇送到会为数尚少,不得已又于本日召集各业公会负责人开会以求迅速,并承财政局派员到会宣示各业公会负责人,于本十一月三日以前将各该业商店之营业税申报表送到本会,以便转报。倘逾期未送到者,政府即予分别处罚,属于全业者即罚其公会负责人,属于某一商店者即由各公会负责人指出牌名,罚其商店,言出法随,希毋迟延自误,贵会负责人深切注意如期汇送来会,无任企盼。等因,准此。事关重要,相应转达,查照注意为荷。

此致

汉口特别市纱业同业公会启

十月卅日

案准新会员商店继续送来营业税申报表,相应检阅申报表二十九份,函请大会查照汇总为荷。

附申报表二十九份。

汉口特别市商会　启

(119-15-35:63-66)

25.市经济调查处暨各业组合昨协议组合利润问题

(1942 年 10 月 22 日)

本报讯　市商会经济调查处,兹奉上峰意旨以关于督促筹办各业配给组合之各有关同业会员商店之各阶段,将来组合成立后,各所希望之合理利润,应先将成本计算事前表明,以备参考,而得能统筹办理。该处奉令后,特于昨日下午一时,在商会二楼会议室邀集各有关同业代表举行座谈会,到纱布、呢绒、砂糖、卷烟及杂货,以及凡有关组合各业代表等约三十余人。席次首由该处刘处长作以上之详问,继由出席各业负责代表相互阐述各本身立场,所期望配给利润之意见,当场与各方分别辨别,意词颇为详尽,使商讨各业组合成立后之合理公允利润贡献办法极多,惟以斯事体大,经商讨结果,除该处再作慎密研讨外,并务希各有关各业,迅速将希望利润以成本计算,清晰造表于短期内送该处核准办理云。

(《武汉报》)

26.市商会为本月二十三日奉行该行请派二人于是日新钟九时刻商会齐集前往参加由

(1942 年 10 月 24 日)

元字第二六六二号,案奉汉口特别市社会运动指导委员会平字第一五八三号训令开:案奉汉口特别市政府府四字第一三八四五号训令内开:查武汉更生四周年纪念将届,兹规定于十月二十五日上午十时举行游行,应由该会策动社团代表五百人准时参加,除分会外,合行抢发游行路线图一纸,令仰与本府秘书处第四科联络,切实□办为要。此令。等因。计检发游行路线图一纸。奉此。合行编订各社团参加游行人数行列表一纸,令仰该会,迅予按此规定人数派完参加游行人员,准时整队达列集合地点□□□□□□(男中操场)一同出发为要。此令。等因。计抢发各社团参加游行人数行列表一份。奉此。查表列市商会参加人数系一百人,所有各社团参加人员,均须于上午九时半以前,达列集会场地,除分函外,相应函请贵会派员二人,于是日上午(二十五日)准新钟九时,齐集本会,以便整队前往参加。

此致

本市纱业同业公会

汉口特别市商会　启

十月廿四日

(119-15-33:63-64)

27.本市纱业同业公会为催营业税金额申报表由

(1942年10月27日)

查关于协助复查营业税一案,本月十八日经召集有关各业公会代表议定,各业商店之营业金额申报表,应由各该业公会限自本月十九日起五日以内,汇送本会核转并由出席各代表面会转知等语,记录在卷,兹查限期已逾数日,而上项申报表,贵会尚未汇送前来,现财局催办甚急,不容迟缓,特函请查照将同业商店营业金额申报表克日汇送过会以便核转,万毋再延为盼。

此致

本市纱业同业公会

汉口特别市商会　启

十月廿七日

汉口特别市商会本年十月二十六日元字第二六六五号函开:查关于协助复查营业税一案,以便核转,万毋再延。等因,准此。查此案迭经函达,查照迅予办理在卷,相应再函出达,即希查照,迅即办理送会,以汇总为荷。

此致

(会长)启

十月廿七日

汉口特别市商会本年十月二十六日元字第二六六五号函开:查关于协助复查营业税一案,本月十八日召集有关各业公会代表,议定各业商店之营业金额申报表,应由该业公会限自本月十九日起,五日以内汇送本会转核,并由出席各代表面会转知等语,记录在卷,兹查限期已逾数日,而上项申报表贵会尚未汇送前来,财局催办甚急,不容迟缓特函请查照,将同业商店营业金额申报表,克日汇送过会,以便核转,万毋再延为盼。等因,准此。案迭经函达查照迅予办理在卷,相应再函奉达,即希查照迅即办理,以凭办理以凭汇转为荷。

此致

宝号

汉口特别市纱业同业公会　启

十月廿七日

(119-15-35:57-59)

28.调查营业金额进行成绩良好

（1942 年 10 月 27 日）

本报讯　市商会为便利市府复查营业税之进行，减少其中困难起见，特由全体理监事及有关各同业公会负责人而组织之复查营业税协助委员会，业经初步统筹各业营业金额。对于业经加入同业公会各营业金额，决定饬由各会查报。现对未加入及尚未组织同业公会各商户营业金额，现已开始分途调查。闻连日进行办理以来，情形极为良好。明（二十七）日将赓续派员出动，积极实施，以期早日圆满结果云。

（《武汉报》）

29.汉口特别市财政局为催领营业金额申报表统限于本月卅一日以前送会由

（1942 年 10 月 29 日）

派人催收汉口特别市财政局八八七号公函开：查复查营业税一案，前经函请贵会从速检送本市各业营业金额，以便转发审核在案。兹以时逾多日，各业送审者为数尚少，而抽查登记在需时，自非尽速赶办，殊难如期完竣，拟请贵会转知各业商店，前领申报表，统限于本月三十一日以前全部填齐，送交复查委员会分别审核，如逾限未经填报，即行从严论处，相应函达，即希查照办理见复等由，准此。查此项营业金额申报表，昨因财局催办甚急，当经以元字二六六五号函请，克日汇齐送会，以便核转在卷。兹复查照，迅将同业商店营业金额申报表，即日汇送过会，俾便核转，万毋稽延，是为至盼！

此致

本市纱业同业公会

汉口特别市商会　启

十月廿八日

案准大会选出催送营业税申报表及结册等由，准此前造具结册一份，连同申报表十份，函请查照。汇转再新组织之商税申报表一份，税额确定行造册特报合并声明。

此致

汉口特别市商会

附申报表十份、结册一份。

启

十月廿九日

为营业税申报表订本月三十一日下午二时，召集各同业开会，届时派负责人出席。

紧急通知：各同业商店之营业税申报表，财政局限期下月三日以前送到，逾期即严予处罚。兹订于本月三十一日下午二时，召集各同业公会开会，届时财政当局出席训话，事关重要，务希贵会负责人准时出席为荷。

此致

本市纱业同业公会

汉口特别市商会　启

（119-15-35:60-62）

11 月

1.本市纱业同业公会为催缴填营业申报表由

（1942 年 11 月 3 日）

限即予处罚，经以元字第二六九二号紧急通知，分知各有关公会在案，兹准汉口特别市财政局财二字第九一〇号公函内开：查本市各业商店应填营业金额申报表，统限于十月底以前汇送审核，业经函请贵会查照转知在案，兹已限期已逾，各商户遵照填送者仍属寥寥，似此因循玩误，殊属有碍税政进行，本应从严处罚，惟为示体恤起见，特再展期至十一月三日止，所有未经填报之各业商户统限于限期内遵照填报，其在三日以后填报者即处以应纳一日税额十分之二之罚金，逾期后每迟报五日即增十分之二之罚金，除令饬捐税征收所并登报通告外，相应函请贵会转饬，各商店一体遵照，毋再因循，致于惩处为荷等由。准此，除分别通知外，相应通知贵会查照，务希将所属各会商店营业税申报表如期送交本会汇转，免致受市财政局处罚，事关切身利害，万毋迟延自误。

此致

本市纱业同业公会

汉口特别市商会　启

十一月三日

（119-15-35:67）

2.市商会为劝销长江书刊由

（1942 年 11 月 3 日）

元字第 2701 号。案准汉口特别市政府秘书处第四科续行发送六月份长江书刊一百三十二册，定价每册军票五角，嘱分派各同业公会特为劝销到会自应照办，除分送外，相应检同该刊十五册随函送，请查收特向同业较大商店如数劝销，并希按照上□定价，将所有价款即予收齐交由本会事务股汇缴。

此致

汉口特别市纱业同业公会

附送六月号长江书刊十五册。

汉口特别市商会　启

十一月三日

（119-15-33:66）

3.汉口特别市商会为转知没收旧法币之处理及奖励办法致各业同业公会函（附办法三种及布告）

（1942年11月6日）

案奉元字第二七二二号汉口特别市政府社会局社二字第一七四四号训令内开：案奉，市政府府二字第一四一三〇号训令开：准汉口军特务部汉特建第三〇六号函译开：因贵治各地储备券工作之进步，关于违反命令者没收旧法币之处理，兹照下列规定办理：一、日本军宪兵队没收者。由当地宪兵队集收，送交于汉口宪兵队本部，汉口宪兵队本部再送于□集团经理部。二、中国机关没收者。没收旧法币之送达方法：1.湖北省政府管辖各市政府集收，送交于省政府，省政府再送交于财政部湘鄂赣临时财政管理委员会；2.汉口特别市政府管辖市政府集收，送交于财政部湘鄂赣临时财政管理委员会；3.没收旧法币之处理及表彰方法，财政部湘鄂赣临时财政管理委员会依前项之送达，旧法币即时送交中央储备银行调换新法币，并照下列规定给予赏金：1.没收旧法币三千元以下者，赏与百分之二十；2.没收旧法币三千元以上者，赏与百分之十。上项赏金已给予，而没收之旧法币尚有剩余，财政部湘鄂赣临时财政整理委员会则以特别会计保存之。等因，附抄送《禁止使用旧币办法》等件。奉此，除分饬警察局遵照，随时没收旧法币缴府转解暨分令外，合行抄发《禁止使用旧币办法》等件，令仰知照，并饬属知照。等因，奉此。除分令外，合行令仰知照。此令。等因，计抄发《禁止使用旧币办法》一份、财政部钱一字第十五号布告一份、《妨害新法币治罪暂行条例》一份、《查获使用或携带旧法币处置及提奖办法》一份，奉此。除分函外，相应抄送各附件，函达查照。

此致

本市业同业公会

附抄送《禁止使用旧币办法》一份、财政部钱一字第十五号布告一份、《妨害新法币治罪暂行条例》一份、《查获使用或携带旧法币处置及提奖办法》一份。

汉口特别市商会　启

附一：禁止使用旧币办法

第一条　各种旧币，除中央、中国、交通各行发行之辅币券暂准流通外，一律禁止使用。经财政部部长特准者，不在此限。

第二条　凡违反前条之规定者，除将其使用之旧币没收充公外，其情节轻微者，援照《违警罚法》处罚；其情节重大者，援用《妨害新法币治罪暂行条例》惩治。

第三条　没收充公之旧币，应随时报告财政部。

第四条　没收旧币，如有不随时报解或报解不实情事，依法惩处。

第五条　凡报解没收之旧币，财政部得按其数量酌提奖金。

第六条　禁止实施区域及日期，由财政部随时公布通知。

第七条　本办法自公布尔日施行。

附二：查获使用或携带旧币处置及提奖办法

一、凡在禁止使用旧币区域使用或携带旧币，经查获后，除依照《禁止使用旧币办法》各规定办理外，其处置及提奖办法，应依本办法办理之。

二、凡在使用旧法币区域查获之旧币，应由查获机关出具印收交，由原使用或携带人收执，并随时将查获情形连同旧币报解财政部核收办理。

三、财政部对于前项报解之旧币，应即送由中央储备银行调换新法币，并按照下列规定成数提给奖金。

1.没收充公旧币在五千元以下者，提奖百分之二十。

2.没收充公旧币超过五千元者，提奖百分之十。

四、上项奖金由财政部通知查获机关备具正式收据，具领转发。

五、本办法自公布尔日施行。

附三：妨害新法币治罪暂行条例

第一条　查《禁止使用旧币办法》第一条前段载有“各种旧币，除中央、中国、交通各行发行之辅币券暂准流通外，一律禁止使用”之规定，该条所谓“使用”系指持有旧币并兼有下列之行为者而言，不论其授受如何，双方均应认为使用旧币，依法惩处。兹将关于使用旧币行为九项列举如下：

一、有以旧币为买卖物品之行为者。

二、有以旧币为处理资产之行为者。

三、有以旧币缴付旅费、车资、租金及其他费用之行为者。

四、有以旧币兑换其他通货之行为者。

五、有以旧币于金融机关为存款之行为者。

六、有以旧币为担保品之行为者。

七、有以旧币成立债权或赎付债务之行为者。

八、有以旧币为有息借贷、无息借贷及其他借贷之行为者。

九、有以旧币为勤劳报酬及其他酬赠之行为者。

除呈报并分行外，合亟布告周知。

此布

中华民国三十一年七月十五日

财政部长　周佛海

第二条　故意妨害新法币之流通，或破坏其信用者，处五年以上有期徒刑，并科五千元以下罚金。犯前项之罪，触犯其他罪名者，□一重处断第一项之未遂犯罚之。

第三条　拒绝使用新法币者，处三年以上十年以下有期徒刑，得并科五千元以下罚金。

第四条　凡银行、银号、钱庄、典当及其他公司行号，有第二条、第三条情形者，除犯人依各该条治罪外，并吊销其营业执照。

第五条　凡公司团体、军民人等，知有第二条至第四条犯罪情形，应立即报请当地警察机关逮捕，移送法院讯办。前项情形，经法院讯实判处罪刑确定后，应通知原送案机关转报财政部，对原报告人酌给奖励。但借故诬陷者，应依刑法诬告罪处断。第二项之奖励办法，由财政部另定之。

第六条　对于新法币犯刑法伪造货币罪章内各条之罪名者，均依刑法处断。

第七条　本条例施行期间定为二年。

第八条　本条例自公布尔日施行。

4.各业营业税额昨已正式确定

（1942 年 11 月 8 日）

各业营业税额昨已正式确定　市商会协助复查委员会宣告结束

本报讯　市商会此次为协助财政局复查营业税，特组织协助复查营业税委员会，对于各业会员按月认缴营业税总额计。迭经该会召集进行磋商，昨已正式确定。该复查委员会，兹以任务完成，为报告经过事实起见，特于昨日午后二时在该商会会议室，召集最后委员会议。出席各委员约计二十余人，如时开会。除详切报告各业按月认定营业税额已符功令及各项事宜外，即宣告圆满结束。最后对于未经申报营业税额者，申报表决定限以本月九日以前填报送交该会汇转，逾期即受财局严厉处罚不贷，会商历三时之久，方告散会。

（《武汉报》）

5.汉口特别市商会致本市纱业同业公会主席函

（1942 年 11 月 11 日）

查本市各界秋季公祭　张父襄公典礼已由筹备处定于本月十六日（星期日）上午十一时借本会三楼大会场举行。本会全体委员及各同业公会主席自应踊跃参加以襄盛典。除分函外，相应函达台端查照希于本月十三日下午，本会总会务室签名领取预祭等号以便届时参加为荷。

此致

本市纱业同业公会主席

本会黄辽参加

十一月十一日

（119-15-33:67）

6.市商会为还因最高领袖召集各公会负责人于本月十三日下午三时与会商讨由

（1942 年 11 月 11 日）

紧急通知元字二七九六号，顷奉汉口特别市社会运动指导委员会电话通知，饬即召集各公会及筹备会负责人于本月十三日下午三时来本会商讨筹备欢迎最高领袖事件。届时并由本社逞会派员出席指导等自由应遵办。除个别通知外，相应通知查照务希贵会负责人准时来会为荷。

此致

本市纱业同业公会

启

十一月十一日

(119-15-33:68)

7.市商会为通知本会参加欢迎最高领袖分稍疏懈其放干严谴由

(1942 年 11 月 13 日)

紧急通知元字二七〇八号,顷奉汉口特别市社会运动指导委员会电话通知,以最高领袖汪主席定于明日(十四日)莅汉视察,饬即紧急通知各公会及筹备会按照前次所定参加欢迎人数,于明日上午新钟七时由各会领队人率往市一男中(山陕里旧址)对面操场集合。经市社运会派员点名及发给符号后,即整队同往中山公园参加欢迎等因,自应遵办。并希特别注意人数、时间、地点及秩序,切实遵行为荷。

此致

本市纱业同业公会

注:本日下午三时本会召集之筹备欢迎会议,贵会负责人务请准时来会参加。

汉口特别市商会　启

十一月十三日

(119-15-33:69-70)

8.营利薪给存息所得税征收局发表缴纳办法

(1942 年 11 月 14 日)

营利薪给存息所得税征收局发表缴纳办法　市商会督促各业从速报缴

本报讯　武汉区所得税征收局自经黄元氏主持以来,对于税务之推进颇多建树,例如开办补征第一类,一是营利事业所得税,第二类从业人员薪给报酬所得税暨第三类之各商店存款利息所得等税事宜。现该局业已筹划竣事,故于日前将征收项目及类别油印多份,统交市商会转发各业,以便各商号有所知晓。记者为欲明了纳税之详细办法,以及其他重要事项起见,特访该局负责人咨询一切,承将详细办法以及应注意各点见告。兹将探得事项录后,以便各业商人,用作借鉴之资焉。

又讯　武汉区所得税征收局,对于日前征收第二类从业人员薪给报酬所得税及扣缴第三类存款利息所得税,顷以早经通告分别开征各在案,乃以迄今日尚未据报缴纳。而第一类税款亦尚未□□申报,似此殊未能任其超过年度,而致参差不齐有碍于统计。现以商会为汉市商场枢纽,作百业之领导代宣政令收效必宏。是以该局特于昨日,检将日前邀集各公会理事长会谈讨论上述开征进行方式办法,录请商会协助推进,而便进行。闻商会对此以事关政府税收,当随时督催各业办理应征云云。

纳税详细办法:

一、关于第二类从业人员薪给报酬所得税，原定自本年一月份起，由各公司行号照章扣缴，已经呈部有案，并已通知各业遵照办理。但迄未据报缴纳殊属延忽，应请各该业公会予以协助，力加督促。务令各商号先将本年一月至六月份数目，列单照扣，并填具报告表，于本月内由公会汇集送局审核，俟接到本局核定通知书后即行缴纳。

二、关于各商店有收受存款者于付出息金时，应依照第三类扣缴办法，按千分之四十扣缴利息所得税，并填具扣缴清单及报告表送局审核。俟接到本局核定通知书后，即行缴纳，但仍请各业公会予以协助，并通知各商店注意代扣。

三、关于各业新开或歇业之商店除本局随时调查外，应请各业公会于登记会员名册时，通知本局以便办理登记或注销手续。

四、公会在汇集各商号申报时，应将全体会员申报送局审核，倘有特殊情形，未汇集申报者，应请将原因注明，以便本局直接核办。

五、为开征第一类丙项□□营利事业所得税，除本局派员随时调查外，请公会当局转知各会员，凡有囤户购进之货物，即将其进货日期、品名、数量、价格及购自何处、存货地点通知本局，以凭办理。若各公会会员中，有类似囤货性质之商号，亦请随时通知，得以切实调查。

六、如有冒充本局职员，在外招摇撞骗者或本局职员私向商店索诈者，请即密告本局，当依法惩办。

应注意各点：

一、所有第二、第三两类所得税，需用之扣缴清单及报告表，请各业公会确定该业之户数，来局索取，分发照填。如有不了解之点，可随时到局询问。

二、凡已缴纳或准予免税第一类税款之商店，务须将缴款收据或免税通知，存放店内，以便清查时检阅。

三、本局整理税收，原以开裕税源为宗旨决不苛细，即使调核账册亦采取从宽办法。但纳税为人民天赋，是以希望纳税义务者，嗣后对于申报内容务必确实。如能附列红账以资证明，则审核既有所依据，如无必要亦可免去查账之烦。为以后办理税收手续便捷及数字确实起见，应请公会随时向各商店督促指示，于申报时加以注意，以期双方顺利而免研究稽时。

四、各商店应将付出所得税之项目列入账册，否则发生诉讼等情事，该账册在法律上认为无效，曾由财部通饬令知在案，应请注意。

五、关于第二类存款利息所得税，多因在庄号未能随收随报，以致积压税款统计困难，现在除由局径函各庄号，请予在结付各存户利息时，即将应扣之所得税代为扣留。在两星期内报缴外，拟请钱业公会当局协助，转知各会员切实查照办理云。

（《武汉报》）

9.商会为检还符号三十八份即希查收汇缴由

（1942 年 11 月 15 日）

案查敝会所领参加欢迎汪主席大会佩用之符号三十八份前已完全收回，用特别出检还，即希查收汇缴为荷。

此致

汉口特别市商会

附符号三十份。

启

十一月十五日

欢送汪主席

日期:十八日上午新钟七时半以前

集合地点:中山公园门前

汉口特别市纱业同业公会参加欢送大会名单:唐兰樵、程霖轩、曾亚东、韩乐三、洪镒山、蔡紫波、杨汉卿、许益甫、刘序西、张善夫、王义生、周新民、余锦洲、万钰山、李鸿翔。

汉口特别市纱业同业公会欢迎汪主席参加人数四十名,欢送汪主席参加人数十五名。

汉口特别市同业商会

(119-15-33:74-77)

10.汉阳县商会在积极筹备中

(1942 年 11 月 19 日)

本报讯　湖北省社运分会汉阳办事处,为复兴汉阳商场繁荣市面起见,积极促成“汉阳县商会”之成立,曾召集各同业公会负责人筹商各情迭志本报。兹悉各业公会理事长,又于本月十七日下午一时,仍在该办事处会议室共同商讨,即席推定杂货业公会理事长杜少丞、毛巾业公会理事长顿立□、竹木业公会理事长张伯霖、鱼行业公会理事长张汉臣、猪行业公会理事长唐晓山等五人为负责发起人代表,并同时填具申请书略历表等,分呈有关各机关核示,一俟许可证书发下,即可着手正式筹备,各发起人更定即日起开始办公,暂假社运分会汉阳办事处,为临时办公地址云。

(《武汉报》)

11.汉口特别市商会为汉口特别市政府社会局通融商标注册致本市同业公会文

(1942 年 11 月 26 日)

汉口特别市政府社会局社字第一八二八号训令开:案奉实业部商字第一五二三号训令内开:案查前工商部公布之商标注册证整理办法,早经两次展限期满,明令废止在案。嗣后又据上海特别市商户呈称,送局会员代表先后声称,间有同业会员因手续赶办不及未遵照办理,请求转呈俯准通融,量于延期以凭呈验等情,经提交理监事联席会议议决,准予转呈记录在卷,理合据情,呈请鉴核示遵等情,当为体恤商艰起见,经抄发原呈,令饬商标局妥填核议,具复后去复。兹据呈复略称,从前领有商标注册证而未遵照整理办法,于最后续展限内声请查验者,早经依法撤销其专利权,并公告在案,若再准予通融,延期查验,未免于法无据。兹为体恤商艰起见,经与上海特别市商会再三洽议,无可通融之中筹得相当补救之策,拟就未经查验商标注册证处理办法四款,呈候采择等情,并呈附草拟办法前来本部详加审核,尚属可行,除由部酌加修正公布施行呈报,行政院备案暨分行外,合亟检发《未经查验商标注册证处理办法》一份,令仰该局知照,并转饬所属布告中外商民一体周知为要,此令。等因,奉此。合行抄发原办法,令仰该会遵照办理。此令。等因。附抄发《未经查验商标注册证处理办法》一份。奉此。除分函外,相应抄送原办法一份函达。

此致

本市　业同业公会

附抄送《未经查验商标注册证处理办法》一份。

汉口特别市商会

12.本月中旬零售物价指数上升　市经济调查处昨发表

(1942年11月27日)

本报讯　市商会经济调查处,对于本月中旬零售物价调查指数表,业经于昨编制完竣。其中除衣着与上旬比较略□减低外,余如米粮、燃料前曾又度伏低,但入该旬则又起激增。此外食物、日用品、杂项而行见节节增进之象,兹将各该指数表分别爰录列表志后,以为关心者告。

十一月中旬汉口市零卖物价指数表

基期:民国二十五年全年平均=100　简单几何平均

类别	指数	上中旬比较
米粮	六〇〇.六	增五.四
食物	六三八.五	增二二.九
衣着	八五九.二	减一〇.二
日用品	七三〇.〇	增一四.一
燃料	六七三.三	增二.一
杂项	五二四.四	增九.九
总指数	六六二.一	增八.一

(《武汉报》)

13.汉口特别市商会经济调查处市商经发字第七六七号公函

(1942年11月30日)

径启者,案查本日上午十时座谈会,关于物资登记办法,须用表填报一案,业经当场说明,兹由本处制定表式一种,克日备领应用,即希查照逐项填报明白,限于十二月五日上午十二时以前,汇送来处,以凭核转,幸毋迟误为盼。

此致

纱业公会唐理事长兰樵

汉口特别市商会经济调查处启

中华民国三十一年十一月三十日

(119-15-54:010)

14.汉特建第三四六号公函：配给卷烟、火柴、砂糖、布匹、食油等各公社规则请核准由

（1942 年 11 月 30 日）

径启者，顷据汉口特别市商会将本市卷烟、火柴、砂糖、布匹、棉纱、绸缎、呢绒配给公社等规则分别送请本部认可，兹将该项规则另纸送上，请于十二月一日以前核准为荷。

此致

汉口特别市政府市长张

汉口军特务部部长　落合鼎五

昭和十七年十一月三十日

（8-6-83：003）

12 月

1.汉口特别市食用油配给组合规则

（1942 年 12 月 1 日）

一、本组合ハ汉口特别市食用油配给组合ト呼称ス。

二、本组合ハ本市中国人方面ノ油盐菜、杂货店业、杂货贩卖业、食品杂货业ノ各公会ノ登记会员，以テ组合員トス。

三、组合員ハ一律ニ本规则ヲ遵守スペシ。

四、本组合ニ组合长一名、副组合长一名、监事二名，置ク其ノ人选ハ各公会理事长ノ互选ニ依ル。

五、组合长ハ本组合ニ商スル一切ノ事务，掌理ス、副组合长ハ本组合つレ，辅助シテ事务，处理ス。

六、监事ハ监察事务，担当シ组合长ニ其ノ业务报告，要求スルつト，得、并ニ置时账，检查シ得ル。

七、组合长事故うル场合ハ副组合长之ノ代理ス。

八、组合长、副组合长、监事ハ均シク名誉职トス。

九、本组合ハ事务处理ノ为メ事务员ニ名、工人二名，雇佣スルヲ得。

十、本组合ハ商议ニ便ス可、本市ノ目拔地点ニ事务所，设置スルモノトス。

十一、组合员ハ自店门外及店内ノ见易キ场所ニ各タ次ソ二种类ノ标识，揭クペシ。
（甲）门外ハ武汉经济统制事务处制木制黑书ノ标识ヲ揭示ス、样式左ノ如シ。

五寸

一尺五寸

食用油配给组合员证

ヤキ印ヲ押ス

（乙）店内ハ武汉经济统制事务处二於テ印制セル白纸墨书ノ标识ヲ揭示ス、样式左ノ如シ。

二尺

二尺

食用油公定价格表 第 号

一、麻油、壹市斤日金 钱也

一、菜油、壹市斤日金 钱也

对于每人只准卖给五市斤以内

汉口特别市食用油配给组合

中华民国 年 月 日

十二、组合员ニシテ左配ノ一ニ该当スルモノニ对シテハ后记第十三条ノ规定ニヨリ处理ス。

1.揭示价格ヨリモ高价ニ卖リタル行为。

2.食用油中ニ杂物ヲ混入シタル行为。

3.斤量ヲ胡魔化シタル行为。

4.食用油ヲ不法蓄积シタル行为。

5.一名ニ对シ一回ノ制限量ヲ超过贩卖シタル行为。

6.组合员店内外ニ前记标识ヲ揭示セザル行为。

十三、前条各项规定ノ一ニ违反シタル组合员ニ对スル处理规定ハ情状ノ轻重ニ依リ左ノ通リニ定ム。

1.食用油ノ配给一时停止。

2.食用油ノ配给停止。

十四、本组合ハ配给规定ニ依リ购入セル食用油ヲ公平ナル方法ヲ以テ组合员全体ニ配给市民ニ小卖セシム。武汉经济统制事务处ニ对スル搬入商社ノ报告セル搬入数量过少ナル场合ハ、组合トシテ组合员全体ニ遍ク配给シ得ザルヵ故、各业别ニ分ヶテ配给ス。既ニヲ受ヶタル者ハ未タ配给ヲ受ヶル者ガ配给ヲヶタル后始メテ再ヒ被配给权ヲ得。其ノ顺序ハ抽签ニ依リ以后ハ其ノ通リニ顺番ス。

十五、武汉基尼统制事务处ヵラ配给ヲ接受スペク通知サレタルスハ当时ノ卖行ノ不良ヲ口实ニシテ接受ヲ拒ムっトヲ得ス、若シ现金缺乏ノ为メ、纳金シ得ザル者ハ其ノ旨武汉经济统制事务处ニ陈情ニ代理接受方ヲ商议ス。若シ代理接受者ナキ场合ハ被通知者自ラ接受スぺ。

十六、组合员タル各商店ハ被配给食用油ノ受领ニ当リ自ラ严密ニ其ノ品质ト数量ヲ检查スべ。捺印受领后ハ如何ナル事情フリト虽モ本组合ハ一律ニ责任ヲ负ハズ。配给食用油ノ罐底ニ沈澱物(百分ノ二以下)ァル场合ハっしヲ组合员ニ按分シテ分配ス。组合员之ヲ拒绝スルっトヲ得ズ、沈澱物分配内容ハ食用油配给场所ニ揭示ス。

十七、各组合员ノ纳付スキ配给手续料ハ其ノ配给食用油代金总额ノ千分ノ五トシ配给食用油代金纳付ト同时ニ本组合ニ纳入スベシ。

十八、本组合ハ各组合员ョリノ纳入配给手续料ヲ翌月一日ョリ三日迄ニ武汉经济统制事务处ニ纳付ス。

十九、组合事务所ノ经费ハ各组合员ョリ每月其ノ所定组合费ヲ纳入之ニ充当ス。但シ组合费金额□本组合ョリ申请武汉经济统制事务处ノ查定ヲ施行ス。

(8-6-83:005-007)

2.汉口特别市商会为因抽查发生困难特订于本月四日(星期五)下午二时在商会共同商讨并请查照属时来会参加由

(1942年12月1日)

查市财政局营业税复查委员会对于本市各业营业之抽查,业经进行多日,兹因抽查时发生困难疑问,特请本会予以解答,本会为集思广益起见,订于本月四日(星期五)下午新钟二时半,召集与营业税有关之各公会及筹备会负责人来会共同查照,事关各业切身利害,务希贵会负责人准时来会参加商讨为盼!

此致

本市同业公会

汉口特别市商会　启

十二月一日

牍函已缮。案准汉口特别市本月一日函开:查市财政局云云为盼。等因,准此。相应函请,各业代表准时出席为荷。

此致

曾常务理事

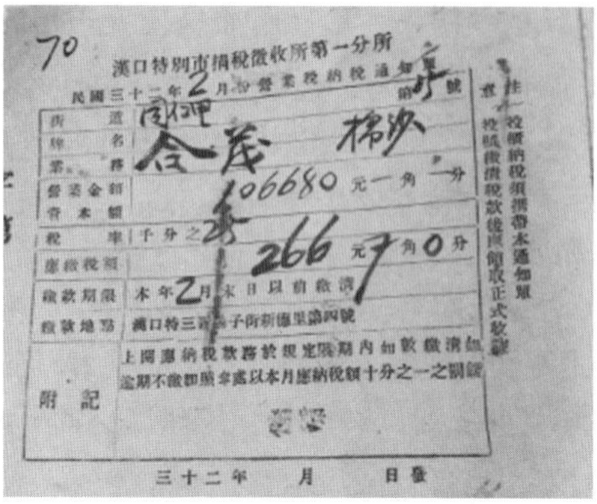
70
漢口特別市捐稅徵收所第一分所
民國三十二年2月份營業稅納稅通知單
第　號
街道　同仁里
牌名　合茂
業務　棉紗
營業金額 資本額　106680元一角一分
稅率　千分之
應繳稅額　266元7角0分
繳款期限　本年2月末日以前繳清
繳款地點
上開應納稅款務於規定限期內如數繳清如逾期不繳即照章處以本月應納稅額十分之一之罰鍰
附記
三十二年　月　日發

笺函静拟卅二三廿八。敬启者,案查同仁里十五号合茂合、慎祥二纱号对于本年元月十九日函报本会结束营业,请予转请注销牌名,本会于元月十七日函至市商会转呈武汉经济统制之税处注销各在案,因是贵所通知该于完纳二月份营业税表,即不能继续担负缴付,事关歇业停税,相应函达,证明即希查照更正为荷。

此致

汉口特别市税捐征收所第一分所

会长启

二月廿七

(119-15-35:68-71)

3.市商会通告为奉市府令发关于物资登记一案布告请遵照办理由

(1942年12月4日)

事由为奉市府令发关于物资登记一案布告请遵照办理由:案奉汉口特别市政府府二字第一六〇〇七号训令开:兹为安定民生不抑物价起见,准与湖北省商定举办武汉三镇物资登记,除会同省府布告通知并分行外,合行抄发布告一份,令仰遵照办理。等因,计发布告六份下会,奉此。除布告张贴门首暨通衢外,相应函达查照并转知同业商店一体遵照办理。

此致

本市　业同业公会

汉口特别市商会　启

十二、正

(119-15-54:014-015)

4.汉口特别市政府社会局训令市商会查复蚕丝业最近情况案

(1942年12月5日)

案奉市政府府二字第一五五四号训令内开:案准实业部工字第914号咨略开:查吾国蚕丝一案,向以长江流域附近之各省最为发达。事变以后,华中各地蚕丝事业,除由华中蚕丝公司与华商协力经营外,并由前工商部制订受理小型制丝工场暂行规则,以资补充。曾于二十九年六月咨行各省市政府查照办理在案。两年以来，江浙各地蚕丝业事业渐有起色，兹查贵省沔阳仙桃镇河溶等处事变前，每年鲜茧产额最为丰富，合全省计之约在十万担左右。本部谋复兴吾国固有工业起见，对于贵市蚕丝事业最近情况，如生产数量、工厂家数及其组织设备运销，以及事变前后之比较与统计数字等，均为本部所亟须调查明了事项。除分咨外，相应请饬属查照见复，俾便整理，等因准此合行。令仰该局遵照查明具报，以凭核转。此令。等因，奉此。除分令市商会外，合行令仰该会遵照查明具报，以凭核转。此令。

汉口特别市政府社会局

十二月五日

（119-126-270:65-66）

5.市商会经济调查处为请转知协记迅携证件往处办理补填营业证号码由

（1942 年 12 月 5 日）

汉口特别市商会经济调查处公函（市商经发字第七九七号）：径启者，案准贵公会本月四日函送协记一户名单及申请书并请另发物资登记报告表一份，以资填报。等由，准此。查登记表一份，业由送文来人带去，相应函复，即希查照转知从速填报。又查原送来之加入组合申请书未填市府营业证及市商会登记证号码，并请转知该协记速即携证来处补填，以符规定为荷。

此荷

纱业公会

汉口特别市商会经济调查处启

中华民国三十一年十二月五日

（119-15-54:016-017）

6.汉口特别市商会为转知各同业公会迅将各商店现有农民银行纸币查明径报财政局核对由

（1942 年 12 月 8 日）

案奉政府府二字第一五六七〇号训令开：案据警察局呈略称，查中央储备银行汉口支行以前所设各交流兑换所只收兑中央、中国、交通三行旧法币，对农民银行纸币如何办理并无规定，上项旧币流通市面数额甚大。现在持有者纷纷向本局询问，不独人民踌躇莫决取缔与否，亦感困难究应如何办理请核示等情，据此经函准中央储备银行汉口支行函复略以农民银行纸币是否仍准流通。敝行未奉□总行命令规定，应请径询财政部解释等由。到府除咨请财政部查核见复外，合行令仰该局查明本市现存农民银行纸币约数，具报以凭合办。此令。等因，奉此。自应遵办，除分函本市银行业公会转知各银行暨通知公认钱庄业公会转知各钱庄查报外，相应函请贵会查照。转知各同业公会迅将各商店现有农民银行纸币约数查明报转等由。准此，除分函外，相应函达查照，迅将同业各商店现存上项纸币约数查明，径报财政局核转。

此致

汉口特别市同业公会

启

十二月八日

(119-15-39:29-30)

7.市商会经济调查处为物资登记报告证明书备发即希派员携带号码并于本日来处领取由

(1942 年 12 月 10 日)

汉口特别市商会经济调查处公函(市商经发字第八三三号)

径启者,查贵业各商号物资登记报告表,业经本处分业整理完竣并填就证明书备发,以资凭执,相应函达,即希查照派员携带所发号码单于本日(十日)午后五时以前来处领取,幸毋延误为荷。

此致

纱业公会

汉口特别市商会经济调查处启

中华民国三十一年十二月十日

(119-15-54:019-020)

8.公告:汉口特别市商会为禁农民银行纸币查明约数报明公告知周由

(1942 年 12 月 10 日)

案准汉口特别市商会本月八日元字第二八六七号函开:案准云云查明适报财政局换转等因。准此,相应公告周知即希,查照存有上项纸币等请报明约数过会,以应汇转为荷。

此布

十二月十日

(119-15-39:31)

9.汉口特别市政府社会局训令社三字第三四八三号令市商会

(1942 年 12 月 11 日)

案奉市政府一字第一五六七三号训令开:前奉行政院训令抄发各主管部会对于各种人民团体管理权之划分原则饬遵照一案,当经转令饬遵有案,兹准实业部商字第八八二号咨开:案奉行政院行字第七五五八号训令开:现奉国民政府第二六七号训令开:据本府文官处签呈准中央政治委员会秘书厅中政秘字第二零九六号公函开:查三十一年八月二十七日中央政治委员会第一〇七次会议讨论事项第九案"主席交议各主管部会及关系部会对于各种人民团体管理权之划分订定原则请公决案",当经决议通过记录在卷,相应录案并抄附上项原则函达,即希查照转陈分令遵照等由,理合签请签核等情据此,自应照办,除分令外,合行抄发原则附件,令仰该院分别转饬遵照等因,计抄发附原则附各主管部会及关系部会对于各种人民团体管理权之划分原则一份奉此,除分行外,合行抄发是项原则,令仰该部饬属一体遵照等因,计抄发各主管部会及关系部会对于各种人民团体管理权之划分原则一份奉此,查根据此项原则规定,凡农会、商会、工商业同业公会及工业联合会等一切实业团体,概归本部组织指导及监督,在各省市即以建设厅社会局为主管机关,兹为实施管理起见,所有贵市已经成立之前项农工商业,贵市政府迅令社会局转饬先行申请备案,本部并为明了各该团体组设经过,经制就调查表式一种,凡已成立之实业团体于先行申请备案时,均应照式填具其他法定文件一并补呈来部,用资查核至其原有图记钤记,在各关系法规未经修正公布以前准予暂时应用,此外贵市如有应组织而尚未组织之实业团体亦应分别督饬,促其设立以增团结,除分咨外,相应抄附前项原则暨调查表式咨请查照办理见复等由,附各主管部会及关系部会对于各种人民团体管理权之划分原则暨实业团体组设经过调查表式各一份准此,查本市各实业团体之组织指导前系本市社运会主管,兹准前由,自应即行改由该局主管以符规定,除令本市社运会遵照并咨复外,合行抄发原表式一份,令仰遵照会同本市社运会查填具报。此令。等因,附发实业团体组设经过调查表式一份奉此,查上项原则前奉市政府令发下局经以社三字第三一四三号训令饬知在案,兹奉前因,除各劳动团体暂由本市社运会主管办理外,合行抄发原调查表式,令仰该会遵照并转饬各同业公会遵照填报,并将章程凡条文中由本市社运会主管事项一律修正,由本局主管连同会员名册理监事略历表暨印模各三份于十日内汇呈到局,以凭核转先行申请备案为要!此令。

计抄发实业团体组设经过调查表式一份(表残缺)。

中华民国三十一年十二月十一日

局长　王锦霞

(119-126-304:84-86)

10.汉口特别市商会致旅栈业同业公会函(附入会申请书一纸)

(1942 年 12 月 12 日)

案查本会组织基础依照会章及奉颁商会法规定,应分为两种会员:一为公会会员,一为商店会员。均应依法填具入会申请书推定出席代表送会登记,方足以符法制,兹查上项手续各会员迄未备办,用特制就入会申请书送请查收,希即依式填明克日送会,以凭登记而便转报。至代表人数依照第三次会员代表大会定额,贵会应派五人,其人选资格在公会以现任理监事,在商店以其主体人或经理为限,务希查照办理为荷。

此致

本市旅栈业同业公会

附入会申请书一纸。

汉口特别市商会　启

三一、十二、十二

入会申请书

具有申请人(1)今依商会法之规定加入贵会为(2)会员并推定后列(3)人为出席商会之代表,即希查照登记为荷。

（4）计开：

代表人姓名	年龄	籍贯	现任本职务	备考

（5）具申请书人

（6）地址

中华民国三十一年　月　日（公会图记）

符号：1.填公会名称或商店名称。

2.填公会或商店二字。

3.填代表人数。

4.填会或店。

5.填公会名称或商店名及盖章。

6.填公会理事长姓名或商店经理人姓名。

（119-68-43：34-36）

11.市商会对于物资登记应行注意事项抄送布告函达查照转知由（附抄送布告一份）

（1942年12月12日）

案奉市政府府二字第一六一七六号训令开：关于武汉三镇举办物资登记一案，前经本府会同湖北省政府布告周知并通令各社，令兹查对于物资登记尚有应行注意表事项，除告通知并分行外，合行检发布告五份，仰即遵照办理，并转饬各同业公会知照此令等，计检发布告五份来此，除遵办并分函外，相应抄同布告一份函达，查照转行知照。

此致

本市　业同业公会

附抄送布告一份。

汉口特别市商会启

十二、十二

汉口特别市政府布告（府二字第16090号）：关于武汉三镇举办物资登记一案，业经本府会同湖北省政府于本月一日布告商民人等一体周知，并恪遵规定登记在卷，兹查商民对于登记事项尚有未能彻底了解者，特此关于物资登记应行注意事项开列于后，合亟布告仰商民人等一体周知，并恪遵前令布告规定办理毋违□□，此布。

计开:关于物资登记应行注意事项

十二月一日以前,应准向内地搬出之物资,得凭其搬出许可证,认为准许移动,业经登记之物资后向内地搬出,而欲贩卖时,应凭搬出许可证向武汉经济统制事务处(以下称统制机关)领得指令书发始得贩卖。

□□之物资拟自行搬入内地(业经许可者)时,只须凭统制机关之指令书始行搬出。

十二月一日以后,获得搬出许可证者,其物资移动限制止第一项办法办理物资,一律应由物主自行登记。

□□□□场制造用原料应遵照省市政府布告办理登记,必要时须于使□□……□□申请书中附具十日所需之概算,数量一并指令□□□□□□□。

□□□个人可存自用之物资一如本月一日布告所示,原则上可毋庸登记,但存报□多有被□□贩卖之嫌疑者,止须登记,登记内应一并填此家族人数,至家应自用之清费,可毋庸申请使用许可。

军需品应附具军之证明□向统制机关申请,凭统制机关之指令书再行纳入。

一、十二月一日以后购入由内地运来之土产物资时,不论商店或个人均须填记各□□□得并须取得收款单□□证。

二、本地制造工场于十二月一日以后所制造之物资一律填记贩□证。

三、前两项所填记之数量以十二月一日□始每隔十日应向统制机关申报之。

四、前项申报之物资其贩卖移动使用等□项依下列各规定办理。

张仁蠡

中华民国三十一年十二月

(119-15-54:021-023)

12.武汉经济统制事务处为派孔楚材为武汉经济统制事务处处长令食品杂货业公会

(1942 年 12 月 14 日)

武汉经济统制事务处训令　经总字第十七号

案奉湖北省政府府秘一字第二七九二号,汉口特别市政府府会字第一六五〇一号令内开:兹派孔楚材为武汉经济统制事务处处长。此令!等因,奉此。本处长遂经于十二月十六日到处视事,同时启用关防。除分别呈函暨分令外,合行令仰知照。此令!

处长　孔楚材

13.市商会关于关于物资登记后买卖案兹决定十二月十七日午前十时本处座谈函请查照准时出席由

(1942 年 12 月 16 日)

顷准武汉经济统制事务处公函开:查关于物资登记后买卖许可一事急应咨询,以资决定,兹于本月十七日午前十时在本处召集各同业公会理事长及筹备会主任开座谈会,相应函达贵会，请烦查照迅赐转知各公会理事长暨各公会筹备会主任准时出席参加。等由到会，自应照办，除分函外，相应函请贵会理事长准时到处（在本商会三楼）参加，毋误为盼。

此致

本市　业同业公会

汉口特别市商会　启

十二、十六

（119-15-54：023-024）

14. 市商会呈社会局为遵令填报本会组设经过调查表连同章程暨会员名册理监事略历表印模赍呈鉴核存转备案由

（1942 年 12 月 18 日）

案奉钧局社三字第三四八三号训令抄发奉市府令准实业部咨，为实施划分各种人民团体管理权案内所送之实业团体组设经过调查表式，饬遵照并转饬各同业公会一体遵照填报，并将章程中凡条文上由本市社运会主管各项一律修正由社会局主管，连同会员名册理监事略历表暨印模各三份于十日内汇呈到局，以凭核转先行申请备案。等因，奉此。查此案前奉钧局令发上项划分原则下会，即经转函在卷，兹后奉令前因，应分别遵办，除函各业公会遵限解齐径行呈局，以□周抄外，理合填具本会调查表连同缮正修改章程暨会员名册理监事略历表印模各件一并捡齐具文赍呈鉴核分别存转备案。

谨呈

汉口特别市社会局

附呈本会组设经过调查表、缮正修改章程、会员名册理监事略历表印模各三份。

汉口特别市商会（盖理监事章）

组设或□□经过：

民国二十八年十一月三日，遵奉前武汉特别市政府令，由前建设局召集各业，以贵商人推举筹备员十一人成立武汉特别市总商会筹备委员会，厘定章程及商工业同业公会章程经呈奉核准，即积极进行筹备事宜，兹分别组设武昌、汉阳两分会之筹备会。至二十九年七月八日筹备就任，即遵奉在案，第一次会员大会推举理监事、常务理事及理事长，武汉特别市商会即于是日正式成立。旋因武汉特别市政府奉中央明令改组为汉口市政府，因于武昌、汉阳两区域划归省府管辖，所有两分会之筹备会均于二十九年八月内奉会结束。嗣又因汉口市政府于三十年五月间奉中央令改称汉口特别市政府，本会遂照于是时改称今名为汉口特别市商会。

会务推动概况：

查本会两年以来，根据会章第七条所列十项业务内容推进，兹述节概要于下：

（1）办理物件搬出搬入，事件日转十起或百余起，所有申请及领证手续悉由本会居间承转经办，一载有人颇称便利，本会三月以后，奉令移归军部统率机关结伴；

（2）自大东亚战争发动后，所有本国人寄存英美仓库物资经本会呈请贵局，非军用者概蒙发还原主，被军方征用者已分□□□□□□于租赁敌性房屋经本会登记，取得贵局诉可照，得保存其租赁权；

(3)筹募武汉合作社华方股款半数军票叁拾陆万余元,此为本市中日合办之福利事业,由本会向各业劝导认股缴□;

(4)领导各业陆续成立正式公会计九十三起,尚在办所有此计二十一起,单独入会登记商店有十九家;

(5)协助政府营业征税,查武汉自经事变币制不一,关于完纳营业税,过去法币与军票折令商人负担加重,经本会陈述困难,因有复查之,本会于协助复查工作时,又经再三请求邀准经明年一月起一律按照税率缴纳国币,以诚择有人负担。

以上所列各项,不过荦荦大端,其他如各公会间纠纷之调解、各业商店不加入公会时之劝导、劳资争议仲裁之参加、各业与友商之联络,本会同人莫不随时随地尽其力之所及以赴事机。

缴费来源及支出情形:

商会经费应由公会会员及商店会员分别负担,商会法及本会章程均有规定。惟本市值兵燹之后,市面繁荣尚未恢复,征收会费颇感困难,经呈奉市政府核准,按月由市库拨给补助费军票七千六百元以作经费开支,并经核定预算科目为理事长及常务理事公费千七百元、员役薪饷三千□□□□公费千三百元、交通费三百元、交际费五百元。两年以来,均系此支配。并于每月收支终结后,造具清册及单据簿等,经理事会查阅监事会审核,再呈送市政府鉴核备查。

公会九十三业,会员七千一百零四人;

筹备会二十一业,会员七百七十九人;

单独业十九户,商店会员十九人。

(119-126-304:91-97)

15.天松祥为零货被查封不知何故请查照速予代呈当局体恤商艰由

(1942 年 12 月 18 日)

径启者,对于物资登记事奉钧会十二月四日紧急通知,其未能同一种类之零货已经钧会商请市商会转呈汉口特别市经济调查处,为体恤商艰准予毋庸登记在案,敝号所存之货,除整件之四拾件已登记外,尚有残存零匹遵照通知,以不同一种类之零匹未曾登记,惟于今日(十八日)经当局派员调查,结果将敝号所存之零匹拾九匹查封,似此情形,敝号所存之零货既不同一种类,究属何故,应请钧会速代将上情转呈当局,以体恤商艰为荷。

此致

汉口特别市纱业同业公会

天松祥谨启

十二月十八日

附抄所存零货种类数匹于后

□双□□纱　拾匹　　枝松鹤纱　五匹

□□□□纱　壹匹　　怙□□纱　壹匹

□全狮球纱　贰匹

共计拾九匹

(119-15-54:025-027)

16.江汉晚报社为卅二年元旦发行特刊奉上广告通知书印请参加庆祝广告由

（1942 年 12 月 21 日）

谨启者，民国三十二年元旦转瞬将届，际此大东亚解放圣战确保胜利，国民政府和平建国运动□□展开。逢兹元旦佳节，举国上下莫不欢欣以示庆祝。本报特发行特刊以襄隆重庆典，兹奉上广告通知书一份，即请贵会参加庆祝广告以光篇幅而扬民气并祈填就后，迅赐寄掷俾便汇齐付梓无任感荷。

此致

棉纱业同业公会

附庆祝广告通知书一份。

江汉晚报社

（119-15-33：82）

17.汉口特别市政府社会局呈市政府为呈报本市广货业同业公会全部改选增加执监委员名额案

（1942 年 12 月 22 日）

案查前据本市广货业同业公会呈报，定于十一月二十日召开会员大会，照章改选执监委员半数，请派员出席指导等情到局，当经派员届时前往，旋据签复略称该会此次改选因会员人数扩充而原任执监委员多数出缺，当场经出席会员代表一致决议修改章程第十四条条文，将执监委员名额分别扩充，计执委增加为十一人，候补执委增加为三人，监委仍旧，候补监委增加为二人，并实行全部改选，业已竣事等语前来。查该会改选之时，系局属本市社运会主管，此次修改章程及全部改选各项既经出席会员代表一致决议，拟准予备查，除遵照实业部规定，另饬办理申请备案手续再行备案核转外，所拟是否有当，理合呈请鉴核示遵。

谨呈

市长张

社会局局长　王锦霞

（8-1-327：096-097）

18.市商会函请查照转知各同业如欲将物资移动时照文开办法径向统制事务处申请领取物资移动许可证由

（1942 年 12 月 24 日）

查前准元字第二三九〇号，贵会暨各业公会先后为同业货物被封，请转准予启封一案，经已分别转函在卷，兹经当局规定自本月二十三日起，凡有货物部分零整类别，一律向武汉经济统制事务处补行登记，除分函外，相应函请查照转知，未登记之同业商店迅即前往该处补行登记,以免贻误。

此致

本市纱业同业公会

汉口特别市商会　启

十二、二十四

(119-15-54:032-033)

19.武汉经济统制事务处为迅将所有加封存货前来本处补行登记令食品杂货业公会

(1942 年 12 月 25 日)

武汉经济统制事务处训令　经统字第三十二号

案查此次举行物资登记,业经本处制发登记证,以资存执在案。现据报告,尚有各商店、团体及商人所存之各色货品,因被检查而予以加封者,为数颇多。兹为体恤商民起见,业经向关系层峰联络,自即日起,由本处续办此项物资补行登记。除布告武汉地区各商民人等,迅将所有加封存货,开明品类数量,前来本处具领登记证,请求补行登记,毋得自误外,合行令仰该会遵照,并转行知照。此令!

处长　孔楚材

20.汉口特别市因市商会拟设商事争议调解机构应根据何项法令咨实业部拟文

(1942 年 12 月 25 日)

案据本府社会局呈称:案据本市商会呈称,“查商会之设立,原所以谋商人之福利,其应办事项,商会法第三条已列举规定。本会成立至今,已逾两载,对于商人福利事业,每于可能范围内,力排万难,以求推进。汉市自事变以还,因受环境牵连,致商人间发生债权事务之纠纷甚多,若诉诸法院,则审判费用不赀;若迁延不决,则影响交易甚巨,权衡轻重,对于设立调解商事争议之机构,实属刻不容缓。伏查民国初年,前北京司法、工商两部会会颁商事公断处章程及其办事细则。民国十六年,国民政府明令,对于此项章程及细则仍暂准援用,事变前之市商会亦曾成立商事公断处,公断商事争议,颇著成效。本会迭次理监联席会议均认为目前实有恢复商事公断处之必要。惟查民国十九年八月三十日,立法院第一〇七次会议通过议决案,有商会毋庸特设商事公断机构之语(见会文堂出版立法理由判解汇编商会法第三条下附注)。而人民团体组织方案第二十条亦有人民团体不得设部或处之规定,似商事公断处章程为其办事细则已因覆法优于前法之原则而失效。商事公断处即不得设立,若为适应需要起见,改设商事争议调解委员会或其他类似名称之机构,又无法令可资依据,其调解事务在法院方面能否发生效力不无疑问,踌躇再三,莫衷一是。理合缕陈法理,具文呈请,钧届鉴核,俯准转呈。层略赐予解释俾资遵循。”等情,据此。查立法院存有商会毋庸特设商事公断机构之决议,未经国府明令废止,可否准予设置商事公断机构之处,理合转呈核示。等情据此,除指令外,相应据情咨请

贵部查核解释见复,以便转饬遵照为荷。此咨

实业部

市长　张仁春

附:汉口特别市政府咨文

(1943 年 1 月 12 日)

准送汉口特别市政府咨请设立商事争议调解机构,根据何项法令,嘱为解释见复等由,准此。查商事公断处章程既经十九年三月立法院会议议决,商会法第三条第四款规定,工商同业之调处及公断事项为商会职务之一种,并未寓有另设公断处之意,所有调处及公断事项,商会可以依据条文,自为分配处理,毋庸设立商事公断机构。复有人民团体组织方案第二十条,人民团体不得设部或处之规定,商事公断处之不能设立,自无待言。如欲设立商事争议调解委员会,抑或其他公断机构,似须呈请政院核示。至于调解笔录在法院方面能否发生效力,依照二十一年五月二十八日司法行政部训令,山东高等法院训字第一二二四号训令,查商会调解成立之事件,如当造均无异议,应为强制执行者,自可援照从前办法由当事人向管辖法院申请宣告。此复商业司。附还汉口特别市政府咨文一件。照令事来函咨复。

21.武汉经济统制事务处训令:令纱业公会为体恤商民办理补行登记令仰迅将所有加封存货开明品类数量前往具领登记证请求补行登记由

(1942 年 12 月 25 日)

武汉经济统制事务处训令(经统字第三十二号):案查此次举行物资登记,业经本处制发登记证,以资存执在案。现据报告,尚有各商店、团体及个人,所存之各色货品,因被检查而予以加封者,为数颇多。兹为体恤商民起见,业经向关系层峰联络,自即日起,由本处续办此项物资补行登记,除布告武汉地区各商民人等,迅将所有加封存货,开明品质数量,前来本处具领登记证,请求补行登记,毋得自误外,合行令仰该会遵照并转行知照。此令。

处长　孔

中华民国三十一年十二月二十五日

(119-15-54:036-037)

22.市商会为本月二十八日下午二时公送前任警察局□旗匾即希理事长约同常务理事一人由

(1942 年 12 月 26 日)

本会定于本月二十八日(星期一)下午新钟二时,集合各有关公会负责人公送前任市警察局长张仲杰先生旗匾等件。用特函达贵会查照即希贵理事长约同常务理事一人于是日下午一时来会参加同往为荷。

此致

本市纱业同业公会

注意:参加时请穿长袍马褂。

启

十二月二十六日

(119-15-33:83)

23.武汉经济统制事务处为应按照公定价格出售许可移动物资令食品杂货业同业公会、食品杂货业同业公会筹备会

(1942年12月31日)

武汉经济统制事务处训令　经统字第八五号

案查,武汉地区各项物资之移动申请,业经本处分别核准,陆续发给许可证各在案。嗣后此项许可移动之物资,如应□出售时,应一律按照公定价格办理,不得有故意抬高及从中操纵情事,倘敢违反规定,一经察觉或举发,定即严重惩处,绝不姑宽。除布告外,合行令仰查照,并转知各同业为要。此令!

处长　孔楚材

1942年其他

英、美等人关系债权债务处理办法(附申告书)

(1942年)

一、对于英、美、荷兰人所有之债权债务者,停止支付之。但英、美、荷兰方面总领事、领事馆员及其家族,并天主教会牧师及爱尔兰人除外。

二、对于英、美、荷兰人有左说债务之人,于十二月二十五日以内,按另纸式样;中国人经由汉口特别市政府;日本人及外国人经由日本总领事馆;陆军警备区域内者,向陆军特务部长;海军警备区域内者,向海军特务部长报告之。

甲、地租。

乙、仓库租金。

丙、房租。

丁、其他各债务。(警备地区之认定,以债权者之住址定之)

三、具有该当于前记项目之债权(包括银行存款)之英、美、荷兰人及其管理人,经由日本总领事馆于十二月二十五日以内,将其债权内容(陆军警备区域内者,向陆军特务部长;海军警备区域内者,向海军特务部长)报告之。

四、对于英、美、荷兰人有债权之人,根据所报之条件,将应对债权者支付至款,于陆军特务部长或海军特务部长管理之下;日本人及外国人将该项应行支付之金额,寄存于横滨正金银行;中国人寄存于中江实业银行。但日本军所使用之土地房屋,其使用费之支付不在此限。

五、英、美、荷兰人为维持生活所必要之款项，经日本总领事及陆军特务部长或海军特务部长之承认者，得由前项寄存款项中支付之。

六、于军事管理之下准予运营之英、美、荷兰人之工场等，其运营所必要之经费，按其管理监督之区别，经军经理部长、陆军特务部长或海军特务部长核定后，经由陆军特务部或海军特务部寄存金中支付之。

七、对于英、美、荷兰人之无财产、无收入来源，不克自力生活者，按其情况，经该国人之同意，由其债权之寄存金中支付日本总领事及陆军特务部长或海军特务部长所承认之生活费。

八、对于英、美、荷兰人具有债权之人，于十二月二十五日以内，按另纸式样；中国人经由汉口特别市政府；日本人及外国人经由日本总领事馆，向陆军特务部长或海军特务部长报告之。

日本总领事经调查该英、美、荷兰人，认为适当时令该英、美、荷兰人支付之。若支付困难时，经陆军特务部长或海军特务部长之承认，由该英、美、荷兰人之债权部分之寄存金中支付之。

九、违反第一项、第二项、第三项、第四项及第八项之命令者，或报告不实者，按军律严重处罚之。

十、横滨正金银行及中江实业银行，应将各该月中之关于寄存金之收支，限至翌月五日，分向陆军特务部长、海军特务部长及军经理部长，分别报告其所主管之事项。

附英、美人关系债权债务申告书式样

（申告番号　　）

正副

债权者	氏　名	
	住　所	
	生年月日	
债务者	氏　名	
	住　所	
	生年月日	
保证人	氏　名	
	住　所	
	生年月日	
债权金额		
债务金额		
债权内容		
债务内容		
担保品内容		
支付期日		
债权发生年日		
债务发生年日		

英、美人关系债权债务申告书

右ノ通リ二相违无之候也。

昭和十六年　　月　　日

申告人氏名

住所　　　　　　　　　　印

(申告经由个处)

军特务部长　　殿　　　　　　　　日本总领事馆

海军特务部长　殿　　　　　　　　汉口特别市政府

1943年

1月

1.汉口特别市纱业同业公会零匹补行登记报告表

（1943年1月2日）

汉口特别市纱业同业公会零匹补行登记报告表

牌名	存货种类	存货名称	单位	现存数量	存放地点	附注
长丰	棉纱	十支	匹	十一匹	法界庆平里19号	
裕记	同上	四十二	同上	一匹	鄱阳街49号	
同上	同上	三十三	同上	二匹	同上	
同上	同上	二十	同上	二匹	同上	
同上	同上	十六	同上	八匹	同上	
同上	同上	十	同上	六匹	同上	
祥记	匹头	麻绒	匹	十匹	汉正街293号	
纬新	布	洋化物	匹	三十九匹	首善里10号	
纬新	同上	棉化物	匹	五匹	同上	
同上	同上	□丝物	匹	七匹	同上	
同上	同上	丝织物	匹	十三匹	同上	
同上	同上	洋化物	匹	二十七匹	巴黎街14号	
同上	肥皂	青龙皂	箱	十箱	福煦街9号	
同裕		铁箍	捆	十捆	汉正街357号	
协记	棉纱	十丈		七匹	义庆里2号	
袁福记		土纱	把	三十把	汉正街293号	

（119-15-54:041-042）

2.市商会为天松祥、晋升恒等零物请求启封一案已指令转饬该会员等克日往处补行登记函达查照转知由

（1943年1月5日）

查前准贵会函以会员天松祥、晋升恒等号零货被封，请求转函启封一案，经已函准武汉经济统制事务处，经统字第六九号公函，兹开：查此案前据本市纱业同业公会转呈到处，经以统字四四号指令该会转饬该会员等克日来处补行登记□□核办等语饬知在案，准函前因，相应函复即希查照前转饬知照等由，准函相应函达查照分别转知。

此致

本市纱业同业公会

汉口特别市商会　启

三十二、一、五

（119-15-54:042-044）

3.汉口特别市社会运动指导委员会训令：令本市纱业同业公会特检发本市人民团体保卫东亚纪念日实行新国民运动服务办法仰切实遵办具报为要由

（1943年1月9日）

查新国民运动之旨趣，在促进全民各就本位努力服务社会，借以充实国民在精神物质双方之力量，俾得协力大东亚战争，兹特制订本市人民团体保卫东亚纪念日实行新国民运动服务办法，令发该会于每月保卫东亚纪念日期切实遵办具报为安！此令。

附检发本市人民团体保卫东亚纪念日实行新国民运动服务办法一份。

主任委员　孙迪堂

中华民国三十二年元月九日

汉口特别市人民团体保卫东亚纪念日实行新国民运动服务办法

一、新国民运动服务之工作暂规定□□□六项

1.劳动服务

说明：实行体力劳动以增进社会之公益，例如筑路、修堤。

2.卫生服务

说明：增进公共卫生之服务工作，例如送诊、送药、清除街道。

3.文化服务

说明：关于推广文化之服务工作，例如发行免费刊物、出动巡回图书车。

4.救济服务

说明：对于困苦同胞加以救济之服务工作，例如以金钱、物品赠给贫民。

5.扶助服务

说明：对有某种缺陷者加以扶助之服务工作，例如为不识字之民家代写书信。

6.经济服务

说明:以个人经济力量之一部提供社会公益事业应用之服务,例如将一月所得捐充社会教育基金。

二、于前条规定之六项工作外各人民团体亦得就该团体之性质与便利举办其他服务工作,惟须将理由及办法详细呈经本会核准后方得施行。

三、每一单位人民团体于每月保卫东亚纪念日中必须实行一种以上之新国民运动服务工作。

四、实行新国民运动服务之人员不得支取薪津,工作事业亦由各团体自行筹措,不得做借名义向政府请求或向外界募集款项。

五、各人民团体实行服务之计划应于每月一日以前呈请本会核准,并于服务工作终了后五日中将经过情形详细呈报,核转备案。

六、本会于必要时得规定统一办法策动全体人民团体实行大规模之新国民运动服务。

七、各人民团体实行新国民运动服务成绩卓著及敷衍不力者,由本会分别奖惩之。

八、本办法自核准施行,其各尽事宜,亦得呈请修正之。

(119-15-57:24-27)

4.武汉经济统制事务处为知照制备职员身份证明书及铜质证章令食品杂货业公会

(1943年1月10日)

武汉经济统制事务处训令　经统字第□□号

案查本处奉令组设,业将成立,日期通行知照在案。兹为便利办公起见,业经制备职员身份证明书及铜质证章两种,以便佩戴而资识别。除呈报暨分行外,合行检同原件样式各一份,随令附发,仰即知照。此令!

处长　孔楚材

5.武汉经济统制事务处为禁止中日商人私自交易生活必需物资令食品杂货配给组合、食品杂货同业公会、食品杂货业同业公会筹备会

(1943年1月14日)

武汉经济统制事务处训令　经统字第一九〇号

案奉中央物资物价统制委员会谕开:在此次公定价格表内,所记载主要生活上必需之物资,从前凡由中国商人向日本洋行购入,或由武汉经济统制事务处绍介(介绍)中国方面各配给组合,始能实行互相交易。倘有违反此项规定者,即以违反统制之行为,依照军律处以严罚。等因,奉此。除分令外,合亟令仰,转饬所属各组合员、各会员一体知照为要。此令!

处长　孔楚材

6.市商会社运指导委员会定于本月十六日下午二时假五族街兴亚剧场举行庆祝友邦交还租界撤销治外法权民众大会□请查照派员二人于下午一时齐集商会以便整队前往由

（1943 年 1 月 15 日）

顷奉汉口特别市社会运动指导委员会紧急通知：定于本月十六日下午二时，兴亚剧场举行庆祝友邦交还租界撤销治外法权民众大会，分派一百人参加，由领队率领于一时半以前到达等因，附表一份事等因。自应遵办，除分函外，相应函传查照派员二人，于十六日下午一时齐集大会，以便整队前往参加为盼。

此致

本市纱业同业公会

启

一月十五日

（119-15-33：88-89）

7.武汉经济统制事务处统制科为纠正本处经统字第二一八号训令内错误致市食品杂货业公会

（1943 年 1 月 19 日）

武汉经济统制事务处统制科训令　科统字第三号

卷查，本月十七日，本处经统字第二一八号训令内有“不得以该项物资系在十二月十二日新公定价格发表以前购运为借口”一语。查此次公定价格，系在本年一月十二日发表，原令所称十二月十二日，实属笔误，相应函达，即希查照，予以更正为荷。

此致

武汉经济统制事务处统制科　启

8.实业部因汉口特别市因市商会拟设商事争议调解机构应根据何项法令致参事厅

（1943 年 1 月 19 日）

案查汉口特别市政府咨为本市商会拟设商事争议调解机构，应根据何项法令咨请查核解释见复一案，以事关解释法令，相应检同原案先行送请贵厅解释见复，以资办理，至纫公谊。

此致

参事厅

9.实业部为汉口市商会拟设商事争议调解机构应根据何项法令请查核一案咨复汉口特别市政府

（1943 年 1 月 19 日）

案准贵市政府一字第一七一四七号咨，据汉口特别市商会设立商事争议调解机构，究应根据何项法令一案，转请查核解释见复过部。查商事公断处章程业经十九年三月立法院会议决，商会法第三条第四款规定，工商同业之调处及公断事项为商会职务一种，并未寓有另设公断处之意，所有调处及公断事项，商会可以依据条文，自为分配处理，毋庸设立商事公断机构。又查人民团体组织方案第二十条有人民团体不得设部或处之规定，是商事公断处之不能设立，自属显而易见，如因当地情形，在事实上确有设立商事争议调解委员会或其他公断机构之必要，呈请申叙理由，专案行政院核示。至于调解笔录在法院方面能否发生效力，依照二十一年五月二十八日司法行政部训令，山东高等法院训令字第一二二四号内开：查商会调解成立之事件，如两造均无异议，应为强制执行者，自可援照从前办法，由当事人向管辖法院申请宣告。等语尚属有案可稽，准咨前由，相应咨复，即希查照转饬为荷。

此咨

汉口特别市政府

10.武汉经济统制事务处为请调查所属组合员或会员现存主要生活物资数量令食品杂货业公会理事长

（1943 年 1 月 21 日）

武汉经济统制事务处训令　经统字第二三四号

查本处为调剂物资起见，亟须明了各配给组合之甲、乙两等组合员、商店及各公会会员商店现存主要生活物资，如米谷、食料品、食用油、布匹、棉纱、砂糖、卷烟、洋烛、火柴、洋碱、燃料、颜料、洋漆、矿油、皮革、酒类、调味品、肥料、电料、洋广货、中外纸张、工业药品及建筑材料等类，以暨公定价格表内所载之有关物资之数量，合亟令发表式，仰该理事长限于本月三十日以前，将所属组合员或会员现存上述各物资数量，调查确实，列表具复，以凭核办，毋延为要。此令！

处长　孔楚材

11.全国商业统制总会湘鄂赣分会调查处为年即授受陋规时值新运当除此俗饬属凛遵用请如有假借本处职员名义在外借端款财者务须指明报告由发通知函一件

（1943 年 1 月 21 日）

全国商业统制总会湘鄂赣分会调查通函查年即受陋规，历经悬为禁例，况值此新运时期，尤当除此积俗，以澄吏治，而端社会习尚，除属凛遵外，相应通函。即希查照其有假借本处职员名义在外借端款财者,务须指名报告,毋予宽从,俾得无法以惩,免贻白圭之玷。

此致

纱业同业公会

启

元月二十一日

(119-15-39:32)

12.汉口特别市社会运动指导委员会训令平字第 1906 号令纱业同业公会为制发政治思想测验问题仰转饬各干部人员填答由

(1943 年 1 月 27 日)

查本会为求明了各团体干部人员对于时局认识之程度以便训练指导起见,特编订政治思想测验问题七条,合行随令附发,仰即转饬各级干部人员填答,限文到十日内汇齐答案呈复,以凭考核为要!此令。

附政治测验问题一份。

汉口特别市社会运动指导委员会

中华民国三十二年元月廿七日

1.(略)

2.我国为何要对英美宣战?

3.轴心与反轴心双方各有哪些国家?

4.大东亚共荣圈包括哪些国家?

5.大东亚战争一年来的战果如何?

6.国民政府五院院长及军事委员会委员长现在由哪些人担任?

7.三十二年中推进新国民运动的三个重点都是什么?

(119-15-57:29-31)

13.商会函为抄发新国民拒毒运动实施要纲仰查照特知由

(1943 年 1 月 28 日)

案奉汉口特别市政府元字第八四九号训令开:兹抄汉口军特务部函送新国民拒毒运动实施要纲一份,合行令仰知照等因,计抄发新国民拒毒运动实施要纲一份,奉此,除分函外,相应函达查照,分别转知。

此致

汉口特别市纱业同业公会

附抄送新国民拒毒运动实施要纲一份:

新国民拒毒运动实施要纲。第一方针:新国民运动实践事项之一,即为新国民拒毒运动。使英国侵略中国之野心大为显露,同时并灭绝吸食鸦片养成新中国运设健全之原动力,安定国民生活。第二要领：(一)对象：武汉地区普遍民家(对于官吏尤为重视)；(二)实施地区：暂以汉口、武昌为重心，以期渐次普及各县；(三)实施统制机关，以新国民运动促进委员会为统制机关，其他机关并为协力；(四)实施期间：(1)第一回以香港陷落一周年为期，自本月二十三日起至二十五日止，定为排英拒毒纪念日；(2)第一回实施以后，每月八日保卫东亚日至适当时期为实施运动周；(五)实施要领：关于本运动实施之具体的重要事项，关系机关为重心，关于本运动之意义彻底及实施指导监督，大概以下列之事项分别施行。实施项目：(壹)整理减少吸烟所(戒烟局省市警察局)；(贰)吸烟者确实登录(对新官吏之吸烟者详加调查)之省市警察厅局；(叁)开设健康谈话所，应时实施省市立医院；(肆)设置吸烟者治疗所(省市政府)；(伍)开戒烟座谈会(省市政府)、演讲会(国民党及其他机关)；(陆)强制官吏之彻底戒烟(省市政府)；(柒)学生学徒污用家庭启迪政策(省厅局)。

备：①查运动当实施时应拯力戒除形式的表面，须贯彻本运动之意义；②以官吏为先锋期于贯彻本运动；③本运动当实施时，与健民运动密切联络，共策进行；④官吏中有烟毒者须自动请求诊治，若因循自医，不求诊治时，则强制执行，务期拒毒彻底；⑤本运动对于学生学徒，更须拒绝吸烟。

(119-15-33:94-95)

2 月

1.武汉经济统制事务处为改订武汉地区卷烟批发零售公定价格令市食品杂货业同业公会

(1943 年 2 月 3 日)

武汉经济统制事务处训令　经统字第三八二号

案奉汉口特别市政府元二字第一三七八号训令内开：兹以卷烟统税税率变更，特将武汉地区卷烟之批发零售公定价格，自一月三十一日起改订。除布告并分令外，合行检发原布告一份，令仰知照。此令！等因，奉此。自应遵照，除分令卷烟配给组合外，合亟检发原布告一份，令仰查照转知所属各同业会员，一体切实遵照为要。此令！

附发布告一份。

处长　孔楚材

2.汉口特别市社会运动指导委员会为健民暨储蓄运动告市民书

(1943 年 2 月 6 日)

市民诸君：

新年方始，大地回春，本会在这今年第一次奖诸君谈话的时候，先祝诸君身体健康，大发财源，诸君也许觉得这是两句客套话，负有横遵社运责任的本会，似乎不应讲客气。不！不！本会确实希望诸君身体健康,大发财源,而且把实现这二者的方法也贡献给诸君。诸君如果能够切实接受这方法,利用这方法,本会敢保证诸君一定能够达到身体健康、大发财源的目的。

本会所贡献给诸君的方法,就是本会现在正会同各关系机关团体,发动两大运动:第一个是健民运动,第二个是储蓄运动。健民运动的目的在增进国民的健康,以为强国强种的基础,储蓄运动的目的在节约国民的财力,以为富国富民基础。由此看来,这两个运动虽然在表面上平淡无奇,可是实际上的确使国家国民齐亦臻富强的有效运动。本会连月与各方商洽的结果,已对这两大运动,拟定了许多推进的办法,如果诸君都来踊跃参加,合力进行,国家社会均受益,自是必然,而诸君自身的康健与财源不是也一定会大大地增强吗?

市民诸君:

今年是新国民运动实践年,是大东亚战争决胜年,为了前者,各地新运促进分会已纷纷成立,为了后者,国府已于本月九日实行对英美宣战,但是这二者的成功固需要政府指导,更需要国民的同心勠力,在余年中,我们要对社运的方针是不浮夸、不空谈,大处着眼,小处着手,选定一二社会运动,切实推行,切实实践,健民储蓄,便是我们首先要着手的两大运动,因为我们要做一个新国民,必要的前提自然是须有身体的健全与足用的金钱,我们要在新中国参战期间,尽国民的天职,必要的前提还是健全的身体与足用的金钱。身体不健全,不能做应做的工作,至于刻苦增产,当然更谈不到。金钱不足用,终日为生活忧烦,哪里还有心思来顾民族国家。所以,健民与储蓄,实在是目前最切用、最有效的运动,无论为公为私,我们全体市民都有一致参加、共同推进的必要。

市民诸君:

现在健民和储蓄这两种运动,在本市已经以各种□□□□,以各团体为核心,一步一步地在实践了,为了做一个新国民,为了分担保卫东亚的一部分工作,请一致起来,为这两大运动而努力!

二月六日

通告

(汉口)特别市社会运动指导委员会平字一九一七号函开:菲检发□随函检□本会,为健民暨储蓄运动告示民众,仰即遵照张贴宝内并分示所属职员会员,以广宣传而利新运等因。附告市民书,来此□向推行新运□应转知即希查照遵办为荷。

附告市民书。

启

二月十五日

(119-15-33:100-101)

3.市商会为通知派员翌日参加新加坡克复纪念日

(1943 年 2 月 8 日)

元字三一六〇号:顷奉汉口特别市社会运动指导委员会平字第一九一九号通知开:查本月十五日为光复新加坡周年纪念,本市民众亟应举行庆祝。兹订定日程一种,除分函外,相应检送贵会,请烦查照,按日准时如数派员参加,共襄盛举等因;附庆祝日程表一份,奉此自应遵办,除分函外相应节录日程表函请贵会派员三十人，按照表列日期当日准时前往参加，共襄盛举。

此致

本市纱业同业公会

附节录日程表一份。

启

二月八日

光复新加坡周年纪念汉口特别市民众庆祝日程表				
日期	庆祝事项	时间	地点	参加人数
二月九日	演讲电影大会	下午二时	兴亚剧场	100
二月十一日	电影大会	上午十时	新市场	300
二月十四日	电影大会	下午三时	新亚剧场	100
二月十五日	民众演讲大会	上午九时	世界戏院	300

（119-15-33：96-97）

4.商会致汉口特别市纱业同业公会函

（1943年2月9日）

元字第三一六三号：顷奉拥护参战打倒英美，汉口特别市民众示威大会函开：查本市拥护参战，打倒英美民众示威大会定于本月十日正午十二时在中山公园举行，除分函外，相应检讨领队符号及领队旗，函达查照，请烦推派代表五百人携带会旗并各持自备纸质小国旗，由领队率领，在上午十一时以前到达会场等由，附领队符号及领队旗各四枚，准此自应照办，除分函外，相应函请贵会派员把人准于十日上午十一时以前，到本会三楼齐集，以便同往中山公园参加为盼。

此致

汉口特别市纱业同业公会

启

二月九日

（119-15-33：98）

5.武汉经济统制事务处为将所属各会员开明户数并按户备缴物资公定价格表工本费令市食品杂货业公会

（1943年2月11日）

案查本处前奉湖北省政府、汉口特别市政府令发，重订武汉物资公定价格表，业经照式翻印，以经统字第二六四号训令，检同原表，饬由该公会各将所属各会员开明户数，并按户备缴原表工本费，每张军票贰角，来处具领转发在案。兹复准关系方面通知，凡属各组合之组合员及各公会之会员，限于本月底为止，每户应置备此项公定价格表一份，以资信守，否则以玩视论，等因。除分令外，合再令仰该公会查照前令，迅将所属各会员户数总计备价，来处照领，逐一分发应用，不得逾限致误为要。此令！

处长　孔楚材

6. 市商会为国旗上方附加黄色三角标志一律除去由（附保卫东亚纪念日月报一份）

（1943 年 2 月 11 日）

元字第三一六七号：案奉汉口特别市政府元字第一六七一号训令闻：案准国民政府文官处冬电闻日本奉国民政府训令，闻国民政府还都以来，在国旗上方附加黄色三角标示，书和平及共建国字样，以资识别。亦以同胞同志之努力使时局有进一步之发展东亚。国父大亚洲主义遗教，参加大东亚战争协力友邦日本打倒共同敌人英美侵略主义者，为此特颁命令，自本月五日起，国旗上方附加之黄色三角标识一律除去，其在前方之军队，因典谕为接触使用旗帜顷加识别者，另由军事委员会临时订完之。凡我国民，应共认识时代之使命等因特函电达，希即转饬所属一体遵照等因。准此，除分行外，合行令仰遵照并通传一体遵照。此令。等因，□函除分函外，相应函达查照，分别转知遵办。

此致

本市纱业同业公会

启

二月十一日

（119-15-33：102-103）

7. 武汉经济统制事务处为制定配给物资临时移动通行证甲乙两种令市食品杂货业公会

（1943 年 2 月 15 日）

武汉经济统制事务处训令　经统字第四五一号

案查武汉地区内关于已履行登记之物资，业经本处制就一种物资移动许可证，随时制发，以凭移动或贩卖在案。惟查关于各项配给物资往来搬运尚无发给移动证之规定，殊无以资识别而利通行。兹由本处联络结果，经复制定配给物资临时移动通行证甲、乙两种，以备各商行号店厂，于承受物资配给时，分别填用，自本月（二月）十六日起实行。除呈报并分行外，合亟检同该项通行证样张甲、乙各一纸，随令附发，仰即查照，来处洽办，并转知所属各组合员、各会员一体知照为要。此令！

附发通行证样张甲、乙各一纸。

处长　孔楚材

8.市商会昨召开理监事会议

(1943 年 2 月 17 日)

汉口特别市商会,以春节已过,各业均积极筹备开业事宜,纷纷向商会请示营业方针。该会特于昨日下午三时,召开理监事会议,由涂拔丞主席,计出席该会理监事及各业代表多人。关于今后复兴商场、繁荣市面诸问题,商讨甚详,至五时许始散。

(《大楚报》)

9.市财局、商会研讨地价问题

(1943 年 2 月 17 日)

事变以后,本市地价极为紊乱,无一定标准可资遵循。有资者则可恣意垄断,贫乏者则廉价资出。市财政局,为谋解决办法,俾本市地价趋入正常轨道,不致为有资者所操纵。特于昨(十六)日下午三时,函请市商会派员在该局研讨关于地价问题及绘图填报办法,对于本市地价,昨缜详之评定,俟商讨妥善,即可公布。

(《大楚报》)

10.商会理监事向市长请示

(1943 年 2 月 18 日)

本市自实施以来,市民生计日趋安定。当局为防止奸商起见,并成立经济警察处。该处成立后,工作成绩极为良好,惟有一般无赖之徒,假借经济警察名义,恣意扰害商场,因之各业纷纷请求市商会谋妥当办法,以维商艰。市商会以谋商场繁荣,全体理监事十余人,特于昨日上午十时,当由市长面谕拟出具体办法后,再行定夺。

(《大楚报》)

11.武汉经济统制事务处为重申切实按照公定价格出售各项物品令市食品杂货业公会

(1943 年 2 月 18 日)

武汉经济统制事务处训令　经统字第四八〇号

查自本年一月十二日重订各项主要物资之公定价格表公布以来,本处对于此项公价之实施,积极推进,不遗余力。是以迭经颁发文告,并厘定各种有关手续,谆谆告诫,不啻三令五申,原期各商民咸能深切了解,一致信守,以维商业道德,而副安定民生之宏旨。惟仍恐有少数无知商人,利令智昏,玩忽功令,致发生阳奉阴违、欺蒙顾客等情事。兹特再为规定,凡各商店对于成件门市零售之各项物品,自即日起,务将其零售单位价格,按照公定价另纸标明,粘贴其上,各该项货品,未便粘合,亦应在其附近显明之处,另由标条揭贴,使人一目了然,借以表现彻底厉行之决心。倘有故违,一经察觉,即予从严惩处不贷,合亟令仰查照,转饬所属各商店一体切实遵照办理,毋得漠视为要。此令!

处长　孔楚材

12.商会拟妥办法面呈市长

(1943 年 2 月 21 日)

市商会前据各业同业公会之请,为繁荣商场向市府请求加以适当之调整,经市商会各理事晋谒市长请示,由市长面谕开列具体办法五点,由各理事面呈市长。闻市长阅后,已允向有关方面联络。

(《大楚报》)

13.汉口特别市商会因举办之名人演讲会致本市　业同业公会函

(1943 年 2 月 26 日)

查本会举办之名人演讲会,业经第一次宣传组会议议决,分别举行日期、地点及观众之召集。关于贵会担任日期,决定为三月二日下午二时在市商会举行,由李理事长出席演讲,并请召集商界同业公会代表准时出席听讲,以广宣传,相应函达,即希查照办理。等由。到会,自应照办,除分函外,相应函请贵会推派代表,准时到会听讲为盼。

此致

本市　业同业公会

汉口特别市商会　启

14.市商会为每月九日参战纪念办法

(1943 年 2 月 26—27 日)

元字第三二一四号:案奉汉口特别市政府秘四字第二一四三号训令闻:案奉行政院鱼电闻奉国府令闻每月九日为参战纪念日,应依下列办法遵行:

一、全国各机关团体、学校、商店、住宅一律悬旗。

二、全国各机关团体、学校于上午办公前:

1.集合堂奉读宣战布告。

2.肃立为前线将士致敬、为伤病将士致祝、为阵亡将士祷悼。

三、公私宴会一律禁酒。

四、无益娱乐自动检束。

五、其他宣传及勤劳报国办法,由新运会宣社两部及地方政府随时拟定颁行,合仰饬遵等因,合行通电饬属一体遵照。等因,奉此。除分令外合行合仰该会遵照此令。等因,奉此。自应遵办,除分函外,相应函请查照遵办!并转知同业各商店,一律遵办。

此致

本市纱业同业公会

启

二月廿六日

笺函油印方式十份。案准汉口特别市商会元字第三二一四号函开：案奉汉口特别市政府秘四字第二一四三号训令闻：案奉行政院鱼电闻：东国有令闻每月九日为参战纪念日——一体遵照。等因，本此。除分令外合行令仰该会适应此令。等因，奉此。自应遵办，除分函外，相应函传查照送办并告知同业及商店一体遵办。等因，准此。自应遵办，除分别通知外相应函传查照遵办为荷。

此致

宝号

启

二月廿七日

(119-15-33:104-106)

15.武汉经济统制事务处为通知派员参加协议配给物资价格会议致食品杂货业公会

(1943年2月27日)

查协议各项配给物资协定价格，应召集有关各公会暨配给组合前来商榷。兹准于本月二十八日(星期日)下午二时召开协议配给物资价格会议。除分行外，合亟通告，仰该公会、该组合遵照，届时派员出席为要。

右通知

食品杂货业公会

武汉经济统制事务处　启

16.汉口市银行公会召集临时代表大会会议纪录

(1943年2月27日)

时间：三十二年二月二十七日上午十时

地点：本会

出席代表：(各代表照签到簿录)

列席人：李绍汉　市财政局长

万丕武　市党部代表

陈璞农　检查金融事务处代表

公推临时主席龚辑五，记录李稺侨。

开会如仪：

一、主席报告开会意义

本公会理事长原系石汉舫先生，自石理事长荣任市长，同人等因石先生是中江银行董事长，□希望能继续担任理事长之职，乃一再坚辞，故迁延至今，尚未补选。又因其理事本职，一并退出，照章应由候补理事递补，惟各候补理事一致声请放弃递补，请易行推选。今日召集临时代表大会，补选理事，实到代表四十二人。又承财政局李局长亲临监选，市党部万代表，检查金融事务处陈代表莅会指导。不胜感谢！

二、市党部万代表致词：略如，今天贵会召集临时会员代表大会补选理事，本人代表市党部到此参加，非常荣幸。刚才龚主席的话，有点感想：事变后汉口市面萧条，事实昭然，幸获金融界同胞，全体协助政府力谋恢复，今始日渐繁荣，此应代表市民感谢。再石前理事长是本省名宿，今为市长，仍负中江银行董事长重责，对于银行业务，关系必切，希望贵会选一贤能理事长，与之依照政府经济政策方针，增进汉口全市人民福利云。

三、公推王伯雄、贺良瑜两代表为检票员，经众开票，选举结果，周焕璋得三十四票，数最多，当选理事，此外王稻坪五票，王伯雄一票。

散会。

76-1-794

17.武汉经济统制事务处为配给物资临时通行证适用情形令食品杂货业公会

（1943 年 2 月 28 日）

武汉经济统制事务处训令　经统字第五六九号

查关于适用“配给物资临时通行证”之物资，其发行及移动范围，业经本处迭令饬遵暨布告各在案。□为极力推进物资物价统制之施策及谋物资移动之便利起见，凡属已登记之物资，而列入公定或协定价格之内者，倘该货主所欲移动之单位，达到整捆（整箱、整包、整篓、整罐、整袋）或整石之数量时，概得援照此项临时通行证之规定，向本处申请核发，以凭搬运而示变通。除分别函令外，合行令仰查照，转饬所属各员一体知照为要。此令！

处长　孔楚材

18.商会为指派代表参加三月二日商会之名人演讲由

（1943 年 2 月 28 日）

元字第 3215 号：案查前准汉口特别市各界参战后援会函闻：查本会举办之名人演讲会，业经第一次宣传组会议议决分别举行日期、地点及听众之召集回□贵会担任日期决定为三月二日下午二时在市商会举行，由李理事长出席演讲，并请召集商界同业公会代表准时出席听讲，以广宣传相应函达，即希查照办理等由。到会，自应照办，除分函外，相应函请贵会推派代表，准时到会听讲为盼！

此致

本市纱业同业公会

启

二月廿八日

（119-15-33：107）

3 月

1.市商会致纱业同业公会函为检发反省要项请分别转知遵照由
（1943 年 3 月 1 日）

案奉汉口特别市社会运动指导委员会函开：查本月二十二日至二十八日为反省运动周，兹特印就反省运动告民家书六份暨反省要项一份，除分发外，相应函送达即希查照并转发所属一体遵照实行为荷。等因附件奉此。除分函外，相应抄同原件函达查照分别转知遵照实行。

此致

汉口特别市　业同业公会

附反省要项一份。

汉口特别市商会　启

三、一

汉口特别市社会运动指导委员会制订反省要项

当以我国已参加击灭英美建设新秩序大战争之际，吾人应以冷静之理智、清醒之头脑，随时随地深刻反省、纠正劣点、发扬优点以实践新国民运动，以与日本友邦同生共死。实施反省之要项如下：

甲、对自身之反省：（一）我有公而忘私的精神吗？（二）我有勇猛精进、刻苦耐劳的心力与体力吗？（三）我有牺牲自己以救国家的勇气吗？（四）我们说话老实吗？心地光明吗？（五）我善善能用吗？恶恶能去吗？（六）我闻人善则喜，使人乐于为善吗？闻人过则悲，使人耻于为恶吗？（七）我与同事相处能同甘苦共劳逸，宁让美毋掠美、宁任过毋诿过吗？（八）我们行动纪律化吗？知识科学化吗？（九）我们消费节约吗？操守廉洁吗？（十）我有铢积寸累、勤劳生产的习惯吗？

乙、对团体之反省：（一）我们团体的组织严密吗？（二）我们团体的人事健全吗？（三）我们团体的经济充足吗？（四）我们团体的设备完善吗？（五）我们团体工作努力吗？（六）我们团体具有民主集权的精神吗？（七）我们团体没有英美的残余势力吗？（八）我们团体对于政府法令都能切实奉行吗？（九）我们团体的政治意识都很正确吗？（十）我们团体对于和平建国参战兴亚已尽了相当的责任吗？

丙、对社会之反省：（一）我们社会的风俗都还善良吗？（二）我们社会的习惯都还适当吗？（三）我们社会中有引人向上的力量吗？（四）我们社会中有诱人堕落的力量吗？（五）我们社会中还有残存的英美势力吗？（六）我们社会的文化水准如何？（七）我们社会的经济水准如何？（八）我们社会的信仰水准如何？（九）我们社会中有阶级的对立吗？（十）我们社会中有派系的纷争吗？

丁、对国家之反省：（一）三民主义为什么不能实现？（二）民族主义为什么不能实现？（三）民权主义为什么不能实现？（四）民生主义为什么不能实现？（五）军阀割据何以消灭？

(六)廉洁政治如何可以树立?(七)□□流毒如何可以扫尽?(八)如何强化中心势力拥护最高领袖?(九)如何动员全体国民实行总力参战?(十)如何建设新中华民国?

戊、对东亚之反省:(一)如何保卫东亚?(二)如何建设东亚新秩序?(三)如何建立东亚共荣圈?(四)如何增进对东亚的认识?(五)如何养成东亚人的观念?(六)如何使东亚各民族共存共荣?(七)如何树立东亚民族的共同武力?(八)如何创造东亚民族的共同文化?(九)如何结成东亚联盟?(十)如何把爱中国爱东亚的心打成一片?

以上可述,略举其目若能拱之日用,尚须举一反三,尤应不仅以发现缺点或优点为满足,而更进求消除或发扬之方法既得后,立即付之实践,然后反省之功效,当可卓若于世也。

(119-15-57:32-35)

2.武汉布匹棉纱绸缎呢绒配给组合函:为领临时通行证每份应纳工本日金五分仰转知照由

(1943 年 3 月 3 日)

案奉武汉经济统制事务处本月二日经统字第五六六号训令内开:查本处前为谋配给物资移动之便利起见,曾经制定甲、乙两种配给物资临时通行证,自本月十六日起实行填发,业由经统字第四五一号令饬知在案,惟自实行以来,每日申请发给者为数甚多,其所需纸张印刷工料成本积日弥多,势将成为巨额之支出,兹规定自三月一日起,凡申请书请求填发此项临时通行证时,每一份应随缴工本费日金五分,以资抵补,除布告暨分行外,合亟令仰查照转知所属组合员、会员一体遵照为照。此令,等因。等此。查甲、乙两种配给物资移动证自三月一日起,凡申请填发者每份缴工本费日金五分,相应录令转达即希查照迅即分转各会员商号知照为荷!

此致

纱业公会、筹备会

武汉布匹棉纱绸缎呢绒配给组合启

三、三

(119-15-54:048-049)

3.商会组织经济商谈所

(1943 年 3 月 3 日)

市商会为切实解除商民隐痛,繁荣市面,务使下情上达起见,特于昨(二)日下午召开各业座谈会,组织商界经济商谈所,并推定王晋澄、曹云阶等九人为审核委员。凡本市商民对改善统制办法,有所新颖建议,均可书面陈述意见呈商谈所,由该所转呈经统处或有关当局,以谋彻底改善。

又讯 该座谈会商讨商人储蓄及有关反省运动之各项事项,并对于调查者,应配戴黄地白边臂及金色白色特有身份证明书,希各商店注意及知。此外,关于繁荣市面复兴商场之问题,多所研讨,至五时余始散。

(《大楚报》)

4.经济商谈所即将成立

（1943 年 3 月 5 日）

市商会为明了商场各方动态，谋一般商民福利，特发起成立经济商谈所，以王晋澄等九人为负责人员审核各项问题。兹悉该所各种成立计划与办事情形，已分别呈函各有关机关。俟此项计划核准后，该所即可正式成立，一般商人之福利，殊足盼待。

（《大楚报》）

5.市银行公会定十四日成立

（1943 年 3 月 7 日）

本市银行界为便利联络业务，增进情感起见，乃发起组织银行公会。自开始筹备以来，对于组织工作之推进不遗余力。原定于昨（六）日举行成立典礼，惟因布署不及，致告延期。昨日下午该公会执行常务委员在中江银行举行座谈会，决定成立之期为本月十四日，会址亦觅定于湖南街旧交通银行三楼，并拟邀请中外长官莅临指导，预期届时湖南街前车水马龙，定有一番热闹盛况也。

（《大楚报》）

6.汉口特别市食品制造业同业公会为发还大丰元记等五家申请书致市商会

（1943 年 3 月 9 日）

案据，大丰元记、大顺协、曾兴发、周鸿记、张兴记等食品商店，先后函报申请加入本会，并恳转报各主管机关备查各等情，据此经派员分别调查，尚属合格。自应照办，除将各该商情领社会局之营业许可证，经已送呈。钧会验看并加盖章，当蒙发还外，理合检同大丰元记等五家，申请书五份，备文呈资。钧会鉴核，填发登记证证书，俾便转发以凭营业并恳，赐予转报备查。

谨呈

汉口市商会理事长李

附呈大丰元记、大顺协、曾兴发、周鸿记、张兴记等五家申请书五张。

汉口特别市食品制造业同业公会主席　史海汀

7.汉口特别市商会准函发市瓷业同业公会为贵会主席刘春波辞职，遗缺以常委钱诚九等依次递补请予备查一案应准照办函达查照由

（1943 年 3 月 9 日）

便函：案准来函以贵会主席刘春波辞职，遗缺经会员大会决议以常务委员钱诚九等依次递补，请予备查等由。准此，自应照办，除查册改注外，相应函达查照！

此致

本市瓷业同业公会

（会戳）启

三月九日

（119-126-235:44）

8.汉口特别市柴煤业同业公会第二届第一次理监会议记录

（1943 年 3 月 10 日）

时间:三十二年三月十日下午二时

地点:芦家二巷十号本会

出席:曹国钧、王耀卿、黄镇堂、魏春陔、徐初阶、周森谟、赵楚屏、常荣卿、常仁炳、彭青山、冯新源、杨德山、黄锦文、萧百平、王涵清、郑朝春、梅春堂、梅厚安

主席:曹国钧

记录:冯楚镛

开会

甲、报告事项

主席报告:今天后本会第二届第一次理监联席会议,本席毫无学识,此次谬蒙选出,因再呈辞不获,已只得顺从众意,随各位之后勉力办理。希各位随时指导,如遇不到处,并请特别原谅。

乙、讨论事项

1.分配各股案。

决议:梅厚安兼事务股、黄锦文兼文书股、常荣卿兼福利股、魏春陔兼调查股。

2.对于本会每日预算应行规定案。

决议:下次会议决定。

3.前任移交本届应派员接受案。

决议:推黄锦文接收文件,推黄镇堂接收会计,对于前任各种单据提出审查后,下次会议报告王前主席声明,关于以前文件暨各项公款收支与单据,如查出有错讹,概归本人负责。

4.经济检查班实行上街检查标识“公”“协”价目,本会可否将炭元煤球市担价目规定通知会员,遵行请公决案。

决议:呈请经济统制处仿照柴煤公社办法代为规定价目,训示转行,遵照“在未奉明令以前”请函知经济检查一班对于本市炭店暂缓检查。

丙、散会

汉口特别市柴煤业同业公会第二届理监事略历表

职别:理事

姓名:常仁炳

性别:男

年龄:38

籍贯:黄陂
学历:私塾
经历:世营炭业
现在职业及其地位:常祥兴经理
党籍:非
备考:第五区辅仁里 61

记录人:罗友俊、李庆如
(8-1-328:87-100)

9.汉口特别市五金机器业同业公会主席为公安久记五金机器店二家发给证书呈汉口特别市商会

(1943 年 3 月 10 日)

窃查,同业公安、久记五金机器店二家,遵照本会章第七条之规定,加入本会为会员,除已向社会局申请领取营业许可证外,理合连同登记申请书各一份,并备文呈请钧会鉴核,恳予发给登记证,以资遵守而昭成信,实为至便。

谨呈

汉口特别市商会

汉口特别市五金机器业同业公会主席　彭吟齐
常务　闵变斌　代

10.汉口特别市海味糖盐业同业公会因商号改名致市商会函(附登记证)

(1943 年 3 月 14 日)

案准敝会会员福成海味号函称:窃敝号前因内部改组已将商号牌名,改为福丰成记。函请转呈市商会赐予更正等情前来,查该号所称各节确系实情,相应函请贵会赐予更正为荷。

此致

汉口特别市商会

附申请书一份、缴还登记证一件。

汉口特别市海味糖盐业同业公会

附:汉口特别市商会为海味糖盐业商人陈翕夫登记证

(1942 年 11 月 26 日)

登记证

汉口特别市商会为发给登记证事,兹据海味糖盐业商人陈翕夫声称,在明德开设福成,申请登记,前来查核相符合。依本会商店登记规则第五条发给登记证,以资凭证。

右给

福成收执

主席　李鼎安

常务委员涂拔丞、谢肖梓、唐兰樵、梅幼□

11.汉口特别市茶业行同业公会为荣森茶行发营业证致汉口特别市商会

（1943 年 3 月 15 日）

敬启者，二月二十二日据荣森茶行函称，径启者周行杰，在本市杨千总巷二十二号开设荣森茶行，理应遵章加入贵会，并祈转达市商会呈请，发给登记证以便营业，实为公便。等因，据此。附呈申请书一纸，理合转函，呈请钧会恳乞赐发登记证一纸，以便该行营业，实为公便。

谨呈

汉口特别市商会

附荣森茶行申请书一纸。

汉口特别市茶业行同业公会　谨启

12.汉口特别市布匹业同业公会为会员源泰呈请商会发给营业许可证致市商会

（1943 年 3 月 17 日）

据会员源泰称：兹远上营业许可证一张，新函转市商会以凭发给登记证，俾便营业为感等情。附济字第二〇一号营业许可证一纸，据此相应函请贵会，即希查照办理为荷。

此致

汉口特别市商会

汉口特别市布匹业同业公会　启

13.武汉经济统制事务处为详细填明需要物资数量及承受配给金额能力令食品杂货业公会

（1943 年 3 月 17 日）

武汉经济统制事务处训令　经配字第七四〇号

查每月份各组合暨公会需要物资数量及承受配给金额能力，应在月前填表报告，以凭统筹核配。现四月份转瞬即届，该项报告表亟应提前填报。除分令外，合行检发估计需要物资数量及承受配给物资金额能力报告表八份，令仰该公会遵照，迅将四月份实际需要物资数量及各次承受配给物资金额能力，分别详细填明，限文到二日内□呈到处，毋得故意延宕为要。此令！

附需要物资数量及承受配给金额报告表八份。

处长　孔楚材

14. 市商会关于献金运动致各业同业公会函

（1943 年 3 月 18 日）

查本市各界参战后援会发起国民献金运动，决定所献金额为中储券一百万元，由各界分别摊认劝募。关于有营业税各商店献金，按照本会前次协助复查营业税时所认定之一月营业税总额，军票七万五千元，折合为中储券四十一万六千元，由本会转知各公会及筹借会负责劝募收缴。其在法租界各商店及无营业税或仅有营业行税，各业献金由后援会自行办理。此种办法业经后援会劝募组签奉市场兼委员长核准在案，现献金事件已由后援会劝募组福利局负责办理。兹准王局长函嘱录案转知各公会及筹备会，对各会员商店按照一月营业税额劝募献金，于本月二十五日至下月五日内募齐送局汇缴，如有抗不应劝或延滞不缴之商店，则由各该会开列牌名、地点及一月税额送局，以便自行督促等因，自应照办。除分函外，相应函达贵会查照，务希将各会员商店应缴金额如数收足，于上述期限内径送市社会福利局（特二区四民街前市社运会旧址），制取收据为荷。

此致

本市各业同业公会

理事长　李鼎安

常务理事长　涂拔丞代行

15. 汉口特别市纱业同业公会组合函为通知各乙等商货款分向甲等商提货由

（1943 年 3 月 19 日）

查三月十七日本组合第十二次会议讨论事项：乙等组合员商店承受分配之货品，其货款如何收缴，请公决案。

决议：此次由各乙等商向本组合缴清组合各费，领取收货单，加盖各组负责人印章及该会员号章。备款分向各甲等商提货，本组合亦须截留存根备查，并事先由组合通知各业及各组负责人查照外，相应录案函达，即希查照办理为荷！

此致

纱业公会筹备会理事

武汉布匹棉纱绸缎呢绒配给组合启

三、十九

乙等商行启函：前谨拟具棉纱购买售办公五项暨小型手工业实需棉纱申报表，是否有据，特请本会监事张善本君趋前，即请赐予接洽为荷。

此致

武汉经济统制事务处配给科科长陈

（119-15-34：47-48）

16.汉口特别市纱业同业公会为在经统处令乙等商应享受配给权请核示一案

(1943年3月22日)

案查贵会乙等纱商是否享有配给权益请核示一案,兹奉武汉经济统制事务处本月二十二日经统字第八一八号指令开:呈悉。查该纱业公定零售价格,已经公布乙等商应予享受配给权益,关于分配棉纱比率,自应遵照本处指示办理,仰即转行知照。此令。等因,奉此。相应录令转达,即希查照为荷!

此致

纱业公会

武汉市棉纱绸缎呢绒配给组合启

三、廿二

(119-15-34:49-51)

17.汉口特别市商会为将本市商会工会整理委员会农会筹备委员会划归该局主管致各业同业公会

(1943年3月23日)

奉汉口特别市经济局济字第四十八号训令开:案奉汉口特别市政府元一字第三二三〇号训令开:兹将本市商会工会整理委员会、农会筹备委员会划归该局主管,如有关于政治运动、思想训练,并兼受社会福利局指导。除分行社会福利局知照外,合行令仰遵照并转饬遵照。此令。等因,奉此。除分令外,合行令仰遵照。等因,奉此。除分函外,相应函达查照。

此致

本市各业同业公会

汉口特别市商会 启

18.汉口《大楚报》业务部广告课为刊登庆祝广告致函

(1943年3月24日)

报拟于是日发行特刊,借资庆祝际此大东亚战争节节胜利、国府基础日益坚强之今日,拟请惠登庆祝广告,亦所以表示协力政府建设之决意,谅荷赞同,谨此布达,并希示复,是为至祷,专此。敬颂台祺!

附上申请书一纸,请于廿八日以前掷下为荷。

业务部广告课 谨启

19.汉口特别市纱业同业公会为裕昌等级已业核定为乙等二级即转知由

(1943年3月24日)

案查贵会会员裕昌号申请加入配给组合级次未蒙核定一案,兹奉武汉经济统制事务处本月二十一日经配字第八一六号指令开：呈悉：查该商号等级，经审查决定，匹头业系乙等二级，棉纱业系乙等一级组合员，仰即遵照，并转饬知照。此令。等因，奉此。除公布周知并分函转知外，相应录令转达，即希查照，转知该号知照为荷！

此致

纱业公会

（119-15-34：52）

20.武汉经济统制事务处配给科为通知出席更正存货报告式样谈话会致食品杂货业同业公会

（1943年3月25日）

查元、二月份存货报告，承关系方面示意，式样略有变更，应召集各公会理事长来处商洽，以凭更正克日汇填。兹定于本月二十六日下午三时，召开谈话会一次，俾便详加讨论。除分函外，相应函请贵理事长查照，届时出席为荷。

此致

食品杂货业同业公会

武汉经济统制事务处配给科　启

21.汉口特别市经济局为义昌泰等三户停业致市商会

（1943年3月25日）

送本市商会，来文　字第　号　呈一件均桑洋百货业公会函报公会义昌泰等三户停业报告表资请，鉴核注销由。来文已悉，填函转知。

局长　孙迪堂

附记：一、此证专为例行公文填发；

二、案内如有重要事项仍须专案行文。

22.汉口特别市商会为派员参加商界座谈会致本市各业同业公会函

（1943年3月25日）

案奉元字第31610号：汉口特别市社会福利局紧急通知开：查此次举行庆祝国府还都三周年纪念大会，宣传日程表所订贵会应举行商界座谈会，希于本月二十七日准特举行不得延续。等因，奉此。自应遵办。兹定于本月二十七日下午三时，召集各业在本会开展座谈会，除分函外，相应函请贵会派员一人准时到会出席为盼。

此致

本市　业同业公会

汉口特别市商会　启

23.市商会为举行庆祝国府还都三周年纪念应举行商界座谈会，请于本月廿七日下午三时派员参加由

（1943 年 3 月 25 日）

元字第 5121 号：案奉汉口特别市社会福利局紧急通知闻：查此举行庆祝国府还都三周年纪念大会宣传日程表，所订贵会应举行商界座谈会，希于本月二十七日准时举行，不得延误。等因，奉此。自应遵办。兹定于本月二十七日下午三时召集各业在本会开座谈会。除分函外，相应函请贵会派员一人准时到会出席为盼。

此致

本市纱业同业公会

启

三月廿五日

（119-15-33：109-110）

24.汉口市政府为各人民团体旗帜挂牌式样及实施办法令

（1943 年 3 月 26 日）

查本市各人民团体旗帜及挂牌式样凌乱不堪，惟不合规定，抑且有碍观瞻，应依照《人民团体旗帜挂牌式样及实施办法》之规定办理，除分令市工会饬属遵办外，合行令仰该会即转饬所属遵照办理为要。此令。等因，附抄发《人民团体旗帜挂牌式样及实施办法》各一份。奉此，自应遵办，除分函外，相应抄同式样及办法，虽函送请查照办理为要。

此致

汉口市各业同业公会

附抄送《人民团体旗帜挂牌式样及实施办法》各一份。

汉口市商会整理委员会　启

人民团体旗帜挂牌式样及实施办法

民国三十二年三月二十六日社会部公布颁行

一、大小尺寸三种如下：

甲、中央直属团体及省（市）级团体适用者，比照七号国旗横长五六市分，直长三八四市分。

乙、县（市）级团体适用者，比照六号国旗横长四三二市分，直长二八八市分。

丙、乡镇级团体适用者比照五号国旗横长二八八市分，直长一九二市分。

二、颜色：土蓝底白字。

三、质料：蓝白布。

四、字体：一律正楷，地名较团体各名称字稍大。

五、字之排列：自右至左（自旗杆之端起首）横排面行，并以首行排地名、次行排团体名称为原则。

六、字之位置：每行字应占旗宽四分之一上下，两边应各为空四分之一左右，两端之距离应相等适度。

七、举例。

八、甲 596 市　分。

九、实施办法：凡乡镇级以上之人民团体一律依照规定式样制办，但其经费如确有困难时，可暂缓办理。

人民团体旗帜挂牌式样及实施办法（民国三十一年十月三十一日社会部颁行）

一、大小尺寸：五市尺，宽一市尺，厚七公分，其式样如次；

二、字颜色：土蓝底白字；

三、字体：一律正楷；

四、挂牌质料：一律木质；

五、牌字写法：视团体名称字定，兹举其例；

六、挂牌位置：挂于大门前左侧，高低务求适当，如有二方牌子以上者，上下尤应挂齐；

七、实施办法：凡属新成立之团体，应一律依照新订式样制挂，已成立之旧有团体而经费充裕者，应依新定式样更换，其经费艰难者得暂缓办，各级官署于令饬施行相当时间后，应举行检查，务期整齐壮观。

25.汉口特别市商会为举行国民政府迁都三周年纪念暨友邦日本交还在华租界庆祝大会致汉口特别市　业同业公会函

（1943 年 3 月 27 日）

案奉元字第三二九五号：汉口特别市社会福利局通令开：查本月三十为国府迁都三周年纪念暨友邦日本交还在华租界，是日上午十时，在上海大戏院举行国民政府迁都三周年纪念暨□□□□交还在华租界汉口特别市庆祝大会，该会应派员三百名准时前往参加，并于前三日肃电汪主席致敬暨□□□□驻我国大使致谢辞，合令仰该会遵照，并转饬所属各同业公会一体遵照。此令！等因，奉此。自应遵办除分函外，相应函请查照，指派代表五人务于三十日上午九时，齐集本会三楼以便整队同往社会福利局，核定后再行缮发为盼。

此致

汉口特别市　业同业公会

汉口特别市商会　启

26.汉口特别市纱业同业公会为前次小卖时经常拥挤难免渔利，特规定乙等组合员小卖棉纱账簿式样随时登载以寓限制而杜走私并饬各乙等组合员遵照领用由（附乙等组合员小卖棉纱账簿式样一纸）

（1943 年 3 月 28 日）

案奉武汉经济统制事务处本月廿七日经配字第九一三号训令开：查前次棉纱小卖，各商店均系拥挤非常,购售两方面难免乘机渔利,对于供给小型手工业,实需究属未能彻底核实,规定小卖价格本旨殊有未合,并为适应实际供需,暨利便随时检查起见,特规定乙等组合员小卖棉纱账簿式样,详列配给数量及小卖时供给实需情形,俾合纱商于每次售纱之际,随时售卖,随时登载,由购者加盖印鉴,□□□□□以寓制而杜走私。合亟检发该项账簿式样一页,合仰该组合长遵照办理,克日依照式样印制装订成册,分饬各乙等组合员遵照领用,并将转发具报,以凭检查是为至要。此令。等因。附乙等组合员小卖棉纱账簿式样一纸,奉此相应录令并抄同账簿式样一纸,函请查照,克日依照式样印制装订成册,分转各乙等组合员遵照领用,以凭检查为盼。

此致

同业公会

附账簿式样一纸。

武汉布匹棉纱绸缎呢绒配给组合启

三、廿八

(119-15-34:53-56)

27.汉口特别市商会为缴纳军方购米致本市　业同业公会函

(1943年3月29日)

案奉元字第三三〇〇号:汉口特别市经济局济字第一〇三号训令开:案奉市政府元二字第三七二一号训令内开:案准,汉口军特务部汉特建第八〇号函译开:兹准军谋长函以自三月十一日起军方停止购米,并解除移动限制自由买卖,惟对于供给军米尚未完纳,各县应截至三月十日将所收集之米全部为数缴纳,除分函湖北省政府查照办理外,相应函达查照。等因,准此。除呈报行政院鉴核,并分行外合行,令仰知照,并转饬商会知照令。等因,奉此。除分行外合行,令仰知照。等因,奉此。除分函外,相应函达查照,分别转知。

此致

本市　业同业公会

汉口特别市商会　启

28.武汉经济统制事务处为停止缴纳申请移动许可证手续费令市食品杂货业公会

(1943年3月31日)

查关于已经登记之物资,凡申请移动许可者,前经规定缴纳千分之五手续费,早已实行在案。兹为减轻商民负担起见,定于四月一日起将该项手续费停止缴纳。除分令并布告外,合行令仰该公会知照,并转饬一体知照。此令!

处长　孔楚材

4 月

1.武汉经济统制事务处为抄发食料品、海产品、化妆品协定价格表令食品杂货业同业公会

（1943 年 4 月 1 日）

武汉经济统制事务处训令

案准吕集团军中央物资物价统制委员会，吕物统第一四号通牒译文略开：此次协定价格，经认可准行。关于去年八月四日公布之公定价格表中，各货物品目，其凡列入此次协定价格者，应予注销，以免重复，而便遵循。又吕物统第一五号通牒，略以对于本处武经配第五二四、五五三、五五六、五六三、五六四、五六八、六一九、六二四等号公函，申请食料品、海产品、化妆品等类中各项货物协定价格，业经修正认可，嘱为查照饬遵。等因，附送各类协定价格表。准此，查海产、食料、化妆等类货物，品目繁多，有已载在三十一年八月第一次公布公定价格者，亦有不及备载者，既此次有协定价格，复经关系方面修正认可，自应切实遵行，毋得□有□□，除分令外，合行检发该各项货物协定价格表一册，令仰该公会遵照办理，并转饬所属各商店一体遵照为要，切切。此令！

附发食料品、海产品、化妆品协定价格表一册。

处长　孔楚材

2.汉口特别市纱业同业公会为凡布匹不能成体而未加封等可自由零售，如在三匹以上则应申请移动手续仰迅分别转知由

（1943 年 4 月 9 日）

案奉武汉经济统制事务处本月六日经统字第一〇六一号指令开：呈一件为准匹头贩运业函，以奉准布匹自由零售一案，请分别函知各有关官署，以利推行由。呈悉：案经本处据情以经统字第八九一号函，分致市警局及经警处，请其查照，饬属知照并见复。去后，兹准市警局警二字第三六四四号函复开：准函以布匹之种类及花色各异，有不能成体而未加封者，可由各店自由零星发售，倘属同一种类或花色相仿者，经各店以正匹批发，与其他同业为数在三匹以上时，则应按照申请移动手续办理等由过局。除通令所属知照外，相应复请查照。又经警处咨呈，复开：准函以据武汉纱布组合，呈以凡布匹不能成体而未加封，可自由零售。如在三匹以上，则应申请移动手续等情，转嘱查照见复等由。准此，查本处自成立以来，办理此案并无变更，除再转知各调查人员知照外，理合复请查照各等由。先后过处，仰即查照转知有关该各同业，可也。此令。等由，奉此。相应录令转达，即希查照，迅即分别转知各会员商店知照为荷！

此致

纱业公会

武汉布匹棉纱绸缎呢绒配给组合启

四、九

案准武汉布匹棉纱绸缎呢绒配给组合四月廿一日函开:案奉武汉经济统制事务处本月十九日经统字第二一七号通令开:查函于登记物资申请移动案由,本处据准发布许可证,兹为便于审核及考察起见,凡属此项申请,概应同时将原登记证附缴来处,其移动之物资除门市零售者外,如系贩卖与商店,并应在申请书及许可证之“附注”栏内,将承买商店之牌名、住址分别记载明白,由该申请人通知买方同时办理购入报告,具领凭单后始得复照所请移动数量发给许可证,以上办法自四月二十一日起实行。除布告外,合行令仰查照,转饬所属各组合员、同业商店一体遵照为荷。此令。等因,奉此。相应转达,即希查照,迅予转知各商员注意办理为荷。等因,准此。相应录函转达,即希查照注意办理为荷!

此致

宝号

汉口特别市纱业同业公会启

四月廿四日

已办杂件:案奉武汉经济统制事务处颁发本组合各业甲、乙两等商配给组合员证明书及木牌,各四百九十份,相应按照贵会甲、乙两等户数检发是项。证明书及木牌函请查收,证明书按各户号码分发悬挂市内,木牌按户分发一块,揭示于门外,并希注意转知办理为荷!

此致

纱业公会

附发甲、乙两等商纱配字第一号起至第一〇九号止、证明书一零九份、木牌一零九块。

武汉布匹棉纱绸缎呢绒配给组合启

四、二三

案准武汉布匹棉纱绸缎呢绒配给组合四月十九日函开:查本组合第十六次会议临时动议事项,二本组合员商店有改组或停业者应如何办理一案,决议停业一个月者,停止配给权一次,两个月以上者呈请核示,如有特殊情形者应由各业公会提出事实证明等语记录在卷,相应录案函达,即希查照转知各会员知照为荷。等函,准此。相应录函转达,即希查照办理为荷!

此致

宝号

武汉布匹棉纱绸缎呢绒配给组合启

已办杂件:转知油印查本组合第十六次会议临时动议事项,二本组合组合员商店有改组或停业者,应如何办理一案。

决议:停业一个月者,停止配给权一次,两个月以上者呈请核示,如有特殊情形者,应由各业公会提出事实证明等语记录在卷,相应录案函达,即希查照转知各会员知照为荷!

此致

纱业公会

武汉布匹棉纱绸缎呢绒配给组合启

四、十九

已办杂件：查第三期分配甲等报告单，贵会会员尚有信筹十七户，迄未填缴，以致本组合无从汇转，经统处审核迟延，究属非是，相应抄同牌名一纸，函请查照，按户分转，速即填缴凭汇核为荷！

此致

纱业公会

附抄单一纸。

武汉布匹棉纱绸缎呢绒配给组合启

五、十一

存查：查真丝绸缎请定分配办法暨绸缎业承配布匹各案，兹奉武汉总统制事务处本月二十五日经配字第一七一九号指令开："呈悉：查各组合员前以配给权益争执，曾经召集各有关业务负责人开会商讨在案，兹仍各持异议，本处按照商业之习惯力求平允该组合员等当体察，当局维护之苦心，化除成见，应按照本市商业向有之习惯，除该组合前议定绸缎业，按三家准予配给布匹外，绸缎业再不得破除议案，增加权益。匹头贩运业亦不得承受绸缎配给，以示公允而免纠纷。仰即转知各组合员遵照为要。此令。"等因，奉此。除提经本组合第二十三次会议报告并分转各业查照外，相应函达，即希查照为荷！

此致

纱业公会

武汉布匹棉纱绸缎呢绒配给组合启

五、十四

顷奉武汉经济统制事务处谕示："嗣后各业乙等商承受配合之货品如到达各商店时须候统制处命令始能发售"等因，奉此。事关重要，相应转达即希查照分转各商号注意办理为荷！

此致

纱业公会

武汉布匹棉纱绸缎呢绒配给组合启

六、四

查六月份配给之布匹棉纱暂行延期一案，曾经分转各业查照并呈请示遵各在卷，顷在武汉经济统制事务处本月二十七日经配发第二一一三号指令开："呈悉：俟关系方面指示出货日期再行另文饬遵，仰即转饬各组合员一体知照。此令。"等因，在此。除分函外，相应录令转达，即希查照分转各会员一体知照为荷！

此致

纱业公会

武汉布匹棉纱绸缎呢绒配给组合启

六、廿九

查第四期配给棉纱货款贵业乙等商一级十三户每户计约缴储币二千八百三十元，二级二十户每户缴储币二千四百七十元，三级三十三户每户储币二千一百二十元，四级八户每户储币一千七百七十元，五级二户每户储币一千四百元，六级二户每户储币一千四千元，请分收即期票款，汇缴本组合，以凭核算，万毋延误为盼！

此致

纱业公会

武汉布匹棉纱绸缎呢绒配给组合启

六、六

除分别函催外另录案布告周知

六、六

查七月份棉纱已经配出其货款贵会甲等商六十八户每户计垫缴储币十万四千二百五十元,请即日按户分收,本月五日期银行票款汇交本组合,以便出货。相应函请查照,请予办理收交货款为盼!

此致

纱业公会

武汉布匹棉纱绸缎呢绒配给组合启

七、二

查七月份棉纱已经配出其货款,贵会乙等商一级十户每户约计预缴储币一万九千九百元,二级二千户每户缴一万七千四百一十元,三级三十三户每户缴一万五千零二十元,四级八户每户缴一万二千六百五十元,五级二户每户一万零一百三十元,六级二户每户缴七千七百五十元。请即日按户分收,本月六日期票款汇缴本组合,相应函请查照,迅速办理为荷!

此致

纱业公会

武汉布匹棉纱绸缎呢绒配给组合启

七、四

纱业甲等商第三期棉纱未缴报告单各户信丰、谦丰、联丰、森丰、义成、吉成、泰记、春记、□裕、纬成、华群、晋升恒、森昌、同义、元丰祥、协记、和昌恒。

(119-15-34:58-68)

3.市商会函一件为促进展览品事

(1943 年 4 月 13 日)

元字第三三五八号:查关于本月二十日市府成立四周年纪念,市级经济局举办各种工商物品展览,嘱为转向各业征集物品展览一案。业经召集各业会商办法,并将征集出品陈列表检送各在卷。兹市经济局派员来会谓各业对于应征物品已送局者甚属寥寥,现距离展览会期已近,请为转催速办等语,除分函外相应函请查照,贵会尚未检送希即转知同业拣选精良出品按照陈列规定办法,于本月十五日以前径送市经济局业办展览为盼。

此致

本市纱业同业公会

启

四月十三日

汉口特别市政府四周年纪念展览工商业出品每□之□□□遵会于陈列并能将其整个□性表示以及便于□览为标准其限度依下列规定办理但特别商品不在此限:

一、以□计者每品以一□至三□为限。

二、以打计者每品以一打至三打为限。

三、以套订者每品以一套至三套为限。

四、以件计者每品以一件至三件为限。

五、以斤计者每品以一斤至三斤为限。

六、以量计者每品以二升至五升为限。

七、机械化学及手工制造品以及美丽品等项应以全体计数。

八、□头或□瓶等货以整个或整瓶计数。

九、其他特别物品以能显示其本体之□□为度，不受以上规定数量之限制。

汉口特别市政府四周年纪念展览工商业出品征集种类：

染色工业品类　工业制造品类

化学工业品类　教育用品类

饮食品类　艺术品类

原料品类　手工品类

实物制造品类

（119-15-33：118-119）

4.汉口特别市经济局为本市商会办事细则修正条文呈汉口特别市政府（附汉口特别市商会办事细则修正条文）

（1943 年 4 月 17 日）

案据，本市商会呈称："查最高国防会议已议决，工商团体为纯粹经济机构，具体任务在协助政府奉行战时经济政策。本会忝为全市商人代表团体，亟应先行调整内部工作，将关于商人登记入会及商、工业团体之组织及指导成立事项，由总务科划归调查科主管，并将办事细则第六条、第七条分别修正，以符实际。经提请第二届第五次理监联席会议讨论决议，通过记录在卷。理合检同办事细则修正条文，呈请鉴核存转备案。"等情。据此，经核尚无不合，除提存一份并指令外，理合检同该会办事细则修正条文一份备文呈请鉴核备查。

谨呈

汉口特别市市长　张

附呈汉口特别市商会办事细则修正条文一份。

汉口特别市经济局局长　孙迪堂

附：汉口特别市商会办事细则修正条文

第六条　（原条文）

本会总务科职掌如下：

一、关于文件收发、缮校及保管档案事项。

二、关于文稿、章则之撰拟事项。

三、关于典守印信事项。

四、关于商人登记入会及商、工业团体之组织及指导成立事项。
五、关于本会预算计算及会计庶务事项。
六、关于公用物品之购置及保管事项。
七、关于本会人事事项。
八、其他一切有关本会事项。
第六条 （修正条文）
本会总务科职掌如下：
一、关于文件收发、缮校及保管档案事项。
二、关于文稿、章则之撰拟事项。
三、关于典守印信事项。
四、关于本会预算计算及会计庶务事项。
五、关于公用物品之购置及保管事项。
六、关于本会人事事项。
七、其他一切有关本会事项。
第七条 （原条文）
本会调查科职掌如下：
一、关于商人申请登记之调查事项。
二、关于商、工业资本额及业务之调查事项。
三、关于商品物价之调查事项。
四、关于各机关委托调查事项。
五、关于管理物品搬运许可愿填写事项。
六、关于本会一切统计事项。
第七条 （修正条文）
本会调查科职掌如下：
一、关于商人申请登记之调查事项。
二、关于商人登记入会及商、工业团体之组织及指导成立事项。
三、关于商、工业资本额及业务之调查事项。
四、关于商品物价之调查事项。
五、关于各机关委托调查事项。
六、关于本会一切统计事项。

说明：第七条第五款“关于管理物品搬运许可愿填写事项”现已不在商会职掌范围，故予删除。

5.武汉经济统制事务处为登记物资申请移动办法令食品杂货业公会

（1943 年 4 月 19 日）

武汉经济统制事务处训令　经统字第一二一七号

查关于登记物资申请移动，向由本处核准发给许可证。兹为便于审核及考查起见，凡属此项申请,概应同时将原登记证附缴来处,其移动之物资,除门市零售者外,如系贩卖与商店,并应在申请书及许可证之“附注”栏内,将承买商店之牌名、住址分别填载明白,一面由该申请人通知买房同时办理购入报告,具领凭单后,始得按照所请移动数量发给许可证。以上办法,自四月二十一日起实行。除布告外,合行令仰查照转饬所属各组合员、各同业商店一体知照为要。此令!

处长　孔楚材

6.汉口特别市商会为巴黎饭店劳资纠纷一案致本市　业同业公会函

(1943 年 4 月 19 日)

案奉元字第 338 号

汉口特别市政府社会福利局福三字第六五号训令开:“案奉汉口特别市政府元一字第四六四三号训令开:案据经济局呈称:案据本市工会整理委员会呈,以据本市旅栈业职业工会转据法租界巴黎饭店工友代表张玉川等呈。为巴黎饭店劳资纠纷一案,经前社会运动指导委员会呈报有案。惟该会现已改组,于本案之执行及今后劳资纠纷之处理,究属何局主以呈,悉查关于劳资争议之处理及劳资协调之指导事项,依照本市社会福利局分科规则第四条第七项之规定,应有社会福利局主管除分行社会福利局遵照外,仰即知照。此令!”等语。“指令印发外合行令仰遵照。此令!”等因,奉此。“自应遵照办理除分行外合行令仰遵照。此令!”等因,奉此。除遵照并分转外,相应函达查照。

此致

本市　业同业公会

汉口特别市商会　启

7.汉口特别市商会为请转呈税局酌减营业税额以轻负担由

(1943 年 4 月 20 日)

敬肃者,查纳税为商民应尽之义务,但所纳之税又应以营业流水大小为转移,小记前所完纳营业税计每月中储券六百八十余元,此在过去营业上,尚属勉强负担,现在半年之久,多无货可售,纵有售卖者,不过组合少数配给,于营业上实不能维持,此种实在情形,早在大会洞悉之中,此后小记营业税额,惟有请求大会转函营业税局,按照现时组合配给实属完纳税款,以恤商艰而轻负担,不胜感祷之至!

径启者,兹当实施配给之时,对于业务上之进展,因此而天然缩小,关于政府之税收,素来为商民应尽之职责,处以流水多寡计算,小计会员资格又次在,五等会员月之流水仅不过数百余元之巨,但此比例所缴之数实超过不下数千倍之远,若长此以往,则商民之负担实难设想,于蒙一斯以恳祷钧会尽情转达当属俯念商艰,难为减轻税率,按流水计算使商民将释厘纳之苦,则不胜感激之至,用特专函谨呈。纱业公会主席唐□转。

(119-15-35:72-73)

8.汉口特别市商会为召开会议致各业同业公会

(1943 年 4 月 23 日)

兹有要事亟待磋商,请贵会负责人准于(明日)二十四日下午新钟三时来会共同商讨为荷。

此致

汉口特别市各业同业公会

汉口特别市商会 启

汉口特别市商会第四次会员大会会议记录

日期:三十二年六月二十日上午九时

地点:本会三楼会议场

指导者:军联络部远藤课长、经济局代表姜科长、市党部代表刘季新

出席人:会员代表实到一百四十一人、本会理监事共到十六人

主席团:李理事长鼎安、涂常务理事拔丞、谢常务理事有标、唐常务理事兰樵、梅常务理事幼三

纪录:章秘书振启、姚股长心辅、徐股长鼎新

开会如仪:

一、主席团报告开会意义及工作概况(详见印刷品)。

二、汉口军联络部远藤课长训词(略),另有记录。

三、市经济局代表姜科长训词(略),同上。

四、市党部代表刘季新惠词(略),同上。

五、李理事长代表主席团答词(略),同上。

六、讨论提案(各业记录印成本当场散发)。

第一案决议通过,录案呈请经济局转呈层峰核示。

第二案决议通过,录案呈请市府核示。

第三案决议通过,交理事会照办。

第四案决议通过,交理事会办理。

第五案决议一致挽留。

第六案决议通过追认。

第七案至四十九案决议通过,均授权理事会暨理监联席会分别办理。

七、临时动议,系由各提案人当场提出,原文在卷。

第一案至第八案决议通过,均授权于理事会暨理监联席分别照办。

散会。

9.市瓷业同业公会发函一件汉口特别市商会称刘主席春波于本月廿日市经济局令仍复原职等情形请查照由

(1943 年 4 月 26 日)

公函:案本会前以主席刘春波辞职,以常务委员钱诚九递补请予备查一案,顷奉汉口特别

市政府经济局字第二零零号指令开，呈悉。经召该会常务委员钱诚九来局讯据称：三月十四日召开会员大会，到会会员不足法定人数亦未报请主管机关派员出席，本人名望不孚，不能担任主席职务，刘春波并未离汉等语。查该会召开会员大会，到会会员不足法定人数，议案由少数会员通过，殊属不合且该会主席刘春波辞职并未重大理由，所请□□一节未便照准，至该会主席职务应仍由刘春波负责。仰即遵照，此令。等因，奉此。本会主席刘春波经于本月二十日遵令复职，钱诚九仍充常务委员，袁国钦仍充执行委员，王季持仍充候补执行委员。除分呈外，相应函达大会查照为荷。

此致

汉口特别市商会

汉口特别市瓷业同业公会

四月二十六日

（119-126-235：45-48）

10.汉口特别市商会为向汪主席祝寿致汉口市各业同业公会函

（1943 年 4 月 29 日）

查五月十二日为国民政府汪主席六旬寿诞，本市社会运动指导委员会昨召集各团体会议决定，恭呈诗笺三帧汪主席全身油画玉照一幅，以表庆祝而资纪念。所有同业公会应各拟就诗文用公备诗笺缮写，限于下月四日以前将诗文稿送社运会审核后，领面自写或引送长于书法者径赴社运会就书均可，惟署名之下须押盖名章，上项决定办法除分函外，相应函请贵会查照，于限期内遵办为荷。

此致

本市各业同业公会

汉口特别市商会　启

11.汉口特别市政府经济局为呈报本市新式女服业工会改造大会报告表等件案济字第 251 号

（1943 年 4 月 29 日）

案据接管卷内以据市工商会整委会呈报，新式女服业工会定于一月十七日召开第二届会员大会改造理监事，请派员出席指导等情，业经前社会局派员出席在案。兹据该会呈转新式女服业工会改选大会报告表，第二届理监事略历表及首次理监事联席会议记录，请鉴核存转备查等情到局，除各提存一份并指令外，理合检同原件备文呈请，鉴核备查。

谨呈

汉口特别市市长　张

呈送本市新式女服业工会改造大会报告表、第二届理监事略历表、首次理监联席会议记录各二份。

经济局局长　孙迪堂

选举日期	中华民国32年1月17日下午1时		地址	华清街公益会
会员人数	二百一十三人		出席人数	实到一百三十四人
主席姓名	倪伯坤、熊周斌代			
主管机关监选代表姓名	社运会钟孝道　市警局鲍仲卿、程尔祺 社会局杜伯勋 市党部李光燦　市工会唐小山、凌灼棠			
章程变更情形				
会员名册更动情形				
当选理监姓名票数	理事	杨精棠80票　黄墙芝54票 倪伯坤74票　冯康美54票 熊国斌74票	候补理事	张伯卿40票 鄂志启22票
	监事	王友德31票　蔡俊鹏26票 王庆福31票	候补监事	陈定云18票
通过提案				
临时动议				
备考	常务理事熊周斌　常务监事蔡俊鹏			

汉口特别市新式女服业职业工会第二届理监事略历表

三十二年一月十七日至三十三年一月势力日至

职别	姓名	性别	年龄	籍贯	学历	经历	现在职业及其地位	党籍	住址
常务理事	熊国斌	男	45	江苏	私塾五年	工会职员	本业工人	登记	兴康里64
理事	倪伯坤	男	43	上海	小学四年	工会职员	本业工人	登记	汉景街314
理事	杨精棠	男	49	黄冈	私塾五年	工会职员	本业工人	登记	兰陵路55
理事	黄墙芝	男	36	汉阳	初中	工人	本业工人	登记	三德里24
理事	冯康美	男	37	黄陂	初中	工人	本业工人	登记	公安街101
候补理事	张伯卿	男	38	黄陂	初中	工人	本业工人	登记	公安路78
候补理事	鄂志启	男	52	武昌	私塾四年	工会职员	本业工人	登记	一元小路53
常务监事	蔡俊鹏	男	42	黄陂	小学三年	工会职员	本业工人	登记	三教街54
监事	王庆福	男	40	上海	小学三年	工会职员	本业工人	登记	公安街104
监事	王友德	男	50	圻州	小学三年	工会职员	本业工人	登记	兰陵路55
候补监事	陈定云	男	41	孝感	小学三年	工会职员	本业工人	登记	清芬路□□

武汉特别市新式女服业职业工会第二届首次理监联席会议记录

时间	三十二年午时	地点	公安路42号工会
出席人	熊国斌、倪伯坤、杨精棠、黄墙芝、冯康美、蔡俊鹏、王庆福、王友德		
参加人	市工会：凌灼棠		
主席	熊国斌		
记录	李蔚春		
开会如仪	甲、报告 主席报告开会意见。 参加人今后推进会务之方针与负责人职务之重要点。 乙、讨论 1.请分配理事职务以专责案。 决议：推熊国斌为常务理事、倪伯坤为一股主任、杨精棠为二股主任、黄墙芝为三股主任。 2.请规定会议日期案。 决议：仍照前任规定办理。 3.前任文卷如何接受案。 决议：由理事会接管并呈报。 4.本会改选情形应否通告会员知照案。 决议：印刷费太大，暂缓办。		

（8-1-328：2-7）

12.武汉特别市市政府为本市新式女服业职业工会改选大会报告表等件案送达经济局

（1943年4月29日）

汉口特别市市政府指令，元一字第5686号：令经济局局长孙迪堂呈一件为呈报本市新式女服业职业工会改选大会报告表等件案。

呈件均悉。准予备查。此令。件存。

中华民国三十二年四月

（8-1-328：9）

13.武汉经济统制事务处为抄发重行订定公定价格表令市食品杂货业公会

（1943年4月）

武汉经济统制事务处训令　经统字第二六四号

案奉湖北省政府、汉口特别市政府□字第四五〇号令开："查武汉地区各种货物批发及零售最高标准价格，业于上年八月规定并登报公布实施有案，现经物资物价统制委员会重行订定公定价格表，规定自本月十二日起一体实施。除由本两府分别布告周知，并分令遵照严行取缔外，合行检发公定价格表一份，令仰遵照。此令！"等因，附公定价格表一份。奉此，自应遵办。

惟查各该组合及公会等所属商户为数甚巨,其有需用此项表件者,应开明需要数量,备具工本费,每张二角,派员来处具领转发。除由本处副印原表□□并分令外,合行检发公定价格表一份,令仰该公会遵照。此令!

处长　孔楚材

5月

1.湘鄂赣合作社联合会函送该会章程暨贩卖物品介绍书式样业致汉口市商会的函

(1943年5月3日)

案查前准湘鄂赣合作社联合会函送该会章程暨贩卖物品介绍书式样,业于四月十二日元字第二二号录案函达在卷,兹复准该联合会四月卅日合联发第四十号函开:"敬启者:关于本市及地方合作社之物资购买贩卖事宜,应由本会介绍交易,所有介绍手续暨申请介绍书式页,经函达贵会送请转知所属各同业公会知照在案,迄今日久,尚未奉复,至深翘盼。此举系为谋汉口市面之繁荣与地方各合作社购贩之便利,即所以图战后产业之复兴,务希望贵会善体斯旨,积极协助,迅予催促所属各同业公会依照前函办法,速兴本会密切联络以利进行。事关重要,希毋迟延,特再函达,请烦查照办理,克日见复为荷。等由,准此。事关推销存货,自应提前办理,除分函并函复外,相应函请贵会饬告各会员商店知晓,如有待售存货,依照前次所发贩卖物品介绍书,于函到三日内详细填报来会,以便饬复为荷。

此致

汉口市各业同业公会

汉口特别市商会　启

2.汉口特别市经济局为抄发工商同业公会暂行条例暨主要商品品目表致汉口特别市同业公会函

(1943年5月4日)

元字第三四一七号

案奉汉口特别市经济局济字第二九五号训令开:"案奉国民政府行政院实业部商字第六五二号训令内开:查工商团体应为纯粹经济机构,以便协助政府实施物资统制一案,前经最高国防会议第七次会议议决通过,并由部通饬遵照在案。为切合新体制及实施有所准据起见,经即由部另行拟具工商同业公会暂行条例,提经三月二十五日第九次最高国防会议议决通过,所有现行之工商同业公会法一并废止,关于上项条例之施行细则,应俟拟订另案饬知。又关于主要商品之品目,依照同条例第四条第二项应由行政院以命令规定之,应即遵照前三十一年七月四日行政院公布之主要商品品目表办理。除分令外,合行照录工商同业公会暂行条例全条文并再抄录主要商品品目表,令仰遵照。此令。等因,计抄发工商同业公会暂行条例暨主要商品品目表各一份,奉此,合行抄发原暂行条例暨品目表各一份。令仰遵照。此令。”等因,计抄发工商同业公会暂行条例暨主要商品品目表各一份,奉此,除遵照并分转外,相应抄同原件,函请查照遵办。

此致

汉口特别市同业公会

附抄送工商同业公会暂行条例暨主要商品品目表各一份。

卅二年五月四日到

汉口特别市商会　启

3.汉口特别市商会据会员同业来函称营业金额减少请转呈当局减营业税额以苏商困由

(1943 年 5 月 5 日)

查属会日来叠据会员同业祥记、福昌等函称,完纳营业税为商民应尽之义务,本不容有所妄干,但所纳之税,似应以营业流水大小为转移,现在税局仍依据以此营业金额征收税款,此在过去营业上尚属勉强负担,自政府实施物资统制以来,各会员同业无货可售者□及半年,目下惟有零星买卖,不过组合中少数配给之物资数额,实不及过去营业金额十分之一,仍依照过去营业流水征收税款,不□揆之情理有失公平,即各商民实无□力担负,迫不得已,只有请求大会转请营业税局,按现时组合配给物资之实数,根据现有营业金额征收税款,以苏商困,而照公允等情。准此,查该会员同业祥记等函称,税额过重,力难担负,尚属实在情形,相应函请钧会转请层峰钧予核减,饬令税局案实征收,以示体恤,则不胜感祷之至矣。

此致

汉口特别市商会

(全衔)理事长唐

五月

(119-15-35:80-81)

4.公函:启市商会汇送新会员同业纬新、椿茂、久华、同泰、衡大各户营业申报表请转呈分所由

(1943 年 5 月 7 日)

案查属会会员同业于□□□□分开业共计有同泰、衡大二户以上共计五户营业税申报表,业经转饬填齐,相应汇送大会分别转呈各该户营业地址所辖税稽征收所,俾便复查以完纳税金额。是为至盼。

此致

汉口特别市商会

附营业税申报表五份。

谨启

五月七日

案查属会会员同业于三十一年十二月份开业者,计有纬新、椿茂二户;三十二年元月份开业者,计有久华一户;三十二年三月开业者计有同泰、衡大二户。以上共计五户营业税申报表,业经转饬填齐,相应汇送大会分别转呈各该户营业地址所辖税稽征收所,俾便复查,以完纳税金额,是为至盼!

此致

汉口特别市商会

附营业税申报表五份。

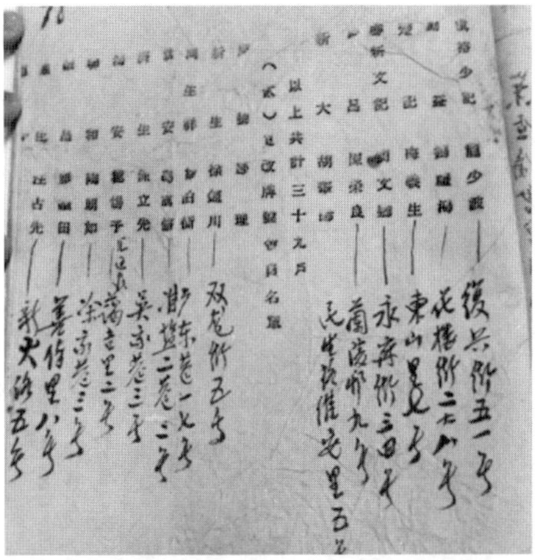

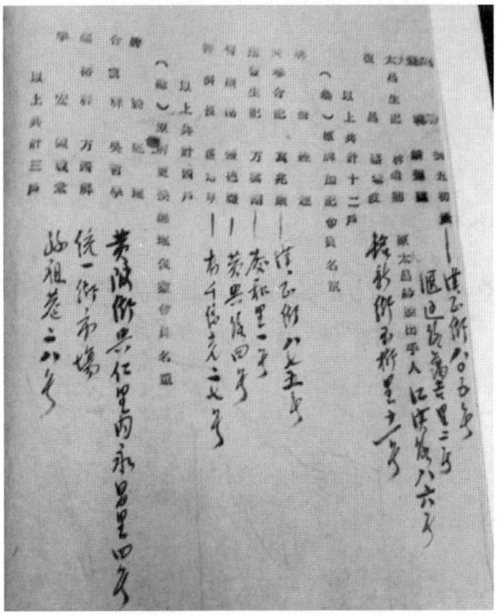

谨启

五月七日

接准来函贵会同业会员纬新等五户填送营业税申报表,请为分别转送所辖营业税稽征分所,俾便复查,以定纳税金额等由到会,查此项营业税申报表,照章应由各该号,直接分向所辖营业税稽征分所呈报,无须本会代转,以省手续,兹将原表五份随函送还,即请查照转知分别照办。

此致

本市纱业同业公会

附□纬新等营业税申报表五份。

汉口特别市商会　启

五月十三日

(119-15-35:74-79)

5.市商会准市警局函为以后各商店如遇有不肖长警强买货物予记照□二案等码密拓本局以凭合办务知各业查照由

(1943 年 5 月 8 日)

案准市商会元字第三四三九号函开:案准汉口特别市警察局函开:查物资统制政策关系战时体制,前本局自奉命办理经济取缔案件伊始即虑有不肖长警利用身份,私向商民强买货物,早经严厉禁止并派员随时严密查禁在案。近□报告市面特有不肖之徒假借警察名义强买货物,情事殊属有损警察。为查禁周密计,嗣后各业商民如遇有长警强买货物,准予证明领章号码密报本局,凭核办不得伙同隐匿干并究,相应函达,即希查照转告各同业公会转知各业商民遵照等由。准此,除分函外,相应函达查照分别转知。等由,准此。除分函外,相应函达查照为荷!

此致

宝号

启

五月八日

(119-15-39:41)

6.汉口特别市私塾教育研究会第二届全体会员改选大会概略记录

(1943 年 5 月 9 日)

开会日期:五月九日下午二时

地点:假永宁一巷三号中和善堂内

出席人数:62 名

各机关代表:李相经(教育局)、张以贵(警察第二公局)、李英豪(社会福利局)、李光燦(市党部)

临时主席:邹洪畴

开会如仪:首由主席报告本会成立之意义及一年来之经过与今后之推进,嗣由各机关代表相继致训并予勉励,再由主席答词致谢。

进行改选:其结果录后:邹洪畴55票、陈明辉48票、王凤三41票、周志刚37票、陈石庵36票、李亚西27票、陈纪文19票、徐起贞18票、郑仁荣14票、艾毓云14票当选。当经推定,邹洪畴、陈明辉、王凤三三人为常务理事;周志刚、陈石庵、李亚西、陈纪文为理事;徐起贞、郑仁荣、艾毓云三人为候补理事。(所有职务再由常务会分派)

临时动议:各提案如下:

(一)为适应战时教育,各塾应加增体育科目,锻炼儿童体格案。(通过)

(一)为普及国民体育,备文呈请,教局须发体育图式案。(交理事会办理)

(一)为使会务扩展,基金充足,请求政府辅助经费案。(交理事会办理)

(一)为明了政治情形时态进度,借资参考。呈请教局按期免费核发市属各种刊报案。(交理事会办理)

记录:李亚西

校正:陈石庵

(8-1-328:28)

7.市商会为请负责人于五月十二日下午三时函会聆取“物调□会常务蔡文石关于物资调查取缔会”之内□说明由

(1943年5月10日)

元字第四四八一号:查物资调查取缔委员会已于本月一日成立,其组织内及今后实施步骤,全市商民恐未明晰,兹定于本月十二日下午三时由省府蔡经济局长兼物资调查取缔委员会命常务委员莅临本会向各同业公会负责人作详细之说明。除分函外,相应函请贵会负责人准时到会,幸毋延误为盼。

此致

本市　业同业公会

启

五月十日

(119-15-39:33-34)

8.汉口特别市政府为修正市商会办事细则条文令汉口特别市经济局(附修正草案)

(1943年5月10日)

汉口特别市政府指令　元一字第6141号

呈件均悉。据呈赍修正市商会办事细则第六、第七两条条文,核尚可行,应准照办。惟查该商会章程暨办事细则、理事会会议规则、监事会会议规则等件,条文内所载主管机关每与现情不合,应即分别拟订修正草案。呈候核办,仰即转饬遵照。此令!

件存。

附一:汉口特别市商会办事细则。

附二：汉口特别市商会章程(一部分修正草案)。

附三：汉口特别市商会办事细则(一部分修正草案)。

附四：汉口特别市商会理事会会议规则(一部分修正草案)。

附五：汉口特别市商会监事会会议规则(一部分修正草案)。

中华民国三十年六月二十六日　核准

三十一年八月十日　修正

三十二年五月十日　修正

附一：汉口特别市商会办事细则

第一条　汉口特别市商会(以下简称本会)办理会务，悉依本细则行之。

第二条　理事长综理本会事务，常务理事襄助理事长管理本会事务。

第三条　本会对外文件由理事长署名行之。

第四条　凡关于重要事件，理事长及常务理事认为不能解决者，得提交理事会议讨论决定之。

第五条　本会秘书职掌如下：

一、关于机要事项。

二、关于分配、撰拟、审核文稿事项。

三、关于翻译及交际事项。

四、关于会议事项。

五、其他理事长交办事项。

第六条　本会总务科职掌如下：

一、关于文件收发、缮校及保管档案事项。

二、关于文稿、章则之撰拟事项。

三、关于典守印信事项。

四、关于本会预算计算及会计庶务事项。

五、关于公用物品之购置及保管事项。

六、关于本会人事事项。

七、其他一切有关本会事项。

第七条　本会调查科职掌如下：

一、关于商人申请登记之调查事项。

二、关于商人登记入会及商、工业团体之组织及指导成立事项。

三、关于商、工业资本额及业务之调查事项。

四、关于商品物价之调查事项。

五、关于各机关委托调查事项。

六、关于本会一切统计事项。

第八条　本会办公时间，依照市政府规定办公时间办理，各职员应按时签到，不得迟到早退，所有办事勤惰由各科主任随时考核。

第九条　本会职员除星期例假外，不得擅离职守，如有特别事故请假者，须先呈准。

第十条　本会职员承理事长及秘书暨各科主任之命分任工作。

第十一条　本会到文须由收发员摘由编号，登簿注明到文月日，送由各主管、主任拟具办法，转送秘书核阅后，再呈理事长核批交办。

第十二条　凡来文封面注明“机密”字样，或理事长姓名亲启者，不得拆封，须送由秘书转呈理事长收阅，俟发下后补办收文手续。

第十三条　各科应办之例行文件由各科拟稿送核，如有会核之件须送关系科会核，遇重要文件不能决定办法时，应签呈理事长核定。

第十四条　撰拟稿件应由拟稿人签名、盖章、登录、送稿簿，送主管主任核阅盖章后送秘书核转理事长核定判行。

第十五条　凡判行文件缮写完毕，经校对无误用印后，交收发员登簿封发。

第十六条　凡文件封发后，其原稿及来文全卷应交管卷员分别归档，机密文件由秘书保存之。

第十七条　本会各种会议规则另定之。

第十八条　本细则如有未尽事宜，得随时修正之。

第十九条　本细则自呈报汉口特别市社会运动指导委员会核准之日施行。

附二：汉口特别市商会章程（一部分修正草案）

原条文：

第六条　本会受汉口特别市社会运动指导委员会之指导监督暨汉口特别市政府社会局之监督指导。

修正条文：

第六条　本会受汉口特别市政府经济局之指导监督。

原条文：

第三十四条　本会经费分列二种。

一、事务费：（甲）公会会员分别按其收入会费总额十分之二负担之；（乙）商店会员比例于其资本额缴纳之资本额在一万元以内者，每二千元为一单位；一万元以上每五千元增加一单位。

二、事业费：由会员大会议决，呈请汉口特别市政府社会局核准后筹集之。

修正条文：

第三十四条　本会经费分列二种。

一、事务费：（甲）公会会员分别按其收入会费总额十分之二负担之；（乙）商店会员比例于其资本额缴纳之资本额在一万元以内者，每二千元为一单位；一万元以上每五千元增加一单位。

二、事业费：由会员大会议决，呈请汉口特别市政府经济局核准后筹集之。

原条文：

第三十六条　本会经费之预计算及其事业之成绩，每年须编辑报告刊布之，并分报汉口特别市社会运动指导委员会暨汉口特别市政府社会局备案。

修正条文：

第三十六条　本会经费之预计算及其事业之成绩，每年须编辑报告刊布之，并呈报汉口特别市政府经济局备案。

原条文：

第三十八条　本章程自呈报汉口特别市社会运动指导委员会核准后施行。

修正条文：

第三十八条　本章程自呈报汉口特别市政府经济局核准后施行。

附三：汉口特别市商会办事细则（一部分修正草案）

原条文：

第十九条　本细则自呈报汉口特别市社会运动指导委员会核准之日施行。

修正条文：

第十九条　本细则自呈报汉口特别市政府经济局核准之日施行。

附四：汉口特别市商会理事会会议规则（一部分修正草案）

原条文：

第十二条　本规则自呈报汉口特别市社会运动指导委员会核准之日施行。

修正条文：

第十二条　本规则自呈报汉口特别市政府经济局核准之日施行。

附五：汉口特别市商会监事会会议规则（一部分修正草案）

原条文：

第十条　本规则自呈报汉口特别市社会运动指导委员会核准之日施行。

修正条文：

第十条　本规则自呈报汉口特别市政府经济局核准之日施行。

9.武汉经济统制事务处为抄发杂货食料品搪瓷玻璃器文具品协定价格表令食品杂货业公会

（1943 年 5 月 13 日）

武汉经济统制事务处训令　经配字第一五三七号

案准，吕集团军物资物价统制委员会吕物统第二九号通牒，略以本处武经配字第七一三、七二二、九三九、一一三九等号公函四件，关于杂货食料品搪瓷玻璃器及文具品等类货物协定价之申请，业经核准。相应检同该项协定价格表，请公布施行，并饬属遵照。等由，牒复过处，除通知武汉、大楚两报社公布并分行外，合亟抄发前项协定价格表二份，令仰该公会遵照，迅饬所属各商店遵行为要。此令！

附发杂货食料品搪瓷玻璃器文具品协定价格表二份。

处长　孔楚材

10.武汉经济统制事务处为抄发贩卖冷冻鱼协定价格表令市食品杂货业公会

（1943 年 5 月 13 日）

武汉经济统制事务处训令　经配字第一五三五号

案准，吕集团军物资物价统制委员会吕物统第一九号通牒，略以前经本处以武经配字第九七四号公函一件，为冷冻鱼贩卖之协定价格，转请认可一案，业经核准。特检附各类冷冻鱼之协定价格表一份，嘱查照公布施行，并转饬各关业务遵照。等由，函复过处，自应照办。除分令外，合行抄发原表一份，令仰该公会遵照，并转所属各商店遵照实行为要。此令！

附协定价格表一份。

处长　孔楚材

11.武汉经济统制事务处为抄发海产物等协定价格表令食品杂货业公会

（1943 年 5 月 13 日）

武汉经济统制事务处训令

案准，吕集团军物资物价统制委员会吕物统第三〇号通牒译文略开：以本处本年四月十二日暨同月二十三日武经配字第一一三八、一三一五、一三一六、一三一七、一三一八、一三一九等号公函六件，关于洋品杂货、海产物、化妆品、绸缎、食料品、□罐□等类各货物之协定价格申请，业经修正认可。特抄附前项各类物资协定价格表，赐查照公布施行，并饬属遵照。等由，附协定价格表二份。准此，自应照办，除分令外，合行检发原协定价格表一份，令仰该公会遵照办理，并转饬所属各商店一体遵行为要。此令！

附海产物协定价格表一份。

处长　孔楚材

12.汉口特别市商会签到簿

（1943 年 5 月 18 日）

三十二年五月十八日下午一时召集各业公会筹备会接谈要事，请签名备案。

贸易人力车业　胡汉周（刘锦涛代）

柠坊业公会　程幼华

国药公会　徐海珊

牛肉业公会　刘福階

柴煤业公会　曹国钧

废旧洋铁熔化铁器业　李颂蕃（杨付林代）

茶叶行业　张仲丞

棉业卷烟业　吴良文

钱兑业　刘礼鸿

鞭炮业　连正启（向替臣代）

山货纸张行　徐禹门
绢业　彭瀛甫
杂货行业　舒子寿
营造业　王海亭
炒坊业　王昌庆
麻袋业　詹春堂
中西菜馆业　舒勤铮
杂木柴业　龚秀瑶
□衣业　彭寿臣
□□□货业　萧行轩
杂货店业　曹云階
杂货贩卖业　田锡堂
食品制造业　史海汀
染织纱布公会　龙少伯
牛奶业　胡夔峰
□□店业　项文卿
转运业　王文卿
军服业　周彬臣
水土果业公会　叶瑞安
华洋百货　刘福廷
草帽竹蓑业　徐霁穹、王贤生
染坊业公会　徐礼臣、喻焕亭
新旧木器业　徐礼臣
五金业　林静斋
油饼行业　毛筱理
烟囱业公会　曾□堂
食品杂货业　戴燦华
瓷业同业公会　刘春波（钱诚九代）
肥皂业　田春霆
鸡业　舒春松
国□□□行　伍林山
新式□鞋零件业　曾绍藩
南酒业　罗钟珊
酒酱业　倪鹏
号栈业　易秒生
折药业　刘初龄
广货业公会代表　熊英三
梳篦业公会代表　熊英三

走棉洋线□代表　鄢凌卿
衡度业公会　黄碧珊
煤业　高坤山
□□公会　胡筱轩
制革业　刘文元
麦粉业公会　陈尧轩
石灰业公会　胡筱元
茶叶店业　刘介□
丝线绉纱业　胡正卿
正公业同业公会　熊□惠、□东青
□□业同业公会　曾南甫、胡慧勉
猪行业同业公会　胡清平
预备糖炭料业公会　章□峰
(重)茶店业公会　刘介□
中外□业　蓝熙周
卷烟经理业公会　陈仁青
山货行业　张福卿
煤焦贩运业　熊信诚
海味糖业　□凤翔
旅栈业　叶鸣声
家具业　邵耕友
绸缎染业　丁如盛(倪纲代)
药油山货行业　吴子惠
拆售屋料业　刘华甫代
公认钱庄业　谢伯勤
金银首饰业　周赞卿
踩布业　毛少卿
颜料业　毛星五
国货匹头业　梅斌臣
五金旧货　李青山
铝铜铁业代表　刘文甫
煤油火柴业　刘南陔
毛巾业　鲁伯平
脚踏车业公会　□□卿
银行业　涂拔丞
新药业　许□□
纱业　程霖轩
销盐乙组　祝尧如

电料业　韦秀郎
绸缎业　胡□□
芦柴业　胡美□

（119－127－152：132－138）

13.汉口特别市商会为自物资配给以来营业金额减少拟请转请酌减营业税额以苏商困由

（1943 年 5 月 18 日）

案查商户缴纳营业税款，为营业上应有之义务，本不究有所干□，惟由按实征收，而□公平方不失政府□念商人之德意，本市各商户营业税额，系按过去各该商户过去营业金额估完，按月征收，在平常商品流通未加限制时，各商户为维持本身业务，计逐年逐月营业金额，无大差别，尚可勉强担负。自本年政府实施物资统制以来，各商户无货可售，此将及数月，现时纵有零星买卖，不过组合，按照配给少数物资小卖应市，其营业范围实不过之营业金额之一二，若仍依照过去营业流水，估完税金额征收税款，不独发之情理，有失公平而各商户实无力担负，在过去营业停顿之中，可谓毫无营业而按月完纳税款，已属精力交瘁，对于纳税义务，不可谓不热心，一再蒙重以估定按实征收，非独商民实无喘息之地，即政府按票征税原意，属会连日据各会员同业来函缕述上项困苦情形，此不下数十函，□征各会员同业实残受同样痛苦，过不获已。相应函请大会转请层峰代为呼吁，伏念当局体念商艰，饬令营业税所重新审核，根据各商户现有营业金额实行按率征收，以苏商困而示体恤。实为至盼。

此致

汉口特别市商会

（全衔）理事长唐

五月

（119－15－35：82－83）

14.武汉经济统制事务处为检送本公会商业习惯规则令食品杂货业公会

（1943 年 5 月 19 日）

武汉经济统制事务处训令　经调字第一六二一号

查习惯法为一般人□常袭改之行为，在现行法制上，关于善良习惯，有时为法律所承认，而与法律有同等效力。本处有鉴及此，兹拟搜集资料从事汇编汉口商业习惯，以便供给实际商事学之参考。除分令外，合行令仰该公会于文到一星期内，将该业公会规则检送呈处，以凭办理。此令！

处长　孔楚材

15.汉口特别市经济局转呈西服业职业工会第二届改选报告表件案

（1943 年 5 月 22 日）

济字第 452，民国三十二年五月二十二日：案据市工会转报本市西服业职业工会定于本年四月十八日下午二时假宴月酒楼礼厅举行第二届改选理监事大会，请派员监选等情，当经派员前往办理在案，兹复据市工会转呈该工会第二届首次理监事联席会议记录及理监事略历表与第二届改选大会报告表各三份，请鉴核备查。前来，除提存并指令外，理合检同原件备文呈请鉴核备查。

谨呈

汉口特别市市长　张

计呈汉口特别市西服业职业工会第二届首次理监事联席会议记录二份、汉口特别市西服业职业工会第二届改选大会报告表二份、汉口特别市西服业职业工会第二届监事略历表二份。

经济局局长　孙迪堂

秘书朱钰代

汉口特别市西服业职业工会第二届首次理监事联席会议记录

时间：三十二年四月二十八日下午六时

地点：吉庆街工会

出席人：汪转运、张大本、陈清明、吕克华、侯义成、高银树、李转运、周德武

参加人：市工会吴泽宽、凌灼棠

主席：汪转运

记录：陈清明

如仪开会：

甲、报告

主席报告本届改选经过情形及开会意义。

参加人致今后工会应适应战时体制的经济机构，领导工人大量增加生产。

乙、讨论

（一）请分配职务以专责成案。

决议：公推汪转运为常务理事，张大本为一股主任，吕克华为二股主任，陈清明为三股主任，并推周德武为常务监事。

（二）请规定会议日期案。

决议：仍照前任会议情形办理。

（三）前任文卷如何接受案。

决议：由理事会接管并呈报。

（四）本会改选情形应否通告会员知照案。

决议：用油印通告。

团体名称	汉口特别市西服业职业工会二届改选		会址	吉庆街六二号
成立日期	三十二年四月十八日下午二时		地址	宴月楼礼堂
会议总数	在职会员二百三十二人,失业在外		主席会员数	实到一百六十二人
主席姓名	汪转运			
上级机关代表姓名	经济局涂允隽　市警局二科张国纲、三分局吕学曾 社会福利局许霜、王问明　市工会凌灼棠			
章程草案修正之点				
会员名册更动之处				
当选职员姓名及当选票数	理事	汪转运 110 票　吕克华 58 票 张大本 76 票　侯义成 53 票 陈清明 61 票	候补理事	俞寿山 48 票 熊俊华 34 票
	监事	高银树 40 票　李转运 29 票 周德武 32 票	候补监事	钱顺昌 21 票
通过提案				
临时动议				
备考				

汉口特别市西服业职业工会二届理监						会址:吉庆街六二号			
职别	姓名	性别	年龄	籍贯	学历	经历	现在职业及其地位	党籍	地址
常务理事	汪转运	男	26	汉阳	初中	历任工会职员	西服工人	登记	五□□三十号
理事	张大本	男	28	黄陂	初中	西装工人	西服工人	登记	法租界远华
理事	陈清明	男	33	汉阳	初中	西装工人	西服工人	登记	中山路山本店
理事	吕克华	男	35	浙江	初中	西装工人	西服工人	登记	法租界祥康
理事	侯义成	男	40	汉阳	小学	工会职员	西服工人	登记	清义堂上海店
候补理事	俞寿山	男	45	浙江	小学	工人	西服工人	登记	湖北街东昌
候补理事	熊俊华	男	32	黄陂	小学	工人	西服工人	登记	五楼街三十八号
常务监事	周德武	男	30	汉阳	小学	工人	西服工人	登记	法租界源泰
监事	高银树	男	25	汉阳	小学	工会职员	西服工人	登记	黄□路东方
监事	李转运	男	24	黄陂	中学	工会职员	西服工人	登记	两佛路春秋店
候补监事	钱顺昌	男	36	浙江	小学	工会职员	西服工人	登记	清义堂上海店

(8-1-328:10-15)

16.汉口市社会运动指导委员会为依照人民团体组织方案登记令市商会

(1943 年 5 月 28 日)

汉口特别市社会运动指导委员会,平字第九六六号训令开:"查人民团体组织方案及人民团体组织训练指导监督原则,早经明令公布,实行在案。兹奉汉口特别市市政府一字第五六四三号训令内开:兹按照各项社运法规厘订汉口特别市人民团体组织办理程序七条,除分令外,合行抄发原件,令仰遵照等因,计抄发汉口特别市人民团体组织办理程序一份,附表格证书式样十九种,奉此,自应遵办。"查本市人民团体依照法定手续组织完善者固多,而未按照法定程序完成组织或已由组织而未依法申请登记立案者,亦复不少。"本会职司社运,对本市各人民团体自当加以整理,以期组织臻于完善而便统筹实施训练。巩固社会基础,增进人民福利,凡本市未按照法定程序完成组织之各人民团体,仰于规定期间内迅速完成组织;已有组织,而未申请登记立案者,限自令法之日起,在一个月以内依照法定手续,由本会履行登记立案具领立案证书,倘逾期不履行登记立案手续者,即停止该团体活动,由本会另行派员改组或□予解散,除呈报暨分行颁布告外,合行抄发本市人民团体组织办理程序一份,令仰切实遵照,并转饬遵照至各种社运法规,以及各项表格、证书式样,可随时向本会索阅,并仰知照。此令!"等因,行抄发本市人民团体组织办理程序一份,奉此。除分函外,相应抄发原发程序随函送请查照,希即送限补办立案等续径呈市社运会以符功令。此令。汉口特别市业同业公会。

附:汉口特别市人民团体组织办理程序

一、本市人民团体组织程序,应依照各该团体法规、人民团体组织训练指导监督原则、人民团体组织方案,人民团体组织须知之规定办理。

二、本市人民团体组织程序分发起、筹备、成立、立案四个阶段,悉由本市社会运动指导委员会负责指导办理之(以下简称市社运会)。

三、发起手续:(一)发起人应填具人民团体申请许可组织理由书(理由书式,略)及人民团体发起人略历表(略历表式,略)三份,呈送市社运会核办,并呈报关系官署。(二)市社运会接到申请书后,即派员详细调查,如无不合,检同原申请书及略历表三份签呈市政府核示,如系善堂性质之团体,应另备考核表二份,一并报府核示(考核表式,略)。(三)市府核准后,市社运会即批示许可组织并填发许可证书(许可证书各式,略)。

四、筹备手续:(一)发起人奉许可组织之批示后,即派员赴市社运会领取许可证书。(二)召集发起人会议,惟举筹备员成立筹备会,并请市社运会派员出席指导。(三)按照规定刊制筹备会图记或钤拓印模(印模单式略),并造具筹备员略历表(表式略)各三份呈送市社运会核办,并呈报关系官署。(四)市社运会检具原呈印模及筹备员略历表各二份呈报市政府备查。(五)筹备会应即征求会员,并拟具章程草案三份,呈请市社运会核转市政府核准,并呈报关系官署。(六)筹备会奉到可呈印模及筹备员略历表,准予备查,暨修正章程指令后,应即造具会员名册(名册式略)三份呈送市社运会。(七)市社运应检具原呈会员手册二份呈报市政府备查。

五、成立大会:(一)会员名册审核无讹及章程经核准后,筹备会应即订期召开成立大会,并于一星期前呈请市社运会、警察局、社会局或其他主管监督暨有关机关派员指导监视。(二)成立大会应以会员大会为原则,如章程另有规定,可举行会员代表大会。(三)会员大会或会员代表大会,应选举理监事或执监视委员会(指同业公会,略),并决定重要会议。

六、立案程序:(一)举行成立大会后当选人即举行第一次会议推定理事长或主席(指同业公会,略)。(二)议具成立大会报告表(表式,略),第一次理监事联席会议或执监联席记录章程及立案表,即(1)概况调查表;(2)财产调查表;(3)经费调查表;(4)理监事或执监委员履历表;(5)理监事或执监委员粘贴相片表各三份(表式如为全市总的组织,应缮具章程及立案表各四份),呈送市社运会核办,并呈报关系官署。(三)市社运会应将所呈各件详加审核,如无不合,各检二份(如为全市总的组织,应将章程及立案表各检三份)呈报市政府核办。(四)市社运会呈奉市政府,或呈由市政府转咨社会运动指导委员会,暨主管部核准立案后,即填发立案政府(证书式,略)并呈请市政府颁发图记,或转请颁发钤记转发启用。(五)凡人民团体领得立案证书及图记或钤记后,应拓具印模三份(如为钤记、拓具四份)呈报市社运会,分别存转备查,并呈报关系官署。

七、本市已经成立之人民团体尚未呈准立案者,应按照立案程序补请立案。

6 月

1.汉口特别市商会为现纳营业税太重请恳转呈层峰俯念商艰准予减轻税率按每月配给数额缴税由

(1943 年 6 月 1 日)

拟办:按营业税已由会请求减轻,该商所陈,应俟在对令文,再行核办。

□□□□□□应有完税之义务,小计每月缴纳税款日钞七十元五角之巨,值专实施配给之时,业务分有等级,货款由组合派定,处之数目可查,小计每月流水总计不过五千元之谱,以棉纱千分之二五,定额千分之五计算,□不能完,此巨额税款似此情形,实难负担,理合函请大会据情转呈层峰俯念商艰,准予减轻税率,按每月,但会配给数量缴完,俾释尽纳之苦。

谨陈

汉口特别市纱业同业公会理事长唐

裕昌号柬谨启

六月一日

径启者,案准汉口特别市商会本年六月五日函开:案查前准贵会暨各业公会先后来函商情转恳将营业税征收办法予以改善一案,曾经并案转呈市政府请予核示,去后兹奉市政府元二字第七二二六号指令开:呈悉。应俟举行复查重行确定总额后,再谋补救,仰即知照。

此令。等因,奉此。除分函外,相应函达查照。等因,奉此。本会为欲明了各会员商号所负担实际税额若干,相应附发表式一纸,函请查照即日填表送会,以凭考察而资补救,至为企盼。

此致

各会员宝号

(119-15-35:84-86)

2.总三科转呈染织布业同业公会第二届改选理监事名册案

(1943 年 6 月 4 日)

汉口特别市经济局呈济字第 529 号,民国三十二年六月二日:案据本市染织布业同业公会呈报,订于本年四月二十九日下午一时举行第二届会员代表改选大会,请派员监选到局,经派员前往办理在案,兹据该会呈赍成立大会报告表,理监事略历及会员名册各三份,请予备案前来,除提存并指令外,理合检同原件备文,呈请鉴核备查。

谨呈

汉口特别市市长　张

附呈染织布业同业公会成立大会报告表、理监事略历名册、会员名册各二份。

汉口特别市经济局局长　孙迪堂

(8-1-328:30)

3.汉口特别市商会致同业公会函

(1943 年 6 月 4 日)

顷奉汉口特别市政府秘书处转知六月五日为友邦山本元帅举行国葬典礼,同日又为我国收回法国在华租界之期。本市各机关、团体、商店、住户应于是日正午十二时以前下半旗志悼,十二时以设升旗庆祝转知各业一体遵照等因,自应遵办,除分函外,相应函请查照告知各会员商店一律遵办。

此致

本市同业公会

汉口特别市商会　启

六月四日

(119-15-33:124)

4.汉口特别市经济局致同业公会函

(1943 年 6 月 4 日)

元字三五五三号:案奉汉口特别市经济局济字第五二二号训令开:本局为严密各项调查事宜起见,特制定调查证一种,由各调查籍社冒滥而防奸究。兹检发调查证样张一枚,令仰知照并饬所属知照。等因,附检发调会证式样一枚,奉此,除将原证样存会存查暨分函外,相应函达查照分别饬知。

此致

本市业同业公会

汉口特别市商会　启

六月四日

(119-15-39:35)

5.汉口特别市政府据呈报私塾教育研究会改选情形案

(1943年6月5日)

汉口特别市政府指令,元三字第7530号:令教育局局长萧治平呈一件:呈报私塾教育研究会改选情形暨表册,请鉴核由。

呈件均悉。准予备查。此令。件存。

中华民国三十二年六月

(8-1-328:29)

6.武汉经济统制事务处为换发新物资登记证令食品杂货业公会

(1943年6月5日)

武汉经济统制事务处训令　经统字第一八七八号

查本处前此所发物资登记证,因持用日久,大都残破不堪,而移动数量之批销,亦苦无从添注。兹特另制复式登记证,分为十页、二十页、三十页三种,以资调换,并定自六月八日起至十三日止,暂停申请移动,作为换发新证时期(星期日照常办理)。凡持有登记证者,应一律前来接洽交换,以后即凭新证申请移动或贩卖。此项新证按照页数,分别核收纸料、工本费储备券二、三、四元三种。除布告外,为此令仰该公会迅即转饬各会员一体知照为要。此令!

处长　孔楚材

7.汉口市捐税征收所为抄送营业税复查办法希查照转行同业知照由

(1943年6月7日)

元字第四五二九号:案查前准汉口市捐税征收所函,以奉财政局令,关于营业税一项,经市政会议决议,自本年七月一日起实施新税,转行遵照,到所遵定于六月一日开始复查请为协助等由,当以事关变更税额,须有本会特函各公会通知各商店,公文转展尚需时日,拟请展期于六月十三日开始复查等语,至复查核办理在卷,兹续准捐税征收所分函即开:查奉令举办本届复查营业税后,即于七月一日实行新税,时间短促,碍难延缓,惟既承函嘱,通融展期三日,自六月四日起开始复查,除呈报展期并通知各区征收分所遵照外,相应抄录复查营业税办法,函复查照,并希特饬各同业公会知照等由,附抄送复查营业税办法一份,到会除分函外,相应抄同原办法函达查照转行同业各商店一体知照。

此致

本市同业公会

附抄送原办法一份。

启

六月七日

（119-15-35:89-90）

8.汉口特别市社会福利局致同业公会函

（1943 年 6 月 8 日）

元字第 3355 号:案奉汉口特别市社会福利局训令开:查六月五日友邦法国交还在华专管租界,本市为热烈庆祝起见,定于同月八日上午十时假世界戏院,举行民众庆祝大会。该会暨本市各同业公会应派三百人准时前往参加,并务须到足合行令仰遵照。此令。等因,附会徽六枚,奉此,自应遵办,除分函外,相应函请查照派员三人于本月八日上午九时(新钟)在本会集齐以便整队前往参加,毋误为盼。

此致

本市同业公会

启

六月八日

（119-15-33:125）

9.汉口特别市经济局转呈针织袜业第二届当选人略历表案

（1943 年 6 月 9 日）

汉口特别市经济局济字第 560 号,民国三十二年六月九日:案据本市针织袜业同业公会呈报于三十二年五月十八日举行第二届改选大会,请派员监选等情,经派员出席办理在案。兹据该会呈赍第二届当选人略历表三份,请予备查前来,理合检同原件,备文转呈,鉴核备查。

谨呈

汉口特别市市长　张

附呈汉口特别市针织袜业同业公会第二届当选人略历表二份。

汉口特别市经济局局长　孙迪堂

汉口特别市针织袜业同业公会第二届当选人略历表

汉口特别市针织袜业同业公会第二届当选人略历表						民国三十二年五月十八日当选 民国三十二年五月二十八日呈报			
职别	姓名	性别	年龄	籍贯	学历	经历	现在职业及其地位	党籍	备考
理事长	刘甲山	男	47	黄陂	私塾肄业	曾充本会当委	袜业经理	无	晋新
常务理事	夏玉廷	男	46	武昌	私塾肄业	曾充本会执委	袜业经理	无	夏玉昌
同上	王承义	男	43	黄陂	私塾肄业	曾充本会常委	袜业经理	无	复华
理事	梅益臣	男	42	黄陂	私塾肄业	曾充本会执委	袜业经理	无	益记
同上	徐浩彬	男	34	孝感	私塾肄业	曾充本会执委	袜业经理	无	永泰
同上	种少堂	男	55	武昌	私塾肄业	曾任本会理事长	袜业经理	无	晋丰祥
同上	宋少阶	男	62	黄陂	私塾肄业	曾充本会干事	袜业经理	无	宋同兴老号
同上	姚志明	男	35	汉川	私塾肄业	曾充本会筹备员	袜业经理	无	姚广泰
同上	刘少卿	男	38	孝感	晴川中学	曾充本会筹备员	袜业经理	无	鸿发
同上	刘壬山	男	31	黄陂	私塾肄业	曾充本会筹备员	袜业经理	无	永善
同上	何奇生	男	46	孝感	高中肄业	曾充本会筹备员	袜业经理	无	导贞
候补理事	杨振藩	男	54	黄陂	私塾肄业	曾充本会理事	袜业经理	无	裕申
同上	朱振庭	男	36	汉阳	私塾肄业	曾充本会干事	袜业经理	无	朱义兴
同上	徐锯川	男	50	鄂城	私塾肄业	曾充本会干事	袜业经理	无	徐祥记
同上	刘斌侯	男	38	武昌	私塾肄业	曾充本会干事	袜业经理	无	永安
同上	宋玉廷	男	45	黄陂	私塾肄业	曾充本会干事	袜业经理	无	宋同兴元记
监事	王海山	男	35	汉阳	私塾肄业	曾充本会干事	袜业经理	无	王海记
同上	李树华	男	35	汉阳	私塾肄业	曾充本会干事	袜业经理	无	李泰昌
同上	凌汉培	男	34	汉阳	私塾肄业	曾充本会干事	袜业经理	无	凌德记
同上	萧万卿	男	42	汉阳	私塾肄业	曾充本会干事	袜业经理	无	镒记
同上	陈蕙甫	男	38	汉阳	私塾肄业	曾充本会干事	袜业经理	无	培昌祥
候补监事	李达五	男	46	孝感	私塾肄业	曾充本会干事	袜业经理	无	怡康
同上	孙汉翘	男	40	汉阳	私塾肄业	曾充本会筹备员	袜业经理	无	信记
同上	王中明	男	45	汉川	私塾肄业	曾充本会干事	袜业经理	无	钰记

（8-1-328:49-57）

10.汉口特别市政府粮食局呈市政府为麦粉业同业公会选举第一届执监委员案

（1943 年 6 月 9 日）

查本市麦粉业同业公会章程，业奉钧府核准公布在案，该公会自去年八月起筹备数月，迭经职局督饬，该公会筹备主任陈尧轩等限期选举执监委员，成立正式公会，以便管理。惟该公会原系磨坊业、机磨麦粉业兼营麦粉业合并为一团体，三者业务性质略殊，且会员中机磨麦粉厂店二十余家，磨坊业亦仅十余家，而兼营麦粉商店票数较多，自应多数当选，而专业制造麦粉之机磨业与磨坊业反退居其次，形成资力薄弱之副业，反操纵资力雄厚之专业，于推行会务不无影响。当此参战时期，粮食政策极关重要，该公会主持人员自应以资力优厚之机磨业厂店为主，以磨坊业及兼营麦粉业之厂店为辅，俾政令易于推行。兹据该公会筹备主任陈尧轩呈报，入会会员已有一百五十四家，定于四月十四日举行成立大会，选举第一届执监委员，请派员监选等情，经派科员高礼黻前往监选，旋据报称麦粉业公会原系三业合并改组，对于推选执监委员人选争执甚烈，势将流会经各机关监选人员反复开导，由会员代表一致声明愿照章程规定，执监人数加倍票选，呈请政府圈定，当即依法选举，谨检同被选执监委员名单请鉴核等情，并据该公会筹备主任陈尧轩呈同前情，查各公会执监委员亦有政府圈定先例。职局体察现状，该麦粉业公会执监委员似以由政府圈定为宜，当经核定，执行委员十一人，机磨业五人，经售业五人，磨坊业一人，并准以得票较多之机磨业陈尧轩、罗宝珊、龚至哉、彭金观、董用章及经售业之郑瑶卿、陈宪章、张瑞钦、梁玉廷、张连城及磨坊业之徐信臣十一人为该公会执行委员。监察委员五人，机磨业二人，经售业二人，磨坊业一人，并准以得票较多之机磨业黄厚荣、罗祖培，经售之萧茂棠、王炳卿及磨坊业之鄢远池五人为该公会监察委员。除该公会立案，报告表另案呈报外，理合备文呈报，鉴核备查。

谨呈

市长张

粮食局局长　杨恩霈

（8－1－328：72－73）

11.汉口特别市经济局转呈汽车运输业同业公会改选理监事略历表请鉴核备查案

（1943 年 6 月 11 日）

汉口特别市经济局济字第 563 号，民国三十二年六月九日：案查本市汽车运输业同业公会已于四月一日举行改选大会，当经本局派员出席监选在案。兹据该工会先后呈送会员名册及改选理监事略历表各三份，请鉴核备查等情，据此经核，尚无不合，除指令外，理合检同原赍册表各三份，转呈鉴核备查。

谨呈

汉口特别市市长　张

附呈汽车运输业公会会员名册及改选理监事略历表各二份。

汉口特别市经济局局长　孙迪堂

汉口特别市汽车运输业同业公会会员名册

	商店牌号	经理姓名	店员人数	资本金额/元	代表店									
					人数	姓名	别号	性别	年龄	籍贯	在店职务	教育程度	是否党员	店址
	汉口运输社	周大东	15	15000	1	周大东	无	男	36	上海	经理	高中	否	大智路230号
社1212	乾记汽车行	夏明全	8	5000	1	夏明全	无	男	49	黄陂	经理	初中	否	中山路525号
社12100	新东亚汽车行	盛世银	2	9000	1	盛世银	无	男	46	黄陂	经理	初中	否	府东一路28号
社1211	中亚汽车行	廖庆余	8	4000	1	廖庆余	无	男	35	鄂城	经理	初中	否	车站街15号
社1213	武汉汽车行	杨堃山	6	9000	1	杨堃山	无	男	41	应城	经理	初中	否	大智边19号
社1128	永明汽车行	鞠松元	5	3000	1	鞠松元	无	男	42	黄陂	经理	初中	否	统一街56号
社1093	新汉口运输社	陈梅卿	5	5000	1	陈梅卿	无	男	47	汉口	经理	初中	否	大智边184号
社1778	魏云记汽车行	魏灏廷	2	3000	1	魏灏廷	无	男	57	汉阳	经理	初中	否	华景街59号
社1792	中央汽车行	□□□	3	5000	1	魏灏廷	无	男	52	鄂城	经理	初中	否	维新路130号
社1215	祥发汽车行	杨凤亭	6	5000	1	杨凤亭	无	男	40	黄陂	经理	初中	否	中山路720号
社1209	义记汽车行	刘庆堂	3	4000	1	刘庆堂	无	男	32	黄冈	经理	初中	否	瑞祥路41号
社1231	同和汽车行	李炳臣	3	4000	1	李炳臣	无	男	38	黄陂	经理	初中	否	公安路97号
社2006	宝利汽车行	梁宝山	2	3000	1	梁宝山	无	男	45	汉口	经理	初中	否	清源里2号

（续表）

	商店牌号	经理姓名	店员人数	资本金额/元	代表店									
					人数	姓名	别号	性别	年龄	籍贯	在店职务	教育程度	是否党员	店址
社 01783	宝禄汽车行	王长清	4	3000	1	王长清	无	男	32	安徽	经理	初中	否	三民路123 号
	协记汽车行	周大钧	4	3000	1	周大钧	无	男	51	黄陂	经理	初中	否	府南一路246 号
社 02165	三鑫汽车行	田广海	2	4000	1	田广海	无	男	28	汉阳	经理	初中	否	公安路35 号
	如海汽车行	汤如海	2	7000	1	汤如海	无	男	38	黄冈	经理	初中	否	鄱阳街42 号
	森昌汽车行	邵昌南	3	5000	1	邵昌南	无	男	50	广东	经理	初中	否	楚善里17 号
社 00439	永记汽车行	黄金堂	2	4000	1	黄金堂	无	男	40	黄陂	经理	初中	否	民生路95 号
	鸿祥汽车行	江章寿	2	4000	1	江章寿	无	男	32	汉口	经理	初中	否	木兰宫98 号
	三义汽车行	刘天章	2	4000	1	刘天章	无	男	36	汉阳	经理	初中	否	三民路105 号
社 2007	六合汽车行	华汉卿	3	5000	1	华汉卿	无	男	34	黄陂	经理	初中	否	公安路100 号
	协和汽车行	周协和	2	5000	1	周协和	无	男	48	黄陂	经理	初中	否	利济路29 号
	潘和兴汽车行	潘和兴	2	4000	1	潘和兴	无	男	44	黄陂	经理	初中	否	府南一路229 号
	国泰汽车行	闻宏发	2	5000	1	闻宏发	无	男	20	黄陂	经理	初中	否	金兰巷6 号
	寿光汽车行	王寿山	4	8000	1	王寿山	无	男	48	通州	经理	初中	否	府东一路28 号
社 1671	利记汽车行	刘保臣	2	5000	1	刘保臣	无	男	48	襄阳	经理	初中	否	崇正里1 号
	春记车行	沈春祥	2	3000	1	沈春祥	无	男	20	汉口	经理	初中	否	三民路123 号

（续表）

	商店牌号	经理姓名	店员人数	资本金额/元	代表店									
					人数	姓名	别号	性别	年龄	籍贯	在店职务	教育程度	是否党员	店址
社 1671	云昌汽车行	周万兴	2	5000	1	周万兴	无	男	52	汉阳	经理	初中	否	利济巷24号
	南方汽车行	孙德江	2	5000	1	孙德江	无	男	48	浙江	经理	初中	否	球场街2号
	大智汽车行	吴性初	5	6000	1	吴性初	无	男	42	汉阳	经理	初中	否	大智路101号
	汉才记车行	邱建廷	2	3000	1	邱建廷	无	男	48	黄冈	经理	初中	否	新诚里77号
	永利汽车行	鞠玉鳞	2	3000	1	鞠玉鳞	无	男	42	黄陂	经理	初中	否	统一街56号
社 854	华盛顿车行	施信甫	3	9000	1	施信甫	无	男	37	浙江	经理	初中	否	大智路
社 1007	中南汽车行	李孝根	2	6000	1	李孝根	无	男	42	浙江	经理	初中	否	特区汉中街4号
	三诚汽车行	郑序孔	2	4000	1	郑序孔	无	男	35	开封	经理	初中	否	公安路77号
	有记汽车行	张天文	2	4000	1	张天文	无	男	42	汉阳	经理	初中	否	大智路
社 1216	清记车行	周清山	8	9000	1	周清山	无	男	46	黄冈	经理	初中	否	中山路727号
	克强车行	黄耀堂	4	7000	1	黄耀堂	无	男	46	汉口	经理	初中	否	中山路公合里
	联利车行	何长生	2	6000	1	何长生	无	男	23	汉阳	经理	初中	否	大智边路19号
	兴利车行	何长安	2	6000	1	何长安	无	男	32	汉阳	经理	初中	否	特一区五福路
	合记车行	叶德银	2	5000	1	叶德银	无	男	28	黄冈	经理	初中	否	公安路77号
	明记汽车行	叶明田	2	6000	1	叶明田	无	男	42	黄冈	经理	初中	否	天钦村4号

（续表）

	商店牌号	经理姓名	店员人数	资本金额/元	代表店									
					人数	姓名	别号	性别	年龄	籍贯	在店职务	教育程度	是否党员	店址
社 1216	联合汽车行	朱文林	2	3000	1	朱文林	无	男	27	黄冈	经理	初中	否	天钦村4号
	三和汽车行	陈厚德	2	5000	1	陈厚德	无	男	32	典冈	经理	初中	否	济生巷20号
	三信汽车行	钟光如	2	5000	1	钟光如	无	男	42	汉阳	经理	初中	否	球场街
	协康车行	曾宪祥	2	5000	1	曾宪祥	无	男	24	黄陂	经理	初中	否	瑞祥路39号

汉口特别市汽车运输业同业公会第二届理监事略历表

职别	姓名	性别	年龄	籍贯	学历	经历	现在职业及其地位	党籍	备考
理事长	盛世银	男	49	黄陂	湖北省立学校肄业	向业汽车	新东亚车行经理	无	留任
常务理事	周大东	男	38	上海	上海浦东学校毕业	向业汽车	汉口运输社经理	无	同上
常务理事	鞠松元	男	42	黄陂	县立学校肄业	向业汽车	永明车行经理	无	同上
理事	梁宝山	男	45	汉口	湖北省立学校肄业	向业汽车	宝利车行经理	无	新任
理事	汤如海	男	38	黄冈	县立学校肄业	向业汽车	如海车行经理	无	同上
监事	魏灏廷	男	57	汉阳	县立学校肄业	向业汽车	魏云记车行经理	无	留任
监事	陈梅卿	男	47	汉口	湖北省立学校肄业	向业汽车	新汉口运输社经理	无	同上
监事	杨堃山	男	41	应城	县立学校肄业	向业汽车	武汉车行经理	无	新任
候补理事	王寿山	男	49	通州	河北省立学校肄业	向业汽车	寿光车行经理	无	新任
候补理事	夏明全	男	49	黄陂	私塾学校	向业汽车	乾记车行经理	无	同上
候补理事	黄金堂	男	40	黄陂	私塾学校	向业汽车	永记车行经理	无	同上
候补监事	刘保臣	男	48	襄阳	私塾学校	向业汽车	利记车行经理	无	同上

（8-1-328:32-47）

12.汉口市政府为外汇买卖训令市商会

（1943 年 6 月 12 日）

案准财政部钱二字第一五四号咨开:"查美金、英镑、港币等敌性货币,市面上尚有买卖交易,殊属非是。兹由本部公布:自即日起,所有以美金、英镑、港币及以上项货币为期票、支票之买卖交易或汇兑应即一律禁止。如有携带持有或保存上项货币情事,亦应一并从严取缔,倘有故违,一经查实,定予惩处。除由部布告,并呈报暨分行外,相应咨达即希查照。"等因,并准,函送布告六十张到府,除将布告张贴并分行外,合行抄发原布告,令仰知照并转饬各同业公会知照。

13.第三科例行转呈中药炮制业公会第二届当选理监事略历表等件祈鉴核备查案

（1943年6月14日）

汉口特别市经济局济二字第587号,民国三十二年六月十四日:案据市工会转报本市中药炮制业职业工会定于三十二年五月十八日举行第二届改选大会,请派员监选等情,经派员办理在案。兹据市工会转呈该职工会第二届改选大会报告表、理监事略历表及首次理监事联席会议记录、后加会员名册各三份,请予备查前来,除拟存外,理合检同原表册,备文呈请,鉴核备查。

谨呈

汉口特别市市长　张

附呈中药炮制业职业工会第二届改选大会报告表、理监事略历表、首次理监事联席会议记录及后加会员名册各二份。

汉口特别市经济局局长　孙迪堂

<table>
<tr><td>团体名称</td><td>汉口特别市中药炮制业第二届职业工会</td><td>会址</td><td>利济路药王殿</td></tr>
<tr><td>成立日期</td><td>三十二年五月十八日下午二时</td><td>地点</td><td>利济路药王殿</td></tr>
<tr><td>会员总数</td><td>400人,代表80人</td><td>出席会员数</td><td>实到代表64名</td></tr>
<tr><td>主席姓名</td><td colspan="3">曾禹山</td></tr>
<tr><td>上级机关代表姓名</td><td colspan="3">经济局杨孝义　市党部刘季新　市工会吴泽宽、凌灼棠
社会福利局李英豪　市警局张绍鳞</td></tr>
<tr><td>章程草案修正之点</td><td colspan="3"></td></tr>
<tr><td>会员名册更动之处</td><td colspan="3"></td></tr>
</table>

人民团体成立大会报告表

<table>
<tr><td rowspan="2">当选职员姓名及当选票数</td><td>理事</td><td>曾禹山51票　朱华清30票
熊厚祖47票　姚宝臣22票
罗文榜35票　郑煦臣20票
陈继维34票</td><td>候补理事</td><td>杨致中17票
陶少山13票</td></tr>
<tr><td>监事</td><td>冯伯安16票　吴贻学8票
王开藻10票</td><td>候补监事</td><td>吴润生7票</td></tr>
<tr><td>通过提案</td><td colspan="4">拟设业务技术改进研究班</td></tr>
<tr><td>临时动议</td><td colspan="4"></td></tr>
<tr><td>备考</td><td colspan="4">原为常务理事三人,后来经经济局电话嘱,只可用一人</td></tr>
</table>

团体名称:汉口特别市中药炮制业第二届职业工会　会址:利济路药王殿

职别	姓名	性别	年龄	籍贯	学历	经历	现在职业及其地位	党籍	备考
常务理事	曾禹山	男	46	汉阳	中学	曾充工会职员	九芝堂工友	均登记	
理事	熊厚祖	男	49	武昌	中学	曾充工会职员	仁寿堂工友	均登记	
理事	罗文榜	男	40	黄陂	中学	曾充工会职员	初面堂工友	均登记	
理事	陈继维	男	48	黄陂	中学	曾充工会职员	刘有余工友	均登记	
理事	朱华清	男	46	汉阳	中学	曾充工会职员	万鹤麟工友	均登记	
理事	姚宝臣	男	62	汉阳	私塾	曾充工会职员	天保和工友	均登记	
理事	郑煦臣	男	48	大冶	私塾	本业工友	陈太乙工友	均登记	
候补理事	杨致中	男	46	鄂城	小学	本业工友	陈太乙工友	均登记	
候补理事	陶少山	男	47	江苏	小学	工会职员	□向太工友	均登记	
常务监事	冯伯安	男	45	黄陂	小学	工会职员	金兰仁工友	均登记	
监事	王开藻	男	47	湖北	小学	本业工友	□□□工友	均登记	
监事	吴贻学	男	36	汉阳	小学	本业工友	保和堂工友	均登记	
候补监事	吴润生	男	48	汉阳	小学	本业工友	吴寿康工友	均登记	

汉口特别市中药炮制业第二届职业工会首次理监事联席会议记录

时间	三十二年五月二十二日正午十二时	地点	利济路药王殿本会
出席人	熊厚祖　曾禹山　陈继维　罗文榜　朱华清　姚宝臣　冯伯安　王开藻　吴贻学	请假人	郑煦臣
参加人	市工会凌灼棠		
主席	曾禹山	记录	陈继维

甲、报告

主席报告开会意义。

参加人致以现在工会要本战时体制、精神策动会员,努力增加生产。

乙、讨论

1.请分配理事重任职务以专责成案。

决议:推曾禹山为常务理事;陈继维为二股主任;熊厚祖为二股主任;罗文榜为三股主任;冯伯安为常务监事。

2.前任文卷如何接管案。

决议:由理事会接管并呈报。

3.请规定会议日期案。

决议:仍照以前成例办理。

4.拟请酌增本会之员工津贴案。

决议:文书每月津贴国币百五十元,事务员津贴国币二百五十元。

全体理监办公费国币二百元,工人二名共支国币一百三十元。

讲至二时散会。

曾禹山

汉口特别市中药炮制业职业工会后加会员名册

姓名	性别	年龄	籍贯	入会日期	会员证号数	作业地点	住址	备考
赵炳元	男	60	汉阳	三月十六	21016	汉正街	同仁堂	
陈嘉号	男	16	沔阳	三月十六	21017	汉正街	同仁堂	
叶树生	男	40	黄陂	三月廿日	21018	长堤街	永保康	
吴汇卿	男	26	汉阳	三月廿二	21019	法租界	寿昌祥	
郭焕章	男	30	汉阳	三月廿二	21020	法租界	寿昌祥	
倪春来	男	42	鄂城	四月十六	21021	三民路	陈天保	
卢蕙民	男	15	鄂城	四月十六	21022	三民路	陈天保	
王定华	男	30	鄂城	四月十六	21023	三民路	陈天保	
彭华安	男	33	武昌	四月十六	21024	三民路	陈天保	
刘韩民	男	16	沔阳	四月十六	21025	三民路	陈天保	
宋子霖	男	37	北平	四月十八	21026	半边街	达仁堂	
杨体安	男	26	北平	四月十八	21027	半边街	达仁堂	
陈子儒	男	36	北平	四月十八	21028	半边街	达仁堂	
史青云	男	40	北平	四月十八	21029	半边街	达仁堂	
钱树棠	男	25	武昌	四月卅日	21030	杨子街	金同仁	
陈佛生	男	25	黄州	四月卅日	21031	汉正街	九芝堂	
罗松樵	男	46	黄陂	四月八日	21032	民族路	同仁堂	
刘云珊	男	39	汉阳	四月八日	21033	汉正街	同仁堂	
贺良夫	男	32	鄂城	四月八日	21034	汉正街	同仁堂	
李传章	男	20	汉阳	四月八日	21035	汉正街	同仁堂	
张松樵	男	36	汉川	四月八日	21036	保华街	天生和	
杨澤生	男	45	武昌	四月八日	21037	汉正街	九芝堂	
姚宝臣	男	62	汉阳	四月八日	21038	统一街	天保和	

（8-1-328:59-70）

14.汉口特别市政府据呈报染织纱布业同业公会第二届改选理监事会案

（1943 年 6 月 15 日）

汉口特别市政府指令,元三字第 7750 号:令经济局局长孙迪堂呈一件:转呈染织纱布业同业公会第二届改选理监事名册由。

呈件均悉。准予备查。此令。存件。

中华民国三十二年六月

（8-1-328:31）

15.武汉经济统制事务处为抄发协定价格表令食品杂货业公会

（1943 年 6 月 18 日）

武汉经济统制事务处训令　经配字第二〇一五号

兹奉中央物资物价统制委员长通牒（译文）内开："案准，本年六月武经统配字第一九一九号、一九一八号、一九三六号、一八二〇号、一八二一号等申请之协定价格，兹予依照另纸开列照准。"等因，奉此。合亟抄录协定价格表，随令附发，仰即转饬有关各业一体遵照为要。此令！

抄发协定价格表一份。

处长　孔楚材

16.第三科例行为转呈市山货行业公会常务理事胡庆云因事离职，遗缺由刘玉山递补请鉴备查案

（1943 年 6 月 22 日）

汉口特别市经济局呈济二字第 635 号，民国三十二年六月二十二日：案据市商会呈以本市山货行业同业公会常务理事胡庆云因事离职，所遗职务经该会第九次理监联席会决议，以理事刘玉山递补，理事一缺，以候补理事刘荣生递补，理合呈请鉴核，分别呈转备查等情；据此，经核尚无不合，除指令外，理合转呈鉴核备查。

谨呈

汉口特别市市长　张

汉口特别市经济局局长孙迪堂出差

秘书朱钰代

（8-1-328：85）

17.汉口特别市商会为抄发本会第四次会员大会会议纪录致各同业公会（附会议纪录）

（1943 年 6 月 23 日）

查本会第四次会员大会，业于六月二十日举行，所有本会暨各业提案经当场分别讨论决议，记录在卷。兹已将此项纪录印就，除分函外，相应检送一份，函请查收备查。

此致

本市　同业公会

附送本会第四次会员大会会议纪录一份。

汉口特别市商会　启

18.第三科例行据市商会转呈鞋业公会改选人略历表呈请鉴核备查案

（1943 年 6 月 24 日）

汉口特别市经济局呈济二字第 612 号，民国三十二年六月十八日：前据市商会转呈本市鞋业同业公会定于四月十二日举行第二届改选半数大会，请派员监选等情，经派员前往办理在卷。兹据该会转报该同业公会改选结果及留任理事杨润田，候补监事刘玉廷辞职，经提交第一次理监联席会议决定以得票最多之候补理事周少卿选补，刘玉廷辞职照准，附赍第二届当选人略历表请予备查到局，核无不合，除提存并指令外，理合检同原表，转呈鉴核备查。

谨呈

汉口特别市市长　张

附呈鞋业公会第二届当选人略历表二份。

汉口特别市经济局局长孙迪堂出差

秘书朱钰代

汉口特别市鞋业同业公会第二届当选人略历表

（民国三十二年四月十二日当选）

职别	姓名	性别	年龄	籍贯	学历	经历	现在职业及其地位	党籍	备考
理事长	舒春松	男	49	武昌	私塾肄业	向充本店经理	鞋店	无	松和祥
常务理事	胡季廷	男	50	武昌	同上	同上	同上	无	胡义兴
	李文階	男	55	黄陂	同上	同上	同上	无	义森祥
理事	杨九卿	男	59	武昌	同上	同上	同上	无	青云
	熊锦堂	男	55	武昌	同上	同上	同上	无	义和祥
	袁福堂	男	58	汉阳	同上	同上	同上	无	玉成
	余楚臣	男	29	汉川	同上	同上	同上	无	汉成分店
	吴西亭	男	30	汉阳	同上	同上	同上	无	志成
	叶干臣	男	38	武昌	同上	同上	同上	无	顺泰祥
	杨昌坪	男	25	汉阳	高中卒业	同上	同上	无	杨东兴五房
	周少卿	男	55	黄陂	私塾肄业	同上	同上	无	裕新
监事	丁瑞生	男	38	汉阳	同上	同上	同上	无	丁瑞记
	成玉階	男	36	黄陂	同上	同上	同上	无	成福记
	陈明山	男	54	武昌	同上	同上	同上	无	协泰兴
	熊汉卿	男	50	汉阳	同上	同上	同上	无	美华
	李聚川	男	46	汉阳	同上	同上	同上	无	东林

（续表）

职别	姓名	性别	年龄	籍贯	学历	经历	现在职业及其地位	党籍	备考
候补理事	涂义安	男	38	黄陂	私塾肄业	向充本店经理	鞋店	无	钜霞
	牛蔚生	男	42	鄂城	同上	同上	同上	无	三达
	杨树坪	男	23	汉阳	同上	同上	同上	无	杨东兴五房
	喻华卿	男	32	黄陂	同上	同上	同上	无	喻和祥
候补监事	陈玉卿	男	54	武昌	同上	同上	同上	无	陈春茂
	范彬甫	男	35	汉阳	同上	同上	同上	无	春和祥

（8-1-328:75-83）

19.汉口特别市政府据经济局呈报本市山货行业同业公会常务理事胡庆云因事离职遗缺，由刘玉山、刘荣生分别递补案

（1943 年 6 月 29 日发出）

汉口特别市政府元三字第 8701 号指令：令经济局局长孙迪堂呈一件：为呈报本市山货行业同业公会常务理事胡庆云因事离职，遗缺由理事刘玉山、候补理事刘荣生分别递补案。

呈悉。准予备查。此令。

中华民国三十二年六月

（8-1-328:86）

20.汉口特别市经济局为赍市商会各章程修正草案呈市政府

（1943 年 6 月 29 日）

案查前奉钧府元一字第六一四一号指令略开："……惟查市商会章程暨办事细则理事会会议规则、监事会会议规则等件，条文内所载主管机关多与现情不合，应即分别拟订修正草案呈候核办，仰即转饬遵照。"等因，奉此。业经转饬市商会遵办后，兹据该会呈赍上项各章则修正草案到局，经核尚无不合，理合检同原件备文呈请核示祗遵。

谨呈

汉口特别市市长　张

汉口特别市经济局局长　孙迪堂

7 月

1.市会函一件为七七纪念传派□函上海大戏院参加庆典由

（1943 年 7 月 6 日）

元字第三六八一号：顷准汉口特别市社会福利局函开：查七月七日为兴亚纪念日，是日下午二时假上海大戏院举行兴亚参战运动。汉口特别市电影音乐大会以示热烈庆祝，贵会应派员一百名按时前往参加，相应函达即希查照等由，到会自应照办，除分函外，相应函请查照派员一人准时前往上海大戏院参加为盼。

此致

同业公会

汉口特别市商会　启

七月六日

（119-15-33：130）

2.汉口特别市政府为市商会修正各章则草案令汉口特别市经济局

（1943 年 7 月 7 日）

汉口特别市政府指令　元一字第 9673 号

呈件均悉。据呈转市商会修正各项章则条文经核尚无不合，应予照准，仰即转饬遵照施行，具报。此令！

3.汉口特别市纱业同业公会为奉令饬办棉纱样本由组合函一件

（1943 年 7 月 9 日）

案查奉令办理布匹棉纱绸缎呢绒样品簿一案，无论存货及配给物资，凡属公定、协定两价格货品，应备制五寸见方样子，并载明中国及日本两种普通名称，每匹长宽码度，每箱或每件匹数棉纱以一小支为样品，关于布纱绸呢等种各制样品簿二本，送经本组合以凭转报，布匹种类归布匹、匹头、国货三业会同办理，棉纱种类归纱业办理，绸缎种类归绸缎业办理，呢绒种类归呢绒、洋服两案会同办理事，查照迅予办理见复为荷！

此致

纱业公会

武汉布匹棉纱绸缎呢绒配给组合启

七、九

（119-15-34：75-76）

4.纱货布组合为奉令办理纱支样品发函请协助搜集纱线样支由

（1943 年 7 月 13 日）

案准贵组合本月九日函即开："案查奉令办理布匹棉纱绸缎呢绒样品簿一案，无论存货及配给物资，凡属公定、协定两价格货品，应备制五寸见方样子，并载明中国及日本两种普通名称，每匹长宽码度，每箱或每件匹数、定数、支数，棉纱以一小支为样品，归纱业办理，及商内令除分函外，相应函请查照，迅予办理见复为荷！"等因，准此查属会各会员同业自物资实施统制以来所有整件棉纱，均经登记，不可擅自移动分散，具有易恒记给予零纱，复于无致在经销警监督之下，少数售罄，不余丝毫存留，此时奉令办理样品等所需之每牌小支纱线样品，尽在此后搜集，函已□有，函请贵组合暂缓于配给棉纱时，拔各牌粗细纱线品种抽集三小支，须发下会，深资照办样品后，送请转报，应免贻误，安公奉函发，因相应函请查照，准予协助代为搜集，解除困难为荷！

此致

武汉布匹棉纱绸缎呢绒配给组合

纱业公会启

七、十三

（119-15-34:79）

5.汉口纱业同业公会发布纱绸呢组合公函准乙等纱商代表函垫款已久，未见配货周转困难，请早日实施配给以渡难关恳转函组合代表请命由

（1943 年 7 月 18 日）

案准贵会会员乙等商代表张善夫、胡钰星、刘□、杨天安、周新民等联名函称录启，此日前据组合牌示第六级配给棉纱三百五十件，乙等商占百分之十五，应垫国币一百二十余元，恳于本月八日、十二日两□缴齐等情，乙等各级商店……

（119-15-34:71-72）

6.汉口特别市纱业同业公会发组合函为在经统处指令所请恢复原有利润碍难照准仰请饬遵照由

（1943 年 7 月 19 日）

案奉武汉经济统制事务处本月十七日经配字第二四三四号指令开：令布匹棉纱绸缎呢绒配给组合长唐兰樵呈一件：为生活高昂利润难敷开支，不堪再减以促生计，请求恢复原有利润率，俾暂维现状，祈鉴核示遵由。呈悉。查此次公布之协定价格及利润均经奉吕集团军中央物资物价统制委员会联络后通牒认可，并无错误，所请碍难照准，仰即转饬遵照。此令。等因，奉此。查此案系各业遵呈之体，除分函外，相应录达，即希查照

为荷!

此致

纱业公会

武汉布匹棉纱绸缎呢绒配给组合启

七、十九

(119-15-34:73-74)

7.汉口特别市纱业同业公会为乙等商垫款已久,周转困难情形早所深悉刻正分函收款齐即照退请查照转知由

(1943年7月26日)

案准贵会本月十九日函"以准乙等商代表函垫款已久,未见配货周转困难,请早日实施配给,以缓难关,恳转函组合代为请命"等由,准此。查贵会乙等商代表所述困难情形早所深悉,惟配售小型手工业棉纱数字于本日(廿三日)始由统制处核定发下,刻正分函收款,一俟收齐,即行照退,迟延已久,殊深歉以相应复请查照转知为荷!

此致

纱业公会

武汉布匹棉纱绸缎呢绒配给组合启

七、廿六

(119-15-34:69-70)

8.第一科、第二科为转呈本市柴煤业公会第二届理监事略历表等件案

(1943年7月29日)

已发回文证。七、二九

汉口特别市经济局呈济二字第851号,民国三十二年七月二十三日:前据本市柴煤业同业公会呈报,定于三十二年三月六日举行选举理监事大会,请派员出席监选等情到局,业已派员办理在案。兹据市商会转呈该会改选结果,检具改选大会报告表、第二届理监事略历表及第一次理监联席会议记录各三份,请存转备查等情。据此经核尚无不合。除提存并指令外,理合检赍原件呈请鉴核备查。

谨呈

汉口特别市市长　张

检呈本市柴煤业同业公会改选大会报告表、第二届理监事略历表及第一次理监联席会议记录各二份。

经济局局长　孙迪堂

汉口特别市柴煤业同业公会选举理监事大会

<table>
<tr><td>团体名称</td><td colspan="2">汉口特别市柴煤业同业公会</td><td>会址</td><td colspan="2">卢家二巷十号</td></tr>
<tr><td>成立日期</td><td colspan="2">三十二年三月六日下午一时</td><td>地点</td><td colspan="2">三民路老会实酒楼</td></tr>
<tr><td>会员总数</td><td colspan="2">四百九十七</td><td>出席会员数</td><td colspan="2">三百一十九名</td></tr>
<tr><td>主席姓名</td><td colspan="5">王涵清</td></tr>
<tr><td>上级机关代表姓名</td><td colspan="5">经济局代表张超凡　社会福利局代表许霜、王间明、周味冰
市党部代表李光燦　警察四分局代表吕学曾　市商会代表解子年</td></tr>
<tr><td>章程草案修正之点</td><td colspan="5">无</td></tr>
<tr><td>会员名册更动之处</td><td colspan="5">无</td></tr>
<tr><td rowspan="2">当选职员姓名及当选票数</td><td>理事</td><td>黄镇堂 161　曹国钧 149　梅厚安 128　常荣卿 115
王耀卿 85　黄锦文 84　郑朝春 83　魏春陔 80
徐初阶 74　常仁炳 71　萧百□69</td><td>候补理事</td><td colspan="2">王涵□66　潘初卿 58
赵楚屏 57　冯新源 56
胡瑶卿 55</td></tr>
<tr><td>监事</td><td>周森漠 47　彭青山 44　傅子东 36
潘玉亭 24　梅春堂 22</td><td>候补监事</td><td colspan="2">杨德山 21　黄桂庭 20</td></tr>
<tr><td>通过提案</td><td colspan="5">无</td></tr>
<tr><td>临时动议</td><td colspan="5">无</td></tr>
<tr><td>备考</td><td colspan="5"></td></tr>
</table>

汉口特别市柴煤业同业公会第二届理监事略历表

职别	姓名	性别	年龄	籍贯	学历	经历	现在职业及其地位	党籍	备考
理事长	曹国钧	男	44	黄陂	私塾	世营炭业	德泰经理	非	第三区羊台子 3 号
常务理事	梅厚安	男	35	黄陂	私塾	世营炭业	梅祥发经理	非	第四区长清里 98 号
常务理事	常荣卿	男	41	黄陂	私塾	世营炭业	常福兴经理	非	第五区辅仁里 12 号
理事	黄镇堂	男	39	黄陂	私塾	世营炭业	黄特泰经理	非	第三区旅美之七巷
理事	王耀卿	男	50	黄陂	私塾	世营炭业	太吉昌经理	非	第三区花楼街 95 号
理事	黄锦文	男	52	黄陂	中学	世营炭业	铭昌经理	非	第五区汉景街 193 号
理事	郑朝春	男	51	黄陂	私塾	世营炭业	复昌经理	非	第五区辅仁里 36 号
理事	魏春陔	男	48	黄陂	初中	世营炭业	耀华经理	非	第五区公安街 21 号
理事	徐初阶	男	54	黄陂	中学	世营炭业	昌记义利经理	非	第五区庆安里 34 号
理事	常仁炳	男	38	黄陂	私塾	世营炭业	常祥兴经理	非	第五区辅仁里 61 号
理事	萧百□	男	62	黄陂	中学	世营炭业	萧知泰经理	非	第三区屏藩里 1 号
候补理事	王涵□	男	54	黄陂	中学	世营炭业	王森泰经理	非	第三区雄黄司 1 号

（续表）

职别	姓名	性别	年龄	籍贯	学历	经历	现在职业及其地位	党籍	备考
候补理事	潘初卿	男	36	黄陂	中学	世营炭业	森记经理	非	第二区萧家院 15 号
候补理事	赵楚屏	男	68	合肥	高中	向在军政界服务	久大经理	非	第三区汉寿里 43 号
候补理事	冯新源	男	44	汉口	中学	向在商界	济新经理	非	第四区大智路 209 号
候补理事	胡瑶卿	男	24	黄陂	私塾	世营炭业	胡慧记经理	非	第三区义回巷 10 号
监事	周森谟	男	36	黄陂	私塾	世营炭业	周和记经理	非	第三区府北一路 33 号
监事	彭青山	男	50	黄陂	私塾	世营炭业	彭协记经理	非	第七区球场街 108 号
监事	傅子东	男	40	黄陂	中学	世营炭业	东记经理	非	第二区大火路 47 号
监事	潘玉亭	男	56	黄陂	私塾	世营炭业	源泰经理	非	第三区□鄰后街 1 号
监事	梅春堂	男	40	黄陂	私塾	世营炭业	梅春记经理	非	第七区太军街 27 号
候补监事	杨德山	男	51	黄陂	私塾	世营炭业	杨义兴经理	非	第五区天德里 6 号
候补监事	黄桂庭	男	46	黄陂	私塾	世营炭业	黄义丰经理	非	

9.本市纱业同业公会为请改善营业税办法即案同法令范围予变更相应函后查照转知由

（1943 年 7 月 29 日）

查前准贵会提议请改善营业税征收办法一案，经提出第四次会员大会讨论，并遵照决议函准，汉口特别市财政局财二字第五六五号公函所开：查本市各业商店营业税额之核定，其按营业总收入额课征，此依照本市税捐征收规则第九条之规定，应以上年度实际收入为标准，贵会转请改善征收办法一节，案关法令范围，未便擅于变更，准函前由相应函后，即希查照饬知等由，准此。相应函达查照分别转知由。

此致

本市纱业同业公会

汉口特别市商会　启

七月廿九

（119-15-35：87-88）

10.商会为准福利局函以庆祝友邦交还上海租界，汉口市民众大会于八月一日及四日举行庆祝，届时请分别派员三人或一人参加由

（1943 年 7 月 30 日）

案准汉口特别市社会福利局函，以庆祝友邦交还上海租界打倒英美汉口特别市民众大会定于八月一日上午十一时，在世界大戏院举行，市商会须派三百人参加。又八月四日上午十时

在上海大戏院举行音乐电影大会,市商会须派一百人参加,各等附领队徽章四枚到会自应照办。除分函外,相应函请贵会于八月一日上午十时派员三人,又八月四日上午九时派员一人,均先到本会集合,以便分别整队同往指定地点参加。

此致

同业公会

启

七月卅日

(119-15-33:131)

11.汉口特别市政府粮食局为发重要物资由苏、浙、皖三省移往其他地域统制暂行办法致各业同业公会训令

(1943 年 7 月 30 日)

案奉市政府元一字第七五六一号训令开:案准实业部商字第四八五号咨开:案准物资统制审议委员会审字第一三公函开:案查本会第二次常会临时提案第三案,实业部梅部长提关于重要物资由苏、浙、皖三省移往中国其他地域统制暂行办法一案,经决议通过记录在卷,除分函外,相应检同前项办法一份,函请贵部查照并转饬全国商业统制总会知照,等由。并附送重要物资由苏、浙、皖移往其他地域暂行办法一份,准此。除分行外相应检同前项办法一份,咨请贵市政府查照并希转饬所属一体知照为荷,等因。附送重要物资由苏、浙、皖三省移往其他地域统制暂行办法一份,准此。除分行外合行抄发前项办法,令仰知照并饬属知照,此令。等因,计抄发重要物资由苏、浙、皖三省移往其他地域统制暂行办法一份,奉此。除分令外,合行抄发前项办法,令仰知照。

计抄发重要物资由苏、浙、皖三省移往其他地域统制暂行办法一份。

局长　杨思霈

8 月

1.全国商业统制总会湘鄂赣分会武昌分所为所配物资不敷支配解决办法致湖北武昌地方检察署

(1943 年 8 月 2 日)

案准贵署函,以所配四月份公用火柴,就各机关比较数量,似觉过少。其附属之看守所,应酌予计配等由。查本分所对于省属各主管机关公用物资,就物资之多寡,酌与分配,其各附属机关,向不另配,如贵署此次所配之物资不敷支配,准在下次配给时酌予增加,特此函复,希查照为荷。

此致

湖北武昌地方检察署

全国商业统制总会湘鄂赣分会武昌分所　启

2.汉口特别市经济局准予发给广货业同业公会营业许可证令

（1943年8月6日）

令市商会呈乙件，据呈本市广货业会员代表提议：准予继续发给营业许可证案。呈件均悉。新请俟通办理，仰即知照，并转饬知照。此令！件存。

局长　孙迪堂

3.汉口特别市商会为转知经济局关于继续发给营业许可证致广货业同业公会

（1943年8月9日）

案查前准贵会提议为转请准予继续给营业许可证一案，经提出第四次会员大会讨论，并遵照决议呈奉，汉口市经济局济二字第九三二号指令开：呈件均悉。原文付存。等因，奉此。相应函达。查照分别转知。

此致

本市广货业同业公会

（会戳）启

4.汉口特别市丝茧行业同业公会为呈准改选日期祈届期派员指导函汉口特别市商会

（1943年8月10日）

案查属会遵照中央规定，修正会章，缮具会员名册，拟定改选日期，呈请主管机关核准施行，兹奉汉口特别市经济局济二字九三一号指令内开：呈件均悉。准予另期改选，除派员出席监选外，仰即知照！等因，奉此。遵即定期于八月十六日下午二时，□□三民路会宾酒楼，召集会员代表大会，举行第二届选举，理合函请查照，俯准届期派员指导，是为至荷。

此致

汉口特别市商会理事长李

丝茧行业理事长胡筱轩

八月十日

汉口特别市丝茧行业同业公会第二届选举大会各机关团体代表衔名及当选理监事人员名单开列于后

计开

市经济局　连云阶

市党部　刘李新

市社会福利局　关忠松

市商会　梅幼玉

丝线公会　胡正卿
当选理事长　胡筱轩
常务理事　胡筱轩(6 票)　蔡松泉(4 票)　黄仁山(5 票)
理事　蔡松泉(15 票)　黄仁山(15 票)　胡筱轩(13 票)　朱河亭(11 票)
　　实瑶阶(11 票)　邱琴梧(10 票)　林云卿(9 票)
候补理事　张松樵(8 票)　宁彤卿(4 票)
监事　何梅卿(5 票)　林仁轩(5 票)　朱子厚(4 票)
候补监事　□云卿(2 票)

(119-126-270:68-70)

5.第三科为转报汉口特别市经济局市颜料业同业公会理监事遗缺以候补理监事递补案

(1943 年 8 月 12 日)

汉口特别市经济局呈济二字第 945 号,民国三十二年八月十日:案据市颜料业同业公会呈称"案查属会前据理事汪仲安、监事程镜安、汪焕章先后函报,以其代表之商店业已停歇,请予辞去理监事职务等情,到会当经提交本会理监事联席会议讨论,佥以各该理监事等,均因本店营业停歇,函请辞职,自应分别予以照准,当经决议。理事汪仲安辞职,遗缺以第一名候补理事程佑仁递补。又监事程镜安、汪焕章辞职,自应以候补监事依次递补,惟第一名候补监事业已病故,出缺照章以第二名候补监事陈树棠、第三名候补监事陈烈元分别递补等语记录在卷。除分函外,理合缮具递补理监事略历表一份,备文呈请,鉴核备查。"等情,附递补理监事略历表一份,据此经核尚无不合,除指令外理合缮具原表一份,备文转请鉴核备查。

谨呈

汉口特别市市长　张

附呈汉口特别市颜料业同业公会递补理监事略历表一份(附件抄呈)。

经济局局长　孙迪堂

职别	姓名	性别	年龄	籍贯	学历	经历	现在职业及其地位	党籍	代表之商店	备考
理事	程佑仁	男	38	安徽	私塾	曾充本业商店经理	经理		同和丰	递补理事汪仲安遗缺
监事	陈树棠	男	47	安徽	私塾	同上	经理		义和	递补监事程镜安遗缺
监事	陈烈元	男	56	咸宁	私塾	同上	经理		天盖源	递补监事汪焕章遗缺

(8-1-328:101-102)

6.武汉特别市政府据报颜料业同业公会理事汪仲安等辞职遗缺以候补理事程佑仁等递补案

（1943 年 8 月 14 日发出）

本案经核尚无不合，似可准予备查当否，谨具令稿，签请核判。

第三科谨签

八月十二日

汉口特别市政府指令，元三字第 10764 号，令经济局局长孙迪堂呈一件：为转报市颜料业同业公会理监事遗缺以候补理监事递补案。呈件均悉。准予备查。此令。

中华民国三十二年八月

（8-1-328：103）

7.汉口特别市商会为尽快认缴汉口中日实业协会开办费及经常费致汉口市酒酱业同业公会

（1943 年 8 月 14 日）

查汉口中日实业协会业经依法成立，所有该会开办费，华方应派之国币五千八百元暨自本年八月一日起至三十三年三月三十一日止，八个月经常费共需军票二万八千三百一十元，经该会理监联席会议通过，由中日双方共同负担，现准该会检送预算案，嘱为转告各会员缴纳会费等由；到会，爰提出本会第十次理监联席会议详加讨论，佥以此两款应向加入该会为会员之各业筹集，经决议："分甲、乙、丙、丁、戊五等收费：甲等军票七百元；乙等军票五百元；丙等军票四百元；丁等军票二百元；戊等军票一百元。其各业认费等级，由本次会议斟酌各业目前营业状况即席决定，开列清单，分别通知照缴。"等语，记录在卷。兹查贵业列入乙等，应认缴该会会费军票五百元。除分别通知外，相应函请查照，于文到五日内如数筹齐，送由本会事务股查收汇缴。事关国际信用，万毋迟延为荷。

此致

本市酒酱业同业公会

汉口特别市商会　启

8.汉口特别市政府据粮食局报酒酱业同业公会常务理事陈培生病故及理事魏茂炎等辞职案

（1943 年 8 月 20 日）

汉口特别市政府元三字第 11488 号指令，令粮食局局长杨恩霨呈一件：为据本市酒酱业公会理监事辞职。

呈悉。准予备查。仰即转饬知照！此令。

中华民国三十二年八月

（8-1-328：106）

9.汉口特别市商会为面粉配给方案致本市布匹店业同业公会函

(1943年8月21日)

汉口特别市政府府二字第一零八零一号训令开:"案据粮食管理局签呈称,查特务部配来军谷及面粉三万二千二百五十五袋一案,奉谕除将军谷轧制之米暂行存仓外,所有面粉配给办法如下:一、凡府属各机关职员月支百元以上者,配给面粉一袋;二百元以上者,配给两袋,其余每增一百元,加配一袋。二、市民方面凡属甲等住户(即保甲经费月纳四角者)每户配给面粉两袋。三、商会所属各同业公会酌量分等配给之。等因,奉此。遵即与有关各局及商会协议妥洽,计府属各机关职员共配一千二百七十六袋,市民甲等住户一万二千二百七十八袋,商会所属各公会一万零八百七十一袋以上,总计共配面粉二万四千四百二十五袋,除法租界拟配给六千袋,现正联络尚余一千八百三十袋,俟另案办理外,拟请钧府通令各处局会,在本月十六日起至月底止,半月内派员前来本局接洽,缴款配额领手续在限期内缴款者,每袋按军票二千元配售,逾期即照公定价格二十三元六角配售,用示限制理合赍同,各机关公会暨甲等住户配给面粉数量清册一份,签请鉴核等情,据此核尚可行,除令准如款办理并分令外,合行抄发原件,令仰遵饬各公会遵照。此令!"等因,计抄发配给面粉数量清册一份。奉此,查清册所载贵会列入甲等会员人数为七十六,每一单位配给面粉三袋,合计配给数量系二百二十八袋,除分函外,相应函请查照,于本月底前,径向粮食管理局接洽一切,幸毋延误。

此致

本市布匹店业同业公会

汉口特别市商会　启

10.汉口特别市纱业同业公会为紧急令议请议向,于八月份配给之纱布出货责任问题。(1)款已缴,货未出行,发生不幸,归各业共同负责;(2)货已出仓,发生不幸亦归各业负责;(3)货已出仓,各业登记货此负责由发组合函

(1943年8月23日)

查本组合本月二十二日第二十九次全体紧急会议讨论事项:(一)关于八月份配给之纱布出货责任问题,提请讨论案决议:1.货款支付各洋行后设遇某行货栈发生不幸事件,无货照交,遭受损失时,棉纱归纱业甲乙两等商暨染织纱布业、针织袜业、麦粉毛巾业、教养所共同负责,布匹归匹头贩运业甲乙两等商暨布匹店业、国货匹头号业、绸缎业三户,呢绒业一户共同负责。2.货到本组合仓库后,如发生不幸事件,受到损失时,归决议第一项所列各业共同负责。各安天命。3.此次配货拟以迅速办法整件分配各业,各工厂业货列各业后,如发生不幸事件,受有损失时,归各业得货者负责。本组合不能遇问此案,经出席正副组合长暨理监事之签署并呈报备案,分函各业公会查照转知等语,记录在卷,除呈报商统分会备案外,相应录案函请查照迅转各会员知照。

此致

纱业公会

武汉布匹棉纱绸缎呢绒配给组合启

八、廿三

(119-15-34:77-78)

11.汉口特别市政府粮食局呈市政府为据本市酒酱业公会理监事辞职案

(1943年8月27日)

粮仁字第285号,案据本市酒酱业同业公会理事长倪鹏呈称:常务理事陈培生因病故出缺,理事魏茂炎、候补理事叶久森、候补监事毛麟等先后来函辞职。经第十一次理监事联席会议通过,谨报请鉴核备查等情,到局核无不合,除令准备查外,理合备文呈请鉴核备查。

谨呈

市长张

粮食局局长　杨恩霖

(8-1-328:104)

12.汉口特别市纱业同业公会为征收会费暂行办法一份及会员名册一份致汉口特别市商会

(1943年8月)

案准钧会元字第三八九一号函:以拟具实行征收会费暂行办法,经呈奉市政府经济局核准施行在案,并检同上项暂行办法一份,下会饬转行同业各商店知照。等因,准此。除分函属会各会员同业查照外,相应检同属会会员名册一份,函请钧会查照,派员分途直接汇收为荷。

此致

汉口特别市商会

汉口特别市纱业同业公会　启

9 月

1.汉口特别市国产纸张行业同业公会人民团体成立大会报告表

（1943 年 9 月 3 日）

<table>
<tr><td>团体名称</td><td colspan="2">汉口特别市国产纸张行业同业公会</td><td>会址</td><td>汉正街 483 号</td></tr>
<tr><td>成立日期</td><td colspan="2">三十二年九月三日下午三时</td><td>地点</td><td></td></tr>
<tr><td>会员总数</td><td colspan="2">41 名</td><td>出席会员数</td><td>40 名</td></tr>
<tr><td>主席姓名</td><td colspan="4">伍林山</td></tr>
<tr><td>上级机关
代表姓名</td><td colspan="4">汉口特别市经济局代表连云□　全国商业统制会汉口分会代表李耀堂
汉口特别市社会福利局代表关志榆　汉口警察总局代表冯春庭
汉口特别市党务代表刘季新　警察第一分局代表董权
宪兵维新路队代表金森班长　汉口特别市总商会代表解子牛
警察第三分局代表李定一</td></tr>
<tr><td>章程草案
修正之点</td><td colspan="4">无</td></tr>
<tr><td>会员名册
更动之处</td><td colspan="4">无</td></tr>
<tr><td rowspan="2">当选职员姓名
及当选票数</td><td>理事</td><td>伍林山得 39 票　余秀林得 31 票　袁介卿得 25 票
吴遇贤得 24 票　陈宫文得 16 票　徐松山得 15 票
吴友三 15 票
常务理事：伍林山 6 票　余秀林 6 票
袁介卿 5 票
理事长：伍林山</td><td>候补理事</td><td>袁幼舟得 12 票
王松如得 9 票
□□□得 8 票</td></tr>
<tr><td>监事</td><td>张大成得 11 票　邹炳安得 10 票
胡勋臣得 9 票</td><td>候补监事</td><td>范幼安得 7 票</td></tr>
</table>

（8-1-328：174-175）

2.人民团体改选大会报告表

（1943 年 9 月 5 日）

<table>
<tr><td>团体名称</td><td colspan="2">汉口特别市杂货行会同业公会</td><td>会址</td><td>第二区小夹街贻庆里 2 号</td></tr>
<tr><td>改选日期</td><td colspan="2">三十二年九月五日上午十二时</td><td>地点</td><td>第四区圣德街味腴别墅</td></tr>
<tr><td>会员总数</td><td colspan="2">23 人</td><td>出席会员数</td><td>22 人</td></tr>
<tr><td>主席姓名</td><td colspan="4">舒子寿</td></tr>
<tr><td>上级机关
代表姓名</td><td colspan="4">粮食局丁子厚　经济局涂允隽　全国商业统制总会武汉分会李耀堂
社会福利局周味冰　警察局杨宣汇　市党部刘季新　市商会解子牛
宪兵维新路队金森伍长张邦金　警察局第二分局尚志怡
警察局第四分局周德康</td></tr>
<tr><td>章程草案
修正之点</td><td colspan="4"></td></tr>
<tr><td>会员名册
更动之处</td><td colspan="4"></td></tr>
<tr><td rowspan="3">当选职员姓名
及当选票数</td><td>理事</td><td>舒子寿 21 票　余月轩 21 票　余平轩 18 票
刘子卿 16 票　罗仁寿 12 票　王芝芳 10 票
戴耀卿 9 票
常务理事:舒子寿 6 票　余月轩 6 票
理事长:舒子寿 6 票</td><td>候补理事</td><td>吴炳臣 8 票
程东明 7 票
尹学汉 5 票</td></tr>
<tr><td>监事</td><td>绕少垣 7 票　詹德润 6 票　项钟声 6 票</td><td>候补监事</td><td>姚筱西 5 票</td></tr>
<tr><td colspan="4"></td></tr>
<tr><td>通过提案</td><td colspan="4"></td></tr>
<tr><td>临时动议</td><td colspan="4"></td></tr>
<tr><td>备考</td><td colspan="4">十日改选既竣，同时宣誓就职，监誓官为丁主任子厚，宣誓人为舒子寿、余月轩、余平轩、刘子卿、罗仁寿、王芝芳、戴耀卿、绕少垣、詹德润、项钟声等</td></tr>
</table>

（8-1-328:139-140）

3.汉口特别市经济局为删除丝号业同业公会所列“人造丝业”等字训令市商会

（1943 年 9 月 7 日）

实业部商业司函开：查本部前颁，实业部主管主要商品工商同业联合会及同业公会分类表业经七月七日修正，分请查照在案。兹查前项修正分类表第三项丝绸业同业联合会所属丝号业同业公会之下列有“人造丝业组”，系油印时误书□列，应予删除。除分函更正外，相应函达,即烦查照更正,至纫公谊。等由,准此。合行令仰该会遵照。此令。

局长　孙迪堂

九月七日

(119-126-270:73)

4.汉口特别市商会函本市丝茧行业同业公会等

(1943 年 9 月 9 日)

案查前奉汉口特别市经济局济二字第 1064 号训令,为令发重订实业部主管主要商品工商同业联合会及同业公会分类表一案,业经本会以元字第 395 号令函查照分别转知在卷。兹复奉市经济局济二字第一一四一号训令开:"案准实业部商业司函开:原文案函云云合行,令仰该会遵照。"等因,奉此。除分函外,相应函达查照分别转知更正!

此致

本市丝茧行业同业公会

丝线□纱业、针织□业、绸缎业

九月九日

(119-126-270:71-72)

5.汉口特别市杂货行业同业公会第二届第一次理监联席会议记录

(1943 年 9 月 12 日)

时间:三十二年九月十二日下午六时

地点:小夹街四十七号福隆行内

出席人:舒子寿、余平轩、罗仁寿、项钟声、刘子卿、詹德润、王芝芳、绕少垣、余月轩、戴耀卿

主席:舒子寿

记录:桂大全

开会如仪:

甲、报告事项

一、主席报告第二届第一次理监联席会议应处理重要会议之意义。

二、主席报告最近收支之重要性,并请各理监事依照规定迅将二寸半身相片送会,以便办理立案手续。

三、余常务理事月轩报告改选费收支账目。

乙、讨论事项

一、本会各部门职务应如何分组办理以利会务进行案。

决议:暂设总务、会计、调查、联络四组。

二、拟请推定本会各组负责人选以专责成案。

决议:公推舒子寿任总务组、余月轩任会计组、刘子卿任调查组、余平轩任联络组。

三、拟请规定本会理事会会期案。

决议：规定每月二日及十六日为理事会会期。

四、拟请规定本会监事会会期案。

决议：规定每月五日为监事会会期。

五、拟请规定常务理事会会期案。

决议：规定每星期日为常务理事会会期。

（8-1-328：141-147）

6. 汉口特别市纱业同业公会为八月份配给棉纱自九月十一、十二、十三日配给竣事由

（1943年9月12日）

案奉商统分会配给料本月十日条谕开："八月份配给棉纱已交割，自九月十一日至九月十三日三日事配给□□□□□。"等因，案此。除分函外相应函请查照携带领条印章据日径往宝顺街宝顺栈仓库取货，切毋逾期延误为盼！

此致

武汉布匹棉纱绸缎呢绒配给组合启

九月十日下午五时三十分

（119-15-34：80）

7. 武汉特别市纱业同业公会为八月份配给订于十三日下午二时发完为止，函请查照迅转各商店携带号印函往宝顺栈取货由发组合函乙件

（1943年9月12日）

查八月份配给纱业乙等商七十八户，业经分配完竣，兹订于本日（十三日）下午二时至发完为止，货到各商号即行小卖，并不限定日期，相应函请查照，迅转各商号携带号印径往宝顺栈取货为盼。

此致

纱业公会

（119-15-34：81）

8. 武汉特别市纱业同业公会为尚余□大宝九十一纽、□丰年三百五十纽交由公平支配请派员取货由发组合函乙件

（1943年9月17日）

查八月份配给贵会乙等商会员七十八户之棉纱，尚余□大宝九十一纽、□丰年三百五十纽，应如数交由贵会公平支配，相应函请查照，派员持收据径向仓库取货为盼。

此致

纱业公会

武汉布匹棉纱绸缎呢绒配给组合启

九、十七

接准贵会组合,本月十七日函以乙等组合员七十八户之棉纱尚余□大宝九十一组、□丰年三百五十组,由会公平支配,查此牌棉纱原属乙等组合员七十八户中之数,应由乙等组合员具领支配,已转知乙等组合员代表刘斗易、方文甫、张善文三君饬人向仓库具领,祈转知贵仓库主任,照交具领为盼!

此致

武汉布匹棉纱绸缎呢绒配给组合启

九、二十一

存底九、廿一啸

(119-15-34:82-84)

9.市商会元字第4078号函为迅将商讲所学生报名单于三日内送达请查照办理由

(1943年9月18日)

案查前准汉口中日实业协会函送商业讲习所简章二百二十份到会,嘱为转知各同业公会于本月十五日以内,将合格学生开列名单保送该所,以期试验入学等由,当即检附简章函达查照办理在卷,兹续准中日实业协会发字第十三号公函节开:兹以前本会召集会员大会之际,已将入学志愿书等件分发各会员,惟迄至今日限期已满,而各公会所送之学生名单寥寥无几,似此情形,殊有碍前途之进行,用特函请贵会转催各同业公会务于三日内将保送学生名单及入学志愿书等件迅予送会,以便如期举行考试。等由,准此。除分别转催外,相应函请贵会迅予查照办理为盼。

此致

本市　业同业公会

汉口特别市商会　启

九、十八

(119-15-57:40)

10.汉口特别市商会致汉口特别市纱业同业公会

(1943年9月20日)

案准汉口特别市商会九月二十二日通函节开:案准市政府元二字第二四七〇号训令开:案准由国民党汉口特别市执行委员会红字第一二五三号函略开:以所属党员多系商店职工于召集会议时,既于店规不敢出席,甚至有关出席参议被辞退职务此查缺席此固启多数,但其职务需所为工作关系,横加阻止,此无所难免你令饬各区用缓别于开会时间,极力设法避免,为其业务冲突以资兼顾外,相应函请查照饬所属各机关团体通知各工厂商店为有员工出席本党会议,提出通知证明属实,不得借故留难或竟停止其工作以免党务等由。准此除函复并分外合行令仰转行商会分饬各同业公会通知各工厂商店一体遵照此令。等因。奉除分函外相应函达查照,分别转知,一体遵照。

此致

汉口特别市纱业同业公会

九月二十日

(119-15-33:134-135)

11.第三科例行转报针织袜业同业公会理事杨振藩辞职以候补理事朱振廷递补案

(1943 年 9 月 21 日)

汉口特别市经济局呈济二字第 1242 号,民国三十二年九月二十一日:案据本市针织袜业同业公会理事长刘甲山呈报,该会理事杨振藩因事辞去理事职务,请以候补理事朱振廷递补,请鉴备查等情前来,经核尚无不合,除指令外理合备文转报,鉴核备查。

谨呈

汉口特别市市长　张

汉口特别市经济局局长　孙迪堂

(8-1-328:107)

12.汉口特别市商会为商店职工参加党会受阻致本市　业同业公会函

(1943 年 9 月 22 日)

案奉汉口特别市经济局济二字第一二二三号训令开:“案奉市政府元二字第一一四七〇号训令内开:案准中国国民党汉口特别市执行委员会组字第一二五三号函开:案据第二区党部执委兼书记李伯英呈称,据第七区分部执委兼书记刘□程呈,以前属党员多系商店职工于召集各种会议时,厄于店规不敢出席,甚至有因出席会议被辞职务者。请转上级党部函达市政当局分令各机关团体,对于在党员工加以保障等情。经提交第八次会区分部执委联席会议通过,理合备文呈请鉴核等情。据此查本党规定之各种集会,实为推进党务之枢纽,所属党员借口遵循办事规章任意缺席,以致宣告流会者固居多数,但其服务处所为工作关系横加阻止者,亦时难之。据呈前情除令饬各区嗣后对于开会时间极多,设法避者无其业务冲突以资无顾外,相应函达,即希查照,转饬所属各机关团体通知各工厂商店,为有员工出席本党会议提出通知书,证明属实不得借故为难或竟停止其工作以维党务。等由,准此。除函复□行分行合行令仰转行商会分饬各同业公会通知各工厂商店一体送照。此令! 等因,奉此。除分令外,合行令仰该会转饬各同业公会通知所属会员一体送照。等因,奉此。除分函外,相应函达查照,分别转知一体遵照。

此致

本市　业同业公会

汉口特别市商会　启

13. 市商会为奉经济局转奉市府□赴第二区党部函各工厂或商店为有员工出席党务会议证明属实不得借故留难或竟停止□工作函达查照分别转知

（1943 年 9 月 22 日）

元字第四三二号，案奉汉口特别市经济局二字第二二三号训令开：案奉市政府元二字第一一四七〇号训令内开：案准中国国民党汉口特别市执行委员会组字第一二五三号函开案：案第二区党部执行委员书记李伯英呈称，按第七区分部执委员书记刘□程呈，以所属党员多系商店职工于召集各种会议时，厄于店规不敢出席，甚至有因出席会议被辞职务者。请转上级党部函达市政当局分令各机关团体，对于在党员工加以保障等情。经提交第八次各区分部执委联席会议通过，理合备文呈请全核等情。奉此查本党规完之各种集会实为推进党务之枢纽，所属党员借口遵循办事规章任意缺席，以致宣告流会者固居多数，但其服务处所为工作关系横加阻止者，亦所难免□呈有□除分饬各区□交付于开会时间，极力设法避免与其业务冲突，以资□顾外相应函达即希查照转饬所属各机关团体。通知各工厂商店为有员工出席本党会议提出通知书证明属实，不得借故留难或竟停止其工作，以维党务等由。准此，除函□应行，分外合行令仰转行商会分饬各同业公会通知各工厂、商店一体遵照。此令。等因，奉此。除分令外，合行令仰该会转饬各同业公会通知所属会员一体适应。等因，奉此。除分函外，相应函达查照分别转知一体遵照！

此致

本市同业公会

启

九月廿二日

（119-15-33：132-133）

14. 财政部为知照意大利交易之特别规定事项表三项令汉口市银行业同业公会（附关于意大利交易之特别规定）

（1943 年 9 月 25 日）

令汉口市银行业同业公会

查关于在华意大利国意大利人及意大利法人，应行停止事项之规定，业经本部令仰知照在案。兹以上项应行停止事项，对于实施上尚有未臻完善之处，特再根据管理金融机关暂行办法第十一条规定，拟定意大利交易之特别规定三项，业经本部于本年九月二十三日，以部令公布施行，并呈请行政院备案各在案。除分行外，合行抄发特别规定事项表一份。令仰该公会知照，并转所各会员银行一体知照。

此令！

附抄件。

部长　周佛海

附：关于意大利交易之特别规定

一、生活费：每人月支中储券五百元以内，每一家族合计月支中储券二千元以内者，应准随时核发，其超过上开数额者应经财政部之许可。

二、医药费：照实际需要，由申请人提供证明文件，随时核发。

三、其他：参照本部钱二字第六号布告办法处理之。

15.纱业同业公会函为奉商统分会训令各业组合员商店为有意图渔利不遵配给指令者发觉即以囤积居奇论，送警法办仰迅转遵办毋延由

（1943年9月27日）

案奉商号分会九月二十七号商统□业字第三八七号训令开：兹为严密完成配给计划起见，自即日起，各业组合员商店，如有意图渔利，不遵本公会配给指令者，一经察觉，即以囤积居奇论，移送市警察局经济警察处，依法办理，合行令仰转饬所属，一体知照。此令。等因，奉此。除分函外，相应函达查照。凡转各商号遵照办理，切毋延误为荷！

此致

同业公会

启

九月廿七日

（119-15-39:42-43）

16.汉口特别市制茶业同业公会改选大会报告表

（1943年9月）

人民团体改选大会报告表

团体名称	汉口特别市制茶业同业公会	会址	第四区洞庭街三十一号
改选日期	民国三十二年八月二十九日上午十时	地点	假第二区药王庙前街汉口红十字会三楼会议厅
主席姓名	公推临时主席王武刚	出席会员数	会员代表王武刚等十五人
上级机关代表姓名	汉口特别市政府粮食局代表丁主任子厚 汉口特别市商会代表章秘书振启		
章程草案修正之点			
会员名册更动之处			

（续表）

当选职员姓名	理事	王武刚　任善卿 宋次笙　张竹铭 侯效岐	候补理事	王干臣 许子常
	监事	胡古齐 权月川 张杜安	候补监事	张子英
通过提案	本会遵照工商业公会暂行条例及施行细则拟订会章是否可行请公决案，“决议”一致通过			
临时动议				
备考				

中华民国三十二年九月　日填报

（8-1-327：120-123）

17.汉口特别市制茶业同业公会理监事履历表

（1943 年 9 月）

团体名称	汉口特别市制茶业同业公会			任期	第二届自三十二年八月二十九日起至三十三年八月二十九日止				
姓名	年龄	籍贯	职务	学历	经历	住所或通信处	党籍	任职年月	备注
王武刚	56	湖北	理事长	湖北制业学堂毕业	汉口特别市商会监事	江汉路 71 号	是	三十二年八月	
宋次笙	53	山西	常务理事	私塾	履充各茶号经理	洞庭街 31 号	否	三十二年八月	
侯效岐	54	山西	理事	私塾	履充各茶号经理	洞庭街 31 号	否	三十二年八月	
任善卿	54	山西	理事	私塾	履充各茶号经理	德永里 5 号	否	三十二年八月	
张竹铭	52	山西	理事	私塾	履充各茶号经理	洞庭街 31 号	否	三十二年八月	
胡古齐	48	山西	监事	私塾	履充各茶号经理	洞庭街 31 号	否	三十二年八月	

（续表）

团体名称	汉口特别市制茶业同业公会			任期	第二届自三十二年八月二十九日起至三十三年八月二十九日止				
姓名	年龄	籍贯	职务	学历	经历	住所或通信处	党籍	任职年月	备注
权月川	64	山西	监事	私塾	履充各茶号经理	洞庭街31号	否	三十二年八月	
张杜安	54	山西	监事	私塾	履充各茶号经理	洞庭街31号	否	三十二年八月	
王干臣	53	山西	候补理事	私塾	履充各茶号经理	洞庭街31号	否	三十二年八月	
许子常	48	山西	候补理事	私塾	履充各茶号经理	洞庭街31号	否	三十二年八月	
张子英	53	山西	候补监事	私塾	履充各茶号经理	洞庭街31号	否	三十二年八月	

（8-1-327:136）

10 月

1.商统分会企划处统计科为函请转知会员商店填报九月份库存物资报告表以资统计由(附库存物资调查表式样一纸)

（1943 年 10 月 5 日）

兹以本会亟须统计九月份在库物资数量，特此颁发会员商店库存物资报告表式样，望即照式印发各会员商店，限于十五日内（本月十日以前）将九月份库存物资数量照式填报到会，以凭统计，毋□延误致碍进行为要。

此致

纱业同业公会

附发库存物资报告表。

全国商业统制总会武汉分会企划处统计科启

十月五日

九月份库存物资报告表

甲等组合员表 53 份内	协记存洋纱 7 匹 经丰土纱 17 担 济生土纱 6 捆
乙等一级 12 户表 12 份内	春记土纱 13 担,盈丰土纱 500 斤,又裕昌洋纱 20 支 5 匹,60 支 5 匹,又同和 X 支双星 40 匹,一支红杏 80 匹
乙等二级表 18 份内 和盛裕记土纱 2 担	
乙等三级表 27 份内 协大土纱 11 担	
乙等四级表 6 份	
乙等五级表 3 份	
乙等六级表 2 份 会通源 42 支 羊鹅 20 匹,20 支双虎 40 匹,20 支仙鹤 40 匹	

(119-15-54:053-055)

2.市商会为奉社会福利局通令准于国庆日上午十一时假上海大戏院举行庆祝请派员届时前往参加由

(1943 年 10 月 8 日)

案奉汉口特别市社会福利局福气三字第二三六号通令开:查本月十日为双十节国庆纪念日,是日上午假上海大戏院举行庆祝国庆音乐电影大会,届时该会应派会员六十名准时前往参加,毋得延误为要。等因,奉此。自应遵办,除分函外,相应函请贵会派员一人,准时径往上海大戏院参加,毋误为盼。

此致

本市同业公会

汉口特别市商会 启

十月八日

(119-15-33:137-138)

3.武汉特别市政府社会福利局呈市政府为洪兴正义会第一届当选理监事人选请核示祗遵案

(1943 年 10 月 10 日)

查本市洪兴正义会筹备日久,已于本月二十六日上午九时假市商会举行正式成立,惟该会为特殊团体之一,对于理监事人选自应慎重处理,当由出席全体代表,依据该钧府核示后再行选补,选举结果以昭慎重。是否有当,理合检同该会理监事,被选人姓名票数单二纸呈请。核示祗遵。

谨呈

市长张

附呈被选人名单二纸。

社会福利局局长　王锦霞

洪兴正义会成立大会当选□□□□票数

丁子璜 137	徐鸣皋 69	穆岐山 32
徐吉甫 122	王云卿 67	刘瑞 22
文纯卿 121	徐步云 67	张丹樵 20
倪元 119	范寿椿 67	邓海珊 18
程翰卿 117	徐海州 64	黄崑山 18
刘坤山 109	胡利民 60	陈美卿 17
杨云鹏 103	姚春階 58	姚明学 17
汪福堂 99	涂玉钦 54	万寿亭 17
李之秾 89	朱协卿 54	樊水清 16
樊树山 89	姜柏村 53	代瑶階 14
屠玉山 84	刘崑山 46	孙玉成 13
熊海山 82	蔡荣卿 38	乔云卿 13
田钧階 82	沈占春 37	胡筱轩 12
彭玉庭 75	江纠 36	刘松樵 12

洪兴正义会成立大会监事当选□□票数

姚明学 88	宋玉卿 40	樊水清 28
刘松樵 88	徐松臣 40	刘崑山 27
吴云卿 67	穆岐山 39	蕲玉珊 27
李白滔 63	刘润山 37	王云卿 26
任海山 54	蔡荣卿 32	江纠 24
叶钰山 50	刘瑞 30	万寿庭 23
陈美卿 46	樊树三 29	杨乐夫 23
陈精魁 44	乔云卿 29	汪建中 22
杨绍甫 41	姚春階 29	熊海山 22
胡筱轩 41	徐鸣皋 28	冯福堂 21

（8-1-328:109-112）

4.汉口特别市商会为核对物资损失致各业同业公会

（1943 年 10 月 13 日）

查本市前因敌机空袭，各商店间有被炸情事发生，所有登记物资之损失，应如何申报以及店内残余货物应如何移动之处，统制机关尚未明示办法，以致各受害人每于事后无从措手，辄转询问,迁延时日,损失尤重。本会以此事关系商人血本,应使其迅谋补救以维生计,曾向商统分会一度联络。爰拟定登记物资损害报告表式一种,分别函请商统分会查照暨警察局转饬所属各分局,对于表列受害原因准予证明。旋准警察局复函云,已通饬各分局遵照办理。等由,各在卷。除分函外,相应抄同报告表式随函送请贵会转知同业各商店,嗣后倘遇空袭或天灾,不幸事件遭受损害时,即依式制表三份,按照填明,分别送请本会暨警察分局证明后再呈报商统分会核办,以全商本而维统政。

此致

汉口特别市各业同业公会

汉口特别市商会　启

5.汉口特别市政府粮食局为废止《人民团体组织方案》令酒酱业公会

(1943 年 10 月 15 日)

汉口特别市政府粮食局训令　粮勇字 1004 号

案奉市政府元一字第一三一二四号训令开:"案奉行政院政字第一八三四号训令开:现奉国民政府第四三一号训令开:'查《人民团体组织方案》现经明令废止,应即通行饬知。除分令外,合行令仰该院知照,并转饬所属一体知照。'等因,奉此。除分令外,合行令仰该府知照,并转饬所属一体知照。此令! 等因,奉此。除分行外,合行令仰知照。此令!"

等因,奉此。除分令外,合行令仰知照。此令!

局长　杨恩霨

6.武汉特别市纱业同业公会为用杜伪冒起见,请各商号负责人备具号印、名章、印鉴二份径存组合以凭查考由发纱布组合通函乙件

(1943 年 10 月 16 日)

纱丝字第 57 号

查本组合各业组合商店暨各工厂业、各小型手工业向本组合领货取款,兹为慎重,用杜假冒起见,应由各商号负责人暨各同业公会负责人备具号印、名章、印鉴两份,一份存会计股备查,以一份存仓库备查,事关重要,除分函外,相应函请查照,迅转各商号备具印鉴二份,即汇送本组合以凭查考为荷!

此致

纱业公会

武汉布匹棉纱绸缎呢绒配给组合启

十、十六

案准纱布组合十月十六日函以"各组合员商店向本组合领取货款,兹为慎重为用杜假冒起见,应由各商号负责人暨各同业公会负责人备具号印、名章、印鉴两份,以一份存会计股,一份存仓库备查,除分函外,相应函请查照,迅转各商号备具印鉴,汇送本组合存查为荷!"等由。准此,事关防杜假冒,除分函外相应函请查照,即日依后列空白处备具号印及经理人名章、印鉴

三份(两份送组合,一份送财委会)送会,以便分别存转为要!

此致

同业组合员　宝号

下列空白处三份请同样分盖号印、名章、印鉴即日送会为盼。

此份送存纱业财委会	此份送存组合仓库备查	此份送存组合会计股备查
号印　印鉴	号印　印鉴	号印　印鉴
第　号第三份	第　号第二份	第　号第一份
经理名章印鉴	经理名章印鉴	经理名章印鉴

案准"纱布组合十月十六日函以各组合员商店向本组合领取货款,兹为慎重为用杜假冒起见,应由各商号负责人暨各业公会负责人备具号印、名章、印鉴两份,以一份存会计股、一份存仓库备查,除分函外,相应函请查照迅转各商号备具印鉴,汇送本组合存查为荷"等由。准此,事关防杜假冒,除分函外相应函请查照,即日依后列空白处备具号印及经理人名章、印鉴三份(两份送组合,一份送财委会)送会,以便分别存转为要。

此致

同业组合员　宝号

汉口特别市纱业同业公会

下列空白处三份请同样分盖号印、名章、印鉴即日送会为盼。

此份送存纱业财委会	此份送存组合仓库备查	此份送存组合会计股备查
号印　印鉴	号印　印鉴	号印　印鉴
第　号第三份	第　号第二份	第　号第一份
经理名章印鉴	经理名章印鉴	经理名章印鉴

(119-15-34:85-88)

7.汉口特别市杂货行业同业公会会员名册

（1943 年 10 月 19 日）

商店牌号	营业主或经理人姓名	店员人数	国币资本金额	代表						在店职务	教育程度	是否党员	店址	备考
				人数	姓名	别号	性别	年龄	籍贯					
永和	舒子寿	4	30000	2	舒子寿		男	51	黄冈	经理	中学	无	小夹街贻庆里 1	
永和	同上	同上	同上		戴耀卿		男	58	安徽休宁	副经理	私塾	无	同上	
励昌	罗仁寿	同上	10000	1	罗仁寿		男	49	江西南城	经理	同上	无	小夹街 32	
怡成	王芝芳	6	40000	2	王芝芳		男	48	汉阳	同上	中学	无	同上	
怡成	同上	同上	同上		詹德润		男	58	安徽婺源	店主	小学	无	同上	
福隆	余月轩	8	30000	1	余月轩		男	42	安徽休宁	经理	中学	无	同上	
慎裕昌记	项钟声	5	10000	1	项钟声		男	同上	同上	同上	小学	无	小夹街延安上里 7	
协记永昌	易元甫	3	30000	1	易元甫		男	38	汉阳	经理	小学	无	小夹街 59	
久记新成	程东明	10	25000	2	程东明		男	65	安徽歙县	同上	私塾	无	同上	
久记新成	同上	同上	同上		詹德门		男	52	安徽休宁	店主	同上	无	同上	
大丰	吴炳臣	同上	30000	2	吴炳臣		男	55	同上	经理	同上	无	同上	
大丰	同上	同上	50000		余平轩		男	46	同上	店主	中学	无	同上	
隆茂	尹学汉	2	同上	1	尹学汉		男	30	武昌	经理	同上	无	汉正街愚庄里 3	
正丰	余质夫	8	80000	2	余质夫		男	68	安徽休宁	同上	私塾	无	同上	

（续表）

商店牌号	营业主或经理人姓名	店员人数	国币资本金额	代表									店址	备考
				人数	姓名	别号	性别	年龄	籍贯	在店职务	教育程度	是否党员		
正丰	余质夫	8	80000		姚筱西		男	47	安徽休宁	店主	私塾	无	汉正街愚庄里 3	
瑞丰	刘子卿	4		2	刘子卿		男	40	黄陂	经理	中学	无	汉正街	
瑞丰	同上	同上			金文祥		男	31	浙江镇海	副经理	小学	无	同上	
义泰永	耿泽生	9	50000	2	耿泽生		男	58	江苏江宁	经理	私塾	无	流通巷聚福里 3	
义泰永	同上	同上	同上		向彬階		男	43	安徽休宁	副经理	同上	无	同上	
志昌	唐焕章	3	12000	1	唐焕章		男	41	同上	经理	同上	无	大夹街 212	
元丰成记	饶少垣	同上	15000	1	饶少垣		男	56	江西	同上	同上	无	戏子街 48	
元大	李春临	4	17000	1	李春临		男	53	江苏镇江	同上	中学	无	大蔡家巷 61	

（8-1-328:131-137）

8.汉口特别市经济局为转呈国产纸张行业公会第二届改选大会报告表暨理监事名册请鉴核备查案

（1943 年 10 月 22 日）

汉口特别市经济局呈济二字第 1438 号，民国三十二年十月二十二日：案据市国产纸张行业同业公会呈报举行第二届改选会员大会，请派员监选等情，经派员出席指导选举结果，以伍林山、余秀林、袁介卿、吴遇贤、陈宫文、徐松山、吴友三七人为理事，互选伍林山为理事长，余秀林、袁介卿为常务理事，袁幼舟、王松如、成诵三等为候补理事，张大成、邹炳安、胡勋臣等为监事，范幼安为候补监事，并据造具成立大会报告表、当选理监事名册各三份请鉴核备查前来，核尚相符，除提存外理合检同原赍册表各二份，转呈鉴核备查。

谨呈

汉口特别市市长　张

附呈原赍成立大会报告表及当选理监事名册各二份。

汉口特别市政府经济局局长　孙迪堂

汉口特别市国产纸张行业同业公会第二届当选人员名册

（卅二年九月三日选举　卅二年九月六日填报）

职别	姓名	别号	性别	年龄	籍贯	营业种类	所属商店	在商店之职务	教育程度	是否党员	会地	备注
理事长	伍林山		男	51	鄂城	羊山纸斗方纸	国产纸张	经理	初中毕业	否	汉正街四八三号	
常务理事	余秀林		男	50	鄂城	同上	同上	经理	同上	否	同上	
常务理事	袁介卿		男	39	鄂城	同上	同上	经理	同上	否	同上	
理事	吴遇贤		男	46	通山	同上	同上	经理	同上	否	同上	
理事	陈宫文	汉斌	男	31	鄂城	同上	同上	经理	同上	否	同上	
理事	徐松山		男	60	鄂城	同上	同上	经理	同上	否	同上	
理事	吴友三		男	54	咸宁	同上	同上	经理	同上	否	同上	
监事	张大成		男	45	鄂城	同上	同上	经理	同上	否	同上	
监事	邹炳安		男	32	鄂城	同上	同上	经理	同上	否	同上	
监事	胡勋臣		男	45	鄂城	同上	同上	经理	同上	否	同上	
候补理事	袁幼舟		男	27	黄安	同上	同上	经理	同上	否	同上	
候补理事	王松如		男	50	咸宁	同上	同上	经理	同上	否	同上	
候补理事	成诵三		男	40	通山	同上	同上	经理	同上	否	同上	
候补监事	范幼安		男	34	鄂城	同上	同上	经理	同上	否	同上	

（8-1-328:168-173）

9.汉口特别市制茶业同业公会章程

（1943 年 10 月 22 日）

第一章　总　则

第一条　本章程依照工商业同业公会暂行条例及工商业同业公会暂行条例施行细则订定。

第二条　本会定名为汉口特别市制茶业同业公会。

第三条　本会以协助政府施行经济政策维持及增进同业之公共利益并矫正营业弊害为宗旨。

第四条　本会受汉口特别市政府粮食局之指导监督并应向市商会登记为会员。

第五条　本会会址设于本市第四区洞庭街三十一号。

第二章　任　务

第六条　本会办理之事务如下：

一、关于主管官署及市商会委办事项。

二、关于协助政府施行经济政策维持并促进同业之公共利益及矫正营业弊害事项。

三、关于解决同业纠纷事项。

四、其他依法得由本会办理事项。

第三章　会　员

第七条　凡在汉口经营制茶业业务之商店或公司均应为本会会员,申请本会登记其牌号暨店主或经理人姓名、店员人数、资本金额、代表人、人数、姓名、别号、性别、年龄、籍贯、在店职务、教育程度、是否党员及店址,并由本会发给登记证。如不遵章向本会登记者,本会得呈请市商会转呈各主管官署勒令停业。

前项会员依该商店或公司资本或营业额之大小得派一人及二三人出席本会称为会员代表,以经理或店主为限。

第八条　有下列各款情事之一者不得为会员代表:

一、业外人。

二、褫夺公权者。

三、有违反现行国策政纲之言论或行为者。

四、受公会除名者。

五、受破产之宣告尚无复权者。

六、无行为能力者。

七、有不正当行为者。

八、有不良嗜好者。

第九条　本会会员均有遵守本会章程同业规约及服从本会决议案之义务。

第十条　本会会员有提议权、表决权、选举权、被选举权。

第十一条　会员如因特殊情形而欲退会时,须陈明理由,经大会核准后方能退出,但所缴各费概不退还。

第四章　组　织

第十二条　本会最高权力机关为会员大会,由全体会员代表组织之。

第十三条　会员大会之任务如下:

一、选举理事监事。

二、审定章程。

三、会员代表之除名事项。

四、职员之退职事项。

五、清算人之选任及关于清算事项之决议。

六、同业规约之议定。

七、其他关于本会一切重要事项。

第十四条　本会由会员大会就会员代表中用无记名票选法选任理事五人、监事三人、候补理事二人、候补监事一人。如被选人所得票数相同时,应以抽签□□之。

前项理事监事之名次,以得票之多寡为标准。

第十五条　本会由理事中互选常务理事二人,并就常务理事中选任一人为理事长。

第十六条　理事会之职权如下:

一、召集会员大会之定期会议及临时会议。

二、向会员大会报告会务及其他事项。

三、执行大会之决议案。

四、预决算之编制及报告事项。

五、关于本会其他应办事项。

第十七条　监事会之职权如下:

一、考查本会职员是否称职。

二、审查本会预决算。

三、函请理事会召集临时会员大会。

四、向会员大会提出弹劾案。

五、关于监事职权内之一切应办事项。

第十八条　本会理事及监事均为无给职,但因办理会务得核实支给公费。

第十九条　本会理事及监事有下列各款情事之一者应即解任:

一、因不得已事故经会员大会议决准其退职者。

二、旷废职务经会员大会议决令其退职者。

三、于职务上违背法令、营私舞弊或有其他不正当行为经会员大会议决令其退职,或由主管官署令其退职者。

四、发生本章程第八条各款情事之一者。

第二十条　本会得酌用雇员,其人数及薪金由理事会决定之。

第五章　任　期

第二十一条　本会理事长及理监事任期均为一年,但得连选连任。

第二十二条　常务理事有缺额时,由理事会补推之;理事缺额时,由候补理事依次递补之,其任期均以补足前任任期为限。监事缺额时,候补监事依次递补之,其任期以补足前任任期为限。

第六章　会　议

第二十三条　本会会员大会分定期会议与临时会议两种,由理事长召集之。

第二十四条　前条之定期会议每年一次,于十二月召开之。临时会议经理事会认为必要时,或经会员代表十分之一以上之请求,或监事会函请召集时,得召集之。

第二十五条　会员大会之决议以会员代表过半数之出席代表过半数之同意行之,但关于本章第十二条各款事项之决议以会员三分之二以上之出席,出席代表三分之二以上之同意行之。

第二十六条　召集会员大会应于十五日以前通知之,但紧急事项召集临时会议时不在此限。

第二十七条　理事会每月至少开会二次，但遇有特别事故得由理事长召集临时会议，监事会每月至少开会一次。

第二十八条　理事会之决议以理事过半数之出席，理事过半数之同意行之，监事得列席理事会，但无表决权。

第七章　经　费

第二十九条　本会经费分下列二种：

一、经常费由会员大会决议后各会员分担之。

二、临时费由会员大会决议筹集之。

前项决议须呈请市商会转请汉口特别市政府粮食局核准后始得征集之。如有抗不缴纳者，报由市商会转请警察局依照行政执行法罚办。

第三十条　本会经费预决算及事业成绩每年须编制报告，向会员大会报告后报请市商会转请汉口特别市政府粮食局备案。

第八章　附　则

第三十一条　本章程未规定事项悉依工商同业公会暂行条例及工商同业公会暂行条例施行细则规定办理之。

第三十二条　本章程如须修改时，应由会员大会决议后呈送市商会转请汉口特别市政府粮食局核准修改之。

第三十三条　同业规约由会员大会决议之，并呈请市商会转请汉口特别市政府粮食局备案。

第三十四条　本会办事细则以理事会订定之，并呈请市商会转请汉口特别市政府粮食局备案。

第三十五条　本章程自呈请市商会转请汉口特别市政府粮食局核准后施行。

（8-1-327：100-106）

10.汉口特别市杂货行业同业公会章程

（1943年10月23日）

第一章　总　则

第一条　本章程依照工商同业公会暂行条例及工商同业公会暂行条例施行细则订定之。

第二条　本会定名为汉口特别市杂货行业同业公会。

第三条　本会以协助政府施行经济政策及增进同业之公共利益并矫正营业之弊害为宗旨。

第四条　本会受汉口特别市政府粮食局之指导监督并应向市商会登记为会员。

第五条　本会会址设于本市小夹街贻庆里一号。

第二章　任　务

第六条　本会办理之事务如下：

一、关于主管官署及市商会委办事项。

二、关于协助政府施行经济政策并促进同业之公共利益及矫正营业弊害事项。

三、关于解决同业纠纷事项。

四、其他依次得由本会办理事项。

第三章　会　员

第七条　凡在汉口经营杂货行业业务之商店或公司均应为本会会员，申请本会登记其牌号暨店主或经理人姓名、店员人数、资本金额、代表人人数、姓名、别号、性别、年龄、籍贯、在本店职务、教育程度、是否党员及店址，并由本会发给登记证，如不遵章向本会登记者，本会得呈请市商会转呈各主管官署勒令停业。

第八条　有下列各款情事之一者不得为会员代表：

一、业外人。

二、褫夺公权者。

三、有违反现行国策政纲之言论或行为者。

四、受公会除名者。

五、受破产之宣告尚未复权者。

六、无行为能力者。

七、有不正当行为者。

八、有不良嗜好者。

第九条　本会会员均有遵守本会章程同业规约及服从本会决议案之义务。

第十条　本会会员有提议权、表决权、选举权、被选举权。

第十一条　会员如因特殊情形而欲退会时，须陈明理由，经大会核准后方能退出，但所缴各费概不退还。

第四章　组　织

第十二条　本会最高权力机关为会员大会，由全体会员代表组织之。

第十三条　会员大会之任务如下：

一、选举理事监事。

二、审定章程。

三、会员代表之除名事项。

四、职员之退职事项。

五、清算人之选任及关于清算事项之决议。

六、同业规约之议定。

七、其他关于本会一切重要事项。

第十四条　本会由会员大会就会员代表中记名票选法选任理事七人、监事三人、候补理事三人、候补监事一人。如被选人所得票数相同时应以抽签法定之。

前项理事监事之名次以得票之多寡为准。

第十五条　本会由理事中互选常务理事二人,并就常务理事中选任一人为理事长。

第十六条　理事会之职权如下:

一、召集会员大会之定期会议及临时会议。

二、向会员大会报告会务及其他事项。

三、执行大会之决议案。

四、预决算之编制及报告事项。

五、关于本会其他应办事项。

第十七条　监事会之职权如下:

一、考查本会职员是否称职。

二、审查本会预决算。

三、函请理事会召集临时会员大会。

四、向会员大会提出弹劾案。

五、关于监事职权内之一切应办事项。

第十八条　本会理事及监事均为无给职,但因办理会务得核实支给公费。

第十九条　本会理事及监事有下列各款情事之一者应即解任:

一、因不得已事故经会员大会议决准其辞职者。

二、旷废职务经大会议决令其退职者。

三、于职务上违背法令、营私舞弊或有其他不正当行为,经会员大会议决令其退职,或由主管官署令其退职者。

四、发生本章程第八条各款情事之一者。

第二十条　本会得酌用雇员,其人数及薪金由理事会决定之。

第五章　任　期

第二十一条　本会理事长及理监事及候补理监事任期均为一年,但得连选连任。

第二十二条　常务理事有缺额时,由理事会补推之;理事缺额时,由候补理事依次递补之,其任期均以补足前任任期为限。监事缺额时由候补监事依次递补之,其任期以补足前任任期为限。

第六章　会　议

第二十三条　本会会员大会分定期会议与临时会议两种,由理事长召集之。

第二十四条　前条之定期会议每年一次,于十二月召开之。临时会议经理事会认为必要时或经会员代表十分之一以上之请求或监事会函请召集时得召集之。

第二十五条　会员大会之决议以会员代表过半数之出席,出席代表过半数之同意行之,但关于本章程第十三条各款事项之决议,以会员三分之二以上之出席,出席代表三分之二以上之同意行之。

第二十六条　召集会员大会应于十五日以前通知之,但遇有紧急事项召集临时会议时不在此限。

第二十七条　理事会每月至少开会二次，但遇有特别事故，得由理事长召集临时会议监事会，每月至少开会一次。

第二十八条　理事会之决议以理事过半数之出席，出席理事过半数之同意行之，监事得列席理事会，但无表决权。

第七章　经　费

第二十九条　本会经费分下列二种：

一、经常费由会员大会决议后各会员分担之。

二、临时费由会员大会决议筹集之。

前项决议须呈请市商会转请汉口特别市政府粮食局核准后始得征集之。如有抗不缴纳者，报由市商会转请警察局依照行政执行法罚办。

第三十条　本会经费预算决算及事业成绩每年须编制报告，向会员大会报告后报请市商会转请汉口特别市政府粮食局备案。

第八章　附　则

第三十一条　本章程未规定事项悉依工商同业公会暂行条例及工商同业公会暂行条例施行细则规定办理之。

第三十二条　本章程如须修改时应由会员大会决议后呈送市商会转请汉口特别市政府粮食局核准修正之。

第三十三条　同业规约由会员大会议定之，并呈请市商会转请汉口特别市政府粮食局备案。

第三十四条　本会办事细则由理事会订定之，并呈请市商会转请汉口特别市政府粮食局备案。

第三十五条　本章程自呈请市商会转请汉口特别市政府粮食局核准后施行。

（8-1-328：116-130）

11.汉口特别市政府据社会福利局报洪兴正义会票选第一届理监事案

（1943 年 10 月 23 日）

汉口特别市政府指令，元三字第 13965 号，令社会福利局局长王锦霞呈一件：为洪兴正义会第一届当选理监事人选清核示祗遵案。呈件均悉。准以得票最多数者为理监事，仰即转饬呈照！并将理监事暨候补理监事另行造册报查。

中华民国三十二年十月

（8-1-328：113）

12.市商会为公饯张市长送旌匾请于廿六日送会汇交负责人，廿七日上午十时前往商会集齐以资联袂恭送由

（1943 年 10 月 23 日）

敬启者，本市张市长移节华北荣行在即，本会同人拟制送礼物借表敬忱。凡我同业公会者，请于十月二十六日以前检交本会汇齐，并请各负责人于二十七日上午十时准时齐集本会以便联袂同往恭送。除分函外，相应函请查照。

此致

本市各业同业公会

汉口特别市商会启

十月廿三日

（119-15-33：139-140）

13.中央储蓄会为函请□予宣传介绍储蓄由

（1943 年 10 月 26 日）

窃维省市当局为推行新运，养成民众节约习惯特发起全市储蓄运动，继之各机关团体暨各界人士先后响应，一致策动。本会具有悠久历史，基金巩固，为增进人民储蓄兴趣起见，专办分期缴款储蓄，一种按月缴付国币十二元，逐月开奖，即有得特奖五万元之希望（另有半会及四分之一会，两种储蓄及奖额，依此推算），储户每月缴款有限，奖号、奖金则逐递加，满期十五年给息还本。洵属最合乎新运原则之唯一节约储蓄际，兹全民总力参战之期本会为实践新运与普遍鼓励人民储蓄，特在本市中山路五十八号设立支会，以便储户入会。为此检送本会储蓄说明书五份，入会志愿书二十份，函请贵会力予宣传介绍，则不仅本会业务发展有赖，国家社会皆受其益也。

此致

纱业公会

中央储蓄会汉口支会启

十月廿六日

（119-15-33：141-142）

14.汉口各帮同人公启函为筹办筹送维新路宪兵队长匾一函，定于一日上午十二时假座会宾楼会商办法由

（1943 年 10 月 29 日）

查维新路宪兵队近藤队长莅任年余，对于地方多所维护，前往各帮同人分别洽商，为酬答感意、表示好感起见，决定赠送软匾等类物品，以资纪念，并定为每帮摊派份全日钞一百元，兹定于本月三十一日正午十二时，假座三民路会，实楼会商购买物品及赠送方式，并备有便餐，除

公知外,敬希届时随带份金,准临为荷。

此致

纱业同业公会理事长曾

汉口各帮同人公启

十月廿九日

(119-15-33:147-148)

15.汉口特别市政府粮食局呈市政府呈赍杂货行业同业公会改选表册祈核示案

(1943 年 10 月 30 日)

批示:存。

案据杂货行业同业公会呈报改选经过,附具章程会员名册改选大会报告表、第一次理监联席会议记录及立案表格全宗等件,请鉴核立案等情,据此经核尚无不合,除将所赍各件提存一份备查外,理合赍同原件备案呈请鉴核,准予备案。

谨呈

市长张

附呈杂货行业同业公会章程、会员名册、改选大会报告表、第一次理监联席会议记录及立案表格全宗各二份。

粮食局局长　杨恩霨

(8-1-328:114)

16.汉口市商会为中国国民党汉口特别市执行委员会关于参加庆祝中日同盟条约致汉口市各业同业公会函

(1943 年 10 月 30 日)

顷准中国国民党汉口特别市执行委员会函开:查本月三十日为中日签同盟条约之期,本会为加强民众深刻认识,此划时代之重大意义,特订于本月三十一日上午九时,在中山路兴亚剧场召开汉市民众庆祝大会。除分函外,相应函请贵会担任大会主席团,并希派四十人参加等由,到会自应照办。除分函外,相应函希请贵会派员一人于三十一日上午八时半先到本会集合,以便整队同为参加。

此致

本市各业同业公会

汉口特别市商会　启

17.实业部批汉口市商会为请示本市银行业同业公会应否加入本会为会员文

（1943年10月30日）

原具呈人:汉口特别市商会理事长李鼎安

三十二年十月三十日代电一件,为请示本市银行业同业公会应否加入本会为会员,请核示由。

□□电悉。查银行业同业公会统属商业团体,自应加入所在地商会为会员,除咨请湖北省政府查照令饬汉口市政府遵照饬知外,仰即知照。此批!

18.市商会为纪念中日签订同盟条约,于三十一日上午九时庆典并召开民众庆祝大会请派员参加由

（1943年10月31日）

元字第4132号,顷准中国国民党汉口特别市执行委员会函开:查本月三十日为中日签订同盟条约之期,本会为加强民众深刻认识,此划时代之重大意义,特订于本月三十一日上午九时,在中山路兴亚剧场召开汉市民众庆祝大会,除分函外,相应函请贵会担任大会主席团,并希派四十人参加等由,到会自应照办,除分函外,相应函请贵会派员一人,于三十一日上午八时半先到本会集合,以便整队同往参加。

此致

本市同业公会

汉口特别市商会启

十月卅一日

（119-15-33:145-146）

19.汉口特别市杂货行会同业公会立案表格全宗

（1943年10月）

人民团体概况调查表　　三十二年十月　第一页

团体名称	汉口特别市杂货行会同业公会	地址	第二区小夹街贻庆里1号	电话	
宗旨	本会以协助政府施行经济策略及增进同业之公共利益并矫正营业之弊害为宗旨			区域	汉口特别市区域
发起日期	二十九年三月二十一日	许可日期	二十九年四月九日	许可证书号数	年　月　日发给　字第　号
成立日期	二十九年六月六日	立案日期	年　月　日	立案证书号数	年　月　日发给字第　号

（续表）

<table>
<tr><td>组织内容</td><td colspan="7">本会最高权力机关为会员大会，由会员大会中选举理事组织理事会，选举监事组织监事会</td></tr>
<tr><td rowspan="7">会员</td><td>权利</td><td colspan="3">本会会员有提议权、表决权、选举权、被选举权</td><td>义务</td><td colspan="2">遵守本会章程、同业规约及服从决议案</td></tr>
<tr><td>资格取得</td><td colspan="3">凡在本市经营杂货行业业务之商店，申请本会登记经审查合格者方得为本会会员</td><td>资格丧失</td><td colspan="2">有本会章程第八条各款情事之一者</td></tr>
<tr><td>公司行号家数</td><td colspan="3">十五家</td><td>会员代表人数</td><td colspan="2">二十二人</td></tr>
<tr><td rowspan="4">人数</td><td>项别</td><td></td><td></td><td rowspan="2">下级团体</td><td>种类</td><td></td></tr>
<tr><td>男</td><td></td><td></td><td>数目</td><td></td></tr>
<tr><td>女</td><td></td><td></td><td rowspan="2">小组</td><td>数量</td><td></td></tr>
<tr><td>总计</td><td></td><td></td><td>每组人数</td><td></td></tr>
<tr><td rowspan="3">理事</td><td>职权</td><td colspan="3">召集会员大会之定期会议及临时会议，向大会报告会务，执行大会议决案，编制预决算及其他应办事项</td><td rowspan="3">监事</td><td>职权</td><td>考查职员是否称职，查预决算，向大会提出弹劾案</td></tr>
<tr><td>人数</td><td colspan="3">七人</td><td>人数</td><td>三人</td></tr>
<tr><td>任期</td><td colspan="3">一年</td><td>任期</td><td>一年</td></tr>
</table>

<table>
<tr><td rowspan="7">各种会议</td><td>名称</td><td>人数</td><td>产生方法</td><td>任期</td><td>任务</td><td>会期</td><td>备注</td></tr>
<tr><td>会员大会</td><td></td><td>理事长召集</td><td></td><td>载明章程第十三条</td><td>每年开会一次</td><td></td></tr>
<tr><td>理事会</td><td>七人</td><td>理事长召集</td><td></td><td>载明章程第十六条</td><td>每半月开会一次</td><td></td></tr>
<tr><td>监事会</td><td>三人</td><td>理事长召集</td><td></td><td>载明章程第十七条</td><td>每月开会一次</td><td></td></tr>
<tr><td>理监事联席会</td><td>十人</td><td>理事长召集</td><td></td><td>处理重要会务</td><td>每　开会一次</td><td>会期无定</td></tr>
<tr><td>常务理事会</td><td>二人</td><td>理事长召集</td><td></td><td>处理重要会务</td><td>每星期开会一次</td><td></td></tr>
<tr><td>临时会</td><td></td><td></td><td></td><td>处理重要会务</td><td>每　开会一次</td><td>会期无定、会议种类无定</td></tr>
<tr><td rowspan="5">已办事业</td><td>名称</td><td>地点</td><td>开办年月</td><td>负责人姓名</td><td>经费</td><td>受益人数</td><td>备注</td></tr>
<tr><td></td><td></td><td></td><td></td><td></td><td></td><td></td></tr>
<tr><td></td><td></td><td></td><td></td><td></td><td></td><td></td></tr>
<tr><td></td><td></td><td></td><td></td><td></td><td></td><td></td></tr>
<tr><td></td><td></td><td></td><td></td><td></td><td></td><td></td></tr>
</table>

（续表）

拟办事业							

人民团体财产调查表　　年　月　第二页

田产或地产	产别	坐落丘号	亩分	买价	约值时价	使用情况	租值（以年计）
	合计						
房产	坐落丘号	房屋数	基地亩分	造价或买价	约值时价	使用情况	租值（年计）
	合计						

有价证券	名称	票面金额	卖价	现实时价	利息	还本或发息日期	备注
	无						
	合计						

定期存款	存放处所	存折号数	存立户名	金额	利息	备注
	无					
	合计					

（续表）

<table>
<tr><td rowspan="5">活期存款及金额</td><td>存放处所</td><td>存折号数</td><td>存立户名</td><td>金额</td><td>利息</td><td>备注</td></tr>
<tr><td>无</td><td></td><td></td><td></td><td></td><td></td></tr>
<tr><td></td><td></td><td></td><td></td><td></td><td></td></tr>
<tr><td></td><td></td><td></td><td></td><td></td><td></td></tr>
<tr><td>合计</td><td></td><td></td><td></td><td></td><td></td></tr>
</table>

<table>
<tr><td rowspan="7">债务项目</td><td>债权者</td><td>借入金额</td><td>借入年月</td><td>利息</td><td>抵押品</td><td>用度</td><td>还本办法</td><td>借款经手人</td><td>备注</td></tr>
<tr><td>无</td><td></td><td></td><td></td><td></td><td></td><td></td><td></td><td></td></tr>
<tr><td></td><td></td><td></td><td></td><td></td><td></td><td></td><td></td><td></td></tr>
<tr><td></td><td></td><td></td><td></td><td></td><td></td><td></td><td></td><td></td></tr>
<tr><td></td><td></td><td></td><td></td><td></td><td></td><td></td><td></td><td></td></tr>
<tr><td></td><td></td><td></td><td></td><td></td><td></td><td></td><td></td><td></td></tr>
<tr><td>合计</td><td colspan="8"></td></tr>
</table>

人民团体经费调查表　（三十二年十月）　第三页

<table>
<tr><td colspan="4">三十一年度收支概算表(三十一年七月至三十二年六月止)</td></tr>
<tr><td colspan="4">收入之部</td></tr>
<tr><td>科目</td><td>金额</td><td>科目</td><td>金额</td></tr>
<tr><td>会费收入</td><td>国币 3840 元整</td><td>地租</td><td></td></tr>
<tr><td>入会费</td><td></td><td>房租</td><td></td></tr>
<tr><td>月费或年费</td><td>国币 3840 元整</td><td>息金收入</td><td></td></tr>
<tr><td>补助费收入</td><td></td><td>利息</td><td></td></tr>
<tr><td>政府补助</td><td></td><td>债息</td><td></td></tr>
<tr><td>其他补助</td><td></td><td>股息</td><td></td></tr>
<tr><td>捐款收入</td><td></td><td>事业收入</td><td></td></tr>
<tr><td>募集基金</td><td></td><td>其他收入</td><td></td></tr>
<tr><td>常年捐款</td><td></td><td></td><td></td></tr>
<tr><td>特别捐款</td><td></td><td></td><td></td></tr>
<tr><td>临时捐款</td><td></td><td></td><td></td></tr>
<tr><td>租金收入</td><td></td><td></td><td></td></tr>
<tr><td>田租</td><td></td><td></td><td></td></tr>
<tr><td>共计</td><td colspan="3">国币 3840 元整</td></tr>
</table>

（续表）

三十一年度收支概算表（三十一年七月至三十二年六月止）			
支出之部			
科目	金额	科目	金额
薪俸	国币2160元整	交际	
薪津	国币1440元整	杂货	国币475.9元整
工资	国币720元整	购置费	国币129.6元整
杂给		购置器具	国币129.6元整
办公费	国币1930.3元整		
文具	国币1052.3元整	事业费	
印刷	国币357.5元整		
邮电			
消耗	国币44.6元整	补助费	
膳费			
房租			
修缮		其他	
广告			
共计	国币4219.9元整		
合计净余少	国币379.9元整		

人民团体理监事履历表（粘附照片） **第四页**

团体名称	汉口特别市杂货行业同业公会				任期	第二届自三十二年九月五日起至三十三年九月四日止			
姓名	年龄	籍贯	职务	学历	经历	住所或通信处	党籍	任职年月	备注
舒子寿	51	黄冈	理事长	中学	永和行经理	小夹街贻庆里1号	非	三十二年九月	
余月轩	42	安徽休宁	常务理事	中学	福隆行经理	小夹街47号	非	同上	
余平轩	46	安徽休宁	理事	中学	大丰行店主	小夹街79号	非	同上	
刘子卿	40	黄陂	理事	中学	瑞丰行经理	汉正街64号	非	同上	
罗仁寿	49	江西南城	理事	私塾	励昌行经理	小夹街33号	非	同上	

（续表）

团体名称	汉口特别市杂货行业同业公会				任期	第二届自三十二年九月五日起至三十三年九月四日止			
姓名	年龄	籍贯	职务	学历	经历	住所或通信处	党籍	任职年月	备注
王芝芳	48	汉阳	理事	中学	怡成行经理	小夹街 44 号	非	三十二年九月	
戴耀卿	58	安徽休宁	理事	私塾	永和行副经理	小夹街贻庆里 1 号	非	同上	
饶少垣	56	江西	监事	私塾	元丰成记经理	戏子街 48 号	非	同上	
詹德润	58	安徽婺源	监事	小学	怡成行店主	小夹街 44 号	非	同上	
项钟声	42	安徽休宁	监事	小学	慎裕昌经理	小夹街延安上里 7 号	非	同上	
吴炳臣	55	安徽休宁	候补理事	私塾	大丰行经理	小夹街 79 号	非	同上	
程永明	65	安徽歙县	候补理事	私塾	久记新成行经理	小夹街 63 号	非	同上	
尹学汉	30	武昌	候补理事	中学	隆茂行经理	汉正街愚庄里 3 号	非	同上	
姚筱西	47	安徽休宁	候补理事	私塾	正迪口行店主	汉正街愚庄里 5 号	非	同上	

汉口特别市杂货业同业公会照片

汉口特别市社会运动指导委员会印

（8-1-328:149-163）

20.江汉晚报社致汉口特别市纱业公会函

（1943 年 10 月）

敬启者,本年双十节为我国成立三十二周年,凡我官民理应热烈庆祝。本报定于是日发行特刊以示隆重纪念,兹奉上广告通知书一份,请贵公会惠登庆祝广告,以示贺忱,并希填示办法即日掷下,以便汇集付梓为荷。

此致

汉口特别市纱业公会

附庆祝广告通知书一份。

江汉晚报社启

十月

（119-15-33:135-136）

11 月

1.汉口特别市纱业同业公会为十月份配给之棉纱业经分配完竣，兹订于本月三日起至五日止为乙等商取货由发组合通函一件

（1943 年 11 月 3 日）

查十月份配给之棉纱业经分配完竣，兹于本月三日起至五日止为发货之期，三日发各小型手工业及纱业乙等商之货，四、五两日发各工厂业之货，即希贵会速将贷款缴清，于期内出货，切毋延误。除分函外，应函请查照备具正式印收，按日准时径往宝顺栈仓库取货，万毋延忽，至急至急！

此致

纱业公会

武汉布匹棉纱绸缎呢绒配给组合启

十一月二日

案准本会第三届首次乙等组长会议讨论事项第一案，商统分会调查乙等组合员票营纱业未受其他配给之商户，应如何统计汇报案，准议为求真实起见，应请各组长实地调查所辖各户有无兼领他项配给物资等，限于本月四日下午四时以前填报来会，以货存转相应录案函达，即希贵组长查照办理，毋延为荷！

此致

乙等组长　先生

会章　启

十一月三日

所辖牌号	有无兼营何种业务或兼专营纱业	所辖牌号	有无兼营何种业务或兼专营纱业

中华民国三十二年十一月乙等组长

（上表请即日实地调查填明盖章送会为盼）

（119-15-34:89-91）

2.汉口市商会请示本市银行业同业公会应否加入本会为会员卷宗

(1943 年 11 月 7 日)

实业部长钧鉴:

案奉汉口特别市经济局本年十月十二日经二字第一三六二号训令,转奉钧部商字第一九三〇号训令开:“依据上海特别市商会请解释该市各同业公会应否加入商会为会员一案。经查商会系以地区为组织,各该同业公会既为商业团体,对于各地商会自应加入,除分令外,合行令仰知照。此令。”等因,转行下会,自应遵照。兹查本市银行业同业公会亦为本地主要商业团体之一,自该会成立以来,迭经本会派员催请入会,共策进行。讵该会以系隶属财政部直接管辖,非普通商业团体可比,自无加入商会之必要,并借口该业公会在武汉事变前亦未加入商会为会员各等语,拒绝入会,以致本会对于战时体制之金融动态以及各银行之法定组织均无从调查统计。正拟请示中,适奉前因,究竟本市只遵如该会应有加入商会之必要时,即请分电汉口市政府转饬遵照,以释群疑。

汉口特别市商会理事长李鼎安□□□印

3.汉口市山货纸张行业同业公会函报本市商会迁移会址

(1943 年 11 月 15 日)

敬呈者,属会现已迁移汉正街流通巷聚福里三号办公,特此呈报,仰祈鉴核更正,并转饬公文送达查照为荷。

此致

汉口市商会

汉口市山货纸张行业同业公会

十一月十五日

(119-126-269:178-179)

12 月

1.汉口特别市纱业同业公会为乙等商于本月十日上午九时取货由发纱布组合通知乙件

(1943 年 12 月 9 日)

查十一月配给之棉纱业经商统分会根据基准率制就分配表呈核,兹订于本月十日起至十二日止为发货之期,并订于十日上午九时分发各乙等商暨各小型手工业之货,除分函外,相应函请查照派员携带负责人印绶来本组合,换取仓库通知单,向仓库取货,限期迫促,万毋延误为盼!

此致

纱业公会

纱亚字第 92 号

武汉布匹棉纱绸缎呢绒配给组合启

十二、九

(119-15-34:103-104)

2.汉口特别市纱业同业公会为准太和医院函请配给病者用纱,请查照转知乙等商办理提配并希见复由发纱布组合函一件

(1943 年 12 月 20 日)

案准太和医院十二月十八日函开:“径启者:敝院以医用棉纱业武汉经济统制事务处经配字第一三六九号暨全国商业统制总会武汉分会汉业字第三二二号先后函复,一再嘱向贵组合请求配给,昨承召亦应申述用途,以便照配云云,谨将敝院呈该处会原文录请呈誊‘径启者:敝院病人需用敷药用之纱布及病室缝纫上被褥线索,每月消耗甚巨,前以无处购买,因事实需要专处织纱布,本机器纺线索车自造供用,迄至今年以来,药布及线索原料无从购求,需用上又不可缺,且敝院承汉口市政府指令,担任防空救护第十组之责,对于救护之药布,亦应备用,谨将敝院病人需用之若缕,陈台察俯,恳加惠病者,按月配给敝院洋纱,大宅至十宅自制医用药布及缝纫被褥线索之用,并乞指定购买场所,以便备款领购,无任祷切。’用特函请贵组合加惠病者……经配字第一三六九号批准,直按配给敝院以资应用为荷!”等由,准此。查该院申请配给棉纱既属医务用途,复蒙商统分会核准,似可供应。相应函请贵会查照转知乙等商办理提配,并希见复为荷!

此致

纱业公会

武汉布匹棉纱绸缎呢绒配给组合启

十二、二十

案准贵组合本月二十日函,以太和医院请求配给医用棉纱,每次二十支,□□三十二支,□□共计□一案,既经商统分会核准,嗣后遇有棉纱配给时,似应由贵组合列入分配计划表中,整个支配以等定案,除照转知同业乙等组合员查照外,相应函复,希予查照为荷!

此致

武汉布匹棉纱绸缎呢绒配给组合

(会戳)启

十二月廿三日

敬复此接准三十二年十二月二十七日:大函借□贵会员同业需用二十支,此二十支棉纱七□它,曾经呈请层峰,请求配给,奉令批饬二少卖商,购买在案,惟是最近棉纱配给并此乞时而每月□次配给,小卖纱布□□□□□,贵业需用量十分之一,似□巨量供应,□□,小卖商所能为相应函复,请查照为发。

(119-15-34:92-96)

3.汉口特别市纱业同业公会为乙等商之十二月份棉纱已经配出，请求三十三年元月七日期票款限六日交到组合由发组合通知乙件（附十二月份棉纱缴款数字表一份）

（1943 年 12 月 21 日）

查十二月份棉纱已经配出，根据基准率经商统分会分配完竣，其货款按新增价给贵会，计应缴储币，请收三十三年元月七日期票款，限于六日交到本组合，以便计期发货，万毋延误为荷！

此致

纱业公会

武汉布匹棉纱绸缎呢绒配给组合启

三十二、廿一

十二月份棉纱缴款数字			
一级	十三户	每户缴中储券	一千八百四十元整
二级	廿户	同上	一千六百一十元整
三级	卅三	同上	一千三百八十元整
四级	八	同上	一千一百四十元整
五级	二	同上	九百一十元整
六级	二	同上	六百九十元整

纱亚字第 110 号

（119-15-34：101-102）

4.汉口特别市政府社会福利局呈市政府为圣化善堂理事长唐兰樵辞职以理事成禹门递补案

（1943 年 12 月 21 日）

拟办：拟准予备查。

十二、廿二

据本市圣化善堂理事长成禹门呈称，前本堂理事长唐兰樵因事繁，不克兼顾堂务，呈请辞职。经提交理监事联席会议一致通过，以本堂理事成禹门递补记录在卷，理合呈请鉴核备查等情。据此核无不合，除指令准予备查外，理合呈请鉴核备查。

谨呈

市长石

代理社会局局长　王锦霞

秘书徐朴代

（8-1-328：165）

5.《江汉晚报》营业部广告课为民国三十三年原单庆祝广告函请贵公会参加庆祝由(附庆祝广告通知书一份)

(1943 年 12 月 22 日)

敬启者,民国三十三年元旦转瞬即届,值此全面和平即将实现之际,逢兹佳节,举国上下莫不欢欣以示庆祝,本报特于新年发行特刊以襄隆重庆典。兹奉上广告通知书一纸,即请贵公会参加庆祝以光篇幅,并祈填就后迅赐掷寄,俾便汇齐付梓无任感荷。

此致

汉口市纱业同业公会

附庆祝广告通知书一份。

启

十二月

(119-15-33:154-155)

6.汉口特别市政府据社会局呈报圣化善堂理事长唐兰樵辞职以理事成禹门递补由

(1943 年 12 月 23 日)

汉口市政府指令,新三字第 1067 号:令社会局呈一件:为圣化善堂理事长唐兰樵辞职,以理事成禹门递补由。呈悉。准予备查,仰即转饬知照。此令。

中华民国三十二年十二月

(8-1-328:167)

7.汉口棉絮卷花业同业公会为函请本会协助购买棉纱由发公函

(1943 年 12 月 25 日)

收文亚字第 106 号

汉口市棉絮卷花业同业公会公函,字第　号案准布匹棉纱绸缎呢绒配给组合十二月二十五日函开:"案查关于贵会请求配给棉纱一案,兹奉商统分会十二月二十二日商统汉企字第七五〇号指令开:'呈悉。查棉絮卷花业公会迭经请求配给棉纱,已批令由棉纱小卖商店购买,在惟据称购买时秩序紊乱,不易购得,当系实情,在该公会未经核定配给权时期,仰该组合尽量协助予以指导购买,毋使该业停顿为要。此令。'等因,奉此。相应函请贵会查照此令,径向纱业公会洽购为荷。"等因,准此。查敝公会前亦径呈商统分会,请求配给,曾奉令转饬向小卖业购买在案,兹以需用迫切,特派员前赴贵会接洽,务祈尽量予以协助配给二十支或三十二支棉纱,七百余匹,按照小卖价格备款领取,俾可分给八十一户会员商店应用,以期营业,不致停顿则荷。云情实无既极矣,相应函达即希查照见复为荷。

此致

纱布业同业公会

理事长　陶国良

（119-15-34:98-100）

8.中江实业银行为敝行有奖储蓄第三次开奖之期,订于本月三十日下午二时假商会摇彩函请光临指导由（附来宝证五枚）

（1943 年 12 月 25 日）

敬启者,十二月三十日为敝行有奖储蓄第三次开奖之期,兹定于是日下午二时假中山路市商会礼堂当众摇彩,届时恭请光临指导,以昭大公为荷。

此致

纱业公会

附来宝证五枚。

中江实业银行理事长石星川谨启

十二月廿五日

（119-15-33:156-157）

9.商店有证件无店址者市商会不发登记证

（1943 年 12 月 28 日）

由于汉口市区工商业机构之调整趋于合理化,市商会对于工商业登记证之发给,采取极审慎之态度,近顷发觉有多家商店营业资格欠缺,殊有非法投机之嫌。此类商店均有各种营业证件,而无营业地址。即有地址亦无店面设备,殊难认准其营业资格。市商会对此,即令由该业公会阐明理由。如万一有证无店址者,该会即依法不发给工商业登记证,并不许其继续营业。

（《大楚报》）

10.汉口特别市纱业同业公会为函请本会协助购买棉纱由发汉口棉絮卷花业同业公会公函乙等

（1943 年 12 月 29 日）

拟办:请主席与乙等同业洽办　十二、三十

批办:据该业函开需要廿支卅二支纱,七石休文,但小卖商每月只派□石休文,该业需要如此巨数,非小卖商能予协助。速复。十二、三十一

收文亚字第 106 号

民国三十二年十二月廿九日上午到

（119-15-34:97）

1943 年其他

1.武汉经济统制事务处为遵照中央物资物价统制委员会谕令食品杂货业公会

（1943 年）

武汉经济统制事务处训令　经统字第二一八号

案查关于物资配给办法，不得由中日商人间私自成立交易一案，业由本处经统字第一九〇号令饬遵在卷。兹复奉中央物资物价统制委员会谕开：嗣后日本洋行方面物资之配给，概系按照公定价格批发，所有中国方面小批发商人（甲等组合员）承受此项配给物资后，转售与乙等组合员或零卖商人，应一律按照公定价格办理。其乙等组合员或零卖商人，将此项物资售卖用户消费者方面时亦然，不得以该项物资系在十二月十二日新公定价格发表以前购进为借口，故意抬高价格，则有违犯者，即以违反统制之行为论罪，不但停止物资配给，并予依照军律，严行惩处，以昭惆戒。等因，奉此。合亟令仰，转饬所属各组合、各同业会员一体□遵，毋违为要。此令！

处长　孔楚材

2.武汉市工商业联合会纱商业业务类关于乙等商务级会员户配给棉纱量及其货款收交、提货等各项有关文件

（1943 年）

江商洋行敬启者，兹因贵会会员厚丰焱纱号于日前蓄意倒闭，敝行等遭受损失，除指定商款日钞一千五百元，又各行定金日钞三百一十元，下欠损失日钞二千元之谱。展转数日，该号无相当办法，亦无负责人出面调解，长此因循，损失无着。查陈仲章乃厚丰焱股东，亦属监督职责，附有贵会会员励康纱号股权，法洋一万二千元，理合呈请贵会转咨贵会会员励康纱号。在敝行等所受损失未偿还以前，毋得任意私行提出，以保债权而维颓风，实为公便。

此请

汉口市纱业同业公会主席唐

江商洋行、东棉洋行、林大洋行、阿部洋行同启

据情请咨励康号陈仲章，股本请暂以假扣押

（119-15-34：1-2）

3.汉口市商会关于敌伪时期伪汉口市商会1943年度年终赏与金册

（1943年）

汉口市商会民国三十二年度年终赏与金册

职别	姓名	薪俸合计数	年终赏与金	盖印	备考
秘书主任	熊曾授	2200.00	1100.00		
秘书	林宏谋	1980.00	990.00		
编纂	张振启	1540.00	770.00		
总务科长	李元树	1760.00	880.00		
调查科长	解子年	1760.00	880.00		
庶务股长	范广杰	1200.00	600.00		
文书股长	姚心辅	1200.00	600.00		
组织股长	徐鼎新	1200.00	600.00		
会计股长	吴百里	1080.00	540.00		
调查股长	刘洪珊	1080.00	540.00		
统计股长	陈仲奇	1080.00	540.00		
科员	程新川	960.00	480.00		
	岳幸存	960.00	480.00		
	陈超鹏	960.00	480.00		
	游步庭	960.00	480.00		
	胡念祖	900.00	450.00		
	汪新武	900.00	450.00		
	王宪章	900.00	450.00		
	邵纪云	900.00	450.00		
	伍正璜	840.00	420.00		
	张树千	840.00	420.00		
	李天恩	840.00	420.00		
	张幼泉	840.00	420.00		

（续表）

职别	姓名	薪俸合计数	年终赏与金	盖印	备考
办事员	王文华	660.00	330.00		
	卢人钦	660.00	330.00		
	万桂荪	660.00	330.00		
	宗焕南	600.00	300.00		
	李道生	600.00	300.00		
	田仲虎	600.00	300.00		
	黄子和	600.00	300.00		
	莫毓齐	600.00	300.00		
	王泽清	600.00	300.00		
	涂吉甫	600.00	300.00		
打字员	陈幼平	600.00	300.00		
书记	吴世相	560.00	280.00		
合计		34220.00	17110.00		

（119-1-46:1-2）

汉口市商会民国三十二年度年终公役赏与金册

姓名	工饷合计数	年终赏与金	盖印	备考
刘文启	400.00	200.00		
邱华	360.00	180.00		
王金波	360.00	180.00		
刘坤山	360.00	180.00		
陈焱庭	360.00	180.00		
甄才伦	360.00	180.00		
方彦卿	360.00	180.00		
王盛贵	360.00	180.00		
方世寿	360.00	180.00		
计良诚	360.00	180.00		
合计	3640.00	1820.00		

（119-1-46:3）

1944 年

1 月

1.武汉布匹棉纱绸缎呢绒组合函纱业同业公会惟商统分会编制三十二年度在库物资统计图表亟待汇案统计函请迅速将会员商店库存物资照表式于文到五日内填送组合转报由

（1944 年 1 月 3 日）

案奉商统分会十二月二十八日商统□企字第七六五号训令开：兹以编制民国三十二年度在库物资统计图表亟待汇案统计，凡关于统制与配给物资之各业公会均应于本年内填报到会，以凭统计，合亟编订库存物资报告书式样，随令颁后，仰该公会于文到一周内将各会员商店库存物资遵照颁后表式分别填报，以凭统计，毋得玩乎为要。此令。等因，附各业会员商店库存物资报告表式样一纸来此，除分函外，相应检附是项报告表式样一纸，函请查照，迅将各会员商店库存物资遵照表式于文到会五日内填送本组合，以便汇报至盼！

此致

纱业公会

附表式一份。

武汉布匹棉纱绸缎呢绒组合启

元月三日

业　会员商店　　　月份库存物资报告表

商店牌名　　　　　　　地点　　　　（配给组合　　等　　级组合员）

品目	单位	数量	金额	附记

（续表）

品目	单位	数量	金额	附记

民国三十　　年　　月　　日　　　　　　　　　　　　经理人　　　　盖章

（119-15-54:058-060）

2.汉口市商会为参战周年纪念举行民众节约储蓄电影讲演大会，函请派员一人于十八日上午九时半到本会集合以便前往参加由

（1944 年 1 月 17 日）

元字第 4213 号，案奉汉口市社会局社三字第一一号通令开：查本月十八日十时假上海大戏院为参战周年纪念举行民众节约储蓄电影讲演大会，届时仰派一百名准时前往参加庆祝，毋得延误为要。此令。等因，奉此。自应遵办，除分函外，相应函请查照派员一人于十八日上午九时半先到本会集合，以便整队前往参加。

此致

本市纱业同业公会

汉口市商会启

元月十七日

（119-15-33:158-159）

2 月

1. 商会为十五日□光复新加坡二周年纪念，请派员前往上海大戏院参加音乐演讲会由

（1944 年 2 月 14 日）

元字第四三〇六号，案奉汉口市政府社会局通知开：查本月十五日为新加坡光复二周年纪念，是日上午十时在民义路上海大戏院举行音乐演讲大会，仰派八十名人员准时参加，毋得延误为要。等因，奉此。自应办，除分函外，相应函请贵会派员一人于十五日上午九时半先到本会集合，以便整队同往参加为盼。

此致

本市纱业同业公会

汉口市商会启

二月十四日

（119-15-33：160）

2. 市商会为函约为公会理事长于本月十八日上午十时齐集商会同商统公会举贺阎理事长复职由

（1944 年 2 月 16 日）

查全国商业统制总会湘鄂赣分会新任理事长阎理事长业经就任，视事本市各业公会兴有密切关系，理应前往道贺，借敦交谊。除分函外，特此函请贵会理事长，于本月十八日星期五上午十时齐集本会，由涂代理事长率领同往，务希准时前来为盼。

此致

本市同业公会

汉口市商会启

二月十六日

（119-15-33：161）

3.汉口特别市纱业同业公会为订于十九日上午九时起分发乙等商之货，务请届时备具正式印戳准时来本组合取单而仓库领货由发纱布组合通知乙件

（1944 年 2 月 17 日）

查元月份配给之棉纱业经分配完竣，制表呈核，兹订于本月十八日至二十日止为发货之期，并订于十八日上午九时起分发东青女子特别班等十小型手工业及针织袜业之货。十九日上午九时起分发染织纱业等四工厂及纱业乙等商之货，除分函外，相应函请贵会请速备具正式印戳收据，按日准时来本组合取单，向仓库领货为盼！

此致

纱业公会

武汉布匹棉纱绸缎呢绒配给组合启

二、十七

（119-15-34：105-106）

4.商会将召纸张等业谈判

（1944 年 2 月 25 日）

本市国产纸张□业，原为经营羊山、斗方二种纸张，营业尚称发达。近顷因各项物资俱在统制之中，其他各业商人，对于上项二种土纸均极熟中。故购买此种货物者极多，该业之业务，因之遭受重大影响。该业乃将各种情形，呈请市社会局依照过去商业习惯，予以划分。市社会局，以情形复杂，未能草草决定，乃令饬市商会详加考虑，再行决定。市商会奉令后，拟召集有关各业谈判后，再行作适当有效之处置。

（《大楚报》）

5.汉口特别市政府关于参战纪念日致汉口特别市商会函

（1944 年 2 月 26 日）

案奉行政院鱼电开：奉国府令开每月九日为参战纪念日，应依下列办法遵行：（一）全国各机关团体、学校、商店、住宅一律悬旗；（二）全国各机关团体学校于上午办公前，集礼堂奉读宣战布告，肃立为前线将士致敬，为伤病将士将祝，为阵亡将士祷悼，公私宴会一律禁酒，无益娱乐自动检束，其他宣传及勤劳报国办法，由新运会宣社两部及地方政府随时拟订领行，令仰饬遵等因合行通电，饬属一体遵照。等因，奉此。除分令外，合行令仰该会遵照。此令！等因，奉此。自应遵办，除分函外，相应函请查照遵办，并转知同业各商店，一律遵办。

此致

本市各业同业公会

汉口特别市商会启

6.汉口市银行公会开会欢迎周新理事长就职纪录

（1944 年 2 月 27 日）

时间：三十三年二月二十七日十二时

地址：本会

出席人：各常务理事　各理事　各候补理事

主席：周新理事长

记录：李穉侨

公推涂常务理事致欢迎词，略谓周新理事长学问、道法及其经验才□，非常宏富，同人等素所钦仰，尤其在银行界建树甚多。今日当选为本会理事长，以复对于各行业务上必能分其全力之一部分，策励进行，得到无限的发展。同人等特表示十二分的□□，一致欢迎云。

周新理事长答词：本会石前理事长，原是敝行董事长，自荣任汉口市长复所遗本会理事长一职久未补选，本人才疏学浅，没有多大能力，今日承各位不弃，谬采□声，推选以维其任，感觉十分惶惚，但既升以重任，自当勉竭绵薄惟力是视。各位□同业先进才识并优，还希望不客气的多方指导，俾能遵照政府经济政策协力进行，而收获良好成绩，实所感祷。中储银行洪经理，本会早经聘为顾问，仍应请其于百忙中，不断的勗助，以资借镜。

7.汉口市银行业公会召集临时代表大会会议纪录

（1944 年 2 月 27 日）

时间：三十三年二月二十七日上午十时

地点：本会

出席人：汪原润　龚辑五　杜镜成　蒋寿彪　陈皆六（代）　谢谱航　吴毅安　汤□璠　涂拔丞　柳师□　钱叔铮　谈公远（代）　杨□泰（代）　顾贵垣　贺良谕　李宏增　洪得志　葛筱山　王稻坪　程宝琛　朱光照　席少畲　苏时昌　王子文　刘雨亭　李义明　张和大　周焕璋　连饬甫　王伯雄　何家焯　柯国干　黄卓如　孙坤山　戴泽明　宋百谦　曹延详　朱金寿　张朗亭　张子达　龚鲜利（代）

李绍汉　市财政局长　万丕武　市党部代表　陈璞展　检查金融事务局代表

公推临时主席：龚辑五

记录：李穉侨

甲、报告事项

一、自二十二年十二月十七日第八次理事会议案记录□□后，截至本日止共收文一一五件，均经分别办理。

二、浙江实业银行黄经理卓如、金城银行程经理宝琛、中南银行钱经理叔铮，由行函请证明身份各案，均经出具证明书函知房地清理委员会查照。

三、上海银行、四明银行、大陆银行函请证明，各该行坐落市区内房地产权等，均经出具证明书函知房地清理委员会查照。

乙、讨论事项

一、武汉民众献机运动会来函催复本会担□劝募献金数月案,请公决。

决议:以不超过中储券五万元为标准,请涂常务理事先与联络。

二、四明银行请转呈市政府转咨盟邦,汉口军联络部准予开启保管□,请公决。

决议:一面照函转呈,一面联络,并函汉口市金融事务分处协助。

三、本市警察冬防酬劳案,请公决。

决议:致送中储券一万元。

四、本会石理事长辞去理事长职务理事,本职一并退出,应如何办理,请公决。

决议:以候补理事递补。

五、候补理事□延祥、宋百谦、朱金寿、张明亭、蒋寿彪,一致声请放弃递补权,请另行推选,应如何办理请公决。

决议:定于本月二十七日上午十时在会召集临时会员代表大会补选理事。

丙、临时动议

散会　五时

常务理事　汪原润　龚鳌　涂拔丞　葛筱山

8.汉口市银行公会临时常务理事会议纪录

(1944 年 2 月 27 日)

时间:三十三年二月二十七日上午十一时

地址:本会

出席人:各常务理事

主席:龚常务理事辑五

纪录:李樨侨

开会如仪:

一、选举本会常务理事案。

二、选举结果:周理事焕璋得九票,当选为本会理事长。

9.汉口市商会为抄发粮食业同业公会组织通则致各业同业公会(附组织通则)

(1944 年 2 月 29 日)

汉口市政府□□□六三号训令内开:查粮食同业公会组织通则,业经呈奉□□□□第七八九〇号指令,“抄发到府合行,抄发原件,令仰知照。此令”。等因,附通则一份。抄发粮食业同业公会组织通则一份,令仰知照,并转知有关各业一体照知,等因。计抄发粮食业,奉此。除将上项通则照印分别转送外,相应检同一份函达贵会查照,并请分知。

此致

本市各业同业公会

附送粮食业同业公会组织通则一份。

附:粮食业同业公会组织通则(三十二年四月十五日呈院备案)

第一章　总　则

第一条　本通则依工商同业公会暂行条例第三条,但书及第二十三条之规定制定之粮食业同业公会□□□□,除应依县市米粮联合组组织章程之规定外,其余各粮食业同业公会均依本通则组织之。

第二条　粮食业同业公会经营业务应遵守粮食部各种规定办理。

第三条　粮食业同业公会之所在区域地名或县名及粮食种类,均于名称上表明之(例如南京区杂粮业同业公会,又如丹徒县杂粮业同业公会)。

第四条　凡经营行政院命令,规定为粮食物资主要商品之粮食物资,工商业人必须加入各该业同业公会及其联合会。前项同业公会及其联合会,应隶属于全国商业统制总会,成为该总会之基层机构;经营粮食主要商品之工商业人未经加入同业公会,不得营业。

第五条　粮食业同业公会于必要时,呈经主管官署之核准(在中央为粮食部,在省及特别市为粮食局,在县市为县市政府),得命令会员申报之□□□□□。

第二章　公会之类则

第六条　粮食业同业公会之种类除米谷业另有规定外,暂依下列各种之规定:

(一)杂粮业:小麦、大麦、元麦等麦类,大豆、落花生、蚕豆、赤豆等豆类,高粱、芝麻、小米、玉蜀黍类。

(二)面粉类。

(三)畜产业:牛、羊、猪、鸡、鸭、野味及牛羊乳、火腿、腊肉等。

(四)水产业:海鱼、河鱼、软体类、爬虫类、甲壳类、咸鱼类。

(五)蚕业:鸡蛋、鸭蛋、盐蛋、皮蛋等蛋类。

(六)食用油业:花生油、菜子油、各种豆油(包括豆饼)、芝麻油等。

(七)糖业:赤白砂糖、饴糖、冰糖等。

(八)茶叶业。

(九)罐头食品业:鱼肉、菜类、果宝、糕饼、糖果等罐头制品。

(十)酿造业:各种饮酒、汽水、菓子水等。

(十一)调味业:酱油、味精等。

(十二)蔬菜果实业。

(十三)其他日常生活习惯上所公认之饮食物品业务(例如茶食、糕饼、菜馆、酒馆、南北食品、货物店、粮食部,就前项各款中指令主要商品品目),呈请行政院核定公布之。

第七条　各种粮食业同业公会之业务类则依下列之规定:

(一)采办商:统一采办本公会营业区域以内之某种粮食,依主管官署规定数量价格及地区,供给现地民食军需,本公会及各地同一种类粮食业同业公会所属之贩卖商(如本公会及各地同一种类粮食业同业公会所属之贩卖商或制造商之需要)。

(二)贩卖商:统一贩卖本公会营业区域以内之某种粮食,依主管官署之规定,取给于各地同一种类粮食业同业公会所属之采办商,供给军需及本公会所属各零售商或制造商之需要。

(三)零售商:统一配给本工会营业区域以内之某种粮食,依主管官署之现定,取给于本公会可属采办贩卖制造各商,直接供给消费者之需要。

(四)制造商:统一加工制造本公司营业区域以内某种粮食,依主管官署之规定,取给于本公会或各地同一粮食种类,同业公会所属之采办贩卖各商供给军需及本公会所属之贩卖零售商之需要。

第八条　经营前条各业之商人,得合组一同业公会,依据业务种类分组经营业务(例如采办商组贩卖商组制造商组零售商组)。但某种业务如有特殊情形,得单独组织同业公会(例如蛋业制造商同业公会或畜产业猪类采办商同业公会)。

第九条　粮食业同业公会有必要时,得呈准主管官署就两种以上合并组织之。各地同种类之粮食业同业公会,得呈经粮食部之核准,或依其命令组织同业公会联合会。在同一地区各种粮食业同业公会,有必要时,得与其他工商业同业公会合并组织联合会。

第十条(缺)

第三章　营业区域

第十一条　粮食业同业公会之组织,以县市为单位。

第十二条　依工商业同业公会暂行条例第八条之规定,粮食部察酌各市县粮食需供及业务联系情形划定之,以上县市或省与特别市由各该地同业组织。同一同业公会称为某区某种粮食业同业公会。每区所辖各县市由粮食部以命令公布之。各区粮食业同业公会,得视业务情形,在所辖县市内设事务所或指定同业中,某商号内附事务所,以资办公。

第十三条　同业公会联合会之地区,由粮食部规定之。

第四章　注册登记

第十四条　各种粮食业商人,应先向各该主管官署申请注册经核准后,始得参加公会。

第十五条　各粮食业同业公会,应依照工商业同业公会暂行条例第四条第一项及第五条各规定之订立章程,呈由当地主管官署层转粮食部核准备查案。粮食业同业公会经主管官署之核准组织成立后,应行办理公会登记。

第十六条　为因时制宜紧急应付起见,暂以经过政府核准营业,取得注册证或登记证之粮食商人为限组织同业公会,一面依照规定补行办理注册手续。

第五章　监督人员

第十七条　各县粮食业同业公会由粮食局派设监理官,或以县长兼任之。但监理官得以一人兼任两种以上同业公会之监理官。

第十八条　各区粮食业同业公会及同业公会联合会,由粮食部派设监理官,亦得以一人兼任两种以上同业公会之监理官。

第十九条　各区粮食业同业公会监理官得设办事处,各县粮食业同业公会监理官应就同业公会办公,其办事规则另定之。

第六章　职员任用

第二十条　组织各区粮食业同业公会或联合会，由粮食部依照工商同业公会暂行条例第八条及第二十一条之规定制定发起。

第二十一条　□□□□□□□同业公会暂行条例第十六条之规定分别选举或互推之。

第二十二条　粮食业同业公会之发起人或当选之理事长、理事、监事，主管官署认为不称职者得令其退职。

第二十三条　粮食业同业公会理事至多不得超过十五人，监事至多不得超过七人。如设常务理事，至多不得超过五人。

第二十四条　粮食业同业公会因业务上之需要，得设事务员分科办事，由理事长任之。

第七章　附　则

第二十五条　粮食业同业公会因采办或运销上需要之各种许可证明文件，得呈请粮食部核准，由公会印制，随时呈明监理官签发应用。

第二十六条　粮食业同业公会应按月造具业务报告书，呈由监理官层转粮食部查核。

第二十七条　日本商人经营粮食业务另组日商组合与华商同业公会分别办理，但必要时组织同种类日商华商同业公会联合会，其办理另定之。

3 月

1.汉口市药布药棉业同业公会发起人代表赵采全等谨呈汉口市商会理事长李为本会定期成立筹备会呈请鉴核派员出席指导由

（1944 年 3 月 1 日）

窃赵采全等前以发起组织汉口市药布药棉业同业公会，遵照规定手续，经呈奉社会局三字第一四四号指令内开：呈件均悉。所请照准，仰即遵照组织具报。此令。等因，奉此。遵谨定于三月三日（星期五）下午三时假长堤街三〇二号举行筹备成立会，理合备文呈请鉴核派员出席指导。

谨呈

汉口市商会理事长李

汉口市药布药棉业同业公会发起人代表　赵采全

涂忠良

刘琴堂

汉口市药布药棉业同业公会筹备会职员一览表

筹备主任	赵采全
筹备员	刘琴堂
	涂楚卿
	朱达森
	赵伯炳
	余绍钧
	余昌云

(119-126-239:48-49)

2.汉口市广货业同业公会召开改选大会情形致汉口市商会函

(1944 年 3 月 15 日)

汉口市广货业同业公会公函:查本会理监事任期届满,订于三月十日上午十时,海江路广州酒家召开会员代表大会,改选理监事一案,呈奉市社会局指令照准,遵希如期举行。届时计划有贵会代表陈觉飞、社会局代表周味水、市党部代表刘季新、商统分会代表李耀书、市警察局代表杨宁汇、警察四分局代表周之免,本会会员代表三一五人。到时及遵照开会仪式,举行开会,依法选举,结果选定胡耀棠为理事长,陈益安、唐云师、胡少臣、赵铭华四人为常务理事,彭文钦、石永清、袁杰巷、茅贡南、王文阶、姚厚之六人为理事,陈炳臣、万福阶、杨幼林、陈秀章、陈少南为监事,周发办、洪海波、马伯平三人为候补理事,霍振刚、周伴经二人为候补监事,秩序井然,并未发生事故,除分呈外,转此函达,即希查照为荷。

此致

汉口市商会

理事长　胡耀棠

3.市商会召集纸业等谈话

(1944 年 3 月 17 日)

本市国产纸张业,原为经营羊山、斗方二种纸张,营业尚称发达,近顷因各项物资俱在统制之中。其他各业商人,对于上项二种土纸购买者极多,致该业业务遭受重大影响。故该业公会前曾呈请市社会局依照过去商业习惯,予以划分。市社会局以情形复杂,未能草草决定,乃令饬市商会详加考虑再行决定。市商会奉令后,特于昨日召见国产纸张业、山货纸张业、海味业等负责人谈话,当对此项问题讨论甚详,一俟将办法呈社会局审核后即可作有效之措置。

(《大楚报》)

4.《江汉晚报》为国府还都四周年纪念奉上庆祝广告通知书请参加惠登以光□□由

（1944 年 3 月 21 日）

谨启者，查三月三十日为国府还都四周年纪念，际此国府参战进入决胜阶段，东亚全面和平□□展开之际，举国上下莫不同心一德，兴奋鼓舞。本报特于是日发行特刊，以示隆重纪念。兹奉上庆祝广告通知书一纸，即请贵会参加惠登一份以光□□篇幅而志庆典，并希填就后迅赐寄下便汇齐付梓，无任感荷。

此致

汉口市纱业公会

附庆祝广告通知书一份。纱亚字第 172 号

江汉晚报社启

三月廿一日

（119-15-33：164-165）

5.市商会为国府还都四周年纪念定于廿八日上午十时在上海大戏院举行庆祝，届时请派一人到会集合前往参加由

（1944 年 3 月 25 日）

元字第四三九九号，案奉汉口市社会局通知开：本月三十日为国府还都四周年纪念日定于本月二十八日上午十时在上海大戏院举行本市民众讲演大会，届时仰派三十人参加等因，自应遵办。除分函外，相应函请贵会派员一人于二十八日上午九时到本会，集齐以便整队前往参加。

此致

本市同业公会

启

三月廿五日

（119-15-33：166-167）

6.调查室主任为派调查员成正仁前来致市商业同业公会函

（1944 年 3 月 29 日）

奉主任程谕：应可以之为官民间宣达政情，勤求民隐之优良组合，兹为明了贵会情况起见，特派调查员成正仁前来拜谒，敬祈接谈，并示明一切为荷。

此致

市商业同业公会成朱旭禹门

调查室主任张家驹　启

7.汉口市广货业同业公会全体理监事姓名略历清册

（1944 年 3 月）

职别	姓名	年龄	籍贯	学历	经历	住所或通讯处	党籍	任职年月	备考
理事长	胡耀棠	37	安徽	私塾	复兴店经理	天津街 6	无	三一、十一	
常务理事	陈益安	40	武昌	私塾	香妃阁经理		无	三一、十一	
	唐云卿	37	武昌	私塾	新大路经理	天津街 24	无	三一、十一	
	胡少臣	37	汉阳	中学	老协丰经理	新民路 240	无	三一、十一	
	赵铭华	48	黄陂	私塾	义森店经理	三镇市场	无	三一、十一	
理事	彭文钦	47	武昌	私塾	益新店经理	花楼街 89	无	三三、三	
	石永清	32	武昌	私塾	三德经理	三德里 31	无	三三、三	
	袁杰庵	43	汉阳	私塾	祥兴昌经理	三镇市场	无	三一、十一	
	茅贡南	45	武昌	财政专校	大年店经理	三镇市场	无	三一、十一	
	王文阶	34	黄陂	中学	华华店经理	湖北街	国民党	三一、十一	
	姚厚之	42	汉阳	私塾	姚厚记经理	三镇市场	无	三一、十一	
监事	陈炳臣	48	汉阳	私塾	陈宝星经理	汉正街 953	无	三三、三	
	陈秀章	51	汉阳	私塾	茂兴店经理	三镇市场	无	三三、三	
	万福阶	33	黄陂	私塾	万源兴经理	三镇市场	无	三三、三	
	杨幼林	37	鄂城	私塾	复兴店经理	三镇市场	无	三三、三	
	陈少南	36	汉阳	私塾	陈协顺经理	三镇市场	无	三三、三	
候补理事	周庆余	28	黄陂	中学	久丰店经理	汉景街 35	无	三三、三	
	马伯平	36	黄冈	中学	老马中和经理	新民路 256	无	三三、三	
	洪海波	28	武昌	中学	海丰店经理	汉景街 151	无	三一、十一	
	周仲臣	54	汉川	私塾	周祥兴经理	汉中街	无	三一、十一	
	霍振刚	39	河南	私塾	合兴昶经理	民生路 257	无	三一、十一	
合计	二十一员								

4 月

1.市商会等团体联合发起教育补助金计委会

（1944 年 4 月 13 日）

市商会等团体联合发起教育补助金计委会　拟定三项募捐计划

本市商会代理理事长涂拔丞等鉴于近来物价高涨、生活紧迫，汉市之职教员或遄返乡里，或跃入他途，贤者忍饥以待命，黠者托故以怠职，种种情形不一而足，长此以往小之影响现在数万儿童之知识，大之关系将来东亚教育之前途，为补救此种不景气现象，计特联合发起组织本市教育补助金计划委员会，并为积极进行工作起见，特拟具详细募捐计划：一、拟与赛马会联络举行赛马数次；二、各戏院娱乐捐自四月份起加收娱乐捐一成，连前共为二成，与空袭救灾委员会平分，五六月份起统归该会征收；三、各学生家长查其生活较优者，小学生一次收国币五十元，中学生一次收国币三百元，并不勉强，若贫苦学生家长则不通知，具文由社会局转呈市府。兹悉市府对于是项建议，业予采纳并令准如拟办理。

（《武汉报》）

5 月

1. 10 月汉口特别市纱业同业公会为三月份棉纱配给订于五月五日上午九时出纱业乙等之货函请转知取货由发组合函乙件

（1944 年 5 月 3 日）

查三月份配给棉纱业经分配完竣，制表呈核，奉示订于五月四日起至六日止为分配之期，并订于四日上午九时起分配针织袜业、毛巾教养所、织带、军带、德济、光华、线索、天昌赛家、女青年会、导贞、盲哑等处之货，五日上午九时起分配织布、纱业乙等处之货，各工厂业、各小型手工业于承领后，凡单独业务者，须制表呈报商统分会核定后始能发货，请遵照切实办理，万毋漠视，除公函外相应函达，即希查照注意办理，按期来本组合领单取货为荷！

此致

纱业公会

武汉布匹棉纱绸缎呢绒配给组合启

五、三

（119-15-34：109-110）

2.银行公会奉令加入市商会

（1944 年 5 月 7 日）

市银行公会隶属财部直接管辖，而非普通商业团体，故其组织成立以迄于兹，为采取单独地位，迄未加入商会为会员。旋因实业部鉴于汉口特别市经政院议，已改为普通市，隶属省府管辖。以该银行业公会统属商业团体，自应加入所在地商会为所属会员。爰自该会遵奉市府财局转令后，该会兹经理事会议讨论结果，决自本月起遵照前令办理，当具会员名册申报市商会办理登记，加入商会为所属会员。

（《武汉报》）

3.汉口特别市纱业同业公会为四月份棉纱定五月十二日起分发,纱业乙等商之货请据时携具印领往领由

（1944 年 5 月 10 日）

查四月份配给棉纱业经分配就绪,制表呈核并奉示订于五月十一日起至十三日止为分配发货之期,并订于十一日上午九时起分配针织袜业、毛巾业、教养所、织带业、军带业、棉洋线索业、光华厂、德济厂、导贞社、盲哑学校、天昌赛家等处之货,十二日上午九时起分配染织纱布业、纱业乙等处之货,再染织纱布业、针织袜业、毛巾业、棉洋线索业、织带业、军带业等须另制分配报告表送商统分会,以便通行便利,除分函外相应函达,即希查照办理,按日准时携具印领来本组合领单,向仓库取货为荷!

此致

纱业公会

武汉布匹棉纱绸缎呢绒配给组合启

五、十

（119-15-34:111-112）

4.市商会会员大会定期举行

（1944 年 5 月 11 日）

汉口市商会以会章规定,每年届临六月至十二月之间,应举行会员大会一次之规则,以对于本年六月之会员大会日期,以及费用筹措步骤,亟应先期决定而资统筹办理。为此特于日昨下午六时在该会二楼会议室,召开第十七次理监联席会议,除对本年六月中之会员大会日期,决议于下月十二日为举行之期外,并参加讨论各有关大会重要议案多起。

（《武汉报》）

5.市商会为社会局主办增产运动市民音乐会于本月十三日九时在上海大戏院举行,届时请派一人偕同一起参加由

（1944 年 5 月 13 日）

顷奉汉口市政府社会局社三字第四五二号通知开:兹定于本月十三日上午十时假上海大戏院举行增产运动汉口市民众音乐大会,届时即□勤会员三名准时前往参加,毋延误为要。(并附注市商会一百人,每人随带银圆一枚)等因,奉此。自应遵办,除分知外,相应函达大会务派员一人(随带铜圆一枚)准于是日□即十三日上午九时到□会齐集,以便整队前往参加为盼。

此致

本市同业公会

汉口市商会启

五月十三日

（119-15-33:168-169）

6.商会会员大会将改选理监事

（1944 年 5 月 21 日）

市商会以该会会章规定,每年六月应举行会员代表大会一次,其理监事中任期已满四年者亦应于大会改选。为此爰于第二届十七次理监联席会议决议,定于六月十二日举行。本年度会员大会各情曾志本报。兹悉该会对于本届会员大会,已决定是日上午九时,在原会址三楼大会场召开第五次会员大会,届时将举行改选及讨论强化会务暨一切应与应革事宜。兹悉该会已于日昨备文呈请市府鉴核备查,并请派员莅临参加指导监选。

（《武汉报》）

7.市商会为案奉事业部训令各公会设有违法买卖情节函达查照务知由

（1944 年 5 月 25 日）

元字四五〇六号,案准汉口市政府社会局社三字第四七三号训令开:

案奉市政府汉四字第三九九二号训令内开:案准湖北省政府经济局经二字第一二〇七号公函内开:案奉营业部商字第三一九号训令内开:查工商同业公会为统制经济之重要下属机构与战时经济政策之实施关系函,为密切各业公会对于所属会员自应严加监督,毋稍宽假各公会。如有经营违法买卖情事应即取消其会员资格,呈报主各官署依法查办,以肃法纪。敢隐匿不报,各地主管官署一经查照,应斟酌轻重,将各该公会负责人员予以处分,借惩戒处分外,合行令仰该局遵照办理。此令。等因,奉此。自应遵办,除分令外,相应函传查照。等由,准此。合行令仰望遵照并转饬遵照。此令。等因,奉此。合令仰转饬遵照。此令。等因,奉此。除分函外相应函达,遵照并转知同业各会员一体遵照。

此致

本市同业公会

启

五月廿五日

（119-15-39:38-39）

8.汉口市商会为监督会员毋经营违法买卖致汉口市各业同业公会及各业公会筹备会

（1944 年 5 月 26 日）

案奉汉口市政府社会局社三字第四七三号训令开:“案奉市政府汉四字第三九九二号训

令内开:‘案准湖北省政府经济局经二字第一二〇七号公函内开:云云自应遵办。除分令外,相应函请查照。等由,准此。合行令仰遵照,并转饬遵照。此令。’等因,奉此。合行令仰转饬切实遵照。此令。”等因,奉此。除分转外,相应函达查照,并转知同业各会员一体遵照。

此致

本市各业同业公会　本市各业公会筹备会

（会戳）启

9.汉口市山货纸张行业同业公会为定期改选呈请本市商会鉴核

（1944 年 5 月 27 日）

窃属会第二届理监选举原于民国三十一年七月六日举行,迄今二年之久。按照会章第三届理监事选举亟应筹备,现已筹备就绪,经于五月八日筹备会议决定,于六月二日下午一时在会宾酒楼举行会员代表选举,全部理监大会记录在卷,理合备文呈报,届期仰祈鉴核,准予派员监督,以昭慎重,公德两便。

谨呈

汉口市商会理事长徐

汉口市山货纸张行业同业公会理事长徐禹门

五月二十七日

（119-126-269:180）

汉口市山货纸张行业同业公会会员代表名单

代表人姓名	牌名
徐禹门	乾元贞公记
王柏庭	顺昌
马春华	豫隆
刘菊村	裕源
耿哲明	复成
罗仁甫	钜成
吴友三	晋丰
周树亭	乾元贞协记
陈尧轩	尧昌
陈子钦	昌记
陈霞甫	祥昌
罗南卿	同福祥
乐孝春	振业
乐友源	义源
刘南甫	源成

（续表）

代表人姓名	牌名
朱振声	同福
屠鹤鸣	同济顺记
蔡梓泉	诚利
吴方枚	泰利
郭云汉	集成
郭梓寿	福源
应伯川	泰隆
王河清	万盛
吴致中	德昌
王泽生	庆丰源
李明齐	源盛兴
赵大达	永昌成
张法三	惠源
商昌森	益昌
王樵生	庆昌
罗润生	公和
黄石村	复泰
汪海清	宝昌
喻惠民	协昌
陆康平	信义恒
熊振楚	公信
冯仰之	复成保记
郭步阶	晋源
刘彩卿	同泰
李鹤成	信丰
刘俊如	聊盛
何朗轩	丰成
何华轩	协泰义记
何爱平	集庆
吴沛云	大华慎记
郑韵桐	振太
罗有余	同裕

（续表）

代表人姓名	牌名
何鲞繁	通孚
邵福堂	义畅
刘维洲	森记
涂康佑	宏大
屠荣庭	同昌
纪美成	恒丰
黄晓陔	正丰永记
朱梅生	新康
应敏	天兴
曾松亭	裕华
方海泉	德丰厚
姜植棠	裕记
杨福棠	寿丰
刘昆元	达丰
石燧平	立大
吴炳臣	大丰
王良甫	祥生
郑维	华盛
陈耀庭	永昌
张尊三	珍记厚
吴仲陶	和昌

6月

1.营业税今起复查　商会求免查向市府请愿

（1944年6月1日）

营业税今起复查下月一日按新税率开征　商会求免查向市府请愿

汉口市商会，对于此次复查营业税，为免除烦琐起见，特于昨日由该会理事长以下理监事若干人赴市府请愿，请求免除复查。当经石市长接见，谓：以此次营业税复查关系营业税之增加及政费挹注等问题，自不能草率从事，尤其日商之营业税亦将启征。为表示中日一体起见，对于国人商号营业税之征收，自不能如过去含糊了事。故对商会之请求未能照准，仍依据市府既定计划开始复查。

（《大楚报》）

2.汉口特别市广货业同业公会为会址迁移沙巷十一号致汉口市商会

（1944 年 6 月 2 日）

查本会会址原设民族路五桂巷六号，兹以该处房屋狭小，不数应用往见，定沙家巷四十一号，房屋为新会址，业于六月二日迁移，该处照常办公，除分别呈函外，相应函达，即希查照为荷。

此致

汉口市商会

理事长　胡耀棠

3.汉口市山货纸张行业同业公会第三届选举大会纪录

（1944 年 6 月 2 日）

地址：三民路老会宾楼

时间：三十三年六月二日下午一时

出席者：全体会员代表

参加者：社会局周味水、经济科、警察局徐耕畬、商统会、警察二分局、警察三分局方文卿、《大楚报》、市商会姚心辅、市党部华焕杰

徐禹门君得 58 票、王泽生君得 56 票、李明齐君得 45 票、屠鹤鸣君得 58 票、陈尧轩君得 52 票、吴泽云君得 46 票、罗南卿君得 31 票、汪海清君得 31 票、张法三君得 33 票、陈耀庭君得 33 票、商昌森君得 28 票

以上十一人当选为理事

王柏庭君得 20 票、张尊三君得 20 票、王樵生君得 15 票、吴仲陶君得 19 票、王河清君得 19 票

以上五人当选为监事

郭云汉君得 25 票、罗润生君得 25 票、罗仁甫君得 21 票

以上三人当选为候补理事

蔡中泉君得 9 票、周树庭君得 6 票

以上二人当选为候补监事

徐禹门君、王泽生君、屠鹤鸣君、陈尧轩君、李明齐君

以上五人当选为常务理事

（119-126-269：183）

4.汉口市商会分函各业公会、本会全体理监事为会期各案各业公会负责人集会函请准时到会出席由

（1944 年 6 月 2 日）

兹因有重要事件亟待商讨，特定于六月四日（星期日）上午十时召集各业公会负责人，在本会三楼大议厅集会，事关各业切身利害，除分函外，相应呈请贵会负责人准时到会为荷。

此致

本市　业同业公会全体理监事

（会戳）启

注意：严守时间

（119-127-152：143-144）

5.市商会再度请求免予复查营业税

（1944 年 6 月 4 日）

本市各商户营业税，自三十一年复查以后，迄今已逾年余。市府鉴于在此期间营业状况变更甚大，以各商户应纳之税额多不平衡，为积极整顿以重税收起见，特令财局转饬税捐稽征所自本月一日起实施复查营业税，各情曾详志本报。惟市商会对此，本各商业代表立场，以求免除复查之烦琐。曾由该会理事长偕同全体理监事等，一度力向市府请愿，要求免除复查，乃市府以既定计划未予照准。兹该会复对此，于昨经理监会议从长计议，决于日内邀集全体，再度赴市府当局请愿，要求免予复查。

（《武汉报》）

6.纱业公会乙等会员商店专营棉纱等级户别表

（1944 年 6 月 7 日）

乙等一级：同和、椿茂、源泰、泰记

二级：永丰、安康、锦华、仁康、和兴、大森、复兴、永沪

三级：元昌祥记、永记、久裕、长记、协大、大安、松祥、和顺、裕中、久华、德和、福记、福生、协丰、兴记

四级：准合、福茂

五级：福昌、和旭

六级：会通源、衡大

共三十三户

二级裕康祥、三级元通在外

汉口市纱业同业公会会员商店营业税由会代办各户牌名地址表

牌名	同和	裕昌	元昌祥记	久裕	春和	椿茂	益丰	维新	合丰	裕厚	同仁	祥记	衡大
店址	汉正街二三一号	武圣路五二号	第四区四民街四七号	第四区咸安坊七号	汉正街六四号	统一街三〇六号	天津街三〇六号	小夹街二六号	汉正街三〇七号	统一街一九七号	统一街三二〇号	汉正街二九三号	统一街二七六号
牌名	同泰	益昌	德裕	永丰	锦华	安康	长记	盈丰	谦记	会通源	永记盛记		
店址	大夹街三六八号	大夹街三〇〇号	利济路七七号	汉正街二六八号	汉正街三六三号	利济路二二号	汉正街二八七号	汉正街四〇二号	新民路一八五号	大八家一五号	统一街一六七号		

（119-15-35:94-96）

7.汉口市商会第五次会员大会会议纪录

（1944年6月12日）

时间:民国三十三年六月十二日上午九时

地点:本会三楼会议场

指导:省长代表陈建设厅长

石市长

军联络部代表远藤课长

市党部代表陈委员

市社会局王局长

出席人:会员代表一百八十九人(另有签到簿)

主席团:涂理事长拔丞、唐常务理事兰樵、梅常务理事幼三

记录:章振启、姚心辅

开会如仪:

一、主席致开会词。(略)

二、省长代表陈厅长训词。(略)

三、市长训词。(略)

四、军联络部代表远藤课长训词。(略)

五、市党部代表陈委员训词。(略)

六、市社会局王局长训词。(略)

七、内田总领事惠词。(略)

八、省党部代表谢委员惠词。(略)

九、湘鄂赣商统分会关理事长惠词。(略)

十、主席答词。

十一、讨论提案。(提案共计三十案,已编印成帙,当场分送各会员代表)

第一案

决议:通过自本年七月份起实行。

第二案至第四案

决议:二、三、四三案并案讨论通过,由本会制定各同业公会理监事证章及身份证明书式样,呈函各有关机关备案,俟核准后再由本会依式制就,发各公会理监事佩戴。

第五案至第八案

决议:五、六、七、八四案并案讨论,原则通过。

8.堆栈业请规定搬运力资

(1944 年 6 月 15 日)

近来工人搬运力资一再高涨,漫无止境,以致黑幕丛生为害市场,实非浅□。本市堆栈业特呈请市商会,转呈劳工机关,将搬运价格予以规定,并会衔牌示共同遵守,庶使商工两方永息为力价之争执,以昭公允。市商会据呈,已呈奉主管官署核示决定。

(《大楚报》)

9.商号迁移铺面不得铺张装潢

(1944 年 6 月 15 日)

市社会局以处此战时体制之下,国民对无谓消耗之节约洵为必要,特于日昨令饬市商会,嗣后凡商号迁移铺面,不得遇事铺张装潢以资节约,而利战时经济之施策,预料此后本市百货业及金银首饰数业店面,或将因之改观。

10.汉口市酒酱业同业公会为转实业部令遵照《战时物价管理条例》呈汉口市商会

(1944 年 6 月 17 日)

案奉钧会函转,奉湖北省政府经济局四字第一二〇号训令内开:案奉实业部商字第一七六号令开:除原文邀免全录外,前奉中央政治委员会第一三一号次会议通过,即经本部抄发条例,令饬该局遵办,并饬将日用必需品评定价格,市场价格按周电呈各在卷。仰即遵照前令,切实遵照部颁《战时物价管理条例》外,相应函复,请烦查照,并切转呈省府备查,至纫公谊。

此上

汉口市商会

汉口市酒酱业同业公会　启

11.汉口市商会第三届第一次理监联席会议纪录

（1944 年 6 月 19 日）

时间：民国三十三年六月十九日下午三时

地点：本会二楼会议室

出席人：

涂理事长拔丞　袁常务理事范宇

谢常务理事有标　祝常务理事尧如

曹常务理事云阶　谢理事伯勤

曹理事亚东　胡理事笑如

程理事霖轩　邹理事静轩

王理事晋澄　罗理事宝珊

刘理事南陔　王监事理堂（曾亚东代）

毛理事星五　刘监事福廷

成监事禹门

郑监事晋卿　张监事鹏舞

许候补理事敬之　刘候补理事初龄

熊候补理事英三　田候补理事春霆

闵候补监事幼庵　傅候补监事寿庵

熊主任秘书曾授　陈总务科长觉非

主席：涂理事长

记录：秘书章振启

甲、报告事项

一、报告本会今后为使会议简素化起见，关于一切应行提会讨论案件均提出理监联席会议讨论，其会内经临各费之收支清册及单据簿亦由理监联席会议推举出席之监事审核。至理事会议及监事会议有必须单独举行时再行分别召集。

二、报告实业部最近修正之商会法施行细则，内载候补理监事得列席会议，有建议权，无表决权，故自本次会议起分别请各候补理监事列席。

乙、讨论事项

一、各同业公会理监事证章及身份证明书业经第五次会员大会议决，由本会划一式样统筹制发，记录在案，关于证章及身份证式样亟应决定，以便着手办理，请讨论案。

决议：

（一）证章照本会式样，稍放大中嵌红商字。

（二）身份证明书式样与本会同，惟颜色稍加区别。

（三）制发详细办法，推袁、谢、祝、曹四常务理事同陈总务科长拟定。

二、第五次会员大会提议案共三十件，除第一案至第八案关系全体，已当场议决外，其余各案系属各业个别关系，经决议推理监联席会议分别办理，各记录在卷，并已就各提案性质分别拟定办法,是否可行,请讨论案。

决议:照拟定办法办理。

三、第五次会员大会费用原假定为国币十万元,在本会所收会费内开支,现因物价奇昂,各项支出均超估计数目,计共用去国币十一万八千八百一十三元,并已造具大会费用支出清册及单据簿,请查阅后推举监事审核案。

决议:推举成监事禹门、刘监事福廷、郑监事晋卿负责核销。

四、修正本会征收会费暂行办法,请讨论案。

决议:通过。

五、编订本会三十三年下半年度月支经常费及临时费预算,并请讨论案。

决议:通过。

六、上层监事王武刚先生来函,以理监事业经改选,请辞去财务保管委员会委员及商业补习学校校长两职等由,请讨论案。

决议:准其辞职。

七、本会理监事现已改选,关于商业补习学校校长及财务保管委员会委员等职,自应重行推举,以符定章,请讨论案。

决议:推祝常务理事尧如为商业补习学校校长,谢理事伯勤、胡理事笑如、罗理事宝珊、成监事禹门、刘监事福廷为财物保管委员会委员。

八、准市警察局函,以核查柴业公会呈请后复函,令各公会分担警务津贴一案,嘱属酌办见复等由。应如何办理,请讨论案。

决议:统复推绝。

丙、临时动议

拟由本会联合各业公会提倡生产及节约并组织专司此事之机构,是否可行,请讨论案。(邓理事历珍提)

决议:原则通过,请邓理事拟具具体办法提交下次会议讨论。

散会。

下午六时。

(119-127-152:144-146)

12.汉口市捐税征收所复查营业税办法

(1944 年 6 月 19 日)

第一条　依照税捐征收规则实施细则第八条之规定,举行本届营业税复查,特订定本办法。

第二条　复查营业税由本所转饬各分所办理之。

第三条　复查人员分为二十班,每班二人,由本所及各分所职员抽调派充之。

第四条　举行复查时,应函户处给申报表,由各商依照表式核实申报,经复查核定后,填处营业税核定证,交由各商店收执悬挂。

第五条　各班复查员每日应将所查户数、商店牌名、原定金额、复查金额分别填表,由各该分所主任核转本所审定之。

第六条　复查商户以民国三十二年四月一日起至三十三年三月底止营业金额及资本金额为标准，其三十二年四月以后开业之商户，以其营业月份之金额平均计算或以估计法核定。

第七条　凡经核定税额商户，应自三十三年七月起，照核定税额纳税。

第八条　复查期间以四十天为限，必要时得延长之。

第九条　每日复查时间自上午九时起至下午六时止。

第十条　各班复查人员应携带原定税额表册，以资查对检阅之。商户账簿与申报是否相符，各商户不得拒绝，否则报请本所照章罚办之。

第十一条　为期复查周密起见，另设复查委员会，以本所所长及课秘四人各分所主任五人，财政局指派一人为委员，设主任委员、副主任委员各一人，共同负责，其主任委员由所长兼任，副主任委员由财政局科长兼任。

第十二条　复查委员会应于每星期召集会议一次，考察本周复查经过情形，如有特殊事务，务得随时召集讨论之。

第十三条　复查商户金额为与原定金额无增加者，由承办人到会说明理由，各委员认为不当时，由所长另派员抽查之。

第十四条　复查商户如有纠纷，不能解决者，提交委员会解决之。

第十五条　本办法自呈准之日施行。

通告一

前准市商会元字第四五〇号函略开：为奉社会局社三字第四七三号训令，曾奉实业部商字第三一九号训令开：查工商同业公会与统制经济之重要，下层机构与战时经济政策之实施关系至为密切，各业公会对于所属会员，自应加监督，毋稍宽假，各会员如有经营违法买卖情事，应即取消其会员资格并呈报主管官署，依法查办，以肃法纪，倘敢隐匿不报，各地主管官署一经查出，亦应斟酌轻重，将各该公会负责人予以处分，借资惩戒。等因，奉此。除分转外，相应函达查照，并转知同业各会员一体遵照等由。准此，除分转外，相应函达，查照切实遵照，幸毋视为具文为荷。

此致

宝号

汉口市纱业同业公会启

六月十九日

通告二

案准市商会元字第四五二九号函开：以准汉口市捐税征收所函开，于营业税复查办法，市政会议决议通过施行，相应抄送一份，仰即转知查照等由，除分函外，相应抄同原办法函达，查照转行知照为要等由。准此，除分函相应择抄原办法函达，查照即希注意为荷！

此致

宝号

附抄原办法

第四条　举行复查时,应函户处给申报表,由各商依照表式核实申报,经复查核定后,填处营业税核定证,交由各商店收执悬挂。

第六条　复查商户以民国三十二年四月一日起至三十三年三月底止营业金额及资本金额为标准,其三十二年四月以后开业之商户,以其营业月份之金额平均计算或以估计法核定。

第七条　凡经核定税额商户,应自三十三年七月起,照核定税额纳税。

第十条　各班复查人员应携带原定税额表册,以资查对检阅之。商户账簿与申报是否相符,各商户不得拒绝,否则报请本所照章罚办之。

第十三条　复查商户金额为与原定金额无增加者,由承办人到会说明理由,各委员认为不当时,由所长另派员抽查之。

第十四条　复查商户如有纠纷,不能解决者,提交委员会解决之。

(119-15-35:91-93)

13.市商会为函送第三届当选理监事名单由

(1944 年 6 月 19 日)

案查六月十二日本会召开第五次会员大会举行改选,所有当场推选第三届理监事姓名,业经记录在卷。除分函外,相应检同当选理监事名单函请贵会查照。

此致

本市　业同业公会

附送本会第三届当选理监事名单一纸。

汉口市商会启

六月十九日

汉口市商会第三届当选理监事名单(民国三十三年六月十二日)

常务理事兼理事长	涂拔丞				
常务理事	袁范宇	谢有标	祝尧如	曹云階	
理　事	谢伯勤	□亚东	胡笑如	程霖轩	
	邹静轩	王晋澄	□□□	刘南陔	
	罗宝珊	毛星五			
监　事	梅幼三	王理堂	张鹏舞	成禹门	
	郑君维	刘福廷	郑晋卿		
候补理事	许敬之	刘幼龄	熊英三	田春霆	张彬城
候补监事	葛楚材	闵幼庵	傅寿庵		

(119-15-36:54-57)

14.市商会为函送第五次会员大会会议纪录请查照由

(1944 年 6 月 22 日)

查本会已于六月十二日召开第五次会员大会举行改选,所有当选理监事名单业已函达在卷,现此项会议纪录□经即就,除分函外,相应检送一份,函请查照。

此致

本市　业同业公会

附送本会第五次会员大会会议纪录一份。

汉口市商会启

六月廿二日

汉口市商会第五次会员大会会议纪录

时间:民国三十三年六月十二日上午九时

地点:本会三楼会议场

指导:省长代表陈建设厅长　石市长　军联络部代表远藤课长　市党部代表陈委员　市社会局王局长

出席人:员代表一百八十九人(另有签到簿)

主席团:涂理事长拔丞、唐常务理事兰樵、梅常务理事幼三

纪录:章振启、姚心辅

开会如仪:

一、主席致开会词。(略)

二、省长代表陈厅长训词。(略)

三、市长训词。(略)

四、军联络部代表远藤课长训词。(略)

五、市党部代表陈委员训词。(略)

六、市社会局王局长训词。(略)

七、内田总领事惠词。(略)

八、省党部代表谢委员惠词。(略)

九、湘鄂赣商统分会关理事长惠词。(略)

十、主席答词。

十一、讨论提案。(提案共计三十案,已编即成帙,当场分送各会员代表)

第一案　决议通过,自本年七月份起实行。

第二案至第四案　决议二、三、四案并案讨论通过,由本会制定各同业公会理监事证章及身份证明书式样,呈函各有关机关备案,俟核准后再由本会依式制就,发各公会理监事佩戴。

第五案至第八案　决议五、六、七、八四案并案讨论,原则通过。

第九案至第三十案　决议各提议案所请求原则通过,授权理监联席会议分别办理。

十二、进行选举:

涂拔丞君　当选为理事长

袁范宇君　谢有标君　祝尧如君　曹云階君　当选为常务理事

谢伯勤君　曹亚东君　胡笑如君　程霖轩君　邹静轩君　王晋澄君　邓廷珍君　刘南陔君　罗宝珊君　毛星五君　当选为理事

梅幼三君　王理堂君　张鹏舞君　成禹门君　郑君维君　刘福廷君　郑晋卿君　当选为监事

许敬之君　刘幼龄君　熊英三君　田春霆君　张彬城君　当选为候补理事

葛楚材君　闵幼庵君　傅寿庵君　当选为候补监事

十三、当选理事长、常务理事、理事、监事宣誓就职，由市政府委专员及社会局长监誓。

散会：下午一时三十分。

（119-15-36：57-60）

15.汉口市酒酱业同业公会为请发还前日电文呈汉口市商会总务室

（1944 年 6 月 23 日）

谨启者，前日呈贵会函，以文中叙事未明为由，敝会派员谈话，现拟将文重行修改声叙，恳请贵会将原文发还，是为至感。

谨上

汉口市商会总务室

汉口市酒酱业同业公会　启

16.实业部颁发商会修正细则

（1944 年 6 月 24 日）

中枢实业部，以处此战时体制之下，对于经济各部门之内容，自应积极强化，为此特颁发各省市商会修正细则四十条。对于嗣后商会之任务，殊多指正。市社会局顷已奉到上项训令，转饬市商会遵照。此后，本市商会之若干附属规则，或将因之重行改订，姿态一新，殊堪期待。

（《大楚报》）

17.商标法细则修正

（1944 年 6 月 24 日）

实业部以商标法施行细则，前经明令公布施行已久，多不合于现情，特将该项细则予以修正，呈奉行政院核准遵饬施行，汉口市政府已抄回原细则，转令社会局及市商会知照。

（《大楚报》）

18.各公会理监事商会发身份证

（1944 年 6 月 24 日）

市商会为保障同业公会负责人身份，□□繁荣市场计，特于该会五次会员大会，提议发给各业同业公会理监事身份证，经决议后，即呈奉市府核示。兹悉市府对该会之请，已予核准。该会已于昨日起，开始赶办此项手续中，所有各业公会理监事，均由该会发给身份证，以资识别，而利商务。

（《大楚报》）

19.汉口市山货纸张行业公会函报本市商会第三届改选经过情形

（1944 年 6 月 26 日）

敬呈者，属会已于六月二日遵章进行第三届选举大会，结果圆满，理合备文，连同当选理监事名册呈报，仰祈鉴核，准予备案，公德两便。

谨呈

汉口市商会

附呈理监事名册一份。

汉口市山货纸张行业公会

六月二十六日

（119-126-269:184-185）

人民团体理监事履历表

姓名	年龄	籍贯	职务	学历	经历	住址或通讯处	党籍	任职月年	备注
陈耀庭	48	汉阳	理事	私塾	向系经理店务	小夹街 62	国民党	三十三年六月	
汪海清	41	黄陂	理事	私塾	向系经理店务	汉正街 128	国民党	三十三年六月	
罗南卿	39	黄陂	理事	私塾	向系经理店务	小夹街 86	国民党	三十三年六月	
商昌森	37	武昌	理事	私塾	向系经理店务	汉正街 581	国民党	三十三年六月	
王柏庭	52	汉阳	监事	私塾	向系经理店务	小夹街 55	国民党	三十三年六月	
张尊三	38	沔阳	监事	私塾	向系经理店务	统一街 190	国民党	三十三年六月	
王河清	50	汉阳	监事	私塾	向系经理店务	小夹街 53	国民党	三十三年六月	
吴仲陶	46	汉阳	候补理事	私塾	向系经理店务	小夹街 14	国民党	三十三年六月	
王樵生	36	汉阳	候补理事	私塾	向系经理店务	小夹街 49	国民党	三十三年六月	
王绳武	43	黄陂	候补理事	私塾	向系经理店务	汉正街聚福里 3	国民党	三十三年六月	
郭云汉	41	黄安	候补理事	私塾	向系经理店务	汉正街 497	非	三十三年六月	
罗仁贵	42	麻城	候补理事	私塾	向系经理店务	小夹街 72	国民党	三十三年六月	
罗润生	61	汉阳	候补理事	私塾	向系经理店务	小夹街 48	国民党	三十三年六月	

（续表）

姓名	年龄	籍贯	职务	学历	经历	住址或通讯处	党籍	任职月年	备注
祁斌臣	52	应城	候补理事	私塾	向系经理店务	小夹街 189	国民党	三十三年六月	
刘菊村	45	汉川	候补理事	私塾	向系经理店务	小夹街 68	国民党	三十三年六月	
蔡梓泉	34	黄陂	候补理事	私塾	向系经理店务	小夹街 85	国民党	三十三年六月	
周树庭	41	汉阳	候补理事	私塾	向系经理店务	汉水街 191	国民党	三十三年六月	

（119-126-269，186-187）

20.汉口市商会函复本市山货纸张行业同业公会

（1944 年 6 月 27 日）

案据呈报第三届选举大会经过情形，附赍当选理监事略历表，请予鉴核备案等情；到会应准备案，除将当选理监事姓名分别予以登记外，相应函复。

此致

本市山货纸张行业同业公会

汉口市商会

六月二十七日

（119-126-269：188）

21.汉口市酒酱业同业公会为转实业部令遵照《战时物价管理条例》及非统制与统制物资品目呈汉口市商会

（1944 年 6 月 28 日）

案奉钧会函转，奉湖北省政府经济局四字第一二〇六号训令内开：案奉实业部商字第一七六号令开，除原文免录外，节开前奉中央政治委员会第一三一次会议通过，即经本部抄发条例，令饬该局遵办，并饬将日用必需品评定价格，市场价格按周电呈各在案。仰即遵照前令，切实办理，毋稍毋延。等由，奉此。窃查敝会会员业务系绍酒与酱油，依据部颁《战时物资公定价及协定价格品目表》并无酒酱物品列入。复查满洲国及上海、南京等处各大商埠，对于此项物资更无公定与协定价之名目，是则酒酱商品，其非统制物资已属明显。惟查制造酒酱之原料，如杂粮、面粉、食盐明文既经规定系统制品，自应遵办。兹除分函转饬各会员遵照部颁《战时物价管理条例》切实奉行外，合将非统制及统制物资品目据实函陈，即希查照，并烦转呈省府鉴核备案，并希见复为荷。

此上

汉口市商会

汉口市酒酱业同业公会　谨呈

理事长　倪鹏

22.汉口市商会为本市食用油业制造商公会提议疏通食油原料来源呈汉口市政府

(1944 年 6 月 30 日)

窃查,本会第五次会员大会讨论事项第十六案,据食用油业制造商同业公会提议,为转请政府设法疏通食油原料来源,以利制造案,经决议:"授权理监联席会议办理。"复经提出第三届第一次理监联席会决议:"呈市政府核示。"等语,记录各在卷,理合检赍原提案,呈请钧府鉴核示遵。

谨呈

市长石

汉口市商会理事长涂

7 月

1.汉口市商会会员录(附统计表暨商会组织系统图)

(1944 年 7 月 7 日)

例言

一、本录内载各项系根据本会整理工商业登记办法施行后,最近一年来各会员商店申报之情况制定。

二、本录内未登记之少数会员系册报未齐,未能汇办,故暂付阙如。

三、本录内载会员资本额概系用各会员商店自由填报,本会会费即据此征收。

四、本会会员按照章程规定公会会员与商店会员两种,现因各公会筹备会均系正当业务且在积极进行中,未便歧视故仍并列录内。

五、公会会员业务名称有因袭从前者,应时代需求由分而合或由合而分者,故于录内特辟沿革一栏,以纪其分合之由。

六、本会登记证仅就各会员商店所营主业填发,其兼营之副业则不另予登记,例如砂糖业概由海味杂货等会员兼营,故录内砂糖一业遂无专业会员。

汉口市商会组织系统表(略)

(一)公会会员

公会名称	成立时间	公会沿革	公会地址	理事长姓名
山货行业	二十九年六月五日		大火巷山货公所	张福卿
山货纸张行业	二十九年五月二十六日		流通巷聚福里三号	徐禹门
中西菜馆业	二十九年五月三十日		清芬路一三五号	童炳山
中外纸业	二十九年六月五日		汉正街存仁巷	蓝熙周
牛肉业	二十九年四月三十日		中山路桥口马路九六〇号	万林轩
牛奶业	二十九年九月二十四		球场德月茶楼内	胡燮峰
牛肉零售业	三十二年八月二十三日		汉正街八六八号	袁汉章
水果罐头业	三十二年三月二日		后花楼同泰号楼上	李子华
水土果业	二十九年六月十五日		万安巷二五号	叶瑞安
五金业	二十九年六月十五日		清芬三路幼幼里三号	胡玉亭
五金机械业	三十年六月三日		三皇殿街一五号	张耀堂
五金旧货业	二十九年五月三十一日		广益桥堤街一一五号	胡仪亭
毛巾业	三十二年四月二十九日		汉中路胡善培巷三一号	程益斋
火柴烛皂业	三十二年九月	原为面粉煤油火柴业,自面粉业合并火柴烛皂施行配给,市经济局于三十二年九月令饬改组	第四区北京街裕丰号	郑瑶卿
牙刷制造业	三十三年三月二十日		汉中路九号	易新民
石灰业	二十九年四月二十八日		二爽巷九号	胡筱圆
石膏业	三十二年八月二十六日		牌楼街五三号	汪家齐
生熟鸭子店业	三十二年四月十日		民族路一〇六号	李耀章
生漆熟油业	三十二年七月四日		明德路一七号	刘秀山
皮业	二十九年九月四日		洋台子巷皮业公所	刘炳文
皮货业	三十二年六月二十九日		湖南街七一号	马鼎九
瓜菜薯行业	二十九年五月二十日		福建街二六号	王昌庆
匹头贩运业	三十一年十二月十六日	初与布匹店业合租布匹业公会,三十年四月以会员渐多,遂恢复原名另组是会	公兴村四号	程霖轩

（续表）

公会名称	成立时间	公会沿革	公会地址	理事长姓名
布匹店业	二十九年五月三十日	初与匹头贩运业合租布匹业公会，三十年四月匹头贩运业另组公会，后遂改称	大夹街老大布公会	成禹门
印花被单内衣童装业	三十二年九月二十七日		篮子街愿善堂内	许耀光
印刷雕刻业	三十二年元月十八日		五桂巷十二号	杜维民
西法洗染业	三十二年十二月二十九日		黄陂街四一号	温福开
色土布号业	三十二年八月三日		辅德里一号	叶渠生
汽车运输业	三十年三月十五日		中山路一〇四号	周清山
折药业	二十九年六月十五日		沈家庙河街六七号	刘幼岭
拆售屋料业	二十九年六月一日		兴记里二三号	刘华甫
豆制食品业	三十二年五月二十九日		兴亚二路三七号	邹九洲
豆丝油货业	三十三年四月三十日		燕山桥九七号	艾正祥
汾酒业	二十九年五月八日		汉中路一六号	郑晋卿
估衣业	二十九年五月二十七日		笃安下里五号	彭寿臣
青红砖瓦业	二十九年十月十八日		万寿宫街黄白里熊万顺	熊鉴古
炒坊业	二十九年五月二十二日		福建街二六号	王昌庆
肥皂制造业	三十二年七月二十二日		大夹街广合巷一〇号	田春霆
油盐业	二十九年六月十七日		大夹街广合巷一〇号	夏汉卿
油饼行业	三十一年三月三十一日		同安下里一〇号	毛筱理
油漆粉刷业	三十二年十一月二日		明德路刘祥泰号	王玉生
泡菜业	三十三年四月二十日		江苏巷三号	吴良鹏
食用油业制造商	三十三年四月二十日	原为榨坊业与机器榨油制饼业，两公会三十二年十二月遵粮食部令合并改组	造纸街一四七号	程幼华
食品制造业	二十九年五月五日		笃安里一二号	史海汀
食品杂货业	二十九年五月八日		江苏大巷五号	戴灿华

（续表）

公会名称	成立时间	公会沿革	公会地址	理事长姓名
砂糖业	三十二年十月三十日	原为海味杂货等业兼营，三十二年十月由兼营各商联合准另组	大夹街油公巷二号	董凤祥
军服业	三十二年二月二十三日		江汉路贯忠里二八号	张云如
洋服业	三十年九月二十五日		江汉路八九号	傅寿庵
玻璃搪瓷料器业	三十年二月二十日		万寿宫街五一号	李哲诚
度量衡期制造业	三十三年四月二十日		汉正街永昌巷	黄碧珊
海味业	二十九年四月十八日	原为海味糖盐各组公会，市府三十二年十二月饬令改称	大夹街油公巷二号	郑君维
酒酱业	二十九年十月十五日		公德里街面一三号	倪鹏
纱业	二十九年十月十五日		鄱阳街二一号	曾亚东
针织袜业	二十九年五月三十一日		上横堤街二九路	刘甲山
染织纱布业	二十九年四月二十九日		汉中路一三七号	龙少伯
染织军用绑腿业	三十三年六月六日		汉正街茶叶巷一三号	彭伯轩
染坊业	二十九年五月十二日		长沙堤三三九号	李玉峰
柴煤业	三十二年三月六日		洋台子三号	曹国钧
旅栈业	二十九年五月十二日		生成南里一七号	彭吉甫
烘糕制面业	三十二年九月二十三日		三善巷三六号	田伯如
书业	三十年四月五日		二爽巷德明佛堂内	章楚逢
茶叶店业	二十九年六月十四日		扬千总巷二五号	刘介信
茶叶行业	三十年元月十三日		天泰里五号	张仲丞
草帽席蕈毡货业	三十一年七月一日		戏子街敬业里二号	徐霁岑
卷烟业	二十九年五月二十八日	原为卷烟经理业，三十二年九月市府以配给制施行，饬令改组改称	五族街嘉利洋行内	余佐廷
参燕业	二十九年六月六日		汉正街升隆巷	熊英三
鱼行业	二十九年四月十四日		大通小巷一五号	彭锦亭
清茶业	二十九年六月十五日		老官庙厚善里	冷耀卿
瓷业	三十一年七月二十八日		后花楼八五号	刘春波
国货匹头业	二十九年五月三十日		统一街清白巷	梅斌臣

（续表）

公会名称	成立时间	公会沿革	公会地址	理事长姓名
国药业	三十一年七月十日		长堤街七五八号	徐海珊
国产纸张行业	二十九年五月二十八日		汉正街四八三号	伍林山
蛋业	三十二年十一月十五日		中山路兴记里九号	胡锦山
华洋百货业	二十九年十二月八日		文华里九号	刘福廷
洋货桶篓油末制炼业	二十九年六月十五日		聊怡里三一号	张梓樵
贸易人力车业	二十八年十二月二十五日		府西一路一号	胡丛周
丝线绸纱业	二十九年五月十日		长堤街二九八号	胡正卿
丝兰行业	二十九年六月十五日		大夹街同丰巷二号	胡筱轩
丝烟业	三十二年二月二十七日		燕山桥烟帮公所	潘松亭
帽业	三十年六月二十一日		统一街三〇一号	刘玉山
家具业	三十年六月二十一日		兴隆街一一八号	邵耕友
汤元面粉馆业	三十二年九月十五号		保成路成和号楼上	张玉山
棉洋线索业	三十二年四月二十二日		新火路	鄢凌卿
棉絮卷花业	三十二年四月二日		花楼街三〇号	陶国良
棉土布贩卖业	三十二年六月九日		扬子街新德里七号	张雪舫
贩运杂业	三十二年八月八日		兴隆街段家巷	董金汉
踩布业	二十九年五月二十四日		长提街六七四号	毛少卿
脚踏车业	三十年五月十二日		汉景街自治公益会	熊章礼
新式制革业	三十一年五月十五日		精武路五九号	刘文元
新式皮鞋皮件业	二十九年十一月十五日		生成里三七号	曾绍藩
新旧木器业	二十九年五月三十一日		体仁巷五六号	徐礼臣
新药业	二十九年六月十五日		公兴村七号	徐敬之
煤业	二十九年六月四日		保成路一二六号	车礼堂
焦煤贩运业	二十九年五月三十一日		洪益巷七三号	熊信诚
电料业	二十九年九月六日		小董家二巷三六号	罗子简
号栈业	二十九年四月十日		九如巷一〇号	徐汉卿
粮食业	三十一年三月七日	原为机器米业与米粮店业，两公会三十一年三月奉粮食局令合并改组	木兰宫	梅幼三
粮食行业	二十九年五月四日		汉正街凌霄医院	王瑞麟

（续表）

公会名称	成立时间	公会沿革	公会地址	理事长姓名
蛋卷华洋糕业	三十三年五月二十八日		药帮一巷一五号	曾少卿
广货业	二十九年十月十一日		沙家巷四一号	胡耀堂
制茶业	三十年五月十五日		洞庭街三一号	王武刚
制造南酒业	二十九年五月三十日		三民路公合八号	韩世义
绸缎业	三十二年七月十日		黄陂路七六号	胡笑如
绸缎制造业	三十二年十月十五日		庆余里一三号	鲍干元
蜜饯制造业	三十二年十月二十八日		大夹街大布公会巷内	梁安民
银行业	三十二年二月二十八日		湖南街老交通银行	周焕章
销盐业甲组	二十九年十一月十七日	原与乙组合组武汉盐业公会，二十九年八月汉口军特务部手令改组为武汉销盐公会，分甲、乙两组分任正副会长	同仁里一七号	袁慎宇(林)
销盐业乙组	二十九年五月八日	原与甲组合组武汉盐业公会，二十九年八月汉口军特务部手令改组为武汉销盐公会，分甲、乙两组分任正副会长	洞庭街一五号	祝尧如
鞋业	二十九年五月三十日		长堤街一九四号	胡季庭
鞋帽洋广货业	二十九年十二月二十二日		惠安里一一号	萧竹轩
胶坊业	三十二年七月二十九日		新华路二号	易申甫
面粉业	三十二年四月十四日	系三十一年七月市社运分会令磨坊业机磨面粉业两公会暨面粉□□火柴公会面粉部分会员合并改组	元和里二号	陈尧轩
鞭炮业	二十九年十一月十四日		长堤街	白智臣
麻袋业	二十九年五月二十日		同益街四八号	詹春堂

（续表）

公会名称	成立时间	公会沿革	公会地址	理事长姓名
熟食馒饼业	三十三年六月十四日		满春丽青仁里二号	张文华
糖果制造业	三十二年三月二十五日		戏子街江苏巷三号	梅发敬
鸭子行业	三十一年三月二十四日		新华路保安会内	万启文
猪肉业	二十九年五月八日		长提街六九〇号	吴紫高
猪行业	三十一年四月四日		苗家码头七二号	王兆鹏
猪肉零售业	三十二年九月八日		小董家三巷二四号	林志卿
猪鬃业	三十三年六月三十日		兴隆街段家巷内	殷伯涛
钱庄业	二十九年三月二十日	原为公认钱庄业，本年四月因市府改制资本增加，由市府财政局令饬改称	江汉村二号	谢伯勤
营造业	二十九年九月十八日		江润里四二号	陈刚峰
锅罐铁业	三十二年七月十一日		汉正街愚庄里四号	赵鸣洲
转运业	二十九年十二月十八日		五桂巷二〇号	王文卿
颜料业	二十九年五月二十七日		汉正街共和里	毛星五
熏皮业	三十一年六月三日		打铜街二三街	杨保廉
杂货贩运业	三十年七月五日		元和里街面	田锡堂
酱烛杂货制造业	三十三年七月四日	原为杂货店业，三十三年三月奉市府令改称今名	大火街杂货公所	王汉臣
杂货行业	二十九年六月六日		小夹街怡庆里二号	舒子寿
杂粮业	三十三年三月二十九日	原为米粮店业，自与机器米业合并组织粮食业后，三十三年三月呈准另组是会	汉正街朱家巷义大昌	陈云峰
杂木柴行业	二十九年五月十五日		五彩正街树德里一七号	龚秀璜
织带业	三十二年八月二十八日		安徽巷一三号	吴海山
药布药面业	三十三年三月十八日		长堤街三〇〇号	赵采全
药材号业	二十九年六月九日		药王庙四号	陈春亭
药材店业	三十二年七月十三日		大夹街二八号	黄尧臣
芦柴业	二十九年五月二十九日		长堤街保安公益会	游书田

（二）商店会员（共计十户）

牌号	登记时间	经营业务	营业地址	经理名称
鼎新	二十九年四月十二日	国外贸易	落珈碑路七号	李桂荪
中国裕庆公记	三十二年十一月十日	烟叶	两仪街四四号	李云轩
吴霖记	三十二年八月十二日	烟叶	保华街五七号	吴霖溥
光华亚记	三十二年八月十四日	广线	油皮巷二五号	张华凯
厚大	三十三年元月三日	合纱腊线	大龙家巷二八号	白涛
华中	三十二年七月二十五日	新旧百货	圣德街四四号	顾耕书
复兴	三十三年三月十一日	堆栈	汉水街一七六号	王依平
天昌	三十二年九月十三日	地毯	三德里三六号	张尚修
赛家竹记	三十二年九月十三日	地毯	庆平里七号	叶竹生
瑞泰昌	三十二年十月十四日	鸡鸭毛壳料	安定巷五一号	季庆余

（三）公会筹备会（共计十三单位）

筹备会名称	创立时期	地址	筹备主任名称
药材行业	二十九年五月二十五日	三皇殿后	马锦云
梳篦剪刀业	二十九年四月十九日	三镇市场毛大兴号	茅春亭
药油山货行业	二十九年五月二十五日	紫竹巷一一号	吴培东
照相业	二十九年六月一日	天钦村二号	左用甫
金银首饰业	三十二年七月五日	黄陂路五三号	周赞卿
呢绒业	三十二年七月一日	联怡里八号	胡宇挺
板木业	三十二年九月二十二日	公安路	胡灿之
猪肉内脏业	三十三年四月三日	大智边街德月茶楼三楼	吴紫华
衣号业	三十三年五月六日	生成南里一七号	冯子模
野禽贩运业	三十三年五月二十二日	三善下巷一三号	周玉成
牛行业	三十三年五月二十二日	桥口马路九六〇号	阳少卿
雨伞木屐业	三十三年六月二十八日	关帝庙巷二五号	苏荫泉
衣服贩运业	三十三年六月二十八日	南岳巷四号	李寿山

附各项统计表

（一）公会会员统计

类别	会员户数	资本额	应纳本会会费
山货行业	一三一	三一九，〇〇〇.〇〇	五一一.〇〇
山货纸张行业	五九	五，五三六，〇〇〇.〇〇	一，五五六.〇〇
中西菜馆业	一四四	二，七四三，〇〇〇.〇〇	一，三七二.〇〇
中外纸业	一一四	二，七八七，〇〇〇.〇〇	一，四二四.〇〇

（续表）

类别	会员户数	资本额	应纳本会会费
牛肉业	五一	三〇二,〇〇〇.〇〇	三〇三.〇〇
牛奶业	二三	三〇五,〇〇〇.〇〇	一七一.〇〇
牛肉零售业	五五	二一五,〇〇〇.〇〇	二七九.〇〇
水果罐头业	四四	三三二,〇〇〇.〇〇	二七三.〇〇
水土果业	四二	二三一,〇〇〇.〇〇	二三二.〇〇
五金业	九五	九五一,〇〇〇.〇〇	五九七.〇〇
五金机械业	一二五	一,一六二,〇〇〇.〇〇	八二三.〇〇
五金旧货业	八四	三二七,〇〇〇.〇〇	四三六.〇〇
毛巾业	五九	九八三,〇〇〇.〇〇	五七七.〇〇
火柴烛皂业	一一八	三,三〇一,〇〇〇.〇〇	一,五五〇.〇〇
牙刷制造业			
石灰业	四六	四六〇,〇〇〇.〇〇	三二二.〇〇
石膏业	六二	二六六,〇〇〇.〇〇	三三二.〇〇
生熟鸭子店业	一七	五三,〇〇〇.〇〇	一〇五.〇〇
生漆熟油业	一九	一九八,〇〇〇.〇〇	一四三.〇〇
皮业			
皮货业	三五	六六二,〇〇〇.〇〇	三五一.〇〇
瓜菜薯行业			
匹头贩运业	八五	一二,四九四,〇〇〇.〇〇	三,六一九.〇〇
布匹店业	九六	二五,一四九,〇〇〇.〇〇	五,六二八.〇〇
西法洗染业	五〇	五四七,〇〇〇.〇〇	三六三.〇〇
色土布号业	一三	一〇一,〇〇〇.〇〇	八七.〇〇
印花被单内衣童装业	三〇	三四二,〇〇〇.〇〇	二四二.〇〇
印刷雕刻业	七四	一,〇五一,〇〇〇.〇〇	六三〇.〇〇
汽车运输业	三八	一,五四五,〇〇〇.〇〇	六九〇.〇〇
制药业	二六	二,〇二〇,〇〇〇.〇〇	五〇八.〇〇
豆制食品业	三四	一二四,〇〇〇.〇〇	一七〇.〇〇
拆售屋料业	二五	一二〇,〇〇〇.〇〇	一四一.〇〇
豆丝油货业	三一	一二一,〇〇〇.〇〇	一五九.〇〇
汾酒业	一九	一,八四〇,〇〇〇.〇〇	六一三.〇〇
估衣业	七三	一,六七一,〇〇〇.〇〇	八五九.〇〇
青红砖瓦业	二〇	七三,〇〇〇.〇〇	一〇二.〇〇

（续表）

类别	会员户数	资本额	应纳本会会费
炒坊业	六二	二五九，〇〇〇.〇〇	三三二.〇〇
肥皂制造业	一八	一，〇〇三，〇〇〇.〇〇	三八八.〇〇
油盐业	七一	一，三六五，〇〇〇.〇〇	七四七.〇〇
油饼行业	五	二一〇，〇〇〇.〇〇	九九.〇〇
油漆粉刷业			
泡菜业			
食用油业制造商	一二	二三九，〇〇〇.〇〇	一四四.〇〇
食品制造业	五五	一，五八四，〇〇〇.〇〇	七四九.〇〇
食品杂货业	七一	二，二七七，〇〇〇.〇〇	九九一.〇〇
砂糖业			
军服业	七五	六〇七，〇〇〇.〇〇	四四九.〇〇
洋服业	七九	六，五三八，〇〇〇.〇〇	二，一〇六.〇〇
玻璃搪瓷料器业	九三	七五九，〇〇〇.〇〇	六二七.〇〇
度量衡器制造业			
海味业	一五一	一三，二二六，〇〇〇.〇〇	四，四九九.〇〇
酒酱业	七七	二，六七五，〇〇〇.〇〇	一，一二八.〇〇
纱业	一四二	二，一〇六.〇〇	五，七五一.〇〇
针织袜业	三〇八	一，九八〇，〇〇〇.〇〇	一，八九六.〇〇
染织纱布业	三四七	一四，〇二五，〇〇〇.〇〇	五，五七九.〇〇
染织军用绑腿业			
染坊业	一〇〇	八八〇，〇〇〇.〇〇	六六二.〇〇
柴煤业	三九八	一，八四二，〇〇〇.〇〇	二，二七三.〇〇
旅栈业	一四二	三，七一二，〇〇〇.〇〇	一，五五〇.〇〇
烘糕制面业	一四三	九四七，〇〇〇.〇〇	八三一.〇〇
书业	二一	七〇五，〇〇〇.〇〇	三三七.〇〇
茶叶店业	四六	一，九四四，〇〇〇.〇〇	八二八.〇〇
茶叶行业	一九	七三九，〇〇〇.〇〇	二九七.〇〇
草帽席蕈毡货业	三二	四二四，〇〇〇.〇〇	二八〇.〇〇
卷烟业	五八五	四，五〇一，〇〇〇.〇〇	七，四三九.〇〇
参燕业	三四	一，四二二，〇〇〇.〇〇	六二八.〇〇
鱼行业			
清茶业	二五〇	八五一，〇〇〇.〇〇	一，二六六.〇〇

（续表）

类别	会员户数	资本额	应纳本会会费
瓷业	二六	六四六，〇〇〇.〇〇	三三八.〇〇
国货匹头业	一一〇	一三，一四七，〇〇〇.〇〇	三，九四九.〇〇
国药业	一〇六	一，九四九，〇〇〇.〇〇	一，〇六八.〇〇
国产纸张行业	四二	一，四四七，〇〇〇.〇〇	六五八.〇〇
蛋业	一四七	一，〇八二，〇〇〇.〇〇	九三五.〇〇
华洋百货业	八八	一一，二一一，〇〇〇.〇〇	三，一一三.〇〇
洋货桶篓油末制炼业			
贸易人力车业			
丝线绸纱业	二五	四〇五，〇〇〇.〇〇	二三九.〇〇
丝兰行业	一〇	一，〇九五，〇〇〇.〇〇	一八九.〇〇
丝烟业	五八	三五五，〇〇〇.〇〇	三三六.〇〇
帽业	三八	二五七，〇〇〇.〇〇	二四〇.〇〇
家具业	三二	四八七，〇〇〇.〇〇	三〇〇.〇〇
汤元面粉馆业	四一	三八五，〇〇〇.〇〇	二八三.〇〇
棉洋线索业	一一〇	四二五，〇〇〇.〇〇	五七二.〇〇
棉絮卷花业	六八	三五四，〇〇〇.〇〇	三六八.〇〇
棉土布贩卖业	一三	二，一三七，〇〇〇.〇〇	五五二.〇〇
贩运杂业	四四	一三六，〇〇〇.〇〇	二二〇.〇〇
踩布业	六九	二一一，〇〇〇.〇〇	三四五.〇〇
脚踏车业	九〇	六八三，〇〇〇.〇〇	五九〇.〇〇
新式制革业	八二	九〇四，〇〇〇.〇〇	六二〇.〇〇
新式皮鞋皮件业	二三五	二，三九三，〇〇〇.〇〇	一，七三九.〇〇
新旧木器业	四一	一二八，〇〇〇.〇〇	二〇五.〇〇
新药业	七五	四，九四八，〇〇〇.〇〇	一，六九五.〇〇
煤业	二二三	一，四九九，〇〇〇.〇〇	一，四〇九.〇〇
焦煤贩运业	五二	三四七，〇〇〇.〇〇	二五一.〇〇
电料业	一二〇	一，五七〇，〇〇〇.〇〇	一，〇六二.〇〇
号栈业	五三	二三二，〇〇〇.〇〇	二八七.〇〇
粮食业	一三七	四，〇七九，〇〇〇.〇〇	一，九七三.〇〇
粮食行业			
蛋卷华洋糕业			
广货业	三〇〇	四，六八六，〇〇〇.〇〇	二，八〇六.〇〇

（续表）

类别	会员户数	资本额	应纳本会会费
制茶业	八	二,二〇〇,〇〇〇.〇〇	三八八.〇〇
制造南酒业	四九	四三四,〇〇〇.〇〇	四五九.〇〇
绸缎业	五二	八,二〇一,〇〇〇.〇〇	二,二七一.〇〇
绸缎制造业	一六	二六一,〇〇〇.〇〇	一五〇.〇〇
蜜饯制造业	一二	一〇五,〇〇〇.〇〇	九〇.〇〇
银行业	一六	一六八,〇〇,〇〇〇.〇〇	
销盐业甲组	一二	七四四,〇〇〇.〇〇	三二四.〇〇
销盐业乙组	一二〇	一,九二九,〇〇〇.〇〇	一,一二四.〇〇
鞋业	六六	五三二,〇〇〇.〇〇	四三八.〇〇
鞋帽洋广货业	一六	七二七,〇〇〇.〇〇	三一二.〇〇
胶坊业	一九	七四〇,〇〇〇.〇〇	九九.〇〇
面粉业	一九一	六,二八七,〇〇〇.〇〇	二,六一四.〇〇
鞭炮业	二七	八一,〇〇〇.〇〇	一三五.〇〇
麻袋业	一〇〇	五四八,〇〇〇.〇〇	五九〇.〇〇
熟食馒饼业			
糖果制造业	六四	五二六,〇〇〇.〇〇	四二四.〇〇
鸭子行业	一三	四五,〇〇〇.〇〇	六五.〇〇
猪肉业	九九	四三〇,〇〇〇.〇〇	五三七.〇〇
猪行业	一二	六三,〇〇〇.〇〇	六六.〇〇
猪肉零售业	一一四	三八四,〇〇〇.〇〇	五七〇.〇〇
猪鬃业	三一	四三五,〇〇〇.〇〇	二六七.〇〇
钱庄业	五一		二,〇四〇.〇〇
营造业	一二四	七八三,〇〇〇.〇〇	七一〇.〇〇
锅罐铁业	三二	三七六,〇〇〇.〇〇	二四八.〇〇
转运业	九	九九,〇〇〇.〇〇	六九.〇〇
颜料业	一六二	七,七六〇,〇〇〇.〇〇	三,六〇四.〇〇
熏皮业	一〇一	五三〇,〇〇〇.〇〇	五五三.〇〇
杂货贩运业	四二三	二,六五一,〇〇〇.〇〇	二,五二三.〇〇
酱烛杂货制造业	九四	五,六八〇,〇〇〇.〇〇	二,一五〇.〇〇
杂货行业	二〇	二,五七二,〇〇〇.〇〇	五六八.〇〇
杂粮业	七八	四八六,〇〇〇.〇〇	四六四.〇〇
杂木柴行业	六八	二四七,〇〇〇.〇〇	三四五.〇〇

（续表）

类别	会员户数	资本额	应纳本会会费
织带业	四七	一七六,〇〇〇.〇〇	二三七.〇〇
药布药面业	四二	一一四,〇〇〇.〇〇	五八〇.〇〇
药材号业	二四	四八五,〇〇〇.〇〇	二六八.〇〇
药材店业	一六	三〇四,〇〇〇.〇〇	一六四.〇〇
芦柴业	七四	二八六,〇〇〇.〇〇	三八二.〇〇
合计	一〇,一〇八	四三四,八〇二,〇〇〇.〇〇	一一九,二一四.〇〇

（二）商店会员统计

牌号	使用人数	资本金额	应纳本会会费
鼎新	一〇	五〇〇,〇〇〇.〇〇	一〇〇.〇〇
中国裕庆公记	三〇	五,〇〇〇,〇〇〇.〇〇	二〇〇.〇〇
吴霖记	一一	五〇,〇〇〇.〇〇	二三.〇〇
光华亚记	四五	一二〇,〇〇〇.〇〇	三七.〇〇
厚大	八	六〇〇,〇〇〇.〇〇	一〇〇.〇〇
华中	九	一〇〇,〇〇〇.〇〇	三三.〇〇
复兴	一一	三〇,〇〇〇.〇〇	一五.〇〇
天昌	六	五,〇〇〇.〇〇	五.〇〇
赛家竹记	七	六,〇〇〇.〇〇	七.〇〇
瑞泰昌	六	一〇〇,〇〇〇.〇〇	三三.〇〇
合计	一四三	六,五一一,〇〇〇.〇〇	五五三.〇〇

（三）公会筹备会统计

类别	会员户数	资本总计	应纳本会会费
梳篦剪刀业			
照相业	一〇二	六八三,〇〇〇.〇〇	六一二.〇〇
金银首饰业	七六	一〇,二四八,〇〇〇.〇〇	二,七〇四.〇〇
呢绒业	八	一,六一〇,〇〇〇.〇〇	四二六.〇〇
板木业			
猪肉内脏业	一九	一一〇,〇〇〇	一〇一.〇〇
衣号业			
野禽贩运业			
牛行业			
雨伞木屐业			
衣服贩运业			

（续表）

类别	会员户数	资本总计	应纳本会会费
药材行业	九	七二,〇〇〇.〇〇	五九.〇〇
药油山货行业	一六	八六,〇〇〇.〇〇	九二.〇〇
合计	二三〇	一二,八〇九,〇〇〇.〇〇	三,九九四.〇〇
全部总计	一〇,三四八	四四四,一二二,〇〇〇.〇〇	一二三,七六一.〇〇

2.汉口市商会理事长为本市山货行业同业公会提议两警局令所属对于入境各种山货土产物不得擅自扣留或没收呈湖北省政府（附原提案）

（1944 年 7 月 7 日）

案查，本会第五次会员大会讨论事项第二十二案，据本市山货行业同业公会提议，为请转呈省政府令饬水上警察局，暨汉阳警察局分令所属各分局所及哨警，对于入境各种山货土产货物，不得擅自扣留或处分没收情事案。经决议"授权理监联席会议办理"，复经提出第三届第一次理监联席会决议"呈省政府明令各警察局所制止"等语，记录各在卷，理合检同原提案，呈请钧府鉴核赐予令饬所属制止，并恳示遵。

谨呈

湖北省长杨

附呈原提案一件（检印件附发）。

汉口市商会理事长涂

附：汉口市商会第五次会员大会提案

提议人：汉口市山货行业同业公会代表张福卿。

议题：请转呈省政府令饬水上警察局暨汉阳警察局，分令所属各分局所及哨警，对于入境各种山货土产货物不得擅自扣留或处分没收情事案。

理由：据各会员行迭次报称，贩运山货土产货客入境，常被该两局哨警擅自扣留或没收情事，发生其间，虽有请求发还者，而贩商耽延时日甚久，盘桓汉用费甚大，损失亦重，事关土产进口货物，各哨警应加以保护，似此情形，恳请转呈省政府明令制止，该两局分令各哨警体恤商艰。

办法：请大会转呈省政府令饬两警察局，谕知各分局所制止各哨警，以后不得有此扣留入境山货土产货物或没收情事，并须加以保护。

中华民国三十三年五月三十日

3.物资统制审议委员会暂行条例

（1944 年 7 月 7 日）

第一条　国民政府为推行战时经济政策，审议物资统制方案，设置物资统制审议委员会（以下简称本会），直隶行政院。

第二条　本会之职掌如下：
一、关于物资统制及物价管理基本原则之审议事项。
二、关于物资统制及物价管理重要方案之审议事项。
三、关于物资交换之审议事项。
四、关于对外贸易之审议事项。
五、关于各统制机构建议之审议事项。
六、关于物资统制中日间之联络事项。
七、关于行政院之咨询交办事项。
第三条　本会委员由行政院就下列人员，呈请国民政府特派或聘任之：
一、各有关部、会长官。
二、各省及特别市政府代表。
三、商统会理、监事长。
四、各统制委员会主任委员。
五、金融界、产业界主干人士。
六、经济顾问代表。
七、日本有关机关代表。
行政院副院长为委员长，并设常务委员若干人，由行政院就委员中指定之。
第四条　本会设秘书长一人，由行政院呈请国民政府就委员中指派兼任之。
第五条　本会置秘书处，设简任秘书一人，荐任秘书四人，承委员长及秘书长之命，核阅文稿及办理交办事务。
第六条　本会置总务、审议两处，各设处长一人，简任承委员长及秘书长之命，分掌所管事务。
第七条　本会各处得分科办事，各科设科长一人，荐任承长官之命，办理所管事务。
第八条　本会设专员（简任或荐任）、科员（荐任或委任）、办事员（委任）各若干人，分承长官之命，办理指定事务。
第九条　本会总务处之职掌如下：
一、关于印信典守事项。
二、关于文件之收发及保管事项。
三、关于人事之任免考勤及惩奖事项。
四、关于图书表册之刊行、征集及保管事项。
五、关于预算、决算之编制及列报事项。
六、关于公款之保管及出纳事项。
七、关于公物之购置及保管事项。
八、关于其他不属各处之事项。
第十条　本会审议处之职掌如下：
一、关于提案之征集、汇纂、整理及签注事项。
二、关于提案之撰拟事项。
三、关于会议之召集、议程之编订及纪录之整理事项。

四、关于决议案之呈报及联络执行事项。

五、关于物资统制及物价管理之研究计划事项。

六、关于物资交换及对外贸易之研究计划事项。

七、关于物资、物价之调查统计事项。

八、其他有关物资统制之研究计划事项。

第十一条　本会委员会议于每年一月及七月各举行一次,但委员长认为必要时,亦得临时召集之。

第十二条　本会常务委员会议因事务之必要,由委员长随时召集之。

第十三条　本会审定事项应呈由行政院分别公布,或令饬主管机关办理之。

第十四条　本会因事务之必要,得设上海事务所。

第十五条　本会分科规则、会议规则及上海事务所组织章程均另订之。

第十六条　本条例自公布尔日施行。

76-1-515(4562-4561)

4.汉口市商会理事长为转本市酒酱业公会非统制与统制物资情形呈湖北省长

(1944 年 7 月 7 日)

案查,前奉湖北省经济局经四字第一二〇六号训令开:案奉实业部商字第一七六号令开,“云云至令仰该会转饬所属一体知照。此令。”等因,附发《战时物资管理暂行条例》。奉此,遵已转函各业在卷。兹准本市酒酱业同业公会函节称:“查敝会会员业务系绍酒与酱油,云云至并希见复。”等由,理合据情转呈钧府俯赐鉴核,准予备案,并恳据令祗遵。

谨呈

湖北省长　杨

汉口市商会理事长　涂

5.汉口市商会理事长为本市酒酱业公会提议提高酱油价格致全国商业统制总会湘鄂赣分会(附原提案)

(1944 年 7 月 8 日)

案查,本会第五次会员大会讨论事项第二十六案,据本市酒酱业同业公会提议,为请求转函提高酱油价格,以维成本。业经决议“授权理监联席会议办理”,复经提出第三届第一次理监联席会决议“函湘鄂赣商统分会核办”等语,记录各在卷。相应检同原提案,函请贵会查核办理,并希见复为荷。

此致

全国商业统制总会湘鄂赣分会

附原提案一件(检印件附发)。

理事长　涂

附:汉口市酒酱业公会为提议提高酱油价格以维持成本提案

第廿六案

提案人:汉口市酒酱业同业公会

议题:函呈□请提高酱油价格以维成本案

理由:缘敝同业商店自事变迄今数年,于兹在此数年中,百货算不上涨。惟敝业酱油于上年十月始得第二次增价自加之后,计算成本只能维持店徽,以品系饮料[?]未便重提。不意去冬以还,原料盐斤、黄豆、小麦、酱市价扶摇直上,柴煤人工亦随之提高,制售则亏蚀血本,停制则无业可图。诚使同业欲罢不能,现在已到山穷水尽之际,若不提高价格,惟有相率停业。事虽出于商店本意,实乃逼于环境使然。事关切身利害,未便一再缄默,应请大会体念商艰,转函商统分会提高价格,以维营业方便制造。

6.汉口市商会理事长为本市匹头贩运业公会提议解释公会负责人如何对于所属会员非法买卖严加监督呈汉口市政府(附原提案)

(1944 年 7 月 8 日)

案查,本会第五次会员大会讨论事项第二十五案,据本市匹头贩运业同业公会提议,同业公会为人民团体,只有领导权,似无制裁权。此次实业部训令,责成公会负责人对于所属会员非法买卖严加监督,究应如何监督,提请转呈上峰解释案。经决议"授权理监联席会议办理",复经提出第三届第一次理监联席会决议"呈市政府转请层峰解释"等语,记录各在卷,理合检同原提案,呈请鉴核赐予转请解释,并恳指令只遵。

谨呈

市长石

附呈原提案一件(检印件附发)。

汉口市商会理事长涂

7.汉口市商会函

(1944 年 7 月 19 日)

案查本会第五次会员大会讨论事项:第一案本会第二届全体理事提议为物资其涨,会内开支浩繁,可收会费,不敷甚巨,拟自本年季起,按照原定收费标准加收一倍,以利会务推进,业经会议通过,自年七月起实行。后经提出第三届第一次理事联席会议,依据大会决议将本会征收会费暂行办法修正通过并经分呈府局备案在卷,兹案汉口市社会局社三字第三六九号训令开:案经呈在市府汉二字第□九二〇号指令开:呈件均悉。准予备查,仰即知照,并转饬市商会知照,此令。等因。合行令仰知照此令。等因,在此,除分函外,相应抄同上项修正办法。函请查照转行同业各商店一体知照。

此致

本市　业同业公会

附:抄送修正本会征收会费暂行办法一份

第一条 (遮住,无)

第二条 (遮住,无)

第三条 本会工资均以国币为本位,按照下列标准征收之。

一、资本额在国币五千元以内者,每月收会费国币十元,不足五千元者作五千元计。

二、资本额在超过五千元以上至五万元者,每五千元增收四元,不足五千元者作五千元计。

三、资本额在超过五万元者,每万元增收四元,不足万元者作万元计。(例如资本额十万元者,照上列三个阶段,合并计算,则每月应缴会费为国币六十六元。)

第四条 会费按照前项各项规定资本额计算,如溢出二百元以上者,以收二百元为限。其会遇有规模宏大之实业工厂及其他特种事业之公司,申请入会时,其会费由理监联席会议决定之。

第五条 会费每年分四季征收,均于每季首月缴纳之,由本会制给收据为凭。

第六条 凡会员如不按期缴纳会费者,除由本会随时派员催收,并以书面催告外(有公会者,由公会转告,无公会者,直接邮寄),其延迟至二个月以上,仍抗不缴纳者,即呈请主管官署撤销其营业许可证。

第七条 会费收支状况,除按月造册呈报主管官署备查外,仍照案提出下届会员报告大会报告之。

第八条 本修订办法自三十五年七月份起,实行并承包主管官署备案。

(119-126-165:121-122)

8.汉口银行公会为准汉口市商会函知抄送修正征收会费查照由

(1944 年 7 月 24 日)

案准汉口市商会亨字第十号函开:案查本会第五次会员大会讨论事项第一案第二届全体理事提议云云。一体知照,等因。附抄送修正汉口市征收会费暂行办法一份。准此,除分函外,相应照抄原办法函请查照为荷。

此致

各会员银行

附抄送修正汉口市商会征收会费暂行办法一份。

(会戳)启

(119-126-165:123)

9.湖北汉口地方检察署为请查明程惠文所领取香烟等营业许可证时肥皂业有无设立同业公会致汉口市总商会理事长

(1944 年 7 月 25 日)

湖北汉口地方检察署公函 署检字第六二一号

查本署受理程惠文等囤积主要商品案件,业经依法侦讯外,惟其他证件尚有采取之必要,关于开设汉景街二九一号裕和香烟号老板程惠文，所领取香烟、肥皂、火柴之营业许可证时，当时其肥皂业，有无同业公会之设立，相应函请贵会查照，烦为查明，迅予函复，以资参证为荷。

此致

汉口市总商会理事长涂

检察长　石支矶

10.湖北省政府为改定煤球公定价格令汉口市商会

（1944 年 7 月 26 日）

湖北省政府训令　省建字第 399 号

案查煤球公定价格，原定每担售价不得超过一百元。前经本府核准，自三十二年十二月十九日起实行，业已布告，并分令饬知各在案。现准湘鄂赣物资统制审议委员会函送第十七次会议纪录，关于改定煤球公定价格一案，经决议："暂按每担一百六十元售出。"等语，应准照办。兹定于民国卅三年八月一日起实行，除分别函令暨布告周知外，合行令仰遵照，并转饬所属一体遵照为要。此令。

省长　杨揆一

11.市商会为八月一日复兴节，函请指派一人去兴亚剧场参加电影大会

（1944 年 7 月 31 日）

亨字一三二号，案奉汉口市社会局通知开：案准市政府秘书处紧急通知为八月一日为中华复兴节，定于是日上午十时，假五族街兴亚剧场举行本市民众电影大会，饬转知各社团选派代表届时参加。等因，准此。合行通知该会，选派代表六十人于八月一日上午十时以前至上开地点参加，毋误为要。等因，奉此。除分知外，相应函达查照，指派代表一人于八月一日上午八时先到本会集合，以便整队前往参加。

此致

本市同业公会

启

七月卅一日

（119-15-33：174）

12.汉口市各机关团体临时储粮办法

（1944 年 7 月）

本府为平抑粮价，确保民食，防止竞购，高抬垄断市面起见，特订定各机关团体储粮办法。

一、凡在汉口市区域以内之各机关团体储粮，应依照本办法办理之。

二、凡储粮之机关团体，应先向汉口市政府申请登记。（申请咨式发另订之）

三、申请储粮之机关团体填送申请书，经审核合格，由本府发给储粮证明书，持赴本市米粮

评价收买处购买，并将储存地点□□报请备查。

四、凡申请储粮之机关团体，以登记先后缴款拨费，并同时订立交易契约书，限十日内缴款，十日内提货。如逾期不能履行契约，则由评价收买处报府终止契约业务，并将储粮证□回注销。

五、米粮评价收买处应遵照本办法评价出售，不得故意高抬及参杂等不法情事，妨害储粮政策。

六、凡储粮各机关团体应在本年新谷□场时八、九、十、十一、十二等五个月内申请之。

七、凡储粮之机关团体，除本身□□外，不得私自售卖。如各机关团体有□□□□及一切特殊情形，应报由市政府处分之；如各机关团体私将储粮售卖及违背本办法之一者，即依法处罚之。

八、本办法如有未尽事宜，得临时修正之。

九、本办法自呈奉市长核准之日施行。

8 月

1.汉口市政府为解释匹头贩运业同业公会对于所属会员经营违法买卖令汉口市商会

（1944 年 8 月 2 日）

呈暨附件均悉。兹分别指示如下：

一、监督二字，即系监查督察之意，或明查或密查，应随时察夺情形办理。如经人告发，应即据实检举。

二、制裁一节，依照实业部原令，如果查觉有经营违法买卖情事，应即取消其会员资格，并呈报主管官署依法究办。

仰即转饬遵照。此令！

市长　石星川

2.汉口市总商会理事长为查明程惠文所领取香烟等营业许可证时肥皂业有无设立同业公会致湖北汉口地方检察署

（1944 年 8 月 5 日）

案准贵署署检字第六二一号函询程惠文所领取香烟、肥皂、火柴之营业许可证时，当时其肥皂业有无同业公会之设立，嘱为查明见复等由。查向本会登记者乃系程端，即程兴明，于上年一月二十五日发给该商商字第二三〇七号登记证有案，并无程惠文其人，该程惠文是否即为程端（即程兴明）无法臆断。至本市火柴烛皂业同业公会，系于三十二年九月成立。准函前由，相应函复，请烦查照为荷。

此致

湖北汉口地方检察署

理事长涂

3.汉口市商会为转知市政府解释同业公会对于所属会员经营违法买卖致汉口市匹头贩运业同业公会

（1944 年 8 月 5 日）

案查，前准贵会向本会第五次会员大会提议，为部令责成公会负责人，对于所属会员非法买卖应严加监督，请予转呈解释。业经决议“授权理监联席会议办理”，复经提出第三届第一次理监联席会决议“呈市政府转请层峰解释”，并经具呈各在卷。兹奉汉口市政府汉四字第六六二九号指令开：“呈暨附件均悉。原文录至仰即转饬遵照。”等因，奉此。相应函达查照。

此致

本市匹头贩运业同业公会

（会戳）启

4.福兴漂染厂乘有才为恳设法行文阻止日侨商拆本厂之重要机器呈汉口市商会理事长

（1944 年 8 月 5 日）

呈为报告人福兴漂染厂事务所当事人乘有才（性别：男，年龄：四十八，籍贯：江苏，职业：漂染，住址：本市民族路四十一号），乃因敝厂设置于本市硚口外江家墩老十八号。忽于七月二十九日，有外侨商山忠商会老板山田忠吉，引领多人来敝厂，将敝厂机器上所配置应用小件铁器，计拆去一驳船之多。当时敝厂不敢阻止，只得由他拆去，不意该侨商拟于日内又要来厂，声言要拆机件锅炉及机器上之铁器，民无法阻止，乃冒昧申述情由，具禀报告，前来请求理事长鉴核，伏乞顾念商民之艰辛，千祈恩施，格外设法维持，行文阻止其事，则感激德恩无涯。再公家有时征用铁器，必有正当手续凭证发给民，理当供献，再有此凭证亦可缴呈敝厂而消差矣。是否有当，伏望俯准所请，实为公德两便，所报是实。

谨呈

汉口市商会理事长涂

乘有才　谨具

5.汉口市政府社会局为金银首饰业公会请增加利润令汉口市商会

（1944 年 8 月 11 日）

汉口市政府社会局训令　社二字第二三一号

本局业于近来金价暴涨，深恐影响各种物价增高，特召集该业负责人议论，着其遵照从前限制办法，切实办理。嗣据该业公会筹备会呈述该业困难情形，并请求酌加利润及□件另加工资等情。前来。查上年二月本局为制止金价暴涨,曾会同各关系方面召集该业负责人商讨取缔决定办法,利润、工资一并在内。照上海电报定价不得超过十分之一,当呈请核准并饬遵在卷。兹据呈前情,经拟具办法,呈奉市政府汉二字第六三一七号指令核准,关于利润仍照原案加一成挂牌出售。至工资一节,除镜面不费工之金件免予加费外,其余各种加工饰物,准加工资百分之五。等因,奉此。除令饬该金银首饰业公会转饬金号会员遵照外,合于令仰该会知照,并随时监督为要。此令!

局长

6.市商整委会涂主委谈该会今后任务

(1944 年 8 月 24 日)

本报讯　汉口市商会,已于前日召开理监联席会议,议决解消另组商会整理委员会,各情已志本报。记者为明了实况起见,特走访整委会主委涂拔丞氏,承告如下:

汉口自事变以来,商场由自由营业进入统制贸易阶段,以致困难重重。市商会同人,以不懈之精神,在艰难困苦中奋斗,以期维护商人福利。兹因和平既已到来,以前各种难关,随时势之推移,自然突破市商会所负之使命。昨随之转变,加之迁退后方及旅居京沪各埠之巨商,亦必不日复归,届时自应有更健全之商会组织。以故事前不得不强化内部,并调整各同业公会,但以自去冬大轰炸以后,商店星散,各公会亦无形停顿,会员大会无法召开。故拔丞及理监事等,从□将前商会办理结束而改组为整委会,除本会原有全体理监事改充整委外,并加聘商界名宿多位为整委,加紧整理工作,以期健全之商会早日成立。

(《大楚报》)

7.汉口市政府社会局为禁止秘密买卖及移动铁轨令汉口市商会

(1944 年 8 月 28 日)

汉口市政府社会局训令　社二字第二六七号

案奉市政府汉四字第七四三六号训令内开:“案准汉口军联络部汉连二字第二五〇号通牒译开,兹为打通京汉路所需用铁路轨条之搜集,在本部指导之下逐渐进展。然最近有将轨条秘密买卖及移动等情事之发生,尤其在汉口市内有相当数量之输入,复于后半夜移动之,对于前项搜集工作不无阻碍。现为强化取缔起见,对于轨条之出处及输送地点,须先加以调查,同时如市内发现有移动,须依照《扬子江上流地域物资买卖及移动统制暂行规程》统制之,并请查照。等由,准此。除分行外,合行令仰饬属一体知照。等因,奉此。除分令外,合行令仰该会饬属一体知照。此令。

局长　王锦霞

8.商会会计学校报名期延长

(1944 年 8 月 29 日)

市商会筹设初级会计职业学校,日前开始招生,报名日期原定于二十六日截止。兹悉该会为使好学者不致向隅计，决定延长报名日期至下月三日。

（《大楚报》）

9.汉口市商会为福兴漂染厂准予发给房地产权证明书

（1944 年 8 月 30 日）

汉口市商会证明书

案据，本市福兴漂染厂来呈，以原有房屋一栋，坐落本市硚口外江家墩老十八号，基地面积为汉市尺一百零六丈三尺，冬至信记界，南至江姓界，西至长丰南垸，北至公路为界。因原契照于事变时遗失，由该业主委托代理人乘有才、项少臣等，赍送天祥及启胜两商店所具保证书，保证此项产权确系该业主所有。等情，前来，业经本会派员对保属实，特此证明。

理事长　涂

10.汉口市政府社会局为严密防止囤积米粮及操纵市价令汉口市商会

（1944 年 8 月）

汉口市政府社会局训令　社二字第二六六号

案奉市政府汉五字第七三五一号训令内开："案奉湖北省政府省建字第四六六号训令内开：案奉行政院院字第五八五六号训令内开：现据实业部本月六日实机字第三九号呈称：'查迩来各地米价继续高涨，非独京沪两地为然，即各产米区亦复如是。推其原因，固由于运输不便，而行商囤积居奇操纵，以及沿途军警勒索留难，亦为最重因素。值兹严重时期，为解除民食困难起见，拟请钧院令饬各省市政府转饬所属，对于各该管产米区严密防止囤积居奇及操纵市价情事，并咨行军事委员会转饬各驻地军，对于米粮之合理搬运，不得借故留难。倘有前项情事发生，一经查明，定即从严予以处罚，以期米价及以抑平民生赖以安定，是否有当，理合密呈鉴核俯赐办理，实为公便。'等情，据此，应准如所拟办理，除指复并咨军事委员会暨分令各省市政府饬属一体遵照办理外，合行令仰该省府遵办，对于囤积居奇及操纵市价情事严密防止为要。此令！"等因，奉此。"除分令外，合行令仰该市遵照，对于囤积居奇及操纵市价情事，应即出示严禁饬属密查防止为要。此令！"等因，奉此。"除分令并布告外，合行令仰遵照。"等因，奉此。合行令仰该会遵照，对于囤积居奇及操纵市价情事严密防止，并转饬粮食、粮行两业公会切实遵照。此令！

局长　王锦霞

11.湖北省政府为请转知本市酒酱业公会非统制及统制物品情形令汉口市商会理事长

（1944 年 8 月）

湖北省政府指令　省建字第 1479 号

呈悉。查绍酒酱油虽非统制物资，然依照《战时物价管理暂行条例》第十五条"除第四条规定之评价物资外，其他物资，当地经济局得斟酌情形，拟定品目，令各该同业公会协定适当价格，督饬会员共同遵守”之规定。仰即转知该同业公会协定适当价格，督饬会员共同遵守，以资限制，并报本府查核为要。此令！

省长　杨揆一

9 月

1.汉口市商会为转知严密防止囤积米粮及操纵市价致汉口市各同业公会、各同业筹备会

（1944 年 9 月 2 日）

案奉汉口市政府社会局社二字第二六七号训令开：“案奉市政府汉四字第七四三六号训令开：案准汉口军（原文云云录至）合行令仰该会饬属一体知照。”等因，奉此。除分函外，相应函达查照。

此致

本市各同业公会、各同业筹备会

（盖条章）启

2.汉口市商会为转知严密防止囤积米粮及操纵市价致汉口市粮食业同业公会、粮食行业同业公会

（1944 年 9 月 2 日）

分　函

案奉汉口市社会局社二字第二二六号训令开：“案奉市政府原文云云录至切实遵照。”等因，奉此。除分函外，相应函达贵会切实查照遵照。

此致

本市粮食业同业公会、粮食行业同业公会

（会戳）启

3.湖北省政府为禁止秘密买卖及移动铁轨令汉口市商会

（1944 年 9 月 12 日）

湖北省政府训令　省建字第 670 号

案查，前据该会转据该市山货业同业公会提议，为请转呈令饬水上警察局暨汉阳警察局，分令所属各分局所及哨警，对于入境各种山货土产货物不得擅自扣留或处分没收情事，并附呈

原提案一件,请求制止。等情,据此,当由本府令饬警务处查复在卷。前据呈复略称:经饬据水上警局及汉阳警察局先后报称(略):“查属局取缔私运物资,均依照《长江上游地域物资收买及移动统制规程》办理,对于入境山货土产尚无留难或处分没收情事。除仍饬各所及哨警切实注意外,理合报呈鉴核。”等情,转呈到府,合行令仰该会转饬知照。此令!

省长　杨揆一

4.汉口市商会为转知各种山货土产并无擅自扣留或没收致汉口市山货行业同业公会

(1944 年 9 月 15 日)

案查,前准贵会向本会第五次会员大会提议,为请转呈省政府令饬水上警察局暨汉阳警察局,分令所属各分局所及哨警,对于入境各种山货土产货物不得擅自扣留或处分没收情事案,经决议:“授权理监联席会议办理。”复经提出第三届第一次理监联席会决议:呈省政府明令各警察局所制止,并经具呈各在卷。兹奉湖北省政府省建字第六七〇号训令节开:“当由本府令饬原文云云录至转饬知照。”等因,奉此。相应函达查照分别转知。

此致

本市山货行业同业公会

(会戳)启

5.汉口市棉絮卷花业同业公会为请转函湘鄂赣商统分会发给物资收买许可证及小卖证致汉口市商会理事长

(1944 年 9 月 20 日)

窃属会素借手工之技能制造棉絮卷花,历有年所。惟所需作业原料之棉花、棉纱,值此统制时期,因未蒙当局配给,市上又无从购买,故仅有向由乡间来汉之挑负小贩零星收买,用以维持业务。查属会同业,端赖原料之充足,业务始能望其发展,反之立即陷于停顿,不但同业生活因之无着,即人民亦遭受莫大之影响。际值凉秋,气候渐冷,人民倘无棉料制作衣物以抵御风寒,势必冻毙,其关系民生,实深且巨。兹查当局订定之《物资收买及移动统制规程》,凡欲搜集棉麻等物资,须先经审核许可,发给收买许可证后,始能准予从事收买。属会为遵行当局所订是项之规程,而谋挽救同业业务之困难起见,特将所需原料之苦衷,具情缕呈钧会,恳祈俯念手工缔造之维艰,人民生计之重要,准予据情转函湘鄂赣商统分会,发给物资收买许可证及小卖证,俾便从事收买,以维业务,而免冻馁。实为公德两便。

谨呈

理事长涂

汉口市棉絮卷花业同业公会理事长　陶国良

6.汉口市商会为本市棉絮卷花业同业公会请求发给物资收买许可证及小卖证致全国商业统制总会湘鄂赣分会

（1944 年 9 月 29 日）

案据，本市棉絮卷花业同业公会呈称："窃属会素借手工之技能制造棉絮卷花云云至以维业务，而免冻馁。"等情，到会。查该业业务上需要棉花、棉纱系属实情，所请发给物资收买许可证及小卖证之处，相应函达，请贵会查核施行，并希见复为荷。

此致

全国商业统制总会湘鄂赣分会

理事长涂

7.武昌市政府湖北全省商会联合会为核照代理事长遵照决议出发视察各县市商会致汉口市商会函

（1944 年 9 月）

湖北省政府社会处处长吴，查本会第八次常务理事会及第一次常务监事联合会议第四决议案："各县会费来源不速，周转困难，应各自设法补报以维会务。案决议俟募捐簿印就发，由胡代理事长亲赴各县督办，并视察商务清结会费，报请社会处备查，并由会电各县商会知照。"等由，计算在奉刻本会筹募基金捐册，业经印就遵照决议，菊芳已于本月十五日由施出鉴发会县，由当县理事□请后代行，除由会电知各县商会外，理合报请核备为要。

理事长沈□□常务理事□代叩

8.全国商业统制总会所属各统制委员会组织通则

（1944 年 9 月）

第一章　总　则

第一条　行政院为实施主要物资之统制及其价格之管理，分别设置统制委员会（以下简称委员会），直隶于全国商业统制总会，为其事业实施之机关。

第二条　各委员会应依本通则分别组织，其组织规程另定之。

第二章　会　务

第三条　各委员会依照所管物资类别办理下列事项：

一、关于所管物资之采购营运事项。

二、关于所管物资统制方案及价格之拟定与实施事项。

三、关于所属下层机构之指导、监督事项。

四、关于行政院与商统会之交办事项。

第三章　组　织

第四条　各委员会设主任委员一人,副主任委员二人(内日籍一人),委员若干人(内日籍若干人),由行政院分别指派或聘任之,于必要时并得增设副主任委员一人。

第五条　委员任期一年,遇出缺时,其继任者以补足前任之任期为限。

第六条　主任委员对内综理会务,对外代表委员会;副主任委员襄理会务。主任委员因故不能视事时,由主任委员指定副主任委员一人代理之。

第七条　各委员会设秘书长一人,承主任委员及副主任委员之命办理各项事务。必要时并得成立秘书室,设秘书若干人,承长官之命核阅文稿及办理交办事务。

第八条　各委员会得分处分组办事,各处设处长一人,各组设组长一人,承长官之命办理所掌事务。于必要时并得增设副处长、副组长一人。

第九条　各委员会设置事务员若干人,承长官之命办理所管事务。

第十条　各委员会于必要时得设专员若干人。

第十一条　各委员会以运用所属同业联合会及同业公会办理各地区统制事务为原则,但必要时得设立各地区办事处。

第四章　会　议

第十二条　各委员会会议每月举行一次,必要时得召开临时会,均由主任委员召集之。

第十三条　各委员会议决事项,应呈报全国商业统制总会转呈行政院备案。

第五章　经费及事务费

第十四条　各委员会办理所管物资统制事务,得呈由商统会转呈行政院核准征收事务费。

第十五条　各委员会经费由各该委员会征收事务费项下拨付之。

第六章　会　计

第十六条　各委员会应依照会计年度编制预算、决算,呈由商统会转呈行政院核准备案。

第十七条　各委员会会计年度分为上下两期,自一月一日至六月三十日为上期,自七月一日至十二月三十一日为下期。

第十八条　各委员会应于每月十日以前,将上月份收支实数制表呈报商统会审核,并转呈行政院备案。

第十九条　各委员会营运所需资金,得据所计划核定数额及借款办法,呈由商统会核转行政院核定。

第二十条　各委员会之财务由商统会派稽核查核之,其查核办法另订之。

第七章　附　则

第二十一条　各委员会办事细则,由各该委员会拟订,由商统会核定之。

第二十二条　本通则自公布尔日施行。

10 月

1.汉口市政府为复本市食用油业制造商同业公会提议请疏通食油原料来源令汉口市商会

（1944 年 10 月 7 日）

呈件均悉。查本案未据拟具办法，现值□□时期，仰即转饬该食用油业制造商同业公会自行设法购买可也。此令！

市长　石星川

2.山货行业同业公会函请汉口市商会补发公会候补理监事身份证及证章

（1944 年 10 月 11 日）

径启者，查各业公会候补理监事均已发给证章及身份证，以资佩带，而利通行。敝会候补理监事尚未发给，兹特造具候补监事各册函送贵会，请予按照各业成例，迅予补给为荷。

此致

汉口市商会

附候补理监事六人名册一份。

汉口市山货行业同业公会启

十月十一日

（119－126－269：66－68）

候补监事	候补理事	候补理事	候补理事	候补理事	候补理事	职别	汉口市山货行业同业公会候补理监事清册
黄邦清	董士海	王子卿	李木森	程少卿	曹子轩	姓名	
三二	五四	三六	三五	五六	五三	年龄	
黄陂	沔阳	汉川	汉阳	安徽	麻城	籍贯	
球场正街八九号	沈家庙澹吟里二号	沈家庙澹吟里一号	汉正街一〇二二号	汉正街九〇二号	大龙家巷一一号	住址	
						备考	

3.汉口市商会为转复贵会提议请疏通食油原料来源致汉口市食用油业制造商同业公会

（1944 年 10 月 12 日）

案查，前准贵会向本会第五次会员大会提议，为请转呈政府设法疏通食油原料来源以利制造，业经决议“授权理监联席会议办理”。复经提出第三届第一次理监联席会决议：“呈市政府核示。”并经具呈各在卷。兹奉汉口市政府汉五字第八九三三号指令开：“呈件均悉。原文云云，录至此令。”等因，奉此。相应函达，查照转知。

此致

本市食用油业制造商同业公会

（会戳）启

4.汉口日本产业经济会致汉口市商会函

（1944 年 10 月 14 日）

（前略）

附：役员一览表　汉口日本产业经济会

昭和十九年十月十日

	□名	氏名	职域	住所	电话	
					职域	自宅
一	会头	岩崎贤太郎	三菱商事株式会属汉口支店	江汉路一五号	21032	23050
二	副会头	三好刚三郎	横滨正金银行汉口支店	河街一二号	21010 22355	21403
		莜冈规矩夫	三井物产株式会赴汉口支店	太平街五〇号	22355 23526	22419
三	军务理事	真铜政治	汉口日本产业经济会	黄陂路四三号	23084	23770
四	理事	长谷川喜一郎	东亚海运株式会社汉口支店	河街一号	23220	23200
		山本英雄	日总实业株式会社汉口支店	江汉路一〇号	21027	21941
		上西春松	汉口水田漆行	至善路	22281	22292
		佐藤武币	台湾银行汉口支店	江汉路	23435	22770
		三轮为一	华中水电汉口办事处	江汉路三二号	22941	
		五十岚保司	中江实业银行	河街一五号	21158	
		伊藤带夫	日本制粉株式会社汉口支店	第四区天隆街一七号	23083	22690
		土井子雄	瀛华洋行汉口支店	江汉路五二号	21810	22533
		山口华良	延大洋行	花楼街一〇九号	23476	23352
		本田实男	东洋棉花株式会社汉口支店	河街一一号	21026	21373
五	监事	高山宝	吉田产业株式会社汉口支店	中山路一号	23132	
		池边定一	十合公司汉口支店	江汉路一〇〇号	22329	22330
六	评议员	高山宝	吉田产业株式会社汉口支店	中山路一号	23132	

（续表）

	□名	氏名	职域	住所	电话	
					职域	自宅
六	评议员	池边定一	十合公司汉口支店	江汉路一〇〇号	22329	
		木村幸一	华中原皮股份有限公司	江汉路二一号	22709	
		高间光男	岩井运业株式会社汉口支店	保华街五二号	22802	
		吉田秀生	中华日本贸易联合会汉口支店		22845	
		竹本德身	中华烟草株式会社武汉口支店	江汉路二一号	23511	23623
		大岛义德	嘉来洋行	至善路一八〇号	22204	22206
		池田了三	株式会社阿部市洋行汉口支店	怡和街一四号	23410	
		上野应之助	电气运价武汉管理局	湖北街八三号	22200	
		北山信吉	三兴株式会社汉口支店	鄱阳街一七号	21124	
		饭田仲吉	饭田三宝堂	中山路一一号	21060	
		冈谷充雄	汉口银行	江汉路三七号	21012	
		井简信二郎	株式会社齐藤商店汉口支店	江汉路五二号	21266	
		副岛义一	大会产业株式会社汉口支店	江汉路八五号	21033	23114
		岛□太郎	永达洋行	中山路八号	21824	21482
		池田动	武汉交通株式会社	江汉路四二号	22484	
		白川荣市	华友洋行	湖北街七九号		
		黑□治夫	帝国水产统制株式会社汉口支店	江汉路四六号	22876	
		水野久雄	株式会社大冶采矿公司	江汉路一六号	22234	21035
		尾岎郁次郎	吉备号	至善路二二八号	22377	
		福田一二	福昌组	旧日界中街四二号	22836	
		竹尾房太郎	日华油脂株式会社汉口支店	江汉路四号	22786	
		黑岩八郎	第一工业制药株式会社汉口支店	江汉路八九号	23185	23451
		小岛悦太郎	悦来洋行	花楼街一二二号	22224	22629
		朝日三郎	上海内河轮船股份有限公司汉口支店	华昌街六号	21003	

5.汉口市布匹店业同业公会为请设法保释大日本领事馆所押本业会员致汉口市商会理事长

（1944 年 10 月 14 日）

敬启者，顷据敝会会员商店庆生祥布店报称：“敬启者，敝店于本月十三日，陡奉大日本领事馆司法系传讯，以本店有购入窃盗货物情事。查敝店在汉市营业，有悠久历史及地位，向极遵守法令，尤于来历不明货物决不购入，似此案情显系窃盗人栽诬。现敝店被传去经理及店员五人在押，请求贵会转请汉市商会前往大日本领事馆，要求将被传各员释放，是所切祷。”等情，前来。查该店营业情形向极正大，敝会甘愿负责保证，仰请大会迅予前往设法保释，以安营业，是所切盼。专此。

即陈

汉口市商会理事长涂

汉口市布匹店业同业公会　启

6.汉口市商会理事长为请设法保释所押本市布匹店业同业公会会员致大日本驻汉总领事馆警察署司法系

（1944 年 10 月 16 日）

案准本市布匹店业同业公会函开“顷据敝会会员商店庆生祥布店报称”云云，“至以安营业”等由，到会。查庆生祥营业情形向极正大，既经该公会负责保证所请保释被押人员一节，相应函请查核施行，并希见复为荷。

此致

大日本驻汉总领事馆警察署司法系

理事长涂

7.汉口市特别市经济局为转呈报广货业同业公会改选案令

（1944 年 10 月 18 日）

汉口特别市经济局指令呈一件：为转报广货业同业公会改选情形，责同当选人员略历表暨来程请备查由。呈件均悉。查该会所资各件，经核不合。为节省公文往返时间起见，当即径经议会负责人来局，将原发还更正，并饬补具立案。表格及大会报告表各三份出后，迭经催促，始见造送，且该会系于去年十一月间改选，久不报案，均有未合，应即严加申斥，除将所责各件准予存转，仰即转饬知照。此令！

局长　孙迪堂

8.汉口特别市商会为改选人员略历表暨章程等件请予备查一案致广货业同业公会

（1944 年 10 月 20 日）

便函

案查，前据呈报改选情形附资当选人员略历表及章程等件，请予鉴核转备查一案。经已呈奉汉口特别市经济局，济二字第一四〇三号指令开：呈件均悉。原文录到云云，此令。件存转。等因，奉此。相应函达查照。

此致

本市广货业同业公会

（会戳）启

9.汉口市政府社会局为提倡食用糙米令汉口市商会

(1944 年 10 月 21 日)

案奉市政府汉五字第八八二七号训令内开:“案奉湖北省政府省建字第七一六号训令内开:案准实业部农林字第八八四号咨开:案据,中国青年工读团团长陈端志呈称:窃查战时物资缺乏,尤以米粮不敷供应,影响民生至为严重,治本固莫要于增产,而治标似先应节制耗蚀。按照米统会规定,稻百市斤碾成机米六十六市斤,糙米百市斤碾成机米八十八市斤,即稻百市斤可碾糙米七十五市斤。再参照实际情形,苏、松、常、嘉各区所产粳、籼,目前糙米百市斤可碾一等机米八十八市斤,如碾三等机米则可得九十一二市斤;芜湖、泰州、扬州等区所产较次糙米,百市斤可碾一等机米八十五六市斤,如碾三等机米则可得九十市斤,是无论产品优劣,每百市斤糙米如改碾三等机米后,较碾成一等机米增出四市斤,亦即每担(百六十市斤)可增出六斤四两,折合四升。兹假定苏、浙、皖三省每年增稻二万万担,百分之七十五碾糙得糙米一万五千万担,如限碾三等机米,每担糙米可增四升,计可增出食米六百万担,即或除去极少地区尚沿旧习,以四椿稻米并缘米价高贵,已自动碾成三等机米,约占三分之一外,无形中至少可以增出食米四百万担之巨。拟请由钧部转咨各省市政府,严令各县政府及各县商会、米业公会限碾三等机米,并另订惩处条例,严厉施行,俾裕粮食而利民生。且咨一带糙之三等机米,据近代医家公认极富维他命,则此举不独间接增加物力,俾助民食,抑且增加国民体力,促进国民健康,尤为社会福利之助。此外,如以食米酿酒制糖,其消耗米粮亦非小数,倘能加以限制,则其效尤见。理合具文呈请钧部鉴核,实为公便。等情,据此。查所呈限碾三等机米一节,确为间接增加米粮办法之一。除请咨并指令外,相应咨达,即希查照转饬所属查照办理,并将推行情形见复为荷。等由,准此。除分令外,合行令仰遵照办理,并将遵办情形具报备转。此令。等因,奉此。除呈复并分令外,合行令仰遵照普遍提倡食用糙米为要。此令。”等因,奉此。除分行外,合亟令仰遵照。此令!

局长　王锦霞

10.汉口市商会为转知提倡食用糙米致汉口市各同业公会、各同业筹备会、各单独业

(1944 年 10 月 23 日)

案奉汉口市政府社会局社三字第九五六号训令开:“案奉市政府汉五字第八八二七号训令开:(原文云云)除分行外,令函令仰遵照。此令。”等因,奉此。除分函外,相应函达查照,转行各业、各商店一体遵照。

此致

本市各同业公会、各同业筹备会、各单独业

(盖条章)启

11.汉口市油盐业同业公会为陈请转呈按市协价以畅来源致汉口市商会理事长

（1944 年 10 月 23 日）

查油市自入春以来,因供应相符,尚称平稳。近一月间,上下边江及黄、孝一带,因芝麻歉收,油价激增,来源陡绝。以汉市人口之多,食需之繁,仅恃汉阳侏儒山一路接济,倘遇雨雪阻隔,挑贩不便行走,即有中断之虞。兹查产区市价,本不一致,即就侏儒山一路最低者而言,每担合市秤为一万二千八百元,加运汉缴费每担四百元,挑贩利润四百元,每担成本即为一万三千六百元。倘汉市仅从抑价入手,则来源之绝,自可想见。本会惟恐民食有缺,似不得不未雨绸缪。再查本业现时门市售价,每市斤为一百二十八元,故实际售油一斤,亏本八元,在商人固为不幸,但亦非长久之策,诚以食油为民生所必需,非提高不足以广招徕,此本会所以陈请转请,暂时协定售价每市斤一百三十六元之意,不蒙俯准,实难继续支持,民食亦将恐慌。除分别呈函外,相应函请查照转陈。

此致

汉口市商会理事长涂

理事长　夏汉卿

11 月

1.湖北省政府为改定煤炭煤球公定价令汉口市商会(附价格表)

（1944 年 11 月 8 日）

湖北省政府训令　省建字第 883 号

案准湘鄂赣物资统制审议委员会函送第二十次会议纪录,关于改定煤炭煤球公定价格一案(价格表附后),经决议通过。等情,应准照办法,兹定于民国三十三年十一月一日起实行。除分别函令外,合行令仰知照,并饬属知照为要。此令!

计抄发煤炭煤球新定价格表一份。

省长　杨揆一

煤炭煤球新定价格表(三十三年十一月一日施行)

级别	炭类	价格(单位吨)		备考
特级	块炭	八〇〇〇	〇〇	
	粉块炭	七〇〇〇	〇〇	
	粉炭	六〇〇〇	〇〇	
一级	块炭	七五〇〇	〇〇	

（续表）

级别	炭类	价格(单位吨)		备考
一级	粉块炭	六五〇〇	〇〇	
	粉炭	六〇〇〇	〇〇	
二级	块炭			
	粉块炭			
	粉炭	五五〇〇	〇〇	
三级	块炭			
	粉块炭			
	粉炭	五〇〇〇	〇〇	
普通	煤球	(单位担)四九〇	〇〇	

注:①本表所示之价格为土产煤炭之价格,在武汉石炭公社煤厂交货之价格。

②本表所示之价格系一般配给之价格,其官厅所需者则由本表价格中核减二〇〇〇元。

③规定特级、一级、三级等之区别,由武汉石炭公社炭质鉴定委员会分别鉴定之。

2.汉口市制茶叶同业公会函市商会理事长涂

(1944 年 11 月 11 日)

径启者,兹据敝会会员王顺长、成记经理张社安函称,近两年来因原料难购,销路停滞,无力营业,爰将营业会员等证缴上,请转陈商会,分别注销等情。据此,查敝公会会员只剩该会员一家,今又函请取消营业,前来敝会实无存在之必要,兹将敝公会图记截角缴销,敬祈转呈社会局准予停止活动,以符功令,是为至荷。

谨致

汉口市商会理事长涂

附上济字第 3041 号营业证一纸、商字第 406 号登记证一纸。

汉口市制茶叶同业公会图记一颗。

理事长　王武刚

(119-126-272:46-47)

3.颜料业同业公会函汉口市商会为推定毛星五、彭安元为出席代表由

(1944 年 11 月 19 日)

案准大会交下理监事联席会议纪录一份内载:经会决议定于十二月一日开第六次会员代表大会,其代表人数照第五次会议决定名额。等因,过会。兹经敝会推定理事长毛星五、常务理事彭安元为出席代表,除分别通知外,相应函请大会查照为荷。

谨致

汉口市商会

汉口市颜料业同业公会启
卅三年十一月十九日
(119-126-311:1-2)

4.汉口市商会为准本市制茶叶同业公会函报会员王顺长成记停业并缴销该会图记申请停止活动一案呈市政府社会局停止活动一案转请鉴核备案由

(1944 年 11 月 20 日)

案准本市制茶业同业公会函开,“兹据敝会会员王顺长、成记经理张社安函称云,□□查敝会会员只剩三户,现该会员又函请取消营业。前奉依照同业公会组织规定,敝会会员人数不足,实□存在。又函□□敝会曾图记截角缴销,敬祈转呈社会局准予停止活动,以符切合”等由。附济字第 3041 号营业证、商字第 406 号登记证各一纸,该同业公会图记一颗。准此,除收登记证外,理合检同原附营业证一纸、截角图记一颗、备文呈请鉴核,赐予分别请销,并恳指令祇遵。

谨呈

汉口市政府社会局

附呈济字第 3041 号营业证、汉口市制茶叶同业公会图记一颗。

(全衔)理事长涂、常务理事袁、汉口市商会
十一月二十日
(119-126-272:44-45)

5.瓷业同业公会函汉口市商会为推定钱诚九为出席代表由

(1944 年 11 月 20 日)

径复者,准函称贵会章程规定每年应举行会员大会二次,业经第三届第五次理监联席会议决议于十二月一日举行,嘱本会推派代表一人并暨提案一份函送贵会等语,今本会推派常务理事钱诚九一名前赴贵会出席并无提案,即希查照。

此致

汉口市商会

汉口市瓷业同业公会
中华民国三十三年十一月二十日
(119-126-311:3-4)

6.汉口特别市毛巾业同业公会呈汉口市商会理事长涂为奉令派员代表一人出席钧会第六次会员大会由

(1944 年 11 月 21 日)

汉口特别市毛巾业同业公会呈文巾字第 110 号,中华民国三十三年十一月二十日,案奉钧

会本月十五日函略开:查本会章程规定每年应举行会员大会二次,本年十二月之会员大会日期及各业应推出席会员代表人数,经提出本会第三届第五次理监联席会议决议定于十二月一日举行,各业出席代表人数依第五次会员代表人数成案办理,兹定于十二月一日上午九时在本会三楼会场召开第六次会员大会,查贵业应派出席代表一人,如有提案连同所推之代表名单一并函送过会,以便分别办理,幸毋迟误为盼。等因,奉此。除属会并无议案提出外,兹派常务理事孟培琛准时到会参加,理合呈请钧会鉴核办理。

谨呈

汉口市商会理事长涂

汉口市毛巾业同业公会理事长　程益齐

(119-126-311:7-8)

7.行政院秘书处为推选参政员致湖北省商会联合会函

(1944年11月21日)

贵会本年十月三十日会二字第二六号代电业已到院,查本院前据四川省商会联合会电请,准由各省商会联合会推选参政员,经报请国防最高委员会核示,嗣奉核查□项参政员候选人,依国民参政会组织条例,并无得由各团体推选之规定,但历届人选对于商业团体中,素着声望之人士多经选出,本届自当于提出时,予以注意。奉谕函达,即希查照。

此致

湖北全省商会联合会

秘书长　张厉生

8.汉口市酒酱业同业公会启

(1944年11月27日)

敬启者,敝会定于十二月一日下午三时,在三民路会宝楼酱园厂召开第四届会员大会,举行改选。业经造具会员名册及修正会章,依法呈请社会局备案。届期派员监视并请分别专程属奉莅会鉴选外,相应函达。贵会务请届期派员莅临指导。是荷。

此致

汉口市商会

汉口市酒酱业同业公会启

三十三年十一月廿七日

(119-126-263:18)

9.中国国民党湖北省执委会为国民参政会改选时当否由各省商会代表经济团体推选候选人已转请中央组织部批湖北全省商会联合会

（1944 年 11 月）

中国国民党湖北省执行委员会批中华民国卅三年十一月廿七日省施执总第一六二号

批湖北全省商会联合会

代电一件，为遵照新颁国民参政会组织条例规定，拟请于国民参政会改选时准由各省商会代表经济团体推选候选人以被采择当否乞示由。

代电悉。已据情转请中央组织部核办矣。

10.汉口市政府社会局为提倡多食杂粮用资节俭令汉口市商会（附价格表）

（1944 年 11 月）

汉口市政府社会局训令　社三字第 1012 号

案奉市政府汉五字第九五五二号训令内开：查本市粮米来源，向赖邻近黄、孝各县输入供给。本年自夏徂秋，天气炕旱，禾苗枯萎，米谷歉收。近复阴雨连绵，交通阻滞，以致来源短绌，价格飙涨。轸念贫苦市民，处此百物奇昂，米珠薪桂之环境中，手胼足胝。八口常虞不给，披星戴月，一饱每觉艰难，不术适口之佳，但愿裹腹之继，亟应提倡多食杂粮，用资节俭，而维贫民生计。除令杂粮业同业公会多购豆类、高粱、玉蜀黍等应市外，合行令仰该局遵照，尽量提倡多食杂粮用资节俭为要。此令。等因，奉此。除分行外，合亟令仰遵照。此令！

局长　王锦霞

1944 年其他

1.全国商业统制总会暂行条例

（1944 年）

第一条　全国商业统制总会（以下简称本会）为同业自治统制之团体，以督率所属下层机构，协助政府推行战时经济施策为宗旨。

第二条　本会为法人。

第三条　本会承行政院之命办理下列事项：

一、关于所属下层机构之指导监督事项。

二、关于物资管理对策之研究建议事项。

三、关于物资统制方案之初步核议事项。

四、关于物资交换及输出入方案之初步核议事项。

五、关于主要物资生产运销状况之调查统计事项。

六、关于统制物资价格拟订之督导事项。

七、关于政府之交办事项。

第四条　本会设米粮统制委员会、棉业统制委员会、粉麦统制委员会、油粮统制委员会、日用品统制委员会为事业实施之机关。前项各统制委员会之组织规程另定之。

第五条　本会设理监事各若干人,分别组织理监事会,其人选由行政院就该会下层机构负责人及金融产业界主干人士中指派之,并分别指定一人为理事长;若干为常务理事,设常务理事会,秉承理事长之命处理本会会务。

第六条　本会于常务理事会下设秘书室及计划、管理两处。秘书室设秘书长一人,副秘书长一人或二人;计划、管理两处各设处长一人,承理事长及常务理事之命分掌所管事务。

第七条　本会各室、处得分科办事,各科设科长一人,事务员若干人,承各主管人员之命办理所管事务。

第八条　本会于必要时,得设置秘书、参事、专员若干人,各处、科并得增设副处长、副科长各一人。

第九条　本会非经行政院之核准不得解散。解散时由行政院指派清算人办理清算事项。

第十条　本会经费,以各统制委员会征收报解之事务费充之,并应依照会计年度编制预算、决算呈报行政院备案。

第十一条　本会得指派稽核分驻所属各统制委员会稽核其财务。

第十二条　本会处务规则及会议规则,由理监事联席会议定之。

第十三条　本条例自公布尔日施行。

76-1-515(4559-4561)

2.汉口市商会关于敌伪时期伪汉口市商会1944年二、三、四、五月份职员薪饷册

(1944年2—5月)

汉口市商会民国三十三年二月份职员薪俸册

职别	姓名	薪俸	生活补助费	职务津贴	合计	盖印	备考
秘书主任	熊曾授	400.00	1600.00	200.00	2200.00		
秘书	林宏谋	360.00	1440.00	180.00	1980.00		
	章振启	280.00	1120.00	140.00	1540.00		
	徐鼎新	220.00	880.00	110.00	1210.00		
总务科长	陈觉非	320.00	1280.00	160.00	1760.00		
调查科长	解子年	320.00	1280.00	160.00	1760.00		
会计主任	游步庭	200.00	800.00	200.00	1200.00		
事务股长	范广杰	200.00	800.00	200.00	1200.00		

（续表）

职别	姓名	薪俸	生活补助费	职务津贴	合计	盖印	备考
文书股长	姚心辅	200.00	800.00	200.00	1200.00		
调查股长	刘洪珊	180.00	720.00	180.00	1080.00		
统计股长	陈仲奇	180.00	720.00	180.00	1080.00		
科员	吴百里	180.00	720.00	180.00	1080.00		
	程新川	160.00	640.00	160.00	960.00		
	岳幸存	160.00	640.00	160.00	960.00		
	陈超鹏	160.00	640.00	160.00	960.00		
	王宪章	160.00	640.00	160.00	960.00		
	胡念祖	150.00	600.00	150.00	900.00		
	汪新武	150.00	600.00	150.00	900.00		
	邵纪云	150.00	600.00	150.00	900.00		
	伍正璜	140.00	560.00	140.00	840.00		
	张树千	140.00	560.00	140.00	840.00		
	李天恩	140.00	560.00	140.00	840.00		
	张幼泉	140.00	560.00	140.00	840.00		
办事员	王文华	120.00	480.00	120.00	720.00		
	万桂荪	120.00	480.00	120.00	720.00		
	卢仁钦	110.00	440.00	110.00	660.00		
	宗焕南	110.00	440.00	110.00	660.00		
	李道生	100.00	400.00	100.00	600.00		
	田仲虎	100.00	400.00	100.00	600.00		
	黄子和	100.00	400.00	100.00	600.00		
	莫毓齐	100.00	400.00	100.00	600.00		
	王泽清	100.00	400.00	100.00	600.00		
	涂吉甫	100.00	400.00	100.00	600.00		
	唐逸俊	85.00	340.00	170.00	595.00		
打字员	陈幼平	100.00	400.00	100.00	600.00		
书记	吴世相	80.00	320.00	160.00	560.00		
	王业丰	80.00	320.00	160.00	560.00		
合计		6095.00	24380.00	5390.00	35865.00		

（119-1-46:4-5）

汉口市商会民国三十三年二月份公役工饷册

姓名	工饷	生活补助费	职务津贴	合计	盖章	备考
刘文启	58.00	232.00	174.00	464.00		
邱华	58.00	232.00	174.00	464.00		
王金波	58.00	232.00	174.00	464.00		
刘坤山	58.00	232.00	174.00	464.00		
陈焱庭	58.00	232.00	174.00	464.00		
甄才伦	58.00	232.00	174.00	464.00		
方彦卿	58.00	232.00	174.00	464.00		
汪云山	58.00	232.00	174.00	464.00		
方世寿	58.00	232.00	174.00	464.00		
计良诚	58.00	232.00	174.00	464.00		
冯发	58.00	232.00	174.00	464.00		
合计	638.00	2552.00	1914.00	5104.00		

（119-1-46：6）

汉口市商会民国三十三年三月份职员薪俸册

职别	姓名	薪俸	生活补助费	职务津贴	合计	盖印	备考
秘书主任	熊曾授	400.00	1600.00	200.00	2200.00		
秘书	林宏谋	360.00	1440.00	180.00	1980.00		
	章振启	280.00	1120.00	140.00	1540.00		
	徐鼎新	220.00	880.00	110.00	1210.00		
总务科长	陈觉非	320.00	1280.00	160.00	1760.00		
调查科长	解子年	320.00	1280.00	160.00	1760.00		
会计主任	游步庭	200.00	800.00	200.00	1200.00		
事务股长	范广杰	200.00	800.00	200.00	1200.00		
文书股长	姚心辅	200.00	800.00	200.00	1200.00		
调查股长	刘洪珊	180.00	720.00	180.00	1080.00		
统计股长	陈仲奇	180.00	720.00	180.00	1080.00		
科员	吴百里	180.00	720.00	180.00	1080.00		
	程新川	160.00	640.00	160.00	960.00		
	岳幸存	160.00	640.00	160.00	960.00		
	陈超鹏	160.00	640.00	160.00	960.00		
	王宪章	160.00	640.00	160.00	960.00		
	胡念祖	150.00	600.00	150.00	900.00		

（续表）

职别	姓名	薪俸	生活补助费	职务津贴	合计	盖印	备考
科员	汪新武	150.00	600.00	150.00	900.00		
	邵纪云	150.00	600.00	150.00	900.00		
	李天恩	140.00	560.00	140.00	840.00		
	张树千	140.00	560.00	140.00	840.00		
	张幼泉	140.00	560.00	140.00	840.00		
	王文华	140.00	560.00	140.00	840.00		
	万桂荪	140.00	560.00	140.00	840.00		
办事员	宋恩安	120.00	480.00	120.00	720.00		
	王佐华	60.00	240.00	60.00	360.00		该员月支120元，十五日到差，支薪半月
	卢仁钦	110.00	440.00	110.00	660.00		
	宗焕南	110.00	440.00	110.00	660.00		
	李道生	100.00	400.00	100.00	600.00		
	胡延卿	100.00	400.00	100.00	600.00		
	黄子和	100.00	400.00	100.00	600.00		
	莫毓齐	100.00	400.00	100.00	600.00		
	王泽清	50.00	200.00	50.00	300.00		该员于十五日职离，月薪100元，照支半月
	涂吉甫	100.00	400.00	100.00	600.00		
	唐逸俊	100.00	400.00	100.00	600.00		
打字员	陈幼平	100.00	400.00	100.00	600.00		
书记	吴世相	80.00	320.00	160.00	560.00		
	王业丰	80.00	320.00	160.00	560.00		
	刘立新	80.00	320.00	160.00	560.00		
合计		6220.00	24880.00	5510.00	36610.00		

（119-1-46：7-9）

汉口市商会民国三十三年三月份公役工饷册

姓名	工饷	生活补助费	职务津贴	合计	盖印	备考
刘文启	58.00	232.00	174.00	464.00		
邱华	58.00	232.00	174.00	464.00		
王金波	58.00	232.00	174.00	464.00		
刘坤山	58.00	232.00	174.00	464.00		
陈焱庭	58.00	232.00	174.00	464.00		
甄才伦	58.00	232.00	174.00	464.00		
方彦卿	58.00	232.00	174.00	464.00		
汪云山	58.00	232.00	174.00	464.00		
方世寿	58.00	232.00	174.00	464.00		
祝大汉	58.00	232.00	174.00	464.00		
冯发	58.00	232.00	174.00	464.00		
合计	638.00	2552.00	1914.00	5104.00		

(119-1-46:10)

汉口市商会民国三十三年四月份职员薪俸册

职别	姓名	薪俸	生活补助费	职务津贴	合计	盖印	备考
秘书主任	熊曾授	400.00	1600.00	200.00	2200.00		
秘书	林宏谋	360.00	1440.00	180.00	1980.00		
	章振启	280.00	1120.00	140.00	1540.00		
	徐鼎新	220.00	880.00	110.00	1210.00		
总务科长	陈觉非	320.00	1280.00	160.00	1760.00		
调查科长	解子年	320.00	1280.00	160.00	1760.00		
会计主任	游步庭	200.00	800.00	200.00	1200.00		
事务股长	范广杰	200.00	800.00	200.00	1200.00		
文书股长	姚心辅	200.00	800.00	200.00	1200.00		
调查股长	刘洪珊	180.00	720.00	180.00	1080.00		
统计股长	陈仲奇	180.00	720.00	180.00	1080.00		
科员	程新川	160.00	640.00	180.00	1080.00		
	岳幸存	160.00	640.00	160.00	960.00		
	陈超鹏	160.00	640.00	160.00	960.00		
	王宪章	160.00	640.00	160.00	960.00		
	胡念祖	150.00	600.00	150.00	900.00		
	汪新武	150.00	600.00	150.00	900.00		

（续表）

职别	姓名	薪俸	生活补助费	职务津贴	合计	盖印	备考
科员	邵纪云	150.00	600.00	150.00	900.00		
	李天恩	140.00	560.00	140.00	840.00		
	张树千	140.00	560.00	140.00	840.00		
	张幼泉	140.00	560.00	140.00	840.00		
	王文华	140.00	560.00	140.00	840.00		
	万桂苏	140.00	560.00	140.00	840.00		
办事员	宋恩安	120.00	480.00	120.00	720.00		
	王佐华	120.00	480.00	120.00	720.00		
	卢仁钦	110.00	440.00	110.00	660.00		
	宗焕南	110.00	440.00	110.00	660.00		
	李道生	100.00	400.00	100.00	600.00		
	胡延卿	100.00	400.00	100.00	600.00		
	黄子和	100.00	400.00	100.00	600.00		
	莫毓齐	100.00	400.00	100.00	600.00		
	涂吉甫	100.00	400.00	100.00	600.00		
	唐逸俊	100.00	400.00	100.00	600.00		
打字员	陈幼平	100.00	400.00	100.00	600.00		
书记	吴世相	80.00	320.00	160.00	560.00		
	王业丰	80.00	320.00	160.00	560.00		
	刘立新	80.00	320.00	160.00	560.00		
	万康侯	80.00	320.00	160.00	560.00		
	张梅	80.00	320.00	160.00	560.00		
合计		6210.00	24840.00	5660.00	36710.00		

（119-1-46：11-13）

汉口市商会民国三十三年四月份公役工饷册

姓名	工饷	生活补助费	职务津贴	合计	盖印	备考
刘文启	58.00	232.00	174.00	464.00		
邱华	58.00	232.00	174.00	464.00		
王金波	58.00	232.00	174.00	464.00		
刘坤山	58.00	232.00	174.00	464.00		
甄才伦	58.00	232.00	174.00	464.00		
方彦卿	58.00	232.00	174.00	464.00		

（续表）

姓名	工饷	生活补助费	职务津贴	合计	盖印	备考
汪云山	58.00	232.00	174.00	464.00		
陈焱庭	58.00	232.00	174.00	464.00		
方世寿	58.00	232.00	174.00	464.00		
祝大汉	58.00	232.00	174.00	464.00		
冯发	58.00	232.00	174.00	464.00		
合计	638.00	2552.00	1914.00	5104.00		

（119-1-46：14）

汉口市商会民国三十三年五月份职员薪俸册

职别	姓名	薪俸	生活补助费	职务津贴	实发数	盖印	备考
秘书主任	熊曾授	400.00	1600.00	200.00	2200.00		
秘书	林宏谋	360.00	1440.00	180.00	1980.00		
	章振启	280.00	1120.00	140.00	1540.00		
	徐鼎新	220.00	880.00	110.00	1210.00		
总务科长	陈觉非	320.00	1280.00	160.00	1760.00		
调查科长	解子年	320.00	1280.00	160.00	1760.00		
会计主任	游步庭	200.00	800.00	200.00	1200.00		
事务股长	范广杰	200.00	800.00	200.00	1200.00		
文书股长	姚心辅	200.00	800.00	200.00	1200.00		
调查股长	刘洪珊	180.00	720.00	180.00	1080.00		
统计股长	陈仲奇	180.00	720.00	180.00	1080.00		
科员	程新川	160.00	640.00	180.00	1080.00		
	岳幸存	160.00	640.00	160.00	960.00		
	陈超鹏	160.00	640.00	160.00	960.00		
	王宪章	160.00	640.00	160.00	960.00		
	胡念祖	150.00	600.00	150.00	900.00		
	汪新武	150.00	600.00	150.00	900.00		
	邵纪云	150.00	600.00	150.00	900.00		
	李天恩	140.00	560.00	140.00	840.00		
	张树千	140.00	560.00	140.00	840.00		
	张幼泉	140.00	560.00	140.00	840.00		
	王文华	140.00	560.00	140.00	840.00		
	万桂荪	140.00	560.00	140.00	840.00		

（续表）

职别	姓名	薪俸	生活补助费	职务津贴	实发数	盖印	备考
办事员	宋恩安	120.00	480.00	120.00	720.00		
	王佐华	120.00	480.00	120.00	720.00		
	卢仁钦	110.00	440.00	110.00	660.00		
	宗焕南	110.00	440.00	110.00	660.00		
	李道生	100.00	400.00	100.00	600.00		
	胡延卿	100.00	400.00	100.00	600.00		
	黄子和	100.00	400.00	100.00	600.00		
	莫毓齐	100.00	400.00	100.00	600.00		
	涂吉甫	100.00	400.00	100.00	600.00		
	唐逸俊	100.00	400.00	100.00	600.00		
打字员	陈幼平	100.00	400.00	100.00	600.00		
书记	吴世相	80.00	320.00	160.00	560.00		
	王业丰	80.00	320.00	160.00	560.00		
	刘立新	80.00	320.00	160.00	560.00		
	万康侯	80.00	320.00	160.00	560.00		
	张梅	80.00	320.00	160.00	560.00		
合计		6210.00	24840.00	5660.00	36710.00		

（119-1-46：15-17）

汉口市商会民国三十三年五月份公役工饷册

姓名	工饷	生活补助费	职务津贴	合计	盖印	备考
刘文启	58.00	232.00	174.00	464.00		
邱华	58.00	232.00	174.00	464.00		
王金波	58.00	232.00	174.00	464.00		
刘坤山	58.00	232.00	174.00	464.00		
甄才伦	58.00	232.00	174.00	464.00		
方彦卿	58.00	232.00	174.00	464.00		
汪云山	58.00	232.00	174.00	464.00		
陈焱庭	58.00	232.00	174.00	464.00		
方世寿	58.00	232.00	174.00	464.00		
祝大汉	58.00	232.00	174.00	464.00		
冯发	58.00	232.00	174.00	464.00		
合计	638.00	2552.00	1914.00	5104.00		

（119-1-46：18）